중국 법치 100년의 경로

中國法治百年經緯

≪中华社会科学基金≫资助
이 도서는 중화학술번역사업(17WFX005)에 선정돼
중국사회과학기금(Chinese Fund for the Humanities and Social Sciences)의
지원을 받아 번역 출판되었습니다.

중국 법치 100년의 경로

中國法治百年經緯

궈다오휘(郭道暉) 쟝핑(江平) 천광중(陳光中)
허친화(何勤華) 양하이쿤(杨海坤) 장첸판(張千帆) 지음

김하록(金河禄) 전미령(全美玲) 옮김

역락

저자 서문

개혁개방 30여 년 이래 중국의 법률체계는 이미 기본적으로 형성되었으며 상대적으로 완정한 입법체계도 점차 건립하게 되었다. 그러나 집행력의 부족 등 제도적 원인으로 인해 중국은 법치사회란 이상적인 경지와 아직도 먼 거리가 있으므로 중국법치가 가야할 길에 극복해야 할 장애와 저항은 역시 많을 것이라 생각한다. 현재 중국법치의 상황은 어떠하고? 중국의 법치건설이 이르고자 하는 경지는 어떠하며? 법치의 발전과정에서 나타난 장애는 어떻게 극복해야 할 것인지? 이런 문제에 대한 해답은 절실하고 또 전체 인민의 공통인식으로 되어야 하므로 우리는 반드시 법치의 과거, 현재와 미래를 이해하여야 하며 그리고 이를 토대로 하여야만 새로운 법치의식을 확립하고 법치로 가는 문을 여는 열쇠를 갖게 될 것이다.

이 책은 역사와 현실 그리고 미래의 시각으로 중국법치의 발전역정을 살펴보고 백년 이래 법치건설의 경험과 교훈을 총괄하였으며 당대 중국의 법치건설이 이룩한 성과 및 직면한 문제와 도전을 분석하고 중국법치의 청사진과 구체적인 시행방안을 제공하였다. 독자들을 도와 고생스러웠던 중국법치의 발전과정을 이해하고 법치가 나라의 번영창성과 사회발전 및 진보에서 담당하는 중요한 역할을 이해하며 그리고 미래의 중국에서 의법치국(依法治國)을 실시하는 데 참고방안을 제공하기 위해 우리는 쟝핑(江平), 궈다오휘(郭道暉), 천광중(陳光中) 등 중국법학계의 저명한 학자들을 초청해 주요 법학영역에서 이룩한 성과, 한계 및 개진방안을 정리하게 하였다.

이 책은 총 7장으로 되는데 제1장은 중국법치 '전세(前世)'에 관한 회고로서 시간적으로는 아편전쟁부터 1978년까지이다. 이 부분에서는 역사적인 순서에 따라 먼저 중국고대, 근현대 법률제도와 법률사상의 주요특징, 발전단계 그리고 기본적인 한계를 간략히 소개하였고 제2장부터 각 장은 중국법치의 '금생(今生)'을 검토하였다. 시간적으로 이 부분은 1978년부터 지금까지의 30여 년인데 중점적으로 중국 법치발전이 취득한 성과를 소개하였다. 여기에는 주요하게 법학이론, 헌법, 행정법, 민상법, 형법, 형사소송법 등 영역이 포함되었다. 이와 동시에 중국 법치발전의 한계와 병목을 지적하고 이 중의 제도와 문화적 요인도 분석하였다.

매장의 마지막 부분에서는 중국법치의 미래를 전망하고 관련 법률제도의 발전기회 및 직면한 도전을 검토하였는데, 주로 중국법치가 마주치게 된 현시점에서는 해결이 불가능한 현실적 사회문제에 대해 향후의 보완방향을 제시하였다. 오늘에 이르러 중국의 입법체계는 이미 상대적으로 완비되었다. 그러나 법치의 전반을 보았을 때 아직도 사람들 마음에 들지 않은 부분이 많고 사회의 발전수요에 미치지 못하고 있으므로 중국이 법치국가로 가려면 입법체계는 물론이고 사법제도와 법률의식도 반드시 사회발전에 적응될 수 있도록 필요한 수정을 해야 한다.

이 책의 출판은 중국출판집단 출판전문항목 자금의 지원으로 이루어지게 되었고 출판과정에서는 또 중국민주법제출판사의 많은 지원이 있었으며 파앙충룽(龐從容), 탕쭝쟝(唐仲江)과 청완깡(程王剛) 등 편집진도 전체를 자세히 검토하였다. 여기서 함께 감사의 말씀을 드리고자 한다.

2015년 6월

장첸판(張千帆)

역자 서문

오천여 년이 지속된 중국역사를 보았을 때 봉건독재체제는 19세기 말까지 장기적으로 지속하게 되어 법치의식과 제도는 중국에서 나타날 수 없었으므로 법치란 개념마저도 1840년에 있었던 아편전쟁(鴉片戰爭) 이후에 와서야 일부 선진적 안목을 가진 지식인들의 소개로 인해 중국에 인입하게 되었다. 신해혁명(辛亥革命) 이후 20세기 20년대에 들어서면서 중국에는 공산당이란 정당이 탄생하게 되어 중국인들은 공산당의 지도하에서 차열한 반봉건주의, 반제국주의투쟁을 진행하여 승리를 취득하게 되었으며 제2차 세계대전과 국내전쟁이 결속된 이후에는 또 중화인민공화국을 수립하고 사회주의건설을 시작하게 되었다. 그러나 이후 장기간 흥행하였던 좌(左)적 사상과 "문화대혁명(文化大革命)"의 영향으로 인해 국가통치와 모든 사회분야에서 법치를 홀시하게 되었으므로 사회주의건설은 많은 곡절을 겪을 수밖에 없었다. "문화대혁명(文化大革命)" 이후 중국에서는 중국공산당 제11기 중앙위원회 제3차 회의의 개최를 계기로 개혁개방을 실시하고 사회주의경제건설과 법치건설을 병진하기 시작하여 지금은 이미 중국적 특생이 있는 사회주의 법률체계를 건립하고 국가통치와 나라의 모든 사회분야서 법치를 강조하여 나라의 제반 사업이 순조롭게 발전할 수 있도록 보장하였다.

2011년 3월 10일에 개최된 중화인민공화국 제11기 전국인민대표대회 제4차 회의에서 위원장직을 임하고 있던 우빵궈(吳邦國)는 중국의 국정과 실제에 부합되고 개혁개방과 사회주의현대화건설에 적응되며 당과 인민의 의지를 집중적으로 구현한 헌법을 통솔로 하고 헌법관련법, 민상법, 행정법, 경제법 등 여러 법률부문의 법률을 골간으로 하며 법률, 행정법규, 지방법규와 자치조례, 단행조례 등 3개 단계의 법률규범으로 구성된 중국적 특색이 있는 사회주의 법률체계는 이미 형성되었다고 엄숙히 선언했다. 이는 중국에서 의할 법이 없었던 상황이 종식되어 모든 사업이 법치란 귀로에서 발전할 수 있게 되었고 다는 것을 밝히고 의법치국이란 본방침의 실시로 법치국가건설에 총력하려는 의지의 천명이라고 보아야 할 것이다. 이러한 시대적인 배경에서 중국 법학계의 대가들인 귀다오휘(郭道暉), 쟝핑(江平), 천광중(陳光中), 허친화(何勤華), 양하이쿤(杨海坤), 장첸판(張千帆) 등은 중국 백여 년 법치발전의 역사를 살펴보고, 중국법치가 백여 년의 발전을 거치면서 취득한 경험과 교훈을 총괄하여 중국법치의 향후 발전에 기여하려는 목적으로 〈중국법치 100년의 경로(中國法治百年經緯)〉란 이름으로 책을 지어 중국민주법제출판사(中國民主法制出版社)에서 출판했다.

지금 역자가 중국 사회과학연구기금(國家社科基金)의 선정과 중국민주법제출판사(中國民主法制出版社)의 배려 그리고 도서출판 역락의 전폭적 지지에 힘을 입어 번역해 출판하게 된 〈중국 법치 100년의 경로(中國法治百年經緯)〉란 이 책의 한국어판은 한국에서 중국법률과 법치발전에 관심을 가진 학자와 기타 인사들에게 중국법률과 법치의 발전역사, 중국법치의 현실전인 상황을 요해하고 그리고 미래의 발전추세도 어느 정도 가늠할 수 있는 자료를 제공하였다고 생각하며 이 책의 출판은 한중양국의 법률교류에도 아주 큰 도움이 될 것이라고 생각한다. 그러나 이 책의 원본은 2015년에 출판된 것으로 중국법률과 법치의 이후 발전은 반영되지 않았다. 이는 역자도 아주 아쉽게 생각하므로 이를 보완하려는 차원에서 중국법률과 법치건설에서 있었던 몇 가지 의미 있는 발전을 간략히 소개하려 한다.

첫째는 2018년과 2021년에 있었던 헌법수정이다. 이중 2018년의 수정에서 총 21개 조문을 수정했는데 11개조문은 새로 설립된 감찰위원회(監察委員會)와 연관된다. 수정된 구체내용을 보았을 때 나라정치와 사회분야에서 과학적 발전이념과 시찐핑(習近平)시대 중국적 특생이 있는 사회주의사상의 지도적 위치를 확립하고 중국적 특성이 있는 사회주의사업과 두 번째 백년의 분투목표를 조정하고 확실시하였는가 하면 의법치국과 헌법의 실시조치, 중국형명과 건설의 발전역사, 애국통일전선과 민족관계, 평화적인 외교정책, 중국공산당의 전면적 영도 등에 관한 내용을 보완했으며 국가주석의 임기에 관한 규정에서 두 차례 연속임기에 관한 금지규정을 삭제하여 〈중국공산당규약〉에서 중앙위원회총서서기와 중앙군사위원회주석임기에 관한 규정과 일치되도록 하고 구역을 설치한 시에 입법권을 부여하고 감찰위원회의 증설도 새로 규정하였다. 그리고 2021년의 헌법수정에서는 "사회주의법제의 보완"을 "사회주의법치의 보완"으로 고치고 국가공직인원은 취임식에서 반드시 법에 따라 헌법선서를 해야 한다고 규정했으며 중국형명과 건설의 발전역사, 애국통일전선과 민족관계에 관한 내용도 보완하였다.

둘째는 〈중화인민공화국민법전(中華人民共和國民法典)〉의 편찬이다. 중국에서는 1954년부터 시작하여 선후로 4차에 달하는 민법전의 편찬을 가동했으나 역사적인 한계 등 여러 가지 원인으로 인해 모두 실패하고 말았다. 그러나 개혁개방이후 잇따라 제정된 〈민법통칙〉, 〈계약법〉, 〈물권법〉 등 민사단행법은 민법전의 입법에 중요한 기반을 제공하게 되어 2020년 5월 22일에 개최된 제13기 전국인민대표대회 제3차 회의에서는 〈중화인민공화국민법전(中華人民共和國民法典)〉의 입법을 끝낼 수 있었다. 중국에서 처음으로 제정된 이 민법전은 총 1260개 조문으로 되었는데 그의 내용은 아주 계통적이고 풍부하므로 사람들은 이를 사회생활에 관한 "백과전서(百科全書)"라고 한다. 이 민법전의 기본특징은 사람을 기본으로 한다는 사상이념을 입법의 핵심기조와 주요내용으로 하였고 또 민주(民主), 문명(文明), 조화(和諧), 자유(自由), 평등(平等), 공정(公正), 법치(法治), 애국(愛國), 직업충실(敬業), 성실신용(誠信)과 우호선량(友善) 등 사회주의핵심가치의 선양과 실천을 그의 기본적 취지로 하였다.

이외에도 2015년 이후 중국에서는 또 〈입법법(立法法)〉, 〈행정처벌법(行政處罰法)〉, 〈형법〉과 〈형사소송법〉 등 많은 법률도 법치의 강화방형으로 수정하였다.

마지막으로 이 역서의 출판을 맡아 준 도서출판 역락의 여러 선생님들에게 감사의 뜻을 표한다. 이 역서가 한국에서 중국법의 관련연구는 물론이고 한중양국의 법률 교류에도 보탬이 되기를 바란다.

2023년 6월

역자들

목차

제1장

중국 근현대법의
탄생과 성장

허친화(何勤華)·쉬이페이(徐奕斐)

1840년에 일어난 아편전쟁은 청나라에 치명적인 타격을 입혔으며 2,000여 년 동안이나 지속된 봉건독재 제국체제를 돌이킬 수 없는 위기에 빠지게 하였다. 이러한 시대적 배경은 많은 선진적 안목을 가진 중국인들을 일어서게 했는데 이들은 세계를 바라보며 서방의 선진적 정치·법률이념과 제도를 중국에 도입하기 시작했는가 하면 또 수율변법(修律變法)에도 헌신하여 중국 근대식 법률체계의 창건에도 많은 힘을 쏟다 부었다. 이들은 새로운 법학이념과 법률의식을 주요 내용으로 많은 저서를 편찬하고 학설을 창설하여 도처를 다니면서 호소하고 선전하여 중국의 개조와 국민적 의식의 향상에 많은 기여를 하였는가 하면 또 황궁제실에서 군주와 대신들의 책사로 활약하면서 최종적으로 100일유신 즉 '무술변법'이란 중국 근대역사상 첫 변법운동의 폭발을 일으켰다. 때문에 중국 근대 법률의 탄생과 성장은 아편전쟁과 서법동점(西法東漸)이란 역사적인 배경에서 많은 선진적 안목을 가진 중국 지식인들의 헌신과 민족의 각성으로 인해 이루어진 것이라 할 수 있을 것이다.

1. 아편전쟁과 서법동점

(1) 아편전쟁 전후 서방법학이념의 도입

아편전쟁과 더불어 진행된 서법동점은 중국에 서방의 법학이념을 가장 먼저 전파하였다.

① 근대 법학이념의 의미

법학이념이란 법에 관한 세계관이라 할 수 있다. 즉 이는 법이란 사회적 현상에 대한 사람들의 기본적 견해이다. 이에는 법이란 도대체 무엇이며 이는 어떻게 나타나게 되었고 또 어떠한 기능이 있으며 그리고 어떠한 작용을 하는지, 법은 기타의 사회적인 현상들과 어떠한 관계를 맺고 있는지, 나라의 통치에서 법을 최고의 준칙으로 삼는 것이 가장 좋은 통치모델인지, 법의 형성기구(입법부)와 집행기구(행정부와 사법부)는 어떻게 조직해야 할 것인지 등 많은 문제들이 포함되어 있다.

근대 서방법학이념의 의미에 관하여 최초로는 자산계급 계몽사상가인 영국의 로크(J. Locke, 1632−1704년), 프랑스의 몽테스키외(C. L. Montesquieu, 1689−1755년)와 루소(J. J. Rousseau, 1712−1778년), 이탈리아의 베카리아(B. Beccaria, 1738−1794년) 등 학자들이 그들의 저서에서 제기하고 천명하였다. 그 핵심적 요소는 다음과 같다: 법률은 공의(公意)의 구현이다. 법률의 목적은 국민행복을 도모하는 것이다. 법률은 지존지상의 존재이다(법치). 국가는 사회계약의 산물이며 국민의 창조물이다. 국민은 정부의 주인이다(주권재민). 모든 사람은 태어나서부터 평등하고 자유로우므로 박탈되어서는 아니 될 천부적 권리가 있다. 법률은 반드시 모든 사람에 평등하게 적용되어야 한다. 자유란 바로 법률에 의해 허가되는 일을 하는 것이다. 권력은 반드시 분립되어야 하고 서로 사이에는 견제가 이루어져야 한다. 범죄와 그에 따르게 될 형벌은 반드시 법에 의해 규정되어야 한다. 범죄와 그에 대한 형벌은 반드시 균형이 잡혀야 한다. 형사적인 처벌은 반드시 인도적 방식에 의해 이루어져야 한다. 사법은 반드시 독립되어야 한다. 모든 재판에서 무죄추정은 반드시 지켜야 할 원칙이다.

이상의 법학이념은 1776년 미국의 〈독립선언〉, 1787년의 〈미국헌법〉, 1789년 프랑스의 〈인권선언〉, 1804년의 〈프랑스민법전〉, 1810년의 〈프랑스형법전〉 등 많은 저명하고 권위적인 법률문헌에 규정되고 확인되어 구미 각국에 뿌리내려 세계 기타 나라와 지역에 전파되었다. 중국은 19세기 30-40년대 아편전쟁 전후로부터 그의 영향을 받게 되었다.

② 서방법학이념의 중국에서의 전파

서방법학이념의 중국에서의 전파는 다음과 같은 다섯 개의 단계를 거쳤다. 첫 번째 단계는 아편전쟁 전후인데 대표적인 전파자로는 미국인 선교자인 밀른(W. Milne, 1785—1822년), 윌리엄 마틴(A. P. William Martin, 1827—1916년)과 서학동점(西學東漸)의 영향으로 인해 진보적 성향을 가지게 된 임칙서(林則徐, 1785-1850년), 위원(魏源, 1794—1856년), 양정단(梁廷枏, 1796—1861년), 서계여(徐繼畬, 1795—1873년) 등 중국인이다. 두 번째 단계는 양무운동으로부터 무술변법까지인데 대표적 인물로는 풍계분(馮桂芬, 1809—1874년), 왕도(王韜, 1828—1897년), 황준헌(黃遵憲, 1848—1905년), 정관응(鄭觀應, 1842—1921년) 등 양무파(洋務派) 사상가와 무술변법과 서학동점의 거장으로 꼽히는 강유위(康有爲, 1858—1927년), 양계초(梁啓超, 1873—1929년), 엄복(嚴複, 1854—1921년) 등이다. 세 번째 단계는 청나라 말기의 수율(修律)로부터 신해혁명까지인데 그의 대표적 인물로 심가본(沈家本, 1840—1913년) 외에도 오정방(伍廷芳, 1842—1922년), 동강(董康, 1867—1915년) 등이 있었다. 또 중국에 온 일본인 법학자 오카다 아사다로(岡田朝太郎, 1868—1936년), 마츠오카 요시마사(松岡義正, 1870—?년), 오카와 시게지로(小河滋次郎, 1861—1915년), 시타 고로다로(志田鉀太郎, 1868—1951년), 오타 요로츠(織田萬, 1868—1945년), 프랑스 법학자인 조르쥬 파두(Georges Padoux, 1867—?년)[1], 장 에스카라(Jean Escarra, 1885—1955년) 등도 서방법학이념의 전파에 합류하였다. 네 번째 단계는 5·4운동 전후인데 진독수(陳獨秀, 1879—1968년), 이대침(李大釗, 1889—1927년), 호적(胡適, 1891—1962년), 고일함(高一涵, 1885—1968년) 등이 대표적 인물이고 마지막 단계는 중화민국시기인데 이 시기의 대표적 인물로 강용(江庸, 1878—1960년), 거정(居正, 1876—1951년), 장지본(張知本, 1881—1976년), 왕총(王寵, 1881—1958년), 오경웅(吳經熊, John C. H. Wu, 1899—1986년), 구한평(丘漢平, 1904—1990년) 등을 꼽을 수 있을 것이다.

---

1   중국 대만의 학자들은 '巴杜'라고 음역하였다. 李鍾澂: '一代漢學家与中國法巨擎: 约翰·艾斯卡拉(Jean Escarra, 1885—1955)', 대만 〈法制史研究〉 제1기.

③ 서방 법학이념의 전파 경로

근대에 들어 서방법학이념이 중국에 전입하게 된 주요한 까닭은 서법동점이란 시대적 흐름이다. 서방법학이념의 구체적인 전파과정을 보았을 때, 정치 및 법률에 관한 신문과 간행물의 발행, 저작과 교재의 편찬, 그리고 고등법학교육의 활성화, 외국인 법학전문가의 초빙과 법학을 전공할 유학생의 파견 등이 그 구체적 경로였다고 할 수 있다.

첫째, 정치 및 법률과 연관된 많은 신문과 간행물의 발행, 예컨대 1868년 임락지(林樂知)가 창설한 〈교회신보(教會新報)〉, 일본에서 유학중이던 중국인 학생들이 1900년에 창설한 간행물 〈역서총집(譯書匯編)〉과 1911년 창간된 〈법학회잡지〉, 1922년 동오대학 법학원(東吳大學法學院)에서 창간한 〈법학계간(法學季刊)〉, 1923년에 창간된 〈법률평론〉, 1930년에 창간된 〈중화법학잡지〉 등이 있었고, 이 외에도 〈동방잡지(東方雜誌)〉 등 종합성을 지닌 사회과학, 시사·정치 유형의 간행물과 신문들도 서방법학이념의 전파에 많은 기여를 하였다.

둘째, 법학저작의 편찬, 이 방면에 있어 가장 많이 공헌한 것은 우선 번역서적이다. 대표적인 작품들로는 이소야 고지로(磯谷幸次郎)가 저술하고 왕궈웨이(王國維)가 번역하여 1902년 상해상무인서관에서 출판된 〈법학통론〉, 호쯔미 시게또오(穗積重遠)가 저술하고 리허밍(李鶴鳴)[2]이 번역하여 1928년 상해상무인서관(上海商務印書館)에서 출판된 〈법리학대강〉 등이 있었다. 1930년대에 들어서면서부터 중국인들이 스스로 편찬

---

2   리허밍(李鶴鳴)은 리달(李達)의 필명이다.

하고 저술한 서방의 법학이념을 전파하는 작품들도 늘어나기 시작했다. 이 중 중요한 것은 1933년 오경웅(吳經熊)이 편찬하고 상해법학 편역사(上海法學編譯社)에서 출판된 〈법률철학연구〉, 1936년 왕세걸(王世傑), 전서승(錢瑞升)이 편찬하고 상해상무인서관(上海商務印書館)에서 출판된 〈비교헌법〉 등이다.

셋째, 서방을 따라 배워 창설한 신식 고등법학교육 또한 서방법학이념이 중국으로 전파되는 중요한 경로가 되었다. 1862년 북경에서 창설된 동문관(同文館)의 만국공법(萬國公法) 교육은 근대 서방의 권리, 주권, 권력의 분립과 견제 등의 이념을 중국에 전파시켰고 이후 연이어 세워진 천진중서학당(天津中西學堂, 1895년), 경사대학당(京師大學堂, 1898년), 경사법률학당(京師法律學堂, 1906년)과 각 지역에서 잇따라 창설한 법정학당(法政學堂, 1909년 전후) 등의 법률교육도 각종 법학 교육과정의 설치와 법률전공자의 강의, 서방 법학교재와 참고서적의 발행 등으로 근대 서방법학이념의 전파에 튼튼한 기반과 양호한 조건을 마련해 줬다.

넷째, 외국인 법학전문가의 초빙과 법학전공 유학생의 파견도 서방법학이념의 전파에서 또 하나의 중요한 경로가 되었다. 많은 외국인 법학전문가들은 중국에 진출하여 정부를 도와 입법에 참여하였는가 하면 법률교육에 헌신하거나 저술에 힘을 쏟아 학설을 세우기도 했다. 이러한 활동들은 서방의 많은 법률지식과 법학이념을 중국에 끌어들여 서방법학이념의 도입에 많은 기여를 하게 되었다. 이와 동시에 1876년부터 중국은 미국에 유학생 파견을 시작하여 1940년대까지 영국, 미국, 프랑스, 독일 등 서방 선진국으로 약 4,500여 명에 달하는 법학 유학생을 파견하였다. 훗날 이들의 다수는 중국에 돌아와 정부에 취직하는가 하면 입법과 사법부의 관리직을 맡거나 또는 여러 대학에서 교편을 잡으면서 서방법학이념의 전파에 많은 기여를 하게 되었다.[3]

(2) 청나라 말기 지식인들의 법률적 공헌

서방법학이념의 도입에 따라 중국의 일부 지식인들은 그에 관한 연구를 시작하고 그 전파에도 힘써 많은 기여를 하게 되었다.

① 임칙서(林則徐)와 위원(魏源)

1839년 임칙서는 일찍이 스위스의 저명한 국제법학자인 바텔(E. De. Vattel, 1714—1767년)이 쓴 〈각국율례〉란 저작 중 일부 장절의 번역을 주관하여 중국어로 번역한 바 있는데 이에는 법치사상에 관한 내용들도 많이 있었다. 이러한 번역작업과 더불어 임칙서는 서방의 지리와 역사 자료인 〈사주지(四洲誌)〉와 〈역대사지(歷代史誌)〉도 편집함으로써 서방정치 및 법률제도에 대한 중국의 이해와 연구를 선도하였다.

임칙서와 같은 시대 인물인 위원은 중국에서 최초로 서방의 선진적인 과학기술과 정치 및 법제도를 따라 배워야 한다고 주장한 계몽사상가이다. 그는 임칙서가 이룬 업적을 바탕으로 〈해국도지(海國圖誌)〉란 거작을 완성하였다. 그는 이 책에서 '사이장기이제이(師夷長技以制夷)',

---

3   郝铁川, '中國近代法學留學生与法制近代化', 〈法學硏究〉, 1997년 제6기 참조.

즉 열강의 선진적인 과학기술과 제도를 배워서 이로써 열강을 제압하도록 해야 한다는 사상을 주장하면서 서방의 법률제도와 법학 사상을 비교적 일찍 전파하였다.[4]

② 양무운동 중의 계몽사상가 풍계분(馮桂芬), 왕도(王韜)

양무운동시기에 이르러 중국의 근대 계몽사상가들은 서방의 법학이념을 이전보다 더욱 전면적이고 직접적으로 도입하였다. 이들은 과거 서방법학이념에 대한 소개를 토대로 하여 그에 대한 구체적인 분석과 토론을 더했으며, 서방법학이념에 관한 단순한 학술적 논술로부터 시작하여 서방제도를 거울로 삼아야 한다고 주장하면서 서방의 헌정사상을 전파하였다. 예를 들면 풍계분은 그의 〈교빈려항의(校邠廬抗議)〉란 저서에서 '세변대선(世變代嬗), 질추문(質趨文), 굴추교(掘趨巧), 기세연야(其勢然也)', 즉 "시대의 발전과 변화는 소박한 것으로부터 화려함으로, 우둔한 것으로부터 영리함으로 나아가게 되었는데 이는 시대발전의 필연적인 법칙이다.'"라는 견해를 펼쳐 서방의 법학이념을 적극 도입하자고 주장했으며 그의 이러한 사상은 심지어 광서황제(光緖皇帝)에게도 많은 영향을 주게 되었다. 그리고 또 왕도는 유럽의 많은 나라들을 돌아보고 1874년에 〈순환일보(循環日報)〉를 창설했는데 그는 서방의

---

4   이 외에도, 梁廷枏(1796—1861)의 〈합성국설(合省国說)〉, 徐継會(1795—1873)의 '영환지략(瀛環志略)' 등 저작이 있다. 이러한 작품들은 외국의 지리환경 등을 묘사한 이외에 서방의 분권사상, 법치이념 등 헌정에 관한 내용들도 많이 소개하였다. 何勤華, 〈中國法制史〉(第3卷), 法律出版社 2006년, 제10—14면 참조.

법학이념을 포함한 많은 시사평론과 문장을 지어 게재함으로써 서방의 정치 및 법률사상을 전파하여 당시의 양무운동에 커다란 영향을 주었다. 이 외에도 황준헌(黃遵憲)의 〈일본국지(日本國誌)〉, 정관응(鄭觀應)의 〈성세위언(盛世危言)〉 등도 서방의 법치이념을 전파하고 변법입헌(變法立憲)을 호소한 중요한 저작으로 평가받았다.

물론 청나라 말기 서방의 법학이념과 법률제도를 도입하여 중국의 근대 법체계를 세우는 데 공헌이 더욱 많았던 지식인으로는 다음 장절에서 서술하게 될 심가본(沈家本)을 제외하고도 주요하게는 강유위, 양계초, 엄복(嚴複)과 오정방(伍廷芳) 등의 인물이 있었다.

③ 강유위(康有爲)

유신운동의 주요한 사상가인 강유위의 주요한 저작으로는 〈신학위경고(新學僞經考)〉, 〈공자개제고(孔子改制考)〉, 〈무술주고(戊戌奏稿)〉, 〈일본변정고(日本變政考)〉, 〈대동서(大同書)〉, 〈예운주(禮運注)〉 등이 있다. 강유위는 청년시절부터 서학에 많은 관심을 가지고 있었다. 1895년 청왕조가 핍박에 의해 일본과 〈마관조약(馬關條約)〉을 체결하자 그는 분개하여 '공거상서(公車上書)'를 발기하고 불평등조약에 대한 반대입장과 위기의 탈출 및 강국에 대한 열망, 법제개혁의 확고한 의지를 호소하여 조야를 흔들었다. 그리고 유신변법을 선동하기 위해 그는 〈중외기문(中外紀文)〉을 창간하고 강학회(强學會), 보국회(保國會)를 조직하였으며 지속적으로 청나라 황제에게 변법에 관한 상소도 올렸다. 그의 이러한 노력으로 인해 1898년 무술변법이 일어났다. 그는 민족자본주의 발전에 관한 경제강령과 자산계급 입헌군주제의 건립에 관한 정치강령을 제출하고 청왕조 상층 통치자들의 지지를 얻어 이를 실시하려 하였다. 이 과정에서 그는 낡은 법률제도를 개혁하고 새로운 법을 채택해야 한다는 주장도 내놓게 되었으며 자산계급 입헌군주제의 실행에 있어서는 삼권분립을 핵심으로 해야 한다고 주장하였다.

강유위는 의회를 설립하여 입법권을 행사하도록 하는 것은 삼권분립을 실행하는 하나의 중요한 부분이라 생각했다. 그는 많은 나라의 양법(良法)을 참고하여 헌법을 제정해야 한다고 주장했으며 헌법을 제정하여 군주와 민간의 권한을 확정짓는 것은 군주입헌정체를 실행하는 기본조건이라 하였다. 그는 또 '공양삼세설(公羊三世說)'과 천부인권론에 의해 법률의 진화를 역설했는데 법률의 발전에는 '거난세(据亂世)', '승평세(升平世)', '태평세(太平世)' 3개 발전단계가 있다고 지적했으며 법률발전의 이 3개 단계에서 가장 이상적인 상태는 미래의 태평세(즉 '대동'세계)이고 태평세에 이르면 모든 사람은 충분한 인권을 향유하게 될 뿐만 아니라 국가, 제왕 및 행정장관은 없어질 것이고 가정과 사유재산, 범죄와 형법도 없어질 것이며 형벌과 감옥도 설치할 필요가 없게 될 것이므로 '거난세(据亂世)'와 '승평세(升平世)'의 모든 고통은 사라질 것이라고 하였다.

④ 양계초(梁啓超)

1895년 양계초는 북경에서 강유위가 발기한 '공거상서(公車上書)'에 참여하였고 그가 조직한 강학회(强學會)에도 가입했으며 1896년에는 상

　　　　　　　　　　　　　중국 법치 100년의 경로

하이(上海)에서 〈시무보(時務報)〉의 주필을 맡았다. 이후 후난(湖南)에 가서 후난시무학당(湖南時務學堂)의 총교습(總敎習)을 맡으면서 담사동(譚嗣同) 등과 함께 유신사상을 선전했으며 1898년 그는 무술변법에 참여해 강유위의 유능한 조수로 많은 활약을 하였다.

중국 근대 법률체계의 건립에 있어 양계초의 공헌은 변법을 선전하고 몽테스키외, 루소 등 근대 서방 자산계급 계몽사상가들의 학설을 중국에 도입했으며 민주, 자유, 법치, 양법, 삼권분립, 군주입헌 등 이념과 제도를 전파하게 된 데에서 찾을 수 있다. 뿐만 아니라 그가 중국의 근대 법리학(法理學), 법률사학과 헌법학 등 학과의 창시인 중의 한 사람이며 특히 중국 근대헌법의 탄생에 아주 거대한 공헌을 하게 되었다는 점에서도 돋보인다.

양계초는 평생 많은 저서를 지었다. 통계에 의하면 그가 30여 년간의 창작 생애에서 총 5,000만자에 달하는 저술을 완성했는데 이는 매일 평균 약 5,000자를 쓴 셈이다. 양계초의 저서에는 법학영역의 논저들도 아주 많은 바, 주로 〈변법통의(1896년)〉, 〈중국에서도 법률학은 강조되어야 한다(1896년)〉, 〈각국 헌법의 이동에 관하여(1899년)〉, 〈입헌법의(1901년)〉, 〈입법권에 관하여(1902년)〉, 〈법리학 대가 몽테스키외의 학설에 관하여(1902년)〉, 〈중국법리학발전사론(1904년)〉, 〈중국성문법 편성의 연혁과 득실에 관하여(1904년)〉, 〈헌법의 3대 정신(1912년)〉, 〈진보정당의 중화민국 헌법초안(1913년)〉 등이다.

⑤ 엄복(嚴復)

엄복는 복건성(福建省) 후관(侯官, 즉 福州)사람이다. 1867년 그는 복주선정학당(福州船政學堂)에 입학하였고 1877년 영국에서 유학을 했으며 1879년 귀국하여 장기간 북양수사학당(北洋水師學堂)에서 총교습(總敎習)을 맡았다. 1895년 청정부가 중일갑오전쟁(中日甲午戰爭)의 패배로 인해 〈마관조약(馬關條約)〉을 체결하자 그는 아픈 심정을 참고 이를 갈면서 역술(譯述)로써 국민을 깨우치겠다는 다짐을 하고 〈원강(原强)〉, 〈벽한(辟韓)〉, 〈구망결론(救亡決論)〉, 〈세변지극(世變之亟)〉 등의 글을 연속으로 발표하여 자산계급의 자유, 민주라는 정치사상을 선전하고 군주독재를 규탄했으며 구학(舊學)을 비판하고 변법(變法)으로 강국을 도모할 것을 주장하였다. 1896—1898년 사이 그가 번역하여 출판한 헉슬리(Aldous Leonard Huxley)의 〈천연론(天演論)〉은 당시 중국의 지식계에 커다란 파장을 일으켰다.

1898년 무술변법이 실패로 막을 내리게 되자 그는 서방 저명 학술저작의 번역에 몰두하여 차례로 애덤 스미스(Adam Smith)의 〈국부론 The Wealth of Nations〉, 몽테스키외(Montesquieu)의 〈법의 정신, De l'esprit des lois〉, 허버트 스펜서(Herbert Spencer)의 〈사회학[群學肄言], The Study of Sociology〉, 존 스튜어트 밀(John Stuart Mill)의 〈자유론[群己權界論], On Liberty〉과 〈논리학 체계[穆勒名學], A System of Logic〉 등 7편의 저작들을 번역하였다. 그는 이러한 저서들에 많은 부가 설명을 첨부함으로써 서방 자산계급의 사회과학 저작들을 소개하고 서방문화를 전파하는 동시에 또 자신의 철학, 정치, 법률 및 경제 등 관점도 밝히었다.

엄복은 중국이 변법을 계기로 삼아 강국의 길로 매진할 수 있도록 하기 위해 자산계급의 진화론을 소개하고 선전함으로써 국민들이 각성하여 나라를 스스로 일으켜 세우기를 바랐으며 이와 동시 그는 또 루소, 몽테스키외의 천부인권, 국민주권과 삼권분립 이론을 선전하여 중국 근대 자산계급 민주사조의 발전에 아주 중요한 촉진역할을 하게 되었다.

⑥ 오정방(伍廷芳)

1874년 오정방은 영국에 유학을 가서 저명한 링컨변호사학원(Lincoln's Inn)에서 공부하고 1877년 1월에 졸업하여 법학박사학위와 법정변호사 자격을 취득하였다. 이는 중국인이 처음으로 받은 학위와 자격이다. 1902년 이후 그는 차례로 법률수정대신(修訂法律大臣), 상무부대신, 외무부 우시랑(右侍郎), 형부 우시랑(刑部 右侍郎) 등 관직을 맡았다. 오정방은 중국에서 가장 먼저 서방의 자산계급법률에 관한 정규교육을 받은 사대부로 중국법률의 근대화에 많은 기여를 하였다.

우선 오정방은 청조말기 심가본과 함께 법률의 수정작업을 수행하였다. 재임기간 그는 법률개혁에 관해 일련의 조치들을 제출하고 실행하였다. 〈율례에서 중벌을 삭제하는 것에 관한 상주(奏刪除律例内重法折)〉, 〈고문의 정지에 신중을 기울이는 것에 관한 상주(奏停止刑訊请加詳慎折)〉, 〈법률학당의 개설에 관한 상주(奏請專設法律學堂折)〉, 〈새로운 법률의 제정에 관한 상주(奏定新律折)〉 (이상의 상주는 1905년), 〈소송법을 우선 실행하는 것에 관한 상주(奏訴訟法請先試辦折)〉, 〈상률의 후속으로 파산률 제정에 관한 상부, 수율대신과의 합동상주(商部, 修律大臣會奏議訂商律續拟破産律折)〉(이상의 상주는 1906년) 등 상주문에서 오정방은 심가본 등과 함께 중국법계의 개혁에 관하여 특히 야만적이고 낙후된 제도의 폐지, 서방의 선진적 법이념·제도 및 원칙의 도입, 세계적인 발전추세에 맞는 근대식 법전의 제정 등에 관해 체계적인 구상을 제출하였다. 그의 이러한 구상들은 이후 여러 가지 어려움을 겪은 적도 있었으나 결과적으로 모두 실현되어 중국 법률의 근대화에 많은 기여를 하였다.

다음으로 오정방은 그의 기나긴 정치와 법률적인 생애에 있어 근대적 법률사상이 담긴 상주문, 전보문(電文)과 저서들을 많이 집필하였다. 예를 들면 〈머리는 깎더라도 복장은 그대로 할 것에 관한 상주(奏請剪髮不易服折, 1902년)〉, 〈감국의 공화 찬성에 관한 주청문(奏請監國贊成共和文, 1911년)〉 등이 있었다. 이러한 상주문과 글에서 오정방은 국민의 인신권(人身權) 및 거주권의 수호, 법률범위 내에서의 평등과 자유, 사법독립과 문명재판 등 법과 법학사상을 제하였다.[5]

(3) '백일유신(百日維新)'과 변법도강(變法圖强)

'무술변법' 즉 백일유신은 1898년(음력 무술년) 6월, 강유위를 수반으로 한 개량주의자들이 광서황제를 앞세워 진행한 자산계급 정치개혁운동이다. 변법의 주요내용은 서방을 따라 배워 과학과 문화를 제창하

---

5   何勤華, 〈中國法學史〉(第3卷), 法律出版社, 2006년 판 참조.

고, 정치와 교육제도를 개혁하며 농업, 공업, 상업 등을 발전시키려는 것이다. 이 운동은 중국에서 대규모로 서방법률을 학습하는 중요한 계기가 되었다. 이 시기 서방법학이념과 법률제도의 도입은 중국에서 이미 전파와 학습의 단계를 지나 이식단계로 진입하게 되었으므로 유신변법파의 역할은 더욱 중요해졌다.

강유위는 무술변법에서 지도자 역할을 하였다. 1898년 1월 강유위는 광서황제에게 상서를 올렸고 4월에는 양계초(梁啓超)와 같이 북경에서 보국회(保國會)를 설립했으며 6월 11일 광서황제는 유신인사와 '제당(帝黨)' 관원들의 지지 하에 '정국시조(定國是詔)'를 반포하고 변법을 선포하였다. 신정은 이날부터 시작하여 9월 21일 자희태후(慈禧太后)가 정변을 일으키기 전까지 지속되었고 유지된 기간은 총 103일로 역사상 이를 '백일유신'이라 하게 되었다.

변법기간 광서황제는 차례로 백여 개의 변법조령(變法詔令)을 선포하여 낡은 법을 폐지하고 새로운 법을 세웠다. 조령의 주요한 내용으로 경제영역에서는 농공상국(農工商局)과 노광총국(路鑛總局)을 설립하고 실업(實業)의 개설을 제창했으며 철도를 건설하여 광산을 채굴하도록 하고 상회도 조직하였다. 그리고 재정을 개혁하여 기인(旗人)에게 제공되던 특별 지원[供養]을 취소하고 그들이 자체적으로 생계를 유지하도록 하였다. 정치영역에서는 사민(士民)도 상소를 올려 국가대사에 참여할 수 있게 하고 율례(律例)를 개정하여 불필요한 관원을 줄이고[裁撤冗員] 관원들의 품행을 바로 잡도록 하였다[澄清吏治]. 군사영역에서는 낡은 군대의 축소 및 도태와 더불어 신군을 편성하여 훈련하도록 하였으며 군함을 구입하여 해군을 확충하였다. 문화영역에서는 팔고문(八股文)을 폐지하고 서학을 진흥하도록 했으며 중소학당을 설립하고 경사대학당 (京師大學堂)도 창설했다. 그리고 역서국(譯書局)을 설립하여 외국의 서적들을 번역하도록 하고 신문사, 학회의 설립을 허가하였을 뿐만 아니라 외국에 유학생도 파견하기로 했으며 과학저서와 발명도 장려하기로 했다. 이러한 혁신에 관한 정령의 목적은 서방의 문화, 과학기술과 관리를 따라 배워 중국에서 자본주의를 발전시키고 입헌군주제를 건립하여 나라의 부강을 실현하려는 것이었다.

상술한 바와 같은 모든 변법조치는 신흥자산계급의 이익을 대변하였으므로 봉건수구세력은 이를 받아들이기 어려웠다. 청정부의 일부 권력자와 수구관료들은 겉으로는 복종했으나 속으로는 따르지 않았고 각종 구실을 찾아 변법에 저항했다. 자희태후는 광서황제가 변법을 선포한 지 5일째 되었을 때, 광서황제에게 압력을 가해 3개의 조령을 연달아 반포하게 하여 인사임면권과 북경―천진 지역의 군정대권(軍政大權)을 장악하고 정변을 준비했다. '백일유신'이 시작되자 청정부내의 수구파들은 유신운동의 성과를 받아들이지 않았다. 어떤 사람은 자희태후에게 상서(上書)를 올려 강유위와 양계초에 대한 처형을 요구했고 혁광(奕劻)과 이련영(李蓮英)은 자희태후에게 '수렴청정'도 간청했다. 그리고 양숭이(楊崇伊)는 수차례 천진에 가서 영록(榮祿)과 음모를 꾸몄는데 심지어 황실에서는 광서황제를 폐위하고 새로운 황제를 세운다는 소문도 돌기 시작했다. 9월 중순 광서황제는 유신파들과 여러 차례 비밀리에 만나 대책을 상의했으나 유신파들은 실권이 없어 아무런 대책도

중국 법치 100년의 경로

세우지 못하게 되었으므로 영록과 맞서기 위해 광서황제에게 원세개의 중용을 건의했다. 9월 16일, 17일 광서황제는 원세개를 두 번 만났고 9월 18일 밤 담사동(譚嗣同)은 원세개를 비밀리에 만나 영록를 죽이고 출병하여 광서황제를 구출할 것을 권유했으나 담사동은 끝내 원세개에게 배신당하고 말았다.

1898년 9월 21일 새벽 자희태후는 갑자기 이화원(頤和圓)에서 자금성으로 돌아와 광서황제의 침궁(寢宮)에 쳐들어가 광서황제를 중남해영대(中南海瀛台)에 구금하였다. 이후 훈정조서(訓政詔書)를 반포하여 조정에 나와 '훈정'을 시작함으로써 '무술변법'을 실패로 내몰았다. 무술정변 이후 자희태후는 도망 중인 강유위, 양계초를 체포 또는 사살하라고 명령하고 담사동, 양심수(楊深秀), 임욱(林旭), 양예(楊銳), 류광제(劉光第), 강광인(康廣仁), 서치정(徐致靖), 장인환(張蔭桓) 등도 체포할 것을 명하였다. 9월 28일 담사동, 양예, 류광제, 임욱, 양심수, 강광인 등 6명은 북경 채시구(菜市口)에서 살해되었으며 서치정은 종신형을 받았고 장인환은 신장(新疆)에 유배되었다. 이로써 신정에 관한 많은 조치들은 7월에 세운 경사대학당을 제외하고 전부 폐지되었고 103일간 진행된 변법유신은 무술정변으로 인해 실패하고 말았다.

2. 청조 말기의 수율(修律)과 서방법의 계수(繼受)

백일유신이라고 불리는 '무술변법'은 실패로 막을 내렸다. 그러나

변법을 통해 나라를 부강의 길로 이끌려는 개량과 혁명의 사회적 조류
는 잦아들지 않았고 오히려 더욱 거세지게 되었다. 이때 손중산(孫中山,
1866—1925년), 진천화(陳天華, 1875—1905년)와 추용(鄒容) 등 혁명파들이 청
왕조를 뒤엎기 위해 진행한 선전과 투쟁은 청정부를 상대로 한 사회적
저항을 더욱 격화시켜 청을 입법개혁에 의한 체제 자구에 나서도록 했
으며 또 이로 인해 상층으로부터 시작된 서방법률의 철저한 도입과 중
국 근대 법률체계를 만드는 수율변법운동이 일어나게 되었다. 이 운동
의 주역은 바로 심가본, 오정방, 동강 등 법률개혁가들이다.

(1) 심가본(沈家本)의 수율변법

1901년 1월, 시안(西安)에서 망명하던 자희태후는 국내외 압력에 못
이겨 어쩔 수 없이 변법에 관한 조서를 내려 관료들로 하여금 참고할
만한 의견과 대책을 내놓도록 명하였다. 변법에 관하여 여러 대신들이
제출한 주서(奏議)에는 양광총독(兩廣總督) 류곤일(劉坤一), 호광총독(湖廣
總督) 장지동(張之洞)이 공동으로 제출한 '변법3절(變法三折)'도 있었는데
이는 광률(礦律), 노률(路律), 상률(商律) 및 섭외형률[交涉刑律]의 제정 등
문제를 제기하였고 이는 조정에 큰 반향을 불러일으켰다.

1902년 2월, 청정부는 군기대신에게 다음과 같은 조서를 내렸다.

중국의 율례는 한당(漢唐)시기로부터 시대마다 이에 대한 첨가
와 수정을 해왔다. 청조의 〈대청율례(大淸律例)〉는 내용이 절충(折衷)

되고 지당(至當)하며 아주 상세하다[(備極精祥)]. 나라를 잘 다스리려면(惟是爲治之道) 시대적 요구에 부응되게 조치를 취해야 한다[(尤貴因時制宜)]. 오늘날의 정세는 예전에 비해 많이 달라졌으므로[(今昔情勢不同)] 사정을 감안하여 적절히 결정하지 않으면[(非參酌適中)] 완벽한 실행은 성사될 수 없다[(不能推行盡善)]. 근래에 자원개발이 날로 중요시 되고[(地利日興)] 무역의 폭도 넓어지고 있기에[(商務日廣)] 광률(礦律), 노률(路律), 상률(商律) 등은 타당하고 전문적인 조례를 갖추어야 한다[(妥議專條)]. 출사한 외교 사신들은 각 나라의 현행 율례(通行律例)를 파악하여 외무부에 보낼 것을 명하고 원세개, 류곤일(劉坤一), 장지동(張之洞)은 율례에 능숙한 자들을 신중히 선발하여 북경에서 선임(選任)을 대기하도록 하며[(听候簡派)] 부처를 개설하고 편찬을 시작하여야 하며[(開館編纂)] 조정의 심의를 거쳐 반포하여야 한다[(請旨審定頒发)]. 총체적으로 율례의 수정은 반드시 실제에 부합되고 적용이 쉬우며[(切實平允)) 중국과 외국에서 시행이 가능하고 국민에 유익함을 그 취지로 한다.[6]

1902년 5월, 조정에서는 수율에 관하여 조서를 내렸는데 그 내용은 다음과 같았다. "현재 통상에서 교섭이 날로 빈번해지고 있으므로 심가본, 오정방을 파견하여 모든 현행 율례를 교섭상황에 따라 각국의 법률을 참조하여 세심히 점검하고 연구하여 적절한 토의과정을 거쳐

---

6   〈大淸德宗景(光緖)實錄〉(495권), 臺灣華文書局, 1964년 판 참조.

중국과 외국에서 적용이 가능하도록 제정하는 것이 통치에 유익할 것
이다."[7] 이상의 조서를 받고 수율대신(修律大臣)인 심가본[8]과 오정방[9]은
1904년 5월 15일에 수정법률관을 설립하고 수율작업을 시작하여 1911
년 10월 신해혁명의 발까지 많은 법전과 단행법규들을 제정하였다.

심가본과 오정방은 우선 외국의 법률을 번역하였다. 이는 수정법
률관의 중요 업무이기도 하였다. 심가본도 〈수정법률대신 전 법부 우
시랑 심가본: 법률수정을 대리원과 함께 추진하는 것에 관한 조서(修訂
法律大臣前法部右侍郎沈奏修訂法律請會同大理院辦理摺)〉에서 "각 나라 법률의
참조에 있어 가장 중요한 것은 번역인데 서적의 번역에서 법률서적의
번역이 가장 어렵다."라고 언급하여 어려움을 토로하였다. 하지만 수정
법률관의 노력 끝에 청나라 멸망까지 총 17개 나라의 87가지 법률과 법
학저작을 번역했다. 번역된 법률은 일본, 독일, 프랑스, 오스트리아, 미
국, 영국, 러시아, 스페인, 이탈리아, 벨기에 등 나라의 법률이었고 구체
적인 내용들로는 민법, 상법, 형법, 소송법, 감옥법, 재판소구성법, 국적
법, 회사법, 어음법[票據法], 파산법, 고등문관고시법(高等文官試驗法), 판

---

7   上海商務印書館編譯所 편찬, 〈大清新法令〉(제1권) 李秀清 등 표점, 商務印書館, 2010
     년 판 16면.

8   沈家本은 이 업무를 선통(宣統) 3년(1911년)까지 맡고 있었다. 그해 2월 22일 조정에
     서는 명을 내려 沈家本이 맡은 자정원부총재(資政院副總裁)와 수정법률대신(修訂法律大
     臣)의 직위를 해임하였다. 李貴連, 〈李貴連評傳〉, 南京大學出版社, 2005년 판, 187—
     188면 참조.

9   훗날 伍廷芳은 상부좌시랑(商部左侍郎)으로 전임했기에 修訂法律大臣은 다시 맡지 않
     고 英瑞가 이를 맡게 되었으며 英瑞가 病故하자 俞廉三이 또 이 업무를 맡게 되었다

사칭계법, 국제사법 등을 망라하였으며 당시의 이러한 번역작업은 학업을 마치고 귀국한 엄금용(嚴錦鎔), 왕총혜(王寵惠), 장종원(章宗元), 장종상(章宗祥), 조여림(曹汝霖), 육종흥(陸宗輿) 등 학자들을 주축으로 하여 진행했기에 번역된 저서의 수량은 물론이고 질적으로도 우수하여 당시로서는 전례를 찾아보기 어려웠다.

심가본이 주관하여 수정한 법률들은 형법, 민법, 상법, 형사소송법, 민사소송법, 법원편제법(法院編制法) 등과도 연관되었다. 그는 법률수정이 〈대청율례〉로부터 시작해야 한다고 주장하고 수정에 관해 아래와 같은 구체적인 원칙도 제시하였다. 즉 "총목(總目)은 삭제하고 형명(刑名)은 바로잡아야 하며 새로운 장은 증가하고 예문은 간략히 해야 한다." 1909년 10월 〈대청현행형률(大淸現行刑律)〉을 완성하였다. 하지만 예교파(禮敎派)의 반대와 청정부의 간섭으로 인해 어쩔 수 없이 '5개의 조항으로 된 임시규정'을 〈대청현행형률〉에 추가하고 1911년 1월에 이를 〈대청신형률(大淸新刑律)〉로 명하여 반포하였다.[10]

심가본은 민사법의 수정작업에 있어서도 역시 많은 활약을 하였다. 그는 일본인 학자 시타 고로다로(志田鉀太郞)와 마츠오카 요시마사(松岡義正)의 적극적인 협력에 힘을 입어 1911년 9월에 〈대청민률초안(大淸民律草案)〉(총 5편 33장 1569조)을 정식으로 완성하게 되었다. 이 초안

---

10 禮, 法 이 두 파벌이 〈대청현행형률〉의 제정에 관하여 전개한 논쟁은 주로 배심제, 변호사변호제도를 채택해야 할 것인가, '준례제형(準禮制刑)'의 입법원칙을 변경해야 할 것인가, '죄형법정주의'를 채택해야 할 것인가, '무부간(無夫奸)'에 관한 규정을 폐지해야 할 것인가 등을 에워싸고 진행하였다. 黃源盛, 〈中國法史導論〉, 臺灣元照出版有限公司, 2012년 판, 365−381면 참조.

은 중국 역사에서 첫 번째 민법초안이다. 이 초안의 총칙, 채권, 물권 등 3편은 모두 일본인 학자가 직접 작성했기에 자산계급의 민법원칙과 이론이 많이 구현되었고, 친족[親屬]과 상속[繼承] 등 2편은 전통예법과 연관되므로 수정법률관과 예학관(禮學館)이 공동으로 작성하였으므로 그 내용은 낡은 제도를 벗어나지 못했다.

이 외에도 심가본은 수정법률관을 주관하면서 〈개정 상률초안〉, 〈대청형사소송률초안〉, 〈대청민사소송률 초안〉, 〈법원편제법〉, 〈국적조례〉 등 법률의 제정 작업도 완료하였다[11].

심가본은 법률수정을 하였을 뿐만 아니라 변법에 관해서도 꾸준히 탐구하여 법률을 수정하면서 서방의 많은 선진적 법학이념과 법률제도도 중국에 도입하였다. 그가 쓴 상주문, 그가 조직하여 번역한 대량의 서방법전과 법학저작 그리고 수율하면서 그가 쓴 초안 등은 모두 서방의 법치, 권리, 계약, 삼권분립, 사법독립, 법 앞에서의 평등 등 기본적 법치이념을 널리 보급하였다. 동시에 그는 또 서방의 변호사제도, 공개재판제도, 배심제도, 죄형법정주의 등을 중국에 수용하였고 중국의 사법체계에서는 고문에 의한 자백강요, 유추해석에 의한 재판 등 야

---

11 중국 근대 법률체계의 형성과정에서 심가본이 주도한 수정법률관(修訂法律館)은 많은 공헌을 하였다. 이뿐만 아니라 심가본은 도량이 크고 식견도 넓어 많은 인재들을 영입하여 당시의 수정법률관(修訂法律館)을 중국 법률인재들의 근거지로 만들었다. 이에는 오정방(伍廷芳), 동강(董康)을 제외하고 엄금용(嚴錦鎔), 왕총혜(王寵惠), 장종원(章宗元), 장종상(章宗祥), 조여림(曹汝霖), 육종흥(陸宗興), 강강(江康), 왕유령(汪有齡), 왕영보(汪榮寶) 등 19명도 있었는데 이들은 모두 영국, 미국, 프랑스, 일본 나라를 유학한 법률 우등생으로 훗날 20세기 상반기 중국법학계의 기둥으로 발전하였다. 黃源盛, 〈中國法史導論〉, 臺灣元照出版有限公司, 2012년 판, 352면 참조.

만적이고 낙후한 제도를 폐지하고 형벌에서의 능지처참, 효수형, 부관참시(戮尸), 연좌(緣坐), 묵형(刺字) 등 참혹한 형벌 및 기타 중형(重刑)도 제거했으며 그리고 또 사형죄목을 줄이고 낡은 형벌제도와 추심제도[12]를 개혁하였는가 하면 또 인신매매, 노비제도 등 국민기본권을 엄중히 해치는 행위도 금지하였다.[13]

(2) 예비입헌과 서방헌정의 전입(轉入)

1900년 '의화단운동' 이후 각 지역에서 민중들의 반항과 투쟁은 끊임없이 일어났고 민주혁명의 물결도 전국으로 퍼져나갔다. 이때 자산계급 개량파들은 혁명의 발생을 저지하기 위해 입헌군주제의 도입을 주장하는 입헌운동을 전개하게 되었는데 이는 청나라의 중앙과 지방 일부 한족관료들의 지지를 얻게 되었다. 특히 1905년에 발생한 러일전쟁서 일본은 입헌군주제의 작은 나라로서 러시아와 같은 독재대국과 전쟁에서 승리함으로써 청나라 조정에 큰 충격을 주었다. 조야에서는 "러일 간의 승패는 바로 입헌과 독재간의 승패이다."라고 하면서 이번 전쟁의 승패를 국가의 정치체제와 연결시켜 보았다. 즉 일본은 입헌에 의해 승리하였고 러시아는 독재로 인해 패배하였으며 "소국이 대국에

---

12   秋審制度: 사형을 신중해 하기 위해 가을에 중앙에서 심리하는 제도[역주].

13   李貴連, 〈沈家本評傳〉, 南京大學出版社, 2005년 판, 110—192면 참조.

전승한 것이 아니라 입헌이 독재에 전승한 것이다."라고 보았다.[14]

　이러한 상황에서 청정부는 부득이하게 일련의 조치를 내려야만 했다. 1905년, 조정에서는 재택(載澤), 단방(端方), 대홍자(戴鴻慈), 서세창(徐世昌) 등 4인을 각 나라에 보내 정치를 조사하도록 하였다. 이후 계속하여 소영(紹英)도 파견하였다. 그러나 이 5명의 대신은 출국 도중 오월(吳樾)의 습격을 받아 소영(紹英) 등이 부상을 입게 되었기에 조정에서는 다시 이성탁(李盛鐸), 상기형(尙其亨)을 보내 소영(紹英)과 서세창(徐世昌)을 교체하다 보니 해외헌정 조사는 지연되었다. 이 시기 조정에서는 또 정무처(政務處)의 왕대신(王大臣)에게 명을 내려 입헌강령을 세우고 '고찰헌정관(考察憲政館)'을 설립하도록 했는데 이듬해 이를 다시 '헌정편사관(憲政編査館)'으로 개편하고 이를 예비입헌의 사무기구로 삼게 하였다. 1906년 6월, 해외조사에 나섰던 5명의 대신들은 구미 각 나라와 일본을 조사하고 귀국하여 입헌방안을 작성하였다[15]. 재택(載澤)은 〈입헌선포에 관한 비밀상소(奏請宣布立憲密折)〉에서 "입헌을 하면 황위는 영원히 확고해지고, 외환은 점차 줄어들 것이며, 내란은 가라앉게 될 것이다." 하였으며 "오늘의 입헌선포는 입헌예비를 명시하려는 것이고 입헌의 실행기일은 늦출 수도 있다."라고 하였다. 자희태후는 재택의 이러한 의견을 높이 평가하고 해외고찰을 마친 대신들을 7번이나 만나

14　故宮博物院明淸档案部 편집, 〈淸末籌备立憲档案史料〉(上), 中華書局, 1979년 판, 29면.

15　이 5명의 대신이 출국하여 서방열국의 헌정을 고찰한 구체상황은 朱勇이 주필한 〈中國法制通史〉제9권, 法律出版社, 1999년 판, 57—93면을 참조할 수 있다.

면서 어전회의의 반복적인 검토 끝에 9월 1일 '예비방행헌정(豫備仿行憲政)'을 반포하였다.

　'예비입헌'이 반포된 이후, 입헌운동도 홍보 및 추진단계로부터 실질적인 발전단계로 진입함으로서 각 지역에서 많은 입헌단체가 연이어 건립하게 되었다. 국내 입헌파들이 건립한 입헌단체로는, 상하이의 예비입헌공회(豫備立憲公會 회장: 정효서鄭孝胥, 부회장: 장건張謇 탕수잠湯壽潛), 후베이(湖北)의 헌정주비회(회장: 탕화룡湯化龍), 후난(湖南)의 헌정협회(회장: 담연개譚延闓), 광둥(廣東)의 자치회(회장: 구봉갑丘逢甲) 등이 있었다. 이 시기 해외의 입헌파들도 이에 적극 동참하였다. 1907년 2월, 강유위는 보황회(保皇會)를 국민헌정회로 고쳤고 같은 해 10월 양계초(梁啓超)와 장지유(蔣智由) 등은 도쿄에서 정문사(政聞社)를 조직하여 '예비입헌'을 주장하였다. 이시기 청정부의 적극적인 격려로 '예비입헌'운동은 점차 고조되었고 입헌파들은 국회의 소집을 촉구하는 청원도 여러 차례 발기하였다.

　이후 청정부는 예비입헌과 관련된 일부 활동들을 진행했다. 예를 들면 자의국(咨議局)을 설립하고 자정원(資政院)의 설립에도 착수하였다. 자의국은 각 성(省)의 의사기구로서, 그의 구체적인 권한은 지역에서 발전시키려는 사업과 지역의 개혁과제를 토론하고 지역의 예산과 결산, 조세, 공채 및 단행규정규칙의 첨가와 삭제, 수정 등을 논의하며 자정원의 의원을 선거하고 자정원 또는 독무(督撫)의 자문신청에 회답을 주는 등이었다. 그러나 자의국의 권력은 성 독무의 엄격한 제한을 받았고 극소수 상층 자산계급 남성 대표들의 활동장소이기도 하였으므로 자본주의지방의회의 성격은 띠지 못하고 있었다. 자정원의 설립은 1907년에 시작하게 되었는데 그의 취지는 "공론을 수렴하여 상하의회의 건립에 기반을 제공하려는 것"이었다. 그러나 그의 인원구성, 의사내용 및 절차를 보았을 때, 완전히 황제에 의해 통제되어 아무런 실질적 권력도 없었으므로 황제의 어용기구에 불과하였다. 이때를 즈음하여 각 지역의 입헌단체들도 잇달아 건립되었다.

청조말기의 '예비입헌'은 다음과 같은 3가지를 주요한 내용으로 추진하게 되었다. 이중 첫째는 행정개혁인데 이에는 사법개혁과 교육개혁이 포함되었고 그의 핵심은 관제의 개혁이었다. 둘째는 의회를 설립하게 한 것이고 셋째는 지방자치를 실시하게 한 것이다.

1908년 8월, 청정부는 예비입헌의 기간을 9년으로 선포하고 〈흠정헌법대강(欽定憲法大綱)〉을 반포하였다. 이 대강은 총 23조로 이중 '군주대권'에 관한 내용은 14조에 달했고 '신민의 권리와 의무'에 관한 내용은 단 9조밖에 되지 않았다. 황제의 권력으로 법률안의 반포, 관원의 파면과 승진, 관직의 설정과 봉급기준의 결정, 전쟁선포와 화친의 체결, 의회의 해산, 해군과 육군의 통솔, 사법권에 대한 총괄 등 많은 내용이 규정됨으로써 봉건독재와 별 다른 점이 없게 되었다.[16] 11월, 광서황제와 자희태후가 잇따라 세상을 뜨자 부의(溥儀)는 곧바로 황위를 승계하였고 1909년에 연호를 선통(宣統)으로 고치게 되었다.

---

16   上海商務印書館編譯所 편찬, 〈大淸新法令〉 (第一卷). 李秀淸 등 표점, 商務印書館, 2010년 판, 119—122면 참조.

1909년 3월, 청정부는 예비입헌을 재차 천명하고 각 성 자의국은 반드시 그해 안으로 설립해야 한다고 명하였다. 같은 해 12월, 16개 성 자의국의 대표들은 국회청원동지회를 조직하고 1910년에 3번의 청원을 올려 국회의 신속한 개회를 촉구하였다. 그해 10월, 자정원은 북경에서 성립하게 되었는데 이도 역시 1911년 국회의 개회를 요구하였다. 이러한 상황에서 청정부는 할 수 없이 예비입헌의 기한을 9년에서 5년으로 고치고 1913년에 국회를 소집하기로 정했으며 1911년에 내각(內閣)을 먼저 설립하였다. 1911년 5월, 청정부는 군기처(軍機處) 등 기구를 철폐하고 내각의 관직제도를 반포했으며 그리고 새로운 내각을 구성하였다. 이 내각은 총 13명의 국무대신으로 구성하게 되었는데 이에는 한족관료 4명, 몽골 기인(旗人) 1명, 만족 8명이 있었다. 경친왕(慶親王) 이광(李劻)은 총리대신을 맡았다. 그러나 이 내각에 황족은 5명이나 되어 사람들은 이를 '황족내각'이라 풍자하였다. 이로서 청정부가 '예비입헌'으로 국민을 속여 귀족집권을 실현하고 민주혁명을 진압하려는 목적이 드러나게 되었으므로 입헌파의 환상은 파멸되고 민주혁명은 더욱 거세지게 되었다.

상술한 〈흠정헌법대강〉이 가진 뚜렷한 특징이라면 바로 모든 권력이 황제에게 집중하게 되었고 인민은 아무런 권리도 없게 되었으며 그리고 최종목적을 봉건독재주의를 수호하려는 데 설정하였다는 것이다. 그리하여 이 '헌법대강'은 한편으로 인민의 분노를 자아내게 되었고 또 다른 한편으로 입헌파들에게도 큰 실망을 안겨주고 말았다. 이 후인 1911년 11월 3일, 청정부는 또 〈헌법중대신조(憲法重大信條) 19조〉를 반포하였다. 그러나 이는 '신해혁명'과 무창봉기(武昌起義)의 타격으로 인한 위기를 탈출하기 위해 꾸며낸 임시적 꼼수였기에 아무런 가치도 없었다. 〈흠정헌법대강〉과 이후의 〈헌법중대신조 19조〉에는 많은 근대자본주의헌법의 특징들이 내포되어 있었다. 예를 들면 이는 영국의 입헌군주주의를 채택하여 이를 성문법으로 규정했으며 국회의 지위와 위상을 높이고 그를 진정한 권력기관이 되도록 하였는가 하면 또 책임내각제를 실행하기로 하고 내각총리의 권력도 확대하였다. 그리고 서방의 권력분립과 견제에 관한 원칙도 관철하였다. 그러나 이에는 "대청제국황제의 황통은 만세불변이다(大淸帝國皇統萬世不易).", "황제는 신성불가침이다(皇帝神聖不可侵犯)." 등 황권의 수호에 관한 내용(일본 1889년 헌법을 표절)을 규정하고 '백성의 자유, 평등, 권리' 등에 관해서는 아무런 언급도 하지 않았으므로 근대헌법과는 거리가 아주 멀었다. 신해혁명의 발발로 인해 이때의 청나라는 이미 붕괴 직전 단계에 이르렀다. 청왕조는 양계초(梁啓超)가 언급했듯이 '민심이 모두 떠나[(人心盡去)]' 입헌으로 국면을 만회하려는 시도는 이미 너무 늦어버렸다.

(3) 중국 근대 법률체계의 초보적인 형성

청정부의 예비입헌활동과 심가본의 수율변법을 거치면서 중국 근대의 법률체계는 초보적으로 형성되었다. 이 법률체계는 〈흠정헌법대강〉과 〈헌법중대신조 19조〉 등 헌법적 문헌을 기반으로 하고 〈대청신형률〉, 〈대청현행형률〉, 〈대청민률초안〉, 〈대청민사소송률초안〉, 〈법원

편제법〉과 〈국적조례〉 등의 법률이 골간이 되어 자산계급의 법률가치
를 지향하는 성문화, 근대화의 법률체계이다.

이 외에도 또 수많은 법령들이 이 법률체계에 뒷받침을 제공한다.
이러한 법령은 광서 연간에 이미 많이 형성되었는데 이에는 〈자정원원
장(資政院院章)〉, 〈자의국규정(諮議局章程)〉, 〈호구조사규정〉, 〈재정청산규
정(淸理財政章程)〉, 〈각급 법정의 시험적 설립 규정(各級審判庭試辦章程)〉,
〈사법경찰직무규정〉, 〈저재관임시규정(儲才館臨行章程)〉, 〈육군생도의
고시 및 수관 규정(陸軍畢業生考試授官臨行章程)〉, 〈탠진일본조계지확장규
정(天津日本租界推廣章程)〉, 〈금연규정(禁烟章程)〉, 〈아편수매관리규정(管理
授賣膏土章程)〉, 〈학당설립신청비준규정(奏定學堂章程)〉, 〈권학소규정(勸
學所章程)〉, 〈경성내외 관료 및 신사 해외유람 약칙(京內外官紳出洋遊歷簡
章)〉, 〈육군생도유학선발규정〉, 〈철도용지납세규정〉 등이 있었고, 그리
고 이 후의 선통(宣統)시대는 비록 3년이란 짧은 시간만 존속했으나 반
포된 법령은 이전의 광서시대에 비해 훨씬 많았다.[17]

상술한 바와 같은 법률과 법령들의 제정은 청조말기에 들어 중국
의 근대 법률체계가 이미 초보적으로 형성되었다는 것을 상징한다. 이
법률체계는 이미 헌법, 행정법, 민상법, 경제법, 사회법, 형법, 소송법,
국제법 등 근대 법률체계의 주요한 부분을 망라하였다. 중국 근대 법률
체계의 형성은 서법동점의 산물이자 또 대륙법계를 계수한 성과이기

---

17 청조말기 광서와 선통 양대 법령의 구체내용은 上海商務印書館編譯所에서 편찬한
〈大淸新法令〉(第十一卷), 何勤華 표점, 商務印書館, 2010년판을 참조할 수 있다.

도 하므로 프랑스, 독일, 일본의 법률과도 밀접히 연관되고 서방자본주의법률이 중국에 있어서 현지화를 실현한 구체적 산물이다. 비록 이 법률체계 중의 많은 법률(특히 민률, 소송률 등 기본법률)은 초안단계에 머물고 또 일부 법령은 너무나 간략하며 심지어 일본의 법령을 표절하기도 했으나 이들은 중화민국 수립이후의 입법에 아주 중요한 기반을 제공하였다.

3. '육법전서'의 제정과 근대 법체계의 확정

(1) 난징(南京)임시정부와 북양정부(北洋政府)시기의 입법 비축

난징국민정부가 1928년부터 1935년 사이에 '육법전서'를 제정·반포하여 중국에서 근대 법체계를 최종 확립하기에 앞서 난징임시정부와 북양정부는 이미 많은 법률과 법규를 제정하여 이후 난징국민정부의 체계적인 입법에 법률이념, 법률지식, 법률제도와 입법기술 등 면에서 많은 비축을 해놓았다.

1911년 10월 10일 우창봉기의 발발로 인해 후베이군정부(湖北軍政府)가 성립되었고, 11월 하순 중국 내륙 18개 성(省)에서 14개의 성과 가장 큰 도시인 상하이가 청정부를 벗어나고 독립을 선포함으로써 신해혁명은 성공하였다. 1912년 1월 1일, 쑨중산(孫中山)은 임시대통령에 취임하고 중화민국 난징임시정부를 수립하면서 1912년 원단(元旦)을 중화민국의 건국시점으로 선포하였다.

이 과정에서 후베이군정부와 난징임시정부는 일련의 법률과 법령을 반포하였다. 예를 들면 후베이군정부는 성립되자 곧바로 〈중화민국악주임시약법(中華民國鄂州臨時約法)〉을 제정하였다. 이 법률은 총칙, 인민, 도독(都督), 정무위원, 의회, 법사(法司)와 보칙으로 나눠졌는데 총 7장 60조로 중화민국의 공화국 성격을 규정하고 서방의 삼권분립원칙에 따라 나라의 정권구조를 설계했다. 예를 들면 의회는 입법기관으로 하였고 도독과 정무위원은 행정기관으로 했으며 법사(法司)는 사법기관으로 했는데 이들이 각자의 권력을 행사하게 하였다. 그리고 이는 또 인민의 주체적 지위를 강조하고 인민의 권리와 의무를 규정하였으며 자본주의 발전에 유익한 여러 가지 원칙도 수립하였다. 비록 이 약법이 '토지권의 균등[平均地權]'을 규정하지 않았고 제국주의에 대한 반대 입장도 명확히 하지 않았으며 도독의 행정권을 지나치게 규정하는 등 결함은 있었으나 이는 중국역사에서 자산계급이 처음으로 내놓은 헌법적 성격을 지닌 지역성 문헌으로 후베이지역에서 봉건독재제도의 멸망과 자산계급 공화국제도의 건립을 선포하여 다른 성에서의 약법제정과 공화정부 수립에 훌륭한 예시를 제공했다. 훗날 이 〈중화민국악주임시약법〉은 난징임시정부에서 제정한 〈중화민국임시약법〉의 원형이 되었다.[18]

---

18   朱勇 주필, 〈中國法治通史〉(第九卷), 法律出版社, 1999년 판, 348면 참조.

1912년 1월, 중화민국난징임시정부가 성립되자 그해 3월 〈중화민국악주임시약법〉 등 법률을 기초로 중국 근대역사에서 자산계급헌법의 성격을 지닌 첫 번째 기본법인 〈중화민국임시약법〉(이하 '약법'이라 약칭한다)을 반포하였다. 이 '약법'도 역시 7장으로 되었는데 순차적으로 총강, 인민, 참의원(參議院), 임시대통령, 국무원, 법원과 부칙이며, 총 56개의 조항으로 이루어졌다. '약법'은 중화민국의 기본적인 성격에 관해 "중화민국은 자산계급민주공화국이고 통일된 다민족 국가이며 국가기구의 구성은 '삼권분립'을 원칙으로 한다."고 규정하였고 비교적 광범위한 인민의 권리(법률 앞에 평등과 기타 기본권)와 약간의 상응하는 의무(납세, 병역 등)를 규정했으며 사유재산의 보호에 관한 기본원칙도 수립하였다. 이 약법은 시대적인 한계로 〈중화민국악주임시약법〉처럼 제국주의와 봉건주의에 대한 반대 입장을 명확히 밝히지 못했고 관련 규정에서 '토지권의 균등'에 관한 규정과 고려도 찾아볼 수 없었다. 그러나 혁명성과 민주성은 그 주요한 내용이 되었으므로 정치, 경제, 사상, 문화 및 외교 등 영역에서의 역사적 가치와 시대적 의의는 의심할 여지가 없다.

가장 아쉬운 점이라 하면 중화민국 난징임시정부는 존재한 시간이 너무나 짧았고 국내외 수구세력의 압력에 못 이겨 쑨중산(孫中山)은 임시정부의 권력을 내놓을 수밖에 없었으며 북양군벌의 두목인 원세개가 직무를 넘겨받게 되었다는 것이다. 1912년 3월 10일, 원세개는 북경에서 임시대총통에 취임하였다. 이는 중국에서 북양정부시기를 열어놓았다. 1912년 3월부터 1927년 4월까지의 북양정부시기에 또 차례로 광주

국민정부(廣州國民政府), 우한국민정부(武漢國民政府) 등 지방정부가 존재했었는데 이들도 앞뒤로 많은 법률과 법규들을 제정하여 반포하였다.

이중 헌법영역에는 북양정부의 〈천단헌초(天壇憲草, 1913년)〉, 〈중화민국약법(1914년)〉과 〈중화민국헌법(1923년)〉 등이 있었고, 형법영역에는 북양정부의 〈중화민국 잠행신형률(暫行新刑律, 1912년)〉, 〈제1차 형법수정안(1915년)〉과 〈제2차 형법수정안(1919년)〉 및 일부 특별형사법, 예를 들면 1914년 북양정부에서 제정한 〈사염치죄법(私鹽治罪法)〉 등이 있는가 하면 광저우국민정부(廣州國民政府)의 〈육군조례(陸軍條例, 1925년)〉, 우한국민정부의 〈반혁명죄조례(1927년)〉와 〈반역자재산처분조례(1927년)〉 등이 있었으며, 민상경제노동법 영역에는 북양정부의 승인을 받은 〈대청현행형률〉 중 민사부분에 관한 규범, 민상사 관습의 수집, 정리 및 승인에 관한 법규, 광저우국민정부의 〈수정 노조조례(修正工會條例, 1924년)〉, 〈농민협회장정(1924년)〉 등이 있었다. 그리고 소송법, 사법영역에는 〈현사법공서조직규약(縣司法公署組織章程, 1917년)〉, 광저우국민정부의 〈판사고시조례(1926년)〉, 우한국민정부의 〈참심배심조례(參審陪審條例, 1927년)〉 등이 있었다.

이러한 입법은 비록 비교적 구분되고 규범화된 체계를 갖추지 못했고 성질도 일치되지 않았으며(어떤 것은 북양정부가 독재를 미화하고 국민의 반항을 제압하기 위해 꾸며낸 것이고, 어떤 것은 광저우국민정부, 우한국민정부의 혁명적이고 민주적인 색채를 띤 반봉건, 반독재 내용을 규정한 것이며 또 일부는 공농대중의 해방과 권익의 실현을 위한 규정이었다) 수준도 고르지 못했다(규범화된 입법이 있었는가 하면 청조말기 입법의 일부 내용만을 답습한 것도 있었으며 그리고 어떤 것은 법률초안, 법률수정안의 단계에 그치게 되었는가 하면 또 어떤 것은 지역적인 관습에 대한 간단한 승인이었다). 그러나 이들은 모두 이후 난징국민정부의 근대식 '육법전서' 편찬에 중요한 영향을 끼쳤으며 그것을 위해 충분한 입법의 근거를 제공하였다.

(2) '육법전서'의 제정

1928년 12월, 난징국민정부는 두 차례의 북벌을 거쳐 형식적으로나마 중국을 통일하여 십여 년간의 군벌 간의 난투를 끝내고 중국법률의 발전을 상대적인 안정단계로 이끌었다. 1928년부터 1931년까지 난징국민정부는 '사회, 민족, 국가'를 기본으로 하는 삼민주의(三民主義) 입법이론을 지침으로 '육법전서'의 편찬을 시작했다.[19]

헌정영역에서 1928년 10월, 국민당 중앙상무위원회의 의결을 거쳐 헌법적 성질을 지닌 〈훈정강령(訓政綱領)〉을 통과시켰고 1931년 5월, 국민회의는 〈훈정시기약법(訓政時期約法)〉을 통과시켰으며 그리고 같은 해 6월 1일 국민정부는 이를 공포하여 정식으로 시행하게 되었다.

민사입법의 영역에서 1929년부터 1931년까지 3년밖에 되지 않는 짧은 시간에 입법원은 민법 총칙편, 채권편, 물권편, 친족편과 상속편을 순차적으로 반포하고 실시하여 역사적 의미를 지닌 중화민국민법전의 편찬을 완성하였다. 그러나 이 시기 난징국민정부는 스위스민법

19   朱勇 주필, 〈中國法治通史〉(第九卷), 法律出版社, 1999년 판, 607면 참조.

전 등이 일으킨 새로운 세계적 흐름을 따라 민상법이 일체로 된 입법체제를 선호했기에 단독으로 된 통일상법전은 제정하지 않았고 민법전의 편찬과 동시에 〈회사법(公司法, 1929년)〉, 〈어음법(1929년)〉, 〈해상법(1929년)〉, 〈해상법(船舶法, 1930년)〉, 〈거래소법(交易所法, 1929년)〉과 〈보험법(1929년)〉 등 상사법률의 기초작업을 완성하였다.

형사법영역에서 1928년 난징국민정부는 북양정부가 1919년에 제정한 〈형법 제2차 수정안〉을 조금 수정하여 첫 번째로 형법전(이는 그해 9월 1일부터 시행하였는데 지금은 이를 '28형법'이라 약칭한다)을 공포하였다. 이와 동시 혁명운동을 진압하려는 목적으로 또 일련의 특별법도 반포했다. 예를 들면 〈민국위협행위 긴급치죄법(危害民國 緊急治罪法, 1931년)〉 등이 바로 이에 해당된다.

민사소송법영역에서 난징국민정부는 북양정부시기의 〈민사소송조례〉를 기초로 1928년부터 민사소송법전초안의 작성을 시작하여 1931년까지 민사소송법전 각 편의 내용을 계속 제정·공포하게 되어 민사소송법전의 편찬을 완성하였다.

형사소송법영역에서 1928년, 난징국민정부는 북양정부시기의 〈형사소송조례〉를 기초로 첫 번째의 형사소송법전을 제정·반포하였고, 이와 동시에 혁명운동에 대한 진압을 목적으로 또 많은 단행법규들도 반포하였다. 예를 들면 1929년에 공포된 〈반혁명안건의 배심에 관한 임시법(反革命案件陪審暫行法)〉이 바로 이러한 것이다.

이 외에도 난징국민정부는 행정법영역에서도 일련의 법률과 법규를 반포하였다. 예를 들면 〈저작권법(1928년)〉, 〈노조법(工會法, 1929년)〉,

〈호적법(1931년)〉, 〈은행법(1931년)〉, 〈어업법(1929년)〉, 〈광업법(1930년)〉 등이 있었는데 이러한 법률과 법규들로 인해 행정관리에 관한 법률체계도 초보적으로 형성되었다.

3년 남짓한 시간을 거쳐 난징국민정부는 전통적 대륙법계에서 말하는 '육법전서'의 편찬을 기본적으로 완성하였다. 비록 초창기의 '육법전서'는 미숙한 점이 많았고 그리고 여러 법률이 서로 충돌하거나 모순이 되는 부분도 있었으나 '육법전서'의 편찬이 중국의 근대입법역사에 주목할 만한 업적을 남긴 것은 틀림없다.

(3) 중국 근대 법률체계의 확정

난징국민정부 초기의 입법은 1931년 이후에도 그 발전이 지속되어 점차 법률체계의 기본구조를 갖추게 되었다. 한편으로 국민정부는 계속하여 일련의 새로운 법률을 제정해 내놓았다. 예를 들면 헌정영역에서 1936년 5월 5일에는 〈중화민국헌법초안〉(55헌초)을 완성하고 1947년 1월 1일에는 〈중화민국헌법〉을 공포했으며 행정법영역에서는 1935년부터 1945년까지 〈합작사법(合作社法)〉, 〈행정집행법〉, 〈도시계획법〉, 〈건축법〉, 〈의사법(醫師法)〉, 〈예산법〉, 〈결산법〉, 〈삼림법〉, 〈수리법(水利法)〉, 〈우정법(郵政法)〉, 〈공무원복무법〉, 〈변호사법〉, 〈행정소송법〉 등을 제정하였고 형사법영역에서는 〈치안유지긴급처리법(維持治安緊急辦法)〉, 〈매국자징벌조례(懲治漢奸条例)〉, 〈국가총동원법〉 등 단행 법률을 제정했으며 그리고 소송법영역에서는 〈파산법〉, 〈제심법(提審法)〉, 〈국선변호인조례〉, 〈강제집행법〉 등 법률을 제정해 반포하였다.

　　다른 한편으로 국민정부는 1928년부터 1931년까지 사이에 이미 반포한 '육법전서'의 각 법전을 수정해 보완하였다. 예를 들면 민상사법 영역에서 1929년에 공포하여 1931년부터 시행된 〈회사법〉은 1946년에 수정되고 통과하여 다시 공포·실시하게 되었는데 이는 기존의 법률보다 4장이나 되는 내용이 새로 증가되었다. 형사법영역에서 사회의 발전으로 인해 '28형법'은 이미 새로운 계급투쟁의 형세에 적응하기 어렵게 되었으므로 1931년부터 국민정부입법원 형법초안기초위원회는 이에 대한 수정을 시작하여 3년이란 시간을 거치면서 4차에 달하는 초안을 변경하고 1935년에 새로운 형법을 공포·시행하게 되었다. 이 형법은 바로 난징국민정부의 새로운 형법인데 통상 이를 '35형법'이라 한다. 기존의 '28형법'과 비교해 볼 때 '35형법'은 폴란드, 스페인, 일본, 이탈리아와 독일 등 이 시기 세계 여러 나라 형사입법의 경험을 참고로 삼게 되었으므로 혁명운동에 대한 진압을 제외하고는 조문과 표현의 정밀성은 물론이고 기타 기술적인 측면에서도 많이 진보하였다.[20] 소송법영역에서 난징국민정부는 1933년부터 민사소송법과 형사소송법에 대한 수정작업을 시작하여 이 2개 법률에 관한 수정안을 완성했으며 입법원의 심의를 거쳐 1935년에 정식으로 이를 공포·실시하게 되었는데 이것이 바로 새로운 〈민사소송법〉과 〈형사소송법〉이다.

　　일련의 새로운 입법과 1930년대 초기 '육법전서' 각 법전에 대한

20　王立民 편찬, 〈中國法制史〉, 上海人民出版社, 2011년 판, 465—471면 참조.

수정으로 인해 중국 근대의 자산계급법률체계는 기본적으로 확정되었다. 이 법률체계에 있어 헌법은 핵심이고 〈민법전〉, 〈형법전〉, 〈민사소송법〉, 〈형사소송법〉은 기초이며 그리고 수많은 행정법규범들과 각종 헌정에 관한 단행법, 민상사법률과 형사법률 및 법규들이 또 이를 보좌하고 있었으므로 규모가 방대하고 체계가 완정하며 사회생활의 모든 분야를 비교적 엄밀히 규범화한 법률체계로 거듭나게 되었다. 중국 근대 법률체계의 정형(定型)은 근대 서방 자본주의 양대 법체계중 하나인 대륙법계에 새로운 성원을 얻게 하였을 뿐만 아니라 중국에서의 법 이식과 현지화도 크게 발전시켰다. 중국은 세계적으로 인구가 가장 많고 영토도 세 번째로 큰 세계적인 대국이기에, 중국 근대 법체계의 확립은 중국사회의 미래발전에 아주 중대한 의미가 있는 것은 물론이고 인류 법률문명의 다원화와 발전에 대하여도 아주 중요한 기여를 하게 될 것이다.

4. 신중국 현대법의 발족

1949년 10월 1일, 중화인민공화국의 성립으로 인해 중국법의 발전은 새로운 단계에 들어섰고 이는 또 하나의 새로운 법률체계를 등장시켰다. 중국법률은 민국시기 대륙법계의 뒤를 따라 자본주의법치의 길을 걷던 시기로부터 소련을 배워 마르크스—레닌주의이론을 기초로 중국적 특색을 지닌 사회주의법의 방향으로 전향하였다. 그로부터 지금까지 60여 년의 발전을 거치면서 많은 성공적 경험을 취득하였을 뿐만 아니라 또 많은 교훈도 얻게 되었으므로 이에 관한 체계적인 전면적 정리는 아주 거대한 작업이 될 것이라 생각한다. 필자는 중국에서 발생한 몇 개의 중대한 역사적 사건의 시각에서 이의 영향을 받은 중국 현대법의 변혁을 간략히 총괄하고 향후 중국법의 발전과 진보에 약간의 깨우침과 참고를 제공하려 한다.

(1) 신중국 법률의 발족

신중국의 성립은 중국 사회주의법의 탄생과 발전에 아주 좋은 환경과 조건을 마련해 줬다. 이는 다음과 같은 몇 개 방면에서 도출할 수 있다.

입법의 시각으로 보았을 때 1949년 9월, 신중국의 성립을 앞두고 중국에서는 헌법적 성질을 지닌 〈중국인민정치협상회의공동강령〉을 통과하고 이와 동시 〈중앙인민정부조직법〉도 제정하여 반포함으로써 인민정권기구조직의 운영원칙과 운영절차를 확립하였다. 신중국이 성립되자 새로운 정권은 차례로 〈혼인법(1950년)〉, 〈토지개혁법(1950년)〉, 〈반혁명징벌조례(懲治反革命條例 1951년)〉, 〈탐오징벌조례(懲治貪汚條例 1952년)〉, 〈법원임시조직조례(1951년)〉, 〈최고인민검찰서 임시조직조례 (1951년)〉와 〈각급 지방인민검찰서 임시조직 통칙(1951년)〉을 반포, 실시하였고 또 제1차 전국인민대표대회의 소집을 위해 〈전국인민대표대회 및 지방 각급 인민대표대회선거법(1953년)〉 등 법률과 법규도 반포, 실시하여 중국 사회주의법체계의 구축에 초보적인 기반을 마련하였다.

　사법영역에서 1949년 9월에 제정한 〈중국인민정치협상회의공동강령〉과 〈중앙인민정부조직법〉의 규정에 따라 최고인민법원(원장: 선쥔루沈鈞儒)과 최고인민검찰서(검찰장: 뤄룽환羅榮桓)를 건립하고 그리고 성시(省市)마다 각급 지방법원과 검찰원의 설립에도 착수하여 1953년 말까지 시장(西藏)을 제외한 모든 지역에서 각급 지방 법원과 검찰원을 건립하여 900여만 건의 형사 및 민사 안건을 재판했다.[21] 이와 동시 1953년 4월 11일부터 25일까지 북경에서 제2기 전국사법회의를 소집하고 신중국의 사법사업을 논의했으며 회의 직후인 1953년 5월 8일, 정무원은 정무회의를 소집하여 〈제2기 전국사법결의〉를 승인하고 당시의 사법제도개혁에 관해 다음과 같은 계획안을 제시했다. 첫째, 잘못 처리된 안건은 반드시 조사처리 해야 한다. 둘째, 축적된 미결 안건은 신속히 처리해야 한다. 셋째, 보선(普選)의 방식으로 인민법정을 건립해야 한다. 넷째, 법원의 자체 건설을 강화해야 한다. 이 밖에 이 시기에는 사법행정업무도 정식으로 시작되었다. 1949년 12월, 중앙인민정부는 〈중앙인민정부 사법부 시행조직(試行組織) 조례〉를 제정하여 중앙인민정부사법부는 정무원의 영도와 정법위원회의 지도를 받아야 하며 전국 사법행정사무의 주관기관으로 구체적 정책을 제정하고 '양고(최고인민법원과 최고인민검찰원)'와의 협상을 거쳐 심검(審檢)기관의 합병, 변경과 폐지 등을 결정해야 하며 사법간부의 교육과 양성, 전국 소송안건의 통계,

---

21　何蘭階 魯明健 주필, 〈當代中國的審判工作〉, 當代中國出版社, 1993년 판, 37면 참조.

범죄자의 개조, 법제선전, 변호사관리, 지방 사법기관의 영도 등 15가지[22] 임무를 수행한다고 규정하였다. 이는 1954년 헌법실시 후 있었던 사법제도개혁의 준비라 할 수 있었다.

법률교육과 법학연구에서는 신중국이 성립되자 난징국민정부가 남긴 법률교육체제에 대한 개혁에 즉시 착수하여 1949년에는 중국정법대학을 개교하고 1950년에는 중국의 새로운 법학연구소와 중국 사법간부 양성반을 개설했으며 중국인민대학(중국정법대학을 중국인민대학에 편입하고 그 주체가 법률학부로 편성되었다)과 동북인민대학 및 그 법률학과도 개교하여 학부생과 전수생(專修生)을 모집하기 시작했다. 그리고 1951년에는 또 중앙정법간부학교를 개설하여 '구법인원(舊法人員)'에 대한 개조와 현급(縣級) 이상 정법기관 지도간부의 양성임무를 맡게 했다. 이렇게 새로 성립된 정법학과들은 난징국민정부가 남긴 법률학과들과 함께 신중국 법률인재의 교육과 양성임무를 맡게 되었다. 법학연구에서 1953년, 정무원 부총리 겸 중앙정법위원회 주임인 뚱삐우(董必武 1886-1975)의 건의와 추진으로 기존 신정치학회와 신법률학회 이 두 개 준비위원회를 기초로 중국정치법률학회를 성립하고 뚱삐우가 회장을 맡게 하였으며 학술단체의 설립과 동시에 신중국의 법학연구도 시작되어 많은 번역서적과 전문서적을 내놓았다. 이러한 서적들의 주요 내용은 소련법률제도에 관한 소개에 집중되었다.[23]

---

22   韓延龍 주필, 〈中華人民共和國法制通史〉 (上), 中共中央黨校出版社, 1998년 판, 250
      —253면 참조.
23   張友漁 주편, 〈中國法學四十年〉, 上海人民出版社, 1989년 판, 2—3면 참조.

이상 여러 방면의 상황을 보았을 때, 신중국 법률발전의 시작은 비교적 순조로웠다. 그러나 이 시기 발생한 3개의 중대한 역사사건 즉 1949년 국민당 '육법전서'의 폐지, 1952년의 사법개혁운동, 1952년 정법교육체계의 개편 등은 신중국 법률의 발전과 법치건설에 많은 부정적 영향을 주게 되었고 또 어떤 것은 훗날에 발생한 1957년의 '반우운동', 1958년의 '대약진'과 1966년의 '문화대혁명'에서 숨겨진 복선으로 작용하였다.

(2) 국민당 '육법전서'의 폐지

국민당 '육법전서'의 폐지는 신중국의 성립을 앞두고 중국의 법조계가 맞이한 하나의 중대한 역사적인 사건이다. 비록 이 사건의 발생시점은 신중국이 성립되기 직전이었으나 신중국의 법률발전에 준 영향은 아주 크므로 우리가 신중국 법률 60여 년의 발전역사를 돌이켜 볼 때, 이 사건을 언제나 가장 먼저 언급하게 된다.

이 사건의 전말은 다음과 같다. 1949년 2월 28일, 중국공산당 중앙위원회 위원이며 중앙법률사업위원회 주임이었던 천사오위(陳紹禹 즉 왕밍王明)은 당 중앙을 대표하여 하나의 문안을 작성해 각 근거지에 하달하여 우리의 사법재판에서 국민당의 '육법전서'를 전면 폐지할 것을 요구하였다. 그 후 이 문안은 마우쩌둥(毛澤東), 저우언라이(周恩来)의 수정과 주더(朱德), 런삐스(任弼時), 뚱삐우, 린버춰(林伯渠) 등 지도자의 검토와 동의를 거쳐 전 당에 하달하여 집행하게 되었는데 이 문안이 바로 〈국

중국 법치 100년의 경로

민당 육법전서의 폐지와 해방구 사법원칙의 확정에 관한 지시(關于廢除國民黨的六法全書與確定解放區司法原則的指示)〉이다(아래 〈지시〉로 약칭 한다).

〈지시〉의 전문은 총 1,000여 자로 길지 않았다. 그러나 이중 몇 개의 핵심관점은 아주 중요하였다. 첫째, 국민당의 '육법전서'는 폐지되어야 하고 인민사법은 반드시 인민의 새로운 법률에 의해야 한다. 둘째, 체계적인 인민의 새로운 법률이 반포되기까지 공산당의 정책과 인민정부 및 인민해방군이 반포한 각종 강령, 법률, 명령, 조례, 결의 등이 근거로 되어야 한다. 셋째, 사법기관은 반드시 국민당의 '육법전서'와 기타 모든 반동법률과 법령, 구미 및 일본 등 자본주의국가의 반인민적 법률과 법령에 대한 멸시와 비판의 정신으로 법제건설에 임해야 한다.

이 〈지시〉 반포 이후인 1949년 3월, 뚱삐우를 주석으로 한 화베이인민정부(華北人民政府)가 하달한 〈국민당의 육법전서와 모든 반동법률을 폐지하자(廢除國民黨的六法全書及一切反動法律)〉라는 훈령과 같은 해 9월에 제정된 〈중국인민정치협상회의공동강령〉의 제17조도 모두 공산당의 이러한 기본입장을 재차 천명하였다.

현재 학술계에서는 국민당 '육법전서'의 폐지를 놓고 이미 그 득실에 관한 논쟁을 시작하였다. 많은 학자들은 그 시기 이 사건의 발생에 필연적 요인이 있었다고 보고 다음과 같은 몇 가지 이유를 근거로 제시하였다. 즉 하나는 마르크스주의 법이념에 의하여 새로운 인민정권을 수립하려면 반드시 법률제도를 포함한 국가의 모든 낡은 기구를 파괴해야 한다는 것이고, 또 다른 하나는 공산당이 이미 20여 년이나 이끌어 온 혁명근거지의 법제건설로 인해 우리는 이미 상당한 인민의 법률을 가지게 되어 국민당의 '육법전서'와 대결할 수 있다는 것이다. 이 외에도 당시 전국 인민에게 축적된 국민당 법률에 대한 반감과 신중국의 성립으로 인해 점차 형성된 공유제, 계획경제 등도 국민당 법률의 지속적인 적용을 허락하지 않았다고 보았다. 그러므로 그때 당시 중국이 직면하게 된 이러한 상황들을 보았을 때 '육법전서'의 폐지는 우리의 수요일 뿐 아니라 필연적 결과이기도 하므로 이는 신중국 법률발전의 기점으로 될 수밖에 없었다.

또한 일부 학자들은 〈지시〉의 하달이 하나의 '경솔한 행위'이고 '목욕물과 아기를 함께 버리는' 것과 같은 극단적인 행위이며 법률발전에서의 계승과 연속이란 법칙과 상충되므로 아래와 같은 많은 부정효과도 초래했다고 지적했다. 즉 첫째는 중국법제의 현대화 흐름을 중단시켰다는 것이고, 둘째는 법률을 무시하는 중국의 전통적인 민족심리를 강화하여 훗날 법률허무주의 사조가 범람하게 된 근원으로 되었다는 것이며, 셋째는 법제건설과 법학교육에서 완전히 소련 쪽으로 치우쳐 소련식을 따르게 되었다는 것이다. 그리고 마지막으로 이는 중국에서 장기적으로 시행한 정책에 의하여 나라를 다스리고(政策治國) 당으로 정부를 대체하며(以黨代政) 당에 의하여 나라를 다스린다(以黨治國)는 시책에 편의를 제공했다.

(3) 1952년의 사법개혁 운동

1949년 2월, 중국공산당은 〈지시〉를 하달하여 국민당의 '육법전서'

를 폐지하게 하고 그리고 이를 이어 1952년 6월부터 또 사법개혁운동을 시작했다. 이 사법개혁운동은 중앙정법위원회 서기인 뚱뻬우의 두 차례 연설과 사법부 부장인 스량(史良)이 저우언라이 총리에게 올린 보고를 강령으로 진행하게 되었다. 이 운동의 취지는 인민사법기관에서 정치 및 조직적인 측면에 존재하는 불순한 현상과 일부 사법기관 관계자들의 부패사상과 수법 등을 집중적으로 척결하려는 것이었다.

이 시기 신문의 기사에 의하면 "일부 인민사법기관은 소수 불량자와 짙은 구법이념을 가진 자들에 의해 조종되고 부식되어 직접 적대분자들을 방임하는가 하면 법률과 기강에 대한 무시로 나라와 인민의 이익을 해치는 결과를 초래"했으며, "특히 엄중한 것은 일부 임용이 유지된 인원들과 인민사법기관에 침입한 불량 구법인원들은 뇌물을 받아먹고 법률을 어기었으며 기강을 어지럽히기"도 하여 인민들은 이에 대한 불만으로 "하늘도 땅도 두렵지 않으나 공산당의 관대함은 가장 두려운 것이다."라고 하였다. 그들은 심지어 일부 법원을 '4방5불(四幇五不)'이라 풍자하기도 했는데 "1방은 반혁명분자들을 도와 인민을 해친다는 것이고, 2방은 봉건지주를 도와 농민을 압박한다는 것이며, 3방은 불법자산계급분자들을 도와 국가의 경제건설을 파괴하고 노동자를 압박한다는 것이고, 4방은 각종 범법자들을 도와 처벌을 피하도록 한다는 것"이다. 그리고 '5불'은 노동인민의 고소에 대한 "불입건(不受理), 불소환(不傳案), 불심문(不訊問), 불재판(不裁判), 불집행(不執行)"[24]을 뜻했다.

---

24 〈人民日報〉, 1952년 9월—1953년 5월, "司法改革運動" 특별난, '舊法觀點'에 대한

이로 인해 '구법이념에 대한 비판과 모든 사법기관에 대한 개혁'을 주요 내용으로 한차례 전국적인 사법개혁운동을 전개하여 1953년 2월 말까지 '거대한 성공'을 거두고 막을 내리게 되었다. 이 운동의 구체적 결과로 첫째는 많은 구법인원을 법원의 재판부서로부터 정리하여 재판업무에서 손을 떼게 하면서(정리된 인원은 총 6,000여 명인데 이는 당시 전국 약 28,000여 법조인원의 22%를 점했다.) 이를 비법조출신인 간부들로 충당하였고(화동지역만 총 2,105명에 달했다.), 둘째는 모든 구법인원과 구법이념[舊法觀點] 및 낡은 사법의 영향을 받은 자들에 대한 사상개조(이들에게 당 중앙의 문건을 학습시켜 정신에 뿌리박힌 구법이념을 파내도록 하였고 그리고 일상생활에서의 낡은 사법적 악습을 버리도록 했다.)를 실시했으며, 셋째는 중국에서 마르크스─레닌주의, 마우쩌뚱 사상이 국가이념과 법률이념에서의 지배적 지위를 확립하였다.

1952년의 사법개혁운동은 정치, 사상, 조직 및 방식 등 면에서 우리의 재판기관을 '순결'하게 하였고 그리고 인민의 편리에 도움을 주는 많은 재판제도를 건립하여 인민군중의 사법적 수요를 만족시키게 되었다. 그러나 이는 또 중국법률의 발전에 많은 부정적 영향도 주게 되었다. 예를 들면 '모든 사람은 법 앞에 평등하다', '사법독립', '소송절차에 대한 존중' 등 소위 '구법이념'에 대한 비판은 인류의 법률문명을 전면적으로 부정하는 역효과를 초래하였고, 모든 '구법인원'에 대한 무차별적 제거는 신중국 재판업무의 발전과 사법종사자들에게 엄청난 피

비판문장 참조.

해를 줬으며, 또 많은 비법조출신인 공농병(工農兵) 간부의 임용은 아무런 법률교육도 받지 못한 사람들을 번잡한 재판업무에 투입하여 많은 안건의 잘못된 처리를 초래했다. 이 모든 점들은 우리가 반드시 명심해야 할 역사적 교훈이다.

(4) 1952년 정법학과의 조정

1949년 12월에 소집된 제1차 전국교육사업회의에서 중국공산당은 낡은 교육에 대한 점진적인 개조방침을 확립하였고 그리고 1951년 말에는 더 나아가 소련의 경험을 참고로 전국의 모든 대학들과 그에 소속된 학과들에 대해 한차례 전면적인 조정을 실시할 것을 제출하였다. 이 조정의 목적은 "산업화건설에 소요되는 인재와 우수한 교사의 양성을 중점으로 전문학원과 단과학교를 발전시키고 종합대학을 정돈하고 강화하려는 것"이다. 법률인재의 양성에 있어서는 바로 각 종합대학의 법률계를 통합하여 단과 정법학원들을 건립하기로 결정했다.

1952년, 기존의 베이징대학(北京大學), 칭화대학(淸華大學), 옌징대학(燕京大學), 푸런대학(輔仁大學) 등 4개 대학의 법률계, 정치계와 사회민정계(社會民政係)를 기초로 베이징정법학원(北京政法學院)을 새로 건립하였고 푸단대학(復旦大學), 전단대학(震旦大學), 산호세대학(聖約翰大學), 둥우대학(東吳大學), 후장대학(廬江大學), 난징대학(南京大學), 안후이대학(安徽大學) 등 대학의 법학원, 법률계, 정치계와 사회계 그리고 상하이법학원(上海法學院), 상하이법정학원(上海政法學院) 등을 기초로 하여 화뚱정법학원(華東政法學院)을 건립했으며(1953년 샤먼대학廈門大學의 법률계는 이에 편입되었다.) 1953년에는 시난인민혁명대학(西南人民革命大學)의 정법계를 기초로 하고 쓰촨대학(四川大學), 충칭대학(重慶大學), 윈난대학(雲南大學), 귀이저우대학(貴州大學)과 충칭재정학원(重慶財政學院)의 법률계(원)을 합병하여 시난정법학원(西南政法學院)을 건립하였다. 같은 해 4월에는 또 1952년에 성립된 중왠대학(中原大學)정법학원을 기초로 하고 후난대학(湖南大學)과 중산대학(中山大學)의 정치계, 광시대학(廣西大學)의 정치계와 법률계, 중산대학(中山大學)의 사회민정계를 통합하여 중난정법학원(中南政法學院)을 건립하였다.

상술한 바와 같은 일련의 조정을 거쳐 국민당정부가 남긴 53개의 법학원 또는 법률계는(이에는 법률, 정치학, 사회학, 인류학, 사회복지학, 행정학 등 6개 전업이 있었고 교사 542명과 학생 7,388명이 있었다.) 정법간부의 양성과 훈련을 주요임무로 한 4개의 정법학원 그리고 기타 우한대학과 서북대학의 2개 법률계 및 신중국 창립이후 중국공산당이 창설한 중국인민대학, 동북인민대학의 2개 법률계만 남게 되었으며 교사와 학생수도 현저히 감소하여 교사 340명, 학생 3,830명만 남게 되었다.

1952년 전국 정법원의 조정은 훗날 법학교육의 발전과 신중국 60여 년 법률의 면모에 모두 중대한 영향을 줬다. 한편으로 이는 중국의 법학교육을 소련식 법학교육의 방향으로 발돋움시켜 중국적 특색이 있는 사회주의로의 길을 걷게 하였으므로 중국 정법인재의 양성은 주로 단과대학의 성질을 띤 5개의 정법학원에 의지하게 되었다(서북정법학원은 1958년에 중앙정법간부학교 서북분교와 서북대학 사법계를 통합하여 건립하게 되었다). 이로 인해 중국의 법학교육은 날로 짙은 정치적 색채를 띨 수밖에 없었고 빠른 속도로 사법실무형의 인재를 양성하는 데 주력하게 되었다. 그리고 이 시기 중국의 법학교육은 노동자의 자녀를 양성의 주요한 대상으로 하였다. 다른 한편으로 이 시기 학술적 색채가 짙었던 종합대학의 법률계들은 중국 법학교육의 2선으로 물러나게 되었고 신중국 성립 이후 유임된 민국시기의 많은 저명한 법학교수들도 핍박에 의해 직종을 바꾸게 되거나 또는 교편을 잡지 못하게 되었고 많은 법률도서와 자료들은 산실되었으므로 기존 종합대학의 지적 배경이 뒷받침하였던 법학연구의 분위기도 크게 약화되어 중국 현대법학연구의 전체적 실력을 약화시켰는데 이는 곧바로 이 시기 출판된 법학저서와 발표된 법학논문의 희소로 이어졌다.

(5) 1954년 헌법의 제정과 그의 법학적 의미

역사적인 문헌으로 알 수 있는 것은 1954년 헌법의 제정은 중국공산당이 1952년 12월 24일 전국인민정치협상위원회에 제의한 것이다. 1953년 1월 13일, 중앙인민정부위원회 제20차 회의의 결정에 의해 마우쩌뚱 주석을 수반으로 하는 헌법초안기초위원회를 설립했는데 이 위원회는 33명의 위원이 있었고 이후 또 뚱삐우(董必武), 펑쩐(彭眞), 천버어다(陳伯達) 등 8명으로 구성된 헌법연구소조(小組)를 설립하여 헌법초안의 토론을 조절하도록 했으며 이외에 또 저명한 법학자인 첸두안썽(錢端升), 저우꼉성(周鯁生) 등을 고문으로 초빙하였다.

1953년 말, 마우쩌뚱은 천보다, 톈쟈잉(田家英), 후쵸무(胡乔木) 등을 인솔하고 항주(杭州)에 가서 헌법초안의 작성을 정식으로 시작하여 1954년 1월 9일부터 그해 3월 9일까지 2달간의 노력 끝에 100조에 달하는 조문문안을 작성했다. 이후 중앙과 헌법초안기초위원회 등은 이 초안에 대해 여러 차례 반복된 토론을 거쳐 새로 성립된 전국인대에 제출하게 되었고 1954년 9월에 소집된 제1기 전국인대 제1차 회의는 이를 만장일치로 통과하고 공포 및 실시하게 되었는데 이것이 바로 1954년 헌법이다.

이 헌법은 서언, 제1장 총칙, 제2장 국가기구, 제3장 공민의 기본적 권리와 의무, 제4장 국기, 국장[國徽], 수도 등 5개 부분 총 106조로 구성되었다. 이는 중국의 국가성격을 '인민민주국가'로 규정하고 국가의 모든 권력은 인민에게 속한다고 규정했으며 권력의 조직형식은 인민대표대회제도라고 규정하였다. 그리고 민족정책도 명확히 규정하고 각 민족의 단결과 평등은 반드시 수호해야 한다고 천명했으며, 당시 국가의 경제실정과 사회현실에 가장 적합한 경제제도, 국가기구(전국인대 및 상무위원회, 국가주석, 국무원 등), 중앙과 지방의 관계를 확립하고 공민이 향유해야 할 광범위한 권리와 자유 그리고 이에 상응한 의무 등도 규정하였다.

1954년 헌법의 제정은 아주 중요한 역사적 의의가 있다. 한편으로 여기에서 확립한 치국안방(治國安邦)에 관한 각항 제도와 원칙은 사회주의헌정에 튼튼한 기반을 마련하였고 다른 한편으로 여기에서 확정한 '모든 공민은 법 앞에서 평등하다.', '인민의 사법기관은 독립적으로 재판권을 행사해야 한다.' 등 법치원칙은 신중국의 법치건설에 새로운 길을 개척하였다. 이 외에도 더욱 중요한 것은 1954년 헌법의 제정과 반포로 광범위한 사회적 기반과 깊숙한 민주적 내실을 과시하게 되었다는 것이다. 이 헌법초안의 작성과정을 보았을 때, 당시 중국의 정치엘리트, 과학자와 사회적으로 명망이 높은 자들이 대거 참여하였다. 예를 들면 마우쩌뚱, 쭈더, 류사오치, 떵샤오핑, 뚱삐우, 린버쥐, 허샹닝(何香凝), 류보청(劉伯承), 펑쩐(彭眞), 시중쉰(習仲勳), 룽윈(龍雲), 푸줘이(博作義), 우란푸(烏蘭夫), 사이푸딘 아이저즈(賽福鼎·艾則孜), 천윈(陳雲), 천버어다(陳伯達), 버이버(薄一波), 선쥔루(沈鈞儒), 우위이장(吳玉章), 황옌페이(黃炎培), 쉬더헝(許德珩), 장나이치(章乃器), 저우껑셩(周鯁生), 사오리즈(邵力子), 뤼수샹(呂叔湘), 리지선(李濟深), 장즈중(張治中), 스량(史良), 장즈랑(張志讓), 장시뤄(張奚若), 취우(屈武), 쭈자오관(朱早觀), 예썽타오(葉圣陶), 류거핑(劉格平), 페이쇼퉁(費孝通), 선옌빙(沈雁冰), 마옌추(馬演初), 허우와이루(侯外庐), 리쓰광(李四光), 톈지아잉(田家英), 리웨이한(李維漢), 장보쥔(章伯鈞), 뤄룽지(罗隆基), 쉬터리(徐特立), 천지아겅(陳嘉庚), 쳰두안썽(錢端升), 천수퉁(陳叔通), 후위즈(胡愈之) 등이 직접 참여해 의견을 발표하였고, 또 전체 인민이 참여한 대토론도 진행하게 되었는데 토론에 참여한 인원의 수는 약 1억 5천만 명에 달하여 당시 중국 총인구의 3분의 1에 달했으며 제출된 수정의견은 약 백여만 건에 달했다. 그러므로 이렇게 광범위한 범위에서의 의견수렴을 기초로 형성된 민주와 법치의 분위기는 중국 법치건설의 밝은 미래를 제시하였다.

5. 신중국 창립초기 법치건설의 좌절

1954년 헌법이 반포 및 실시된 이후, 신중국의 법치건설은 하나의 황금기를 맞이하게 되었다. 1954년 헌법과 동시 또는 이를 이어 반포 및 실시하게 된 법률과 법규로는 〈법원조직법(1954년)〉과 〈검찰원조직법1954년)〉, 〈체포구류조례(1954년)〉, 〈중앙인민정부사법부시행조례(1954년)〉, 〈인민조정위원회 임시조직통칙(1954년)〉, 〈재중 외국인 유산의 상속문제에 관한 처리원칙(1954년)〉, 〈공사합영공업기업 임시조례(1954년)〉, 〈병역법(1955년)〉, 〈화교 국유민둥산·황무지 사용신청 조례(1955년)〉, 〈농업생산합작사시범규약'초안'(1955년)〉, 〈변호사요금수납임시시행방법(1956년)〉, 〈국무원의 사영기업 공사합영중의 채무 등 문제처리원칙에 관한 지시(1956년)〉, 〈고급농업생산합작사시범규약(1956년)〉, 〈각급 인민법원 민사안건의 재판절차에 관한 총결(1956년)〉 등이 있었다. 비록 이러한 법률과 법규들은 영세하고 분산되었으나 이들은 1954년의 헌법과 함께 신중국이 독자적으로 창립한 법률체계를 형성하여 당시 사회사업과 경제건설의 발전 그리고 문화번영과 공민권익의 보장 등에서 중요한 작용을 함으로써 1954년 중반부터 1957년 여름 '반우운동(反右運動)'의 발발까지 약 3년 간 중국법률의 발전과 법치건설의 '황금기'를 이루어냈다.

1954년 헌법의 반포로 인해 중국의 법치건설은 새로운 국면을 맞이하였다. 이는 〈광명일보(光明日報)〉의 예로도 증명할 수 있다. 〈광명일보〉는 중국에서 학술적 성격이 가장 짙은 신문으로 당시 한 부에 4

개 지면만 있었는데, 신중국 성립 이후 초기에는 매주 단 1개의 '역사연구'란을 개설하고 이후 '문학평론'과 '철학탐구' 등 란을 잇따라 개설했으나 법률에 관한 란은 없었다. 그러나 1954년 헌법이 실시되자 〈광명일보〉는 1957년 1월부터 매주 한 개의 '정법사업평론(政法工作述評)'이란 란을 개설하여 이를 역사, 문학, 철학 등 란과 병행되게 하고 1957년 상반기부터는 또 정법원(계) 법률교육의 경험과 객관법칙의 검토를 위한 '정법'과 법원이 처리한 문제안건의 토의를 위한 '국가법제의 보완과 강화'라는 2개의 새로운 란도 개설하였다.

순학술적인 신문으로 단 4개의 지면밖에 되지 않은 상황에서 매주 3개의 란이나 개설하여 인문, 역사, 철학에 대한 중시를 넘어서 정법사업을 소개하고 연구하게 되었다는 것은 쉽지 않았을 것이라 생각한다. 만약 법치건설에 대한 특별한 관심이 없었다면 이는 불가능하였을 것이다. 법치건설에 대한 이렇게 특별한 관심은 설령 지금에 와서도 쉽지 않을 것이다. 필경 〈광명일보〉는 〈법제일보〉 또는 〈검찰일보〉 등 전업적인 정법유형의 신문들과는 구별되기 때문이다.

그러나 1957년 여름 '반우운동'이 폭발된 이후, 집권당의 지도사상에도 나타난 편차로 인해 중국 법치건설의 발전방향은 완전히 비틀어지고 날로 심각한 좌절을 겪으면서 어려운 지경에 빠졌다.

(1) '반우운동'과 신중국 법률발전이 겪은 좌절

1956년 11월, 중국공산당 제8기 중앙위원회 제2차 회의는 1957년부터 당내에서 정풍운동(整風運動)을 진행하기로 결정하였다. 1957년 4월 27일, 중공중앙은 또 〈정풍운동에 관한 지시〉를 발표하였다. 같은 해 5월 2일 〈인민일보〉는 "왜 정풍운동을 해야 하는가?"라는 사설을 발표하여 이번 정풍운동의 목적은 민주의 활성화로 중국의 정치생활을 활기가 넘치는 길로 이끌려는 것이라고 명시하였다. 동시에 집권당의 각급 조직은 또 당외 인사들이 참석한 좌담회를 소집하여 의견을 널리 구하게 되었는데 반복된 동원으로 이들에게 당 사업에서 나타난 결점 즉 관료주의, 파벌주의, 사상과 사업기풍상의 문제 등에 대하여 비평과 건의를 하도록 했다.

이러한 배경에서 법학계의 많은 지식인들도 당에 대한 의견 및 건의의 제출에 나서게 되었는데 다른 영역과 구별되는 점이라 하면 법률 관련 지식인들의 의견은 주로 다음과 같은 두 가지에 집중되었다. 즉 하나는 법률가들 사이에 있어 당내 동지들이 비당(非黨) 인사들을 업신여긴다는 것이고, 다른 하나는 많은 법률 관련 지식인들이 법률과 관련이 없는 일을 하고 있다는 것이다. 예를 들면 1957년 5월 18일 〈문회보〉 보도의 제목은 "법학자들은 적절한 일터의 배정을 갈망한다: 난징 법학계 인사들은 전공에 맞지 않는 일터의 변경을 호소한다."였다.

매우 유감스럽게도 중국공산당은 당시 계급투쟁 형세에 대한 판단 착오로 인해 선의로 제출한 여러 진지하고 올바른 의견을 공산당에 대한 공격으로 보고 1957년 6월부터 전국적인 '반우운동'을 시작하게 되었다. 이 운동이 시작되어 1958년 8월까지 중국에서 총 55만여 명에 달하는 사람이 '우파'로 몰리게 되었다. 이 중 법학계 인사들이 얼마나 있었는지에 대해 지금까지 정확한 수치는 없으나 많은 사법기관의 핵심 인물과 저명한 법학자들이 '우파'로 몰린 것은 사실이다.

만약 1949년 국민당 '육법전서'의 전면적 폐지와 1952년의 사법개혁운동, 그리고 정법원(계)의 조정 등에 일정한 역사적 필연성과 합리성이 있다고 한다면, 법학계의 '반우운동'은 완전히 집권당 최고지도자의 착오적인 '좌경'사상으로 인해 발생한 하나의 재난이며 신중국 법률의 발전에 거대한 손해라고 할 수 있다.

한편으로 이는 1954년 헌법의 반포 및 실시로 인해 맞이한 법치건설의 좋은 발전추세를 중단시켰고 법학계의 유능한 인재들을 해치거나 심지어 궤멸시키게 되었으며, 당시 중국의 많은 법학자, 예를 들면 베이징정법학원의 원장인 첸두안썽(錢端升), 그리고 그의 저명한 제자인 왕터야(王鐵崖)와 러우빵옌(楼邦彦), 미국의 저명한 법학자 Roscoe Pound(1870. 10. 27—1964. 6. 30)의 제자인 화동정법학원 교수 양자오룽(楊兆龍), 민국시기 민주인사 '7군자(七君子)' 중의 한 사람인 푸단대학 교수 왕자오스(王造時), 저명한 도쿄재판에서 재판을 맡았던 중국 대법관 메이루아오(梅汝璈), 미국에서 귀국하여 베이징대학에서 교직을 맡고 있던 선중링(沈宗靈), 좋은 성적으로 소련 유학을 마친 베이징정법학원의 쟝핑(江平), 중국인민대학 헌법 준재(俊才)로 불리던 우쟈린(吳家麟), 우한대학 법률계 주임을 맡고 있었던 한더페이(韓德培)와 그의 학생인 마커창(馬克昌), 리쐉위엔(李雙元), 중국 일본전쟁범죄특별재판법정에서 재판장을 맡았던 쟈첸(賈潛) 등은 모두 우파로 몰려 법학을 떠나 공장, 농촌에 내려가거나 또는 편벽한 시골에 가서 노동개조와 사상교육을 받게 되었다. 이로 인해 중국법률의 발전은 신중국이 성립된 이후, 최대의 좌절과 수난을 겪어야만 하였다.

다른 한편으로 더욱 심각한 것은 '반우운동' 이후, 법과지식인을 비롯한 많은 사람들이 다시는 바른 말을 하지 않으려 했다는 점이다. 왜냐하면 사람들이 당에 의견을 제출한 것은 이들의 주동적 행위가 아니고 각급 당 조직이 소집한 좌담회에서 반복적인 동원에 의해 제출한 것인데, 이들의 의견과 건의는 채택되지 않았을 뿐만 아니라 오히려 이를 빌미로 불공정 대우를 받게 되었으니 이들을 포함한 법학계의 많은 사람들이 다시는 자기의 진실한 의견을 발표하지 않으려 했기 때문이다. 이 뒤로 신중국의 법률은 그의 발전추세를 멈추게 되었고 〈광명일보〉 등 신문도 1954년 헌법에 고무되어 창설했던 '정법사업평론', '국가법제의 완비와 강화' 등 학술성을 띤 지면을 중지했고, 당시 2개뿐이던 학술지 〈정법연구〉와 〈법학〉도 정간되었으므로 법학계에서 다시는 제대로 된 작품을 내놓을 수 없게 되었다. 이러한 상황에서 법학교육은 여전히 지속되었으나 그 규모는 점차 축소될 수밖에 없었고 1966년 '문화대혁명'의 발발을 앞두고 1965년부터는 학생모집을 아예 정지했다. 이러므로 '반우운동'은 우리가 반드시 기억해야 할 침통한 역사적 교훈을 남기게 되었다.

(2) '대약진(大躍進)'에 의한 중국 법률발전의 손해

'반우운동' 이후 집권당의 노선은 계속하여 '좌'측으로 기울어만 가고 있었다. 1957년 9월에 소집된 중국공산당 제8기 중앙위원회 제3차 회의에서 마우쩌뚱은 '무모한 발전방식에 대한 반대 입장(反冒進)' 즉 저우언라이와 천윈(陳雲) 등이 경제발전에서 수량과 속도에 대한 지나친 집착으로 나타난 모험적 행위를 시정하기 위해 취하게 된 상응한 조치들을 비판하고 경제건설에서 반드시 한 차례 큰 약진이 있어야 한다고 제출했다. 1958년 5월 마우쩌뚱은 더 나아가 중국공산당 제8차 전국대표대회 제2차 회의에서 '대약진'이란 총노선을 제출했다. 이로부터 전국적으로 공업생산에서의 '철강생산운동', 농업생산에서의 '알곡산량의 부풀리기 경쟁' 등 현상이 나타났고 신문 등 언론에서조차도 '담량이 어떠하면 산량도 어떠하다'라고 하면서 이를 크게 부추겨 중국은 대약진의 시대에 들어섰다. 1960년 겨울 국민경제전반에서 심각한 하락 현상이 나타나고 인민생활이 극한 곤경에 빠지게 되자 중앙은 조치를 취해 '대약진'의 실책을 시정하기 시작했다.

'대약진'은 국민경제와 인민생활에 심한 악영향을 끼쳤을 뿐만 아니라 신중국 법률의 발전에도 거대한 부정적 영향을 주게 되었다. 정법 분야에 있어 많은 사회발전의 법칙(교육법칙을 포함하여)을 거스르는 구호와 방법이 나타나게 되었다. 예를 들면 정법기관의 인원들에게 공장과 농촌에 가서 산업생산을 지원할 것을 요구했는데 비록 이는 큰 착오는 아니더라도 정법기관의 정상적 업무에 충격을 준 것은 사실이고 심지어 "안건이 있으면 정법을 하고, 안건이 없으면 생산을 한다"라는 구호까지 등장 했다. 각 정법원(계)에 있어 절대 다수의 선생과 학생들은 정상적인 수업을 중지하고 수력공사, 제조업, 농업생산, 철강제조 등

현장에 투입하게 되었고 얼마 남지 않은 수학계획도 수정되어 체계를 이룰 수 없었다. 예를 들면 1955년 당시 법률전공은 총 21개의 전공교과목이 있었는데 1959년, 1960년에 와서는 단 7개의 전공교과목만 남았고 정치교과목의 수업일수가 가장 많아 총 수업일수의 60%에 달했다. 그리고 어떤 대학의 법률계는 또 '교학대약진', '수업대약진', '교재편집대약진', '저서편찬대약진' 등 교육법칙을 어기는 구호 하에 정상적인 법학교육과 연구의 질서는 완전히 파괴되었다.

이뿐만 아니라 '대약진'의 목적은 하루 빨리 공산주의를 실현하려는 것이며 공산주의단계에 초월해 들어가려는 것이다. 그러나 공산주의사회에는 계급이 없고 착취도 없으며, 국가도 없고 법률도 없으므로 법률의 집행기관인 법원과 검찰원도 당연히 없을 것이다. 그러므로 대약진의 과정은 자산계급의 법률과 권위를 소멸하는 과정이다. 그 시기의 '공산풍', '공동식당' 등은 바로 이 이상의 구체적 표현이다. 정법영역에서는 법률허무주의가 나타나 범람했다. 1958년 강남 법학교육의 거점인 화동정법학원이 철폐되고, 1962년 시난정법학원은 합병되어 쓰촨행정학원으로 변경되었으며 이와 동시에 더 큰 재난이 다가오고 있었다. 1959년 4월 사법부와 감찰부는 철폐되고, 국무원의 법제국도 6월에 철폐하게 되었는데 이 3개의 부서는 모두 중국의 법제건설을 주관하던 중앙부서였다. 이러한 기관들의 철폐로 인해 중국법률의 발전은 더욱 극심한 곤경에 빠지게 되었다. 비록 1962년 이후 집권당정책이 약간 변화하면서 민법과 형법 등을 제정하려는 주장이 제기되었고 그리고 법학인의 노력 끝에 1963년 10월과 1964년 11월에 〈형법초안〉과 〈민법초안시행초고〉를 완성하였으나, '반우운동', '대약진' 등의 영향으로 인해 신중국 법률과 법학의 발전은 설상가상의 참담한 국면을 맞이하여 다시는 돌이킬 수 없게 되었다.

(3) '문화대혁명'과 중국법률의 수난

1966년 5월에 시발하여 1976년 10월에 막을 내리게 된 '무산계급문화대혁명'은 신중국의 역사에서 한 차례 큰 재앙이며 또 중국법률의 발전사에서도 중대한 재난이라 할 수 있다.

한편으로 이 시기 중국의 입법은 완전히 중단되었다. 1964년 12월 제3기 전국인민대표대회 마지막 회의부터 1975년 1월에 소집된 제4기 전국인민대표대회 제1차 회의까지 만 10년간 전국인민대표대회는 단 한 차례의 회의도 소집되지 않았고 하나의 법률도 제정하지 못했다. 다른 한 편으로 법률의 집행도 심각한 손상을 입게 되었다. "공(안), 검(찰), 법(원)을 박살내자"라는 구호에 맞춰 1968년 12월 중국의 모든 검찰원은 폐지되었고 법원도 모든 업무를 정지했으며 공안국만 간신히 명맥을 이어갔다. 이 외에 법률교육도 심각한 타격을 받게 되어 씨난정법학원과 베이징대학, 지린대학(吉林大學)의 법률계를 제외하고 전국의 모든 정법원(계)는 해산되었으며 법률인재의 양성은 철저히 멈춰버렸다.

10년간 지속된 '문화대학명'이 중국법률에 주게 된 손상은 이뿐이 아니다. 첫째, 당시 조금이나마 남았던 법률질서도 철저히 짓밟혔다. 류사오치(劉少奇)는 1959년 제2기 전국인민대표대회 제1차 회의에서 선출된 국가주석이다. 그럼에도 불구하고 아무런 법적 절차도 거치지 않고 홍위병(紅衛兵造反派)들은 그를 끌어내 비판현장에 압송하였으며, 구속하고 핍박하여 결국은 죽음에 이르게 했다. 둘째, 아무나 입법자 또는 집법자가 될 수 있었다. 예를 들면 '4인방' 중의 한 사람인 왕홍원(王洪文)을 우두머리로 한 '상하이혁명노동자총사령부'(이하 "총공사"로 약칭한다.)는 하나의 노동자조직에 불과하였다. 그러나 총공사의 일부 규정은 상하이시의 노동자 심지어 일반 시민의 행위도 단속 또는 통제할 수 있었다. 1967년 8월 4일 '총공사'는 폭력으로 또 다른 하나의 군중조직인 '상하이디젤엔진제조공장혁명연합사령부'(이하 "상련사"로 약칭한다.)를 진압하고 사적으로 대량의 '공당(公堂: 법정의 옛 명칭)'을 설치했다. 상하이디젤엔진제조공장에서만 '총공사'는 '상련사' 구성원에 대한 심문을 위해 50여 개에 달하는 '공당', '고문실'을 설치했으며 형구만 수십여 종에 달했다. 셋째, 중국의 법률문화와 학술은 거의 파멸되었다. '문화대혁명'이 지속되던 10년 동안 중국은 단 하나의 법학저서와 교재도 출판하지 못하고 하나의 법학간행물도 출간하지 못했으며 또 단 한편의 법학논문도 발표하지 못하여 아무런 학술성과도 축적하지 못했다. 이로 인해 중국 전통법률문화의 발전은 중단되고 서방의 법률문화는 비판을 받게 되었으며 심지어 1954년의 헌법을 기초로 하여 이루었던 사회주의 법제건설의 성과, 예를 들면 '공민은 법률의 앞에 있어 모두 평등하다', '재판기관은 독립적으로 재판권을 행사해야 한다.' 등도 모두 부정당했다. 넷째, 많은 저명한 법학자들이 박해를 받았다. 양자오룽(楊兆龍), 한더페이(韩德培) 등 민국시기 외국에서 유학을 마치고 귀국한 법학자들이 비판을 받게 되고 심지어 투옥되었을 뿐만 아니라 중국 공산당이 자체로 양성한 '홍색법학자(紅色法學家)', 예를 들면 장유위(張友漁), 판낸즈(潘念之) 등도 부정당했으며 심지어 마우쩌둥으로부터 '중국의 일류 법학자'라고 높은 평가를 받은 중국인민대학법률계 주임인 허쓰징(何思敬)도 1968년 4월 홍위병조반파의 무자비한 투쟁으로 인해 중국인민대학 캠퍼스에 위치한 자택의 화장실에서 비참하게 죽고 말았다.

때문에 10년의 '문화대학명'은 하나의 비틀어진 시대이며 또 중국 법률의 발전과정에서 겪은 암흑기라 할 수 있다. 저명한 작가인 빠찐(巴金)는 '문화대혁명박물관'의 건립을 제의한 바 있었는데, 이는 문학, 예술, 철학, 역사 등 영역에서만 필요한 것이 아니고 법학영역에 있어서도 역시 적절한 제안이라 생각된다. 왜냐하면 '문화대학명'이 중국법률의 발전에 남긴 교훈은 너무나도 침통하고 이를 반드시 기억해야 하기 때문이다.

6. 개혁개방이후 중국법치의 발전상황

(1) 11기 3차 전회의 소집과 중국법치의 부흥

1978년 12월 18일부터 22일까지 중국공산당은 제11기 중앙위원회 제3차 회의를 소집하여 사상해방과 개혁개방이란 기본 노선을 확립하고 20여 년이나 지속된 '좌경(左傾)' 사상의 통치로부터 철저히 벗어나 중국의 법치건설을 새로운 단계로 발돋움시켜 눈여겨볼 만한 성과를 이룩했다.

첫째, 중국의 입법사업은 안정적으로 추진되어 많은 성과를 이룩했다. 전국인대상무위원회의 통계에 의하면 2010년까지 중국에는 총 236개에 달하는 유효한 현행 법률, 690여 개에 달하는 유효한 현행 행정법규가 있으며, 또 총 8,600여 개에 달하는 지방법규와 총 600여 개에 달하는 각 민족자치지방 인대에서 제정한 유효한 현행 자치조례, 단행조례 등도 있다. 이러므로 헌법을 핵심으로 하고 법률을 골간으로 하며 이 외의 많은 행정법규와 지방법규들도 포함하여 총 7개의 법률부문과 3단계의 법률규범들로 구성된 중국적 특색의 사회주의 법률체계는 이미 기본적으로 형성되었다.

둘째, 중국의 법치행정과 사법개혁도 거대한 성과를 이룩하였다. 1989년 중국에서 처음으로 제정한 '민고관(民告官)'의 법률, 즉 〈행정소송법〉이 정식으로 통과하게 되어 행정기관은 민중이 바라볼 수밖에 없었던 높은 자리에서 내려와 민간과 동등한 위치에서 소송에 참여하게 되었다. 이를 이어 잇따라 반포 및 실시하게 된 〈행정처벌법〉, 〈행정허가법〉, 〈공무원법〉 등 많은 행정법과 법규들은 법치행정의 실시에 좋은 분위기와 양호한 조건을 마련하였다. 이와 동시에 사법영역에서 중국은 1978년에 검찰기관을 회복하였고 법원의 재판도 다시 사회 각계의 인정을 받게 되었으며 1999년 10월, 2005년 10월과 2009년 3월에 최고인민법원은 연이어 3개의 "법원개혁 5개년 요강"을 발표함으로써 1999

년부터 2013년까지 사법개혁에 관한 일련의 방안, 조치, 목표와 방향을 제시하였다. 이들은 조기에 이미 많은 성과를 이룩하였다.

마지막으로 법학교육과 연구도 많은 성과를 거두었다. 1977년 베이징대학, 지린대학과 후베이재정학원(湖北財經學院)의 법률계는 학생 모집을 시작했다. 이는 중국 대륙에서 10년이나 지속된 '문화대혁명'을 마무리 짓고 법학교육을 회복하였다는 것을 상징한다. 이때부터 2014년 말까지 전국적으로 이미 630여 개 대학이 본과 이상 법과전공생의 모집권한을 가졌고 법과재학생 총 인원수는 약 60만 명에 달하게 되었으며, 법과 연구생(법학석사 포함)의 모집인수도 연간 약 3만 명에 달하여 재학생 총 인원수는 10만 명을 돌파하였다. 법률교육의 이러한 발전은 국가의 경제건설과 사회사업의 발전에 많은 인재를 양성했다. 이와 동시에 법학연구도 많은 성과를 이룩했다. 법학저서의 출판은 신중국의 이전 30년 동안 총 20여 종에 불과하였던 반면에 지금은 해마다 약 1,000여 종에 달하는 법학저작을 출판하게 되었고, 법학전문지는 1950년대 단 2개의 전문지만 발행되었던 반면에 지금은 200여 개로 늘어나게 되었다. 외국 법학저서의 번역출판도 신중국의 이전 30년 동안 총 15개의 저서만을 번역출판 하였던 반면에 지금은 해마다 100여 종에 달하는 외국 법학저서를 번역하여 출판하고 있다. 그리고 1950년대 중국에는 단 하나의 연구단체, 즉 중국정치법률학회가 있었으나 1960년대에 들어서는 이마저도 철폐되어 단 하나의 연구단체도 없었다. 그러나 지금은 중국법학회에 위탁하여 관리되는 50여 개의 전문연구회를 제외하고도 이들과 병행된 중국 국제법학회, 중국 법률사학회와 중국

외국법제사연구회 등도 있다. 신중국의 성립으로부터 약 30년간 중국은 단 한 명의 법학박사도 양성하지 못하였으나, 지금은 전국적으로 이미 근 40개 대학이 법학 1급 학과 박사학위 수여권한을 가지게 되었으며 법학 포닥도 이미 30개를 넘게 되었다.

총괄적으로 중국공산당 제11기 중앙위원회 제3차 회의는 중국법률의 발전에 따뜻한 봄을 가져다주고 생기를 불어 활력이 넘치게 하였으므로 개혁개방은 법치를 촉진하였고 그리고 법치는 또 중국을 개변시켰다.

(2) 법치(法治)와 인치(人治)에 관한 논쟁

중국공산당이 제11기 중앙위원회 제3차 회의를 소집하고 전국적인 혼란 국면의 극복과 사상해방의 추진에 역점을 두었을 때인 1970년대 말부터 중국 법학계에서는 또 '법치와 인치'에 관한 문제를 둘러싸고 한 차례의 큰 학술논쟁이 벌어졌다. 이 토론에 참여한 사람은 많았는데 이에는 쑨궈화(孫國華), 장궈화(張國華), 선충링(沈宗灵), 왕리이명(王禮明), 류하이낸(劉海年), 리뿌위인(李步雲), 왕쟈푸(王家福), 마커창(馬克昌), 류씬(劉新), 장진판(張晋潘), 정쌘이(曾憲義), 허화후이(何華辉), 장쵄린(張泉林), 스중스(時重實), 진머썽(金默生), 장징(張警), 장쑤하이(張宿海), 저우버썬(周柏森), 방커친(方克勤), 린신(林欣), 꼬거(高格), 왕귀이우(王桂五), 구춘더(谷春德), 뤼스룬(吕世倫), 한옌룽(韩延龍), 료찡예(廖竞叶), 류썽핑(劉升平), 구안량(谷安梁), 판밍신(范明辛), 천허푸(陈荷夫), 왕더샹(王德祥), 천춘룽(陳

春龍), 우따잉(吳大英), 류한(劉瀚), 러요페이(罗耀培) 등 많은 법학계 인사 뿐만 아니라 위꽝위엔(于光遠), 쑨야밍(孫亞明) 등 법학계 외부 인사들도 있었다. 바로 이 토론이 중국 법학계 사상해방운동의 서막을 열게 되었고 중국법률과 법학의 부흥에 새로운 길을 개척해 주게 되었다고 생각한다.

사실 '법치와 인치'에 관한 토론은 1950년대, 즉 신중국 창립 초기 이미 한 차례 진행되었다. 그러나 당시 '좌파' 사상의 영향으로 토론은 '인치에 대한 긍정과 법치에 대한 부정' 결론으로 막을 내렸다. '문화대혁명'이라는 10년 동안 무법천지로 된 참혹한 시절을 지내고 전국 인민은 법률체계의 파괴가 나라의 건설사업과 인민의 삶에 주게 된 부정적 영향을 통감하게 되었는데 이는 당시 〈인민일보〉에 인용된 전국인민대표대회 대표의 말과 같았다. "법은 억만 인민이 따라야 할 규칙과 제도이고 또 나쁜 사람과 행실들에 대한 약속과 제재이다. 법이 있어야 인민은 충분한 민주적 권리를 향유하게 되고, 법이 있어야 안정과 단결이 보장되므로 '4가지 현대화'도 가능하게 될 것이다." 1978년 12월에 소집된 중국공산당 제11기 중앙위원회 제3차 회의는 바로 이렇게 중요한 '법치와 인치'에 관한 토론의 흥기에 강력한 정치적 보장을 제공하였다.

1979년 12월 2일, 리뿌윈(李步雲) 등은 〈광명일보〉에 "사회주의 법치를 실시하자"라는 논설을 발표함으로서 '법치와 인치'에 관한 토론의 서막을 정식으로 열었다. 1978년 말 복간된 법학학술지 〈법학연구〉는 특별란을 개설하여 이 토론에 중요한 장을 제공하였고 이를 전후로 하여 법학계는 또 무게가 있는 많은 논문을 발표하였다. 1980년대 초, 중국사회과학원 법학연구소는 베이징시 고급인민법원의 소극장에서 전국에서 처음으로 '법치와 인치'에 관한 학술토론회를 개최하였다. 이 토론회에 참석한 전문가들은 약 400여 명에 달했고 회의의 분위기도 아주 진지하였다. (이 토론회에 제출된 논문은 군중출판사에서 〈법치와 인치문제에 관한 논문집〉이란 이름으로 묶어 1980년에 출판하였다.) 이 토론에서는 주요하게 다음과 같은 3가지 관점이 제출되었다. 첫째, 법치와 인치는 근본적으로 대립되는 것이다. 법치는 민주와 연관되고 인치는 독재와 어울리므로 사회주의는 법치를 실시해야 하며 인치를 실시해서는 아니 된다. 둘째, 법치와 인치의 통일은 가능할 것이다. 법률은 사람에 의해 집행되므로 양자를 절대적으로 구별하려 해서는 아니 된다. 셋째, 법치와 인치를 구분하려는 관점은 중국역사상의 관점이므로 우리는 이를 버려야 한다. 토론결과 첫 번째 관점이 많은 사람들의 동감을 얻게 되었다.

'법치와 인치'에 관한 토론으로부터 지금까지 이미 30여 년이란 시간이 지나갔다. 지금의 시점에서 우리가 다시 냉정히 돌이켜 보면, 그때 당시 토론하였던 많은 내용은 아주 천박하였고 또 감정적 색채도 짙었던 것은 사실이다. 그러나 법학 영역에서 가장 기본적 문제로 꼽히는 법의 정의와 본질, 법의 계급성과 사회성 등이 언급되었고 특히 중요한 것은 이 토론이 아주 강력한 현실적인 정치의미를 지녔다는 점이다. 즉 이는 1957년부터 지속된 법률허무주의에 대한 청산과 총결이며 우리를 과거의 침통한 교훈으로부터 다음과 같은 공동의 인식을 얻게 했다. 즉 법률이 만능인 것은 아니다. 그러나 나라의 통치에 있어 법률이 없으면 아무 것도 할 수 없을 것이다. 지도자의 의지와 권위를 따라 폭풍우식의 운동으로 나라를 다스리려 한다면 이는 중국에서 다시 통하지 않을 것이다.

(3) 중난하이(中南海)에서의 법률강좌

1994년 12월 9일, 화동정법학원 국제법계 주임직을 맡고 있었던 차오젠밍(曹建明) 교수는 중난하이 화이런탕(中南海 懷仁堂)에 가서 중앙정치국의 지도자들을 상대로 "국제상업무역거래법제와 관세무역 일반협정"을 주제로 법제강좌를 함으로써 당과 나라의 지도자들이 솔선하여 법률지식을 학습하고 모범적으로 의법행정(依法行政)을 실천하려는 모습을 보여줬다.

그 때로부터 중앙정치국은 해마다 한두 차례의 법제강좌를 실시하여 지금은 하나의 중요한 제도로 발전되었다. 이렇게 많은 법제강좌에서 다음과 같은 몇 차례는 특히 중요했다. 1995년 1월 20일, 중국사회과학원 법학연구소 연구원인 왕쟈푸(王家福)는 "사회주의 시장경제 법제 건설에 관한 문제"란 주제로 강좌를 했다. 이 강좌는 당시의 사회주의 시장경제 건설에서 시급히 해결해야 할 법률문제에 관해 좋은 해답을 주었는데 그의 "시장경제란 바로 법치경제이다."라는 기본적 결론은 훗날 전국인민 공동의 인식으로 발전하였다. 1996년 2월 8일, 왕쟈푸는 재차 중난하이에서 강좌를 하게 되었다. 이번의 강좌에서 그는 "법에 의하여 나라를 다스리고 사회주의 법치국가를 건설하려는 것은 중국인민의 공통된 염원이고 또 중국적 특색이 있는 사회주의건설사업의 추진에 있어 근본적인 대계이다."라고 명확히 지적했는데 그의 이러한 관점은 훗날 중앙의 최고지도자들에게 채택되었다. 1998년 5월 12일, 화동정법학원 원장인 차오젠밍(曹建明)교수도 "금융안전과 법제건설"를 주제로 두 차례 강좌를 하였다. 이 강좌에서 그는 경제, 행정 및 법률적 수단으로 금융안전을 수호할 수 있는 법제체계를 구축해야 한다는 관점을 제출했는데 이도 훗날 중국의 실무부서에서 금융위기를 대처하는 지침으로 채택되었다. 2013년 말까지 정치국은 총 25차에 달하는 법제강좌를 거행했다.

중앙정치국에서 정기적으로 법제강좌를 진행하고 법학전문가들과 의법치국(依法治國)에 관한 방침을 토론하게 된 것은 그 의의가 중대하고 영향도 아주 크다고 생각한다. 한편으로 이는 공산당이 법학전문의 지혜를 널리 모을 수 있게 했다. 20여 년이나 지속된 법제강좌에서 중국의 많은 저명 법학자들은 중난하이에 들어가 지도자들을 상대로 강좌를 진행함으로써 자신의 재능으로 공헌하였는데, 이들 중에는 차오젠밍, 왕쟈푸, 쉬이쎈밍(徐顯明), 신춘잉(信春鷹) 외에도 홍콩법 전문가인 중국사회과학원 연구원 우쩬판(吳建璠), 국제법 전문가인 외교학원 교수 루쑹(卢松), 과학기술법 전문가인 베이징대학 교수 러위중(罗玉中), 사회보장법 전문가인 중국인민대학 교수 룽이페이(龍翼飛), 경제법 전문가인 시난정법대학 교수 리창치(李昌麒), 민법 전문가인 중국정법대학 교수 왕위이궈(王衛國), 인권법 전문가인 중국사회과학원 연구원 샤융(夏勇), 지적재산권법 전문가인 중국정법대학 교수 정청쓰(鄭成思), 헌법학 전문가인 중국인민대학 교수 쉬충더(許崇德)와 우한대학 교수 저우예중(周葉中), 금융법 전문가인 베이징대학 교수 우즈판(吳志攀), 물권법 전문가인 중국인민대학 교수 왕리밍(王利明), 국제정치 전문가인 푸단대학 교수 린상리(林尚立) 등이 있었다. 다른 한편으로 중난하이에서 진행된 법제강좌는 전국적 범위에서 법률학습과 법률보급의 흥행을 이끌어 내었다. 당과 국가 지도자들이 이렇게 솔선하여 법률을 학습하는 모범적 행위는 각급 당정간부들에게 영향을 미쳐 각급 기관과 여러 사회분야에서 법제강좌가 이어지고 그리고 더 나아가 이것이 하나의 제도로 정착되게 했다. 이렇게 전국적 범위에서 법률에 대한 존중과 법에 의하여 모든 사회사업을 추진하려는 양호한 사회적 기풍이 조성되고 전체 중화민족 법률의식의 향상으로 이어져 사회주의 법치국가의 건설에 견실한 기반을 제공하였다.

(4) 의법치국(依法治國)이란 치국책략(治國策略)의 확립

'의법치국'이란 치국에 관한 기본전략은 제출부터 확립까지 약 20년이란 시간이 걸렸다. 1978년 12월 6일 〈인민일보〉는 중국사회과학원 법학연구소 리뿌위인(李步雲)이 쓴 "법 앞에 있어 모든 공민의 평등을 견지하자"라는 문장을 실어 솔선하여 '사회주의 법제'의 강화문제를 제기했다. 12월 하순에 발표한 중국공산당 제11기 중앙위원회 제3차 회의의 공보는 "인민의 민주를 보장하기 위해 반드시 사회주의 법제를 강화하고 민주의 제도화와 법제화를 실현해야 하며, 이러한 제도와 법률의 안정성, 지속성, 권위성을 확보하여, 지켜야 할 법은 있어야 하고 (有法可依), 있는 법은 반드시 지켜지도록 해야 하며(有法必依), 법의 집행을 엄숙히 하고(執法必嚴), 모든 위법은 추궁되도록 해야 한다(違法必究)." 라고 지적하였다. 1979년 하반기부터 학계가 '법치'에 관한 많은 논문을 발표하여 '법치와 인치'에 관한 논쟁을 시작하였고 이는 또 '법치'에 관한 학계의 인식을 심화하였다.

최종적으로 중국에서 '법치'가 나라를 다스리는 기본전략이 된 것은 중국사회과학원 법학연구소 연구원인 왕쟈푸가 1996년 2월 8일, 중공중앙 정치국에서 "의법치국과 사회주의 법치국가건설에 관한 이론과 실천문제"란 제목으로 하게 된 강좌 때문이다. 이 강좌에서 왕쟈푸는 "사회주의 법치국가의 건설은 중국적 특색이 있는 위대한 사회주의 사업을 건설하는 하나의 근본적 대계이다."라고 명확히 지적하여, 그 중요성과 필요성은 어떤 것과도 비교되지 않는다는 점을 역설하고, 사회주의 법치국가건설의 여러 조건에 대해서도 자세히 분석하였다. 전하는 말에 의하면 강좌의 제목에 관하여 처음에는 중국공산당 제11기 중앙위원회 제3차 회의 이래의 표현 즉 '사회주의 법제국가를 건설하자'를 사용하기로 했는데, 그 후의 반복적인 토의와 수정을 거치면서 중앙은 이를 '사회주의 법치국가를 건설하자'로 최종 확정지었다고 한다. 형식적으로 보았을 때 '법제[制]'와 '법치[治]'는 불과 한 글자의 차이밖에 없으나 양자는 완전히 다른 의미를 가진다. 즉 전자는 제도건설을 강조했으나, 후자는 국가통치의 최고권위를 강조하여 법의 이념, 법의 권위, 법의 정신, 법의 민주, 법의 평등, 법의 정의를 돋보이게 한다.

1997년 9월에 소집된 중국공산당 제15차 전국대표대회에서의 보고는 위 강좌의 표현을 인가하고 "사회주의민주를 한층 더 확대하고 사회주의 법제를 건전히 하여 법에 의하여 나라를 다스리고 사회주의 법치국가를 건설해야 한다."라고 명확히 지적하였다. 1999년 국무원도 정부의 사업보고에서 "의법치국은 당이 인민을 영도하여 나라를 다스리는 기본적 전략이다."라고 하였다. 그리고 1999년 3월에 소집된 제9기 전국인민대표대회 제2차 회의는 또 헌법수정안을 통과시키며 제5조에 "중화인민공화국은 법에 의하여 나라를 다스리며 사회주의 법치국가를 건설한다."라는 조항을 추가하였다. 이로부터 '법치'는 중국에서 치국의 전략으로 되었다.

'의법치국'이란 기본전략의 제출과 확립은 아주 중대한 역사적 의미가 있으며 이는 신중국이 성립되어 60여 년의 발전을 거치면서 취득한 가장 빛나는 성과라고 생각한다. 법치란 서방 법률문명의 역사적 유산인데 그의 핵심적 가치는 나라의 통치에서 사람의 주관임의성과 감정요인의 영향을 피하고 민주, 평등, 공정 등 정치이념을 구현하며, 민중의 적극성을 동원하고 사회질서의 장기적 안정을 실현하는 것이다. 1840년의 아편전쟁으로부터 1949년 신중국의 성립까지 중국인민은 '법치'의 실현을 위해 끊임없는 투쟁을 하게 되었으나 모두 성공을 이루지 못했다. 1954년의 헌법도 법에 의한 나라의 통치를 강조한 바 있었으나 '좌(左)'파 사상의 영향으로 인해 헌법의 이러한 정신은 최종적으로 실현하지 못했다. 그러나 지금 우리는 중국인민이 백여 년이나 분투해온 꿈을 이루어냈다.

2012년 중국공산당 제18차 전국대표대회의 개최는 의법치국, 사회주의 법치국가 건설의 발걸음을 가속하고 '법치중국'이란 법치건설의 위대한 목표를 제시하였다. 2013년에 소집된 중국공산당 제18기 중앙위원회 제3차 회의는 사법제도개혁에 관해 총체적인 심화방안을 제출했으며, 2014년 10월에 소집된 중국공산당 제18기 중앙위원회 제4차 회의는 더 나아가 의법치국의 미래 전망을 묘사하고 다음과 같은 '법치중국' 건설의 총 목표를 제시했다. 이 목표의 총체적 내용은 중국적 특색이 있는 사회주의 법치체계의 건립과 사회주의 법치국가의 건설을 추진하려는 것이다. 그 구체적 내용으로는 중국공산당의 지도하에 중국적 특색이 있는 사회주의제도를 견지하고 중국적 특색이 있는 사회주의 법치이론을 관철하여 완비된 법률규범체계, 효율적인 법치의 실시체계, 엄밀한 법치의 감독체계, 유력한 법치의 보장체계를 형성하며 완비된 당내 법규체계도 건립하여 의법치국, 의법집정(依法執政), 의법행정의 공동추진을 견지하고 법치국가, 법치정부, 법치사회의 일괄 건설을 추진하며 과학입법, 엄격집행, 공정사법, 전민수법(全民守法)을 실현함으로써 국가통치체계와 통치능력의 현대화를 촉진하려는 것이다. 이렇게 명확하고 확고한 법치국가건설목표의 확립으로 인해 향후 중국의 법치건설과 법률의 발전은 반드시 더욱 건강해지고 효과적일 것이라고 생각한다.

제2장

당대 중국의 입법제도: 성과, 한계 및 미래의 개혁방향

중국의 법치건설은 어려움이 많았던 시기를 지나 오늘에 이르게 되었는데 이 과정에서 입법이 경시되거나 심지어 정지되어 온 나라가 무법천지에 빠지게 되었던 곡절도 있었다. 그러나 개혁개방 이래 의거할 법조차 없었던 시기에서 2011년 3월에 와서는 전국인대가 "중국적 특색이 있는 사회주의법체계가 이미 형성되었다"고 선포하며 입법영역에서의 성과를 과시할 수 있게 되었다. 2012년에 소집된 중국공산당 제18차 전국대표대회는 중국의 개혁을 전면적인 심화발전의 단계로 진입시켰다. 그리하여 입법을 포함한 법치건설의 모든 분야도 개혁을 심화하는 새로운 발전을 시작하였다. 2013년 9월 중공중앙에서 비준한 〈제12기 전국인대상무위원회 입법전망 계획〉 그리고 중국공산당 제18기 중앙위원회 제3차, 제4차 전회에서 잇따라 통과된 〈중공중앙 개혁의 전면심화에 관한 약간의 중대 문제에 관한 결정〉과 〈중공중앙 의법치국의 전면추진에 관한 약간의 중대 문제에 관한 결정〉도 모두 사회주의 법치체계의 건설에서 입법이 점한 뚜렷한 지위와 그의 중요한 역할을 강조하고 입법에 관하여 새로운 방침과 전략을 제시하였다. 이러한 결정과 계획들은 모두 새로운 시기 중국입법의 추진과 보완에 관한 집권당과 정부의 선포이므로, 사람들은 그 관철과 실시에 큰 기대를 걸고 있는 실정이다.

본 장은 개혁개방 30여 년래 중국입법의 발전과정을 돌이켜보고 이중의 경험과 교훈을 총결하며 그리고 중국공산당 제18차 전국대표대회 이래 입법에 관한 중앙의 결정에 따라 중국적 특색이 있는 사회주의 입법체계, 입법체제의 개혁과 보완, 민주입법과 공민참여 등 중요한 문제에 관해 이론적 탐색을 하고 관련 제도의 개혁에 건의하려 한다. 우리의 이러한 탐색과 건의는 중국입법의 새로운 도약에 유익할 것이라 생각한다.

1. 신중국 입법의 발전역정

1949년 신중국의 탄생과 더불어 중국에서는 대규모의 입법도 시작되었다. 그러나 이 입법의 전반적인 발전은 그렇게 순탄치 않았다. 이 순탄치 않았던 중국의 입법은 아래와 같은 몇 개 단계로 나눠볼 수 있다.

(1) 입법의 초창시기(1949-1954년)

이 시기는 다음과 같은 2개의 주요한 입헌성과를 이루었다. 즉 하나는 1949년 9월, 건국을 앞두고 임시헌법성질을 지닌 〈중국인민정치협상회의 공동강령〉을 제정하게 된 것이고, 다른 하나는 이를 이어

1954년에 신중국의 첫 번째 헌법인 54헌법을 반포하게 된 것이다. 그리고 이 시기 이들을 제외하고 또 선거법, 몇 개 국가기구의 구성에 관한 국가기구조직법, 토지개혁법, 혼인법, 노동조합법(工會法) 등 법률과 총 50개에 달하는 법령과 3,500개에 달하는 행정법규도 반포하였다.[1]

비록 위의 공동강령이 완비되었던 것은 아니다. 그러나 이는 혁명 시기 공산당이 추구해온 신민주주의 정치강령과 약속을 실행하였다. 즉 공산당이 영도한 각 민주당파의 연합정부를 수립하고 인민민주주이도 구현했는데 이중 일부 내용은 이 후 4개 헌법의 일부 규정보다 우월하였다. 예를 들면 제1조는 "중화인민공화국은 신민주주의 즉 인민민주주의 국가이다."라고 규정하였고 제3조는 "공인, 농민, 소자산계급과 민족자산계급의 경제이익 및 사유재산을 보호하며 신민주주의인민경제를 발전시킨다."라고 규정했으며 제5조는 공민의 기본 정치권을 열거한 이외에 공민의 사상, 거주이주 등의 자유도 확인하였다. 그리고 제49조는 "진실한 신문의 보도자유에 대한 보호"도 확인하였다. 이후 제정된 헌법들은 이런 내용을 회피하거나 승인하지 않아 많은 아쉬움이 남게 되었다.

'54헌법'은 1949년의 〈중국인민정치협상회의 공동강령〉을 기초로 하여 발전하게 된 것인데, 이는 이후 1982년 헌법의 제정에 튼튼한 기반을 제공하였다. '54헌법'의 득실을 따져보면 우수한 점으로는 공민의 일부 기본권에 대한 확인을 꼽게 된다. 예를 들면 제85조는 "공민은 법

---

1   郭道暉 총주편,〈當代中國立法〉(上冊), 中國民主法制出版社, 1998년 판, 394면.

률의 앞에서 모두 평등하다"(이 원칙은 1957년의 반우운동에서 적과 아군을 분별하지 못한다는 이유로 비판을 받았고 1975년 헌법은 이를 아예 삭제하였다.)라고 규정하였고, 제86, 87, 88, 89, 90조는 각기 공민의 선거권, 피선거권 그리고 언론, 출판, 집회, 결사, 데모, 시위 등 정치적 자유 및 통신비밀의 자유, 거주와 이주의 자유 등을 규정했으며 제97조는 또 공민은 서면 또는 구두로 각급 국가기관에게 고소를 제기할 수 있는 권리가 있으며 국가기관 사업일군의 침해로 공민의 공민권이 침해되어 손실을 입게 되었을 경우, 공민은 상응한 배상을 받을 권리가 있다고 규정하였다. 공민의 기본권에 대한 이러한 확인은 혁명시기에는 없었던 것이다. 훗날의 1982년 헌법은 이들을 모두 계수하였다.

　　'54헌법'의 가장 유감스러운 점이라면 주요하게는 헌법을 집권당의 '과도기방침'을 관철하고 실행하는 도구로 보아 너무 일찍 신민주주의사회는 사회주의사회로 넘어가야 한다고 규정했으며 농업, 수공업과 자본주의 공상업에 대해 사회주의개조로 단숨에 초월하고 생산력과 생산관계의 발전이 반드시 거쳐야 할 단계를 뛰어 넘으려 하여 생산력에 대한 엄청난 파괴를 초래했다는 점이다. 그러나 어떻게 정부권력을 제한하고 견제해야 하며 국가권력의 침해로부터 어떻게 공민의 기본권과 자유를 지켜낼 것인가 등은 당시 입헌자의 관심을 끌지 못하여 입헌은 반드시 추구해야 할 가치목표를 이탈했다.

　　이 시기 반포된 몇 개의 법률과 일부 법령들을 보았을 때, 이들은 신중국 창립초기 시급한 수요의 만족에 어느 정도 역할을 하였다. 그러나 이들은 비교적 거칠고 어설펐다. 예를 들면 〈반혁명징벌조례〉중의 일부 범죄는 아무런 양형기준도 규정하지 않은 '절대사형'이었고 특히 이 시기의 토지개혁과 반혁명진압운동에서 군중운동으로 법에 의한 재판을 대체하여 총 70여만 명의 사람이 희생되었는데 정부의 통계에 의해도 이중의 오판은 약 10%에 달했다(사실 이 뿐은 아니었다). 그리고 '3대 반대운동'의 타격대상인 '호랑이[부패 관료]'도 그 수치가 사전에 이미 정해지게 되어 이중의 다수도 오판에 속할 것이다.

1949년 2월, 중공중앙은 〈국민당 육법전서의 폐지와 해방구 사법원칙의 확정에 관한 지시〉란 당내 문건을 발부하여 "국민당의 〈육법전서〉와 구미 및 일본 등 자본주의국가의 모든 반인민적인 법률과 법령에 대해 멸시와 비판적인 정신으로 대할 것을 요구하였다." 이로 인해 모든 낡은 법률과 법에 대한 승계를 전면 부정하여 새로운 정권의 입법은 중단되었고 많은 영역은 의거할 법마저 없는 상황을 초래하였다. 이는 신중국 성립이후, 입법의 초창기에 아주 많은 입법상의 공백이 생기게 된 중요 원인이다.

(2) 법률에 대한 멸시 및 부정단계(1955~1976년)

'54헌법'이 반포되고 단 1년이 지나 후펑(胡风)을 비판하고 학교와 기관에서 반동분자를 숙청하려는 운동이 벌어졌으며 1957년의 반우파와 1958년의 '대약진' 등 정치운동이 이 뒤를 잇게 되어 수백만 지식인이 숙청되고 수천만 농민이 굶어 죽는 참극을 초래했다. 이의 근본 원인은 바로 헌법과 법치에 대한 경시 및 부정이다. 1958년 8월, 베이따

이허(北戴河)에서 소집된 중공중앙 정치국의 확대회의에서 마우쩌뚱은 "법률이란 없어서는 아니 될 것이다. 그러나 우리는 우리만의 방식이 있다. … 법치로 다수의 사람을 다스리려 해서는 아니 된다. … 헌법제정에는 나도 참여했다. 그러나 지금은 나도 기억나지 않는다. 우리는 기본적으로 그에 의하지 않는다. 우리의 모든 결의도 법률이다. 회의를 하는 것도 법이다."라고 말했고 류사오치(劉少奇)도 "도대체 법치냐, 아니면 인치냐? 실질적으로 이들은 모두 사람에 의하게 되므로 모든 사무의 처리에 있어 법률은 하나의 참고로 볼 수밖에 없다."라고 지적하였다.

바로 이렇게 법치를 멸시하는 지도자들의 인치사상의 영향으로 인해, 그 때 당시 이미 33차례에 달하는 수정을 거친 형법초안과 그리고 일찌감치 완성된 민법과 형사소송법 등 많은 법률초안들은 쌓아만 놓고 이를 심의하게 될 인대회의에 제출조차 하지 않았다. 그리고 이러한 상황은 장기간 지속하게 되었는데 '문화대혁명'시기에 이르러 일부 사람들은 공공연히 '무법천지' 즉 무정부주의를 제창하게 되었는가 하면 심지어 "공(안), 검(찰), 법(원)을 박살내자", "헌법을 차버리고 혁명을 하자" 등 극단적인 구호까지 제출하게 되어 전국인대는 10년간 아무런 회의도 열지 못했고 입법도 완전히 중단되었다.

그러나 이러한 시기라 하더라도 완전한 '무법'은 아니었다. 예를 들면 문화대혁명기간 동안 당중앙과 국무원은 공동으로 '공안6조', 즉 1967년 1월 13일에 반포한 〈무산계급문화대혁명기간에 공안사업을 강화하는 것에 관한 약간의 규정〉을 반포하고 "위대한 수령이신 모 주석

중국 법치 100년의 경로

과 그의 친밀한 전우이신 린비오(林彪) 부주석'을 반대하는 자는 '악독 공격죄(惡毒攻擊罪)'를 구성하므로 반드시 모두 '반혁명'분자로 간주하여 엄격히 징벌해야 한다."고 규정했다. 결국 이 악법의 시행으로 인해 수많은 자애로우면서도 지조가 있는 사람들이 죽었다. 1975년에 제정된 헌법을 말하자면 이는 마우쩌뚱이 제출한 '무산계급독재정권하의 계속혁명이론'과 '좌파'노선을 관철하려는 산물이므로 '중국공산당영도에 대한 옹호'를 공민의 가장 중요한 의무로 규정하여 공민권의 앞쪽 위치에 배치했으며 그리고 공민의 기본권을 단 3개의 조항으로 축소했으나 이마저도 실시하지 않았다.

(3) 입법의 궤도진입단계(1977-2012년)

1976년 10월, '문화대혁명'이 종결되자 전국인대는 결의를 통하여 '문화대혁명'기간에 형성된 일부 악법을 폐지하였다. 예를 들면 '대민주'로 포장된 '군중독재'의 4대 민주방식, 즉 '대명(大鳴), 대방(大放), 대자보(大字報), 대변론(大辯論)'을 제거하고 '공안6조'도 폐지했으며 인민공사란 정치체제에 대한 개혁도 실시하였다. 그리고 1978년에는 또 헌법에 대한 제3차 수정을 실시하여 '문화대혁명' 및 1975년 헌법 중의 일부 내용을 바로잡기도 했다. 그러나 '문화대혁명'의 부정적 영향이 완전히 제거된 것은 아니었다.

1978년 말에 소집된 중국공산당 제11기 중앙위원회 제3차 전회는 결의를 하여 지도사상의 혼란 국면을 바로잡아 정상을 회복하고, 사업의 중심을 과거의 '계급투쟁'으로부터 '경제건설'로 전환하며 그리고 법제건설을 강화하여 "유법가의(有法可依), 유법필의(有法必依), 집법필엄(執法必嚴), 위법필구(違法必究)"란 16자 방침을 실시하기로 결정하여 전례가 없었던 빠른 속도로 입법을 회복하여 발전시켰다. 이중 하나의 상징적 조치는 바로 1979년에 전국인대상무위원회가 법제위원회를 성립하고 같은 해 7월 1일에 소집된 제5기 전국인대 제2차 회의에서 1개의 헌법수정안과 7개에 달하는 법률(전국인민대표대회와 지방 각급 인민대표대회 선거법, 지방 각급 인민대표대회와 지방 각급 인민정부조직법, 인민법원조직법, 인민검찰원조직법, 형법, 형사소송법, 중외합자경영기업법)을 일차적으로 통과시킨 것이다. 이렇게 통과된 법률의 중요성과 양을 보았을 때 중국의 입법역사에서 전례가 없었던 것인데 이는 또 이 시기 중국에 의거할 법이 결핍했다는 것을 반증한다.

이 시기 입법영역에서 중국은 많은 성과를 이루었는데 이 성과들은 주로 아래와 같은 몇 개 부분으로 나눠진다.

첫째, 헌법을 다시 제정했다. 54헌법에 대한 승계를 기초로 1982년에 새로운 헌법을 제정하여 반포하였다. 역사적으로 중국에서는 이를 '82헌법'이라 한다. '82헌법'은 제정되어 지금까지 이미 4차례나 되는 수정을 거치면서 인권, 법치, 공민사유재산권에 대한 보장 등의 원칙이 명시되어 '중국의 헌정역사에서 하나의 중요한 이정표'로 높이 평가된다.

둘째, 중국적 특색이 있는 사회주의 법률체계를 이루었다. 2010년 말까지 중국의 유효법률은 이미 236건에 달하고 행정법규는 690여 건에 달하며 지방법규도 8,600여 건에 달하여 완정한 체계를 이루었다.

2011년 3월 10일, 전국인대상무위원회 우방궈(吳邦國) 위원장은 제11기 전국인민대표대회 제4차 회의에서 "헌법을 통솔로 하고 헌법관련법, 민법, 상법 등 여러 법률부문의 법률을 골간으로 하며 법률, 행정법규, 지방법규 등 여러 등급의 법률규범 등으로 구성된 중국적 특색이 있는 사회주의 법률체계는 이미 형성되었다."고 정식으로 선포했는데 이 법률체계의 형성은 중국 사회주의민주법제건설사에서 하나의 중요한 이정표이다.

신중국 초기 30년을 살펴보았을 때, 기본적으로 의거할 법마저 없었던 상황이었다. 그러나 최근 30여 년간 입법의 비약적인 발전으로 2010년에 와서는 중국적 특색이 있는 사회주의 법률체계가 이미 형성되었다고 선포하게 되었는데 이는 하나의 비약이라 하지 않을 수 없다.

셋째, 입법체제를 확립했다. 30여 년의 발전을 거치면서 중국은 전국인대의 입법제도를 확립하고 '일원다계(一元多係)'로 된 입법체제, 입법절차 등을 실시하여 입법의 대략적인 규범화, 질서화를 실현하였다. 2000년 3월 15일, 제9기 전국인대 제3차 회의는 입법법(立法法)을 통과하고 같은 해 7월 1일부터 이를 정식으로 시행했는데 이는 중국의 입법권과 절차가 이미 법치화의 궤도에 진입하게 되었다는 것을 의미한다.

넷째, 인권, 민주, 법치 등 이념의 점진적 확산이다. '82헌법'에 대한 제4차 수정안에서 "국가는 인권을 존중하고 보장해야 한다.", "법에 의하여 나라를 다스리고 사회주의 법치국가를 건설해야 한다."라는 내용을 잇 따라 확인하고 사회주의 시장경제를 확인했으며 민영경제는 "시장경제의 중요한 조성부분이다."라는 사실을 승인하였다. 그리고 민사입법에서는 물권법을 제정하여 공민의 사유재산을 보장하고 또 서로 다른 사회적 이익집단의 권익보장에 관해서도 권익보장법을 제정했으며 행정입법에서는 행정심판법, 행정소송법 등 공민의 권익보장과 관련된 행정구제법들을 제정하였다. 이 외에 형법에서는 '공민의 법 앞의 평등', '죄형법정주의', '죄형비례' 등 원칙을 확인하였고 형사소송법에서는 또 '무죄추정', '위법증거배제' 등의 원칙을 받아들였다. 입법의 이러한 변화는 중국의 입법지도사상이 이미 발전되었다는 것을 나타냈다. 중국공산당 제17차 전국대표대회에서의 보고는 더 나아가 "과학입법, 민주입법을 견지하여 중국적 특색이 있는 사회주의 법률체계를 더욱 완비된 방향으로 발전해 나갈 것"을 요구했다.

(4) 입법개혁의 심화단계(2013—현재)

중국공산당 제18차 전국대표대회이후, 중국은 개혁의 전면적 심화라는 새로운 발전단계에 진입하여 법치건설을 포함한 입법사업도 개혁을 심화하는 새로운 발전기에 들어섰다. 중국공산당 제18기 중앙위원회 제3차 회의에서 통과된 〈개혁의 전면 심화에서 약간의 중대한 문제에 관한 결정〉과 2013년 9월, 중공중앙에서 비준한 〈12기 전국인대 상무위원회 입법전망 계획〉에 의하면 입법의 총체적 방침은 "입법결정과 개혁결정을 결부하고 중점영역과 중심 고리의 입법을 강화하며 개혁에 대한 입법의 인도, 추동 및 보장 역할을 발휘하여 과학입법과 민주입법을 적극 추진하고 질서 있게 공민이 입법에 참여할 수 있는 범위를 확대하여 입법 수준이 향상되도록 힘을 모아 법률의 집행성 및 조작성을 확실히 증강하고 법률의 효율적 시행에 더 많은 힘을 기울여야 한다."라는 것이었다.[2] 이러한 결정과 계획은 집권당과 정부가 새로운 시기의 입법에 관해 제시한 입법전략, 이념과 목표이며 그리고 또 중국입법을 더욱 완비된 방향으로 추진해 나갈 구체적 조치이므로 사람들은 그 실현을 기대할 것이다.

중국공산당 제18기 중앙위원회 제4차 회의에서 통과된 〈의법치국의 전면추진에 관한 약간의 중대 문제에 관한 결정〉은 새로운 시기의 입법방침과 제도를 더욱 전면적으로 계획하고 의법치국의 총체적인 목표는 중국적 특색이 있는 사회주의 법치체계와 법치국가를 건설하는 것이라고 지적하고 '완비된 법률규범체계, 효율적인 법치의 실시체계, 엄밀한 법치의 감독체계, 유력한 법치의 보장체계'와 '완비한 당내법규체계'의 건립을 요구하였다. 그리고 '과학입법, 엄격집법, 공정사법, 전민수법(全民守法)'이란 새로운 시기 입법의 16자 방침을 제출하고 '헌법을 핵심으로 중국적 특색이 있는 사회주의 법률체계를 보완하여 헌법의 실시를 강화하자'라는 독자적인 목표를 설정했는데 이에서는 '입법체제의 보완, 과학입법과 민주입법의 깊숙한 추진', '중점영역 입법의 강화' 등을 구체적으로 계획하였다. 이 결정은 집권당과 정부에

---

2   霍小光 崔淸新, "全國人大常委會公布2014年度立法計劃", 〈檢察日報〉, 2014년 4월 18일 참조.

서 추진하는 법치건설의 목표와 방침에 대한 포고이고 또 새로운 시기 중국입법이 나가야 할 미래전망에 대한 묘사이므로 사람들은 그의 확실한 실현을 기대할 것이다.

2. 중국적 특색이 있는 사회주의 법률체계의 보완

2011년 3월, 전국인대상무위원회는 중국적 특색이 있는 사회주의 법률체계는 계획대로 2010년에 이미 형성되었으며 의거할 법이 없었던 상황은 기본적으로 바뀌었다고 선언했다. 그러나 이 중 아직은 많은 부족함과 유감스러움이 있으므로 이는 반드시 보완되어야 한다. 〈중공중앙 개혁의 전면심화에서 약간의 중대한 문제에 관한 결정〉은 "중국적 특색이 있는 사회주의 법률체계를 보완하고 입법의 기초, 논증, 조율, 심의에 관한 메카니즘을 건전화하여 입법의 양과 질을 제고하고 지방보호와 부서의 이익의 법제화를 방지해야 하며 … 규범성문건, 중대결정의 적법성심사에 관한 메커니즘을 보완해야 하고 법치건설에 관한 과학적인 지표체계와 심사기준을 건립해야 하며 법규, 규장, 규범성문건의 등록심사제도를 건전화 하여야 한다. … 그리고 지방입법권을 가진 비교적 큰 도시의 수량도 점차 증가해야 한다."라는 요구를 제출하였다.

2013년 10월 30일, 전국인대 상무위원회 장더쟝(張德江) 위원장은 전국인대상무위원회 입법사업회의에서 다음과 같이 지적했다. "중국적 특색이 있는 사회주의 법률체계는 이미 형성되었다. 그러나 사회경제의 발전수요에 부합하지 않는 일부 문제도 역시 존재하고, 또한 당과 국가의 수요, 인민의 기대에 비하여 많은 차이를 보여주고 있는데 이 중 어떤 문제는 법률적으로 아직은 명확하지 않고 일부 공백도 있으므로 반드시 필요한 규정을 입법하여야 하고, 이미 있는 법률규정에서 일부는 수정하여 보완해야 하고 일부는 완전한 체계를 이루도록 부속 법규를 제정하거나 법률해석을 해야 하며 또 일부 시의에 맞지 않는 것은 폐지해야 한다. 법률, 행정법규, 지방법규 및 기타 규범성문건 상하간에 서로 조화를 이루지 못하고 있을 경우, 이들을 조절하고 규범화하여 연결이 되도록 해야 한다. 우리는 반드시 입법을 강화하고 발전시켜 이러한 문제를 제때에 적절히 해결하여 의법치국의 전면적 추진에 건실한 법제기반을 마련해야 한다."

(1) 입법체계의 성과 및 문제

'법률체계'란 도대체 무엇인가? 서방의 대륙법계는 이에 관해 아직은 체계적인 개념을 내놓지 못하고 있다. 영미법계는 주로 판례에 의해 이루어지므로 성문화된 '체계'는 없고 해마다 이미 제정한 법률과 형성된 판례를 편찬할 뿐이며 '체계'의 완정은 추구하지 않는다. 사실 설사 '법률체계'가 있다 하더라도 이는 필연적으로 개방적이며 시대 및 정세의 변화에 따라 지속적으로 확충되고 갱신될 것이다. 소위 '법률체계'란 우리가 소련을 학습하면서 얻게 된 산물이다. 그러나 소련이라 하더라도 이를 법률규범체계와 구별하려는 취지로 사용하였을 뿐이다.[3] '입법체계'란 하나는 입법권을 가진 국가기관에서 제정한 법적 규범성을 지닌 문건의 체계를 의미하고 다른 하나는 입법체제 즉 입법권의 구조 체계를 의미한다. 법률체계는 입법체계 즉 법적인 규범성을 지닌 문건의 체계이다. 중국에서 법률체계 중의 '법'(재판에서 적용이 가능한 법에 한정한다)에는 법률, 행정법규, 지방법규, 민족자치지방의 자치조례와 단행조례, 특별행정구기본법 등이 포함된다. 그러나 행정규장(行政規章)은 적용에서 '참고'로만 쓰이고, 당정기관에서 반포한 정식문건은 때로는 '법'으로 보고 적용하기도 하나 이는 법의 확대 내지 법이 아닌 것이므로 법적 효력은 없다.

완전한 법률체계-입법체계-는 하나의 완전한 통일체이다. 그 형식적인 요건을 보았을 때 일반적으로 강목(綱目) 사이에는 서로 보완이 되어야 하고(헌법을 통솔로 하고 각 법률부문의 기본법을 주체로 하여야 한다) 법률부문은 완정해야 하며(헌법, 행정법, 민법, 경제법, 노동 및 사회보장법, 자연자원 및 환경보호법, 형법, 소송법 등을 포함) 이념은 선진적이어야 하고 내부는 조화로워야 한다(법률규범 간의 충돌은 없어야 함).

이러한 기준으로 오늘 중국의 입법체계를 보았을 때, 비록 각 법률부문의 초보적 형태는 이미 갖춰졌으나 완비되려면 아직 멀었다. 입법체계의 형성은 하나의 점진적인 과정이다. 그러므로 완전히 계획대로 즉 사람의 주관적 의지에 의해 창립되는 것은 아니다. 1980년대 입

---

3   郭道暉; 〈法的時代精神〉, 湖南出版社 1997년 판, 706—708면.

법에 대한 시대적인 수요는 절박했으나 입법경험은 아주 부족한 상태였으므로 떵샤오핑은 "하나가 성숙되면 하나를 제정하자."라는 방침을 제출하여 법체계성에 대한 지나친 추구를 부정했다. 펑쩐(彭眞)도 민법의 입법을 언급하면서 먼저 시행하고 나중에 보완하자, 즉 반드시 처음부터 완비된 민법을 제정해야 하는 것은 아니라고 역설하였다. 사실 중국은 1990년대에 들어서야 입법에 관한 5개년 기획과 연간계획을 제정하기 시작하여 입법을 계획적으로 추진하였다. 그러나 계획한 것이 전부 현실로 된 것은 아니다. 중국공산당 제14기 중앙위원회 제3차 회의에서 통과된 〈사회주의 시장경제체제의 건립에 관한 약간 문제에 대한 결정〉은 20세기 말까지 '사회주의사장경제에 적응되는 법률체계'를 건립해야 한다고 제출하고 그리고 이를 위해 많은 노력을 하여 일정한 성과도 거두었다. 그러나 이러한 '체계'를 이미 건립했다고 말하기 어려웠기 때문에 후에 이를 다시는 언급하지 않았다. 때문에 필자는 입법에 있어 총체적인 계획은 있어야 하겠으나 체계상의 완벽함만을 고려하여 '발을 깎아 신발에 맞추듯이' 입법을 추진할 필요는 없다고 생각한다. 다시 말하면 입법체계는 객관적 수요에 의해 점차 형성하게 되는 것이고 주관적 의지에 의해 구축되는 것은 아니다. (아무런 계획도 없이 방임한다는 것은 아니다.) 우리가 입법체계를 건립했다 하여 입법에서는 만사형통이라 생각해서는 아니 된다. 여기서의 관건은 현재 인민이 어떤 법률을 요구하고 국가통치가 어떤 법률을 절실히 필요로 한다면 우리는 반드시 이러한 법률을 우선적인 위치에 놓고 제정해야 한다. 예를 들면 공민권(공민의 정치적 권리와 자유)과 민생(사회보장과 생태환경의 보호)

에 관한 법률이 바로 이러하다. 더욱 중요한 것은 체계란 수많은 법률의 단순한 양적인 축적을 의미하는 것이 아니므로 전반 체계구조의 질량도 반드시 이에 포함되어야 한다.

(2) 시대와 더불어 발전되어야 할 입법이념과 중심

중국 법치건설의 발전과정을 보았을 때, 때로는 전진하고 때로는 후퇴하면서 앞으로 한 발도 내딛기 어려웠다. 그러므로 지금 우리가 이러한 입법성과를 이룩한 것은 아주 소중한 발전이라 생각한다. 그러나 이미 획득한 입법성과들을 보면 비록 양적인 면에서는 성장했으나 입법체계의 구조는 아직도 많이 발전되어야 한다. 향후 우리가 중국 입법체계와 체제에 대한 혁신을 계속 추진해 나가려면 반드시 입법방침을 적절히 조정하고 수구(守舊)사상을 타파해야 하며 새로운 헌정이념도 수립해야 한다.

① 입법방침의 조정

경제입법을 중심으로 하고 입법의 중점을 민권과 민생(생태환경보호를 포함하여)의 영역으로 점차 이전하려면 우리는 반드시 입법의 우선적 지위를 강조하고 견지해야 하며 민생의 개선과 보장 그리고 민주의 확대를 입법의 중점으로 해야 한다. 중국의 입법에서 이러한 지도사상을 전제로 삼는 것은 광범위한 인민군중의 적극성과 창의력의 동원에는 물론이고 균형적이고 효율적이며 건실한 경제발전의 실현에도 유리할 것이다.

우리가 구축하려는 '중국적 특색이 있는 사회주의 법률체계' 이 명제에는 중국적 특색, 사회주의, 법률체계 이 3개의 키워드가 포함된다. 이 중 가장 중요한 하드웨어는 바로 강목(綱目)의 질서가 잡혀졌고 법률부문은 완정하며, 이념은 선진적이고, 조화를 이룬 통일된 법률체계란 점이다. 이는 이 체계의 구조골간이다. 그러나 사회주의 사상·이념과 원칙은 이 체계의 영혼이고 국정에 알맞은 중국적 특색은 이 체계의 생명혈맥이다. 이 3가지에서 하나만 빠져도 이는 완정하거나 생명력이 있다 할 수 없다. 이 3가지 요소를 기준으로 하여 따져보면 지금의 '체계'는 우리의 진정한 목표와 아직은 많은 차이, 심지어 본질적 차이가 있으므로 설사 이것이 이미 형성되었다 하더라도 아직은 완비되지 않았다고 볼 수밖에 없다.

하나의 체계가 완전하다고 평가를 받으려면 반드시 일정한 양적 기준에 도달해야 하는 것은 물론이고 더욱 중요한 것은 일정한 질적 기준에도 도달해야 한다. 체계의 골간을 보았을 때, 지금까지 중국에서 이미 많은 법률을 제정하여 적지 않는 영역에서 의거할 법은 이미 마련되었다. 그러나 질적으로 아직 많은 부족이 있는 것은 사실이다. 개혁개방의 지속적인 발전으로 인해 이미 제정된 법률들은 갈수록 누락과 낙후를 나타냈는데, 이는 각 입법 자체의 사상적 품위, 기술적 질량의 부족으로 나타나고 있을 뿐만 아니라 그의 총체구조상의 약점으로도 표현된다. 이외에 일부 기본 법률은 지금까지도 공백상태에 있는

데 예를 들면 민법전, 행정절차법, 그리고 민생개선, 사회보장 및 생태건설 등에 관한 입법, 특히 공민의 정치적 권리 및 자유에 관하여 헌법 제35조가 이미 확인하였음에도 불구하고 지금까지 관련 법률을 제정하지 않았거나 또는 관련 법률을 제정했다 하더라도 완비되지 않고 있는 실정이다. 법체계의 전반에 있어 관리를 규정한 법률은 많으나 권력에 대한 통제와 감독을 규정한 법률은 적으며, 경제입법은 많으나 사회보장에 관한 입법은 적으며, 경제개발에 관한 입법은 많으나 민생개선, 환경보호 및 지속적인 경제발전에 유익한 입법은 아직 적은 편이다. 그리고 날로 심각한 부정부패를 극복하기 위해 중국공산당 제18차 전국대표대회부터 '호랑이[부패 관료]에 대한 타격'의 강도를 크게 증강했으나 제도건설의 측면에서는 아무런 입법적 조치도 내놓지 못하고 있는 실정이다. 예를 들면 공직인원의 재산공개에 관해 사회적 열망은 강렬하나 지금까지 아무런 입법조치도 취하지 못하고 있다. 특히 '사회주의' 법률체계로써 그의 내적인 질에서 반드시 사람을 중심위치에 놓고 사회이익을 최고가치로 삼아야 한다(즉 인민이익의 지상, 인권과 공민 기본권의 지상). 이는 이 체계의 영혼이다. 그러나 사회자원과 이익획득 기회의 배분에 있어 지금까지의 많은 입법은 사회적으로 강한 세력집단에 편향되었다. 비록 개혁은 소수의 사람을 많은 사람에 앞서 부를 누리게 했으나 사회적인 약자집단의 의료, 교육, 취직, 거주, 봉양 등 사회보장은 아주 낙후되었는데 이는 이미 세계적으로 두 번째로 꼽히는 경제대국으로 발전하게 된 사회주의국가의 지위와 어울리지 않으므로 반드시 시급히 개진해야 한다.

의법행정의 추진에 있어 근년에 우리는 법치정부건립이란 목표를 제출하고 국무원은 또 의법행정의 강령을 제정하고 행정의 투명성 확보, 공민편리의 도모 등에 유익한 많은 법규를 반포함으로서 인민을 위한 법집행이념을 뚜렷이 하여 민중의 옹호와 칭찬을 받았다. 그러나 이러한 법규와 정책은 일부 부서와 지방에 가서는 관료주의와 부정부패 등의 요인으로 인해 그 효과와 기능은 많이 저하되었고 일부 지방은 겉으로 집행한다 했으나 속으로는 따르지 않아 모순을 해결하지 못하고 불안요인만 조장 또는 생산시켰다. 입법 전반의 질과 양이 부족하게 된 또 하나의 이유는 입법지도사상과 중심의 편파성이다. 어쩌면 이는 매우 중요하나 아직은 우리가 이를 의식적으로 주목하고 강조하지 못한 영역일 수도 있다. 개혁개방 이후 우리는 입법을 포함한 모든 사업에서 다음과 같은 두 개의 구호 또는 지도사상을 관철해왔다. 이는 바로 '경제건설'의 중심적 지위와 모든 것을 압도하는 '사회적 안정'이다. 입법에서 이는 경제입법의 중심적 지위와 사회치안과 안정에 관한 법률의 입법우선으로 표현되었다. 이와 같은 입법중점과 순위의 확정은 우리가 개혁개방의 초기 단계에서 경제회복과 발전을 실현하고 무법천지로 된 난국을 극복하는데 아주 필요하고 중요하였을 것이다. 그러나 이것이 지금까지도 지속됨으로 인해 경제개혁과 발전은 독자적으로 추진되었고 정치체제에 대한 개혁은 낙후하게 되었으며 민생과 사회보장에 관한 입법은 균형을 상실하여 그 폐단을 날로 드러내게 되었다. 사회자원과 이익획득기회에 관한 많은 입법은 사회적 강세집단과 집권자계층으로 편향되었다. 개혁이익의 최대수혜자는 소수의 '선부자

(先富者) 또는 벼락부자'가 되었고 광범위한 노동자는 소외되어 약세집단으로 전락했으며 심각한 양극분화를 초래하여 사회의 안정을 위협하게 되었다. 2014년 4월, 미국 미시건대학에서 발표된 한 사회학자의 연구보고는 중국의 지니(Gini)계수는 약 0.55에 달하는데 이는 미국의 0.45보다 0.10(일반적으로 0.4를 경계선으로 보고 있다)이나 높은 수치이므로 중국은 세계적으로 빈부격차가 가장 심한 나라중의 하나가 되었다고 지적했다.[4] 그리고 미국의 보스톤 컨설팅 그룹에서 공포한 〈2007 Global Wealth Report〉는 2006년 중국 사회재부의 총량은 31.6%에 달하는 놀라운 성장을 실현했다고 하였다. 그러나 세계은행의 보고는 약 1.3억 즉 1/10에 달하는 중국인의 매일소득은 1달러도 되지 않아 절대적 빈곤상태에 있다고 하였다. 2001년부터 중국은 해마다 10% 정도에 달하는 경제성장을 실현했다. 그러나 극빈에 속한 약 1/10에 달하는 중국인의 실제수입은 오히려 2.4%나 감소했으며 중국 노동자 및 농민의 전부 수입을 합해도 GDP의 15%—20%밖에 되지 않는다. 그러나 국제적인 평균 수치는 40%—50%에 달하고 미국의 경우 이러한 계층의 임금과 복지를 더하면 이미 GDP의 60%에 달한다. 〈2007 Global Wealth Report〉는 사회계층별로 보았을 때, 중국에서 성장속도가 가장 빠른 계층은 자산규모가 500만 달러를 초과한 계층이라 지적하였다.[5]

이와 같은 사회재부 배분구조의 심각한 불균형상황에 관해 중국공

---

4   〈參考消息〉, 2014년 5월 1일, 16면.

5   袁野,〈中國社會財富剧增, 貧富差距加大〉, 亞洲時報 온라인.

산당 제17차 전국대표대회에서의 보고는 처음으로 중국의 수입배분제도를 경고하고 "국민수입의 분배에 있어 주민(居民)수입이 차지한 비중을 높이고 일차적 분배에서 근로수당이 차지한 비중을 높일 것"을 요구했다. 그리고 중국공산당 제18차 전국대표대회에서의 결정은 더 나아가 '더욱 공평하고 지속이 가능한 사회보장제도를 건립하고(제45조)', '합리적이면서도 질서가 잡힌 수입의 배분구조를 구축하며(제44조)', '농민에게 더욱 많은 재산적 권리를 부여할 것(제22조)' 등을 요구하였다. 근년에 들어 중앙에서도 잇따라 일련의 구호, 목표, 이념, 사상 등을 제출했다. 예를 들면 '사람을 근본으로 하자', '집권은 인민을 위해야 한다', '과학적 발전이념을 수립해야 한다', '초요(超要)사회를 건설하자', '조화사회를 건설하자', '신형국가를 창립하자', '사회주의 신형농촌을 건설하자' 등인데 이러한 구호와 목표들은 차원이 높고 조치가 적절하며 묘사한 이상도 아주 훌륭하므로 이들은 반드시 충분히 중요하게 받아들여야 한다. 상술한 바와 같은 이러한 구호, 목표, 이념 및 사상은 어떤 것은 서로 보완되고 또 어떤 것은 서로 중첩되기도 하는데 그러나 중요한 것은 이러한 좋은 내용들을 입법실무에 확실히 반영하여 입법의 무게감과 품위를 높이는 것이다. '미래로부터 지금을 보았을 때' 우리는 중국입법의 이러한 지도사상 또는 입법의 사로(思路)가 위의 요구를 충분히 만족시키지 못하였고 '사람을 근본으로 해야 한다', '입법은 인민을 위해야 한다', '과학적이면서도 민주적인 방식으로 입법을 추진해야 한다'라는 등 입법의 이념추구에도 적응하지 못했으며 '인권이 이미 헌법에 진입'한 발걸음도 따라잡지 못하였다는 사실을 알 수 있게 될 것이다. 중국공산당 제18차 전국대표대회 결정의 요구를 참조로 하고 사회공평정의의 추진과 인민복지의 증진을 출발점과 종착점으로 하여 사회생산력을 해방하고 발전시키며, 여러 부분의 체제적 폐단을 확실히 제거하고, 국가통치체계와 통치능력의 현대화를 추진하여, 더욱 광범위하고 충분하며 더욱 건전한 인민민주를 발전시키고, 더욱 좋게 민생을 보장하고 개선하여 사회의 공평과 정의를 추진해야 하며, 사회체제와 생태문명체제의 개혁을 심화하고 중국적 특색이 있는 사회주의사업의 더욱 광활한 앞날을 개척해 나가야 한다. 상술한 바와 같은 모든 사업의 추진은 반드시 상응한 입법의 뒷받침이 있어야 한다. 그러나 이러한 영역에서 지금까지 입법이 모두 완비된 것은 아니다.

이러므로 이는 우리에게 또 하나의 무거운 문제를 제시했다. 즉 계속 '경제입법의 중심적 지위'와 '모든 것을 압도하는 사회안정'을 입법의 중심으로 고수할 것인가 아니면 과학적 발전이념을 관철하여 여러 방면의 사업을 통일적으로 계획하고 돌보며 사람을 근본으로 하고 인권의 지상가치를 견지하며 인권과 공민기본권에 대한 보장 특히 공민의 정치적 권리와 민생권리에 관한 입법을 강화해 나갈 것인가 하는 문제이다. 이 문제는 우리가 구축하려는 법률체계의 사회주의성격을 어떻게 확보해 나갈 것인가와 관련되므로 반드시 정확히 처리해야 한다.

물론 위에서 언급한 이 두 개의 문제 또는 명제가 서로 완전히 모순되어 대립하는 것은 아니다. 민생의 개선은 반드시 경제발전이 그의 뒷받침으로 되어야 하고, 이런 뒷받침이 없다면 과거의 '가난한 사회주의'는 반드시 재현될 것이다. 그러나 이렇다 하여 경제발전이 민생의 전면적 개선을 자동으로 가져다주는 것은 결코 아니다. 오늘의 중국에서 나타난 이렇게 심각한 빈부의 양극화 상황은 뒤에 있는 '역법칙(逆定律)'의 착오를 증명해준다. 경제건설과 이와 상응한 경제입법은 향후의 일정한 시기까지도 여러 사업의 중심이 되어야 하므로 이를 주변화하려 해서는 아니 된다. 그러나 사회이익집단이 다원화되고 사회계급과 계층도 날로 분화되고 있는 현시점에서 하나의 중심으로 다른 기타의 임무를 '압도'하려 해서는 아니 되므로 입법은 반드시 '다중심'적으로 추진되어야 한다. 특히 일부 사회집단이 주변화되어 약세집단으로 전락하게 되었을 경우, 중심은 반드시 이들에게 적절히 기울여야 한다. 그러나 민주와 민권을 떠나 민생을 논의한다는 것은 대나무 광주리로 물을 뜨는 것과 마찬가지이다.

② 시급히 추진되어야 할 정치개혁관련 입법

중국입법이 걸어온 발전과정을 살펴보면, 많은 경우 입법의 지도방침과 사상전략이 주요하게는 때때로의 '치국' 또는 '치민'의 수요를 충족하는 데 제한되었다. 의거할 법마저 없었던 상태에서 의거할 법을 대체로 마련하기까지, '문화대혁명'의 후유증인 무법천지상황의 극복을 위해 사회치안질서의 정돈과 관련된 법률을 입법의 우선위치에 놓았던 시기로부터 '계급투쟁'을 사업의 중심으로 하던 상황을 개변하여 '경제건설'을 사업의 중심으로 하고 경제입법을 크게 강화하였다. 특히 시장경제를 실시하기로 한 이후로부터 '시장경제 법률체계'의 구축과 관련된 대량의 경제 및 민사 관련 법률들을 수정 또는 제정했는데 이는 또 시장경제질서의 조율과 정돈을 위한 행정관련 입법의 발달을 이끌어 내었다.

이러한 경제입법과 민사입법은 중국의 경제발전과 사회안정에 아주 중요한 작용을 했는데 이는 중국의 개혁개방과 경제전형에 필요한 것이었다. 그러나 부정하지 못할 것은 이러한 입법 중의 다수는 관리에 관한 입법이었고 권력을 통제할 수 있는 입법(控權法)은 적었으며 인권에 대한 존중과 보장 그리고 공민의 정치권보장을 주도할 입법은 더욱 적었다. 중국의 입법에서 치사(治事: 국사와 사회경제사무)와 치민(治民)에 관한 입법은 치권에 관한 입법보다 우위에 있고 호권(護權: 국가권력)에 관한 입법은 호민(護民: 민권과 인권)에 관한 입법보다 많다. 이러한 상황은 1990년대 말기부터 조금씩 변화하게 되었으나 그 발전의 발걸음은 크지 않았고 또 일부 입법의 민주성과 평등성은 상당히 낙후되었다. 경제입법은 반드시 선행되어야 하고 심지어 모든 것을 압도할 수 있어야 한다는 사고방식으로 인해 입법은 경제발전의 그림자로 경제발전을 맹목적으로 따르게 되었다. 이러한 '단선적인 입법'은 사회적 속성을 가진 사람 즉 '사회인'을 단선적인 경제인으로 만들게 되었는데 이는 경제개혁의 단독으로 진행되고 정치체제개혁의 인도와 배합이 결핍한 상황과 부합되는 것이다.

많은 경우, 입법은 주로 경제발전을 보장하는 도구 또는 정부에서 나라와 사회를 다스리기 위한 행정조치를 반포하는 도구로만 이해하게 되었으므로 입법의 가장 중요한 가치목표는 보통 사회인의 인권과 권리에 법적 보장을 제공하는 것이란 점을 홀시하게 되었다. 그 결과 비록 경제입법이 경제발전에 대하여 일정한 보장과 추진역할을 했다 하더라도 동시에 또 날로 뚜렷한 빈부격차, 극심한 횡령과 부정부패 그리고 민주에 대한 억제, 인권에 대한 침해 등을 초래하였다. 물론 이러한 상황이 발생하게 된 원인을 모두 경제개혁과 경제입법에 돌려서는 아니 될 것이다. 그러나 입법 사로(思路)의 이러한 총체적 편파로 인해 경제발전을 중히 여기고 사회보장을 소홀히 했으며 효율에 대한 일방적인 추구로 총체적 공평을 상실하였고 약세집단의 권익에 대한 보장을 홀시하였다. 그리고 사회적인 안정을 중히 여기고 권익의 수호를 홀시했는데 설사 사회적 안정의 수호라 하더라도 날로 고정되고 강화되는 기득이익집단과 특권자계층에 편행되었으며 정치개혁과 권력에 대한 견제, 공민의 정치참여와 감독권에 관한 입법 등에 게을리 하는 상황을 초래했다. 이는 수년 전에 이미 형성된 회피할 수 없는 사실이다. 그러나 일부 학자 심지어 법학자들은 이렇게 비정상적인 상황에 이론적 근거를 제공하기 위해 경제발전과 공민의 민주자유권 보장을 대립시키고, 농민들은 먹을 밥마저 없는데 민주와 자유란 무슨 의미가 있겠는가 하면서 개혁개방 이래 농민을 포함한 중국인민의 삶이 호전된 사실을 무시하였다. 중국인 삶의 호전은 '4인방' 독재통치를 종식시키고 사상을 해방하여 생산력의 발전을 저해하는 체제적인 속박을 타파하고 정치와 경제적인 측면에서 초보적인 민주를 실시했기에 가능하였다. 지금 중국에서 농민의 부담은 너무 과중하고 사회의 양극화도 날로 심해지는데 이도 기층정치민주와 경제자유의 결실, 일부 지방 관료의 독단 및 억압이 초래했다고 생각한다.

물론 민주와 자유는 밥으로 먹을 수는 없을 것이다. 그러나 역사는 민주와 자유가 없으면 먹을 밥은 기필코 없게 될 것이란 사실을 증명해 준다. 사회주의란 도대체 무엇인가? 사회주의란 바로 사회를 '지상(至上)'의 가치로 보고 '주의(主義)'로 모신다는 것이다. 즉 인민, 공민 그리고 집단은 사회의 주체이므로 이들의 인권과 권리는 반드시 지상의 존재로 보아야 하고 국가를 지상의 존재로 보아서는 아니 되며 국가권력을 지상으로 보는 국가주의태도를 취하거나 또는 사회의 특정계급, 계층, 이익집단, 권세집단의 이익을 지상으로 보아서는 더욱 아니 될 것이다.

이로 보았을 때, 입법기관은 낡은 제도를 버렸다 하여 경제입법만 입법의 유일한 중점으로 보아서는 아니 되고 반드시 정치개혁과 민생입법을 우선으로 하는 방침을 실시해야 한다. 지금의 가장 긴박한 임무는 경제발전을 가속하고 단순히 경제발전에 법적 보장을 제공하거나 또는 '안정'으로 모든 것을 압도하려 할 것이 아니라 입법을 통해 중국 공산당 제17차, 제18차 전국대표대회에서 제출한 '개혁의 전면적 심화'란 요구를 실시하는 것이다. 여기의 '전면(全面)'이란 경제개혁과 정치개혁의 병진을 뜻하고 그리고 '심화(深化)'는 사회주의민주정치의 제도화, 규범화 및 절차화를 의미한다. 중국 정치개혁입법의 일환으로 "사법체제개혁을 심화하고 사법권의 배치를 최적화하며 사법행위를 규범화하여 공정하고 효율적이며 권위적인 사회주의사법제도를 건립하여" 공민이 국가사무와 사회사무 관리에 참여할 수 있는 민주권리가 실현되고 경제발전과 민생보장이 병진되며 약세집단의 생존(최저생활보장), 취직, 교육 및 의료 등 권리가 확실히 보장되고 건실한 경제발전이 이루어질 수 있고 민생이 세심히 보살펴지도록 하여 사회의 안정에 원천적 기반을 다져가야 한다. 이러한 법률체계라야만이 사회주의 법률체계이고 또 중국적 특색이 있다 할 수 있다.

결론적으로 사회주의 입법체계의 건립은 새로운 입법사상의 수립과 낡은 사고방식의 전환이 반드시 선행되어야 하므로 사회주의 입법체계의 건립을 얼마나 많은 법률과 법규가 제정되었는가를 평가기준으로 할 것이 아니라 주요하게는 제정된 법률과 법규의 사상적 내용이 어떠한지를 보아야 한다. 즉 이들은 사람을 근본으로 하고 사회를 지상의 가치로 보았는지, 공평과 정의를 구현하고 광범위한 인민의 진정한 의지와 이익을 반영했는지, 그리고 구조적인 면에서 강목은 서로 보완되고 조화를 이루었는지, 법률부문은 완정하며 조화와 통일은 이루었는지 등을 보아야 한다.

③ 인권과 공민의 정치적 권리에 관한 입법의 우위

법률체계는 법률부문이 빠짐없고 강목이 조화를 이룬 하나의 완정한 통일체인데 이중 헌정입법은 핵심과 수뇌이고 인권과 공민권은 체계를 활성화시키는 심장과 혈맥이다. 경제와 행정 그리고 민사와 형사 등에 관한 법률이 많다 하더라도 공민의 헌법적 권리와 자유, 특히는 정치적 권리에 관한 입법이 없거나 또는 부족하면 이 체계의 두뇌와 영혼은 비어있는 것이므로 혈맥은 통하지 않을 것이다. 이는 마치 건실한 체구는 있으나 두뇌, 심장, 혈맥이 없으면 활력이 넘친 사람이 될 수 없는 것과 같으므로 이러한 법률체계는 어지럽게 쌓인 법률, 법규의 퇴적체로밖에 볼 수 없으며 하나의 법률유기체, 특히 사회주의 법률체계라 할 수 없다.

'민주는 사회주의의 생명이다.' 사회주의 법률체계는 반드시 헌정의 민주를 입법의 강(綱)으로 하고 공민의 정치적 권리에 관한 입법을 기반으로 해야 하며 그리고 '사람을 근본으로 하는' 인권지상이란 입법이념을 입법의 품질을 가늠할 중요한 기준으로 삼아야 한다. 이는 사회주의법률을 제정하는 입법의 결정과정에서 반드시 중요시되어야 한다. 과거의 입법에서 이 점이 전혀 고려되지 않은 것은 아니다. 일부 법률부문의 입법 예를 들면 행정처벌법과 행정허가법의 제정, 형사소송법과 형법의 수정 특히는 물권법을 통과하는 과정에서 이미 인권수호에 관한 내용과 인본주의정신 등을 법률조문에 규정하기 위해 많은 노력을 하였다. 특히 헌법에 대한 제4차 수정으로 헌법에 인권과 사유재산에 대한 보호를 써넣게 됨으로 인하여 헌법상으로 이렇게 중요한 원칙들을 확인하였다. 그러나 체계란 총체적인 시각으로 보았을 때, 인권과 공민권지상이란 헌정사상이 확실히 확립된 것은 아니었다. 인권과 공민권은 하나의 이념으로 입법체계와 지도사상이란 측면에서 아직은 확실하고 명확한 위치를 점하지 못했다.

인권의 헌법 삽입과 입법의 새로운 과제. 중국에서 인권이 사람들에 의해 회피되던 하나의 금지영역으로부터 헌법의 권위적 위치로까지 격상되어 헌법의 최고원칙이 되었는데 이는 중국 헌정사상의 중요한 이정표로 중국의 입법에 아주 특별한 의미를 가져다주었다.

인권이란 사람으로서 누구나 다 있어야 하며 또 반드시 있어야 할 권리를 의미한다. 입법에서 '사람을 근본으로' 한다는 것은 "인권과 공민권을 근본으로 삼아야 한다는 것이다." 프랑스대혁명시기 헌법의 탄생과정은 바로 인권의 산물이 헌법 그 자체란 사실의 증명이다. 프랑스의 저명한 〈인간과 시민에 관한 권리 선언〉은 1789년 7월 6일 프랑스 제헌회의에서 구성한 헌법위원회가 초안을 작성하여, 애초부터 이를 헌법의 중요한 구성부분으로 하려 하였다. 이 초안은 인권이 헌법에서 가져야 할 지상의 지위와 발휘해야 할 작용을 강조했다. 즉 인권선언이 제시한 기본원칙은 인권이 '헌법의 절대 필요한 최고진리이며, 사람이 만드는 모든 법의 원천'이라는 것이다. 이후 헌법서언이 된 '인권선언'은 첫머리에서 그의 요지를 밝히면서 "인권에 대한 무식, 망각 또는 멸시는 공중의 불행이며 정부부패의 유일한 원인이다."라고 하였고, 마지막에서 "어떠한 사회라 하더라도 만약 인권보장을 하지 못하거나 권력 분립을 이루어내지 못한다면 헌법이 있다 할 수 없다."[6]라고 강조하였다. 이로 보았을 때, 중국 헌법이 확인한 '인권에 대한 존중과 보장'은 헌법의 최고원칙이고 또 모든 입법의 최고진리, 지침 및 원천이므로

---

6   프랑스 〈인간과 시민에 관한 권리선언(Declaration of the Rights of Man and of the Citizen)〉 및 張奚若, "法國人權宣言的來源問題", 〈張奚若文集〉, 淸華大學出版社, 1989년 판, 143면 참조.

인권보장은 국가, 정부, 입법과 사법기관의 기본 직책이다. 헌법이 확인한 인권과 공민의 기본권은 입법권을 포함한 어떠한 국가권력보다도 우위에 있는 존재이다. 그러므로 어떠한 입법이라 하더라도 기본적인 인권과 관련되는 문제를 내버려 두어서는 아니 된다. 설사 '민주(民主)'적 절차를 거쳐 '적법(合法)'하게 제정된 법률과 법규라 하더라도 만약 실체적 규범 그 자체가 인권과 공민의 기본권을 해치게 된다면 이들은 모두 위헌으로 간주하게 되므로 당연히 무효로 보아야 한다. 국가권력과 법률권력은 인권준칙에 부합되어야만 그의 적법성과 권위성을 인정받게 된다.

이를 기준으로 하여 따져보면 거듭된 금지에도 끊이지 않는 가혹한 고문, 장기구금 등 인권을 침해하는 병폐와 근년에 들어 날로 심각해진 관상(官商)결탁, 폭력철거, 도시주민의 부동산에 대한 약탈, 농민토지의 임의적 처분 등 재산권을 침범하는 침해행위를 모두 효과적인 입법조치로 해결하지 못했는데, 이는 입법에서 우리는 아직도 인권을 모든 것을 초월하는 헌법적 지위와 입법상의 우선위치에 두지 못하고 있다는 것을 나타냈다. 이는 새로운 시기의 입법이 회피해서는 아니 될 문제이다.

공민의 정치권[公權利]에 관한 입법을 지체해서는 아니 된다. '민주입법'에서 가장 중요한 것은 법률 내용 자체의 민주성이다. 그의 주요한 구현방식은 공민의 기본권에 대한 광범위한 확인과 이미 확인한 권리에 대한 입법상의 확실한 보장이다. 중국의 입법체계는 이 부분에 있어 이미 일부 성과를 거두었으나 아직 남은 문제도 적지 않다.

첫째, 헌법문헌이 이미 확인한 공민권에 적지 않은 결함이 있어 아직은 헌정과 사회주의의 본질 그리고 인민의 수요에 크게 미치지 못하고 있다. 예를 들면 생명권, 사상 및 신앙의 자유, 거주와 이주의 자유, 파업의 자유, 권력의 분립과 견제에 관한 제도 등의 내용은 헌법에 명시되지 않았다. (그러나 1949년 전국인민정치협상회의에서 통과된 〈공동강령〉은 이러한 자유와 권리를 전부 규정하였다.) 인신자유와 권리에 관한 규정도 완벽하지 않았고 재산권에 관한 규정도 완비되지 못했다. (근년에 들어 도시와 농촌주민의 토지와 가옥 등 재산권이 심한 침해를 받게 되었으나 헌법과 법률의 보호를 받지는 못했다.) 1982년 헌법을 제정하면서 공민의 청문절차, 그리고 적절한 협상과 전국인대대표의 심의 등을 거치지 않고 "도시의 토지는 국가소유이다."[7]라고 규정했는데 이는 많은 시민이 그들의 조상으로부터 상속받은 부동산을 자본가에 대하여 실시했던 '사회주의 개조'와 마찬가지로 하룻밤 새 무상으로 몰수한 것과 같은 효과를 초래하여 지금의 철거과정에서 나타난 많은 충돌의 원인으로 되었다.

둘째, 사회경제정치와 인권의 발전에 따라 당대에 새로 나타난 권리주장들, 예를 들면 생존권, 자결권, 평화권, 발전권, 환경권, 안녕권, 프라이버시 등은 지금까지 중국에서 모두 헌법의 확인을 받지 못하고 있다.

마지막으로, 헌법이 이미 확인한 권리와 자유라 하더라도 그에 대

---

7   〈중화인민공화국헌법〉 제10조

한 입법보장은 역시 부족하다. 중국헌법은 이를 근거로 소송을 제기할 수 없기 때문에 헌법이 확인한 공민권도 '직접적으로 유효한 권리'는 아니다. 왜냐하면 공민의 권리가 침해당했다 하더라도 직접 헌법을 적용해 소송을 제기할 수는 없고, 반드시 근거할 구체적 입법이 있어야 하며, 근거할 구체적 입법이 없으면 설사 헌법에 나열된 권리라 하더라도 허구일 수밖에 없기 때문이다. 필자는 십여 년 전 『헌정입법체계의 구축』이란 논문에서 건의한 바 있었는데, 여기서 경제, 행정, 민사, 형사 등 입법만 가득 쌓아놓고 인권과 공민기본권에 관한 입법이 없다면 이를 사회주의 입법체계라 할 수 없다고 주장하였다. 지금까지 헌법 제35조가 확인한 공민의 그러한 권리와 자유에 관하여 이미 제정된 〈집회행진시위법〉을 제외하고 다른 것은 모두 입법이 되지 않고 있다. 공민의 기본권과 자유가 법적 보장을 받지 못하고 있는데 이래도 이를 사회주의라 할 수 있을 것인가? 물론 이를 중국적 특색이 있는 법률체계라고는 할 수 있을 것이다. 그러나 이를 '중국 사회주의 법률체계'라 하려면 아마 이는 '자격미달'로 보아야 할 것이다. 이는 마치 떵샤오핑이 중국의 사회주의를 '자격미달'의 사회주의라 한 것과 같을 것이다.

헌법 제35조가 확인한 언론, 출판, 결사자유 및 이들로부터 추론해 낼 수 있는 언론의 자유 등에 관하여 지금까지 아무런 입법도 하지 않았다. 마우쩌둥은 국민당의 일당독재를 반대하던 혁명시기에 이들을 가장 중요한 자유라고 강조한 바 있었고 〈공동강령〉의 제49조도 "진실에 대한 보도의 자유는 보장되어야 한다."라고 하면서 이를 일찍이 확인하였다. 그러나 신중국 성립 60여 년래 이러한 권리 및 자유에 관한 입법은 냉대만 받아 왔다. 사실 이러한 권리 및 자유에 관한 법률의 초안은 1980년대에 이미 만들어졌다. 그러나 관할 부서와 지도자의 간섭으로 인해 전국인대의 심의에 교부하지 못하고 방치되었다. 그리하여 지금까지 국무원 또는 그의 소속 부서인 각 부(위원회)에서 제정한 법규와 규정만 있을 뿐이다. 예를 들면 사회단체관리조례, 출판인쇄업조례, 종교사무조례 및 인터넷 등에 관한 행정법규와 규장 등이 있는 실정이다. 그러나 이중의 다수는 관리적인 규범으로 공민의 자유 일부를 제한하려는 것이어서 자유의 보장은 이들의 취지가 아니었다. 더구나 의거할 법이 없는 상황에서 법규와 규장만 제정하게 된 것은 또 헌법과 입법법이 규정한 입법권한을 위반한 것으로 볼 수밖에 없게 되었다. 입법법의 규정에 의하면 공민의 기본권과 그에 대한 제한(특히는 인신자유에 대한 제한)은 반드시 전국인대에서 법률로 규정해야 하고, 이러한 법률이 먼저 있어야 이와 관련된 법규와 규장도 제정할 수 있다. 이렇지 않으면 월권입법으로 간주하게 되므로 입법권한과 절차에서 모두 위헌 또는 위법이 될 것이다.

공민의 결사자유에 관하여 일부 당정간부들은 전통적인 사유에 얽매여 아직도 시민단체의 발전을 두려워하거나 또는 손을 펴 이들의 발전을 격려하지 못하고 있으며 중국 시민단체의 발전은 또 일부 불필요한 제한도 받고 있는 실정이다. 지금까지 약 8억이나 달하는 농민이 그들의 자체조직이 없을 뿐만 아니라 수많은 농민공(農民工)들도 그들의 권익을 수호할 수 있는 독립적인 조직이 없다. 보도에 의하면 중국에서 90%에 달하는 환경보호단체가 현행 등기제도(登記制度)의 높은 문턱으로 인해 지금까지 적법한 지위를 얻지 못하여 활동의 전개마저 어려운 실정이다. 지금까지 중국에 공민의 결사자유를 효과적으로 보장할 수 있는 결사법(結社法) 또는 사단법(社團法)은 없고 국무원에서 제정한 행정관리에 제한된 〈사회단체등기관리조례〉만 있을 뿐이다.

언론법과 출판법을 말하자면 이는 공민의 알 권리, 표현권 그리고 공권력에 대한 감독 등과 관련된 중요한 입법이다. 1983년 펑쩐(彭眞) 위원장은 전국인대 내무사법위원회에게 언론법초안의 기초를 위탁한 바 있다. 그러나 이후 이는 한 원로의 반대로 무산되었다. 당시 이 원로는 다음과 같이 말했다고 한다. "언론법은 그래도 없는 것이 좋을 것이다. 이렇지 않으면 사람들은 우리의 틈새를 노리게 될 것이다." 얼마 전 어떤 관할 부서의 관계자도 다음과 같이 말했다. "언론법이 있으면 우리의 관리(管理)도 많은 문제에 부딪히게 될 것이다." 이로 인해 언론법의 입법은 무산되었다. 사실 언론법이 있어야만 공민 및 매체에 대한 권리보장과 그들의 위법행위에 대한 제한 등은 모두 의거할 법이 있게 되므로 그들에 대한 관리도 더욱 순조롭게 이루어질 것이다.

마르크스는 출판의 자유가 없으면 기타 모든 자유는 기필코 물거품이 될 것이라고 하였다. 같은 논리로 언론권과 자유가 없으면 기타의 모든 권리와 자유도 물거품이 될 것이다. 지금 우리는 대외개방을 실시하고 있다. 그러나 더욱 중요한 것은 대내적인 개방이다. 즉 민주와 법치의 궤도에서 언론을 개방하지 않으면 인민지혜의 동원과 집결은 어려울 것이고 인권보장과 부패척결도 이루어내지 못할 것이다.

공민의 정치권을 규정한 이러한 법률의 공백은 사회주의 법률체계의 중대한 흠결이므로 향후의 입법에서 이들은 반드시 조속히 제정되어야 한다.

④ 법권(권리/권력) 구조의 균형

하나의 완정한 법률체계에서 내적으로 규범사이의 모순과 충돌을 피하고 그들 사이의 조화를 이루어내려면 가장 중요한 것은 권리와 권력의 총체적 배치에서 어느 한쪽에도 치우치지 않고 이들이 모순되지 않도록 조율하는 것인데 다음과 같은 몇 개 문제는 필히 주목해야 한다.

공민권과 국가권력의 균형—이 양자 사이는 서로 견제하는 관계이다. 공민권은 국가권력의 원시적인 연원이고 국가권력을 견제할 수 있는 역량이다. 입법이 국가(정부)에게 어떤 하나의 권력을 수여했다면 반드시 이와 동시에 상응한 권리를 설치해 이를 감독 또는 구제할 수 있게 해야 한다. 예를 들면 2012년 수정 후의 형사소송법은 수사기관에게 검찰기관의 사전비준을 거치지 않고 국가안전을 해치거나 또는 테러를 실시하는 범죄피의자를 스스로 체포할 수 있으며 이를 그의 가족에게 알리지 않아도 된다고 규정했는데 이러한 특권을 설치하면서 공민이 상응한 권리구제를 받을 수 있는 절차에 관해서는 아무런 규정도 하지 않았다. (이를 견제할 다른 권력도 설치하지 않았다.) 이는 수사기관권력의 남용에 편리를 제공했다.

권력과 권력 간의 균형—즉 이는 어떤 특정된 권력과 평행되는 다른 권력 또는 특정된 권력의 상위 위치에 있는 다른 권력으로 이 특정된 권력에 대해 실시되는 견제를 의미한다. 이는 분권견제의 전형적인 원칙이므로 여기서는 더 이상 논하지 않으려 한다.

권력과 책임의 균형—한 푼의 권력이 있으면 반드시 한 푼의 책임이 따라야 한다. 이 원칙은 중국의 입법에서 늘 등한시되고 있었다. 설사 권력의 남용으로 공민의 기본권을 침해했다 하더라도 법률책임을 지지 않는 경우가 많았다(행정책임, 민사책임, 형사책임 및 정치책임을 포함). 이는 중국 입법과 법집행의 큰 폐단이다. 집권자들은 늘 추상적이고 포괄적인 '영도책임' 또는 '집단책임'이란 이유로 져야할 책임을 회피하였다.

공민의 권리와 권리, 공민의 권리와 의무사이의 균형—예를 들면 공민은 헌법과 법률에 규정된 언론자유권을 행사하면서 타인의 프라이버시(privacy)와 명예권을 침범해서는 아니 된다.

⑤ 개혁에 대한 입법의 인솔 및 추동역할

입법으로 개혁을 인도하고 추진해야 한다. 이는 중국공산당 제18차 전국대표대회 이후 당 중앙에서 제출한 입법방침이다. 2014년 2월 28일, 시진핑은 '중앙전면심화개혁지도소조' 제2차 회의를 소집하면서 다음과 같이 지적했다. "모든 중대한 개혁은 반드시 법적 근거가 있어야 한다. 개혁의 전반 과정에서 법치사유와 법치방식의 활용을 고도로 중요시하여 법치의 인도와 추진역할을 발휘해야 한다. 관련 입법에 대한 조정을 강화하여 개혁이 법치궤도에서 발전하도록 해야 한다." 입법에 관한 이 방침은 과거에 비하여 일정한 차이를 보여줬다. 즉 과거에는 '선 실천, 후 입법' 혹은 먼저 '시행법(試行法)'으로 실험을 하고 그 후에 경험을 쌓으면 입법을 정식으로 하게 했는데, 지금에 와서는 먼저 새로운 제도와 정책의 실시에 앞서 입법을 하고 후에 다시 개혁을 시행하기로 하므로 개혁과 법치의 이탈 또는 개혁의 탈선을 막으려 했다. 예를 들면 국무원은 상하이에 자유무역실험구를 설립하기로 결정했는데 이는 2013년 전국인대상무위원회 제4차 회의에서 통과된 상하이에 자유무역실험구를 설립할 것에 관하여 국무원에 이미 부여한 권한을 기초로 하였다. 2013년 전국인대상무위원회는 노동교양 관련 법률규정의 폐지와 계획생육정책의 보완에 관해 결의를 통과했는데 이도 역시 이후 개혁의 추진에 유익한 중요한 법치조치라 생각한다.

⑥ 법률에 대한 적시적 정리, 수정 및 폐지

입법활동에는 법률의 제정, 수정 및 폐지 이 3가지 활동이 포함된다. 법률체계의 보완에는 이미 제정한 기존 법률, 법규에 대한 정리─수정, 폐지도 포함하게 된다. 이는 법률체계 자체의 신진대사이고 시대와 더불어 가는 하나의 발전이다. 법률체계의 이러한 발전은 법률체계내부구조의 과학, 조화 및 통일을 확보하게 한다.

법률에 대한 '정리'는 주요하게 정치, 경제, 사회 등 객관적 상황의 발전과 변화로 인해 발생하게 되는데 하나는 일부 법률, 법규 그리고 법적 성격을 지닌 규정이 이미 효력을 상실하여 생긴 경우이고(원규정의 유효기간을 초과), 다른 하나는 현실 상황에 이미 현저히 부적응하여 생긴 경우이며, 또 다른 하나는 법률이 제정된 시간이 서로 달라 같은 사항에 관한 규정이라 하더라도 일치하지 않거나 심지어 모순, 충돌되는 부분이 있어 생긴 경우이다. 이러한 경우 반드시 정리로 기존법률을 수정 또는 폐지하여 이러한 모순과 구멍을 제거해야 한다.

전국인대상무위원회와 국무원은 법률과 법규를 여러 차례 정리했다. 2009년 전국인대상무위원회는 다음과 같은 두 개의 결정을 통과하였다. 즉 하나는 일부 법률의 폐지에 관한 결정인데 이 결정으로 인해 8건의 법률과 관련 법률문제에 관한 결정이 폐지되었다. 또 하나는 일부 법률의 수정에 관한 결정인데 이 결정은 입법의 기술적인 측면에서 처음 '일괄'적 수정이란(하나의 포괄적인 결정으로 동일한 문제를 가진 많은 법률, 법규 그리고 관련규정중의 규범을 일괄적으로 수정 또는 폐기하는 경우를 말한다.) 방식으로 59개 법률의 141개 조항을 일괄적으로 수정하여 법률규범의 조화와 통일을 유지하였다. 2013년 6월, 제12기 전국인대상무위원회 제3차 회의는 문화재보호법 등 12개 법률의 수정에 관한 결정을 통과하고 12월에는 또 해양환경보호법 등 7개 법률의 수정에 관한 결정을 통과했는데 이 두 개의 결정은 총 20여 개에 달하는 행정심사비준항목을 취소하거나 하급 기관에 이관했다. 이렇게 포괄적인 법률의 수정방식은 법률수정 및 폐기의 효율을 제고했는데 이는 행정개혁에도 호응되는 입법적인 조치로 평가받았다.

2010년 3월, 전국인대상무위원회 법제사업위원회는 전문회의를 소집하고 행정법규와 지방법규를 집중적으로 정리했다. 그 후 국무원과 입법권이 있는 성급(省級)인대 및 상무위원회, 비교적 큰 도시의 지방인대 및 상무위원회는 과거 이미 여러 차례 정리를 실시한 상황에서 다시 집중적인 정리를 실시하여 2010년에 행정법규와 지방법규에 대한 정리를 완성했다. 2011년 1월 8일 국무원은 결정을 내려 7건의 행정법규를 폐지하고 107건 법규중의 172개 조항을 수정하였다. 그리고 입법권이 있는 성급인대 및 상무위원회, 비교적 큰 도시의 지방인대 및 상무위원회는 또 총 455건에 달하는 지방법규를 폐지하고 1417건에 달하는 지방법규를 수정하여 지방법규의 정리를 전면적으로 완성하였다.[8] 반드시 지적해야 할 것은 법률체계의 보완은 하나의 끊임없는 과정이므로 법률의 제정, 수정 및 폐지도 반드시 시대의 발전과 병진되어야 할 것이다. 현재 실시되고 있는 일부 법률과 법규에 아직도 적지 않는 구멍과 불합리한 점이 있고 그리고 서로 모순되는 부분도 있으므로 이들도 반드시 정리, 수정 또는 폐지되어야 한다. 단 하나의 법률, 법규를 수정 또는 폐지한다 하더라도 기타 현행 법률, 법규에 영향을 미쳐 일련의 연대효과를 초래한다. 예를 들면 2013년 국무원의 노동교양법규가

---

8   〈法律法規清理全面完成 三層次法律法規實現內在和諧統一〉, http://www.china.
     com.cn/(中國网) 2011년 3월 10일 참조.

폐지되었는데 이로 인해 이와 관련된 법규들도 연대적으로 정리하게 되었다. 1991년 〈전국인대상무위원회 매음, 윤락의 엄금에 관한 결정〉은 가장 먼저 수용교육제도를 제출하고, "매음, 윤락을 하는 자에 대하여 공안기관은 기타 관련부서와 회동하여 이들을 강제적으로 수용하고 이들에 대한 법률, 도덕교육과 생산노동으로 이들이 악습을 고치도록 할 수 있다. 기한은 6개월부터 2년까지로 한다. 구체적인 방법은 국무원에서 결정한다."라고 규정했다. 1993년 국무원은 〈매음윤락인원의 수용교육방법〉을 반포했다. 이 방법에 의하면 현급(顯級)공안기관은 매음윤락한 자에 대하여 6개월부터 2년까지의 수용교육을 결정할 수 있는 권한이 있다. 이 방법은 노동교양법규와 마찬가지로 공안기관에게 검찰원, 법원의 비준, 심판을 거치지 않고 독단적으로 공민의 인신자유를 제한 또는 박탈할 수 있는 권력을 수여하게 되었다. 이는 인권을 침범하는 조항으로 헌법, 입법법, 행정처벌법 및 행정강제법 등을 위반하게 되었으므로 반드시 폐지되어야 한다.

(3) 중국 입법은 세계적 법치문명과 일치되어야 한다

중국공산당 제18차 전국대표대회는 '법치중국'이란 개념을 제시했다. 이는 법치국가, 법치정부, 법치사회를 포괄한 헌정개념이므로 '법치세계'와 병립되는 하나의 큰 개념이다. 이는 국제관계에서 '법치세계' 일원이란 것을 의미한다. 비록 오늘의 중국은 진정한 '세계강국'과 일정한 거리가 있어 '불완전한 대국'이라 불리고 있기는 하나 이미 세계에서 두 번째로 큰 경제체로 부상했고 세계의 정치와 법률무대에 있어서는 UN안전보장이사회 상임이사국이고 그리고 세계무역기구(WTO)와 기타 지역적 국제조직(예를 들면: 상하이협력조직, 브릭스 'BRICs')의 주요성원 또는 주축이 되어 개도국과 신흥국가집단의 대변자로 국제사무의 처리에서 많은 중요한 역할을 하게 되어 세계적인 대국으로 부상하게 되었으므로 반드시 이러한 국제적 지위에 격이 맞는 국제적 책임을 지고 국제조약의 임무를 충실히 이행해야 하며 국제적인 규칙을 엄격히 준수하면서도 새로운 국제적 규칙의 제정에 적극 참여해야 한다. 그리고 지금은 또 세계최강국인 미국과도 '새로운 형태의 대국관계'를 건립하도록 해야 한다. 만약 예전과 같이 대내적으로 폐관자수(閉關自守)하고 세계의 선진적인 법치문명과 접속하지 않고 대외적으로는 또 신의를 버리고 국제법에 따라 행동하지 않으며 대국으로서의 책임을 다하지 않는다면 국제적인 공동규칙과 미래의 '대동법치세계(大同法治世界)'에 용납되지 않아 고립하게 될 것이다. 적극적인 면으로 말하자면 이는 중국이 또 세계적인 대국으로서 반드시 가져야 할 발언권, 참여권(국제규칙의 제정에 참여할 수 있는 권력) 및 국제적인 위상에도 영향을 미치게 될 것이다.

반드시 인정해야 할 것은, 현재 중국의 많은 입법 특히 인권과 관련된 입법들은 중국이 이미 체결한 국제인권조약의 요구에 비해 아직은 비교적 큰 차이를 보이고 있다는 것이다. 이 중 주요한 것은 〈경제적, 사회적 및 문화적 권리에 관한 국제규약〉(이하 〈경제권규약〉이라 약칭한다. 이는 중국정부가 이미 체결하고 전국인대상무위원회의 비준도 거쳤다.)과 〈시민적 정치적 권리에 관한 국제규약〉(이하 〈정치권규약〉이라 약칭한다. 이는 국무원에서는 체결했으나 전국인대상무위원회의 비준은 아직 거치지 않았다.)이다.

① 중국의 인권입법과 세계경제권 및 정치권규약의 차이

〈정치권규약〉의 제18조 제1항은 모든 사람은 사상, 양심과 종교의 자유를 향유할 수 있는 권리를 가진다고 규정했다. 그러나 중국의 헌법은 사상의 자유를 규정하지 않고 있다(사실 과거의 〈공동강령〉은 사상의 자유를 확인한 바 있었다). 이에 관해 지금 어떤 사람들은 "지도사상의 다원화를 하지 않는다."라고 비난하는데 이는 사상의 자유 또는 소위 '이질'적 사상이 있어서는 아니 된다는 것으로 착각하게 한다.

〈정치권규약〉 제25조의 규정에 의하면 공민이 향유한 선거권은 박탈되어서는 아니 된다. 그러나 중국헌법 제34조의 규정에 의하면 정치 또는 기타의 원인으로 인해 공민의 선거권은 박탈될 수 있다.

〈정치권규약〉 제18조는 종교 신앙의 자유에는 종교 또는 신앙을 유지하거나 변경할 수 있으며, 단독 또는 집단적으로, 공개 또는 비밀리에 예배, 계율, 실천과 교리로 종교 또는 신앙을 표명할 수 있는 권리가 포함된다고 구체적으로 규정했다. 그러나 중국헌법은 종교 신앙의 자유에 관해 원칙적인 규정만 하였을 뿐이고 종교 활동의 거행장소, 종교의식 거행의 자유 등에 관해서는 아무런 구체적 규정도 하지 않은 실정이다.

〈정치권규약〉 제12조는 공민은 이주의 자유가 있다고 규정했다. 그러나 중국은 헌법(1954년 헌법을 제외하고)에 이에 관한 아무런 규정도 하지 않고 있다. 과거 헌법에 이를 규정하지 않게 된 주요 원인은 경제발전 정도가 낮았기 때문이라 생각한다. 그러나 지금에 와서 이는 이유가 될 수 없으며, 게다가 이주의 자유는 공민의 인신자유, 취업의 자유, 교육기회의 균등 등 기본권과도 관련되므로 박탈해서는 아니 될 것이다. 지금 일부 당정기관에서 걸핏하면 공민의 출행, 출국 또는 귀국을 제한 또는 금지하여 공민의 이주자유는 헌법의 보호를 받지 못하고 있는 실정이다.

파업권은 노동자의 생존권과 연관된 하나의 중요한 기본권이다. 〈경제권규약〉 제8조 제1항은 공민은 파업권이 있다고 확인하였다. 그러나 중국의 헌법(1975년 헌법과 1978년 헌법은 제외)과 법률들은 이를 명확히 금지한 것은 아니지만 그렇다 하여 이를 인정한 것도 아니다. 그러므로 '법이 금지하지 않으면 곧 자유'란 원칙으로 보았을 때, 파업이 법률의 보호를 받는 것은 아니지만 위법도 아니라고 생각한다. 지금 일부 지방정부와 정부에 소속된 노동조합[工會] 조직들은 외자의 유치와 조세수입의 확보를 위해 때로는 사측을 감싸고 노동자의 정당한 이익에 손해를 주기도 한다.

인권규약은 나라에서 공민 개인재산의 범위 및 구체적인 보장을 제도로 확립할 것을 요구했다. 그러나 중국의 헌법은 지금까지도 이러한 확인과 보장을 하지 않고 있다. 근년에 들어 도시와 농촌 주민의 토지와 주택 등 사유재산이 강제철거로 인한 침해당하여도 헌법과 법률의 구제를 받기 어려운 상황이다. 1982년 헌법을 수정하면서 주민과 이익관계자가 참여한 청문과 협상을 거치지 않고 헌법 제10조에 "도시의 토지는 국가소유이다."라고 규정하였기 때문에 신중국 성립 전후 원래는 도시주민이 소유했던 사유주택의 택지(토지문서가 있음)를 국유로 만들어 사실상 이를 몰수했다. 이는 헌법 자체의 입법적 권리침해—공민의 재산권과 기본적 인권에 대한 침해이다. 현재 중국에서 진행되고 있는 강제철거에서 이 잠재된 모순이 폭발하여 많은 관민충돌의 도화선이 되고 있다.

중국헌법 제42조에 "공민은 노동에 대한 권리와 의무를 가진다."라고 규정했다. 기왕 의무라고 규정했으니 국가는 공민의 노동을 강요할 수 있게 되었다. 그러나 이는 〈경제권규약〉 제7조 노동권에 관한 규정과 중대한 차이를 나타냈고 더욱 심각한 것은 〈정치권규약〉 제8조 제3항 어떤 사람도 강박 또는 강제에 의해 노역을 해서는 아니 된다는 규정과 충돌된다.

이외에도 국가와 국제사회 경제정치와 인권의 발전에 따라 생명권, 발전권, 자결권, 환경권, 안녕권, 프라이버시 등 많은 새로운 권리 주장도 나타났다. 그러나 중국의 헌법문헌은 이러한 권리를 모두 확인하지 않았다. 생존권을 예로 말하자면 〈정치권규약〉 제6조 제1항은 "사람은 누구나 천부의 생명권이 있으며 이 권리는 반드시 법의 보장을 받아야 한다. 어떠한 사람의 생명이라 하더라도 자의적으로 박탈되어서는 아니 된다."라고 규정하였다. 그러나 중국의 역대 헌법은 생존권에 관하여 아무런 규정도 하지 않았다. 과거 집권당의 지도자는 계급투쟁을 모든 사업의 벼리[綱]로 보고 지속적인 정치운동을 전개하여 많은 인명피해를 초래하였다. 예를 들면 해방 초기의 토지개혁과 반혁명분자에 대한 진압운동, '문화대혁명' 이전과 중간에 일단 '계급의 적'으로 낙인찍힌 사람들은 대부분 아무런 법적 절차도 거치지 않고 사형에 처해졌다. 그리고 미친 듯이 전개되었던 '대약진'은 인위적 대흉작을 초래하여 수천만 백성을 굶겨 죽였는데 이는 중국농촌에 히로시마 원자폭탄을 450개 던진 살상력과 맞먹는다 한다. '문화대혁명'중에는 2천만 명에 달하는 사람이 사망했고 약 1억에 달하는 사람이 박해 받았다.[9] 개혁개방 이후 이렇게 생명을 풀처럼 여기는 상황은 크게 바뀌었다. 그러나 중국형법 중의 사형은 세계의 많은 나라에 비해 여전히 너무 많다. 근년에 우리는 이러한 상황에 대해 강력한 억제를 시작하여 사형을 대폭 감소하고 그의 적용범위도 크게 제한했다.

이 외에 국제규약에서 말한 생명권중의 '사람'에는 이미 출생한 사람이 포함되는 것은 물론이고 태아도 포함된다. 규약은 태아의 부모가 태아의 생명권을 마음대로 박탈(예를 들면 낙태)하는 것을 금지한다. 이는 중국헌법의 제49조가 규정한 계획출산의 '의무'와 충돌되는 것이다. 물론 이 문제의 처리는 중국의 특수한 상황으로 인해 딜레마로 되었다고 생각한다. 그러나 중국공산당 제18차 전국대표대회 이후 부모 중 1인이 '독신 자녀'인 경우, 2명의 아이를 낳을 수 있는 정책을 시험적으로 실시했는데 이는 절대적 산아제한정책에 대한 개혁의 첫걸음이다.

인신자유권에 관하여 〈정치권규약〉 제9조 제4항은 "체포 또는 구

---

9   1978년 12월 13일, 중앙사업회의에서 葉劍英의 강화.

금으로 인해 자유가 박탈된 어떠한 사람이라도 법원에 소송을 제기할 자격이 있으며 법원은 반드시 지체 없이 타인을 구금한 결정의 적법여부를 판단해야 한다. 구금이 적법치 않은 것으로 판정되었을 경우, 석방을 명해야 한다."라고 규정했다. 이 규정의 연원은 바로 오래된 영국의 인신보호영장제도이다. 중국의 헌법도 "모든 공민은 인민검찰원의 비준 혹은 결정 또는 인민법원의 결정 그리고 공안기관의 집행을 거치지 않으면 체포될 수 없다."라고 규정했다. 그러나 피체포자가 더 나은 구제를 받을 수 있는 제도는 설계하지 않았다. 새로 수정된 형사소송법은 여전히 수사기관은 검찰기관의 비준을 거치지 않고 국가안전을 해치거나 테러활동을 실시하는 혐의자를 비밀리에 체포할 수 있으며 이를 가족에게 알릴 필요가 없다고 규정했다.

② 세계화의 안목으로 국제법률문명의 발전에 주목해야 한다

시장경제와 세계화의 배경에서 이루어진 세계법치의 새로운 발전을 보았을 때, 중국입법의 낙후는 더욱 뚜렷이 느껴진다. 오늘날 세계는 날로 권력의 다원화, 사회화 추세가 나타나며, 권리의 주체도 이미 다원화된 구조를 보인다. 우리가 자국 관할의 공민권, 국민권(예를 들어 국민에 대한 평등대우) 실현을 강조할 때, 외국에서는 이미 국가를 초월한 '지구인[球民]'권을 논하게 되었다. 그들은 민주화가 국가공민(國家公民)이란 역할을 창조하고 복지국가는 사회공민(社會公民)이란 역할을 창조하였으며 세계화는 또 '지구인'이란 역할을 창조했다고 보았다. 1995

년 3월, 코펜하겐(Copenhagen)에서 거행된 '사회발전에 관한 세계 고위급 정상회의'에 제출된 보고는 세계화의 도전에 대한 대답은 '세계공민권(全球公民權利)'이란 사상을 수립하는 것이라 하였다. 일부 지역(예를 들면 EU)에서 민족국가범위에 한정되었던 공민권은 이미 'EU공민권'으로 넓혀져 EU의 초국가적 권력의 직접적인 보호를 받을 수 있게 되었다.(EU성원국의 공민은 자국의 정부와 사법기관을 뛰어넘어 EU의회 또는 법원에 민원을 제기할 수 있다.) UN산하 각국의 공민 또는 '지구촌'의 촌민은 자국 '국민'의 자격을 제외하고 '지구촌' 촌민의 신분도 있으므로 이들은 지구촌 모든 사람이 공동으로 향유하는 평화권, 생명권, 환경권, 인류의 공동재산권, 이민권 등 '지구인권(球民權)'을 향유한다. 우리는 '염제와 황제[炎黃]의 자손'일 뿐만 아니라 인류 공동선조의 후대이기도 하므로 반드시 사람으로서의 권리를 향유하고 또 인류공동의 의무도 담당해야 한다.[10] 특히 세계적 범위에서 활동력이 있는 세계적 사회단체와 다국적 기업들은 '민족국가의 경계를 뛰어넘어 자국 정당, 의회 및 정부의 필터를 거치지 않고' 직접 세계적인 영향력 심지어 지배력을 발휘할 수 있다.[11]

지금까지도 우리는 여전히 중국식의 점진적 민주건설과 정치체제

---

10 1978년 UN의 대회에서 통과된 1호 문건은 "모든 사람은 한 개 종류에 속하고 모두 하나로 된 공동선조의 후대이며 존엄, 권리 및 인성의 모든 방면에서 이 들은 태어나서부터 평등하다."라고 확인하였다.

11 [독일]Ulrich Beck: Dilemma in the era of globalization. [독일]Supplement Weekly:Politics and Modern History, 1998년, 제38기 참조.

개혁에 관하여 논증을 하고 있으나 법치선진국들은 이미 다수결민주제의 일부 결함에 관한 토론을 시작하고, 더 나아가 세계화의 조건에서 어떻게 한 개 나라의 범위를 초월한 '전 지구촌의 민주'를 실현할 수 있는가를 구상하기 시작했다. 우리는 이제야 겨우 시민사회문제에 관한 연구를 시작했으나 그들은 이미 '전 지구사회가 하나로 된 신세계건설'[12]을 전망하게 되었다. 그리고 우리는 이제야 겨우 서방 법치국가의 일부 이념, 원칙 및 경험에 관한 연구와 소개를 시작했으나 그들은 이미 국가는 인류공동체중 하나의 특수한 형태에 불구하므로 국가는 유일한 법적 공동체가 아니라고 했으며 사람들은 국가의 구성원만이 아니고 더욱 큰 범위에서 전 지구사회의 구성원이라고 인식했다. 그러므로 법치주의는 반드시 국가개선의 제한을 초월하여 전지구사회로 시야를 확장하여 미래의 '세계법제' 또는 '법치주의의 세계화'와 '대동(大同) 법치세계'를 지향해야 한다.[13]

입법과 사법의 영역에 있어 각종 초국가적 국제법정과 국제조약들은 현재 각 민족국가들의 부분적인 법률주권을 침식해 나가고 있는 실정이다. 우리는 아직까지도 '일사부재리'를 절대 흔들어서는 아니 될 하나의 '철칙'으로 보고 있으나 영국의 법률학계와 법조계는 일부 악성범죄에 대한 제재를 강화하기 위해 이미 이에 관한 연구와 토론을 시작하여 이를 부분적으로 수정할 수 없는지를 검토하기 시작했다.

---

12   위와 같음.

13   郭導暉: '多元社會中法的本質與功能—第二次亞洲法哲學大會述評', 〈中外法學〉, 1999년 제3기, 참조.

우리는 아직도 생명권을 가장 중요한 인권으로 강조하고 있다. 그러나 서방의 학자들은 이미 '존재권(存在權)'이란 개념을 검토하게 되었다.[14]

물론 이들은 중국에겐 너무 앞선 법치사상이므로 지금 우리는 이들을 추구할 필요가 없는 것은 물론이고 추구할 여력도 없다. 그러나 비교법학적인 시각으로 보았을 때, 중국의 입법은 법치건설의 더딘 발걸음을 맹목적으로 따라가서는 아니 되고 반드시 앞선 세계화의 안목과 '미래로부터 지금을 살펴본다'는 책임감으로 국제사회법치의 선진사상과 법제문명을 주목하고 참고로 해야 한다. 객관적 비교와 분석으로 이들에 대한 시비와 득실을 따져 중국입법이 시대발전의 발걸음을 따라 잡고 우리가 미래 지구촌 법치대동세계의 구축에 참여할 수 있도록 필요한 발전공간을 미리 확보해야 한다.

③ 입법적 조치로 국제인권규약의 요구를 만족해야 한다

〈정치권규약〉 제2조 제2항의 규정에 의하면 이 규약이 확인한 권리에 대하여 "현행입법 또는 기타 조치로 규정하지 아니 한 모든 권리에 대하여 본 규약의 매개 체약국은 해당국가의 헌법절차와 본 규약의

---

14 존재권은 모종 사회신분, 지위의 보유로 인해 존재하는 권리이다. 과거 노예계급은 집단적 생존권은 있었으나 사회인으로서의 존재권(存在權)은 없었다. 그들은 '말할 수 있는 동물'이나 노예주의 재산으로 존재하였을 뿐이고 자유인, 공민으로 존재할 수는 없었다.

규정에 따라 필요한 절차를 취할 책임을 가지며 이로서 해당국가가 본 규약이 승인한 권리의 실시에서 필요한 입법 또는 기타 조치를 취한 것으로 인정한다."라고 규정했다. 이는 체약국으로서 반드시 준수해야 할 의무이다. 이 점은 중국이 이미 비준한(참여)〈경제권협약〉제2조 제1항에 특히 명확히 규정되었다. "개별 체약국은 최대한의 능력으로 개별적으로 절차를 취하거나 또는 국제원조와 협력 특히 경제와 기술적 측면의 원조와 협력을 통해 조치를 취하고 일체 적절한 방법 특히 입법적인 방법으로 본 규약이 승인한 권리가 점차 충분히 실현되도록 해야 한다." 또 〈정치권규약〉제40조 제1항과 제41조 제1항의 규정에 의하면 체약국은 반드시 조약효력이 발생한 1년 이내와 이후 이 조약에 의해 건립한 감독기구—인권사무위원회의 요구에 따라 본 조약의 실시조치와 그의 실시상황에 관한 보고를 제출해야 하며, 그리고 이 위원회는 다른 체약국이 본 체약국의 이무불이행에 대하여 고소하면 이를 접수하고 심의할 수 있는 권한이 있으며, 본 체약국 관할하의 공민개인이 자기가 향유해야 할 규약상의 권리가 침해당했다고 인정하여 제출한 신고를 접수하고 심의할 수 있는 권한을 가진다는 것을 승인해야 한다.

반드시 승인해야 할 것은 〈세계인권선언〉과 국제인권조약의 적용에 있어 중국의 헌법과 법률 사이에 아직도 적지 않은 부분이 서로 어울리지 않거나 심지어 저촉되기도 하므로 만약 제때에 헌법을 수정하거나 또는 적절한 입법조치를 취하지 아니하면, 외국의 관련조직 또는 자국 공민의 신고를 당하게 되어 곤란한 지경에 빠지게 될 수도 있다.

인권규약에 가입하면 국제인권조직의 감독을 받아야 하는 것은 물론이고 제도적인 측면에서 또 인권소송을 보장할 수 있는 제도를 건립해야 한다. 그러나 지금까지 중국은 제대로 된 위헌심사와 헌법소송제도를 건립하지 못했다. 이는 중국에서 민주헌정을 실시하지 못하는 제도적 원인이다.

3. 입법체제의 개혁과 보완

(1) 중국 입법체제의 현황

입법체제란 사실 입법권구조의 배치제도이다. 1982년 5월, 제5기 전국인대 제5차 회의는 새로운 헌법(82헌법)과 전국인대조직법을 제정하고 전국인대는 기본법률의 제정권을 가지고 전국인대상무위원회에게는 법률의 입법권을 부여한다는 원칙을 규정하여 54헌법에 의해 확립된 모든 입법권이 전국인대회의에 절대적으로 집중되었던 입법구조(전국인민대표대회의 회의는 법률의 유일한 제정기관이다.)를 변경하여 점차적으로 일원화, 다층차로 된 입법권체제를 형성하였다. 모든 입법은 현행헌법을 근거로 하고(일원성) 전국인대는 기본법률을 제정하며 전국인대상무위원회는 비기본법률을 제정한다. 그리고 국무원은 행정법규를 제정하고 성(省)급 지방 인대는 지방법규를 제정하며 국무원의 각 부서는 행정규장을 제정한다. 민족자치지방은 자치조례와 단행조례를 제정하고 특별행정구(홍콩, 마카오)는 82헌법 제31조와 전국인대상무위원회회의에서 통과된 당해 행정구의 기본법에 의하여 해당 지역의 법률을 제정한다. 일부 학자들은 중국의 이러한 입법체제를 '1개 나라, 2가지 제도, 3개의 법계와 4개의 법역(法域)'이라 하는데 이 중의 1개 나라는 중국을 뜻하고, 2가지 제도는 사회주의제도와 자본주의제도를 의미하며, 3개의 법계란 대륙의 사회주의법계, 홍콩이 속한 보통법계, 마카오와 대만이 속한 대륙법계를 가리킨다. 그리고 여기서 말한 4개의 법역은 중국대륙, 홍콩, 마카오, 대만을 의미한다.[15]

이 입법체제는 지방조직법의 수정으로 인해 더욱 발전하였다. 1982년 12월, 제5기 전국인대 제5차 회의는 지방조직법에 대한 수정을 실시하여 성, 자치구 정부 소재지의 시와 국무원이 비준한 비교적 큰 도시의 인대 및 상무위원회는 이 도시에서 요구되는 지방법규의 초안을 작성하여 성, 자치구 인대상무위원회에 심의와 제정을 신청할 수 있으며 이를 전국인대상무위원회와 국무원에 등록해야 한다고 규정하여 지방 인대의 입법권을 더욱 확대하였다. 1986년 12월, 제6기 전국인대 상무위원회 제18차 회의는 '지방조직법'에 대한 재차 수정을 실시하여 성, 자치구 정부소재지의 시와 국무원이 비준한 비교적 큰 도시의 인대 및 상무위원회는 지방법규를 제정하고 성, 자치구 인대상무위원회의 비준을 거쳐 실시한다고 규정하여 입법권(법규의 제정권)을 성 정부 소재지의 시와 비교적 큰 도시로 확대하게 되었다. 이는 중국에서 '일원다층'으로 된 입법권체제가 이미 형성되었다는 것을 상징하였다. 중국공

---

15   李林,〈新中國法治建設與法學發展60年〉, 社會科學文獻出版社, 2010년 판.

산당 제18차 전국대표대회의 결정은 또 더 나아가 이미 법규제정권을 가진 비교적 큰 도시의 법규제정권을 확대할 것을 요구하게 되었다. 이는 중앙과 지방 사이에서 적절한 분권을 실시하고 그리고 지방에서 현지 실정에 맞게 정책을 펼칠 수 있도록 하려는 중앙의 의지를 나타냈다. 2015년 3월 15일, 제12기 전국인대 제3차 회의는 입법법의 수정에 관한 결정을 통과시켜 입법법을 수정했다. 수정 후의 입법법은 구(區)를 설치한 전국의 모든 284개 도시에게 입법권을 부여하였다.

(2) 국가입법권의 성격과 지위

입법권은 나라의 최고 권력이다. 이 명제는 영국인 법학자인 존 로크(John locke)가 최초로 제출했다. 그는 입법권을 최고의 권력이라 하게 된 이유를 "이는 사회의 모든 부분과 매개 구성원에게 법률을 제정해 주고 이들의 행위에 준칙을 제정해 줄 수 있는 권력이기" 때문이라 설명하고 "누가 다른 한 사람에게 법률을 제정해 줄 수 있으려면 그는 반드시 우위에 있을 것이다."라고 하였다. 동시에 입법권은 또 기타 모든 권력의 연원이다. "사회의 어떠한 구성원이나 또는 사회의 어떠한 부분이라도 그가 소유한 모든 권력은 모두 이로부터 획득되고 이에 귀속된다."[16]

---

16   约翰·洛克(John locke), 〈政府論〉(Two Treatises of Civil Governmetn)〉 下篇, 商務印書館, 1986년판, 제92면.

법철학의 시각으로 보았을 때, 마르크스가 지적한 바와 같이 "입법권은 보편적 사물을 조직할 수 있는 권력이다."[17] 입법권의 행사를 통해 제정된 사회상의 모든 사람, 모든 국가기관, 사회조직의 공동된 행위준칙은 사회전반에 대해 보편적인 구속력을 가지게 된다. 그러나 행정권은 일반적으로 특수성을 지닌 사무와 집행에 관한 문제만 해결한다.[18] 입법은 '이론적인 역량으로 표현된 의지이다.' 그러나 행정은 '실천의 역량'에 속하는 행위이므로 입법의 지도를 받아야 하고 그리고 법률을 그의 근거로 해야 한다. 즉 '의법(依法)'이 되어야 '행정'을 할 수 있는 것이다.[19] 사법권도 이와 유사한 성질을 가져 사실을 근거로 하고 법률을 기준으로 해야 하며, 법에 의한 심판으로 개별적인 문제를 해결한다. 이러한 의미에서 입법권은 행정권과 사법권의 상위에 있다고 할 수 있다. 국가주권 또는 인민주권의 시각으로 보았을 때, 입법권은 주권의 구현이고 법률은 '주권자의 명령'이다.(John Austin) 법률은 국가와 인민의지를 집중적으로 구현하였다. 주권은 국가의 최고 권력이고 입법권은 주권의 주요한 조성부분이다.

완정한 입법권의 개념에는 실체적 입법권이 포함된 것은 물론이고 절차적 입법권도 포함된다. 입법권은 입법의 원권(源權)이자 다른 기관에게 이로부터 파생(派生)된 입법권을 부여할 수 있는 권력도 포함되었다.

---

17 〈马克思恩格斯全集〉(第1卷), 제312면.

18 마르크스의 이 논단은 헤겔(Hegel)의 Grundliniender Phiosophides Rechts 제273절에서 유래하였다. 〈马克思恩格斯全集〉(第1卷), 제267면 참조.

19 〈马克思恩格斯全集〉(第1卷), 제394면.

입법의 실체적 권력은 법률의 제정권, 비준권, 인가권, 수정권, 보충권, 해석권, 폐지권, 변경취소권 등을 의미한다. 이 중의 제정권에는 앞에서 이미 거론한 다른 등급에 있는 규범의 제정권도 포함된다. 변경취소권은 입법권을 침해했거나 또는 입법과 충돌되는 기타 하위기관에서 제정한 규범성문건을 변경 또는 취소할 수 있는 권력을 의미한다.(헌법규정: 전국인대는 전국인대상무위원회에서 제정한 적절치 못한 법률을 변경 또는 취소할 수 있으며, 전국인대상무위원회는 적절치 못한 행정법규와 지방법규를 취소할 수 있다.) 이중에서 제정권은 입법기본권이고 수정, 보충, 해석, 폐지권은 입법자율권이며 비준, 인가, 변경취소권은 율타권(律他權) 또는 입법감독권이다. 위에서 언급한 실체적 입법권에서 어느 하나가 빠져도 엄격한 의미에서의 입법권 또는 완정한 입법권이라 할 수 없고, 그리고 제정권이라는 기본적인 권력이 없으면 절대로 입법권이라 할 수 없다. 왜냐하면 이는 다른 실체적 입법권의 기초이기 때문이다. 이 외에 직접민주제를 실시하는 나라에서 인민의 창제권(創制權), 재결권(復決權)도 중요한 실체적 입법권이다.

입법의 절차적 권력은 입법과정중의 관련 권력을 의미한다. 예를 들면 제안권, 심의권, 표결권, 공포권 및 입법조사권, 청문권 등은 바로 이에 해당된다. 일부 중요한 법률초안의 기초(헌법수정초안, 헌법수정안, 홍콩 및 마카오특별행정구기본법초안의 기초)도 입법기관의 위임을 받고 전문기초위원회에서 기초하게 되므로 절차적 권력이라 할 수 있다. 그러나 일반적인 법률과 법규의 기초는 일부 기관 또는 개인이 맡아 하므로 절차적 권력의 행사로 보아서는 아니 되고 공민의 입법건의로 보아야 한다.

이상 절차성 권력에서 어느 하나가 빠져도 엄격한 의미에서의 입법권 또는 완정한 입법권이라 할 수 없다. 예를 들면 현행 헌법의 규정에 의하면 전국인대상무위원회, 국무원, 최고인민법원, 최고인민검찰원, 중앙군사위원회 이 5개 국가기관은 모두 전국인대 및 상무위원회에 법률안을 제출할 수 있는 제안권이 있다. 그러나 이중의 전국인대상무위원회만 법률을 직접 제정할 수 있고 기타의 4개 기관은 입법제안권만 있을 뿐이다. 그러므로 이 기관들이 가진 것은 국가입법권은 아니고 입법의 부분적 참여권이라 할 수밖에 없다. 물론 이들이 제출한 입법제안은 그 중요성으로 인해 많은 경우 전국인대 및 상무위원회가 이를 우선 심의하게 되므로 이는 또 전국인대 및 상무위원회의 입법결정에 많은 영향을 주게 될 것이다.

입법에서의 원권은 입법자가 향유한 자주권(민법의 소유권과 유사하다), 행사권(민법의 점유권 및 사용권과 유사하다)과 위임권 등이 포함된 완정한 입법권을 의미한다. 이로부터 다른 기관에게 법률에 부속된 법규, 규장 등 규범성문건의 제정을 수여할 수 있는 권력도 파생하게 되었다. 예를 들면 권력의 분립제도를 실시하고 있는 서방국가에서 행정기관은 위임입법권을 가지고 있으므로 법률의 실시와 관련된 행정규장 즉 법규, 규장을 제정할 수 있는 권력도 향유하고 있다. 이들은 모두 국가입법권으로 이 원권으로부터 파생된 권력이다. 이외에 중국의 국무원은 또 전국인대의 권한 위탁에 따라 한정 범위 이내에서 '준법률'에 해당되는 임시규정과 조례도 제정할 수 있다. 이는 위임입법에 의해 가지는 '준입법권'이다. 사법기관도 사법권한의 범위이내에서 일부 법률의 실시세칙을 제정하여 실시할 수 있으며 동시에 입법기관이 제정한 법률이 구멍, 공백 또는 모순이 있을 경우, 사법해석으로 일정 한도의 보완도 할 수 있다. 어떤 학자들은 이를 사법의 '입법보충권'이라 하고 이 보충권은 입법기관의 '입법우선권'을 전제로 한 입법권에 대한 '손질'로 인식했다. 그리고 이의 특징을 첫째는 '후보'적인 성격이고, 둘째는 개별적인 성격이며, 셋째는 실험적 성격이라 하였다. 즉 이러한 '보충'은 비입법결정의 성격을 지닌 규범이라 하였다.

행정기관과 사법기관의 이러한 권력은 모두 입법원권으로부터 파생하게 되었으므로 모두 입법권의 부속권력이다. 이들은 독립적이고 완정한 것은 아니며 최고지위도 없기에 필자는 이들을 '법규제정권', '규장(規章)제정권'이라 하고 '입법권'이라 하지 않았다.

지방입법권에 관해 말하자면 중앙과 지방의 입법권한을 분할하여 중앙과 지방 이 두 단계의 입법체제를 실시하는 나라에서 입법권은 중앙과 지방으로 나눠지고 양자는 서로 독립된 완정한 전속입법권을 가진다. 그러나 일원화로 된 입법체제를 실시하고 있는 나라에서 비록 지방입법기관이 일부 법적효력을 가진 규범성문건을 제정할 수 있다 하여도 이 입법권은 국가의 입법권에서 통째로 분할된 것은 아니고 국가입법권(중앙입법권)에서 파생된 부속입법권일 뿐이다. 예를 들면 이는 제1자동차제조회사와 독립된 제2자동차제조회사는 아니고 제1자동차제조회사의 한 개 지사일 뿐이다. 이 회사의 엔진 등 주요 부품은 본사에서 제조하여 공급하고 지사는 회사의 실정에 따라 일부 부속품만 제조할 뿐이다. 중국의 성 및 비교적 큰 도시의 인민대표대회에서 제정한 지방법규가 바로 이러하다. 이들은 '엔진'(기본법률과 법률규범)을 제조하지 않는다. 이들은 국가입법권의 견제를 받아야 할 뿐만 아니라 또 국가입법권에서 파생된 행정입법권의 견제도 받아야 하므로 이들은 독립적인 완정한 입법권을 누릴 수 없다. 그러므로 중국의 입법체제를 간단히 '2급입법'이라 하면서 지방의 법규제정권을 '지방입법권'이라 하는 것은 양자의 본질을 흐리는 것이다.

(3) 중국 입법체제 중의 실책

위에서 이미 언급한 입법권의 성질 및 특징에 비춰 보았을 때, 중국 입법체제(전국인대)와 그의 운행에 아직 많은 결함과 실책이 있다.

이미 언급한 바와 같이 입법권은 나라의 최고급이고 독립적이며 완정한 권력이다. 이는 인민의 공동의지와 총체적 이익을 구현하는 '보편물'이다. 그러므로 국가입법권의 우선과 지상의 지위를 수호하고 그의 완정성과 권위성을 확보하는 것은 국가와 인민이익의 보장 그리고 법제통일의 수호에 있어 아주 중요한 관건으로 떠오르게 되었다. 따라서 행정입법과 지방입법의 적극성을 격려하여 시장경제의 수요를 만족하는 동시에, 또 어떻게 그들의 월권입법과 입법에서의 무질서를 방지하여 법제의 통일을 확보할 것인가가 하나의 중요한 과제로 떠오르게 되었다.

국가입법권에 대한 침해는 국가입법권의 약화로 이어지게 되었다. 국가입법권에 대한 침해에는 다음과 같은 몇 가지 경우가 있다.

① 행정권 및 그의 입법행위로 인한 국가입법권의 침해

첫째. 법에 따라 행정을 실시하는 것이 아니라 행정권으로 입법권을 배척한다. 일반적으로 행정권은 입법권에 부속된다. 즉 행정권은 반드시 법에 따라 실시되어야 한다. 만약 행정권이 입법의 견제를 받지 않는다면 국가의 입법권은 물거품이 될 것이고 법률도 형식만 남게 될 것이다. 이는 바로 '권력이 법보다 큰' 상황 즉 행정권이 법률 또는 입법권에 비하여 더욱 강력하다는 것이다. 마르크스의 지적과 마찬가지로 입법의 직능은 실천의 역량으로 표현되지 않고 이론적인 역량으로 표현되는 일종의 의지[20]이기에 법률은 행정에 의하여 집행하게 되며 행정권은 그의 강대한 '실천의 역량'을 이용하여 '이론'을 왜곡되게 한다. 때문에 마르크스는 행정권 자체는 입법적이고 형이상학적인 국가의 직능보다 더욱 큰 흡인력을 가지게 되었으며[21] 더욱 강력한 확장력과 침해성도 가지게 되어 행정의 독단을 초래했다고 지적하였다. 이는 독재와 인치국가 행정의 특징이다. 이러한 문제는 중국에서 많든 적든 여전히 존재한다. 그 원인을 말하자면 일부 행정권자 개인의 자의적 행위는 물론이고 체제적인 요인도 있다고 생각된다. 예를 들면 각급 행정기관은 각급 입법기관(인대)과 사법기관의 자금을 통제하고 각급 행정수반의 직급은 같은 급 인대와 사법기관의 수반보다 높이 설정되었으며

---

20 〈马克思恩格斯全集〉(第1卷), 제394면—제395면.

21 위와 같음.

이들이 당내에서의 지위도 그들보다 상위에 있다. 가장 주요한 것은 이들이 실권(실천역량)을 장악했다는 사실이다. 이로 인해 인대의 권력은 허약할 수밖에 없어 제정한 법률도 집행자의 충실한 집행을 기대하기 어렵게 되었다. 이러한 상황에서 인대는 무능하여 아무 것도 못하게 되었고 법률은 하나의 형식적 문구가 되고 말았다.

둘째, 국가입법권에 대한 행정기관 법규제정권의 침해이다. 중국의 국무원은 그의 직권에 따라 헌법과 기성법률에 의해 법률의 집행에서 요구되는 행정법규를 제정할 수 있고 각 부서는 또 행정규장을 제정할 수 있다. 지금 행정입법의 월권은 다음과 같은 두 가지 형태로 표현된다. 즉 하나는 전국인대에서 제정한 법률의 근거가 없이 직접 법규를 제정하는 것이다. 예를 들면 다수의 세법은 전국인대의 입법이 아니라 국무원의 행정법규로 제정되었다. 그리고 공민의 정치적 권리 및 자유와 관련된 입법도 먼저 법률을 제정하고 그 다음 행정법규와 규장을 제정하도록 한 것이 아니라 국무원 각 부서에서 직접 행정법규와 규장을 제정하다보니 공민의 자유보다는 부서의 이익의 보장에 역점을 두게 되었고 공민과 사회조직의 자유에 대해서 많은 제한을 하게 되었다. 또 하나는 행정규장으로 법률 또는 행정법규에 규정되지 않은 제재와 처벌방식을 임의적으로 설정하고 법률, 법규가 이미 규정한 제재와 처벌의 폭을 확대했으며 어떤 규장은 심지어 법률만 규정할 수 있는 형벌 또는 형사소송절차도 규정했다. 그리고 일부 행정규장은 당사자의 법적 권리를 제한 또는 축소하고 법률만이 설정할 수 있는 권리와 의무를 증설하는가 하면 또 허가와 비준제도를 난립하여 행정부서 자체의 권력을 강화했으며 그리고 민간의 이익을 빼앗기도 했다. 상술한 바와 유사한 입법권에 대한 월권과 침해는 행정법규에서도 존재하는데 이는 모두 행정입법권이 국가입법권을 초월 또는 침해한 구체적 예이다.

　마지막으로는 굴레를 벗어나게 된 위임입법이다. 현대국가에 있어 사회의 정치경제생활은 나날이 복잡해지고 행정이 감당해야 할 업무도 급속히 늘어나는 실정이므로 행정은 법률의 구속만을 받을 것이 아니라 법률의 지지도 있어야 할 것이다. 그러므로 현대 행정법이론은 '의법행정' 원칙의 견지를 요구할 뿐만 아니라 '이법행정' 또는 '법치행정'의 실시도 요구하므로 행정은 입법의 계기와 동력이 되었다. 그러나 입법기관의 입법능력은 제한되어 행정에 대한 위탁입법과 위임입법은 또 날로 성행하게 되었다. 물론 이는 경제와 행정관리 수요의 효과적인 대처에 유리하였다. 그러나 적절한 견제를 마련하지 않으면 이는 또 행정기관의 월권입법 또는 권한 침해입법 등 폐단을 초래할 것이다.

　중국 헌법에서 행정법규제정권은 국무원에게 있다고 확인하였다. 이는 입법체제에 관한 법적 규정이다. 그러나 개혁개방 초기에 이것만으로는 번잡하고 긴박한 입법수요를 만족시키는 것이 어려워 1980년대부터 국무원과 일부 지방인대에게 입법위임을 시작하고 입법권의 주체를 확대하였다. 1983년 9월부터 1985년 4월까지 전국인대 및 상무위원원회는 차례로 세 차례의 결정을 통해 국무원에게 입법을 위임하였다. 예를 들면 1984년 8월, 전국인대상무위원회는 〈국무원에 공상세제의 개혁 및 관련 조세조례초안시행의 발표를 위임하는 것에 관한 결정〉을 통과시키고 1985년에는 또 〈경제체제개혁과 대외개방에 있어 국무원에 임시규정 또는 조례의 제정을 위임하는 것에 관한 결정〉을 통과시켰다. 이러한 위임은 국무원에 수여한 권한의 범위가 너무 넓어 하나의 백지위임이라 하여도 과언은 아니었다. 물론 이러한 위임은 개혁 초기 전국인대가 부딪힌 입법 압력의 완화에는 일정한 작용을 하였으나 이는 또 전국인대의 입법권을 행정기관에 '할양'한 셈이 되어 국무원은 사실상의 최고입법기관이 되었다. 특히 조세관련법의 제정권은 국무원 또는 그의 소속부서에 넘어 갔다. 통계에 따르면 1994년까지 10년간 국무원은 조세에 관해 총 50여 개에 달하는 임시규정과 조례를 제정하였고, 2014년 현재 존재하는 총 18가지의 조세종류에 있어 전국인대 및 상무원회에서 제정한 것은 3개 법률과 1개 개정으로 끝이었다.[22] 이는 인민(인대)에 의해 소유되어야지 양도해서는 아니 될 권력의 유실인데(인대의 '자발'적인 이전), 정부 부서와 특권집단의 이익을 강화하였다. 비록 중국공산당 제18차 전국대표대회는 개혁의 전면심화에 관한 결정에서 '재정과 세무체제 개혁의 심화'란 독립적인 제목을 설시하였다. 그러나 이의 중점은 조세구조의 최적화, 중앙과 지방의 세금징수실체체제 및 규범을 어떻게 합리적으로 배치하고 개혁할 것인가에 제한되고 전국인대를 조세입법의 주체로 복귀하는 등의 문제는 거론조차 되지 않았으므로 이를 걱정하지 않을 수 없다.

---

22 〈'中共中央關于全面深化改革若干重大問題的決定'輔導讀本〉, 人民出版社, 2013년 판, 참조. 이 3개 법률은 '외상투자기업과 외국기업소득세법', '개인소득세법', '세금징수관리법'이고, 1개 결정은 '국무원 외상투자기업과 외국기업의 부가가치세, 소비세, 영업세 등 세금징수임시조례의 적용에 관한 결정'이다.

이 외에 전국인대는 또 일부 지방도시를 대상으로 입법위임을 실시하였다. 예를 들면 1981년 11월부터 1996년 3월까지 전국인대 및 상무위원회는 차례로 5개의 결정 또는 결의를 통과시키고 광둥(廣東), 푸잰(福建)성의 인대 및 상무위원회에 산하 경제특구의 단행경제법규 제정을 위임하였고 하이난(海南)성 인대 및 상무위원회에 하이난 경제특구법규의 제정을 위임했으며 선쩐(深圳), 샤먼(廈門), 산터우(汕頭), 주하이(珠海)인대 및 상무위원회에게도 경제특구법규를 제정할 수 있도록 권한을 위임하였다. 그리고 중국공산당 제18차 전국대표대회는 또 "점차적으로 지방입법권을 가진 비교적 큰 도시의 수를 증가"하기로 결정하였다. 이는 중앙권력의 하향이전이란 시대적 흐름의 반영으로 지방에서 현지실정에 맞게 대책을 세워 시장경제와 사회발전의 성과를 이루어내는데 유익한 작용을 할 것이다. 그러나 이러한 입법권의 실천과정에 있어 우리는 반드시 입법권에 대한 월권 및 침해를 미리 방지하고 전국법제의 통일을 확보해야 한다.

초기에 전국인대 및 상무위원회는 국무원에 대한 입법위임에서 아주 조심스러운 태도를 취해왔다. 예를 들면 1984년 8월, 전국인대상무위원회에서 통과된 〈국무원에 공상세제의 개혁 및 관련 조세조례초안 시행의 발표를 위임하는 것에 관한 결정〉은 국무원이 공상세제의 개혁에서 "관련 조세조례를 제정하고 초안의 형식으로 발부하여 시범실시하며 시범실시 상황에 따라 이를 다시 수정하여 전국인대상무위원회에 심의를 요청한다."라고 규정했다. 이를 보았을 때 국무원에 부여된 것은 '초안'의 '기초'권이며 이마저도 '시범 실시'일 뿐이다. 그리고 또 전국인대상무위원회의 심의를 거치도록 했다. '초안시행(草案試行)'이란 단어의 선택이 법리에 부합되는지를 뒤로 하고 여기서 입법권의 분산에 대한 입법자의 조심스러운 태도를 엿볼 수 있다.

공민과 법인의 권리 및 의무에 밀접히 관련된 세법의 제정권은 국가의 입법권에서 이전해서는 아니 될 가장 중요한 권력이다. 이로 인해 미국 국회는 세법의 제정을 위해 심지어 일반 입법과 다른 별도의 특별절차도[23] 마련해 놓고 있으므로 중국의 전국인대상무위원회도 반드시 세법의 입법권 위임을 엄격히 제한해야 할 것이라 생각한다. 그러나 1985년 전국인대에서 통과된 〈경제체제개혁과 대외개방에 있어 국무원에 임시규정 또는 조례의 제정을 위임하는 것에 관한 결정〉은 위임 즉 수권의 범위를 크게 넓히게 되었으나 엄격한 제한기준과 감독절차는 마련하지 않았다. (비록 이 결정에서 이러한 행정입법은 반드시 전국인대상무위원회에 등록해야 한다고 규정하였다. 그러나 이 규정은 잘 지켜지지 않았다.) 이러한 입법권의 포괄적 위임은 사실상의 '백지위임'으로 비록 그 당시 경제입법이 뒤처진 현상의 완화에 있어 아주 중요한 역할은 하였으나, 미국인 법학자 버나드 슈워츠(Benard Schwartz)가 언급한 바와 같이 "만약 수권을 결정한 법률에 위임받은 권력을 견제할 만한 아무런 기준도 마련하지 않으면 행정기관은 한 장의 공백수표를 얻은 것과 같이 수권을

---

23 미국의 조세입법은 다른 일반적인 입법과 달리 관련 상설위원회의 심사만을 거쳐서는 아니 되고 반드시 전원위원회의 심의를 거쳐야 하고 그리고 국회전체회의에서 최종 통과되어야 한다.

받은 영역에서 임의적으로 법률을 제정하게 될 것이다."[24] 이러면 입법기관의 중요한 입법권은 할양, 유실되고 행정기관은 오히려 중요한 입법자로 되고 말 것이다.

　더욱 문제되는 것은 국무원에서 위임입법에 의해 제정한 임시조례 중의 다수는 국무원의 각 관련 부서에서 기초를 한다는 점이다. 국무원의 부서들은 임시조례 등의 기초에서 부서의 권익과 관련 대상자의 권리 및 의무를 배치할 때 늘 부서의 이익을 우선위치에 놓게 되어 편파를 면치 못하게 되었다. 그러나 국무원은 최고책임자의 책임제를 실시하므로 부서에서 기초한 법규는 총리가 결제하고 규장은 부서의 책임자가 결제하게 되었다. 이는 일부 행정입법에서 인치의 흔적을 면치 못하게 했다. 몽테스키외(Montesquieu)는 다음과 같이 지적한 바 있다. "만약 행정에 국가조세를 결정할 수 있는 권력이 있고 동의만의 표시가 그치지 않는다면 자유란 다시는 존재하지 않을 것이다. 왜냐하면 이러한 행정권은 입법의 가장 중요한 관건에서 입법성격을 지닌 권력이 되었기 때문이다. 만약 입법권이 해마다 국가조세를 토의해 결정하는 것이 아니라 일차적으로 영구적인 결정을 한다면 입법권은 자유를 상실할 위험이 있게 될 것이다. 왜냐하면 만약 이렇게 되면 행정권이 다시는 입법권을 의지하지 않을 것이기 때문이다. 그리고 행정권이 만약 이러한 영구성을 지닌 권리를 취득했다면 이 권력은 행정에 고유한 것이

24　伯德纳·施瓦茨(Bernard schwantz),〈行政法(Administrative Law)〉, 徐炳 역, 群衆出版社, 1986년 판, 제33면.

든 아니면 타인으로부터 수여 받았든 그에게 다시는 중요하지 않을 것이다."[25]

　서방의 현대 민주국가들도 팽창한 위임입법이 국회입법을 위협하게 되었다는 폐단을 발견하고 이들에 대한 통제를 강화하게 되었다. 예를 들면 미국국회는 1932년부터 1983년까지 행정법령과 법규에 대하여 '입법부결권'제도를 실시하였다.[26] 그리고 미국의 사법심사는 위임입법이 법률에서 수여한 권한의 범위를 벗어나는지를 심사할 뿐만 아니라 국회의 권한수여 한계를 초월하게 되었는지도 심사한다(예를 들면 세법 입법권의 위임). 미국의 일부 지역(주)에서는 또 '일몰법(Sunset Law)'을 제정했거나 또는 '일몰입법(Sunset Leglslation)'의 시행으로 위임된 입법권에 대한 감독과 제어를 실시하고 있다. 소위 '일몰법'이란 입법을 위임한 수권이 일정한 기한을 경과하게 되면 반드시 재위임이 있어야 하며 재위임이 없으면 행정기관에 대한 입법위임은 자동으로 효력을 상실하게 되는 제도이다.[27] 미국의 연방행정절차법 제4조는 행정규장의 제정

25　孟德斯鸠(Montesquieu), 〈論法的精神(De l'esprit des lois)〉(上冊), 張雁深 역, 商務印書館, 1961년 판, 제164면.

26　이는 국회의 입법문건에 입법에 대한 부결조항을 써넣음으로써 행정부문이 특정법률의 집행을 위해 발부한 정령과 법규의 효력을 심사할 수 있는 국회에 부여된 권한을 의미한다. 국회에 이러한 정령과 법규의 효력을 심사할 수 있는 권한을 부여하게 된 애초의 취지는 행정입법에 대한 국회의 통제를 수호하려는 것이었다. 1970년대 국회의 심사로 인해 부결된 행정법규, 정령은 해마다 10여 건에 달하였다. 이후 연방최고법원은 이 입법부결권은 사법심사권을 대체하였다는 이유로 이를 위헌이라고 선포하고 그의 실시를 정지하였다.

27　吳大英 任允正 李林, 〈立法制度硏究〉, 群衆出版社, 1992년 판, 제355—356면 참조.

과정은 반드시 이해관계자들이 참여할 수 있도록 통지해야 한다고 규정하였고 일본의 노동기준법 제113조도 국회의 법률에 따라 발부할 행정명령의 초안은 반드시 공청회의에서 노동자, 고용자, 공익대표자의 의견을 청취해야 제정될 수 있다고 규정하였다[28]. 이들은 모두 참고할 만한 감독방식으로 '부서입법(部門立法)', '장관의지(首長意志)'로 모든 것을 결정하려는 소극적 작용의 억제에 유익할 것이다.

2000년 전국인대에서 제정한 입법법은 전국인대 및 상무위원회의 전속입법권에 대해 더욱 확실히 정하고 위임입법제도, 입법절차, 법률해석제도 등에 대하여도 규범화했다. 2015년 3월 15일, 제12기 전국인대 제3차 회의는 수정 후의 입법법을 심의하여 통과하였다. 이에서 행정기관과 지방의 입법월권을 효과적으로 방지하기 위해 전국인대에 전속된 입법의 구체범위를 명확히 규정하였다. 예를 들면 입법법은 제8조에서 전국인대의 법률로만 규범화해야 할 다음과 같은 10가지 사항을 규정했다. (1) 국가주권의 사항, (2) 각급 인민대표대회, 인민정부, 인민법원과 인민검찰원의 설립, 조직 및 직권, (3) 민족구역자치제도, 특별행정구제도, 기층군중자치제도, (4) 범죄와 형벌, (5) 공민의 정치권리에 대한 박탈, 인신자유를 제한하는 강제조치와 처벌, (6) 비국유재산에 대한 징수, (7) 민사기본제도, (8) 기본경제제도 및 재정, 조세, 세관, 금융 및 대외무역의 기본제도, (9) 소송과 중재제도, (10) 반드시 전국인

---

28   和田英夫, 〈現代行政法〉, 倪建民 潘世聖 역, 中國廣播電視出版社, 1993년 판, 제180면 참조.

대 및 상무위원회가 법률을 제정해야 할 기타 사항. 그리고 입법법 제9조는 또 범죄와 형벌, 공민에 대한 정치권리의 박탈 및 인신자유제한의 강제조치와 처벌, 사법제도 등 사항은 국무원에 입법을 위임해서는 아니 된다고 특별히 규정했다. 그러나 근래에 사회안정의 유지와 다른 기타의 고려로 인해 국무원과 그의 소속 부서들은 공민의 정치적 권리를 박탈하고 인신자유를 제한하는 강제조치와 처벌을 오히려 마음대로 설정했으며 다수의 조세입법들도 국무원 및 그의 소속부서에서 제정하였다. 이 모든 것들은 명백한 입법월권이고 공민권에 대한 엄중한 침해라고 생각한다.

② 입법권에 대한 사법권의 침해

사법권은 행정권과 마찬가지로 하나의 '실천적 역량'이다. 사법실무에서 개별적인 안건을 처리하면서 만약 법률의 규정에 의하여 검사권, 재판권을 행사하지 않고 마음대로 법률의 규정을 해석하거나 변경한다면 법률은 반드시 허구가 되거나 또는 왜곡될 것이다. 이는 사법행위가 입법권에 주는 침해의 개별적인 사례일 뿐이다. 즉 사법인원은 개별적인 건의 처리에서 법률을 집행하는 것이 아니라 자신의 임의적인 해석이나 또는 '자신이 제정(自定)'한 자기만의 무형의 법률을 집행하는 것이다.

자기만의 '특수성'으로 실시되는 입법권 '보편성'에 대한 침해의 주요방식은 사법해석을 이용하여 입법해석을 하는 것이다. 중국에서 전국인대 및 그의 상무위원회는 최고인민법원에 일부 법률의 실시세칙을 제정할 수 있는 권한을 부여하였다. 예를 들면 민법통칙, 경제계약법, 행정소송법, 민사소송법 등 법률의 실시세칙이 바로 이러하다. 이는 위임입법의 범주에 속하므로 당해 법률의 규정을 위반하지 않으면 이러한 사법적 법률의 제정은 월권입법에 속하지 않으며 법률에 의한 입법으로 보아야 할 것이다. 이외에 1981년 전국인대상무위원회에서 통과한 〈법률해석을 강화하는 것에 관한 결의〉에 의하면 권한을 수여받고 실시하게 된 사법해석은 재판, 검찰과정에서 나타난 '법률, 법령의 구체적인 적용문제'에 관하여 법에 따라 구체적이고 세부적인 보충을 할 수 있다. 물론 이는 입법권에 대한 침해가 아니다. 관련 전문가의 논술에 의하면, 중국 최고인민법원의 사법해석은 입법의 보완에서 다음과 같은 역할을 했다. (1) 법률규정이 없거나 또는 다른 입법의 전후 규정이 일치되지 않은 문제의 해결 (2) 법률이 세트를 이루지 못한 문제의 해결 (3) 절차법과 실체법이 반포된 시간 순서상의 차이로 인한 법률적용 모순의 해결 (4) 구제입법 낙후문제의 해결이다.[29] 과거 중국은 입법에서 '좀 거칠더라도 너무 섬세하지는 말자(亦粗不亦細)'라는 입법방침을 실시했고 게다가 입법경험이 부족하고 입법기술도 미숙하여 입법은 너무 간단하거나 또는 결핍도 많아 적용이 어려웠으므로 사법해석은 중요한 입법상의 보완과 조정으로 작용하였다. 사법해석의 이러한 작용은 전반적으로 적극적이고 개혁개방에 대한 실제수요의 적

---

29   周道鸞, '論司法解釋及其規範化', 〈中國法學〉, 1994년 제1기 참조.

응에도 유익하였다. 그러나 입법에 대한 이러한 광범위한 보완은 사실 상의 '사법적 입법'으로 변질되어 사법월권과 입법권에 대한 침해 등의 상황이 발생했다. 특히 지금도 사법해석권의 주체가 임의적으로 확대 되는 상황이 여전히 널리 존재한다. 즉 법률은 최고인민법원과 최고인 민검찰원만 사법해석을 할 수 있다고 규정했으나 지금은 대량의 무자 격주체들도 사법해석에 뛰어들었다. 예를 들면 일부 지방 사법기관도 마음대로 사법해석을 하는가 하면 중앙행정기관, 중공중앙 관련기관, 전국인대상무위원회 관련기관 심지어 일부 인민단체들도 늘 사법해석 문건의 연합서명에 흔히 참여하는데 이는 사법권에 대한 침해가 되었 을 뿐만 아니라 더 나아가 입법권에 대한 침해도 조성했다.

프랑스 대혁명시기 혁명가인 로베스피에르(Robespierre)는 그의 〈혁 명법제와 재판(Revolutionary Legal System and Judgment)〉이란 책에서 "로마 에서 입법에 따른 규칙에서 법률의 해석권은 법률을 제정한 자에 속한 다. 만약 입법자 권력이 아닌 다른 권력이 법률을 해석할 수 있다면 최 종적으로 다른 권력은 법률을 변경하게 될 것이고 그리고 자기의지를 입법자의 의지 위에 놓으려 할 것이다. 나아가 이 원칙은 법률 자체가 사법권으로부터 파괴되었을 경우 더욱 강하게 적용되어야 한다. … 만 약 입법권이 사법권의 침해를 격퇴할 만한 권력과 수단이 없다면 입법 권은 연약하고 무능하여 있으나 마나 한 존재가 되고 그의 모든 힘은 사법권으로 이전하게 될 것이다."[30]라고 지적하였다. 몽테스키외의 말

---

30   罗伯斯庇尔(Robespierre), 〈革命法制和審判(Revolutionary Legal System and Judgment)〉,

대로 '만약 사법권과 입법권이 하나로 통합된다'면 그는 공민의 생명과 자유에 대해 독단과 권력을 행사할 것이다. 왜냐하면 법관은 곧바로 입법자이기 때문이다.[31] 이러한 지적들을 우리는 반드시 중요한 참고로 삼아야 할 것이다. 특히 시장경제를 실시하는 현시점에서 지역주의는 날로 법제통일을 위협하게 되었다. 지방의 사법기관들은 전국적으로 통일된 법률을 뒤로 하는가 하면 또 지역의 의지를 국가입법기관의 의지 위에 놓으려 하는데 이들은 모두 국가입법권에 대한 멸시와 유린이며 그리고 시장경제발전을 저해하는 행위이다.

③ 국가입법권에 대한 지방입법권의 침해

앞에서 지적한 바와 같이 지방입법권은 국가입법권에서 파생된 '지사(支社)' 또는 '자회사'에 불과하므로 이를 독립적이고 완정한 입법권으로 보아서는 아니 된다. 이들은 전국적으로 어느 한 가지 법률이 입법되기 전에 일부 지방에서 선행적으로 지방법규를 제정하고 그리고 이로써 해당 지역의 절박한 수요에 대처하는 과정에서 생기게 되었다. 이는 현행 입법체제에 의해 허용되었다. 그러나 이의 입법범위와 규범의 등급을 법률과 같게 해서는 아니 된다. 근 10여 년래 각 지방은 이미 수천 건에 달하는 지방법규를 제정했는데 이 중의 다수는 법률

趙涵興 역, 商務印書館, 1965년 판, 제25면 참조.

31   孟德斯鳩(Montesquieu), 〈論法的精神(De l'esprit des lois)〉, 張雁深 역, 商務印書館, 1987년 판, 제156면 참조.

규정에 부합되어 좋은 역할을 했다. 그러나 이 중 법률규정과 충돌되는 것도 적지 않았는데 이 중의 다수는 범위와 규범상의 월권이었다. 근년에 들어 일부 지방법규가 공민권, 국가세무, 대외무역, 토지관리 등 분야에서 국가입법권을 침해하는 현상도 이미 발견되었다.

　무릇 중앙에서 입법화를 하지 않은 분야라면 지방은 모두 입법할 수 있고 그리고 이를 시험할 수 있다는 견해가 있다. 그러나 이러한 이해는 편향적이라 생각한다. 공민의 헌법적 권리 및 자유와 연관된 입법(예를 들면 언론법, 결사법 등)은 전국적 입법을 하기 전에 지방에서 먼저 입법(과거 전국인대에서 집회행진시위법을 제정하기 전에 일부 성과 시에서는 이러한 법규, 심지어 규장을 제정해 공민의 권리를 제한했는데 이는 입법월권 또는 권리에 대한 침해이다.)을 해서는 아니 된다는 점을 잠시 언급하지 않더라도 지방법규로 민법, 형법, 소송법 등 기본 법률규범을 마음대로 규정해서는 아니 된다. 시장경제에 있어 시행 중인 많은 경제 관련 법률은 아직도 공백상태이므로 지방에서 법규와 규장을 제정하여 급한 수요를 만족시키려는 노력은 당연히 허락되어야 한다. 그러나 지방에서 아무런 법규나 모두 선행적으로 제정할 수 있는 것은 아니다. 단일화된 중국의 입법체제에 있어 사회주의 시장경제 법률체계를 건립하려면 반드시 국가입법권(즉 전국인대 및 상무위원회의 입법권)의 최고권위를 강조해야 한다. 시장경제는 비교적으로 분산된 자유경제이다. 그러나 사회주의 시장경제는 통일된 대시장의 건립을 요구하고 거시적인 측면에서 법제에 의한 조절과 통제의 강화도 요구하게 되었으므로 시장행위와 질서를 규범화하는 법률도 전국적 범위에서 통일할 것을 요구하게 되었다. 법제의 통일을 견지하려면 반드시 입법권의 통일과 상대적인 집중을 실현해야 한다. 거시적인 관리와 시장주체 및 행위를 조정할 법률의 입법권은 반드시 중앙 즉 전국인대 및 상무위원회에 집중되어야 한다. 지방인대가 이러한 법규를 제정할 권력의 범위는 일반적으로 나라의 법률이 각 행정부서 또는 지역에서의 효과적인 실시를 보장하는 데 제한되어야 하며 각자가 제정한 법규들이 서로 충돌되어 법제질서의 혼잡을 초래해서는 아니 된다. 증권입법을 예로 들면 지금 중앙과 지방은 자기만의 입법을 진행하여 서로간의 연결은 이루어지지 않고 있다. 국무원의 행정법규는 전민소유제기업은 채권만 발행할 수 있고 집체소유제기업은 주식만 발행할 수 있다고 규정했다. 그러나 일부 지방법규는 기업은 법인자격만 있으면 그의 소유제와 무관하게 모두 주식과 채권을 발행할 수 있다고 규정했다.[32] 그리고 주식분실신고 이후, 상대방이 이의신청을 제기할 수 있는 기한에 관하여 국가체제개혁위원회와 선쩐시 관계기관의 관련규정에서 3개의 서로 다른 기한이 나타났다.[33]

지금 어떤 학자들은 개혁개방초기 전국인대에서 광둥, 푸젠 및 기타 지방에 부여한 경제특구의 관련법규를 제정할 수 있는 권력을 회수 또는 폐지해야 한다고 주장한다. 이는 너무 극단적이기는 하나 입법의 구체범위를 한정하고 입법감독을 강화하는 것은 필요할 것이다. 물론 더욱 효과적인 방범은 전국인대 및 상무위원회의 국가입법권을 강

---

32 〈國務院關于加强股票,債券管理的通知〉, 제2조 제4조 참조.

33 〈廣東省股票債券管理暫行辦法〉, 제6조 제14조 참조.

화하고 시장경제입법의 발걸음을 다그쳐 지방입법이 근거할 법을 마련하는 것이다. 국가입법기관의 입법상 게으름으로 지방입법에 영향을 주어서는 아니 된다.

(4) 입법권의 이화(異化) 및 방지

위에서 국가입법권은 최고위급이고 독립적이며 완정한 권력이라는 점을 강조하고, 다른 권력에 의해 침해, 분할, 참월되어 국가입법권의 유실, 약화 및 법제의 불일치 등을 초래해서는 아니 된다 했다. 이는 입법권보호의 한 측면이고 다른 한 측면은 바로 입법권 자체의 이화 방지이다.

입법권의 최고위성은 아무런 견제를 받지 않아도 된다는 것은 아니다. 견제가 없으면 입법권도 다른 권력을 침범하고, 특히 공민권을 침해하는 독재적 역량 즉 '입법독재'로 변질할 것이다. 존 로크(John Locke)는 〈정부론〉에서 다음과 같이 지적했다. "만약 그들이 자신을 절대적 독단의 권력과 의지를 가진 입법자에게 맡겼다고 가정하면, 이는 자기의 무장을 해제하였을 뿐만 아니라 입법자를 무장시켜 그가 마음대로 유린할 수 있게 하는 것과 마찬가지다."[34] 미국헌법을 기초한 사람 중의 한 사람인 제임스 매디슨(James Madison)도 다음과 같이 지적했다. "식민지시기 미국인들은 어떻게 하면 독재군주의 통치로부터 벗어

---

34   존 로크(John Locke), 〈政府論〉 (下篇), 商務印書館, 1986년 판, 제85면 참조.

날 것인가만을 생각하고 입법부가 권력을 찬탈할 위험은 고려하지 않았다. 그러나 입법부의 권력찬탈도 행정부와 마찬가지로 역시 필연적으로 독재로 가게 될 것이다"[35] 현대 미국의 저명한 정치학자인 지오반니 사르토리(Giovanni Sartori)도 1987년에 출판된 〈민주 신론(The Theory of Democracy Revisited)〉이란 책에서 "법치가 입법자의 통치로 변경되었을 경우, 총체적으로 이는 가장 교묘한 압제의 방식으로 즉 법률의 명의로 억압할 수 있는 길을 열어준다."[36]라고 지적하였다. 이것이 바로 입법권의 이화(異化) 즉 인민의 의지와 이익을 수호해야 할 신성한 권력에서 인민의 권익을 침해하는 수단으로 변경되고 사회공평과 정의를 구현할 가치기준에서 입법자의 독단적 통치도구로 변질되었다는 것이다.

국회입법권에 대한 통제를 실시하기 위해 서방국가들은 사법심사 즉 위헌심사제도를 실시하여 국회입법을 견제하기 시작했는데 일부 국가들은 입법기관을 대체적으로 입법권상의 균형을 이룬 양원으로 나누고 모든 입법은 양원을 통과해야 유효하다고 규정하였다. 미국의 헌법은 또 내용적으로 국회입법권을 제한하기로 했는데 국회는 국민의 언론자유 또는 출판자유를 박탈하는 법률과 소급입법 등을 제정해서는 아니 된다고 명확히 규정했다. 이외에 미국의 대통령은 행정기관의 수반으로서 일정한 절차에 의해 국회입법에 대한 비준권(부결도 포

---

35   漢密尔顿(Hamilton) 杰伊(Jay) 麥迪逊(Madison), 〈聯邦黨人文集(The Federalist Papers)〉, 程逢如 등 역, 商務印書館, 1980년 판, 제253면 참조.

36   乔·萨托利(Giovanni Sartori), 〈民主新論(The Theory of Democracy Revisited)〉, 馮克利 闫克文 역, 東方出版社, 1993년 판, 제370면.

함)을 행사하기도 한다.

지금 중국 전국인대 및 상무위원회의 입법권은 아직은 초보적 단계에 있다 할 수 있는데 이 중 주요한 문제는 입법이 현실수요를 따라잡지 못하고 뒤처졌다는 점이고 지나친 입법과 입법에서의 독단은 큰 문제가 되지 않는다. 그러나 '특종범죄에 대한 한시적 엄격 처벌'에 관한 입법에서 안건의 재판을 속결하기 위해 몇 개 범죄의 상소기한을 줄여 일정한 범위에서 피고의 상소권, 변호권 등 권리를 박탈하였다. 그리고 일부 부서에서 기초한 법률초안이 부서의 이익과 관리상 편리에 대한 고려로 이미 법률규정으로 공민과 법인에게 부여한 일부 권리를 '회수'하거나 또는 공민의 권리를 엄격히 제한, 삭감한 실례도 적지 않았다. 예를 들면 1989년 공안부문에서 기초한 집회행진시위법 초안은 공민이 해서는 아니 될 금지사항으로 22개에 달하는 사항을 규정하여 당시 전국인대의 많은 상무위원으로부터 '시위행진제한법'이란 질타를 받게 되어 금지사항을 12곳으로 줄이고서야 상무위원회의 심의를 간신히 통과하였다. 행정입법과 지방입법(특히는 행정규장)에 이러한 입법침해는 더욱 심각하였다. 이는 사회주의 법률체계와 입법체제의 건립 및 완벽 그리고 공민과 법인의 권리보장에 극히 불리하므로 향후 우리는 반드시 이에 주목하고 입법감독을 강화해야 할 것이다.

(5) 입법위헌 심사제도의 건립

위헌심사란 위헌심사권을 가진 전문기구가 법률, 법규 그리고 각종 행정을 심사하고 그 위헌여부를 판단하는 법률제도이다.

중국의 인대제도는 하나의 권력집중제이다. 국가의 모든 권력은 전국인대에 있고(최종은 전 인민이 소유한다.) 기타 국가기관의 모든 권력은 인대로부터 수여받게 되므로 이들은 반드시 인대에 대해 책임을 지고 이들의 권력은 행사권 즉 사용권으로 제한된다. 물론 이러한 체제가 효율성이 높은 것은 사실이다. 그러나 인대는 국가제도의 범위이내에서 다른 권력의 견제와 감독을 받지 않는다. 만약 전국인대 및 상무원회의 결정 특히 입법이 헌법의 기본원칙을 위반하고 인권과 공민의 기본권을 침해했다면 이를 바로잡기 어려울 수밖에 없다(예를 들면 1980년대 전국인대상무위원회 '특종범죄에 대한 한시적 엄격 처벌'에 관한 두 개의 결정은 모두 피고의 상소권과 변호권을 침해하고 또 소급입법 금지원칙도 위반하였다). 그리고 2012년 전국인대에서 형사소송법을 수정하면서 '인권에 대한 존중과 보장'을 하나의 중요한 원칙으로 확립하였다. 그러나 일부 인권 침해의 내용이 여전히 포함되었다.(예를 들면 공안기관에 검찰기관의 비준을 거치지 않고도 테러활동을 하거나 국가안전을 해치는 범죄피의자를 비밀리에 체포할 수 있는 특권을 부여하고 그리고 이를 가족에 통지하지 않아도 된다고 규정했는데 이러한 특권에 대하여도 필요한 제한을 하지 않았다.)

헌법은 국가와 사회의 근본적인 약속이고 민주정치의 산물이다. 그러나 중국 헌법은 '소송이 불가능한 헌법'이므로 현실적인 적용성은 떨어져 입법의 지침으로 쓰이고 있을 뿐이다. 그러므로 모든 입법은 반드시 헌법을 근거로 해야 하고 헌법과 상위법에 충돌해서는 아니 된다.

헌법소송은 한 나라의 민주헌정제도 발전을 가늠할 수 있는 하나의 중요한 지표이다. 지금 많은 나라들은 헌법재판소를 설립했고 일부 헌법재판소를 설립하지 않은 나라이더라도 헌법소원의 접수를 일정한 국가기관 또는 특정된 기구에 맡겨놓은 실정이다. 예를 들면 미국에서는 연방최고법원이 위헌심사권을 행사하게 하였으므로 구체적인 헌법소원도 그들이 접수하여 처리한다. 중국에도 현실적으로 많은 위헌행위가 존재하며 그리고 이중의 상당한 일부는 입법위헌에 속한다. 예를 들면 과거 국무원에서 제정한 노동개조와 교양에 관한 법규, 전국인대 상무위원회에서 '특종범죄에 대한 한시적 엄격 처벌'의 실시에 관한 두 개의 결정, 쑨즈깡(孫志剛)의 치사를 초래한 수용심사조례 등은 모두 인권에 대한 입법의 침해이다.

위헌심사는 하나의 유력한 헌법감독제도이다. 이 제도가 추구하려는 가치목표는 위헌행위 특히 입법위헌에 대한 심사와 처리로 불법적인 입법을 취소하거나 또는 적용하지 않는다고 선포함으로써 공민의 권리와 자유를 보장하고 헌법이 확립한 국가의 정치, 경제 및 사회생활의 기본제도를 수호하여 사회생활에서 이런 기본원칙의 준수를 확보하는 것이다.

중국의 헌법과 입법법은 모두 불완전한 의미에서의 위헌심사를 규정하였다. 입법심사에 관하여 헌법 제62조가 규정한 전국인대의 직권(헌법 제62조 제11관)에 "전국인대는 전국인대상무원회의 '타당하지 않은 결정'을 변경하거나 또는 폐지할 수 있다"고 규정했는데 이 '타당하지 않은 결정'에 '타당하지 않은 입법'도 당연이 포함된다. 헌법 제67조가 규정한 전국인대상무위원회의 직권에도 "전국인대상무위원회는 국무원과 성급 인대에서 제정한 법률과 저촉되는 행정법규와 지방법규를 취소할 수 있다"고 규정하였다. 그리고 입법법도 이와 상응한 규정을 했다. 법률, 행정법규, 지방법규, 자치조례와 단행조례, 규장에 아래와 같은 정형이 있을 경우, 관련기관은 규정된 권한에 의해 이를 변경 또는 폐지해야 한다. (1) 권한을 초월하였을 경우, (2) 하위법이 상위법 규정을 위반하였을 경우, (3) 동일 사항에 대한 다른 규장의 규정이 일치하지 않아 반드시 이중 하나를 변경하거나 최소해야 한다고 재결하였을 경우, (4) 규장의 규정이 적당치 않다고 인정되어 반드시 변경 또는 취소해야 할 경우, (5) 법정절차를 위배하였을 경우이다.

반드시 지적해야 할 것은 입법법은 또 일부 국가기구와 사회단체, 기업, 사업조직 및 공민이 행정법규, 지방법규, 자치조례와 단행조례가 헌법 또는 법률과 저촉이 된다고 인정하게 되었을 경우, 서면으로 전국인대상무위원회에 이에 관한 심사를 요구하거나 또는 건의할 수 있으며 전국인대상무위원회의 업무기구는 이러한 심사건의를 각 전문위원회에 배송하여 이를 심사하고 의견을 제출하도록 해야 한다고 확인하였다.(그러나 전국인대 및 상무위원회에서 제정한 법률에 대한 심사건의는 배제하였다.) 이렇게 함으로써 위헌심사에 일정한 틈새를 열어놓았다. 세계 여러 나라의 위헌심사제도를 비교한 결과 우리는 중국의 위헌심사제도에 아직은 다음과 같은 주요한 문제들이 존재한다는 것을 알게 되었다. 즉 전국인대의 입법(기본법률)에 대해 위헌심사를 규정하지 않았고 완정한 위헌심사의 구체절차를 규정하지 않았으며 절차적 보장과 조작의 편리함도 결핍하였다. 법에 의해 권한을 가진 관련 기관들은 30여 년간 단 한 번의 입법폐지권도 행사하지 않았고 또 어떠한 위헌심사기구 또는 헌법감독기구도 설립하지 않았다.

그러나 기쁘게 생각되는 것은 중국공산당 제18기 중앙위원회 제4차 회의에서 통과된 의법치국에 관한 결정은 "헌법의 실시와 감독에 관한 제도를 완벽화해야 하고", "법에 의하여 위헌 또는 위법한 규범성 문건을 취소하거나 바로잡아야 하며 지방에서 입법적 성격을 지닌 문건을 제정하여 발부하는 것을 금지해야 한다."라고 명시하였다. 비록 결정이 감독기구와 권한 그리고 감독절차 등을 이미 확정한 것은 아니라 하더라도 이미 승낙을 하고 결심도 보이게 되었으니 헌법의 감독기구와 효율적인 감독제도의 장기적인 공석상태는 머지않아 기필코 개변될 것이라 생각한다.

위헌심사기구를 말하자면 세계적으로 다음과 같은 3가지 유형이 있는데, 첫째는 미국식이다. 이 방식에서 사법권과 사헌권(司憲權)은 통합하고 보통법원이 위헌심사임무를 담당한다. 둘째는 독일식이다. 이 방식에서 위헌심사권과 사법권은 분립하게 되었는데 위헌소송은 전문적인 헌법재판소에서 진행한다. 셋째는 그리스식이다. 이 방식에서 사헌권과 사법권의 통합은 이루어졌으나 구체적인 위헌심사는 헌법재판소, 최고법원, 행정법원 이 3개 법원중의 어느 하나에서도 모두 진행할 수 있다.

현재 중국이 선택할 수 있는 위헌심사의 구체적인 조직방식을 말하자면 이중의 하나는 바로 관련 업무를 최고인민법원에 맡기는 것이다. 그러나 현시점에서 법원은 권위가 떨어지고 독립성도 보장되지 않으므로 이러한 직책을 담당하려면 어려울 것이다. 다른 하나는 전국인대상무위원회 산하에 헌법위원회를 설치하고 이 위원회에서 헌법소원을 접수하여 위헌심사를 실시하는 것이다. 그러나 여기에도 역시 모순되는 측면이 있다. 즉 이 위원회는 전국인대의 소속이므로 인대에서 통과한 법률의 위헌여부를 심사하고 판단한다는 것은 '자신이 자기의 법관으로 된다'는 것과 같으므로 이는 법치원칙에 위배된다. 위헌심사기구는 반드시 제정기관보다 지위가 높아야 하므로 이도 역시 그렇게 좋은 방법은 아니라 생각한다.

여기서 필자는 또 하나의 방법이 있을 수 있다고 생각한다. 즉 전국정협에서 이를 담당하게 하는 것이다. 알려진 바에 의하면, 1956년 말 류사오치(劉少奇)는 국무회의에서 중국이 상하양원제를 실시해야 한다고 주장한 적이 있다. 1957년 봄, 중공중앙 통전부(統戰部)의 리웨이한(李維漢) 부장은 류사오치의 이 주장을 특히 민주동맹 중앙위원회 장버쥔(章伯均) 부주석에게 전달하고 그가 민주당파와 자신의 명의로 통전부에서 소집한 회의에서 이를 제출할 것을 희망하였다. 1956년 12월, 통전부는 장버쥔이 제출한 〈정협 지방위원회사업을 강화하는 것에 관한 의견〉을 중앙에 보고하였다. 12월 24일 중공중앙은 이 의견에 관한 지시에서 장버쥔의 건의에 대한 회답으로 다음과 같이 지적했다. "정협은 중국의 정치생활에서 아주 중요한 위치를 점하고 있다. 이는 통일전선조직의 역할을 하고 있을 뿐만 아니라 사실상에서는 또 '상의원'과 유사한 역할도 하고 있다."

1982년 헌법수정을 하던 당시, 필자는 전국인대상무위원회 법제위원회에 있으면서 헌법수정위원회의 연락관으로 일을 했다. 이 기간에 필자는 일을 하면서 헌법수정에 관한 중앙의 전달지시를 들은 바 있었는데, 당시 후챠오무(胡喬木: 헌법수정 책임자 중의 한 사람)는 양원제(인대와 정협)의 구상을 제출하고 이것으로 인대에 대한 견제를 강화하고 정협의 위상과 권위를 높이려 했다. 그러나 이 건의는 떵샤오핑에 의해 부결되었다. 그는 이를 부결하면서 "또 하나의 의회가 생기면 그의 견제로 인해 효율성은 떨어지고 집권당의 통일영도에도 불리하게 적용할 것이다. 그리고 중국에 구미 나라들과 같은 양원제전통이 없는가 하면 이러한 양원제는 또 중국의 실정에 맞지도 않으므로 하필이면 문제를 만들겠는가 하였다. 그러나 견제를 잃은 권력은 기필코 더욱 큰 문제(예를 들면 문화대혁명)를 초래하여 효율의 저하 심지어 마이너스로 이어질 것이다."라고 그 이유를 설명하였다. 비록 82헌법에서 양원제는 최종적으로 배제되었으나 이러한 논의는 양원제도 언급해서는 아니 될 금지구역은 아니란 것을 설명한다.

필자가 보기에는 정협에 이를 맡기더라도 단번에 상원으로 격상해서는 아니 되고 반드시 점진적으로 추진되어야 한다고 생각한다.

첫째, 정협에 일부 절차적 권력을 부여해야 한다. 예를 들면 인대에 대하여 제안과 위헌심사의안을 제출할 수 있는 권력을 부여해야 한다. 현행 헌법은 전국인대상무위원회, 국무원, 최고인민법원, 최고인민검찰원, 중앙군사위원회 이 5개 국가기구는 전국인대에 제안을 제출할 권한이 있다고 확인하였다. 그러나 정협은 중국의 기본정치제도와 국가기구의 중요한 조성부분이고 또 공산당이 영도한 초당적인 협력과 정치협상의 기구인데도 불구하고 인대에 아무런 제안도 제출할 수 없다. 이는 헌법적 논리에도 맞지 않는다. 그러므로 적절한 시기 헌법수정을 실시하여 정협의 참정권, 의정권, 감독권을 '준권력' 또는 절차적 권력으로 격상시켜 정협이 인대에 대한 제안권을 향유하고 정협에서 통과된 국시(國是)에 관한 모든 집단적인 주장과 비평 그리고 건의들은 인대에서 반드시 법에 따라 심의하도록 보장해야 한다. 이렇게 되면 정협은 국가권력(인대의 입법권)과 정부의 행정에 대해 일정한 견제를 실시할 수 있을 것이다.

둘째, 정협에 질의할 수 있는 권력을 부여해야 한다. 정협회의 기간에 인대를 모방하여 정부 또는 그의 소속 부서, 법원, 검찰원을 대상으로 질의를 할 수 있도록 해야 하며 질의를 받은 국가기관들은 반드시 이에 관하여 성실히 답변을 하도록 해야 한다. 이는 정협의 감독권(권리)을 준권력으로 격상하고 감독의 실효성을 제고하는 중요한 조치이다. 물론 이도 역시 부서이익보호세력의 저항에 부딪칠 것이다. 그러나 이를 하나의 법률제도로 확립한다면 실행은 어렵지 않을 것이라 생각한다.

마지막으로 정협에 위헌심사권을 부여해야 한다. 현재 정협기구 구성원들의 높은 자질, 국가권력에 얽매이지 않는 독립적인 지위 그리고 반드시 있어야 할 정치적 권위 등을 보았을 때, 정협은 위헌심사의 중임을 맡을 수 있을 것이라고 생각한다. 그리고 정협과 각 민주당파들은 중국공산당의 영도를 수용하고 헌법적 구조에서도 이미 중국공산당의 집권에 위협이 되지 않으므로 이는 개혁의 좋은 사로(思路)이다.

만약 위헌심사권을 정협에 부여하면 정협은 '상의원'의 기능을 가지게 될 것이다. 이를 위해 지금은 우선 먼저 정협이 인대에게 위헌심사 특히 입법위헌심사를 건의할 수 있도록 제안권을 부여해야 한다. 이것이 개혁의 시작이라 생각한다.

4. 민주입법과 공민의 입법참여

(1) 입법개혁과 입법의 발전 동력

30여 년래 중국법치의 발전, 특히 1980년대 입법의 빠른 회복과 발전은 집권당의 지도자로부터 수많은 기층 백성까지 모두 '문화대혁명' 기간 동안 사회가 무법천지로 빠져들면서 입게 된 피해에 통감하고 그때의 아픔을 다시 되풀이하지 않으려는 공감이 있었기 때문이다. 1980년대 중국에서 입법을 추진해 나가려는 강력한 사회적인 열망과 동력에는 다음과 같은 세 갈래의 힘이 포함되었다. 첫째는 '문화대혁명' 시기 잔혹한 탄압을 받았던 고위급 지도간부들의 과거에 대한 반성과 민주법치에 대한 강렬한 추구이고 둘째는 장기적으로 사상패권의 억제를 받았던 지식계층의 엘리트이다. 이들은 "실천은 진리를 검증하는 유일한 표준이다."라는 토론에 적극 참여하고 '양시론(兩是論)'에 대한 비판에 앞장서 사상해방의 선구자로 활약하였다. 이중 법학분야와 법조계의 많은 인사들은 법제의 폐허로부터 용감히 나서 '민주와 법제',

'인치와 법치' 등 기본문제에 관한 토론을 전개하여 당과 정부의 이념 전환을 촉진했다. 셋째는 사회주의계획경제의 체제적인 속박으로 인해 먹고 입는 것마저도 문제가 되었던 농민이다. 이들의 대표적 인물은 바로 안휘이성 쇼강촌(小崗村)의 18호 농가이다. 이들은 남몰래 혈서로 농가생산량 도급제의 실시를 결의하고 농촌개혁을 이끌었다. 바로 이 세 갈래 힘이 1980년대 민주법제사상과 새로운 체제의 건립 그리고 헌법의 전면수정과 입법의 신속한 발전을 공동으로 추진하였다.

솔직히 말하면 1989년에 있었던 '정치풍파'를 계기로 역사는 다시 과거로 돌아가는 듯했고 정치 중심도 이전되어 입법개혁을 포함한 정치개혁은 정지되거나 심지어 후퇴하였다. 바로 이때인 1992년 떵샤오핑은 남부 각 지역을 시찰하면서 '남순강화'를 발표하여 위기에 놓인 개혁개방을 만회했다. 중국공산당 제16기 중앙위원회 제4차 회의에서 통과된 〈당 집권력 건설의 강화에 관한 결정〉은 민주정치건설을 추진해나갈 하나의 중요한 방침이 '공민의 정치참여를 순차적으로 확대하는 것이다.'라고 강조하였다. 그리고 중국공산당 제17차 전국대표대회에서의 보고는 더 나아가 이를 반복적으로 강조하고 "인민민주는 사회주의의 생명이다."라는 점을 지적했으며 "모든 직급과 영역에서 공민의 정치참여를 순차적으로 확대하고 인민을 최대한으로 동원하고 조직하여 이들이 법에 따라 국가사무와 사회사무를 관리하고 경제문화사업을 관리하도록 해야 한다."라고 제출하였다. 중국공산당 제18차 전국대표대회의 결정은 "민주제도의 정비와 민주형식의 다양화에 더욱 주목해야 하며 모든 직급과 영역에서 공민의 정치참여를 순차적으로 확대해야 한다."라는 점을 재차 천명하고 더욱 명확한 '법치사회'의 건설목표를 제시하여 법치국가건설과 사회주의 입법체계의 보완을 이론적 측면에서 내보임으로써 식견이 있는 한 걸음을 앞으로 내딛게 하였다. 그리고 중국공산당 제18차 전국대표대회의 결정은 또 "사회조직의 활력을 불러일으키고, 정부와 사회의 관계를 정확히 처리하며 정부와 사회의 분리를 가속화하여 사회조직의 권리와 책임을 확실시하고 법에 따라 자치를 하며 맡은 역할을 다해야 한다."고 하였다. 또 "사회조직에게 맡기는 것이 적절한 공중서비스와 기타 사업은 사회조직에게 맡기고, 사회사무의 관리방식을 개진하여 … 사회 여러 방면의 참여를 격려하고 지지하며 정부통치와 사회의 자아조절, 시민자치 3자간의 양호한 상호작용을 이루어내야 한다."고 요구하였다. 상술한 바와 같은 내용으로부터 우리는 법치사회건설에 관한 당정지도자의 인식과 관심을 엿볼 수 있다. 이는 법치건설의 사회동력에 다시 시동을 걸고 사회주체들이 입법에 참여하려는 적극성을 동원하여 입법제도의 개혁과 입법체제의 완벽을 이루어내는 데 중요한 역할을 하게 될 것이다.

2014년, 전국인대상무위원회의 장더쟝(張德江) 위원장은 전국인대상무위원회 입법사업회의에서 〈입법의 질을 제고하고 입법계획을 실현하자〉란 담화를 발표했는데 여기에서 아름다운 생활에 대한 인민의 동경은 입법사업에 대해서도 새로운 요구를 하였다. 그는 "인민의 정치참여 적극성은 나날이 향상되고 자체권익의 보장, 공평정의의 수호에 대한 관심과 욕구도 더욱 절박해지고 있으므로 우리는 반드시 입법을 강화하고 개진하여 이러한 사회적 관심에 답을 줘야 하며 그리고 각종 이익관계에 대한 형평, 조절, 규범화에 있어 입법의 중요한 작용을 발휘하여 법률이 인민의 복지를 증진하고 사회적인 공감을 이루어낼 수 있는 최대의 공약수가 되게 하여 사회의 공평정의를 보장하도록 해야 한다."고 지적하였다.

이상의 서술을 보았을 때, 새로운 시기 중국에서 입법을 추진해 나갈 신흥 동력은 지금 한창 궐기하고 있는 민간사회의 개혁세력이 될 것이라 생각한다. 왜냐하면 지금의 정치개혁과 사회개혁은 이러한 계층의 생존 및 자유와 밀접히 연관되므로 이들은 중국의 개혁을 밀고 나갈 주요 동력이 될 것이기 때문이다. 만약 우리가 사회에서 나타난 이러한 개혁세력에 의지하고 아래로부터 위로의 광범위한 인민참여를 이루어낸다면 정치개혁과 입법개혁의 발걸음은 기필코 더욱 빨라질 것이라 생각한다.

(2) 인민입법참여의 중요 의의

'법치의 질은 입법의 질에 의해 결정되는 것'이고 그리고 입법의 질의 향상은 또 과학입법 및 민주입법의 실현에 의지한다.

우리가 말하는 민주입법에는 다음과 같은 두 가지 의미가 내포되었다. 즉 하나는 실체입법의 민주이고, 또 다른 하나는 입법절차의 민주이다. 실체입법의 민주란 법률내용에 인권보장, 공민권, 그리고 국민에 유익하면서도 편리한 정신들이 포함된다는 것을 의미한다. 여기서는 입법과정의 민주 즉 입법절차의 민주를 중점으로 토의하려 한다.

입법법 총칙 제5조는 "입법에서는 인민의 의사를 구현하고 사회주의적 민주주의를 발양하며 인민들이 각종 방도를 통하여 입법활동에 참여하도록 보장하여야 한다."라고 규정하고 기타 조문에 인민대중이 입법과정에 참여할 수 있는 구체적 방도와 방법을 규정하였다. 인민의 입법참여를 입법의 기본원칙으로 확립하게 된 것은 중국입법이 가진 민주성과 인민성에 대한 중요한 구현이다. 입법법을 실시하면서 우리는 반드시 이를 중요시하고 확실히 그 뜻에 따라 실행해야 한다.

2014년 전국인대상무위원회의 사업보고에서 장더쟝(張德江) 위원장은 입법기관이 주도하고 관련기관이 참가해야 하며 인대대표, 전문가와 학자, 기업과 사업단위, 단체조직과 인민대중이 공동으로 참여하는 입법사업의 시스템을 보완하여야 하며 법률안에 대한 의견청취시스템과 청취한 공중의견에 대한 피드백시스템을 정비하여 공포하여야 한다고 지적하였다. 온라인으로 표출된 민의를 충분히 중시하고 공민이 순차적으로 입법에 참여할 수 있는 방도를 확대하여야 한다고 특별히 지적하였다.

사람들이 모두 다 알고 있듯이 법률은 인민 공동의지의 집중적인 구현이다. 그러므로 입법과정에서의 하나의 중요한 임무는 바로 민주적인 방식으로 광범위한 인민의 의지를 올바르게 집중하고 국가와 사회 그리고 이익집단들의 이익을 균형감 있게 전면적으로 구현하고 고루 돌보는 것이다. 이러한 임무의 완성은 한편으로는 입법기관과 입법자가 민주적인 정신과 군중노선의 방식으로 수집한 민중의견의 수렴에 의지해야 하고, 다른 한편으로는 광범위한 민중의 입법참여에 의지해야 한다.

여기 또 다른 하나의 문제가 있는데 이는 바로 '인민참여'인가 아니면 '공민참여(公民參與)'인가 하는 문제이다. 지금까지 중국에서 '인민'이란 개념은 '적(敵)'이란 개념과 상대되는 개념으로 사용되었다. 이는 혁명당의 사고방식에서 비롯된 개념이다. 중국공산당 제11기 중앙위원회 제3차 회의의 공보도 법률상의 평등을 '인민은 자기 법률 앞에서 모두 평등하다.'라고 표현하면서 '공민'이란 개념은 쓰지 않았다. 왜냐하면 만약 이렇게 하지 않으면 '적아불분(敵我不分)'이란 지적을 받기 때문이었다. 법학계에서 공민은 법률적용에서의 평등을 제외하고 입법에서도 평등한지에 관한 토론을 진행한 바 있다. 82헌법은 54헌법의 방식으로 돌아가 '공민은 법률의 앞에서 모두 평등하다.'라고 규정하였다. 다시 말하자면 '인민참여'란 개념 중의 인민은 총체적인 '인민'을 의미하고 인민을 대표하는 인대만 입법권이 있고 공민은 입법권이 없다는 것인가?

입법권은 인민의 주권을 구현하는 최고의 권력이다. 현대의 민주국가들은 대의제민주를 실시하고 있다. 즉 인민은 국회(중국에서는 인민대표대회라 한다.)를 선출하고 국회는 인민을 대표하여 입법권을 행사한다. 이도 역시 인민입법이다. 그러나 이러한 경우 입법은 간접적인 방식에 의해 이루어지게 된다. 그리고 일부 국가에서는 입법을 전 국민표결에 부치는 '국민투표(人民公決)'란 표결제도를 실시한다. 즉 헌법수정안과 일부 중요한 법안 및 전민과 관련된 국사에 관한 사항은 국민투표란 방식으로 결정한다. 이럴 경우 공민은 입법권(권력)의 주체이다. 이

외에 현대의 민주제도는 또 공민의 정치참여에 특별히 주목하고 있다. 이미 다원화로 된 요즘의 사회에서 공민은 자신을 국무활동 밖에 방치하고 그들이 선출한 대표가 임의적으로 입법권을 행사하는 것에 만족하지 않고 입법과정에 참여해 영향을 가하여 입법이 인민의 이익을 반영하고 다원화요구를 만족시킬 것을 원하게 되었다. 인민의 이러한 요구를 만족시킬 수 있는 가장 효과적인 방도는 각 이익집단의 이익을 대표하는 정당과 사회조직 예를 들면 노동조합[工會], 기업가협회, 인권협회, 녹색당 등 비정부조직을 통해 의회를 상대로 로비를 벌이거나 또는 입법청문, 언론매체 심지어 집회행진 등 수단을 이용하여 자신들의 요구사항을 전달하고 그들의 이익과 연관된 법안의 통과를 촉구하거나 제지하는 것이다. 일본의 NGO인 '비영리조직센터'는 사회각계, 매체와 정치인에게 만 부에 가까운 팩스를 발송한 끝에 1988년 국회에서 그들이 기초한 '특정비영리활동촉진법'을 만장일치로 통과시켜 일본의 입법사에 '획기적인 사건'으로 기록되고 사회가 입법에 참여한 범례로 남게 되었다.

중국의 인민대표대회제도에 의하면 모든 입법권은 입법기관에서 행사하고 공민은 직접적인 입법권을 향유하지 않으며 그리고 중대 사항에 대한 표결제도도 없으므로 공민은 입법권(권력)주체가 아니다. 그러나 공민에겐 입법참여권(권리)이 있다. 왜냐하면 중국 헌법 제2조가 "인민(여기의 인민은 공민과 공중, 사회조직을 의미한다)은 여러 가지 경로와 형식을 통하여 국가사무를 관리할 수 있다."고 규정하였는데, 이 중의 국가사무에 입법도 당연히 포함되기 때문이다. 이 외에도 "공민은 또 언론자유와 정부에 대하여 비판, 건의, 감독할 수 있는 권리도 있다."고 규정하였다. 이는 공민이 입법에 참여할 수 있는 헌법적 근거이다. 공민은 입법권의 권력주체는 아니다. 그러나 입법활동에 참여할 수 있는 권리주체인 것은 틀림없다. 이러한 이유로 중국은 입법법의 총칙에 '인민의 입법참여'를 하나의 주요한 내용으로 규정하였다. 중국의 입법법은 공민의 입법참여를 하나의 법정권리로 확인하였을 뿐만 아니라 입법이 반드시 거쳐야 할 입법절차로도 규정하였다.(예를 들면 총칙에서는 "인민참여를 '보장'해야 한다."고 규정하고 제34조와 제58조에서는 "입법기관은 반드시 여러 방면의 의견을 광범히 청취해야 한다."고 규정하였다.) 입법법의 이러한 규정은 입법에서 입법기관과 입법자들은 반드시 공민과 각종 사회조직의 입법참여권을 특별히 존중하고 이러한 원칙과 절차에 따라 공민과 사회조직이 입법에 확실히 참여할 수 있도록 조건을 창조해야 한다는 것을 의미한다. 이는 입법법의 규정에 따라 관련 사무를 처리하고 입법의 민주성과 인민성을 보장하는 원칙적 문제이자 입법감독을 강화하고 입법에서의 부서주의, 지역주의, 무질서, 권리침해 심지어 사욕의 도모 등 폐단의 발생을 효과적으로 방지할 수 있는 구체적인 조치이기도 하다.

인민(공민)의 입법참여는 공민에게 하나의 기본권이자 또 입법자로서 반드시 따라야 할 입법절차이다. '절차는 법률의 생명형식이다.' 만약 입법이 이 절차를 우회했다면 그의 생명력은 크게 감소될 것이고 그리고 중요한 기본법률이 만약 이를 초월했다면 이는 입법의 위법이므로 무효이다.

(3) 공민과 사회조직의 입법참여 경로

중국 입법법의 규정에 의하면 공민과 사회조직이 입법에 참여할 구체적인 경로에는 주요하게 다음과 같은 몇 가지 방식이 있다.

① 법안 기초과정의 참여

입법법 제58조는 "행정법규는 기초과정에서 반드시 관련 기관, 조직 및 공민의 의견을 광범위하게 청취해야 한다. 의견을 청취함에 있어서는 좌담회, 토론회, 청문회 등 여러 형식을 취할 수 있다."라고 규정하였다. 여기서 행정법규만 언급되어 그 범위가 너무 좁게 보이는 것은 사실이다. 그러나 우리는 이것이 법률에도 적용된다고 추정할 수 있다. 사실 과거의 많은 입법(법률)에서 법률안의 기초단계에서만 의견을 청취하였던 것은 아니고 전문가와 학자들을 법률안의 기초에 직접 참여시켰는가 하면 심지어 전문가와 사회조직에 법률안의 기초를 위탁하기도 하였다.(예를 들면 혼인법의 기초는 부녀연합회에, 노조법의 기초는 노동조합에 위탁하였다.) 그리고 어떤 학자들은 스스로 입법건의안을 작성해 입법기관에 입법의 참고로 제공했는데(예를 들면 형사소송법, 입법법, 행정절차법의 전문가 건의문) 이들은 입법기관의 주목을 받아 입법에 채택되기도 하였다. 비록 후자인 경우 반드시 거쳐야 할 입법절차는 아니다. 그러나 향후에도 이는 계속 실시되어야 할 것이다. 과거 민법통칙을 제정하고 형사소송법을 수정하면서 무죄추정원칙을 받아들이고, 형법의 수정에서는 유추원칙을 삭제하고 죄형법정원칙을 확인했는데 이는 모두 학자와 전문가의 건의로부터 시작되었다. 학자와 전문가의 입법참여는 입법의 질을 크게 제고하고 입법지도사상의 진보도 촉진하였다.

② 법안토론의 참여

입법법 제34조는 입법의정에 상정된 법률안에 대하여는 "입법기관은 반드시 각 방면의 의견을 청취하여야 한다. 의견을 청취함에 있어서 좌담회, 토론회, 청문회 등 여러 형식을 취할 수 있다."라고 규정하였다. 여기서 '반드시'란 용어를 사용했는데 이것은 이 절차를 꼭 거쳐야 한다는 뜻을 나타냈다. 즉 법률초안이 만약 이러한 방식으로(물론 어떤 방식을 취할 것인가는 선택에 달린 문제이다.) 관련기관, 조직 그리고 공민 특히 이해관계자의 의견을 청취하지 아니했다면 절차위반이므로 입법기관의 심의에 교부해서는 아니 되며 상무위원회도 이에 대한 심의를 거절할 수 있다. 입법법 제87조 제5항은 "법이 정한 절차를 위반'한 입법에 대하여 관련 권력기관에서는 이를 '변경 또는 취소'할 수도 있다."고 규정하였다.

입법법 제35조는 "중요한 법률초안은 각 기관, 조직 그리고 공민의 의견을 구하기 위해 공포할 수 있다."고 규정하였다. 여기서는 이를 '반드시' 거쳐야 할 절차로 규정하지는 않았다. 그러나 이 절차는 또한 반드시 중시해야 하고 그리고 적절한 조치를 취하여 실시해야 한다. 1954년의 헌법초안과 1982년의 헌법초안 그리고 일부 중요한 법률초안들은 모두 신문에 공포하고 전민을 조직하여 토론하였다. 지금 중국에서 는 국민투표제도를 실시하지 않는다. 그러므로 공민의 기본권 및 의무 와 연관된 주요법률의 입법은 더욱 더 전민에 공포해 의견을 구해야 한 다. 이는 인민입법참여권에 대한 존중의 표현임은 물론이고 헌법과 법 률이 인민의 의지와 이익을 전면 반영할 수 있게 하여 입법이 인민성과 질을 확보하고 그리고 법률의 실시가 인민의 지지를 얻을 수 있게 하였 다. 그러므로 입법을 하면서 책임감이 있는 입법자들은 이 중의 '할 수 있다(可以)'를 '반드시'로 변경하였으면 한다.

여러 방면의 의견 청취에 있어 주의해야 할 점은 반드시 지지의견 과 반대의견을 모두 청취해야 하며 특히 반대의견의 청취에 더욱 유의 해야 한다는 것이다. 왜냐하면 어떤 반대의견은 정확한 의견일 수도 있 기 때문이다.

③ 입법감독의 참여

심의를 통과하여 이미 공포 및 실시하게 된 법률과 법규가 인민의 의지와 이익을 구현했는지? 실제에 부합되고 효과적으로 실시되는지? 헌법과 기타 법률, 법규와는 저촉 또는 충돌이 되지 않는지? 이러한 것 들은 모두 입법감독의 범주에 속하는 문제이다. 입법의 이 단계에서 공 민과 사회조직들은 법률안에 대한 공개토론을 할 수 있으며 수정의견 도 제출할 수 있다. 이중 공민이 법에 맞지 않거나 또는 법률, 법규에 충돌된다고 인정하는 행정규장에 대하여는 행정소송법에 따라 사법심사를 요청할 수 있으며 각급 행정기관에서 발부한 규장 이하의 규정(이른바 홍두문건[紅頭文件])이 법에 맞지 않다고 인정하는 경우 공민, 법인, 또는 기타 사회조직은 행정심판법에 따라 행정심판기관에 해당 규정에 대한 심사를 신청할 수 있다. 지금 입법법은 더 나아가 공민과 사회조직은 "행정법규, 지방법규, 자치조례, 단행조례의 규정이 헌법 또는 법률과 충돌된다고 인정되면 서면으로 제정기관에 심사의견을 제출할 수 있다."라고 규정하였다. 이 모든 것은 공민과 사회조직의 입법감독 참여권에 대한 확인이고 중국 입법민주의 확장이다. 공민과 사회조직의 이러한 신청에 대해 관련기관은 반드시 성실하게 접수하여 처리해야 한다. 이는 불법입법, 입법에서의 무질서, 입법으로 인한 권리침해 등을 방지하고 공민과 사회조직의 권리를 보호하는 데 유익할 것이다.

④ 입법안의 공개와 공민의 알 권리

인민의 입법참여를 보장하고 그리고 인민의 입법참여에 편리를 제공하기 위해 인대와 정부기관은 반드시 공민의 알 권리를 존중하고 입법공개, 정무공개를 실시하여 공민이 입법에 관한 정보와 정무활동을 이해하고 효과적으로 입법결정과 입법감독에 참여할 수 있도록 해야 한다.

입법공개에는 다음과 같은 내용들이 포함된다.

(1) 법률안 제정과정의 공개─예를 들면 이에는 신문과 간행물 등 매체에 입법건의안, 제안자의 구상, 기초과정에서 봉착하게 된

문제, 서로 다른 의견간의 논쟁 등의 내용을 보도하는 것이 포함된다.

(2) 법률안 심의과정의 공개—이에는 신문과 간행물 등 매체에 법률안에 대한 제안자의 설명, 법률위원회의 심의보고를 공포하고, 공민, 사회조직 및 기자의 인대입법회의 방청허가, 주요 법률안에 대한 인대 및 상무위원회의 심의상황에 관한 생중계의 허가 등이 포함된다.(예를 들면 1986년 중앙텔레비전은 파산법초안에 대한 전국인대상무위원회회의 심의상황을 생중계하였다. 이는 사회 각계의 뜨거운 관심을 끌었다.)

(3) 입법문건 및 보존서류의 공개—반드시 비밀을 지켜야 할 것을 제외하고 공민, 특히 학자와 이해관계자가 관련 서류를 열람하는 것은 허락해야 한다. 지금 외국과 중국의 대만에서 출판한 입법공보는 개별 국회의원의 발언까지 포함된 입법회의기록도 모두 발부한다. 중국 인대 및 상무위원회의 법률안의 심의소식(簡報)도 반드시 관계인원의 열람을 허락해야 한다.

총체적으로 보았을 때, 성실하게 입법법을 실시하여 공민과 사회조직의 순조로운 입법참여를 이끌어 내려면 입법자들은 반드시 민주에 대한 확고한 신념으로 입법민주를 실천해야 하고 공민은 또 자기의 권리를 소중히 여기고 주인공의 자세로 입법에 적극 참여해야 한다. 이렇게 되면 입법인민성의 증강은 물론이고 입법의 질도 크게 향상될 것이다.

제3장

당대 중국의 헌법제도: 회고와 전망

장첸판(張千帆)·차이커멍(蔡克蒙)

모두가 알고 있듯이 헌법은 나라의 기본법이다. 그러므로 인민의 기본권을 규정하는 것은 물론이고 국가권력의 조직구조, 국가의 입법, 행정 및 사법의 패턴과 절차도 규정해야 한다. 개혁개방 30여 년래 중국의 1982년 헌법은 이미 4차에 달하는 수정을 거쳐 사회발전의 수요에 기본적으로 적응하게 되었으며 민주, 법치와 인권을 핵심으로 하는 세계적인 헌법체계에도 융합되었다. 여기서 반드시 주의해야 할 점이라면 '중국헌법'이란 이 개념은 절대로 고립된 현행 헌법문헌만 가리키는 것은 아니고 입법법, 민족구역자치법, 여러 개의 조직법, 공민권과 연관된 법률 및 법규들로 구성된 하나의 헌법체계를 말하는 것이라는 점이다. 이러한 법률과 법규들은 중국의 헌법제도를 더 완벽히 했으며 그리고 추상적 헌법원칙의 구체화에도 많은 도움을 줬다. 총괄적으로 보았을 때, 현행 헌법체계에서 문헌의 부족은 물론이고 실무적인 면에서도 아직 많은 부분이 개선되어야 한다. 본 장에서는 현행 헌법의 기본구조와 입법, 행정, 사법 및 중앙과 지방의 관계 등 헌법제도, 선거권과 언론자유를 핵심으로 하는 기본권체계 그리고 현행 헌법체계의 한계와 실행이 가능한 구체적 개혁방안 등을 토의하려 한다.

1. 현행 헌법의 기본구조

1949년 이후, 중국 대륙은 각기 1954년, 1975년, 1978년과 1982년에 총 4차에 달하는 헌법을 제정했는데 1982년에 제정된 현행 헌법은 또 1988년, 1993년, 1999년과 2004년에 총 4차에 걸쳐 수정하였다. 아래에는 현행 헌법 및 수정안의 주요내용과 관련된 제도적 실천을 논의한다.

(1) 1982년 헌법

1981년 중공중앙은 중국공산당 제11기 중앙위원회 제6차 회의를 소집하고 중국공산당 제11기 중앙위원회 제3차 회의에서 제출한 기본노선을 긍정했으며 1982년 2월 헌법수정위원회는 헌법수정안 토론문을 제출하였다. 그해 4월 전국인대상무위원회는 이 토론문을 수정하여 헌법수정안 초안을 공포하게 되었고 헌법수정위원회는 또 수집한 의견에 따라 수정안초안에 재차 수정을 실시하여 11월에 헌법수정안을 통과시켰다. 12월 4일 제5기 전국인대 제5차 회의는 정식으로 현행 헌법을 통과시키고 공포하였다. 절차적으로 보았을 때, 1982년 헌법은 비교적 신중하고 자세한 토론을 거쳤다. 일반적으로 이 헌법은 1954년 헌법의 계승과 발전이라고 보며 지금까지 중국에서 가장 안정적인 헌법으로 높은 평가를 받고 있다.

1982년 헌법은 총 4장 138개의 조항으로 구성되었다. 전문(前文)에서 헌법은 "국가의 근본법으로서 최고의 법률효력을 가진다."라고 명확히 지적하였다. 제1장 '총강'은 총 32개 조항이 되는데 이 중 제1조는 중국은 "노동자계급이 영도하는 노동자와 농민의 동맹에 기초한 인민민주주의독재의 사회주의국가이다." 사회주의제도는 국가의 '근본제도'라고 규정하였고 제2조는 국가의 "모든 권력은 인민에게 있다." 인민은 전국인대와 지방 각급 인대를 통하여 국가권력을 행사한다고 규정했으며 제3조는 '민주집중제' 원칙을 선언하여 "전국과 지방인대는 모두 선거에 의해 생기며 인민에 대해 책임지고 인민의 감독을 받는다."고 규정하였다. 그리고 제5조는 "모든 법률, 행정법규와 지방법규는 헌법과 저촉되어서는 아니 된다."라고 규정하여 서언과 일치했으며 국가 법률체계에서 헌법의 최고지위를 나타냈다.

이전의 헌법과는 다르게 1982년 헌법은 '공민의 기본권과 의무'를 제2장에 옮겨 제3장 '국가기구'의 앞에 놓음으로써 공민권의 중요성을 뚜렷이 했으며 동시에 권리보호의 범위도 확대하였다. 이중 제33조는 "공민은 법률 앞에서 모두 평등하다. 모든 공민은 헌법과 법률이 정한 권리를 가지며 동시에 헌법과 법률이 정한 의무를 이행해야 한다."라고 규정하였고 제35조는 "공민은 언론, 출판, 집회, 결사, 행진, 시위의 자유를 가진다."라고 규정했으며 제36조는 "공민은 종교 신앙의 자유를 가진다. 어떤 국가기관, 사회단체 또는 개인이든지 공민에게 종교를 믿으라고 또는 믿지 말라고 강요하지 못하며 종교를 믿는 또는 믿지 않는 공민을 차별해서는 아니 된다. 국가는 정상적인 종교활동을 보호한다. 어떤 사람이든지 종교를 이용하여 사회질서를 파괴하거나 공민의 신체건강을 해치거나 국가의 교육제도를 방해하는 활동을 해서는 아니 된다."라고 규정하였다. 그리고 또 제37조는 "공민의 인신자유는 불가침이다."라고 규정하였다. 이전의 헌법과 비교해 보았을 때, 1982년 헌법은 제38조를 추가하여 "공민의 인격존엄은 불가침이다. 공민을 그 어떤 방법으로든지 모욕, 비방, 무고, 함해하지 못한다."라고 규정하였다. 1982년 헌법의 제39조와 제40조는 각기 공민의 거주권, 통신자유와 비밀권을 규정하였다. 그리고 제41조는 "국가기관 또는 국가공무원이 공민의 권리를 침해함으로 인하여 손실을 입은 사람은 법률이 정한 바에 따라 배상받을 권리를 가진다."라고 규정하였다. 이 4개 조항의 규정은 이전의 헌법에서는 모두 찾아볼 수 없었던 내용이므로 1982년 헌법이 공민의 권리를 이전보다 더 빈틈없게 보호하게 되었다는 것을 나타냈다.

(2) 헌법수정안

개혁개방의 지속적인 발전으로 인해 중국의 경제, 정치 및 법률이념은 끊임없이 변화하게 되었고 동시에 개혁은 또 많은 새로운 문제를 출현시켰으므로 이러한 문제의 해결은 법률적 수단에 의한 해법을 절실히 요구하게 되었다. 법적 대응이 필요한 이러한 문제들의 누적은 헌법수정을 요구하여 지금까지 1982년 헌법은 이미 4차에 달하는 수정을 실시해 총 31개에 달하는 수정안을 통과하였다. 이 중 앞에 있었던 3차 수정은 서언과 총칙에 집중되었다. 그의 내용은 경제제도의 조정에 관한 것이었다.

중국 법치 100년의 경로

1988년 4월 12일, 제7기 전국인대 제1차 회의에서 2개 조항의 헌법 수정안이 통과되었다. 구체적 내용은 모두 경제에 관한 내용이었다. 첫 번째 수정은 헌법의 제11조에 "국가는 법률이 정한 범위 이내에서 사영경제의 존재와 발전을 허락한다. 사영경제는 사회주의 공유제경제의 보충이다. 국가는 사영경제의 합법적 권리와 이익을 보호하며 사영경제에 대하여 인도, 감독과 관리를 실시한다."라는 규정을 추가하였고 두 번째 수정은 헌법의 제10조 제4항에 "토지의 사용권은 법률의 규정에 따라 양도할 수 있다."라는 규정을 추가하였다.

1993년 3월 29일, 제8기 전국인대 제1차 회의는 9개 조항에 달하는 헌법수정안을 통과하였다. 이번의 수정에는 주로 아래와 같은 내용들이 포함되었다. 첫째는 헌법의 서언에서 중국은 여전히 '사회주의 초급단계'에 처해 있다는 것을 강조하고 '국가의 근본과업'은 '중국적 특색이 있는 사회주의이론'을 지침으로 중국을 부강하고 민주적이며 문화적인 사회주의국가로 건설하는 것이라 규정하고 '중국공산당 영도하의 초당적인 협력과 정치협상제도는 장기적으로 존재하고 발전할 것이다.'라는 규정을 추가하였다. 둘째는 헌법 제7조 중의 '국영경제'를 '국유경제'라고 고침으로 하여 소유권과 경영권의 분리이념을 구현하였다. 셋째는 헌법 제8조 제1항 집단소유제에 관한 정의를 '농촌인민공사, 농업생산합작사' 및 기타 형식의 합작경제로부터 '농촌의 가정별 생산량 도급 책임제를 위주로 하는 책임제' 및 기타 형식의 합작경제라고 고쳤다. 이 조항은 이후 1999년의 수정안에서 다시 수정되었다. 넷째는 헌법 제15조 "국가는 사회주의공유제를 기초로 하여 계획경제를 실행한다. 국가는 경제계획에 대한 종합적인 평형과 시장조절의 보조 역할을 통해 국민경제가 비례에 따라 조화롭게 발전하도록 보장해야 한다."라는 규정을 "국가는 사회주의 시장경제를 실시한다. 국가는 경제입법을 강화하고 거시적 조정을 완성한다."라고 수정하였다. 다섯째는 기존 헌법의 제16조와 제17조에 국가기업과 집단경제 경영자주권의 시행조건으로 각기 '국가계획'을 완성하거나 또는 접수해야 한다는 규정을 삭제하였다. 여섯째는 헌법 제98조가 규정한 현(縣)급 인대의 임기를 3년으로부터 5년으로 변경하였다.

　1999년 3월 15일, 제9기 전국인대 제2차 회의는 다음과 같은 6개의 헌법수정안을 통과하였다. 첫째는 헌법의 서언에 중국은 '장기간 사회주의 초급단계'에 있을 것이라고 명확히 하고 떵샤오핑이론을 마르크스—레닌주의, 마오저둥사상과 병렬해 현대화 건설의 이론적 기초로 확정하였다. 둘째는 헌법 제5조의 첫머리에 중국은 "법에 의하여 나라를 다스리며 사회주의 법치국가를 건설한다."라고 규정함으로써 법치 건설을 헌법적 임무의 높이로 올려놓았다. 셋째는 헌법 제6조에 "사회주의 초급단계에서 국가는 공유제를 주체로 하고 여러 가지 소유제경제가 함께 발전하는 기본경제제도를 견지하며 노동에 따른 분배를 위주로 하고 여러 가지 분배방식이 병존하는 분배제도를 견지한다."라는 내용을 추가하였다. 넷째는 헌법 제8조의 제1항을 더 발전시켜 "농촌의 집체경제조직은 세대별 도급경영을 기초로 하고 통일경영과 분산경영이 결합된 이중경영체제를 실시한다."로 수정하였다. 다섯째는 헌법 제11조 및 1988년의 수정안에서 규정하였던 개인경제와 사영경제는 사회주의공유제의 '보충'이라고 하였던 규정을 "법률이 규정한 범위 이내의 개인경제, 사영경제 등 비공유제경제는 사회주의 시장경제의 중요한 조성부분이다."라고 수정하여 국민경제체계에서 비공유제경제의 지위를 격상하였다. 여섯째는 헌법 제28조에서 규정한 국가에서 처벌하고 있는 '반혁명활동'을 '국가안전을 위협하는 범죄활동'으로 고쳐 이 개념에 대한 법률차원에서의 구별을 한층 더 쉽게 하였다.

2004년 3월 14일, 제10기 전국인대 제2차 회의는 헌법에 대하여 재차 중요한 수정을 실시하여 14개 조항에 달하는 수정안을 통과시켰다. 이번의 수정에서 서언에 '3가지 대표'란 중요사상을 추가하고, '애국통일전선'의 범위를 '사회주의사업의 건설자'까지 확대한 것을 제외하고 헌법 정문(正文)에 대하여는 주요하게 다음과 같은 내용들을 수정하였다. 첫째, 헌법 제10조 제3항 토지수용 또는 징수에 관한 규정에서 '보상'에 관한 요구를 추가하였다. 둘째, 헌법 제11조 제2관 중의 개인경제와 사영경제의 개념을 일반적인 '비공유제경제'로 확대하고 '비공유제경제의 합법적 권리와 이익'을 보호한다고 명확히 규정하였다. 셋째, 헌법 제13조 사유재산에 관한 구체규정을 "공민의 합법적인 사유재산은 침해를 받지 않는다. 국가는 법률규정에 따라 공민의 사유재산권과 상속권을 보호한다. 국가는 공공이익의 필요에 의하여 법률규정에 따라 공민의 사유재산을 징수 또는 수용하고 보상을 할 수 있다."라고 수정하여, 사유재산을 공공재산과 같은 헌법적 지위에 올려놓았고 사유재산에 대한 징수 또는 수용 및 보상도 명확히 규정하였다. 넷째, 헌법 제14조에 제4관을 추가하여 "국가는 경제발전수준에 부응하는 사회보장제도를 구축하고 건전하게 한다."라고 규정하였다. 다섯째, 헌법 제33조에 "국가는 인권을 존중시하고 보장한다."라는 기본원칙을 추가하였다. 여섯째, 헌법 제67조가 전국인대상무위원회에 부여한 제20항의 권력(계엄 결정)을 '비상사태 돌입 결정'으로 변경하고 제80조와 제89조에서 국가주석과 국무원에 부여한 상응하는 권력을 수정하였다. 일곱째, 헌법 제81조에 국가주석의 '국사활동'에 관한 권력을 추가하였다. 여덟째, 헌법 제98조가 규정한 향진 인대대표의 임기를 3년에서 5년으로 고쳐, 지방 각급 인대의 임기를 통일하였다.

2. 입법기구

중국에서 입법을 책임진 전국적인 기구는 전국인대 및 상무위원회이다. 인대의 구성과 직권을 규정한 헌법적 성격을 지닌 법률은 1982년 헌법과 1982년 12월 10일, 제5기 전국인대 제5차 회의에서 통과한 전국인민대표대회조직법(이하 '인대조직법'이라 약칭한다.)이다. 지방의 입법기구에 관해 제5기 전국인대 제2차 회의는 1979년 7월 1일에 지방 각급 인민대표대회 및 지방 각급 인민정부 조직법('지방조직법'이라 약칭)을 통과시켰으며 그 후 각기 1982년, 1986년과 1995년에 차례로 3차의 수정을 실시하였다.

(1) 전국인민대표대회

　전국인대는 '국가의 최고 권력기관'이며 그의 상설기관은 전국인대상무위원회이다. 전국인대 및 상무위원회는 '국가입법권'을 행사한다. 전국인대는 성, 자치구, 직할시와 군대에서 선출한 대표들로 구성되며 각 소수민족은 반드시 모두 적절한 정원의 대표가 있어야 한다. 전국인대 대표의 선거는 전국인대상무위원회에서 주관하며 매기의 임기는 5년이다. 임기가 만료되기 전 2개월까지 전국인대상무위원회는 반드시 차기 전국인대 대표의 선거를 마쳐야 한다. 전국인대회의는 해마다 한 번씩 거행하는데 전국인대상무위원회에서 이를 소집한다. 전국인대상무위원회는 의장단을 선거하여 회의를 주최하도록 한다. 인대의사규칙에 의하면 전국인대회의는 매년 일사분기에 진행하며 회의기간은 2주 정도이다. 만약 전국인대상무위원회에서 필요하다고 인정하거나 또는 5분의 1 이상의 전국인대대표가 제의하면 상무위원회는 임시로 전국인대회의를 소집할 수 있다. 전국인대회의는 반드시 3분의 2 이상의 대표가 출석해야 진행할 수 있다(헌법 제57~61조).

　헌법은 인대대표의 대의직능에 대한 법적인 보장을 규정하였다. 헌법 제74조와 제75조는 "전국인대 회의기간에 의장단의 허가 없이, 전국인대 폐회기간에 인대상무위원회의 허가가 없이 전국인대대표를 체포 또는 형사재판을 해서는 아니 된다."고 규정하고 인대대표가 행한 인대 각종 회의에서의 "발언과 표결은 법률적 추궁을 받지 않는다."라고 규정했으며 이 외에도 전국인대대표가 인대회의에 출석하거나 기타 대표직능과 관련된 사무를 수행하게 되면 "국가는 실제수요에 따라 적절한 보조금과 물질상의 편리를 제공해야 한다."라고 규정하였다(인대 조직법 제42조).

헌법 제62조의 규정에 의하면 전국인대에서 행사하는 권리에는 주요하게 아래와 같은 내용들이 포함되었다. 첫째는 입법권이다. 이에는 헌법수정과 헌법의 실시과정에 대한 감독, 그리고 형사, 민사, 국가기구 및 기타 '기본법률'의 제정과 수정이 포함된다. 국가기구에 관한 기본법률에 지금은 인대조직법, 국무원조직법, 지방조직법, 법원조직법, 검찰원조직법, 선거법, 민족구역자치법 및 특별행정구의 설립에 관한 법률 등이 포함된다. 둘째는 인사임면권이다. 이에는 국가주석과 부주석의 선거, 국가주석의 지명에 따라 국무원의 총리인선을 결정하고, 국무원총리의 지명에 따른 국무원부총리, 국무위원, 각부 부장, 각 위원회 주임, 심계장(審計長), 비서장 등 인선의 결정, 중앙군사위원회의 주석을 선거하고, 군사위원회주석의 지명에 따른 중앙군사위원회 기타 구성인원 인선의 결정, 최고인민법원 원장과 최고인민검찰원 검찰장의 선거, 이상 모든 관원의 파면(제63조), 전국인대상무위원회 '적절치 못한 결정'의 변경 또는 폐지 등이 포함된다. 셋째는 국가기관사업에 대한 감독과 국무원 및 각부(위원회)에 대한 질의이다. 전국인대회의 기간에 한 개 대표단 또는 30명 이상의 대표들은 서면으로 국무원 및 각부(위원회)에 질의안을 제출할 수 있으며 의장단은 질의를 받는 기관이 서면답변을 제출하거나 질의를 받는 기관의 지도자가 의장단회의 또는 이와 연관된 전문위원회회의 및 대표단회의에서 구두의 형식으로 답변해줄 것을 결정할 수 있다(인대 조직법 제16조). 질의안은 반드시 질의대상, 문제 및 내용을 명확히 써야 한다. 질의에 대한 답변에 불만이 있으면 대표 또는 대표단의 요구에 따라 의장단은 질의를 받는 기관이 다시 답변하도록 결정하거나 특별조사위원회를 성립할 수 있다. 넷째는 국가 중대정책의 결정이다. 이에는 국민경제와 사회발전계획 및 계획의 집행상황보고에 대한 심사와 비준, 성과 자치구 및 직할시의 설치비준, 특별행정구의 설립과 그의 제도에 관한 결정, 전쟁과 평화에 관한 문제의 결정 등이 포함되었다.

(2) 전국인대상무위원회

전국인대상무위원회는 전국인대의 선거로 선출되며 전국인대에 대해 '책임을 지고 사업을 보고'한다(헌법 제69조). 전국인대상무위원회의 매기 임기는 전국인대와 같으며 차기 전국인대에서 새로운 상무위원을 선출할 때까지 직권을 행사한다(제66조). 헌법은 상무위원회위원의 정원을 규정하지 않았다. 그의 정원은 일반적으로 매기 전국인대 제1차 회의에서 그의 선거와 임명방법을 결정하게 된다. 제1차 회의에서 의장단은 대표 중에서 상무위원회구성인선을 제출하고 각 대표단의 협상을 거쳐 의장단에서 다수 대표의 의견에 따라 후보자 명단을 확정하며 마지막으로 전체회의의 선거에서 선출한다. 상무위원회 일반 성원의 선거는 경쟁선거를 실행해야 하나, 법률은 경쟁비율을 규정하지 않았으므로 여전히 전국인대가 선거방법에서 확정해야 한다. 위원장과 부위원장, 비서장은 비경쟁방식으로 선거한다.

일반 인대대표에 비하여 상무위원회위원의 직무담당은 더욱 많은 제한을 받고 있다. 헌법 제65조는 전국인대상무위원회의 구성원은 "국가행정기관, 재판기관과 검찰기관의 직무를 담당하지 못한다."라고 규정했으며 인대상무위원회 위원장과 부위원장은 "연속 2기의 임기를 초과해서는 아니 된다."라고 규정하였다(제66조). 인대상무위원회 위원의 대의권리도 일반 인대대표의 대의권리와 마찬가지로 동등한 헌법보장을 받고 있다.

전국인대상무위원회의 의사규칙과 다년간 형성된 관례에 의하면 인대상무위원회는 두 달에 한 번씩 회의를 진행하며 짝수 달의 하순에 소집되고 회의기간은 보통 일주일 정도이다.[1] 매번 회의 일주일 전 위원장회의에서 상무위원회회의가 열리는 일자와 회의기간을 결정하고, 의사일정초안을 작성하여 상무위원회 전체회의에서 의사일정을 결정한다.

헌법 제67조는 전국인대상무위원회는 주로 다음과 같은 몇 개 방면의 권력을 행사한다고 규정하였다.

첫째, 입법권이다. 전국인대상무위원회는 반드시 전국인대에서 제정해야 할 법률을 제외하고 '기타 법률'을 제정, 수정할 수 있는 권력이 있으며 전국인대의 폐회기간에는 전국인대에서 제정한 법률에 대해 부분적 보완과 수정을 실시할 수 있다. 그러나 본 법률의 기본원칙

---

1   許崇德 주필: 〈憲法〉, 中國人民大學出版社, 1999年 版, 제221면.

과 모순이 되어서는 아니 된다. 현재 발의된 법률초안은 일반적으로 3차례 이상 상무위원회 회의의 심의를 거쳐야 표결에 부칠 수 있다.[2] 일반적으로 전국인대상무위원회는 반드시 전국인대에서 제정해야 할 법률 이외의 '기타 법률'만 제정, 수정을 할 수 있으며 전국인대의 폐회기간, 인대상무위원회는 전국인대에서 제정한 법률에 대해 부분적 보완과 수정을 실시할 권력은 있으나 본 법률의 기본원칙과 모순되어서는 아니 된다(헌법 제67조). 그러나 지금까지 기본법률의 '기본원칙과 충돌되는' 상황은 발생하지 않았다. 전국인대에서 제정한 법률에 대한 상무위원회의 수정의견은 대부분 전국인대에서 이러한 법률을 전면 수정하는 과정에서 인정받아 이러한 법률에 흡수되었다.

둘째, 해석권이다. 전국인대상무위원회는 헌법을 해석하고 헌법의 실시를 감독할 권력이 있으며 그리고 모든 법률의 해석을 책임진다. 전국인대상무위원회는 헌법, 법률에 어긋나는 국무원의 행정법규, 결정, 명령 그리고 헌법, 법률, 행정법규에 어긋나는 성, 자치구, 직할시 국가권력기관에서 제정한 지방법규와 결의를 폐지할 수 있는 권력이 있다. 비록 전국인대상무위원회는 관련법에 따라 모든 법률의 '해석'에 책임지게 되었으나 이 권력을 자주 행사하는 것은 아니다. 지금까지 인대상무위원회의 법률해석은 주요하게 형사법영역에 집중되고 민법과 행정법영역은 얼마 언급하지 않았다. 일반적인 법치원칙에 의하여 전국인대상무위원회의 법률수정은 새로운 법률규범의 구성, 즉 창제로 보아

---

2   위와 같은 책의 제222면.

야 하므로 소급효과는 없고 이 수정이 공포 및 실행하게 된 날부터 적용할 수밖에 없다. 비록 전국인대상무위원회의 법률'해석'은 그의 보편적, 추상적인 특징으로 인해 특정된 사람 또는 사실만 대하는 것은 아니지만 적어도 이론상에서 이는 이미 발효한 법률에 대한 설명이므로 새로운 법률규범을 제정하는 것은 아니다. —실제에서 '해석'과 '창제'의 구분은 어려울 것이다. 때문에 인대상무위원회의 법률해석은 소급력을 가지게 되었는데 그 효력은 해석한 법률이 발효한 날까지 소급되는 것이다. 물론 현실적 제한과 법률의 확정성요구로 인해 새로운 해석으로 이미 결정된 판결을 변경할 수는 없을 것이다.

셋째, 중대정책의 결정권이다. 전국인대의 폐회기간 중에 전국인대상무위원회는 국민경제와 사회발전계획의 심사와 비준, 국가예산의 집행과정에서 반드시 실시해야 할 부분적인 조정방안에 대한 심사와 비준에 대해 책임을 져야 하고, 외국과 체결한 조약과 중요한 협정의 비준과 폐지를 결정해야 하며, 군사인원과 외교인원의 관직제도와 기타 전문 관직제도를 규정해야 한다. 그리고 국가가 무력침범을 당하거나 또는 국제간 공동으로 침략을 방지하기 위해 조약을 체결해야 할 경우, 인대상무위원회는 전쟁상태의 진입을 결정하고 선포해야 하며, 전국 총동원 또는 부분적 동원을 결정하고, 전국 또는 일부 성, 자치구, 직할시의 계엄을 결정해야 한다.

넷째, 인사임면권이다. 전국인대 폐회기간 중에 전국인대상무위원회는 국무원총리의 지명에 따라 부장, 위원회 주임, 심계장, 비서장의 인선을 결정하고 중앙군사위원회 주석의 지명에 따라 군사위원회 기타 구성인원의 인선을 결정하며 최고인민법원 원장의 제청에 의해 최고인민법원 부원장, 판사, 심판위원회 위원과 군사법원 원장을 임명하가나 또는 해임해야 한다. 그리고 최고인민검찰원 검찰장의 제청에 의해 최고인민검찰원 부검찰장, 검사, 검찰위원회 위원과 군사검찰원 검찰장을 임명 또는 해임하고 성, 자치구, 직할시 검찰원 검찰장의 임명 또는 해임을 비준하며 외국 주재 대표의 임명 또는 해임도 결정한다. 임면안에 대한 심의에 있어 임명 또는 해임을 제청한 기관에서 임명 또는 해임될 인원의 기본정황을 소개해야 하고 상무위원회의 심의과정에서 문제가 제기되었을 경우, 해당 책임자는 반드시 회의에 나와 질문에 답변하고 해석을 해야 한다.

다섯째, 감독권이다. 전국인대상무위원회는 국무원, 중앙군사위원회, 최고인민법원과 최고인민검찰원의 사업을 감독하며 그리고 국무원 및 각부(위원회)에 대한 질의를 제출할 수 있다. 인대조직법 제33조는 상무위원회 회의기간에 10명 이상의 구성원은 상무위원회에 국무원과 국무원 각 부(위원회)에 대한 질의안을 서면으로 제출할 수 있고, 질의안은 위원장회의의 결정에 의하여 질의를 받는 기관이 서면으로 해답하거나 그 기관의 지도자가 상무위원회 회의 또는 해당 부문별 위원회 회의에서 구두로 답변하며, 부문별 위원회 회의에서 답변할 경우 질의안을 제출한 상무위원회 구성원은 회의에 참석하여 의견을 발표할 수 있다고 규정하였다.

전국인대상무위원회는 산하에 대표자격심사위원회, 홍콩 및 마카오특별행정구 기본법위원회, 법제사업위원회 및 판공청 등 기구를 설치한다.

(3) 전국인대와 그의 상무위원회의 관계

세계적으로 중국은 거의 유일하게 전국인대상무위원회에 독립적으로 법률을 제정할 수 있도록 권력을 위임한 나라이다. 인대는 해마다 단 1차의 회의만 열고 회기도 짧아 대량의 사회문제를 제때에 처리할 수 없기에 인대상무위원회는 이전부터 중요한 입법기능을 수행해왔다. 하지만 인대상무위원회는 그 규모(160여명)상의 한계로 인해 중국의 각 지역, 여러 민족의 이익을 충분히 대표할 수 없으므로 전국인대와 그 상무위원회의 관계를 어떻게 처리할 것인가는 아주 중요한 과제로 떠오르게 되었다.

1982년 헌법에서 전국인대는 전국인대상무위원회 구성원을 선거하며 또는 그들을 소환할 수 있는 권한을 가진다(제65조). 전국인대 상무위원회는 전국인대에 대해 책임을 지며 전국인대회의가 진행될 때마다 전국인대에 사업보고를 제출해야 한다(헌법 제69조, 인대조직법 제34조). 전국인대는 전국인대 상무위원회의 '타당하지 않은 결정'을 변경 또는 폐지할 수 있는 권한을 가진다(헌법 제62조).

입법에 관하여 헌법 제64조는 전국인대 상무위원회(또는 5분의 1 이상의 전국인대 대표)가 헌법수정을 제의할 수 있으며 전국인대 3분의 2 이상의 대표가 이 제의를 찬성하면 헌법은 수정된다고 규정하였다. 법률의 제정에 있어 전국인대는 주로 형사, 민사, 국가기구와 연관된 법률

등 '기본법률'을 제정 또는 수정하고(제62조), 전국인대상무위원회는 전국인대가 제정해야 할 법률이외의 다른 법률을 제정 또는 수정한다(제67조). 이 외에 인대조직법 제9조는 또 전국인대 상무위원회와 기타 국가기구는 전국인대에 '전국인대 직권범위에 속하는 의안을 제출할 수 있다.'라고 규정하였다.

이상의 조항들은 전국인대와 전국인대상무위원회의 관계가 프랑스 제5공화국에서 의회와 총리의 관계와 비슷하다는 것을 설명하는 것은 아닌지 즉 인대는 오직 헌법과 '기본법률'만을 제정 또는 수정하며 기타 모든 법률의 제정과 수정은 모두 인대상무위원회의 직권범위에 속하는 것은 아닌지? 비록 그 구성원의 인수, 회의시간과 사업효율 등을 보았을 때 전국인대의 권한은 '기본법률'에 대한 토론, 제정 및 수정에 제한되어야 하나, 이러한 해석은 이론상 너무나 협애하게 느껴진다. 기왕 전국인대를 국가의 '최고의 권력기관'(헌법 제57조)이라고 규정한 이상 입법권에 대한 이렇게 엄격한 제한은 반드시 명문화된 규정이 있어야 한다. 그러나 이렇게 명문화된 규정이 없는 이상 헌법과 인대조직법상의 이러한 조문은 반드시 인대가 '기본법률'을 제정할 권한만 있는 것이 아니라 그가 선택한 어떠한 법률도 제정할 수 있다고 보아야 할 것이다. 다시 말하면, 헌법 제62조와 제67조의 규정은 전국인대상무위원회의 입법권에 대한 제한으로 보아야 한다는 것이다. 그러므로 이는 상무위원회의 입법을 '기본법률' 이외 기타 법률의 제정과 수정으로 제한한 것으로 보아야 하고 인대입법권에 대한 제한으로 보아서는 아니 된다. 사실상 입법법 제8조가 규정한 전국인대에 전속된 입법권은 이미 '기본법률'에 대한 이해를 확충하였다.

(4) 지방의 각급 인대

근본적으로 인구와 대표간의 모순을 해결하려면 반드시 연방제 국가들의 경험을 참고로 삼아 더 많은 지역적 입법사무를 지방의 입법기구에 맡겨 그들이 나서 해결하도록 해야 하며, 지방인대가 전국인대의 일부 입법책임을 나눠 맡도록 해야 한다. 헌법 제95조는 "성, 직할시, 현, 시, 시관할구, 향, 민족향, 진은 인민대표대회와 인민정부를 둔다."라고 규정하였고 제96조는 "지방 각급 인민대표대회는 지방 국가권력기관이다. 현급 이상의 지방 각급 인민대표대회는 상무위원회를 둔다."라고 규정하였다. 지방조직법 제11조는 "지방 각급 인민대표대회 회의는 매년 최저 1차례 진행한다."라고 규정했으며 "5분의 1 이상의 대표가 제의하면 해당 인민대표대회회의를 임시로 소집할 수 있다."라고 규정하였다. 현(縣)급 이상 지방 각급 인민대표대회 회의는 해당 인민대표대회 상무위원회가 소집한다. 매 회의는 예비회의를 열어 회의 의장단과 비서장을 선거하고 회의일정과 기타 준비사항에 관한 결정을 통과시킨다(지방조직법 제12조, 제13조). 향진 인대회의는 의장단을 선거하여 회의진행을 책임지도록 해야 하며 아울러 차기 해당 인대회의의 소집을 책임지도록 한다(지방조직법 제15조).

지역의 직급에 따라 인대대표의 선거는 직접선거와 간접선거로 나눠진다. 헌법 제97조는 "성, 직할시, 구를 설치한 시의 인민대표대회의 대표는 한 급 낮은 인민대표대회에서 선거하며, 현과 구를 두지 않는 시, 시관할구, 향, 민족향, 진 인민대표대회 대표는 유권자들이 직접 선거한다."라고 규정하였다. 그리고 헌법 제98조는 "지방 각급 인민대표대회의 매기 임기는 5년으로 한다."라고 규정했으며 헌법 제102조는 간접선거의 방식으로 선출된 인대대표는 '원 선거단위의 감독을 받으며' 직접선거의 방식으로 선출된 인대대표는 '유권자의 감독을 받는다.'라고 규정하였다.

헌법의 규정에 의하면 지방 인대는 중앙의 법률과 정책을 준수하고 집행하는 이외에 또 아래와 같은 직능들도 수행해야 한다.

첫째, 정책의 심의와 제정이다. 헌법 제99조는 각급 지방 인민대표대회는 "…법률이 정한 권한에 따라 결의를 채택, 발부하며 지방의 경제건설, 문화건설 및 공공사업건설계획을 심사, 결정한다."라고 규정하고 현급 이상 지방의 각급 인민대표대회는 "해당 행정구역의 국민경제 및 사회발전 계획, 예산 및 그 계획과 예산의 집행정형에 관한 보고를 심사 비준한다.…"라고 규정하였다. 지방조직법 제8조는 지방 각급 인민대표대회는 "해당 행정구역의 정치, 경제, 교육, 과학, 문화, 위생, 환경 및 자원보호, 민정, 민족 등 사업과 관련한 중대 사항을 토의하고 결정한다."라고 규정하고 제9조에서 향진 인민대표대회는 "당해 행정구역의 재정예산과 예산집행 상황에 관한 보고를 심사하고 비준한다."라고 이어서 "당해 행정구역의 민정사업의 실시계획을 결정한다."라고 규정하였다.

둘째, 공직인원의 선거와 소환이다. 헌법 제101조는 "지방 각급 인민대표대회는 각기 해당 인민정부의 성장과 부성장, 시장과 부시장, 현장과 부현장, 구장과 부구장, 향장과 부향장, 진장과 부진장을 선거하며 또한 그들을 소환할 권한을 가진다."고 규정하였다. 현급 이상의 지방 각급 인민대표대회는 해당 법원의 원장과 검찰원의 검찰장을 선거하며 또한 그들을 소환할 권한을 가진다. 그러나 검찰원의 검찰장을 선출 또는 소환할 때에는 상급 검찰원의 검찰장에게 보고하고 그를 경유하여 그 해당 인민대표대회 상무위원회의 비준을 받아야 한다고 규정하였다. 지방조직법 제23조는 국가기관 지도자의 선거는 무기명투표의 방식을 취한다고 규정하였고 지방조직법 제24조는 또 '반수이상의 찬성표를 취득한 입후보자수가 선거하여야 할 정원수보다 많을 경우, 득표수가 많은 자가 당선된다. 득표수가 동일하여 당선자를 확정할 수 없을 경우에는 득표수가 동일한 입후보자들에 대하여 재투표를 진행하여 득표수가 많은 자가 당선된다. 반수이상의 찬성표를 취득하여 당선된 자가 선거하여야 할 정원수보다 적을 경우에는 부족한 수를 별도로 선거해야 한다.'라고 규정하였다.

지방조직법 제26조는 현급 이상 지방 각급 인민대표대회가 회의를 진행할 때 의장단, 상무위원회 또는 10분의 1 이상의 대표가 연명으로 해당 인민대표대회 상무위원회 구성원, 인민정부 구성원, 인민법원 원장, 인민검찰원 검찰장의 해임건의안을 제출할 수 있으며, 의장단은 이를 대회심의에 회부한다. 향(진) 인민대표대회의 의장단 또는 5분의 1 이상의 대표는 연명으로 인민대표대회 정·부주석과 정·부향(진)장의 해임건의안을 제출할 수 있으며 의장단은 이를 대회심의에 회부한다.

'해임건의안은 해임이유를 밝혀야 한다. 소환을 제출받은 자는 의장단 회의 또는 대회 전체회의에서 해명의견 또는 해명의견서를 제출할 수 있다. 의장단회의에서 제출한 해명의견 또는 해명의견서는 의장단이 회의에 송부한다.'라고 규정했다. 현급 이상 지방 각급 인대에 제출된 해임건의안은 의장단이 회의의 심의에 회부하여 전체회의에서 표결하도록 하거나, 의장단의 제의와 전체회의의 결정에 의하여 조사위원회를 조직하고 해당 인민대표대회의 다음번 회의에서 조사위원회의 보고에 근거하여 심의 결정하도록 한다.

셋째, 정부사업에 대한 감독과 시정이다. 헌법 제99조와 지방조직 법 제8조는 현급 이상의 지방 각급 인대는 당해 인대상무위원회, 인민정부 및 법원과 검찰원의 사업보고를 청취하고 심사하며 당해 인대상무위원회의 '타당하지 않은 결정'(지방조직법에서는 '타당하지 않은 결의'라 한다.)을 변경 또는 폐지할 수 있으며 당해 인민정부의 타당하지 않은 결정과 명령을 폐지할 수 있다고 규정하였다. 지방조직법 제9조는 향진 인대는 당해 인민정부의 사업보고를 청취하고 심사하며 그의 '타당하지 않은 결정과 명령'을 취소할 수 있다고 규정하였다. 지방조직법 제28조는 또 지방 각급 인대가 회의를 진행할 때, 대표 10명 이상이 연명으로 당해 인민정부와 그 소속 각 사업부문 및 인민법원, 인민검찰원에 질의안을 서면으로 제출할 수 있다. 질의안에는 질의대상, 질의 문제와 내용을 명기해야 한다. 질의안에 대해 의장단은 질의를 받은 기관이 의장단회의, 대회의 전체회의 또는 해당 부문별 위원회 회의에서 구두로 답변하거나 서면으로 해답하도록 결정해야 한다고 규정하였다.

이외에 현급 이상 지방 각급 인대 의장단 또는 10분의 1 이상의 대표는 서면으로 합동하여 해당 인대에 특정문제조사위원회를 구성할 것을 제의할 수 있으며 의장단이 이를 전체회의에 제출하여 결정해야 한다. 조사위원회는 반드시 당해 인대에 조사보고를 제출해야 한다.

지방조직법 제30조는 "성, 자치구, 직할시, 자치주, 구를 설치한 시의 인민대표대회는 필요에 따라 법제(정법)위원회, 재정경제위원회, 교육과학문화보건위생위원회 등 부문별 위원회를 둘 수 있다."라고 규정하였다. 각 부문별 위원회는 해당 인민대표대회의 지도를 받으며 대회 휴회기간에는 해당 인민대표대회 상무위원회의 지도를 받는다. 각 부문별 위원회의 주임위원, 부주임위원과 위원의 인선은 의장단이 대표 중에서 제청하고 대회에서 통과시킨다. 대회 휴회기간에 상무위원회는 부문별 위원회의 개별 부주임위원과 일부 위원을 임명할 수 있으며 주임회의가 제청하고 상무위원회 회의에서 통과시킨다.

(5) 지방의 각급 인대상무위원회

헌법 제103조는 현급 이상 지방 각급 인대상무위원회는 해당 인민대표대회에 대하여 책임을 지며 사업을 보고한다고 규정했는데 해당 인민대표대회는 해당 인민대표대회 상무위원회의 구성인원을 선거하고 소환할 수 있다. 지방조직법 제45조는 "상무위원회 회의는 주임이 소집하며 최소 2개월에 1차례 진행한다.'라고 규정했으며 상무위원회의 결의는 상무위원회 전체 구성원의 과반수이상이 찬성해야 통과

중국 법치 100년의 경로

된다. 일반 인대대표와는 달리, 지방 각급 인대상무위원회의 구성원은 '국가행정기관, 심판기관과 검찰기관의 직무를 맡지 못한다."라고 규정하였다. 그리고 지방조직법 제14조는 향진 인대의 주석과 부주석은 국가행정기관의 직무를 겸임할 수 없다고 명확히 규정하였다. 지방조직법은 인대상무위원회 구성원의 정원범위도 규정했는데, 지방 인대상무위원회의 위원수량은 지역인구수에 따라 11명 이상은 되어야 하나 85명을 초과해서는 아니 된다고 규정하였다.

헌법 제104조는 중앙과 상급의 법률 또는 명령을 집행하는 이외에 지방 각급 인대상무위원회의 주요 직능은 해당 행정구역의 제반 사업의 중대한 사항을 토의결정하고, 해당 인민정부, 인민법원 및 인민검찰원의 사업을 감독하며, 해당 인민정부의 타당하지 않은 결정과 명령을 폐지한다는 것을 들었다. 그리고 한 급 낮은 인민대표대회의 타당하지 않은 결의를 폐지하고, 법률이 정한 권한에 따라 국가기관 공무원의 임명 및 해임을 결정한다고 규정했다. 이외 지방조직법 제44조는 현급 이상 지방 각급 인민대표대회 상무위원회는 아래와 같은 직권을 행사한다고 더욱 구체적으로 규정하였다.

첫째, 정책협의와 결정이다. 지방 인대상무위원회는 본 행정구역의 정치, 경제, 교육, 과학, 문화, 보건위생, 환경 및 자원보호, 민정, 민족 등 사업과 관련한 중대 사항을 토의 결정한다. 당해 인민정부의 건의에 근거하여 당해 행정구의 국민경제 및 사회발전계획, 예산의 부분적 변경을 결정한다.

둘째, 선거 및 임면(任免)이다. 지방 인대상무위원회는 당해 인민대표대회 대표의 선거를 지도하거나 주관하며 정부수반의 제청에 의하여 당해 인민정부 비서장, 청장, 국장, 위원회 주임, 과장의 임명 또는 해임을 결정하고 한 급 높은 인민정부에 등록한다. 법원조직법과 검찰원조직법의 규정에 따라 인민법원의 부원장, 정장, 부정장, 재판위원회 위원, 재판원, 인민검찰원의 부검찰장, 검찰위원회 위원, 검찰원, 중급 인민법원 원장, 인민검찰원 분원 감찰장을 임명하거나 해임하며 당해 인민대표대회 휴회기간에 개별 부성장, 자치구 부주석, 부시장, 부주장, 부현장, 부구장 직무의 해임을 결정하며 그가 임명한 당해 인민정부 기타 구성원과 인민법원 부원장, 검찰원 부검찰장 및 이하 인원의 직무해임을 결정한다.

셋째, 감독과 규정이다. 지방 인대상무위원회는 당해 인민정부, 인민법원과 인민검찰원의 사업을 감독하며 당해 인민대표대회 대표와 연계하여 상기 기관과 국가공무원에 대한 인민대중의 소원과 의견을 접수 처리해야 한다. 지방조직법 제47조는 상무위원회 회의기간에 성, 자치구, 직할시, 자치주, 구를 설치한 시인민대표대회 상무위원회 구성원은 5명 이상, 현급인민대표대회 상무위원회 구성원은 3명 이상이 연명하여 상무위원회에 당해 인민정부, 인민법원, 인민검찰원에 대한 질의안을 서면으로 제출할 수 있다. 질의안에는 질의대상, 질의 문제와 내용을 명기해야 한다고 규정하였다.

3. 행정기구

1954년, 제1기 전국인대 제1차 회의는 헌법을 통과하면서 이와 동시에 인대조직법, 국무원조직법, 지방조직법, 법원조직법과 검찰원조직법 등도 제정하였다. 헌법과 지방조직법은 현급 이상 지방 각급 인민위원회가 인민정부와 지방 인대상무기관의 권한을 행사한다고 규정하였다. 1950년대 후기 정부기구는 '극좌' 사조의 충격을 받았으며 '문화대혁명'기간에는 엄청나게 파괴되었다. 1978년 헌법은 1954년의 정부체제를 기본적으로 회복하였다. 그러나 혁명위원회란 명칭은 여전히 남아 있게 되었다. 1979년 제5기 전국인대 제2차 회의에서 헌법을 수정한 후에야 지방 각급 혁명위원회를 지방 각급 인민정부로 개명하고 현급 이상의 각급 인대에 상무위원회를 설립하였다. 이때로부터 각급 지방 인민정부는 당해 인대상무위원회의 성격을 겸하지 않았고 그리고 또 그 직권도 행사하지 않았다.

1982년 헌법은 국가주석의 설치를 회복하고 중앙군사위원회를 설립했으며 국무원과 지방정부에서는 수반의 책임제를 실행하기로 하였다. 그리고 정치체제와 집단소유제가 결부된 인민공사체제를 폐지하고 향(鄕)급 지방정부를 건립했다. 1982년 헌법에 의하면 중국에는 국가주석, 국무원과 중앙군사위원회 이 3개 '행정'직능을 가진 기구가 있다. 헌법은 이들에 대해 모두 규정하였다. 이중 국가주석과 중앙군사위원회에 관한 규정은 비교적 간략하였고 국무원에 관한 규정은 비교적 상세하였다. 1982년 12월 10일, 제5기 전국인대 제5차 회의는 국무원조직법을 통과하고 국무원의 조직과 권한을 자세히 규정하였다. 이하에서는 이 3개의 중앙기구, 지방정부기구, 촌민위원회 및 특별행정구역의 정부조직을 각기 논의하려 한다.

(1) 국가주석

국가주석의 전신은 1949년의 정부조직법에서 규정한 '중앙인민정부위원회'이다. 이 위원회는 당시의 최고기관으로서 주석과 부주석, 비서장 그리고 56명의 위원으로 구성되었다. 대외로 위원회는 국가를 대표하였고 내부적으로는 행정관리를 맡았으며 집단적으로 국가원수의 권력을 행사하였다. 위원회의 주석은 권력이 제한된 성원일 뿐이어서 전체기구를 대표할 수 없었다. 1954년 헌법은 최초로 국가주석을 설치하였다. 국가주석은 전국의 무장역량을 통솔하고 국무원총리의 임명과 면직을 제청할 수 있는 권한이 있었다. 국가주석이 행사하는 대부분 권한은 전국인대 및 상무위원회의 결정을 집행하는 것이기에 국가주석과 전국인대 및 상무위원회는 국가의 '집체集體원수'라 할 수 있었다. 이 후 국가주석은 일시적으로 폐지되었다가 1982년 헌법에서 다시 회복하였다. 그러나 그의 권한은 크게 축소되었다. 국가주석은 행정사무에서 완전히 벗어나 다시는 국무회의의 주석으로 최고국무회의를 소집하지 않게 되었으며 국방위원회의 주석으로 무장역량도 통솔하지 않게 되었다. 인민대표대회제도의 제한으로 인해 중국의 헌법은 국가주석을 국가의 '원수'라고 명확히 규정하지 않았다. 일반적으로 국가주

석과 전국인대상무위원회는 공동으로 국가원수의 권한을 행사한다고 본다.[3]

헌법 제79조는 선거권과 피선거권이 있는 만 45세 이상의 중국공민은 국가 주석 또는 부주석으로 선출될 수 있고 전국인대의 선거로 선출되며 임기는 전국인대와 같으며 연속임기는 2기를 초과해서는 아니 된다고 규정했다. 국가주석의 연령제한이 비교적 높은 것은 이 직위가 영예성격이 있기에 품성과 명망이 높은 사람이 맡아야 하기 때문이다.

헌법 제80조와 제81조는 국가주석의 직능을 아래와 같이 규정하였다. 국가주석은 전국인대 및 상무위원회의 결정에 따라 법률을 공포하고 국무원 총리, 부총리, 국무위원, 각 부 부장, 각 위원회 주임, 심계장, 비서장을 임명 또는 해임하며 국가의 훈장과 영예칭호를 수여하고 특별사면령을 반포하며 비상사태의 돌입을 선포하고 전쟁상태를 선포하며 동원령을 발포한다. 이 외에 국가주석은 나라를 대표하여 다른 국가의 사절을 접수하며 전국인대와 상무위원회의 결정에 의하여 외국주재 전권대표를 파견 또는 소환하며 다른 나라와 맺은 조약과 중요한 협정을 비준 또는 폐기한다.

(2) 중앙군사위원회

1949년의 〈공동강령〉은 해방군과 공안부대는 중앙인민정부 '인민

---

3   許崇德 주필: 〈憲法〉, 中國人民大學出版社, 1999年 版, 제231면.

혁명군사위원회'의 통솔을 받으며 후자는 중앙인민정부위원회에서 임명한다고 규정하였다. 1954년 헌법은 국방위원회를 설립하고 국가주석이 국방위원회 주석을 맡고 전국의 무장역량을 통솔한다고 규정하였다. 1975년 헌법과 1978년 헌법은 국방위원회를 폐지하고 중공중앙위원회 주석이 전국무장역량을 통솔한다고 규정하여 정당과 국가의 직능을 헷갈리게 하였다. 1982년 헌법은 중앙군사위원회를 설립하게 되었는데 이는 군대의 국가화에 유리한 것이라 생각한다. 헌법 제93조는 "중화인민공화국 중앙군사위원회는 전국의 무장역량을 영도한다."라고 규정하여 중앙군사위원회의 최고군사영도기관 지위를 확인하였다. 중앙군사위원회는 주석책임제를 실시하며 군사위원회 주석은 전국인대에서 선거로 선출하게 된다. 군사위원회의 임기는 당해 전국인대의 임기와 같으며 전국인대 및 상무위원회에 대해 책임진다(제94조). 이 기구의 권한에 관한 헌법의 규정은 아주 간략하나 더 구체적인 군사조직법은 존재하지 않고 있다.

서방의 경우 중국의 '중앙군사위원회'와 같은 대부분의 권한은 국방부장관의 소관이고, 후자는 총리 또는 대통령의 통일적 지휘를 받고 있다. 미국연방헌법 제2조 제2관은 대통령은 합중국 해군과 육군 및 각 주 무장부대의 총사령관이며, 구체적 사무는 국방부와 육군, 해군, 공군 각부에서 연합으로 지휘한다고 규정하였다. 프랑스 제5공화헌법 제5조는 공화국 대통령은 무장부대의 총사령관이며 고급국방회의와 위원회 회의를 주관하며 내각은 무장역량과 국방사무를 구체적으로 지휘한다고 규정하였다(제20조, 제21조). 독일 기본법 제65조는 무장역량을 지휘할 수 있는 권한을 연방국방부장관에게 부여하고, 국방부장관은 총리의 제청에 따라 대통령이 임명 또는 면직한다고 규정하였다. 이러한 규정들을 보았을 때, 군사권의 처리에 관한 1954년 중국헌법의 규정은 서방 나라의 군사권처리방식과 많은 점이 비슷하다고 할 수 있다. 그러나 1982년 헌법은 최고 군사지휘권과 결정권을 국가주석, 국무원의 중앙군사위원회와 독립된 중앙군사위원회에 부여하고, 구체적 사무는 국방부에서 책임지도록 하였다. 중앙군사위원회와 국방부는 분리된 2개의 서로 다른 기구이고 그리고 국방부는 국무원의 소속으로 총리의 영도를 받아야 하므로 이 2개 부문의 권한분할 문제가 나타났다. 그러나 이들은 최종적으로 모두 전국인대 및 상무위원회에 대하여 책임져야 하므로 중앙군사위원회와 국방부 및 국무원간에 엇갈린 이 문제의 해결은 이론적으로 전국인대 및 상무위원회의 몫이라 할 수 있을 것이다.

2000년에 제정한 입법법은 제93조에 "중앙군사위원회는 헌법과 법률에 근거하여 군사법규를 제정한다."고 규정하였다. 하지만 군사법규는 입법법의 통제범위에 들어가지 않았다. 1982년 헌법 제5조는 "모든 법률, 행정법규 및 지방법규는 헌법에 어긋나서는 아니 된다."라고 규정하였고, 입법법 제78조도 "헌법은 최고의 법적효력을 가진다."라는 내용을 추가하여 행정법규, 지방법규, 자치조례, 단행조례와 규장은 헌법과 저촉해서는 아니 된다고 규정했다. 그러나 여기서 군사법규는 언급되지 않았다.

주의해야 할 것은 지금 명의상으로 중국에는 두 개의 '중앙군사위원회'가 있다는 점이다. 1982년 헌법에서 규정한 것은 국가의 중앙군사위원회이고 중국공산당은 또 하나의 군사위원회를 가지고 있다. 즉 〈중국공산당규약〉은 "당의 중앙군사위원회 구성원은 중앙위원회에서 결정한다(제22조)."라고 규정하여 중국공산당 중앙군사위원회의 존재를 시사하였다. 두 개 '군사위원회'의 구체적 구성원은 같다. 당의 전국대표대회는 전국인대 임기의 만료로 인한 교체가 이루어지기 전에 진행되는 것이기에 중앙위원회에서 우선 먼저 군사위원회 주석의 인선을 결정한다.

(3) 국무원

1982년 헌법 제85조의 규정에 의하면 국무원, 즉 "중앙인민정부는 최고국가권력기관의 집행기관이며 국가의 최고행정기관이다." 국무원은 총리, 부총리, 국무위원, 각부 부장, 각 위원회 주임, 심계장, 비서장으로 구성되며 총리책임제를 실행한다. 각 부, 위원회는 부장, 주임책임제를 실행한다(제86조). 앞에서 이미 서술한 바와 같이 국무원 총리는 인대로부터 선출되고 임기는 전국인대와 같다. 국무원은 전국인민대표대회에 대해 책임지고 사업을 보고하며 전국인민대표대회 휴회기간에는 전국인민대표대회 상무위원회에 대해 책임지며 사업을 보고한다(제92조). 국무원 각 부와 각 위원회의 설치, 폐지 또는 합병은 총리가 제출하고 전국인민대표대회가 결정하며 전국인민대표대회 휴회기간에는 전국인민대표대회 상무위원회가 결정한다(국무원조직법 제8조). 국무원 각부, 위원회는 부장, 주임 1명과 부부장, 부주임 2명 내지 4명 그리고 위원 5명 내지 10명을 둔다(제9조).

국무원의 회의는 전체회의와 상무회의로 나뉜다. 이 두 개 회의는 모두 총리가 소집하고 주관한다. 국무원 전체회의는 국무원의 전체구성원으로 구성되며 상무회의는 총리, 부총리, 국무위원, 비서장으로 구성된다(국무원조직법 제4조). 국무위원은 총리의 위임을 받고 일부 사업 또는 특별임무를 책임지며 그리고 국무원을 대표하여 외사外事활동을 진행한다(제6조).

헌법 제91조는 국무원은 심계기관을 설립하여 국무원 각 부문과 지방 각급 정부의 재정수입, 국가의 재정금융기구와 기업사업조직의 재무수입 지출에 대하여 심계감독을 진행한다고 규정하였다. 심계기관은 국무원 총리의 영도 하에 다른 행정기관, 사회단체 및 개인의 간섭을 받음이 없이 법률이 정함에 따라 심계감독권을 독자적으로 행사한다.

헌법 제89조는 국무원의 주요 권한을 다음과 같이 규정하였다.

첫째, 전국법령의 통일이다. 헌법과 법률에 의하여 국무원은 행정조치를 세우고 행정법규를 제정하며 결정과 명령을 반포하며, 전국인민대표대회 또는 전국인민대표대회 상무위원회에 의안을 제출한다. 각 부와 위원회는 법률과 국무원의 행정법규, 결정, 명령을 근거로 하여 자기 부서의 권한범위 안에서 명령, 지시 및 규장을 발포한다(헌법 제90조).

둘째, 국가행정기관 사업의 통일이다. 국무원은 각 부와 위원회의 임무와 직책을 규정하고 각 부, 위원회의 사업을 통일적으로 영도하며 각 부, 위원회의 사업범위에 속하지 않는 전국적인 행정사업을 영도한다. 그리고 국무원은 또 각 부, 위원회가 발부한 타당하지 않은 명령, 지시 및 규장을 변경 또는 폐지한다. 국무원은 전국 지방 각급 행정기관의 사업을 통일적으로 영도하고 중앙국가행정기관과 성, 자치구, 직할시 국가행정기관의 구체적 직권범위를 규정하며 지방 각급 행정기관의 타당하지 않은 결정과 명령을 변경 또는 폐지한다. 국무원은 또 성, 자치구, 직할시의 구획을 비준하고 자치주, 현, 자치현, 시의 설치와 구획을 비준한다.

셋째, 정치, 경제, 사회, 문화, 국방 등 사업에 대한 관리이다. 국무원은 국민경제 및 사회발전계획과 국가예산을 편성, 집행하고 경제사업과 도시건설 및 농촌건설을 영도관리하며 교육, 과학, 문화, 보건위생, 체육, 계획출산, 민정, 공안, 사법행정 및 감찰 등 사업을 영도하고 관리한다. 그리고 대외사무를 관리하며 다른 나라와 조약 및 협정을 체결한다. 국무원은 국방건설도 관리해야 하며 법률이 정한 데 따라 성, 자치구, 직할시 범위안의 부분적 지역의 계엄을 결정한다. 민족사무를 관리하고 영도하여 소수민족의 평등권과 민족자치지방의 자치권을 보장한다. 화교의 정당한 권리와 이익을 보호하며 귀국화교와 국내가족의 합법적 권리와 이익을 보호한다. 이 외 상술한 목표의 실현을 위해 행정기구의 내부관리를 더 완벽히 해야 하는데 주요하게는 행정기구 편성에 대한 심의와 확정 그리고 법률규정에 의한 행정 공직인원의 임명과 면직, 훈련, 심사, 장려와 징벌 등이 포함된다.

넷째, 전국인대 및 상무위원회가 입법으로 수여한 기타 직권이다. 예를 들면 2007년에 제정한 〈긴급사태대응법〉은 이미 국무원과 각급 인민정부에 2003년 봄에 있었던 사스(SARS)와 유사한 긴급사태에 대응

중국 법치 100년의 경로

하기 위해 긴급조치를 취할 수 있는 권한을 부여하였다. 2002년 말 사스(SARS)는 꽝뚱성에서 가장 먼저 발견되었다. 그러나 당시 사람들의 안일한 태도로 인해 사태는 걷잡을 수 없이 퍼져나갔다. 그리하여 사스(SARS)의 더 넓은 확산을 방지하기 위해 중앙과 각지 정부들은 아주 많은 방지대책을 실시했다. 예를 들면 정부에서 병원을 지정하여 사스(SARS)환자만 전문적으로 치료하게 하였는가 하면, 일부 식당을 특별히 '지정'하여 발병지역에서 온 손님만을 받게 하였으며 그리고 노래방과 PC방 등 사람이 많이 모이는 장소의 영업을 모두 중단하기로 하였다.[4] 이렇게 강력한 긴급조치들은 공민의 인신권과 재산권을 제한하고 그들에게 일정한 경제적 손실도 안겨주게 되었다. 그러나 당시 정부에서 이러한 긴급조치를 취할 수 있는 권한이 있는지를 명확히 규정한 법률은 없었고, 관련 당사자는 쟁의 심지어 소송을 제기할 수 있는지, 어떠한 부서에서 어떠한 경우에 어떠한 긴급조치를 취해야 하며, 긴급조치는 어떠한 절차에 의해 결정되고 실시되어야 할 것인지, 긴급상태의 종식은 어떻게 결정하며 긴급조치의 실시로 인해 발생한 손실은 누가 책임지며 손실의 정도와 구체적인 배상액은 어떻게 책정해야 할 것인지 등 중요한 문제에 관한 법률규정은 모두 없었다. 그리하여 국무원은 2003년 5월에 〈긴급공중위생사건응급조례〉를 반포하여 실시하게 되었다. 그러나 이 조례는 대응조치의 발동 및 종식절차, 손실의 담당주체, 보상기준 등을 규정하지 않았으며 설사 이후에 제정하게 된 〈긴급사태

---

4   〈新华日报〉의 2003년 5월 9일과 〈金陵晚报〉의 2003년 5월 4일의 보도.

대응법〉이라 하더라도 이러한 문제에 대한 완정한 해답은 내놓지 못했으므로 미래의 긴급사태대응도 여전히 공공이익과 개인권리의 형평이란 어려운 문제를 직면하게 될 것이다.

(4) 지방정부의 생성과 그의 직권

1982년 헌법 제105, 106조는 "지방 각급 인민정부는 지방 각급 국가권력기관의 집행기관이며 지방 각급 국가행정기관이다. 지방 각급 인민정부는 수반책임제를 실시하며 그의 임기는 해당 인민대표대회의 임기와 같다."라고 규정하였다. 헌법 제110조는 "지방 각급 인민정부는 해당 인민대표대회에 대해 책임지며 사업을 보고한다. 해당 인민대표대회 휴회기간에는 해당 인민대표대회 상무위원회에 대해 책임지며 사업을 보고한다."라고 규정했으며 동시에 "지방 각급 인민정부는 한 급 높은 국가행정기관에 대해 책임지며 사업을 보고한다. 전국의 지방 각급 인민정부는 국무원의 통일 영도하에 있는 국가행정기관이며 모두 국무원에 복종한다."라고 규정하였다.

헌법 제107조는 지방정부의 직능을 다음과 같이 규정하였다. 즉 "현급 이상 지방 각급 인민정부는 법률이 정한 권한에 따라 해당 행정구역의 경제, 교육, 과학, 문화, 보건위생, 체육사업, 도시건설, 농촌건설사업, 재정, 민정, 공안, 민족사무, 사법행정, 감찰, 계획출산 등 행정사업을 관리하고 결정과 명령을 발령하며 행정사업인원을 임명, 해임, 양성, 점검, 표창, 책벌한다." 지방조직법 제59조와 제61조는 이에 관해 더

상세히 규정하였다.

(5) 촌민위원회

헌법 제111조는 "도시와 농촌의 주민거주지구에 의하여 내온 주민위원회 또는 촌민위원회는 기층의 군중적 자치조직이다. 주민위원회, 촌민위원회의 주임, 부주임, 위원은 주민들이 선거한다."라고 규정했으며 그리고 "주민위원회, 촌민위원회는 인민조정위원회, 치안보위위원회, 공공위생위원회 등을 두고 해당 거주지역의 공공사무와 공익사업을 처리하며 민간분쟁을 조정하고 사회치안의 유지를 협조하며 또한 인민정부에 군중의 의견과 요구를 반영하며 건의를 제출한다."라고 규정하였다.

1987년 11월, 제6기 전국인대상무위원회 제23차 회의는 〈촌민위원회조직법시행〉을 통과하고 1988년 6월 1일부터 실행하였으며 1989년 12월, 제7기 전국인대상무위원회 제11차 회의는 또 〈도시주민위원회조직법〉을 통과하고 1990년 1월 1일부터 실행하였다. 1998년 11월, 제9기 전국인대상무위원회 제5차 회의는 1987년에 제정한 〈촌민위원회조직법'시행'〉을 수정해 촌민위원회조직법을 통과시켰고 2010년 10월, 제11기 전국인대상무위원회 제17차 회의는 또 다시 이를 수정하였다. 근년에 촌민위원회제도는 빠르게 발전하여 이미 중국 기층민주화시험의 중요한 부분으로 되었다.

〈촌민위원회조직법〉 제2조는 "촌민위원회는 촌민들이 자기관리,

자기교육, 자기봉사를 실시하는 기층의 대중적 자치조직으로 민주주의적 선거, 민주주의적 의사결정, 민주주의적 관리, 민주주의적 감독을 실시한다."라고 규정하고, 제5조에서는 "향, 민족향, 진의 인민정부는 촌민위원회의 사업을 지도, 지지, 협조한다. 그러나 법에 의해 촌민들의 자치범위에 속하는 사무에 관여해서는 아니 된다. 촌민위원회는 향, 민족향, 진 인민정부와 협조하여 사업을 진행한다."라고 규정하였다.

촌민위원회는 촌민들이 직접 선출하며 촌민에 대해 책임진다. 〈촌민위원회조직법〉 제21, 22조는 "촌민회의는 촌의 만 18세 이상의 촌민들로 구성한다.", "촌민회의를 소집할 경우에는 촌의 만 18세 이상의 촌민의 반수이상이 참가하거나 촌의 3분의 2 이상 세대의 대표가 참가해야 한다. 촌민회의 결정은 회의참석자의 과반수이상의 찬성으로 통과된다."라고 규정하였다. 그리고 제23조는 "촌민회의는 촌민위원회의 연도사업보고를 심의하고 촌민위원회 구성원의 사업을 평의한다."라고 규정했다.

〈촌민위원회조직법〉 제8조의 규정에 의하면 촌민위원회는 분쟁을 조정하고 치안을 수호하며 의견을 반영하는 등의 권한 외에 또 아래와 같은 권한을 행사한다. 첫째, 경제발전에 대한 지지이다. 촌민위원회는 촌민들이 법에 따라 각종 형태의 합작경제와 기타 경제를 발전하도록 지지, 조직하고 당해 촌의 생산에 관한 봉사와 조율을 담당함으로써 농촌의 생산과 경제발전을 촉진해야 한다. 둘째, 촌민의 합법적 권익을 수호하는 것이다. 집체경제조직이 법에 따라 경제활동을 독자적으로 진행하는 자주권을 존중하고 지지해야 하며 세대별 도급경영을

중국 법치 100년의 경로

기초로 하고 통일경영과 분산경영을 결합시킨 이중경영체제를 수호하며 집체경제조직과 촌민, 도급경영자, 연합경영자 또는 동업경영자의 합법적 재산권과 적법한 권익을 보장해야 한다. 셋째, 토지자원의 관리 및 생태환경의 수호이다. 촌민위원회는 법률규정에 따라 촌 농민집체 소유에 속하는 토지와 기타 재산을 관리하고 촌민들이 자연자원을 합리적으로 이용하고 생태계환경을 보전, 개선하도록 인도해야 한다.

〈촌민위원회조직법〉 제30조는 촌민위원회의 촌 사무공개제도를 규정했는데 촌민위원회는 아래와 같은 사항을 반드시 적시에 공포해야 된다고 규정하였다. 재무와 관련된 사항은 적어도 매월 1회씩 공포하여 촌민의 감독을 받아야 한다. 동법 제23, 24조가 규정한 촌민회의, 촌민대표회의에서 토의 결정할 사항 및 그의 실시상황, 계획생육정책의 실시방안, 재해구제금, 보조금 등 자금과 물자의 발급상황 및 본촌 촌민의 이익과 관계되거나 촌민들이 보편적으로 관심하는 기타 사항 등이다. 촌민위원회가 공포해야 할 사항을 제때에 공포하지 않았거나 공포한 사항이 진실하지 않은 경우에 촌민은 향, 민족향, 진 인민정부 또는 현급 인민정부 및 관련 주관부서에 보고할 권리가 있으며 관련 인민정부 또는 주관부서는 이를 조사, 확인하고 법에 따라 공포하도록 명해야 한다. 조사결과 위법행위가 실증되었을 경우, 관련자는 반드시 법에 따라 책임을 져야 한다.

2010년 전국인대상무위원회는 1998년에 제정한 〈촌민위원회조직법〉을 수정하였다. 이중 가장 중요한 것은 바로 촌민대표회의제도의 확립이다. 수정 후의 〈촌민위원회조직법〉은 제25, 26조에 "인구가 비교적 많거나 분산 거주하는 촌에서는 촌민대표회의를 설립하여 촌민회의가 권한을 위임한 사항을 토의·결정하게 할 수 있다. 촌민대표회의는 촌민위원회구성원과 촌민대표들로 구성되며 촌민대표는 촌민대표회의 구성원의 5분의 4 이상을 차지하고 여성촌민대표는 촌민대표회의 구성원의 3분의 1 이상을 차지해야 한다. 촌민대표는 촌민들이 5개 세대 내지 15개 세대 당 1명씩 선출하거나 각 촌민소조에서 약간 명을 선출한다. 촌민대표의 임기는 촌민위원회의 임기와 같다.", "촌민대표회의는 촌민위원회가 소집한다. 촌민대표회의는 매 분기마다 1회씩 소집한다. 5분의 1 이상의 촌민대표가 제의하면 촌민대표회의를 소집해야 한다. 촌민대표회의는 3분의 2 이상의 구성원이 참가해야만 소집될 수 있으며 결정을 내릴 때에는 회의참석자 과반수의 찬성으로 통과시켜야 한다."라고 규정하였다.

4. 사법기관

중국의 사법기구는 인민법원과 인민검찰원으로 구성된다. 법적인 지위를 보았을 때, 중국의 사법기구는 행정기구와 독립된 국가기관이며 같은 급의 인대 및 그의 상무위원회에게만 책임을 진다. 사법기관의 이러한 설치방식은 그의 독립성확보에 유리한데 사법직능에 있어 독립성의 확보는 아주 중요하다. 물론 삼권분립을 실시하는 나라들과 달리 중국 사법기구의 지위는 여전히 인대 및 상무위원회보다 낮으며 같은 급 인대에서 선거로 선출되며 그에게 사업을 보고해야 한다. 이 구별은 중국사법의 독립적인 지위 및 그가 통일적으로 국가의 법률을 적용할 수 있는 능력에 깊은 영향을 미치어 진행되고 있는 사법개혁에도 일정한 도전을 주게 되었다.

(1) 인민법원의 구조

1982년 헌법은 "…인민법원은 국가의 재판기관이다."(제123조)라고 규정하였다. 중국에는 최고인민법원, 지방 각급 인민법원과 군사법원 등 전문법원이 설치되어 있다. 최고인민법원 원장은 전국인대에서 선거로 선출하고 임기는 전국인대와 같으며 2기 이상 연임해서는 아니 된다(제124조). 지방 각급 인민법원의 원장은 같은 급 인대에서 임명 또는 면직하며 부원장, 심판위원회 위원과 심판원(판사)은 원장이 같은 급 인대에 제청하여 임명 또는 면직하도록 한다. 〈인민법원조직법〉 제33조는 선거권과 피선거권이 있는 만 23세 이상의 공민은 인민법원 원장으로 선거되거나 기타 사업인원으로 임명될 수 있으며 정치적 권리를 박탈당했던 사람은 제외한다고 규정하였다. 1993년의 수정안은 이 조항에 "인민법원의 재판인원은 반드시 법률전문지식이 있어야 한다."라는 규정을 추가하였다.

각급 인민법원은 재판위원회를 설립해야 하며 그의 임무는 "재판경험을 총결하고 중대하거나 또는 어려운 안건과 기타 재판사업과 관련된 문제를 토의하는 것"이다. 지방 각급 인민법원의 재판위원회 위원은 원장이 같은 급 인대상무위원회에 제청을 하여 임명 또는 면직하며 최고인민법원재판위원회 위원은 최고인민법원 원장이 전국인대상무위원회에 제청하여 임명 또는 면직한다. 각급 인민법원재판위원회 회의는 원장이 주관하며 같은 급 인민검찰원 검찰장은 열석할 수 있다(인민법원조직법 제10조).

헌법 제126조는 "인민법원은 법률이 정한 데에 따라 독립적으로 재판권을 행사하며 행정기관, 사회단체 및 개인의 간섭을 받지 않는다."라고 규정하였다. 최고인민법원은 '최고의 재판기관'이다. 최고인민법원은 지방 각급 인민법원 및 전문법원의 재판사업을 감독하며 그리고 전국인대 및 상무위원회에 대해 책임을 진다(제127, 128조). 〈인민법원조직법〉 제14조는 "각급 인민법원 원장은 법적효력이 발생한 당해 법원의 판결과 재정(裁定)이 사실의 인정 또는 법률의 적용에서 확실히 잘못이 있음을 발견하였을 경우에는 반드시 재판위원회의 처리에 회부해야 한다. 최고인민법원은 이미 법률효력이 발생한 각급 인민법원의 판결과 재정에, 그리고 상급인민법원은 이미 법률효력이 발생한 하급인민법원의 판결과 재정에 확실히 잘못이 있음을 발견하게 되었을 경우, 이를 자판하거나 또는 하급인민법원에 재심을 지시할 권한을 가진다."라고 규정하였다.

〈인민법원조직법〉의 규정에 의하면 인민법원에는 4개 등급의 법원이 포함되었다. 즉 첫째는 기층인민법원이다. 이에는 현, 시, 자치현과 시 관할 구[市轄區] 인민법원이 포함된다(제17조). 둘째는 중급인민법원이다. 이에는 각 성, 자치구 내 지역별로 설치했거나 직할시 시내에 몇 개로 나눠 설치한 중급인민법원과 성 관할 시와 자치구 관할 시, 자치주에 설치된 중급인민법원이 포함된다(제22조). 셋째는 고급인민법원이다. 이에는 각 성, 자치구와 직할시에 설치된 고급인민법원이 포함된다(제25조). 그리고 넷째는 최고인민법원이다. 이는 국가의 최고재판기관이다(제29조).

  법원 재판관할권의 구분은 부분적으로는 안건의 중요성에 의해 결정된다. 〈인민법원조직법〉의 제20조와 제24조에 의하면 기층, 중급인민법원은 자기가 수리한 형사안건과 민사안건이 안건정상이 중대하여 상급인민법원이 재판해야 한다고 인정할 때에는 상급인민법원의 재판에 이송할 것을 청구할 수 있다. 기층인민법원은 형사안건과 민사안건의 제1심 재판을 맡는다. 단 법률과 법령이 별도로 규정한 안건은 제외한다(제20조). 기층인민법원은 안건을 재판하는 외에 개정재판을 하지 않아도 되는 민사분쟁과 경미한 형사안건을 처리해야 하며 인민조정위원회의 사업도 지도해야 한다(제21조). 기층이상 인민법원의 재판범위는 법률과 법령이 정한 데 따라 자기가 관할해야 할 제1심 안건, 하급인민법원으로부터 재판에 이송되어 온 제1심 안건, 하급인민법원의 판결과 재정에 대한 상소안건과 항소안건, 인민검찰원이 재판감독절차에 따라 제기한 항소안건 등이 포함된다(제24, 27, 31조). 최고인민법원은 재판과정에서 법률과 법령을 구체적으로 어떻게 적용해야 할 것인가 하는 문제에 대한 해석을 한다(제32조).

(2) '법원의 독립'인가 아니면 '법관의 독립'인가?

1982년 헌법 제126조와 기타 기본법률 —관련 조직법과 소송법을 포함하여 —모두 다음과 같이 명확히 규정하였다. 인민법원은 법률의 규정에 따라 독립적으로 재판권을 행사하며 행정기관, 사회단체와 개인의 간섭을 받지 않는다. 이러한 문구의 표면적인 뜻을 보았을 때, 법원은 재판과정에서 일정한 독립성이 구비되어야 하므로 정부, 사회 및 개인은 이를 간섭하여서는 아니 된다는 것으로 이해된다. 그러나 이는 또 재판과정에서 재판담당자 즉 법관개인의 독립성은 없어도 된다는 것으로 이해될 수도 있다. 사실상 법원의 원장과 재판위원회는 그들이 틀렸다고 여기는 판결을 설사 법적효력이 발생했다 하더라도 이를 다시 심사하여 시정할 수 있으므로 이는 '법관의 독립'과 때로는 모순되는 것이라 생각한다. 그러나 1995년에 통과하였고 2001년에 수정하게 된 〈법관법〉은 제8조에서 "법관은 법에 의하여 안건을 재판함에 있어 행정기관, 사회단체와 개인의 간섭을 받지 않을 권리가 있다."라고 규정하였다. 따라서 현재 중국의 사법제도에서 주장하는 것은 도대체 법관개인의 독립인지? 아니면 단지 법원의 기구로서의 독립을 말하는 것인지? 이에 대한 해답은 명확하지 않다.

서방에서 '사법독립(judicial independence)'은 법관의 독립 즉 법관개인의 재판과정은 법원내부 행정기구의 간섭을 받지 않는다는 것을 의미한다. 물론 법원은 하나의 종합체로서 여전히 법관에 대해 모종의 감독역할을 해야 할 것이다. 만약 법관이 뇌물을 받아 법을 어기면 법원은 반드시 이를 제재해야 한다. 그러나 탄핵제도의 존재로 법관에 대한 감독은 의회의 직능이고 법원의 더욱 주요한 역할은 법원과 법관이 외부의 영향으로 권력이 약화되지 않도록 막는 것이다. 예를 들면 독일 기본법 제115조는 "연방헌정법원의 헌법적 지위 및 헌법직능의 이행은 약화되어서는 아니 된다. 연방헌정법원에 영향을 미치게 될 모든 입법은 반드시 3분의 2이상 다수 법관의 동의를 거쳐야 효력이 발생한다." 라고 규정하였다. 법원의 내부에서 법관개인의 독립은 존중과 보장이 되어야 하며 법원장이 행사하는 행정관리 권한의 영향을 받아서는 아니 된다. 재판을 진행하는 과정에서 법원장도 기타의 법관들과 마찬가지로 단지 한 표밖에 없으므로 합의법정의 다수의견은 법원장의 반대로 인해 무효로 이어지지 않는다. 왜냐하면 법원장의 의견도 때로는 소수의견에 속할 수 있기 때문이다. 그러므로 서방의 법원에서 실행하고 있는 것은 '법관책임제'이지 '법원장책임제'는 아니며 법원에는 재판위원회가 이미 효력이 발생한 사법판결을 심사하는 일도 존재하지 않는다. 만약 당사자가 판결에 이의가 있으면 일반적으로 상소에 의해 해결한다.

역사적인 전통 등 여러 방면의 원인으로 인해 과거 중국은 사법독립에 대해 별로 중시하지 않았다. 그러나 근년에 들어 일부 학자들의 호소와 사회적 법치의식의 향상으로 인해 많은 사람들은 날로 사법공정과 사법독립에 관심을 가지게 되었다.[5] 그러나 법제가 완비되지 않았

5　賀衛方: 〈通過司法實現社會正義: 對中國法官現狀的一个透視〉, 載 夏勇 주필: 〈走向

고 일부 사법인원의 직업적인 자질도 많이 향상되어야 하므로 지금은 서방적 의미에서의 사법독립을 실현하려면 아직은 현실성이 떨어진다고 생각한다. 그러나 사법공정의 수호에 있어 사법독립은 아주 중요하므로 최고인민법원은 1999년 10월에 법관의 자질을 제고하고 규모를 축소하는 한편 법원과 법관 개인의 독립성을 강화하여 법관을 '진정한 의미에서의 법관'이 되게 하려는 취지로 〈인민법원 5년 개혁에 관한 강령〉을 반포했다. 이 외에 사법 고시考試의 통일도 사법개혁의 중요한 부분으로 평가 받았다.

그러나 실제에서 법관개인의 인격적인 독립은 여전히 하나의 아득한 목표이다. 사실상 사법개혁중의 일부 조치들은 법관의 독립성을 오히려 크게 약화시켰다. 예를 들면 2001년에 수정한 법관법은 법관에 대한 검정장려(考核獎勵)제도를 규정하고 5~9명으로 구성된 법관심사평의위원회를 설립했으며 해당 법원의 법원장이 주임을 담당한다고 규정하였다(제48, 49조). 법관의 등급은 최고인민법원 법원장(수석대법관)으로부터 시작하여 대법관, 고급법관과 법관으로 나누며(제18조), "법관 등급의 확정은 법관이 맡고 있는 직무, 재능의 표현, 실무수준, 재판업무 실적과 근무연한에 근거하여 확정한다."(제19조)라고 규정하였다. 지금까지 법관의 임명상황을 보았을 때, 법관 등급의 확정은 그가 맡은 직무와 가장 큰 연관이 있었다고 할 수 있다. 물론 이러한 조치들로 법관에 대한 감독이 크게 강화되었다. 그러나 이는 또 법원과 법관의 행정

權利的時代〉, 中國政法大學出版社, 1995년, 참조.

화도 더욱 격화하였다.

중국 법원은 원장책임제를 실행하며 원장과 당서기가 영도하는 재판위원회는 재판과정을 주도한다. 원장책임제의 실시는 잘못된 판결의 시정에 유리하였다. 그러나 이는 또 법관개인의 독립적인 인격을 약화시켰다.

사법은 어느 곳에서든 그의 개성을 뚜렷이 나타낼 수 없는 직업이다. 이 점은 중국에서 특히 그러하다. 자기만의 개성을 견지하려는 법관은 왕왕 배척을 당하거나 타격과 보복의 대상으로 되어 법원의 '이류(異類)'로 취급되었다. 예를 들면, 싼시성(陝西省) 푸핑현(富平縣) 법원의 법관 왕야꽝(王亞光)은 '죽어도 잘못을 인정하지 않고' 법원의 재판위원회와 맞서 싸운 끝에 최종 통보비평을 받고 정리되어 실업자로 전락하였다.[6]

물론 '사법기구의 독립'은 이미 쟁론할 여지가 없을 정도로 사람들의 공동인식이 되었고, '1부(一府: 즉 정부)'도 다시는 '2원(兩院: 즉 법원과 검찰원)'의 사업을 간섭하지 못하게 되었다. 그러나 원장책임제는 사법권에 대한 간섭에 편리를 제공하였다. 사실상 허난성(河南省) 루룽현(卢龍顯)법원의 전임 법원장 쟈팅룬(賈庭潤)은 위의 뜻을 거절하고 판결을 내린 끝에 원장직을 면직당했을 뿐만 아니라 법원에서 쫓겨나 사법국의 일반간부로 전락하게 되었으며 그리고 처벌을 받은 후에도 또 2년

---

6   張凱, 孫海華: 〈法官依法審案遭打擊報復 上訪12年获平反〉, 〈中國靑年報〉, 2007년 10월 10일 참조.

간 '당적의 유보관찰(留黨察看)'이란 당내 처분을 받게 되어 행정직급과 직무임금도 각기 2개 단계씩 내려가게 되었다. 만약 사법제도에 대한 효과적인 개혁을 이루어내지 못하면 적어도 허난(河南)성의 그 지역에서는 향후 오랜 기간 쟈팅룬(賈庭潤)과 같은 법관은 나타날 수 없을 것이다.

(3) '사법해석'과 그의 민주적 절차

서방국가의 최고법원들과는 달리 중국 최고인민법원의 각 지역 인민법원의 재판에 대한 지도, 조율 및 통일은 개별적인 안건에 대한 판결로 이루어내는 것이 아니라 대량적인 사법해석의 발부로써 그것을 이루어내는 주요한 방식으로 삼고 있다. 물론 최고인민법원도 일부 개별 안건을 심사 처리한다. 그러나 중국은 보통법국가에서 인정받는 판례의 '전례(precedents)' 효력을 승인하지 않고 있으므로 최고인민법원의 판결은 중국에서 통일적인 법률해석과 같은 역할을 하기에는 어려운 실정이다. 사실 최고인민법원은 자체적으로 발부한 공보 또는 기타 방식으로 하급 인민법원의 일부 재판사례를 선택적으로 발표한다. 그러나 이러한 재판사례 발표의 주된 목적은 재판문서에 '모범'을 제시하려는 것이고 특정영역에서 법률해석을 확립하려는 것은 아니다. 이 방면에서 더욱 많은 역할을 하고 있는 것은 최고인민법원이 하급 인민법원(일반적으로는 성, 자치구 또는 직할시의 고급인민법원)으로부터 제출받은 특정문제에 관한 보고문의(請示)에 대하여 발표한 '회답(批複)'이다. 예를 들면, 산동(山東)성 최고인민법원이 치위링(齊玉苓) 안건에 관하여 제출한 보고문의에 대하여 최고인민법원이 회답을 했는데 이 회답에서 최고인민법원은 전문 '사법해석'을 발표하여 특정 법률중의 어려운 문제를 집중적으로 해결하였다. 또 2000년에 실행된 〈최고인민법원 '중화인민공화국 행정소송법'의 집행에 관한 약간의 문제에 대한 해석〉도 이러한 예이다. 소위 '사법해석'(여기에서는 최고인민법원의 사법해석만을 말한다)이란 최고인민법원이 법률과 법규의 의미 및 적용에 관하여 진행한 추상적인 해석을 의미한다.

일반적으로 보았을 때, 사법해석은 전국 각지 법원이 특정영역의 개별안건에 대하여 내리게 된 판결을 기초로 하여 형성하게 된다. 그러나 이는 또 특정된 개별안건만을 대상으로 한 것은 아니다. 이러한 의미에서 사법해석은 하나의 '추상적인 사법행위'이므로 최고인민법원의 법률 또는 법규에 대한 세분화작업이자 모든 하급법원의 재판실무에 대한 약속과 지도이다. 비록 1982년 헌법은 최고인민법원이 '사법해석'권을 가진다고 명확히 규정하지 않았다. 그러나 이는 최고인민법원의 가장 중요한 권한중의 하나이다.

일정한 의미에서 추상적인 사법해석은 입법권의 행사를 구성한다. 그러나 사법기구에서 입법권을 행사하게 되면 이는 또 권력분립의 문란을 조성하게 될 뿐만 아니라 권력의 집중이란 폐단도 초래할 것이다. 비록 중국의 사법은 국가권력의 피라미드에서 지위가 높은 것은 아니고 그리고 기타 외부 권력의 개입을 받기도 쉬우나, 사법권과 입법권의 합일은 권력의 남용을 불러올 수 있다. 여기에 하나의 사례가 있는

데 각급 인민법원들은 사회적으로 민감한 일부 문제를 피하기 위해 마음대로 관할범위를 축소하고 철거이주와 연관된 안건의 수리를 거절하였다. 사실 1996년 최고인민법원은 이미 각급 인민법원에 공문을 발부해 철거·이주와 연관된 안건의 수리를 요구하였다. 그러나 이의 집행상황은 그리 이상적이지 않았고 이에 관한 소송도 여전히 '수리가 어렵고 심사도 어려우며 승소는 더욱 어려운' 상황을 면치 못해 철거민의 기본적인 생존권은 효과적인 법적 보장을 받지 못하게 되었다. 2002년 2월 북경에서 유명한 '만인소송'이 일어나게 되었는데 1만 여명의 철거민이 연명으로 베이징시 제2중급인민법원에 행정소송을 제기했으나 법원은 이를 수리하지 않았다.[7] 사법관할권은 당연히 법률이 정해야 한다. 그러나 이것이 일단 각급 법원이 자행한 '해석'의 제약을 받게 되면, 이는 법률이 보호해야 할 사회이익이 아닌 법원 자체이익에 대한 고려로 마음대로 늘었다 줄이는 '손오공의 여의봉[金箍棒]'이 될 것이다.

5. 중앙과 지방의 관계

비록 헌법은 아래로부터 위로의 체제, 즉 하급 인대에서 해당 급 정부와 상급 인대를 선거한다고 규정하였다. 그러나 집권당의 위로부터 아래로의 작용방식으로 인해 실제규칙은 반대로 되었다. 중국에서

---

7   段宏慶: '等待最高法院拆遷司法解釋'. 〈財經〉 2004년, 제11기.

중앙과 지방의 권력관계는 하급에 대한 상급의 영도로 구현되는 단일제의 특징을 나타낸다. 미국을 대표로 하는 연방제 국가들과는 달리, 단일제의 국가에서 지방정부는 일반적으로 중앙에서 제정한 법률을 책임지고 집행해야 하며 상급정부의 지시, 명령과 감독을 받아야 한다. 하나의 예외가 있다면 성, 시 인대대표는 반드시 하급 인대에서 선거로 선출되어야 한다는 점이다. 헌법 제97조는 "성, 직할시, 구를 설치한 시의 인민대표대회 대표는 한 급 낮은 급의 인민대표대회에서 선거한다."라고 규정하였다. 헌법을 제외하고 1979년에 반포된 지방 각급 인민대표대회 및 지방 각급 인민정부조직법도(이하 지방조직법이라 약칭한다.) 중앙과 지방정부의 권력관계를 규정하였다.

(1) 중앙과 지방의 일반적 관계

중국의 현행체제에 있어 중앙과 지방의 상, 하급 관계는 주로 아래와 같은 몇 가지 방면에서 구현되고 있다.

첫째, 지방정부는 상급 정부에서 제정한 법률과 법규를 집행해야할 의무를 가진다. 헌법 제99조에서 지방 각급 인대는 "해당 행정구역에서 헌법, 법률, 행정법규의 준수와 집행을 보장해야 한다."라고 규정하였고 지방조직법 제44조는 현 급 이상 지방 각급 인대상무위원회는 "당해 행정구역에서 헌법, 법률, 행정법규와 상급 인대 및 상무위원회의 결의가 준수되고 집행되도록 보장해야 한다."라고 규정하였으며 지방조직법 제59조는 또 "현 급 이상 지방 각급 인민정부는 해당 인대 및 상무위원회의 결의' 그리고 '상급 국가행정기관의 결정과 명령을 집행해야 한다."고 규정하였다.

둘째, 상급 정부는 하급 정부의 결정을 폐지할 권한을 가진다. 헌법 제104조와 지방조직법 제44조는 지방 각급 인대상무위원회의 권한에 한 급 낮은 인민대표대회 및 상무위원회의 타당하지 못한 결의를 취소할 수 있는 권한이 있다고 규정하였고, 헌법 제108조는 "현 급 이상의 지방 각급 인민정부는 소속 부서들과 하급 인민정부의 사업을 영도하며 소속 부서들과 하급 인민정부의 타당하지 못한 결정을 변경 또는 폐지할 권한을 가진다."라고 규정했으며, 지방조직법 제59조는 또 현 급 이상의 지방 각급 인민정부는 "소속된 각 사업부서와 하급인민정부의 사업을 영도한다." 그리고 "소속된 각 사업부서의 타당하지 못한 명령, 지시 및 하급인민정부의 타당하지 못한 결정, 명령을 변경 또는 폐지한다."라고 규정하였다.

셋째, 각 지방 인민정부의 행정직능에 대한 가로 및 세로로 된 이중적인 감독방식이다. 헌법 제110조의 규정에 의하면 지방 각급 인민정부는 해당 인민대표대회에 대해 책임지며 사업을 보고해야 한다. 해당 인민대표대회의 폐회기간 중에는 현 급 이상의 지방 각급 인민정부는 해당 인대상무위원회에 대해 책임지며 사업을 보고해야 한다. 그러나 이와 동시에 '지방 각급 인민정부는 한 급 높은 국가행정기관에 대해 책임지고 사업을 보고해야 한다. 전국의 지방 각급 인민정부는 모두 국무원의 통일적 영도를 받은 국가행정기관이다. 모두 국무원에 복종해야 한다.' 헌법 제109조는 "현 급 이상의 지방 각급 인민정부는 회계

감독기관을 둔다. 지방 각급 회계감독기관은 법률이 정함에 따라 회계 감독감독권을 독자적으로 행사하며 해당 인민정부 및 한 급 높은 회계 감독기관에 대해 책임진다."라고 규정하였다.

비록 헌법은 아래로부터 위로의 민주선거의 시스템을 확립하고 하급 인대에서 해당 급의 정부와 상급 인대를 선거한다고 규정했으나 민주선거가 완벽치 못함으로 인해 각급 정부에 대한 감독은 사실상 주로 상급의 감독에 의지하게 되었다. 그러나 아래서도 언급은 하겠으나 상급으로부터의 감독은 필연적으로 한계에 부딪치게 될 것이라 생각한다. 위로부터 아래로의 집권형 통제의 가장 큰 문제는 하급 정부가 유권자에 대하여 책임을 지는 것이 아니라 상급에 대하여 책임을 진다는 것이다.

넷째, 상급 인민법원과 인민검찰원의 하급 인민법원과 인민검찰원에 대한 감독이다. 헌법 제127조는 "최고인민법원은 지방 각급 인민법원과 전문인민법원의 재판사업을 감독하며 상급인민법원은 하급인민법원의 재판사업을 감독한다."라고 규정하고 인민법원조직법 제16조는 "하급인민법원의 재판사업은 상급인민법원의 감독을 받는다."라고 규정하였다. 감독에서 중요한 방식의 하나는 바로 상급인민법원의 주도적인 시정기능이다. 법원조직법 제13조에 따라 "각급 인민법원의 원장은 법률효력이 발생한 당해 법원의 판결, 재정에 사실의 인정 또는 법률의 적용에서 확실한 잘못이 있음을 발견하였을 경우 반드시 재판위원회의 처리에 회부해야 한다." 최고인민법원은 각급 인민법원에 대하여, 그리고 상급인민법원은 하급인민법원에 대하여 법률효력이 발생한 판결과 재정에 확실한 잘못이 있음을 발견하였을 경우 자판하거나 하급인민법원에 재심을 지시할 권한을 가진다고 규정하였다. 마찬가지로 헌법 제132조도 "최고인민검찰원은 최고검찰기관이다. 최고인민검찰원은 지방 각급 인민검찰원 및 전문인민검찰원의 사업을 영도하며 상급인민검찰원은 하급인민검찰원의 사업을 영도한다."라고 규정하였다.

다섯째, 지방 인민검찰원 검찰장의 임명과 소환은 상급비준의 견제를 받는다. 헌법 제101조는 "현 급 이상 지방 각급 인민대표대회는 해당 인민법원의 원장과 해당 인민검찰원의 검찰장을 선거하며 그들을 소환할 권한을 가진다. 그러나 인민검찰원 검찰장의 선출과 소환은 반드시 상급인민검찰원의 검찰장에게 보고하여 해당 인민대표대회 상무위원회의 비준을 맡도록 해야 한다."라고 규정하였다. 이외 지방 인민법원 원장은 일반적으로 같은 급 지방 인대에서 선거로 선출한다. 그러나 법원조직법 제35조는 "지방의 두 차례 인민대표대회 사이에 같은 급 인대상무위원회가 인민법원의 원장을 경질할 필요 있다고 인정할 경우, 상급인민법원에 보고하여 상급 인대상무위원회의 비준을 맡도록 해야 한다."라고 규정하였다.

여섯째, 가장 기초적인 조직단위 즉 촌민위원회에서도 상급 영향의 흔적을 찾아볼 수 있다. 〈촌민위원회조직법〉 제5조는 "향진인민정부는 촌민위원회의 사업을 지도, 지지, 협조해야 한다. 그러나 법에 따라 촌민자치의 범위에 속하는 사무에 관여해서는 아니 된다."라고 규정하였다. 이 외에 "촌민위원회는 향, 민족향, 진 인민정부를 협조하여 사업을 진행한다."라고 규정하였다. 그러나 실제 어떤 것이 '지도, 지지

　　　　　　　　　　　중국 법치 100년의 경로

와 협조'이고 또 어떤 것이 '관여'인지 구분하기가 어려우며 그리고 향진사업에 대한 촌민위원회의 '협조'도 많은 경우 촌민위원회는 이미 정부의 집행기구로 되었기에 그들의 위법적 '관여'을 저지하기 어려웠다.

(2) 민족구역자치

기타 나라들과는 달리 중국 헌법 중의 '자치'는 민족구역과 연결되었다. 1952년 중앙인민정부 정무원은 이미 〈민족구역자치실시요강〉을 발부하였고 1954년과 1982년의 헌법도 민족구역자치제도를 규정했으며 그리고 1984년에는 또 〈민족구역자치법〉을 반포했다. 1982년 헌법은 제4조에 "소수민족이 집거하는 지방들은 구역자치를 실시하며 자치기관을 두며 자치권을 행사한다. … 각 민족은 자기의 말과 글을 사용하고 발전시킬 자유를 가지며 자기의 풍속과 습관을 보존 또는 개혁할 자유를 가진다."라고 규정하였다. 그리고 제3장 제6절에서는 '민족자치지방의 자치기관'을 규정하였다. "민족자치지방의 자치기관은 자치구, 자치주, 자치현의 인민대표대회와 인민정부이다."(제112조) 민족구역자치의 주요한 구현은 소수민족이 스스로 정부의 지도자를 맡는 것이다. 자치지방의 인민대표대회 상무위원회 주임 또는 부주임 및 정부 수장도 구역자치를 실시하는 소수민족 공민이 맡아야 한다(제113, 114조).

민족구역자치의 또 다른 구현은 지방이 스스로 정책과 입법을 제정하고 지방재정과 기타 사무를 관리할 권리를 가진다는 것이다. 자치지방은 "헌법, 민족구역자치법 및 기타 법률이 정한 권한에 따라 자치권을 행사하며 해당 지방의 실정에 근거하여 국가의 법률과 정책을 관철하고 집행한다."(제115조) 자치지방의 인대는 "해당 민족의 정치, 경제, 문화의 특성에 따라 자치조례 및 단행조례를 제정할 권한을 가진다." 자치구의 자치조례와 단행조례는 전국인대상무위원회의 비준을 받은 후 효력이 발생한다. 자치주, 자치현의 자치조례와 단행조례는 성 또는 자치구 인대상무위원회의 비준을 받은 후 효력이 발생하며 전국인대상무위원회에 등록해야 한다(제116조). 자치기관은 지방재정을 관리할 자치권을 가진다. "국가재정체제에 의하여 민족자치지방에 돌려지는 재정수입은 민족자치지방의 자치기관이 자주적으로 사용해야 한다"(제117조). 민족자치지방의 재정은 '한 개 급의 재정(一級財政)'이며 국가재정의 중요한 구성부분이다. 국무원은 민족자치지방에 대한 우대원칙에 의해 민족자치지방의 재정수입과 지출의 항목을 규정해야 한다. 자치기관은 국가계획의 지도하에 지방적 경제건설 사업을 자주적으로 조직하고 관리한다(제118조). 자치기관은 지방의 교육, 과학, 문화, 보건위생, 체육 사업을 자주적으로 관리하며(제119조), 국무원의 비준을 거쳐 사회치안유지를 위한 해당 지방의 공안부대를 조직할 수 있다(제120조).

지금까지 중국은 차례로 140여 개의 민족자치지방을 설립했는데 이에는 시짱(西藏), 너이멍구(內蒙古), 신쟝(新疆), 닝샤(寧夏)와 광시(廣西) 등 5개의 자치구, 31개의 자치주 그리고 104개에 달하는 자치현이 포함되었다. 이들은 44개에 달하는 소수민족, 약 6000만 명의 인구(전국 소수민족 총인구 중의 85%이상을 점함)와 약 610만 평방킬로미터(전국 총면적의 60% 좌우)에 달하는 면적을 포괄하였다.

중국의 민족구역자치와 미국 각 종족의 '용광로(pot)' 정책은 정반대이다. 이들은 종족평등의 실현방식에 있어 완전히 서로 다른 방식을 구현하였다. '용광로' 정책의 출발점은 각 민족은 원칙적으로 평등하므로 국가는 아무런 특별보호정책도 펼칠 필요가 없다는 것이다. 예를 들면 만약 지방 인민대표대회 및 상무위원회와 정부의 수장이 반드시 지방 유권자의 선거에 의해 선출되도록 보장해야 한다면 일반적인 상황에서 소수민족의 유권자들은 해당 민족의 후보자를 자치지방의 수반으로 선출할 것이다. 반대로 만약 한족이 집거한 자치지방에서 정부수반은 반드시 소수민족이 담당해야 한다고 규정하면 이는 한족공민의 선거와 피선거권을 침해했다는 혐의를 받게 될 것이다. 비록 국가는 일부 상황에서 편향을 바로 잡아(affirmative action) 소수민족에게 특별한 배려를 제공할 수 있을 것이지만, 그 어떠한 성격의 차별대우라 하더라도 모두 평등원칙을 어겼다는 혐의를 받게 되며 게다가 인위적으로 민족에 따라 구역을 확정하는 것은 민족의 특수성을 뚜렷이 하여 지리, 경제, 언어와 문화 등 면에서 소수민족과 기타 민족의 단절을 가중하여 국가의 통일에 불리하게 작용할 것은 물론이고 이러한 지역의 지역경제와 사회의 발전도 저해하게 될 것이다.

　　사실 비록 민족신분은 인간교류의 첫 번째 인상이라 하더라도 민주적인 선거에서 이는 고려해야 할 많은 요인 중의 하나일 뿐이며 많은 경우에는 결정적 요인은 아니라고 생각한다. 예를 들면 흑인은 미국의 소수인종이다. 하지만 2008년의 대선은 성공적으로 첫 번째 흑인 대통령 오바마(Obama)를 탄생시켰다. 만약 흑인들만 그에게 투표했다면 오바마는 분명 당선되지 못했을 것이다. 그가 대통령에 당선된 것은 많은 백인과 기타 인종들도 그에게 투표하였기 때문이다. 그러므로 비록 위구르족이 집거한 자치지방이라 하더라도 만약 대다수 위구르족이 한족을 인대상무위원회 주임 또는 자치구 주석으로 선출할 것을 원한다면 이것도 아니 될 것은 없다고 생각한다. 이와 같이 소수민족의 후보도 한족이 집거한 지방에서 당선될 수 있다. 결국 선거는 하나의 정치선택이므로 법률과 헌법이 관여해서는 아니 되고 관여할 필요도 없다고 생각한다.

6. 선거제도

중국의 선거제도는 주로 각급 인대대표의 선거와 최근에 와서 보급된 촌민위원회의 선거와 관련된다. 1953년 중앙정부위원회는 첫 번째 선거법을 통과시켰고 1953~1954년 전국 기층인대의 첫 번째 직접선거를 진행했으며 그리고 1954년 9월에 제1기 전국인대회의를 소집하였다. 이후 '극좌'사조의 영향과 10년간 지속된 '문화대혁명'이란 내란으로 인해 중국의 선거와 각급 인대는 장기적인 비정상상태에 빠졌다. 1979년 제5기 전국인대 제2차 회의는 새로운 〈전국인민대표대회 및 지방 각급 인민대표대회 선거법〉을 통과시켰다.(이하 '선거법'이라 약칭한다.) 이 새로운 선거법은 직접선거를 현급 인대로 확대하고 비경쟁선거를 경쟁선거로 고쳤으며 기층선거중의 서면 또는 거수표결을 폐지하고 모두 무기명 투표를 실시하게 하였다. 그리고 또 비교적 상세한 대표의 감독과 파면절차도 규정하였다. 새로운 선거법에 의하여 전국 현, 향(郷) 두급의 인대는 1981년 말에 교체선거를 진행하였다.

1982년 헌법이 반포된 이후, 전국인대는 선거법에 대해 5차례에 달하는 수정을 실시하였다. 1982년의 수정은 선거위원회에서 후보자를 소개하는 소개절차를 규정했으며 각 대표가 대표하는 인구를 소수민족에 유리하게 조정하였다. 1986년의 수정은 상급 인대상무위원회에서 하급 인대의 선거를 지도 또는 영도한다는 원칙을 확립하고 소수민족의 대표가 대표하는 인구를 더 조정했으며 새로운 유권자등기방법을 실행하고 상대적으로 영활한 선거구의 구획원칙을 확정하였다. 1995년의 수정은 지방 각급 인대대표의 정원을 확정하고 점차적으로 여성대표의 비례를 제고하려는 구체적인 구상을 제출하였으며 그리고 도시와 농촌유권자 선거권의 차별을 축소하였다. 원래 농촌대표가 대표하는 인수는 성급 인대의 경우에는 도시대표의 5배이고, 전국인대인 경우에는 도시대표의 8배였다. 그러나 새로운 선거법은 이를 모두 4배로 고치고 2010년에 와서 전국인대는 다시 선거법을 수정하여 이 '1/4조항'을 취소하였다.

(1) 도시와 농촌대표의 정원배분, '1/4조항' 및 폐지

법치국가의 법률규범은 인민대표에 의해 제정되고 인민대표는 또 유권자의 선거에 의해 선출되므로 대표정원의 배분은 선거의 관건이다. 국가는 많은 지역으로 구성된다. 그러나 지역이익의 다양화로 인해 거의 모든 등급의 선거—전국 또는 지방— 모두 필연적으로 다른 지역에서 각자로 진행된다. 하지만 인민대표라고 하면 이들은 필연적으로 특정지역으로부터 오게 되고, 그 지역 유권자의 이익과 요구를 가장 올바르게 대표해야 하므로 반드시 그 지역의 유권자가 이들을 선출해야한다. 이는 바로 상하이시의 유권자가 시장(西藏)자치구 인민들이 무엇을 요구하는지를 모르기에 그곳 전국인대대표를 선거할 수 있는 권한이 있어서는 아니 된다는 것과 마찬가지로 간단하다. 1인1표의 민주원칙에 의하면 모든 유권자 개인은 오직 한 표밖에 없으므로 모든 유권자의 1표는 반드시 다른 유권자의 1표와 같은 가치가 있도록 보장해야 하며 그리고 이렇게 선출된 모든 대표들은 반드시 비슷한 수의 유권자들을 대표해야 한다. 즉 모든 지역의 대표인수와 그 선거 기준수의 비례는 반드시 대체로 비슷해야 한다.

중국 농촌과 도시 인대대표의 비례는 오랫동안 불평등하여 1인1표의 원칙을 심각하게 위배하였다. 인대대표의 인구비례에 있어 1979년 선거법 제10조는 "자치주, 현, 자치현 인민대표대회 대표의 정원은 해당 인민대표대회 상무위원회에서 농촌의 1명 대표가 대표하는 인구의 수량을 진(鎭)의 1명 대표가 대표하는 인구 수량의 4배로 하는 원칙에 따라 배분한다."라고 명확히 규정하였다. 1995년 제3차 수정을 실시한 이후의 선거법도 "자치주, 현, 자치현 인민대표대회 대표의 정원은 해당 인민대표대회 상무위원회에서 농촌의 1명 대표가 대표하는 인구의 수량을 진의 1명 대표가 대표하는 인구 수량의 4배로 하는 원칙에 따라 배분한다."라고 규정하였다(제12조). 이러한 조항들은 바로 중국의 선거법이 구현한 도시와 농촌선거권의 차이로 인해 학계와 언론으로부터 많은 비판을 받아온 '1/4조항'이다. 제8기 전국인대 제5차 회의의 결정에 의하여 제9기 전국인대(1998~2003년)는 인대대표의 선출비례를 농촌인구는 매 88만 명에서 1명으로, 도시인구는 매 22만 명에서 1명으로 하였다. 해방군 대표의 대표인수는 따로 계산하여 대체적으로 약 1만 명에서 1명씩 대표를 선출하니 그의 대표 숫자는 인대대표 총 인수의 1/10을 점하게 되었고 대표비례에서 이미 법률상의 막대한 우대를 받은 도시대표 비례의 20배를 초과하였다. '1/4조항'의 존재는 농촌지역의 선거에서 선출된 대표인수를 엄중히 줄게 하므로 1인1표의 원칙을 완전히 위배하였다.

평등한 선거권이란 이는 하나의 정치적 권리일 뿐만 아니라 기타 각종 권리의 보장이기도 하다. 왜냐하면 국가의 모든 정책과 방침은 입법기구에서 제정하게 되므로 이 입법기구가 어떻게 선출되는가 하는 것은 직접적으로 그가 누구의 이익을 대표하는가를 결정하기 때문이다. 만약 농민의 선거권이 도시주민의 1/4밖에 되지 않고 선거에서 당선된 대다수의 인대대표는 도시사람이라면 농민과 농촌의 이익은 자연히 법률상의 보장을 받지 못하게 될 것이고 '3농'에 관한 문제[8]의 근본적 해결도 이루어내지 못할 것이다. 도시와 농촌 사이에 역사적으로 형성된 경제적 권리, 사회보장, 의료보험과 의무교육 등 여러 방면

---

8   중국에서 말하고 있는 '3농'이란 이는 농업, 농촌과 농민을 의미한다.

의 차이는 사실 선거권차이의 자연스러운 결과를 반영한 것이다. 이제까지 농민이익이 충분히 중시되지 못한 근본적 원인은 인대가 실질적인 작용을 충분히 발휘하지 못하였고 농민을 대변하려는 목소리가 너무나도 작았기 때문이라 생각한다. 근년에 와서 중앙은 '3농'에 관한 문제를 중시하기 시작했는데 이는 당연히 농민들을 흥분시킬 만한 일이라고 생각한다. 그러나 이는 반드시 인대제도와 선거제도에 대한 개혁으로 농민이익이 제도적 보장을 받도록 해야 한다. 도시와 농촌의 진정한 평등을 실현하려면 반드시 농민의 평등한 선거권이 우선적으로 보장되어야 한다.

도시와 농촌의 2원제 선거권을 없애고 정치권의 평등을 실현하기 위해 중국공산당 제17차 전국대표대회에서의 보고는 "도시와 농촌이 같은 인구비례로 인대대표를 선거해야 한다."라고 명확히 지적하였다. 2007년 11월, 싼둥 쯔버(淄博)의 쯔촨구(淄川区)에서 솔선하여 도시와 농촌선거권의 차이를 취소하고 같은 비례로 인대대표를 선출했는데 이는 선거체제개혁에 시동을 걸어 중국 민주실천의 양호한 시작이 되었다. 2009년 전국인대상무위원회는 도시와 농촌의 같은 비례선거에 법적 근거를 마련하기 위해 선거법수정안을 제출하였고, 2010년 3월 제11기 전국인대 제3차 회의는 이를 심의하여 통과시켰다. 수정 후의 선거법은 "지방 각급 인민대표대회대표의 정수는 해당 인민대표대회 상무위원회 또는 해당 선거위원회가 해당 행정구역 산하 각 행정구역 또는 각 선거구의 인구 수량에 근거하여 1명의 대표가 대표하는 도시와 농촌인구 수량이 동일한 원칙과 각 지역, 각 민족, 각 분야에 모두 적당한 수량의 대표정수가 배정되어야 한다는 요구에 따라 배정한다."(제14조) 라고 규정하였다. "전국인민대표대회 대표정수는 전국인민대표대회 상무위원회가 각 성, 자치구, 직할시의 인구 수량에 근거하여 1명의 대표가 대표하는 도시와 농촌인구 수량이 동등한 원칙과 각 지역, 각 민족, 각 분야에 모두 적당한 수량의 대표정수가 배정되어야 한다는 요구에 따라 배정한다."(제16조)라고 규정하였다. 이로써 농촌에 대한 정치적 기시를 상징하는 소위 '1/4조항'은 깔끔히 사라지게 되었다.

(2) 성별 및 집단(族群)편향에 대한 교정

부녀, 귀국 교포와 소수민족 등 집단이 인대에서 그들의 대표성을 확보하도록 하기 위해, 수정 후의 선거법은 일정한 특별보장 장치를 마련하였다. 선거법 제6조는 전국인대와 지방 각급 인대의 대표에 "적절한 인원의 여성대표정수를 배정해야 하며 여성대표의 비례수를 점차 높여야 한다."고 규정하였다. 전국인대와 귀국교포 인수가 비교적 많은 지역의 지방 인대는 반드시 적당한 인원의 귀국교포 대표가 있어야 한다. 소수민족에 대한 우대정책은 대표정수의 배분에 관한 구체규정에서 구현되었다. 전국의 소수민족이 반드시 선출해야 할 전국인대 대표의 인원은 전국인대 상무위원회에서 각 소수민족의 인구 수량과 분포 등 상황을 참조하여 각 성, 자치구, 직할시 인민대표대회에 정원을 배정하여 선출한다. 인구가 특별히 적은 민족에는 적어도 반드시 1명의 대표정수를 배정해야 한다(제17조).

1982년 헌법 제4조는 "각 민족은 모두 평등하다."라는 기본원칙을 규정하였다. 위에서 이미 설명한 바와 같이 민주선거의 가장 중요한 원칙은 1인1표제도와 공평한 경쟁이다. 그러나 여기에서 주목하는 것은 '공민'이고 인종, 성별, 직업, 재력 또는 교육정도 등은 고려대상이 아니다. 때문에 선거에서 그 어떠한 인종, 성별, 직업, 신분 또는 기타 부류의 공민이 최종 대표로 선출될 것인지 이는 누구도 보장할 수는 없을 것이라고 생각한다. 기타 많은 나라들과 마찬가지로 중국에서 부녀, 귀국 교포 또는 소수민족에 대하여 실시하는 특별보호도 역시 합헌성의 문제가 존재한다.

7. 헌법에서의 기본권―언론자유를 예로 하여

성격상 공민의 기본권은 자유권과 평등권 이 두 가지로 나눠볼 수 있다. 1982년 헌법에서 제2장은 집중적으로 '공민의 기본권과 의무'를 규정하였다. 이중 제33조는 "국가는 인권을 존중하고 보장한다. 중화인민공화국 공민은 법률 앞에서 모두 평등하다."라고 규정하였고 기타 조항들은 권리와 의무의 구체적 내용을 규정하였다. 실체적으로 기본권은 같지 않은 여러 구체영역으로 나눠질 수 있는데 주로 정치권(참정권, 선거권, 언론, 신문, 출판, 집회와 결사의 자유 등), 문화권(신앙의 자유), 인신권(생명권, 인신자유, 주택안전, 교육권, 정당한 형사절차 등) 및 사회경제권(경제활동의 자유, 재산권, 사회복지, 교육권) 등이 있다. 예를 들면 헌법 제13조는 "공민의 합법적인 사유재산은 불가침이다. 국가는 법률에 따라 공민의 사유재산권과 상속권을 보호한다. 국가는 공공이익의 필요에 의하여 법률에 따라 공민의 사유재산을 징수 또는 수용하고 보상을 줄 수 있다."라고 규정하였다.

모든 자유에 있어 넓은 의미에서의 언론자유(출판, 집회, 결사 등 자유를 포함)는 가장 중요하다. 1982년 헌법 제35조는 "공민은 언론, 출판, 집회, 결사, 행진, 시위의 자유를 가진다."라고 규정하였다. 특히 헌법의 실시와 인권의 보장상태가 이상적이지 못한 상황에서 언론자유는 공민의 욕구 표현, 사회적 암흑의 폭로, 공권부패의 억제 등에 있어 특히 중요하고 심지어 '권리 중의 권리', '자유 중의 자유'로 여겨지며 기타 모든 자유를 실현할 수 있는 필수적인 조건이다. 개혁개방 30여 년래 특히 인터넷의 발달로 인해 중국의 언론자유도 많이 발전되었다. 그러나 출판, 집회와 결사 등 방면에 있어 많은 제한도 규정하였다. 지면상의 제한으로 인해 여기서는 출판, 집회와 결사의 자유 및 그의 법률적 경계만을 토의하려 한다.

(1) 출판자유, 국가비밀과 정보공개

1949년 이후 중국의 4개 헌법은 모두 차례로 신문출판의 자유를 규정하였다. 그러나 관련 법규는 출판물에 대해 아주 엄격한 사전심사와 사후추궁제도를 실행하였다. 2013년에 수정된 〈출판관리조례〉 제5조는 "공민은 출판의 자유권을 행사하면서 반드시 헌법과 법률을 준수해야 하고 헌법이 확정한 기본원칙을 반대해서는 아니 되며 국가, 사회, 집체의 이익과 기타 공민의 합법적인 자유와 권리를 침해해서는 아니 된다."라고 규정하였고 제12조는 "출판 단위의 설립신청은 신청자가 소재한 성, 자치구, 직할시인민정부의 출판행정주관기관에 제출해야 한다. 성, 자치구, 직할시인민정부 출판행정주관기관의 심사동의를 거쳐 국무원 출판행정주관기관에 보고하여 심사비준을 받도록 한다."라고 규정하였다. 제20조는 "도서출판사, 음향영상제품출판사와 전자출판물출판사의 연도별 출판계획 및 국가안전, 사회적인 안정 등과 관련된 중대 선택주제는 반드시 소재지 성, 자치구, 직할시인민정부 출판행정주관기관의 심사를 거쳐 국무원 출판행정주관기관에 등록해야 하며, 중대 선택주제와 관련이 있으나 출판하기 전에 등록하지 않은 출판물을 출판해서는 아니 된다."라고 규정하였다. 그리고 제22조는 "출판 단위는 반드시 국가의 관련규정에 따라 국가도서관, 중국판본(版本)도서관과 국무원 출판행정주관기관에 무료로 견본을 제출하여야 한다."라고 규정하였고 제25조는 또 어떠한 출판물이라 하더라도 아래와 같은 내용은 없어야 한다고 규정하였다. (1) 헌법이 확정한 기본원칙을 반대하는 내용, (2) 국가의 통일, 주권과 영토의 완정을 위협하는 내용, (3) 국가비밀을 누설하고 국가안전을 위협하며 국가의 영예와 이익을 침해하는 내용, (4) 민족 간의 원한과 차별대우를 선동하고 민족단결을 파괴하며 민족풍속과 습관을 침해하는 내용, (5) 사교와 미신을 퍼뜨리는 내용, ⑥ 사회질서를 교란하고 사회적인 안정을 파괴하는 내용, (7) 음란물, 도박, 폭력을 선양하거나 범죄를 교사하는 내용, (8) 타인을 모욕하거나 비방하고 타인의 합법적 권익을 침해하는 내용, (9) 사회공덕 또는 민족의 우수한 문화전통을 손상하는 내용, (10) 법률, 행정법규와 국가에서 금지한다고 규정한 기타 내용이다. 제26조에 따르면 만약 출판, 발행, 인쇄 또는 복제업의 종업행위가 제25조의 규정을 위반하여 형법에 저촉되면 형법의 관련규정에 따라 형사책임을 추궁해야 해야 하며, 형사상의 처벌을 받아야 할 정도까지 도달하지 않았을 경우에는 출판 행정주관기관에서 기한을 정해 영업을 중지시키고 출판물과 불법소득을 몰수해야 한다. 불법영업수입 1만 위엔 이상은 불법영업수입의 5배이상 10배 이하의 벌금을 부과하고, 불법경영수입 1만 위엔 이하는 5만위엔 이하의 벌금을 부과하며, 위법상황이 엄중한 것은 허가증 발부기관에서 허가증을 회수해야 한다.

　상술한 바와 같은 이러한 제한 이외에 신문출판도 국가비밀을 언급해서는 아니 된다. 서방국가들과 비교해 보았을 때, 중국의 비밀규정은 아주 엄밀하였다. 1988년 9월, 제7기 전국인대상무위원회 제3차회의는 〈국가비밀보호법〉(이하 비밀보호법이라 약칭한다.)을 통과시키고 2010년에는 이를 다시 수정했는데 이 법의 제2조는 '국가비밀'을 "국가의 안전과 이익에 관계되는 것으로서 법정절차에 따라 일정 기간 내에 일정 범위 내의 사람만이 알도록 지정한 사항"으로 정의 하였다. 이러한 사항들은 주로 아래와 같은 활동 중의 비밀사항이다. 국가사무에 관한 중대한 결정, 국방건설과 무장역량의 활동, 외교와 외사활동, 국민경제와 사회발전, 과학기술, 국가안전의 수호활동과 형사범죄의 수사 그리고 정당의 일부 비밀사항 등이다(제9조). 이후 제정한 〈국가비밀

보호법실시방법〉제4조의 규정에 의하면 만약 어느 사항의 누설이 아래와 같은 결과중의 하나를 초래할 수 있다면 반드시 국가비밀 및 국가비밀 등급의 구체적 범위(즉 비밀의 범위)에 넣어야 한다고 규정하였다. '국가정권의 견고와 방어능력에 해를 끼치고', '국가통일, 민족의 단결과 사회적 안정에 영향을 주며', '대외활동에서 국가의 정치, 경제이익에 손해를 주고', '국가 지도자와 외국 요원의 안전에 영향을 주며', '국가의 중요한 안보사업을 방해하고', '국가비밀 보호조치의 안정성을 낮추거나 효력을 잃게 만들며', '국가경제와 과학기술의 실력을 약화시키고', '법에 의한 국가기관의 직권행사가 보장을 잃게 하는' 등의 상황이다. 이로부터 비밀범위는 너무 넓다는 것을 알 수 있다.

국가비밀의 등급은 '극비', '기밀', '비밀'의 3등급으로 나눠지며 보호기한은 각기 30년, 20년, 10년이다(비밀보호법 제15조). 국가비밀 및 비밀등급의 구체범위는 국가비밀보호 행정관리부서가 각기 외교, 공안, 국가안전 및 기타 중앙 관련 기관과 함께 정한다. 군사방면의 국가비밀 및 비밀등급의 구체범위는 중앙군사위원회가 정한다(비밀보호법 제11조). 국가비밀에 속하는지 여부 또는 어느 비밀등급에 속하는가에 대하여 불명확하거나 분쟁이 있을 경우에는 국가 또는 성, 자치구, 직할시 비밀보호 행정관리부문에서 확정한다(비밀보호법 제20조). 국가비밀에 관한 결정에 중앙과 지방을 포함한 많은 행정부서들이 참여하고 있을 뿐만 아니라 실제 성급 이하의 지방정부들도 늘 자체적으로 발부한 '홍두문건(紅頭文件: 당 지도부에서 공포한 문건)'을 '국가비밀'로 취급하여 국가비밀의 설립주체가 너무나 많고 비밀의 범위도 너무 넓은 '국가비밀'의 범람상황을 초래하였다. 예를 들면 2000년 2월, 국가비밀보호국과 민정부(民政部)는 연합으로 〈민정사업에서의 국가비밀 및 구체범위에 관한 규정〉(71호 문건)을 제정했는데 이중 제3조 제3관의 제4항은 '자연재해로 인한 기근기피, 동냥, 사망자수 및 관련자료'도 국가비밀에 속한다고 규정하였다. 2005년 8월, 비밀보호국은 71호 문건을 수정하여 '사망자수치'를 이에서 삭제했다. 하지만 자연재해로 인한 기근기피, 동냥 및 관련된 자료는 지금도 역시 비밀의 범위에 속하고 있다.

'국가비밀'이 너무 많고 범위가 너무 넓은 것은 공민의 알 권리를 보장하는 데에 불리할 뿐만 아니라 재난 등 각종 긴급사태의 대응에도 특히 불리하게 작용했다. 오랜 기간 지방정부들은 재해에 관한 보도에서 늘 "재난은 뉴스가 아니고 재난구조만이 뉴스이다."라는 태도를 취하여 왔다. 사회적 안정과 정치적 요인에 대한 지나친 고려로 각 지역의 지방정부들은 보도매체에게 재난보도에 있어 반드시 신중한 태도를 취할 것을 요구했으며 보도의 중점은 언제나 재난의 극복과정에서 취득한 성과가 되어야 한다고 하면서 순수하고도 객관적인 재난보도는 반대해 왔다. 그 결과 탕산(唐山)대지진에서 발생한 구체적인 사망자수치는 지진이 발생한지 3년이 되어야 알 수 있었다.[9] 1970년에 발생한 윈난(雲南) 퉁하이(通海)지진에서는 1만6천 명에 달하는 사망자가 발생해 그 손실은 탕산(唐山)대지진에 버금갔었다 그러나 30주기 기념행사를 진행할 때 처음 정식으로 사망자수치와 재산피해를 공개하였다. 1975

---

9   http://news.163.com, 2005년 7월 27일.

년 허난(河南) 빤치오(板橋)에서는 아주 심각한 댐 붕괴사고가 발생했는데 이 사고는 지금까지도 공개되지 않았다.[10] 많은 지역의 지방정부는 또 책임을 회피하기 위해 해당 지역에서 발생한 광산재난사고를 숨기고 보도하지 않는데 근년에 이는 자주 볼 수 있는 현상으로 되었다.

이렇게 인위적으로 사실의 진상을 숨기게 된 결과 사람들의 알 권리를 박탈하게 된 것은 물론이고 더욱 심각한 것은 사회적인 재난을 불러오게 될 수도 있다는 것이다. 사실 1976년에 발생한 탕싼 대지진은 사전에 이미 여러 차례의 예보가 있었다. 그러나 민감하였던 당시의 정치적인 분위기로 인해 관련 정보를 제때에 공표하지 않아 24만 명이나 되는 사람을 폐허더미에 사라지게 했다. 탕싼 인근의 칭룽현(靑龍縣)에서 당위원회의 서기가 관직을 잃을 위험을 무릅쓰고 47만에 달하는 지역 사람에게 지진예보를 공개하여 똑같은 지진피해를 입었어도 그 지역에서는 단 1명의 사망자도 발생하지 않았다. 이로써 정보공개가 얼마나 중요한지 알 수 있을 것이다. 2003년 사스(SARS)사태가 발생했을 때, 일부 지방정부는 이를 제대로 보고하는 것이 아니라 은폐하기에만 급급해 주민들에게 아무 것도 모르게 하여 어떠한 자구책도 취할 수 없게 했다. 이로서 사스는 걷잡을 수 없게 확산되고 주민들의 생명과 건강은 또 막대한 피해를 입게 되었다. 이후 중앙에서 지방의 은폐를 금지하고 국민의 알 권리가 충족되기 시작해서야 적절한 자구책의 실시

---

10   王維洛: '1975年河南板橋水庫潰坝,誰在隱瞞眞相', http://news.163.com, 2005년 7월 13일.

와 더불어 사스도 점차 사라지게 되었다. 사실 정보공개와 언론자유는 정부의 구조에 방애가 되지 않았을 뿐만 아니라 오히려 큰 도움이 되었다. 예를 들면 2008년의 원촨(汶川)지진에서 어떤 현장의 상황은 인터넷으로 전파되고 그리고 이는 또 많은 지원으로 이어졌다.

2008년 5월, 국무원은 〈정부정보공개조례〉를 반포했는데 이의 목적은 바로 "공민, 법인과 기타 조직이 법에 따라 정부정보를 획득할 수 있도록 보장하고 정부사업의 투명성을 높여 의법행정을 추진하고 인민군중의 생산, 생활과 경제사회활동에서 정부정보의 복무역할을 충분히 발휘하려는 것"이다. 실제 이미 정부정보는 인민생활과 생명에 얼마나 중요한지를 증명했다. 그러나 이 조례의 집행상황을 보았을 때, 지금까지 조례의 목표와 여전히 많은 거리가 있으며 많은 지역에서 정부정보의 공개는 여전히 예외적인 사항으로 취급되어 일반적인 규칙으로 정착하지 못했다. 그리고 정부가 정보를 공개하지 않는 이유 또는 구실도 아직은 너무나 많으며 설령 공민이 정부정보의 공개를 신청했다 하더라도 승산은 적고 특히 〈정부정보공개조례〉와 비밀보호법의 많은 부분이 아직은 조율이 되지 않아 공민의 알 권리는 아직도 자의성이 강한 국가의 비밀결정권에 의해 좌우되고 있으므로 반드시 비밀보호법을 수정하여 비밀을 설정할 수 있는 주체를 감소시키고 비밀의 범위도 축소해야 한다.

(2) 집회자유 및 그에 대한 제한

1989년에 제정된 중국의 〈집회행진시위법〉은 행진, 시위와 집회활동에 대해 절차와 실질적 제한을 규정하였다. 이 법의 제7조에 의하면 "국가에서 거행하거나 또는 거행하기로 결정한 경축과 기념활동 그리고 국가기관, 정당, 사회단체, 기업과 사업조직이 법률 또는 조직규정에 따라 거행하는 집회를 제외하고 집회, 시위, 행진을 진행하려면 반드시 주관기관—해당 시, 현의 공안국 또는 도시 공안지국에—신청을 하여 허가를 받아야 한다."고 규정하였다. 이 법의 제9조는 주관기관은 거행신청일 2일전에 결정서를 책임자에게 통지하여야 하고, 허가하지 않을 경우 반드시 그 이유를 설명해야 한다고 규정했으며, 기한을 넘기고도 통지를 하지 않으면 허가한 것으로 간주한다고 규정하였다. 이 법의 제13조는 행진, 시위 및 집회의 불허결정에 불복할 경우, 활동책임자는 결정통지를 받은 날로부터 3일 이내에 해당 급의 정부에 행정심판을 신청할 수 있으며 해당 정부는 반드시 행정심판신청서를 받은 3일 이내에 결정을 해야 한다고 규정하였다. 그리고 이 법의 제12조는 아래와 같은 4가지 유형의 활동은 허가하지 않는다고 규정하였다. 즉 헌법이 확정한 기본원칙을 반대하는 활동, 국가의 통일, 주권과 영토의 완정에 위협이 되는 활동, 민족분열을 일으키는 활동, 신청한 활동의 시행이 '공공안전에 직접적으로 해를 끼치고 사회질서를 엄중히 파괴할 것이란 충분한 인정근거'가 있는 활동 등이다. 이 외에 이 법의 제15조는 공민은 거주지 이외의 도시에서 해당 지역 공민의 집회, 시위와 행진을 발동, 조직 또는 참여해서는 아니 된다고 규정하였고, 제16조는 국가기관의 공무인원은 관련 법률이 규정한 직책과 의무에 어긋난 활동을 조직하거나 참여해서는 아니 된다고 규정했다. 만약 허가를 받지 않고 이러한 활동을 거행하면 공안기관은 활동의 조직자와 직접적인 책임자를 경고 또는 15일 이하의 구류에 처할 수 있다. 1992년 국무원은 집회행진시위법에 따라 실시조례를 제정하여 일부 규정을 더욱 자세히 규정하였다.

중국의 경험은 헌법이 규정한 행진시위자유도 사회조화를 보장하는 유력한 수단이란 것을 표명하였다. 지금에 와서 돌이켜 보면, 샤먼(廈門)의 PX사건은 중국의 환경보호운동에서 하나의 이정표가 될 수 있는 사건이라 할 수 있다. 그러나 이러한 호칭은 아주 어렵게 취득하였다. 일찍이 2006년 양회(兩會)기간에 105명이나 되는 정협위원들은 샤먼의 PX항목을 정지하거나 또는 이전할 것에 관해 연명하여 의안을 제출했다. 그러나 설령 정협의 '1호 제안'이라 하더라도 이 항목의 추진을 막지 못했다. 2007년 6월초 온순하기로 유명하였던 샤먼시민들은 스스로 행동에 나설 수밖에 없었다. 백만에 달하는 시민들은 핸드폰으로 똑같은 메시지를 '미친 듯이' 퍼뜨리기 시작했는데 그 내용은 모두 이미 결정된 듯이 보이는 항목에 관한 것이었으며 1천만에 가까운 시민들은 약속이나 한 듯이 거리에 나와 단체'산책'을 하면서 시정부에 자신들의 염원을 전달하였다. 다행스러운 것은 샤먼시정부의 태도도 비교적 온화하였다. 그들은 한사코 자기 고집대로만 하지 않았고 강제적인 조치로 '말을 듣지 않는' 시민들을 제압하려 한 것이 아니라 오히려 항목에 대한 재평가를 진행하겠다고 승낙하며 공중의 참여절차를 가동하여 시민들과 PX항목의 이해득실에 관한 토론을 진행함으로써 최종적으로 항목을 장저우(漳州)로 옮기는 이성적인 결정을 내렸다. 이로써 샤먼의 PX사건은 끝내 모두가 만족하는 결말을 얻었다.

그때 당시의 상황을 돌이켜 보면 사건은 비록 큰 문제없이 지났다 하더라도 아주 아슬아슬하였던 상황이었다. 만약 샤먼의 시민들이 당시에 그런 용기와 지혜가 없었다면, 만약 샤먼시정부에서 시민의 반대의견을 마주하여 그렇게 '온화'하지 않았다면, 만약 정부관원들이 시민의 욕구를 마주하여 단지 '형식적인 문장'만 하려 했다면, PX항목은 이미 강행되었을 것이고 샤먼시민의 생활환경도 극히 악화되었을 것이다. 다시 말하여 만약 이 사건이 다른 곳에서 발생했다면 그곳 시민들은 이러한 행운이 없었을 것이다. 왜냐하면 샤먼에서 발생하였던 일이 그 곳에서는 발생하지 않았을 것이기 때문이다. 때문에 우리는 샤먼시민을 위해 기쁘게 생각하는 동시에 반드시 우리 제도 중의 결함도 찾아봐야 한다. 이러지 않으면 샤먼의 행운은 다른 곳에서는 불행으로 바뀔 것이다. 샤먼시정부와 시민들은 이미 공동으로 대형항목을 결정하는 좋은 선례를 남기었다. 우리는 반드시 이를 제도화하여 공중의 참여를 사회공중에 영향을 주는 모든 대형항목결정의 절차적 요건으로 만들어야 한다.

2008년 청두(成都)의 200명에 가까운 시민들은 거리에 나서 '산책'을 하면서 막 시공단계에 들어가려는 쓰촨 석유화학항목의 착공을 항의하였다. 결국 청두시의 경찰은 불법시위행진 또는 인터넷으로 유언

비어를 퍼뜨리고 소란을 피우며 "국가정권을 뒤엎으려 하였다."는 죄명으로 6명에 달하는 시민을 구류하였다. 그러나 관련 보도에 의하면 이번 청두의 '산책'은 샤먼, 상하이의 '산책'과 마찬가지로 사회에 아무런 피해도 주지 않았으며 석유화학항목의 추진에 대한 반대만 표현하였을 뿐이다. 이런 형식의 '산책'은 헌법의 보호를 받는 공민의 기본적 자유이기에 마음대로 간섭하거나 제한하고 징벌해서는 아니 되며 걸핏하면 '국가정권을 뒤엎으려 하였다'는 죄명으로 호되게 처벌해서는 더욱 아니 된다.

(3) 결사자유 및 그에 대한 제한

법치국가와 비교해 보면, 1998년 중국의 〈사회단체등기관리조례〉는 공민의 결사에 대하여 상당히 엄격한 절차와 실체적 제한을 규정하였다. 이 조례의 제3조는 사회단체의 성립은 반드시 '업무주관단위'의 심사와 동의를 거쳐야 등기할 수 있다고 규정하면서, 정협에 참가한 인민단체, 국무원의 비준을 거쳐 등기를 면제 받은 단체 및 본 단위의 비준을 거쳐 성립되고 본 단위의 내부에서 활동하는 단체는 제외한다고 규정하였다. 이 조례 제7조는 전국적인 사회단체는 국무원의 등기관리기관에서 등기관리를 책임지고, 지역적인 사회단체는 소재지 정부의 등기관리기관에서 등기관리를 책임진다고 규정했다. 그리고 이 조례 제10조는 사회단체의 성립은 반드시 아래와 같은 몇 가지 조건이 구비되어야 한다고 규정하였다. 50명 이상의 개인회원 또는 30개 이상의 단체회원이 있어야 하고 합법적인 자산과 경비내원이 있어야 한다.―전국적인 사회단체는 10만 위엔 이상의 활동자금이 있어야 하고 지역적인 사회단체는 3만 위엔 이상의 활동자금이 있어야 한다. 그리고 업무활동과 상응한 전문직의 사업인원이 있어야 하고 독립적으로 민사상의 책임을 질 능력이 있어야 한다.

　이 조례 제4조는 사회단체는 "헌법이 규정한 기본원칙을 반대해서는 아니 되고 국가의 통일, 안전과 민족의 단결을 위협해서는 아니 되며 국가와 사회의 공공이익 및 기타 조직과 공민의 합법적 권익에 손해를 주어서는 아니 되고 사회도덕풍기를 흐려서는 아니 된다."라고 규정하였다. 이 조례 제13조는 만약 기획준비를 신청한 사회단체의 종지(宗旨) 또는 업무범위가 상술한 규정에 부합되지 않거나 또는 '동일한 행정구역 이내에 업무범위가 같거나 비슷한 사회단체가 이미 있어 성립할 필요가 없거나' 또는 발기인, 예정된 책임자가 현재 정치권이 박탈되는 형사처분을 받고 있거나 또는 과거에 정치권이 박탈되는 형사처분을 받은 적이 있을 경우, 등기관리기관은 기획준비를 비준하지 않아야 한다고 규정하였다. 이 조례 제12조는 등기관리기관은 모든 유효문건을 받은 날부터 60일 이내에 결정을 내려야 하며 비준을 하지 않는 것으로 결정하였을 경우 반드시 그 이유를 설명해야 한다고 규정하였다. 이 조례 제16조는 기획준비를 마치고 그리고 규약을 통과하면 사회단체는 등기신청서류와 관련문건을 제출해야 한다. 등기관리기관은 사회단체가 제출한 등기신청서류와 관련문건에 대한 심사를 30일 이내에 마쳐야 하며 요구에 부합되는 사회단체에 대해서는 등기를 실시해야 한다고 규정하였다. 이 조례 제27조는 등기관리기관은 사회단체에 대한 연도별 검사를 실시해야 하며 사회단체의 조례위반행위에 대해서는 행정처벌을 해야 한다고 규정하였다. 이 조례 제28조는 업무주관단위는 사회단체의 연도별 검사에 대해 초보심사의 책임을 져야하며 등기관리기관과 협조하여 사회단체의 불법행위를 조사, 처리해야 한다고 규정하였다.

사회단체는 사회적인 약자집단이 조직하여 집단적 염원을 표명하고 자체의 적법한 권익을 수호하는 중요한 방법이다. 〈사회단체등기관리조례〉는 사전심사 및 비준, 엄격한 자금조건, 같은 지역 기능중복의 금지, 연도별 검사 등 제도를 규정하여 사회단체의 신청을 아주 어렵게 했다. 그러나 사회단체가 없으면 개별적인 상태로 존재하는 사회상의 약자들은 집단적인 행동에 나설 수 없으므로 사회적인 강자들과 맞설 수 없게 되어 영원한 모욕, 박탈, 차별대우의 대상으로 전락하여 사회적인 충돌과 비극을 빚어내게 될 것이다. 하나의 두드러진 사례는 현행 노동조합제도라고 생각한다. 근년에 들어 비록 일부 외자 및 합자기업에서 이미 실험적으로 노동조합을 선거하기 시작했으나 절대다수의 노동조합은 노동자가 직접 선거한 것이 아니어서 노동자의 이익을 효과적으로 대변하지 못하였다. 설령 일부 기업의 노동조합이 노동자이익의 수호에 적극 나섰다고 하더라도 법률적 보호의 결핍으로 인해 때로는 기업주의 타격과 보복에 노출되었다.[11]

---

11   예를 들면 배이징삼환회사(北京三環公司) 전임 노동조합주석 탕샤오둥(唐曉東)의 처지.

노동조합[工會]가 노동자권익의 수호에 힘을 다하지 못하면 노동자권익이 보장받지 못하게 될 뿐만 아니라 각종 형태로 나타나는 많은 파업과 항의들도 막을 수 없게 될 것이다. 사실 중국에서 노사분쟁으로 인한 집단적인 충돌은 이미 많이 발생하였다. 이중 사람들에게 심각한 인상을 남기게 된 것은 역시 농민노동자 임금의 체불 문제이다. 이는 한 때 빌딩에서 뛰어내리고 전신주를 타며 심지어 폭력상해 등 일부 농민노동자의 극단적인 행위까지 초래하였다. 처음 이러한 사태를 유발한 것은 이들의 슬픈 사연과 충동이라 생각한다. 그러나 이후 이러한 사태의 지속적인 발생은 사회 '이목'을 끌기 위한 '쇼'라고 해야 할 것이다. 그러나 설사 이를 '쇼'라고 하더라도 농민노동자를 이렇게 극단적인 방식으로 자신들의 욕구를 주장할 수밖에 없었으므로 여전히 궁지에 몰리게 된 그들의 슬픔을 반영하였다. 일부 농민노동자들은 그들이 받은 모욕으로 인해 심지어 폭력보복에 나서기도 하였다. 2005년 17세 밖에 되지 않은 왕빈위(王斌宇)는 사장이 노임을 떼어먹고 인격까지도 모욕하자 4명이나 되는 사람을 살해하여 사형에 처해졌다.[12] 항공기 조종사들도 결사를 못해 약자집단으로 전락하여 '비행 중지'로 그들의 대우개선을 위해 사회이목을 끌 수밖에 없었다.

만약 헌법 제35조에 규정된 기본적인 정치자유가 보장되었다면 사회적 집단들은 신문, 간행물, 방송, 텔레비전 등 매체를 통해 그들의 주

張寒: '被炒工會主席仲裁勝出', 〈新京報〉, 2006년 9월 15일.

12   '17歲農民工討薪被罵-像條狗, 怒殺4人後自首', 〈南方都市報〉 2005년 9월 5일.

장을 제기하였을 것이며 적법하게 조직하여 그들의 권리를 쟁취하려고 하였을 것이다. "단합은 곧 힘이다."라는 말이 있는데 개별적인 노동자들은 거대자본을 상대로 하여 언제나 태생적 약자이다. 그러나 만약 자주적인 선거로 노동조합을 조직한다면 상황은 크게 달라질 것이다. 즉 노동자이익을 대변할 수 있는 노동조합이 나서 기업주와 교섭한다면 노동자의 '기'는 많이 살아날 것이다. 만약 그래도 아니 되면 노동조합은 최종수단인 적법한 파업으로 기업생산의 중단과 이윤상의 손실로 기업주를 압박해 타협을 이루어낼 것이다.

만약 항공기조종사 또는 농민노동자들이 모두 선거로 조직된 노동조합이 있고 그리고 노동조합이 그들의 이익을 충분히 대변할 수 있었다면 농민노동자들은 '빌딩에서 뛰어내릴' 필요가 없었을 것이고 총리가 직접 나서 그들의 노임을 재촉하지 않아도 될 것이며 항공기 조종사들도 사회적인 '비난'을 무릅쓰고 '비행중지'로 사회이목을 이끌 필요도 없었을 것이다. 사실 1954년 헌법은 이미 파업권을 규정하였다. 그러나 후에 폐지하게 되었다. 그 이유는 자본주의나라의 노동자만 파업이 필요하다는 것이었다. 그러나 동방항공의 귀항사건을 보았을 때, 사회주의국가의 노동자들도 똑같이 기업과 이익충돌이 생길 수 있으므로 파업권은 역시 필요하다. 적절한 파업권—적어도 적법한 파업으로 위협을 가할 수 있는 권리—은 생산경영에 큰 영향을 주지 않을 뿐만 아니라 오히려 '비행중지'와 같은 이러한 사태의 발생을 막을 수 있을 것이다. 노동조합과 사측이 서로 다투고 심지어 파업까지 하는 것은 조화롭지 않아 보인다. 그러나 만약 이러한 권리가 있었다면 농민노동자들은 '빌딩에서 뛰어내리지 않았을 것이고' 항공기 조종사들도 '비행중지'를 하지 않았을 것이며 그리고 사회는 더 조화로웠을 것이다.

8. 헌법제도의 한계와 개혁

(1) 헌법원본의 한계 및 수정

1982년 헌법은 이미 4차에 달하는 수정을 거치면서 법치, 인권, 사유재산의 보호, 수용에 따른 보상 등 중요한 조항들을 추가하여 조문 자체는 이미 크게 나무랄 데가 없는 정도로 발전하였다. 그러나 세부적인 측면을 보았을 때, 역시 개진되어야 할 공간이 있는데 일부 중요한 개인적 권리를 규정하지 않았는가 하면 또 헌법에 규정하는 것이 적절치 않은 일부 내용도 규정하였다. 여기서 이들을 일일이 열거하지 않으려 한다.[13]

헌법 제1조는 중국은 "노동자계급이 영도하는, 노동자와 농민의 동맹에 기초한 인민민주주의독재의 사회주의국가이다."라고 규정하여 '계급헌법'의 흔적을 나타내는데, 이는 헌법의 다른 부분에서 사용한 '인민' 또는 '공민'이란 개념과 일치하지 않을 뿐만 아니라 헌법의 제33조에서 규정한 평등원칙에도 부합되지 않는다. 이 외에 '독재'란 개념

---

13   張千帆: '憲法不應該規定什么？', 〈華東政法學院學報〉, 2005년, 제3기.

도 이미 시대에 뒤떨어져 개혁개방 30여 년 이래 거의 모든 당정문건에서도 나타나지 않았다. 민주, 법치, 인권, 헌정 이는 세계 각국의 보편적 조류이며 전체 중국인민이 추구하는 목표이다. 그러므로 이 조항을 중국은 '법치와 인권보장을 기초로 하는 민주헌정의 국가이다.'라고 고칠 것을 건의한다.

헌법 제3조는 끝 부분에 "중앙국가기구와 지방국가기구의 직권은 중앙의 통일적인 영도 아래 지방의 주동성과 적극성을 충분히 발휘시키는 원칙에 따라 정한다."라고 규정하였다. 이는 중앙과 지방관계에 관한 헌법의 거의 유일한 규정이다. 그러나 중국과 같은 이러한 대국에서 중앙과 지방의 관계는 특히 중요하므로 제3조와 같이 '통일적인 영도', '주동성', '적극성' 등 이렇게 분명치 않고 법률용어도 아닌 개념으로 규정하는 것은 적절치 않으므로 중앙과 지방의 권한 분할이 지니는 복잡성을 감안하여 이 문구를 "공평, 공개, 합리, 효율의 원칙에 따라 중앙과 지방 국가기구의 권한을 구획하여, 전국에 영향을 미치게 될 사무는 중앙입법이 관리하고 지방에만 영향을 미치게 될 사무는 지방입법이 관리하도록 해야 하며, 중앙과 지방 기능의 구체적 구획기준은 법률로 정해야 한다."라고 고칠 것을 건의한다.

헌법 제10조는 "도시의 토지는 국가소유이다. 농촌과 도시교외 지구의 토지는 법률이 정한 데 따라 국가소유로 되는 것 외에는 집단적 소유이며 택지, 자경지[自留地], 자영림[自留山]도 집단적 소유이다. 국가는 공공이익의 필요에 의하여 법률이 정한 데 따라 토지를 징수 또는 수용하고 보상을 줄 수 있다."라고 규정하였다. 중국 토지의 이러한 이

원소유 구조는 중국의 발전패턴을 왜곡하기에 헌법 제10조의 규정을 "토지는 전민의 소유이고 사용권은 실제용도에 따라 개인 또는 집단이 가지도록 한다."라고 고칠 것을 건의한다. 토지의 징수에 대하여 '보상'만 하는 것은 부족하므로 반드시 "공평한 시장가격을 기준으로 공정한 보상을 해주어야 한다."라고 수정해야 한다. 같은 이유로 제13조의 재산징수 조항도 "시장가격을 기준으로 공정한 보상을 해주어야 한다."라고 고쳐야 한다.

헌법 제37조는 "공민의 인신자유는 불가침이다. 인민검찰원의 비준이나 결정 또는 인민법원의 결정이 없이 그리고 공안기관의 집행이 없이는 그 어떤 공민도 체포하지 못한다."라고 규정하였다. 비록 이 조항의 규정으로부터 묵비권, 변호사접견권, 무죄추정 등 파생 권리를 도출해 낼 수 있으나 현실에서 이러한 권리가 번번이 침해당하고 있는 상황을 감안하여 제37조에 이를 기본권으로 명확히 규정할 것을 건의한다.

(2) 헌법 실시 메커니즘의 보완

헌법조문의 부족함과 비교해 보았을 때, 1982년 헌법의 더 큰 문제는 권위적인 해석과 실시가 부족하다는 점이다. 비록 헌법 제67조는 전국인민대표대회 상무위원회가 "헌법을 해석하며 헌법의 실시를 감독한다."라고 규정하였으나 전국인대 상무위원회는 여태껏 이 권리를 행사하지 않았으므로 현행 헌법은 오직 형식적으로만 실시되었을 뿐이고 실질적 의미에서의 실시는 이루어지지 않았다.[14] 여러 가지 원인으로 인해 헌법 제67조가 규정한 실시메커니즘은 합리적이지 않았다. 2013년 중국공산당 제18기 중앙위원회 제3차 회의에서 통과하게 된 〈중공 중앙개혁의 전면적 심화에 관한 약간의 중대한 문제에 관한 결정〉에서는 "헌법의 법률권위를 수호하고 … 헌법의 실시에 대한 감독의 메커니즘과 절차를 한층 더 건전히 하여 헌법의 전면적 관철과 실시를 새로운 수준으로 높일 것을 요구하였다." 이 목표를 실현하려면 반드시 현행 헌법의 실시와 연관된 메커니즘을 개선하여 완벽히 해야 한다. 물론 헌법에 대한 해석에 있어 전국인민대표대회 상무위원회는 여전히 최종적인 해석을 실시할 수 있다고 생각되기는 하나, 일상적인 해석은 반드시 사법적 성격을 지닌 전문기구에 위탁해야 한다. 그러므로 헌법 제70조의 규정을 수정하여 전국인민대표대회 산하에 '헌법위원회'를 설치하고 이 위원회에서 헌법해석을 전담하고 헌법의 실시를 보장하도록 할 것을 건의한다.

(3) 인대 및 상무위원회의 선거와 구성

현행 헌법이 효과적으로 실시되지 않고 있는 또 하나의 이유는 비록 전국의 각급 인대는 권력기관으로 높이 받들려 있기는 하나 인대의 선거에서 규칙을 위배하는 현상이 여전히 보편적이고 인대대표들은

14 　張千帆: '憲法實施的槪念與路經', 〈淸華法學〉, 2012년, 제6기.

민중의 이익을 대변하려는 동력과 압력이 부족하여 인대의 직능은 확실히 이행되지 못하고 있기 때문이다. 비록 2010년에 실시한 선거법에 대한 수정으로 중국에서 이미 도시와 농촌의 동일비례선거를 실현하였으나 선거정수배분의 개혁은 개혁의 시작에 불과하므로 개혁이 가야할 길은 여전히 멀다. 그리고 선거권의 평등을 실현했다 하더라도 선거에서 농민의 이익을 확실히 대변할 수 있는 대표가 선출될 수 있을 것인지? 선출된 대표들은 헌법이 부여한 대의직책을 제대로 이행할 수 있을 것인지? 이것이 바로 문제의 근본이라 생각한다. 지금의 선거체제에서 간부는 인대대표의 절대 다수를 점하는데 이들은 농민을 이해하고 농민의 이익을 대변할 수 있을지? 비록 이론상에서 간부들도 농민의 이익을 대변할 수 있다고 보아야 하지만 실제효과는 의문이다. 간부들의 일상은 늘 바쁘기에 설사 농민이익을 대변하는 것을 원하고 농민의 수요를 잘 안다 하여도 직책을 이행할 충분한 시간상의 여유가 있어 농민의 대변자로 활동할 수 있을지는 의문이다. 그러므로 농민의 선거권을 확실히 보장하려면 반드시 연관된 관련제도를 구축하여 실행해야 한다. 만약 이러한 제도적 뒷받침이 없다면 설령 도시와 농촌 인대대표의 형식적 평등을 실현했다 하여도 실제문제는 여전히 해결할 수 없을 것이다.

비록 인대는 선거에서 원칙적으로 '1인1표'제를 실시하지만 인대 상무위원회의 선거와 그의 구성은 뚜렷이 지역 사이의 평등을 벗어났다. 전국인대대표의 구성과 비교해 보면, 상무위원회위원의 구성에서 도시와 농촌대표의 비례차이는 더욱 뚜렷하다. 전국 유권자의 '1인1표'

로 계산해 보면 각 성 인대상무위원회로부터 오게 된 위원들이 전국인대상무위원회에서 차지하는 비율은 반드시 해당 성의 인구가 전국 총인구의 비례와 비슷해야 한다. 즉 이 두 개 수치의 비례는 반드시 1이 되어야 한다. 그러나 제9기 전국인대상무위원회위원의 지역분포는 이 기준에 비하면 차이가 현저히 컸다. 탠진(天津), 베이징(北京), 상하이(上海) 대표단에 속하는 상무위원회위원이 전체상무위원수에서 차지한 비례와 이들 지역의 인구가 전국 총인구수에서 차지한 비례와의 비교치는 1보다 훨씬 많았다. 예를 들면 베이징(北京)의 이 비례는 3.5이고 텐진(天津)은 4.8이었으며 상하이도 2.5에 달하였다. 그러나 싼시(山西), 싼둥(山東), 광둥(廣東), 쓰촨(四川), 산시(陝西) 등 대표단에 속하는 상무위원회위원이 전체상무위원수에서 점한 비례와 이들 지역 인구가 전국인구수에서 점한 비례와의 비교치는 1보다 적었다. 예를 들면 싼시(山西)의 경우는 0.2밖에 되지 않았고 싼둥과 광둥의 경우는 0.4였으며 쓰촨의 경우도 0.5밖에 되지 않았다.

특히 유의할 것은 전국인대가 각 지역에 '낙하산의 방식'으로 약 250여명에 달하는 대표를 선출해 달라는 지시를 하달했는데 이런 대표들은 모두 중앙 당, 정의 각 부서에서 일하며 중앙에서 선거해달라고 지정하긴 했으나 북경 이외 기타 지역 대표단에 귀속되어야 한다. 비록 이런 대표의 지정방식이 근 3000여 명으로 구성된 전국인대대표에게 주는 영향은 크지 않다 하더라도 129명으로 구성된 전국인대상무위원회의 구조에는 큰 영향을 주게 되었다. 때문에 북경지역의 상무위원회위원이 전국인대상무위원회중에서 차지하는 비례가 표면적인 통계수치보다 훨씬 높게 되었다.

이러한 상황을 초래한 주요 원인은 선거법이 비교적 구체적으로 인대의 선거를 규정하긴 하였으나 상무위원회의 선거방식은 규정하지 않았기 때문이다. 전국인대대표가 각 성 인대에서 인구비례에 따라 선거되는 것과는 다르게 전국인대상무위원회는 전국인대가 하나의 집단으로 선거한다. 이로 인해 모든 인대대표의 '1인1표'만 보장되면 선거의 결과는 어떠하고 상무위원회위원의 지역분포는 어떠한지 모두 무관하게 되었다. 그러나 사실 이는 그렇게 간단치 않았다. 즉 전국인대상무위원회는 인대에서 일반적인 전문위원회의 하나가 아니고 독립적으로 법률안을 통과할 수 있는 하나의 입법기구이기에 상무위원회의 선거는 인대대표의 '1인1표'를 반드시 보장해야 할 뿐만 아니라 선거결과에 전국유권자의 '1인1표'도 최종 반영되어야 한다. 그러므로 전국인대상무위원회의 간접적인 선거방식은 상무위원회의 위원구성이 지역의 평등을 벗어날 수 있기 때문에 쓰여서는 아니 된다고 생각한다.

그러나 하나의 대의기구와 입법기구로서 인대상무위원회의 역할은 인대 자체에 비하여 조금도 못하지 않다. 전국인대를 예로 하여 보자면, 전국인대의 규모가 방대하고 매년의 회의기간이 짧으며 효율성도 낮으므로 중국의 거의 모든 법률은 전국인대상무위원회에서 제정하고 전국인대는 소수의 '기본법률'만 제정한다. 그러므로 전국인대상무위원회는 중국의 실질적인 입법자라고 하여도 과언은 아니다. 따라서 전국인대상무위원회의 구성은 반드시 각 지역의 인구와 정비례되어야 할 것이다. 왜냐하면 오직 이렇게 되어야만 하나의 대의기구로서 전국 각 지역의 다원적인 요구와 이익구조를 균형적으로 반영할 수 있기 때문이다. 만약 이렇지 못하고 대의기구의 대표구성이 각 지역의 인구구조를 크게 벗어나면 일부 지역의 이익은 필연적으로 중앙에 충분히 반영되지 못하게 될 것이다. 그러므로 전국인대상무위원회 및 그의 입법이 전체 유권자의 이익을 진정으로 대표할 수 있게 하려면 반드시 법률적으로 각 지역에서 오게 된 상무위원회위원과 전체상무위원회의 비례는 해당 지역의 인구가 전국 총인구에서 차지하는 비례와 적합하도록 보정해야 한다.

사실 이 목표의 실현은 그렇게 어려운 것은 아니다. 이는 상무위원회를 선거하기 전에 먼저 각 지역의 인구비례에 따라 각 지역에서 선거해야 할 상무위원회위원의 정수만 배분하면 되는 것이다. 다시 말하면 전국인대의 선거에서 '1인1표'제를 실현하고 그리고 이를 기초로 각 대표단에서 다시 같은 비례로 전국인대상무위원회를 선거하면 될 것이다. 만약 전국인대 및 상무위원회가 모두 지금의 규모를 유지한다면 이는 모든 대표단에서 대표인수 약 4.3%를 상무위원회위원으로 선거해야 한다는 것을 의미한다. 물론 개별적인 지역은 그의 특수상황에 따라 특수하게 처리할 수 있다. 예를 들면 일부 변방지역은 인구가 너무 적기에 인대대표와 상무위원회성원의 하한을 규정해야 한다. 그러나 인대상무위원회의 구성은 반드시 각 지역의 인구비례에 부합되어야 한다. 아무튼 '사람을 근본으로' 해야 한다는 원칙에 따라 입법자는 반드시 지역, 업종, 재산도 아닌 사람만을 대표해야 한다. 상무위원회는 인대와 같은 하나의 대의기구이므로 그의 구성도 반드시 "모든 공민은 법률 앞에서 모두 평등하다."라는 헌법원칙에 부합되어야 한다.

(4) 인대 및 상무위원회의 전문성

인대제도의 또 다른 하나의 한계는 바로 인대대표 및 상무위원회 위원의 비전문성이다. 비록 인대대표는 하나의 영예이지만 인대 및 상무위원회는 지금까지도 역시 하나의 비공식 직업이다. 즉 인대상무위원회의 주임과 부주임을 제외하고 절대다수의 인대대표 심지어 상무위원회의 일반 위원들은 —지방에서는 물론이고 중앙에서도— 모두 다른 사회직업에 종사하고 있으므로 인대에 참가하는 것은 그들의 '제2직업'일 뿐이다. 사람의 사회생활에서 '경제기초'는 반드시 가장 중요한 기반이다. 이는 중국인대의 회기가 짧게 된 원인이다. 대다수의 대표는 장기간 자기일터를 떠날 수 없기 때문이다. 이렇게 짧은 회기 이내에 인대대표들은 자기의 대의기능을 수행하기 어려울 것이다. 입법은 많은 시간과 정신력의 소모가 따라야 하는 이익의 타협과정이다. 그러므로 정신력은 반드시 집중되어야 한다. 물론 인대에도 일부 전문적 사업인원이 있는 것은 사실이다. 그러나 이들의 다수는 인대대표가 아니므로 유권자의 이익을 대변할 수 없다. 중국 다수의 인대대표들은 '귀족'이 아닌 일반 공민이다. 그러나 일반 공민이 종사하는 하나의 겸직으로 인대대표의 대의기능을 수행할 수 있을지는 의문이다.

인대대표에 대한 현재의 자원배치에도 많은 문제가 있다. 서방국가의 의원들은 비교적 넉넉한 고정된 수입을 제외하고도 정부로부터 사무시설, 직무수행비용 및 일정한 규모를 갖춘 보좌진 등 사업여건을 제공받고 있다. 그러나 중국정부는 또 인대대표들에게 무엇을 제공하고 있을까? 이에 관해 지방조직법 제36조는 다음과 같이 규정하였다. "지방 각급 인민대표대회대표가 인민대표대회 회의에 출석하거나 대표의 직무를 집행할 때에 국가는 필요에 따라 왕복여비와 필요한 물질상의 편리 또는 보조금을 준다."라고 규정하고, 전국인대상무위원회 판공청은 대표의 직무이행에 복무와 편리를 제공해야 한다고 규정하였다. 그러나 인민대표 대의직능의 확실한 이행을 보장하려면 이 모든 것을 다 합쳐도 여전히 부족하다. 물론 인민대표의 사명을 다하기 위해 일부 인민대표들은 자기 가산의 탕진도 마다하지 않을 수 있다. 그러나 모든 인대대표가 멸사봉공(滅私奉公)하기를 바랄 수는 없으므로 근본적인 해결책은 역시 제도에 대한 보완이라 생각한다.

인대는 선출만 하면 되는 것이 아니라 하나의 입법기구로서 반드시 헌법에 규정된 직책을 이행해야 하며 사회를 위해 실제적인 일들을 해야 한다. 인대선거의 결속은 바로 인대사업의 시작을 의미한다. 그러나 절대다수의 인대대표와 상무위원회위원들은 모두 겸직이고 정식 직업은 아니어서 인대는 지금까지 격에 맞는 입법과 감독 역할을 다하지 못해 사람들로부터 '고무인장'이란 풍자를 받고 있다. 그리고 세워야 할 많은 법은 세우지 못했고, 폐지되어야 할 법률도 제때에 폐지하지 못하여 행정입법이 '주제너머 남의 일을 대신하는' 현상도 벌어졌다. 예를 들면 송환자수용(收容遣送) 제도는 바로 '쑨즈강(孫志剛)사건'이후 국무원에서 자발적으로 폐지한 것이고, 인대상무위원회는 법학박사의 상서(上書) 청구에 응하여 이에 대한 위헌성심사를 하지 않았을 뿐만 아니라 적시에 아무런 자원구조입법도 하지 않았다. 2007년 12월 4일, 마오위스(茅于軾), 쟝핑(江平) 등 69명의 학자들은 국무원에 연명의 형식으로 '노동교양'제도에 대한 위헌성심사를 건의하였다. 그러나 전국인대상무위원회는 헌법이 부여한 이 심사권을 행사하지 않았다. 사실 학자들의 이렇게 빈번한 상서 자체가 바로 인대사업의 낙후를 나타냈다. 노동교양의 존폐, '황금연휴'의 조정 또는 북경변호사의 호구(戶口) 이전에 따른 난처함 등에 대한 인대 및 상무위원회의 습관적 결석과 침묵은 모두 인대제도가 아직은 많이 개진되어야 한다는 것을 나타냈다. 인대대표는 반드시 전문화되어야 한다. 이렇지 않으면 헌법이 부여한 민주직능을 수행하기 어려울 것이다.

(5) 사법개혁의 진로에 관하여

1999년 최고인민법원이 첫 번째 개혁요강을 제출한 이후, 중국의 사법개혁은 이미 10여 년이나 지속되었다. 지금의 시점에서 보았을 때, 중국 사법개혁의 주요한 문제는 그 시발점이 너무나 늦었고, 과거부터 장기적으로 중요시하지 않았으며, 혁명운동식의 사법이념은 그 뿌리가 깊어 고치기가 어려운 것인데도 불구하고, 인원은 많고 자질은 낮으며 자원은 결핍되고 부패는 심각하며 독립성은 부족하고 지역주의는 보편화된 현상을 주요 특징으로 하는 중국에 특유한 '사법증후군(司法症候

群)'을 초래하였다.[15] 이러한 배경에서 중국의 사법개혁은 서로 모순되는 수요에 부딪히게 되었다. 즉 한편으로는 법원 또는 법관의 독립성을 강화해야 하고 또 다른 한편으로는 사법부패를 억제해야 하는데 사법부패의 존재로 사법의 완전한 독립을 실현할 수 없었다. 그 결과 오심안건책임제의 추진으로 인해 법관에 대한 심사와 상벌을 실시하게 되었고 이는 또 사법의 행정화란 역효과를 초래하였다.

중국의 사법개혁에서 하나의 중요한 내용은 바로 판결문서의 개혁과 공개이다. 과거 중국의 법원들은 판결문서의 추리, 논증과 서식을 별로 중시하지 않아 '팔고(八股)'식의 문풍(文風)과 형식주의는 만연되었다. 일반적으로 판결문에는 사실인정, 적용한 법조와 결론이 포함된다. 그러나 어떻게 법률을 해석하고 그리고 법률조문을 개별사실에 적용해 논리를 설명할 것인가에 대하여는 소홀히 하였다. 예를 들면 행정소송 판결문에서 법원은 마지막에 거의 모두 행정소송법 중의 '사실인정이 명백하고', '법률적용이 정확하다'란 틀에 박힌 글을 인용하는데 결론은 증명하지 않아도 명백할 것이다. 하지만 판결문의 작용은 바로 사실인정은 왜 명백하고 법률에 대한 이해는 왜 정확한지를 설명하는 것이다. 하나의 구체적인 분쟁에서 쌍방의 일부 관건사실에 대한 설명은 기필코 서로 다를 것이며 법률조문의 의미에 대한 이해도 역시 같지 않을 것이다. 그렇지 않고 만약 정말로 '증명하지 않아도 명백할 것'이면

---

15   Qianfan Zhang, The People's Court in Transition: The Prospects of the Chinese Judicial Reform, Journal of Contemporary China, Spring 2003, 12(34), pp.69-101.

애초 분쟁은 또 어떻게 나타났을 것인가? 설령 법관이 친히 조사하여 도 사실의 진상은 밝히기 쉽지 않으므로 반드시 어느 쪽의 진술을 신뢰하는가를 결정해야 한다. 법관은 도대체 어떠한 증거법칙과 원칙에 의해 어느 쪽의 진술을 채택했는지 이는 반드시 설명해야 할 문제이다. 그리고 사실에 관한 문제도 아주 복잡하므로 많은 지면으로 쌍방 관점의 신뢰도를 분석해야 한다. 법률을 적절히 해석하는 것도 법관의 의무이다. 법률규정을 보았을 때 언제나 모든 것이 명확한 것은 아니므로 법관은 법률의 입법목적, 정신 및 보편적 법률원칙에 따라 법률해석을 해야 한다. 이 방면에 있어 중국법원이 가야할 길은 여전히 멀다. 특히 영미 및 유럽 법원의 판결문서와 비교해 보면 중국법원의 판결문서는 많은 차이를 보여준다. 가장 심각한 문제는 판결문서가 공개되지 않다 보니 그 중의 빈틈과 결점은 법학자 및 사회의 심사와 감독을 받지 못해 낮은 질이 유지되었다는 점이다. 엄밀하지 못한 사법논증과 추리는 틀림없이 법률과 사실의 이탈을 초래하고 오판의 가능성을 높여 사법의 공정성을 약화시킬 것이다. 심판방식의 개혁을 추진하고 사법의 공정을 촉진하기 위해 최고인민법원은 〈재판문서공포관리방법〉을 반포하고 2000년부터 선택적으로 재판문서를 공개하기로 결정하여 법원재판문서의 주동적인 공개에 서막을 열어 놓았다.

그러나 실질적 개혁이 마주친 많은 곤란으로 인해 10년간의 사법개혁을 해온 지금 사법개혁은 다시 방향을 잃은 듯하다. 그리하여 최고인민법원의 새로운 개혁요강은 사법이 "인민을 만족스럽게 해야 한다."고 강조하고 일부 학자들도 사법의 '민주화' 또는 '대중화'를 제창해야 한다고 제출했다.[16] 2006년 4월, 광저우(廣州)의 한 청년 쉬팅라이(許霆來)는 모 은행의 ATM자동인출기에서 기계의 오작동을 이용해 악의적으로 연속 171차에 거쳐 17만5천 위안을 인출하고 1년 동안이나 도주했다. 광저우시 중급인민법원은 쉬팅라이가 불법점유를 목적으로 금융기구를 절도하여 그 행위가 이미 절도죄를 구성하였고 그리고 그 액수가 특별히 많아서 무기징역에 처하고 종신 정치권을 박탈하고 개인의 재산 전부를 몰수한다고 판결했다. 이 판결은 커다란 사회파장을 일으켰는데 약 90%에 달하는 네티즌들은 '양형이 중하다'고 여겼다.[17] 2008년 4월, 광저우시 중급인민법원은 이 안건을 재심하고 최종적으로 쉬팅라이에게 절도죄로 유기징역 5년, 벌금 2만 위안을 선고했으며 그가 인출한 모든 돈을 반환하도록 하였다. 피고인은 법정에서 상소하지 않겠다고 표시했으며 온라인상의 여론도 차츰 가라앉았다. 사법의 대중화를 제창하는 사람들은 쉬팅라이 사건은 민의가 사법판결을 지도할 수 있는 믿을 만한 기준이란 점을 표명했다고 주장하였다.[18] 그러나 비록 사회적인 주목이 일정한 작용을 했다 하더라도 쉬팅라이 사건은

---

16 陳忠林: '常識, 常理, 常情: 一种法治觀與与法學教育觀教', 〈太平洋學報〉, 2007년, 제6기 참조.

17 杭程: '許霆來案─過時的嚴刑峻法急需修正', 〈新京報〉, 2008년 1월 2일.

18 예를 들면, 楊維權: '最高法院長要求法官審案从黨和國家大局出發', http://news.163.com/09/0830/, 그러나 이 요구는 민의의 지지를 얻을 것 같지 않다. 예를 들면 www.163.com에서 네티즌들의 댓글순위 첫 번째에 '법관의 안건심사는 헌법과 법률로부터 출발해야 한다.'라고 하였는데 사람들이 지지를 표한 클릭 수는 13710명이나 되었는데 반대의사를 표한 사람은 오직 23명뿐 이였다.

엄격한 의미에서의 '민의재판'은 아니며 권력의 개입이 이루어낸 판결의 번복이다. 더욱이 설사 민의라 하더라도 항상 정확하거나 이성적인 것은 아니다. 예를 들면 2003년의 류용(劉湧)안건에서 대부분의 민의는 조폭에 대한 증오였기에 법원에서 사형판결을 복구할 것을 요구하였고 일부 확인이 필요한 관건적 범죄 사실의 확인도 무시하였다.[19]

비록 사법대중화 주장의 초심은 긍정되어야 할 것이다. 그러나 헌정국가에서 기구의 성질과 기능은 반드시 명확히 해야 하고, 다른 기구가 각자의 소임을 다하고 책임을 지도록 보장해야 한다. 이렇지 못하면 제도는 물거품이 되어 사법에 대한 권력의 개입도 가중될 것이다. 법관이 가장 먼저 충실해야 할 대상은 법률이지 인민은 아니다. 만약 인민이 불만을 가지면 변경할 것은 법률이다. 법관이 사법권을 초월하려 해서는 아니 된다. 그러나 지금의 중국에서 사법의 월권은 아주 보편적인 현상이다. 최고인민법원의 주요임무는 구체적 안건에 대한 판결이 아니고 추상적인 사법해석과 정책유도를 담당하는 것이다. 이 역할은 입법과 동일시된다. 반대로 법원이 반드시 해야 할 일을 오히려 잘하지 못했다. 예를 들면 판결문의 논리가 불충분하여 사법의 임의성 내지 부패에 공간을 남겨 놓았다. 비록 중국은 삼권분립을 인정하지 않았으나 다른 기능의 분담은 역시 승인하므로 사법직능의 문란은 중국의 사법을 법치라는 올바른 길에서 멀어지게 할 것이다. 그러므로 향후의 사법

---

19   陳瑞華: '判決書中的正義—从劉涌案件改判看法院對刑訊逼供的处理問題', 〈政法論壇〉, 2003년, 제5기.

개혁은 법치라는 이 기본원칙에 회귀하여 사법의 직능분할을 명확히
하고 합리적인 제도설계로 사법이 맡은 일을 잘할 수 있도록 보정해야
한다. 필경 법관의 사명은 헌법과 법률적 가치를 창조하는 것이 아니라
단지 이미 정해진 가치를 구현할 뿐이다. 민의를 대변할 수 있는 의회
만이 입법을 통해 이러한 입법적 가치선택을 할 수 있다.

물론 이는 민의 또는 민의의 대변기구가 사법을 감독할 수 없다는
것이 아니다. 특히 전환기에 있는 중국의 사법개혁은 그 수준이 낮기에
적절한 감독은 사법청렴의 유지, 법관 자질의 향상은 없어서는 아니 될
것이다. 사법에 대한 민의의 감독은 다음과 같은 3개 단계로 나눠진다.
첫째는 입구 감독인데 이는 법관임명 또는 선출에 대한 절차적 통제이
며 법관은 뛰어난 사법기능이 있어야 할 뿐만 아니라 일정한 도덕기준
에도 도달해야 하므로 일부 국가에서 법관은 유권자의 선거로 선출하
기도 한다. 둘째는 과정에 대한 감독이다. 이는 법관의 재판과정과 행
위에 대한 감독이다. 예를 들면 중국의 일부 지방에서 한때 실행되었던
개별적인 안건의 재판과정에 대한 '인대'의 감독은 바로 이에 속한다.
그러나 이는 사법독립에 영향을 주게 되므로 피하도록 해야 한다. 셋째
는 결과에 대한 감독이다. 이는 판결결과 및 질에 대한 외부통제이다.
근년에 들어 중국의 민의는 사법판결이 단순히 예상되는 결과에 도달
하는 것만을 요구하지 않고 사법적 논변의 향상까지 중시하게 되었다.
류융 사건에서 쉬팅라이 사건까지 민의의 이성과 성숙함은 이미 구현
되었다. 반대로 만약 법원이 단순한 '인민의 만족'만 추구한다면 민의
는 재판결과에 큰 이의가 없다 하더라도 판결의 질에 대해서는 만족을

표하지 않을 것이다. 예를 들면 2009년의 덩위쬬(鄧玉嬌) 사건에서 판결은 역시 민의의 영향을 받았다. 그러나 판결문은 사건진상을 밝히지 못하고 민의만 영합했기에 오히려 민의의 존중과 신임을 얻지 못했다.

2013년 11월에 소집된 중국공산당 제18기 중앙위원회 제3차 회의는 사법개혁의 '혼란국면을 바로잡기' 위해 〈중공중앙 개혁의 전면심화에 관한 약간의 중대한 문제에 관한 결정〉에서 3개 방면의 사법개혁을 포치하였다. 첫째, 법에 따라 재판권과 검찰권의 독립적인 공정한 행사를 확보해야 한다. 사법 관리체제를 개혁하여 성 이하 지방법원, 검찰원 인력, 자금 및 물자의 통일적인 관리를 추진하고 행정구획과 적당히 분리된 사법관할제도의 건립을 탐색하여 나라 법률의 통일적이고 정확한 실시를 보증해야 한다. 둘째 사법권운용의 메커니즘을 보편화해야 한다. 이를 위해 재판위원회제도를 개혁하고 주심법관제도와 합의정책임제를 보완하여 심리를 맡은 법관이 재판하고 책임을 지도록 해야 한다. 마지막으로 공개재판을 추진해야 한다. 이를 위해 법률문서의 논리성을 증강하고 발효한 재판문서가 공개되도록 추진해야한다.

사실 2013년 7월에 최고인민법원은 이미 〈최고인민법원 재판문서의 온라인공포 임시방법〉을 실시하고 법원의 발효된 모든 재판문서는 공개해야 한다고 명확히 하였다. 2013년 11월 28일, 재판문서공개를 추진하여 사법공정을 이루어내기 위해 최고인민법원은 광둥 선쩐에서 '사법공개의 추진에 관한 규범성문건 발부회의'를 소집하고 〈최고인민법원 사법공개 3대 판촉공간의 추진에 관한 약간의 의견〉(이하 '의견'이라 약칭한다) 및 〈최고인민법원 인터넷공간에서 인민법원의 재판문서를 공개하는 것에 관한 규정〉(이하 '규정'이라 약칭한다.)을 발표하였다. '의견'은 사법공개를 심화하고 사법에 대한 공중의 이해, 신뢰와 감독을 증진시키며 현대정보기술에 의지하여 사법의 투명성을 확보하고 재판과정, 재판문서, 집행정보 등 3개 정보공개공간의 건설을 전면 추진할 것을 요구한다. '규정' 제1조는 "인민법원이 인터넷공간에서 재판문서를 공포할 때에는 반드시 의법(依法), 적시(及時), 규범과 진실의 원칙을 지켜야 한다."라고 요구하고 제2조는 "최고인민법원은 인터넷공간에 중국재판문서사이트를 개설하여 이미 발효한 각급 인민법원의 재판문서를 통일적으로 공포해야 하며 각급 인민법원은 중국재판문서사이트에 공포된 자기 재판문서의 질량에 대하여 책임을 져야 한다."라고 규정했으며 제4조는 "국가비밀, 프라이버시와 미성년자위법범죄, 조정으로 종결된 사건, 기타 인터넷공간에 공포해서는 아니 될 안건"을 제외하고 효력이 발생한 법원의 모든 재판문서는 반드시 공포해야 한다고 규정하였다. 그리고 제6, 7조는 법원이 인터넷공간에서 재판문서를 공포하면 프라이버시와 관련된 정보를 익명처리하거나 또는 프라이버시, 상업비밀과 관련된 일부 정보를 삭제해야 한다고 규정하였다. 이외에 제11조는 또 "중국재판문서사이트는 반드시 조작이 간편한 검색과 열람시스템을 제공하여 공중의 재판문서검색과 열람에 편리를 제공해야 한다."라고 규정하였다. 〈규정〉과 〈의견〉의 발부는 중국재판문서의 공개가 선택적인 공개로부터 전면적인 공개단계에 진입하였다는 것을 의미하므로 이는 사법설명의 추진과 사법투명성의 확보 그리고 사법공신력의 제고에 큰 도움이 될 것이라 생각한다.

　　1978년의 경제개혁과 마찬가지로 중국의 사법개혁도 역시 자기만의 '쇼강춘(小崗村)'이 있어야 하며, 지금 중국이 요구하는 것은 바로 사람을 흥분시킬 만한 한 차례의 사법실험이다. 우리는 이 실험이 도대체 언제 어디에서 어떻게 진행될지 모른다. 이는 광둥의 선쩐과 같은 경제개혁의 중심에서 시작될 수 있고 내륙의 어느 작은 도시에서 시작될 수도 있으며 그리고 전 방위적으로 진행될 수도 있고 노사분쟁과 같은 어느 한 영역에서부터 진행될 수도 있다. 그러나 아무튼 이 실험의 최종목표는 사회적 감독의 배경에서 자율이 가능한 사법을 만들어 내는 것이다. 이것이 바로 사법개혁의 '쇼강춘'이다. 이의 성공은 사법개혁에 새로운 혈액을 주입시킬 것이며 이의 보급은 중국 사법의 미래가 될 것이다.

중국 법치 100년의 경로

제4장

행정법치로 향하여
매진하다

양하이쿤(楊海坤)

1982년 헌법이 반포된 이후, 행정소송법 등 여러 행정 관련 법률의 반포와 실시는 중국 법치정부이론의 생성에 경험의 축적과 유력한 추동작용을 하였다. 법치정부건설에 관한 행정법 학자들의 토론과 논증은 개혁개방 이래 중국 행정법발전의 거의 전반 과정을 관통하여 행정법이론 사유품격(思維品格)의 보완과 법치정부건설의 추진에 아주 중요한 작용을 하였다. 따라서 신중국 성립 이래, 특히 개혁개방 이래 중국 행정법치건설의 과정을 돌이켜보고 이 중의 경험과 교훈을 총괄하는 것은 아주 중요하다고 생각한다. 현재 중국적 특색이 있는 사회주의 법치체계의 실시를 추진하고 있는 과정에서 행정법학은 반드시 현대 행정국가의 입장에 입각하여 귀중한 역사경험과 교훈을 총괄하고 법치정부의 사명과 기능에 대한 깊은 인식을 토대로 법치정부의 이론체계와 실시기능을 새로 구축하도록 해야 한다.

본장은 현재 중국의 국가통치체계 현대화건설에 입각하여 법치정부이론의 발전과정에 대한 역사적인 회고와 법률문헌정신에 대한 개괄을 통해 새로운 시기 법치정부에 관한 연구는 반드시 의법집정과 의법행정, 당내법규와 행정법규, 의법행정과 의덕행정, 의법행정과 인권보장, 부패척결과 제도구축 등 관계에 관한 연구로부터 착수하여 의법입법, 의법집법, 행정재판 등 방면으로부터 법치정부의 논리구조를 연구하고, 법치정부의 구성상황을 묘사하며 그리고 법치정부의 발전방향을 전망하여 현실속의 법치정부건설이라는 위대한 실천에 역사적인 공헌을 해야 한다고 여긴다.

1. 행정법치로 향한 중국 법치정부건설의 발전과정

(1) 1982년 헌법의 반포실시 및 중국 행정법치의 전개

한 나라의 행정법치는 그 나라의 정치생활 및 헌법의 운명과 밀접히 연관되어 있다. 정치가 청명하고 헌법이 뚜렷하면 행정법치는 있을 것이고 반대로 정치가 혼돈하고 헌법이 쇠락되면 행정법치도 모두 사라질 것이다. 행정법치를 향한 중국의 역사적인 발전과정을 돌이켜보면 아주 험난하고 곡절도 많았는데 이는 비교적 긴 기간 중국 정치생활의 비정상적인 상태 및 헌법의 수난과 연관된다. 신중국 성립 전야에 반포된 헌법적 성질을 지닌 〈중국인민정치협상회의 공동강령〉과 신중국 성립 초기인 1954년에 반포된 헌법은 모두 의법치국을 실시하려는 명확한 의지를 표명하였다. 그러나 지난 역사를 돌이켜 보면 그 시기 중국의 법치이념은 기본적으로 '도구론[工具論]' 정도에 머물러 있었고 이를 치국의 기본정책과 행위준칙으로 보지 않았다는 것을 알 수 있다.

이를 하나의 도구로만 보아 계급투쟁에 필요한지가 그의 사용여부를 결정하는 기준이 되었다. 즉 계급투쟁에 필요하면 법치를 쓰고, 법치가 손발을 묶는다고 여기면 즉각 내버렸다. 이러한 법치이념의 영향으로 인해 '일인통치'와 '군중통치'가 결합된 '인치'는 국가의 주요한 통치모델로 되었고 '민주제도'는 점차 하나의 도구로 전락했으며 그 역할은 특정 정치목표와 수요에 대한 복무에 제한되었다. 설사 이 시기 당과 정부가 일부 행정에 관한 정책, 법률과 규정을 반포했다 하더라도 이들은 법치정신 특히 권력에 대한 감독이 결핍되어 본질적으로 인민이익의 수호에 보탬이 되지 않았고 심지어 '문화대혁명'이란 심각한 정치비극의 발생도 막지 못했다. 때문에 1982년 헌법 이전의 중국에서 의법행정이란 사상은 전혀 수립되지 않았고 법치정부건설이란 목표와 이상은 더욱 제출할 수 없었다.

1978년 중국공산당 제11기 중앙위원회 제3차 회의의 소집을 계기로 중국은 개혁개방이란 새로운 시기에 진입하게 되었으므로 중국의 법제건설도 새롭게 역사적인 한 페이지를 열게 되었다. 1982년 9월 중국공산당 제1차 전국대표대회에서 통과된 새로운 중국공산당규약에서 "당은 반드시 헌법과 법률의 범위에서 활동하여야 한다."라고 명확히 규정하였고 1982년 12월 전국인대에서 통과된 새로운 헌법도 "모든 국가기관과 무장역량, 각 정당과 사회단체, 각 기업 및 사업조직들은 반드시 헌법과 법률을 지켜야 한다.", "그 어떤 조직이나 개인도 헌법과 법률을 초월하는 특권을 가지지 못한다."라고 규정하였다. 이는 중국법제건설의 지도사상이 이미 혼란국면을 바로잡고 정상을 회복하여 사회주의 법제건설이 중대한 역사적 전환을 시작하게 되었다는 것을 말해준다. 만약 1982년 헌법문헌에 대해 좀 더 깊숙한 역사해독을 한다면 우리는 이 헌법이 신중국 성립 이래 가장 좋은 헌법이며 이것이 나타낸 민주법치이념은 바로 과거의 극단적 인치를 반성하고 벗어난 구체산물이라는 점을 어렵지 않게 알 수 있을 것이다.

첫째, 1982년 헌법은 '무산계급 독재하의 계속 혁명'이론을 부정하고 근본법의 형식으로 사회주의 법제원칙을 확립하였다. 1982년 헌법은 서언에서 "중국 각 민족 인민이 투쟁에서 전취한 성과를 법률적 형식으로 확인하였고 나라의 기본제도와 기본임무를 규정한 이 헌법은 나라의 기본법으로서 최고 법률의 효력을 가진다. 전국의 각 민족 인민, 모든 국가기관과 무장력, 각 정당과 각 사회단체, 각 기업 및 사업조직들은 헌법을 기본적인 활동준칙으로 삼아야 하며 헌법의 존엄을 수호하고 헌법의 실시를 담보할 의무를 지닌다."라고 엄숙히 선언하였고 그리고 제5조에 "모든 국가기관과 무장력, 각 정당과 사회단체, 각 기업 및 사업조직들은 헌법과 법률을 지켜야 한다. 헌법과 법률을 위반하는 모든 행위는 반드시 추궁하여야 한다. 그 어떤 조직이나 개인도 헌법과 법률을 초월하는 특권을 가지지 못한다."라고 규정하였다. 이상의 선언과 규정으로 인해 모든 기관은 헌법과 법률의 아래에 위치하게 되었으므로 방대하고 광범위한 행정기관들도 당연히 헌법과 법률을 지켜야 하게 되어 의법행정에 가장 중요한 헌법적 의거를 제공하였다.

둘째, 1982년 헌법은 당정일체가 특징인 정권체제를 변경시키기 시작하였다. 1982년 헌법은 앞에 있었던 두 개의 헌법이 정문(正文)에서

하였던 집권□ □영도지위란 표현을 삭제하고 헌법의 서언에 있
□만 집권당의 □지위를 서술하였다. 이와 동시에 1978년 헌법에
□정되었던 "중화□□공화국의 무장(武裝)역량은 중국공산당중앙위원
회 주석이 통솔한□□와 전국인대는 "중국공산당중앙위원회의 제의에
따라 국무원총리 □□을 결정한다."라는 규정도 삭제하였다. 당정이 일
체로 된 이러한 정□체제에 대한 개변은 "중화인민공화국의 모든 권력
은 인민에게 있다□□는 사회주의헌법 근본원칙의 회복과 실시이다. 이
는 정부가 독립적□□로 사업을 전개하고 법률에 대하여 책임지는 데 헌
법적 근거와 광활□ 공간을 제공하였다.

셋째, 1982년 □법은 개인독재를 반대하는 강제적인 제도를 건립하
였다. '문화대혁명'이 끝나자 떵샤오핑을 핵심으로 하는 중국공산당의
제2세대 지도부는 개인독재의 위험성을 심각히 인식하고 이를 초래한
주요 원인이 '권력의 지나친 집중', '영도직무의 종신제'와 '가부장제의
사업기풍'이라고 판단하고 '문화대혁명'의 교훈은 '지도체제, 조직제도
중의 문제는 더욱 근본적이고 전반적이며 그리고 안정성과 장기성'도
띠었으므로 "만약 현행 제도 중의 폐단을 개혁하지 않으면 과거에 나
타났었던 일부 엄중한 문제들은 재현될 수 있을 것"이라고 인식하였다.
1982년 헌법은 상술한 바와 같은 정신에 따라 권력의 지나친 집중을 방
지하기 위해 1954년의 헌법에서 규정하였던 국가주석을 회복하고 전국
인대 상무위원회의 구성인원은 국가행정기관, 심판기관과 검찰기관의
직무를 겸임하지 못한다고 규정했으며 더욱 중요한 것은 개인독재를
방지하기 위해 국가 최고영도직무의 임기제한을 다음과 같이 규정하였

다. 즉 전국인대상무위원회 위원장, 부위원장, 국가 주석, 국무원 총리, 최고인민법원 원장, 최고인민검찰원 검찰장의 매기 임기는 5년이며 연속임직은 2기를 초과해서는 아니 된다. 뚜렷한 것은 정부수반의 임기에 대한 제한은 행정수반책임제의 건립과 보완에 유리하였다.

마지막으로 1982년 헌법은 공민권을 올바르게 규정하였다. 1982년 헌법은 공민권과 자유에 대한 뚜렷한 관심을 나타내고 공민권을 이전에 비하여 더욱 구체적으로 규정하고 그리고 공민권의 보호는 정부가 책임져야 한다고 규정하였다. 특히 긍정할 것은 1982년 헌법의 제41조는 공민의 신소(申訴)권, 고소(控告)권과 국가배상청구권에 구체적인 헌법준거를 제고하여 사회분쟁의 해결과 사회모순의 해소에 중요한 루트를 제공했으며 향후 중국 행정심판, 행정소송 등 제도의 건립에 중요한 기반을 마련하였다.

1982년 헌법이 반포된 이후, 과거 가장 홀시되었던 정부법치는 점차적으로 신시기 법치의 중점으로 발전하였다. 1949년 2월, 신중국의 창립을 앞두고 마우저뚱이 발부한 〈국민당 육법전서의 폐지와 해방구 사법원칙의 확정에 관한 지시〉에 따라 국민당 시기의 낡은 법률에 대하여 전반적으로 부정하는 태도를 취하게 되었는데 이는 향후의 사법개혁과 법제건설에 소극적인 영향을 가져다 줬으며 특히 정부법치의 발전을 제한하였다.

1981년 중국공산당 제11기 중앙위원회 제6차 회의에서 통과된 〈건국 이래 당의 몇 가지 역사문제에 관한 결의〉는 '문화대혁명'이란 재난을 일으킨 심각한 원인을 장기적으로 여러 차례 당내 정치투쟁의 침통한 교훈을 직시하지 않고 여러 가지 구실로 애써 착오를 포장하려 했으며 당과 나라의 정치생활에서 민주가 결핍하였다는 것으로 결론짓게 되었으므로 개혁개방이후 당과 인민은 심각한 반성을 통해 민주와 전면적인 법제를 실시해야만 극단적 인치가 초래한 재난을 구제할 수 있다는 것을 인식하게 되었다. 비록 개혁개방 초기 이러한 인식은 비교적 흐릿했으나 많은 지도자들은 이미 이러한 인식을 가지게 되었으며 정부법제건설을 포함한 법제건설의 전반을 중시하기 시작했다. 반드시 지적해야 할 것은 21세기부터 우리는 이미 의법치국이란 올바른 궤도에 점차 들어서게 되었다. 이는 중국 법제건설이 겪은 수십 년의 곡절이 있었기 때문이며 그리고 1982년 헌법의 반포 및 실시와도 밀접히 연관된다. 그러므로 의법치국, 의법행정을 실현하려는 결심을 더욱 굳게 해야만 우리는 몇 세대 중국인들이 품어온 민주와 법치의 꿈을 헛되지 않게 할 수 있을 것이다.

아래 우리는 30여 년래 중국 행정법치 발전 중의 몇 개 중요한 법률과 문건의 형성과정을 살펴보면서 귀감을 찾으려 한다.

(2) 1989년 행정소송법의 제정과 반포

중국의 행정법역사에서 극찬해야 할 것은 행정소송법의 제정과 실시이다. 이 법률은 그 누구도 예상치 못하게 중국 대지에 강림했다. 비록 이 법률에 대한 학자들의 평가는 엇갈렸으나 이것의 중국법치와 법치행정에 대한 역사적인 공헌은 추호도 부정할 수 없으므로 이를 중국

민주법치 발전사상 하나의 중요한 이정표로 평가하는 것이 지극히 타당할 것이다.

① 1989년 행정소송법의 입법동기

첫째, 행정소송법의 제정은 행정소송제도가 심각한 사회변혁을 순응하게 된 필연적인 결과이다. 미국인 학자 헨리 월터 엘만(Henry Walter Ehrmann)은 "법률문화의 중심과 그 발전의 주요 동력은 정부에서 설치한 사법제도 내에서 찾으려 해서는 아니 되고 사회 그 자체에서 이를 발견할 수 있을 것이다."[20]라고 지적한 바 있다. 사실 그 어떠한 법률제도의 건립과 변혁이라 하더라도 모두 여러 가지 사회요인이 공동으로 작용하게 된 결과이다. 일부 학자들이 언급한 바와 같이 "행정법제도의 변천은 주요하게는 경제, 정치, 기술, 이념 등 요인들로 조성된 사회구조의 견제를 받고 사회구조의 변천은 또 행정법제도의 변천을 직접 초래하였다."[21] 행정소송제도의 변천을 말하자면 이도 역시 이러한 법칙의 영향을 벗어날 수 없을 것이다.

개혁개방 초기 중국은 형사소송법과 민사소송법을 연이어 반포함으로써 이를 현실분규의 해결에서 아주 중요한 기준으로 작용하게 했

---

20   H.W.埃尔曼(Henry Walter Ehrmann), 〈比較法律文化(Comparative Legal Cultures)〉, 賀衛方, 高鴻均 역, 清華大學出版社, 2002년 판, 제200면.

21   宋功德: '行政法的制度變遷', 載 羅豪才 主編, 〈行政法論叢〉(第4卷), 法律出版社, 2001년 판, 제37면.

다. 그러나 오랜 기간 독립적인 행정소송제도는 중국에서 공석으로 남아 있었다. 비록 당시의 역사배경을 보았을 때, 행정소송법을 반포할 만한 여건은 구비되지 않았다. 한편으로 경제체제, 정치체제개혁은 모두 중요한 성과를 이루어내지 못했고 시장경제와 유한정부(有限政府)이념도 형성되지 않았으며 사법의 종속성도 너무나도 강해 권력에 대한 감독과 공민권의 보장의무를 감당하기 어려워 보였다. 다른 한편으로 "서민은 관부와 다투지 않는다."는 사상·이념은 사회적으로 뿌리를 너무나도 깊게 내려 행정기관에 비하여 뚜렷한 약자인 민중들은 심리, 능력, 기술 등 여러 면에서 필요한 준비를 하지 못하였으므로 이렇게 균형을 엄중히 상실하게 된 상황에서 독립된 행정소송제도의 건립은 불가능해 보였다. 그러나 중국의 행정소송법은 최종 반포하게 되었는데 이는 중국 소송제도의 체계를 더욱 완전한 구도로 이끌었을 뿐만 아니라 '민고관(民告官)'이란 제도의 창설로 중국 민주와 법치의 발전을 상징하고 입법자의 능동성과 창의력도 과시하였다. 급속히 이루어진 중국사회의 변화는 이 법률의 탄생에 양호한 토양을 마련해 주고 생명력을 주입하였다. 만약 처음에는 우리 사회가 피동적으로 행정소송법의 제정을 접수했다면, 오늘에 와서는 이미 능동적으로 행정소송제도의 완벽을 갈망하게 되었다. 한편으로 시장경제체제의 수립은 사람들의 이익염원은 크게 고조시켰고 권리의 수호의식도 날로 각성시켰으며, 다른 한편으로 사회체제의 급변은 또 이익집단의 분화를 초래하여 많은 모순과 충돌을 일으키고 행정소송제도의 적절한 대응을 요구하게 되었으므로 이것도 그 제도변천을 실현시켰다.

둘째, 행정소송제도와 민사소송제도의 관계는 특히 밀접하다. 세 개의 소송제도를 보면, 행정소송과 민사소송의 관계는 가장 밀접하며 절차적 측면에서 많은 특징을 공유한다. 때문에 중국의 행정소송제도 는 민사소송제도로부터 탈태(脫胎)했으며 행정소송법이 반포 및 실시된 이후에도 양자의 연계는 역시 단절되지 않았다. 1991년에 제정한 〈최고 인민법원 '중화인민공화국행정소송법'의 관철집행에 관한 약간의 문 제에 관한 의견·시행〉은 물론이고 1999년에 제정한 〈최고인민법원 '중 화인민공화국행정소송법'의 집행에 관한 약간의 문제에 관한 해석〉 등 도 모두 법원에서 사건을 심사할 때, 민사소송법의 관련규정을 '참조' 할 수 있다고 규정하였다. 설사 행정소송법의 수정에 관한 토론에서도 행정소송제도를 점차 민사소송으로 '복귀'하도록 해야 한다는 소리가 들려오지만[22] 필자는 이렇게 행정소송과 민사소송의 동일성을 지나치 게 과장하고 양자의 본질적 차이를 경시하는 것은 적절치 않으므로 반 드시 재검토되어야 할 것이라 생각한다. 만약 민사소송은 공권력의 힘 을 빌러 평등한 민사주체 간의 분쟁을 해결하는 것이라고 한다면 행정 소송의 본질은 행정으로 인한 분쟁을 해결하는데 그치지 않고 권리에 대한 충분하고도 효과적인 구제라는 신성한 사명도 반드시 걸머지도 록 해야 한다. 바로 이러한 차이로 인해 행정소송법 관련제도의 변혁은

---

22 예를 들면 중국소송법학회 2005년 연회에서 일부 학자들은 민사소송에서 행정소송 을 분리한 필요성에 관해 공개적으로 의문을 제출하였다. 왜냐하면 행정소송제도의 개혁에 관하여 말하자면 조정절차의 적용, 증명책임의 배분, 간이절차의 도입 아니면 소송방식의 전환, 소송원칙의 확립이 모두 민사소송제도를 기준으로 한 것이기에 행 정소송은 완전히 민사소송법의 규정에 따라 진행될 수 있다고 주장하였다.

중국 법치 100년의 경로

단순히 민사소송법의 일부 규정을 응용하는데 제한되어서는 아니 된다. 학계는 반드시 전면적이면서도 이성적으로 행정소송과 민사소송의 관계를 인식하고 행정소송의 상대적 독립을 유지하면서도 일부 소송의 공동법칙을 따라야 한다. 이렇게 되면 우리의 행정소송법은 더욱 좋게 수정되어 더욱 양호한 실시효과를 취득하게 될 것이다.

② 1989년 행정소송법제정의 의의

중국의 헌정과 행정법치의 발전은 상당한 정도에서 행정소송법의 반포와 실시를 떠날 수 없으며 동시에 중국 헌정발전중의 곡절과 행정법치발전이 겪은 곤란도 모두 행정소송법을 실시하는 과정에서 마주한 어려움과 곤란으로 표현되었다. 때문에 중국 행정소송법의 성과와 곤란에 대한 검토는 바로 헌정의 승패와 득실 그리고 행정법치의 발전과 부족에 대한 검토이다. 행정소송법이 실시되기 전 20년의 상황을 보면, 이는 공민권의 수호, 공권력의 지나친 확장에 대한 억제 등에서 아주 중요한 역할을 하였다.

행정법치 기본구조의 구축

법제사를 살펴보면, 중세에 소권(訴權)은 청구권의 일부로서 하나의 사권으로 인식되었으므로 소송법도 당연히 사법으로 분류되었다. 그러나 근대 공법의 궐기로 인해 소권도 하나의 공법적 권리로 점차 발전하게 되었다. 이는 당사자가 법원을 상대로 하여 권리주장을 펼치는 형식으로 표현하게 되었으며 그리고 법원만이 이 소권을 만족시킬 수 있었다. 또 다른 시각 즉 권력분립의 시각으로 보았을 때, 행정권은 반드시 사법권의 감독을 받아야 한다. 때문에 소송법의 발전과정에서 '사법소권설(私法訴權說)'은 '공법소권설(公法訴權說)'에 의해 점차 대체되었고 이 학설을 기초로 하여 구축한 행정소송제도는 근대 행정법치의 기반이 되었다. 중국 행정법치의 발전역사를 돌이켜 보면, 중국 현대의 행정법제도건설은 행정소송제도의 확립을 기점으로 발전을 시작하게 되었다는 것을 쉽게 알 수 있으므로 그것은 중국 행정법의 발전사에서 지워 버릴 수 없는 특별한 지위를 차지한다.

권리구제란 행정소송목적의 확립

독일 법학자인 예링(Jhering)은 "목적은 모든 법률의 창조자이다. 각각 법률·규칙의 제정은 모두 일종의 목적 즉 하나의 실질적 동기로부터 시작하게 되었다."[23]라고 지적한 바 있다. 이는 어떠한 법률제도라고 하더라도 그 뒤에는 모두 특정한 목적이 묻혀있다는 것을 의미한다. 기타 법률제도와 마찬가지로 행정소송제도의 목적도 일정한 특수성을 지니게 되었다. 바로 이러한 특유의 목적은 행정소송제도를 자기만의 특성을 나타내게 했으며 그리고 행정소송제도의 구체적인 설계도 결정하게 하였다.

---

23   미국: 埃德加·博登海默(Edgar Bodenheimer), 〈法理學—法律哲學与法律方法 (Jurisprudence: The philosophy and Method Ofthe Law)〉, 鄧正來 역, 中國政法大學出版 社, 1999년 판, 제106면.

중국에서 행정소송의 목적은 과거부터 논란이 많았던 문제이다. 현행 행정소송법 제1조는 그의 목적을 다음과 같은 세 가지로 제시하였다. 즉 행정안건에 대한 법원의 공정하고도 적시적인 심사를 보장하고, 공민, 법인 및 기타조직의 합법적 권익을 수호하며, 법에 의한 행정기관의 직권행사를 감독하는 것이다. 이 중 분쟁의 해결은 행정소송제도 기능 중의 하나로밖에 볼 수 없으므로 행정소송제도의 목적은 아니다. 그러므로 행정소송의 목적으로 될 수 있는 것은 '권리구제'와 '의법행정에 대한 수호와 감독'일 뿐이다. 여기의 문제는 현행 입법이 제시한 이중목적은 모호하다는 것이다. 비록 이는 행정소송제도건립 초기의 정치적 환경으로부터 발단되긴 했으나 너무나 광범한 목적은 행정소송의 가치를 진정으로 실현하기 어렵게 하였다. 이러한 이중목적의 지도하에 제도설계는 왕왕 행정소송의 취지를 벗어나게 되었다. 그러나 사법실천에서 행정기관은 '행정기관의 의법행정을 수호한다.'라는 이유로 법원에 압력을 주는 것이 버릇이 되어 행정소송안건의 처리에서 법원을 양난의 지경에 빠지게 했다. 판결을 유지한다는 결정은 바로 이의 전형적 표현이다. 만약 애초 입법자가 이중목적을 선택한 것은 부득이한 것이어서 용서될 수 있다고 하더라도 행정소송법을 20여 년이나 실시한 오늘에 와서 이 이중목적은 이미 사회전형이 행정소송제도에게 제출한 요구를 만족시킬 수 없게 되었다. 중국의 현 단계에서 행정권에 대한 감독은 이용이 가능한 많은 감독방식이 있다. 예를 들면 행정내부의 층계감독과 전문기관의 감독, 권력기관의 감독 등이다. 그러나 비교해 보았을 때, 비록 행정소송은 행정권에 대한 유일한 감시통제방식은 아니겠지만 막강한 행정권을 마주하여 행정소송이라는 제도적 조치를 이용해야만 민중의 권리는 가장 효과적인 법률보호를 받을 수 있다. 그리고 중국에 행정소송을 대체해 행정권의 침해로부터 공민권을 효과적으로 지켜낼 수 있는 다른 법률제도는 지금까지 없는 실정이다. 이로부터 지금의 중국이 가장 절실히 요구하는 행정소송제도의 본질은 행정권의 침해를 받지 않도록 공민권을 확실히 지켜낼 수 있는 사법구제제도이므로 '유효하고 빈틈없는 사법구제'는 반드시 모든 행정소송제도설계의 논리적 기점과 결말로 되어야 한다. 때문에 우리는 반드시 기치가 선명하게 '권리구제'를 중국 행정소송제도의 근본 목적으로 내세워야 한다. 오직 '권리구제'란 목적의 인도가 있어야 행정소송제도의 내재적인 가치는 충분히 드러나게 될 것이고 그리고 또 많은 정밀한 미시적인 제도설계가 뒷받침이 되어야만 행정소송권리구제의 목적은 최종 실현될 수 있을 것이다.

법원의 행정재판과 사법의 능동적 기능

전통이념은 법원의 기능을 각종 분쟁에 대한 권위적 재판으로만 인식했다. 그러나 사회발전은 법원의 기능을 이미 크게 확장하였으므로 전통적 분쟁의 해결기능을 제외하고 지금의 법원은 또 권력에 대한 견제, 공공정책 수립과정의 참여 등 많은 부수적 기능들도 가지게 되었다.[24] 행정재판은 "당사자가 행정소송을 제기하였을 경우 문제된 행정

---

24   左衛民, 周長軍: 〈變遷與改革—法院制度現代化硏究〉, 法律出版社, 2002년 판, 제95

에 대하여 다시 심사하도록 법률이 법원에게 부여한 권력인데 이는 외부 절차적 규칙의 통제를 받으면서도 정치성을 지닌 상대적으로 제한된 권력의 형태이다."[25] 행정소송의 전반과정에서 어떻게 사법권과 행정권의 위치설정을 정확히 할 것인가? 이는 효과적으로 공민권을 수호하고 그리고 행정쟁의를 적절히 처리할 수 있는 관건이다. 한편으로 사법권은 반드시 행정의 적법성 여부를 떳떳이 심사하여 위법행정을 시정하고 민중의 기본권을 보장해야 하며, 다른 한편으로 행정재판은 또 하나의 제한된 권력으로 반드시 행정권의 정당한 시행을 충분히 존중하여 그것이 재판권의 침식을 당하지 않도록 보장해야 한다.

그러나 지금의 중국에서 이렇게 너무나도 지나친 사법의 자제(自制)주의는 이미 행정소송제도목적의 실현을 엄중히 저해하게 되었다. 즉 대량의 행정쟁의는 법원의 거절로 인해 입건마저 되지 않았고 설령 입건은 되었다 하더라도 또 많은 안건은 법원의 적시적인 공정한 처리를 기대하기 어려웠으므로 법원에 대한 민중의 인정과 신뢰는 날로 떨어질 수밖에 없어 많은 사람들은 또 문제의 해결을 위해 끊임없는 진정의 길을 선택하거나 심지어 극단적인 행동으로 문제를 해결하려 하였다.[26] 사회전형의 가속으로 인해 민중과 정부의 모순은 일부 영역과

면 이하.

25　　胡玉鴻, '論行政審判權的性質—行政訴訟權力關係: 法理分析之一', 載 陳光中 江偉 主編,〈訴訟法論叢〉(第7卷), 法律出版社, 2002년 판, 제95면.

26　　최근 매체에서 집중적으로 보도한 싼시린퉁(陝西臨潼) 공상행정관리기관 및 쟝쑤우쟝(江蘇吳江) 해사관리기관의 노골적인 처벌의 남용으로 인해 초래하게 된 당사자의 자살안건은 바로 이러한 사례의 구체적 표현이다. 만약 사법이 소극적인 태업상태에 들

지역에서 날로 늘어났으며 잠재된 많은 행정쟁의도 법원의 해결을 절실히 요구하게 되었으므로 이는 사회가 법원행정재판의 더욱 적극적인 역할을 기대하게 되었다는 것을 의미하였다. 때문에 일정한 한도에서의 사법능동주의는 행정소송법 수정의 지도사상으로 되어야 하는데 이는 반드시 사회의 공동인식으로 되어야 한다.[27]

법치행정과 행정부에 대한 사법감독원칙의 확립

법치행정과 행정부에 대한 사법감독원칙의 확립은 중국 민주법제 건설의 중요한 이정표이다. 이는 다음과 같은 몇 개 방면에서 표현되었다.

첫째, 행정소송법의 반포는 중국에서 이미 공민의 기본권을 보장할 수 있는 행정법상의 현대적인 제도를 확립하게 되었다는 것을 나타냈다. 1980년대로부터 중국 사회는 계획경제체제에서 시장경제체제로 전환되어 고도로 집중된 정치체제로부터 민주와 법치를 핵심으로 하

어가게 되면 권력은 견제를 상실하게 될 것이고 민중은 권력의 유린을 받을 수밖에 없을 것이다.

27 '사법적극주의의 기본 취지는 법관은 반드시 안건을 재판하여야 하며 회피하여서는 아니 된다. 그리고 또 그들의 권력을 널리 활용하여 특히는 평등과 개인의 자유를 확대하는 수단으로 공평을 추진하여야 한다. ─즉 사람의 존엄을 보호하여야 한다. 능동주의의 관법은 각종 사회적인 불평등에 대하여 사법적 구제를 제공하여야 하며 권력을 이용하여 특히는 추상적이고 개괄적인 헌법보장을 구체화할 수 있는 권력을 이용하여 이렇게 하여야 한다.' 미국: 克里斯托弗·沃尔夫(Christopher wolf), 〈司法能動主義─自由的保障還是安全的威脅(Judicial Activism: Bulwark of freedom or Precarious Security?)〉, 黃金榮 譯, 中國政法大學出版社, 2004년 판, 제3면.

는 새로운 정치체제로의 심각한 변혁을 시작하였다. 이렇게 전례가 없었던 사회체제의 전면적인 전환은 행정권과 공민권 사이의 관계를 크게 변화시켜 관료의 권력은 책임을 의미하고 권력은 또 권리에 대한 복무를 의미하게 되었다. 행정법상의 권리가 있음으로 하여 행정법상의 구제 등 이념도 반드시 수립되어야 하므로 행정법상 공민의 권리의식도 따라서 각성을 시작하였다.

둘째, 행정소송법의 반포는 중국 법치행정의 발전을 뚜렷이 추진하여 중국 법치정부건설목표의 실현을 가속화하였다. 근 30년 이래 중국 고위층 지도자들은 법치행정이란 원칙의 제시로부터 법치정부건설이란 목표까지 제출하게 되었다. 이는 행정법치 규칙과 본질에 대한 이들의 인식이 점차 심화되었음을 여실히 보여주었다. 만약 의법치국의 목표는 사회주의 법치국가를 건설하는 것이라 하면 의법행정의 직접적인 목표는 바로 사회주의 법치정부를 건설하는 것이다. 행정소송법을 반포, 실시한 이래의 실천은 인식의 끊임없는 향상에 따라 행정부에 대한 공민의 요구가 점차 높아지고 다양화되었다는 것을 보여주었다. 지금 사회적으로 제기되는 유한정부, 투명정부, 신뢰정부, 복무정부, 책임정부 등 표현과 요구는 바로 행정부에 대한 인민의 정당하고도 합리적인 요구의 구체적 반영이며 그리고 이러한 요구는 반드시 법치에 의해야만 최종적으로 공고히 될 수 있을 것이다. 때문에 의법행정의 목표를 법치정부로 확정하는 것은 가장 전면적이고 정확한 것이다. 이는 중국 의법행정의 모든 노력을 법치정부건설에 집중할 수 있을 것이고 사회주의 법치국가건설을 현실적인 내용과 목표로 되게 할 것이다.

마지막으로 행정소송법의 반포는 중국 권력구조에 심각한 변화가 생기기 시작하여 사법권과 행정권의 관계가 초보적이기는 하나 아주 중요한 의미가 있는 조정이 실시되고 있다는 것을 상징하였다. 행정소송은 법원이 행정쟁의를 해결하는 법률제도이다. 만약 중국 행정소송법의 규정을 기점으로 하여 고찰해 보면 행정소송은 공민, 법인 또는 기타 조직의 청구에 의하여 행정기관의 구체 행정작용에 대해 그의 적법여부를 심사하고 재판을 하는 소송제도라고 정의하였다. 여기서 반드시 지적하여야 할 것은 중국적 특색이 있는 사법심사(judicial review)제도의 초보적 확립인데 이는 중국 행정권과 사법권의 분리 및 행정에 대하여 필요하고 유효한 통제를 실시해야 한다는 현대 법치이념을 반영한 것으로 중요한 의미를 가진다.

③ 2014년 행정소송법에 대한 중요한 수정

행정소송법의 실시과정은 중국법치의 현대화는 하나의 어렵고 곡절이 많은 과정이므로 단번에 성공할 수 없다는 것을 표명하였다. 특히 전면적 개혁을 추진하고 정부와 시장의 관계를 조정하며 국가통치체계와 통치능력을 추진해 가고 있는 배경에서 이 법률은 반드시 시대와 더불어 발전하고 점차 완비되어야 한다. 2014년 10월 중국공산당 제18기 중앙위원회 제4차 회의는 <의법치국의 전면적 추진에 관한 약간의 중대 문제에 관한 결정>을 채택하여 의법치국과 법치정부건설에 관한 구체임무를 전면적으로 선언하였다. 이 결정에서 "행정기관은 법에 따라 출정하고 응소해야 하며 법원의 행정안건수리를 지지하고 이미 효력이 발생한 법원판결을 존중하고 집행하는 제도를 완비해야 한다.", "사회모순과 분쟁의 발생을 미리 방지하고 해결할 수 있는 시스템을 건립하고 조해(調解), 중재, 행정재결, 행정심판, 소송 등이 서로 맞물리고 조화를 이룬 다원화된 분쟁해결의 시스템을 보완해야 한다."라고 명확히 지적하였다. 이러한 배경에서 2014년 11월, 제12기 전국인대상무위원회 제11차 회의는 표결로 행정소송법의 수정에 관한 결정을 통과했는데 이는 행정소송법의 실시가 20여 년이 지나 실시한 제1차 수정이다. 이번의 수정은 이 법률의 실시과정에서 나타난 입건, 심사 및 집행의 3가지 어려움이 있다는 소위 '3난(三難)'이란 문제에 초점이 맞춰졌는데 당사자의 소송권 보장, 관할제도와 소송참여자 제도와 증거제도의 보완, 민사쟁의와 행정쟁의의 교차처리 제도의 보완, 판결형식의 보완 등 10개 방면으로부터 구체적 보완을 실시하였다. 오랫동안 행정소송이 많은 비난을 받아온 첫 번째 문제는 안건의 입건난이다. 새로 수정된 행정소송법은 제도설계로부터 서민의 고소가 쉽게 입건으로 이어지도록 문을 활짝 열어 놓았다. 예를 들면 공민권에 대한 보호를 인신권과 재산권에만 제한되지 않게 안건의 접수범위를 확대하였다. 과거 행정소송법은 행정소송의 감독과 구제기능만 중시하고 쟁의의 해결기능을 소홀히 하였던 실정에 비춰 이번의 수정을 실시하면서 입법목적에 쟁의의 해결기능도 있다고 명시했으며, 사법에 대한 지방의 개입을 방지하기 위해 집중관할과 제급(提級)관할을 도입하고 행정기관의 책임자는 또 반드시 출정하여 소송에 응해야 한다고 규정하였다. 그리고 과거 많은 행정심판기관들은 피고의 처지를 면해 주기 위해 늘 기존 행정처분을 유지한다는 결정을 하게 되었으므로 수정 후의 행정소송법은 행정심판을 거친 안건이 기존의 행정처분을 유지한다고 판정하였을 경우, 기존 행정처분을 내린 행정기관과 행정심판을 담당한 행정기관은 반드시 공동피고로 되어야 한다고 규정하였다. 이외에 법원은 또 현저히 부당한 행정처분을 취소할 수 있는 권력을 가진다고 규정하였다. 행정소송법의 이러한 수정은 중국의 행정소송제도가 이미 성숙되었고 그의 민주성도 크게 향상되었다는 것을 상징한다. 수정 후의 행정소송법은 2015년 5월 1일부터 실시하게 되어 그 효과는 점차 나타나므로 주목해야 될 것이다.

(3) 1996년 행정처벌법의 제정과 반포

행정처벌제도는 행정상의 법률책임을 엄숙히 묻는 하나의 중요한 제도이다. 소위 법률책임은 일반적으로 형사법책임, 민사법책임과 행정법책임으로 나눌 수 있는데 이중의 형사법책임과 민사법책임은 모든 공민에게 똑같이 적용할 수 있겠으나 행정법책임은 이들과는 다르게 행정법관계에 있어 쌍방당사자가 맡은 서로 다른 법률상의 책임과 연관된다.

① 행정처벌법은 행정작용 법치화의 초기 견본이다

행정처벌은 행정법책임중 하나의 중요한 유형으로 중국경제 및 사회질서의 수호에서 다른 조치가 대체할 수 없는 중요한 역할을 하고 있다. 지금 중국에서 해마다 약 1억 회에 달하는 행정처벌을 실시하고 있는데 연관된 벌금과 몰수한 금액만 하여도 약 백억 위안에 달하므로 만약 행정처벌제도가 없다면 많은 영역에서 행정관리질서는 어떻게 유지할 것인지 상상조차 되지 않는다. 그러나 실제에서 중국의 행정처벌에는 많은 문제가 존재한다. 예를 들면 처벌 강도의 미약 등이다. 행정처벌의 취지는 처벌을 통해 위법행위를 경계하고 위협하려는 것이므로 다수의 행정처벌은 처벌상대의 재산권에 일정한 영향을 주게 된다. 그러나 영향이 작으면 당사자는 꿈쩍도 하지 않을 것이다. 특히 경제위법행위에 대한 처벌에서 만약 처벌을 받은 후에도 피처벌자가 역시 챙길 만한 이득이 있다면 위법행위에 대한 억제효과는 상실하게 될 것이다. 그리고 행정처벌 중의 '통사정(通事情)'과 '부당간섭' 등의 풍조도 심하여 반드시 처벌해야 될 위법행위에 대한 처벌도 이루어지지 않고 있는 실정이다. 이 외에 법의 집행은 엄격하지 않았고 반드시 제지하고 처벌되어야 할 위법행위도 제지하지 않았을 뿐만 아니라 처벌도 하지 않는 것이 보편적 현상으로 되어 양호한 경제, 문화 및 사회질서의 유지는 어렵게 되었으므로 이 피해는 공민, 법인 및 사회조직이 고스란히 안게 되었다. 또 처벌설정권의 혼란으로 인해 모든 직급의 행정기관들은 행정처벌의 설정에 나서게 되어 행정처벌의 혼란을 초래하였다. 이밖에 처벌절차가 혼란하거나 없어 법률의 집행에서 증거서류를 제시하지 않고 처벌결정서류를 하달하지 않는가 하면 또 당사자의 진술 또는 해명도 불허하여 당사자의 인신권과 재산권을 직접 침해하기도 하였다.

제8기 전국인대 제4차 회의심의를 거쳐 통과된 행정처벌법은 행정처벌이 최선을 다하지 못하고 또 혼란스러운 상황에 비춰 행정처벌법을 규범화하려는 하나의 중요한 법률로서 이는 의법치국, 의법행정이란 기본방침을 구현하였을 뿐만 아니라 민주, 공정, 참여란 이념도 관철하였으므로 중국 사회주의 법치국가건설에 광범위한 영향을 주게 되었다.

첫째, 행정처벌법은 '처벌의 법정원칙'을 확립하였다. 공민, 법인 또는 기타 조직에 대한 행정처벌은 이들의 기본권 즉 인신권, 재산권과 연관되므로 반드시 법적 근거가 있어야 하고 행정처벌권이 있는 행정기관에서 법정절차에 따라 실시해야 한다. 이렇게 해야 되는 이유는 옳고 그른 것의 판별기준은 개인의 주관판단에 의해 결정되는 것이 아니라 사회가 공동으로 인정한 법률상의 규정이 있어야만 이를 근거로 시비를 판단하고 상응한 제재를 가할 수 있기 때문이다. 비록 처벌의 법정원칙이 가리킨 것은 행정처벌이나 이가 반영한 것은 의법치국이 반드시 따라야 할 보편적 원칙 즉 법정원칙이다. 이는 한편으로 "법률이 금지한 모든 행위는 어떠한 사람이나 또는 조직이라 하더라도 해서는 아니 된다. 그러지 않으면 반드시 예외 없이 법률상의 책임을 지고 법률적인 제재를 받아야 한다. 국가기관이 공민의 기본권과 의무에 영향을 주는 행정작용을 실시하려면 반드시 법률상의 근거가 있어야 하고 명확한 법률규정이 없으면 어떠한 국가기관이라 하더라도 그러한 작용을 할 수 없으며 그렇지 않으면 반드시 법률상의 책임을 져야 한다." 라는 것을 의미하였고 다른 한편으로 헌법이 부여한 공민의 기본권을 박탈 또는 제한할 수 있는 행정처벌은 전국인민대표대회 및 그의 상무위원회에서 통과된 법률뿐이며 이것만이 어떠한 조건에서 그 권리를 제한 또는 박탈할 수 있다고 규정한다는 것을 의미하였다. 법률의 적용대상 및 조정범위는 제한되었다. 그러므로 법률은 반드시 일부 사항을 행정기관과 기타 국가기관에 위탁해야 한다. 일부 행정처벌을 설정할 수 있는 권한을 행정법규, 지방법규와 규장의 제정주체에게 수여하는 것은 지금 세계적으로 통행되는 방법에도 부합된다. 그러나 이는 아주 제한적인 수권(授權)인데 규장에 대한 수권이 특히 제한적이다. 때문에 법률의 수권이 없으면 어떠한 국가기관이라도 행정처벌을 설정해서는 아니 된다. 행정처벌법이 구현한 이 의법치국이란 정신은 중국의 민주와 법제건설에 대하여 아주 좋은 영향을 주었다.

둘째, 행정처벌법은 '직권의 법정원칙'을 확립하였다. 행정처벌은 반드시 행정처벌권한을 가진 행정기관이 그의 법정 직권범위 이내에서 실시하여야 한다. 이는 처벌법정원칙에 내포한 또 하나의 의미 즉 직권의 법정원칙이다. 직권의 법정원칙이란 국가행정기관의 직책과 권한은 반드시 법률의 규정으로 수여하거나 또는 직접 법률로 규정되어야 한다는 것을 뜻한다. 중국의 행정기관은 권력기관의 집행기관이다. 이는 인민대표대회로부터 선출되고 그에 대해 책임지며 또 그의 감독도 받아야 한다. 행정기관의 권력은 인민으로부터 온다. 인민은 전국인민대표대회 및 그의 상무위원회를 통해 법률을 제정하여 다른 행정권을 다른 행정기관에 수여한다. 법률이 어떠한 행정권을 얼마나 수여하면 행정기관은 이러한 행정권을 가지고 행사할 수 있는 것이다. 법률이 행정기관은 어떠한 직권을 행사할 수 있다고 규정해야만 행정기관은 이를 행사할 수 있고, 법률이 행정기관은 직권을 행사할 때 어떠한 방식과 절차를 취해야 한다고 규정하면 행정기관은 반드시 어떠한 방식과 절차를 취해야 한다. 법률이 규정하지 않으면 즉 법률의 수권이 없으면 행정기관은 행정권을 행사하지 못한다. 이러지 않으면 이는 직권의 초월이다.

② 행정처벌법은 행정절차 법치화의 초기 견본이다

첫째, 행정절차법은 처음 법률의 형식으로 행정절차를 완벽히 규정하였다. 행정관리에 행정처벌권이 당연히 포함되는지에 관해 행정처벌법은 다음과 같이 규정하였다. "행정처벌은 행정처벌권이 있는 행정기관이 그의 법정 직권범위 이내에서 실시한다."(제15조) "행정처벌은 위법행위발생지 현(縣)급 이상 지방인민정부의 행정처벌권이 있는 행정기관에서 관할한다."(제20조)라는 등을 규정하였다. 행정기관은 행정처벌권이 있을 때만 행정처벌을 집행할 수 있다. 위에서 언급했듯이 행정기관은 행정처벌권의 설정에 있어 법률의 명확한 수권이 있는 경우에만 행정처벌을 집행할 수 있는 것이다. 때문에 행정처벌의 설정과 집행을 보았을 때 행정관리는 행정처벌권과 결코 같지 않다 해야 될 것이다. 행정상의 강제, 행정처벌 등 법률제도의 규정으로부터도 이러한 결론을 얻을 수 있다. 공민의 기본권과 의무에 직접적 영향을 주게 될 행정작용 즉 강제와 처벌 그리고 허가와 징수 등은 법률의 수권을 이미 받은 특정된 행정기관만이 실시할 수 있다. 그러므로 행정기관이라 하여 모두 자연적으로 공민의 기본권과 의무에 영향을 주는 행정작용을 할 수 있는 권한이 있는 것은 아니다.

둘째, 행정처벌법은 법집행의 절차적 측면에서 일정한 돌파를 이루어내었다. 행정처벌법은 처벌의 절차를 결정절차와 집행절차로 나눴다. 이 중 결정절차는 또 간이절차, 일반절차와 청문절차로 세분되었다. 청문절차를 최초로 행정처벌절차에 도입한 것은 중국 민주법제건설이 앞으로 내디딘 중요한 한 걸음이다. 중국의 입법에서 예를 들면 이해관계자와 전문가의견을 청취하고 근년에 일부 지방에서는 또 직접 초안을 공포하여 의견을 구하는 것도 시작하였다. 그러나 이러한 절차의 다수는 아직 법정절차로 입법화되지 않았다. 그리고 행정작용을 실시할 때의 구체절차를 법률로 명확히 규정한 것을 말하자면 중국에서 최초인데 이는 이미 국내외 법학계의 많은 주목을 받게 되었다. 이들은 이를 중국 의법치국의 중요한 발전이라 인정했다. 물론 청문절차에 관한 행정처벌법의 규정은 그 범위가 제한적이고 윤곽도 거칠어 아직은 많은 경험을 축적하고 구체화해야 될 것이다. 그러나 중국의 행정절차입법에서 이것이 아주 좋은 시작인 것은 분명하다. 실천의 발전에 따라 청문절차도 향후 더욱 많은 입법에 의해 채택될 것이다.

집행절차에 관한 행정처벌법의 규정은 추진하고 있는 청렴정부건설과 밀접히 연관되었다. 과거 중국에서 오랜 기간 통행되었던 "누가 처벌을 집행하면 누가 곧 벌금을 징수한다."라는 절차규칙은 비록 모든 벌금은 반드시 재정에 납부되어야 한다고 규정했으나 실제로 벌금중의 일부는 일정한 비례로 처벌의 집행기관에 반환하게 되었으므로 이는 부패를 만연시키는 중요한 제도적 결함으로 되었다. 물론 벌금분할제도의 목적은 처벌의 '적극성'을 동원하려는 데 있었다. 그러나 이는 처벌과 벌금의 남발을 부추기는 역 효과도 초래하여 부패를 일으키는 또 하나의 제도적 결함으로 되었다. 행정처벌법이 규정한 처벌결정을 내리는 기관과 벌금을 징수하여 납부하는 기관의 분리제도 그리고 재정에서 일정한 비례로 벌금을 반환하는 것을 금지하는 제도의 목적은 바로 상술한 바와 같은 2개의 제도적 결함을 보완하려는 것이다. 이것의 보편적 의미는 반부패투쟁의 중점을 부패방지에 관한 제도건설에 두고 부패를 일으킬 수 있는 모든 제도적 결함을 보완하려는 것이다.

셋째, 행정처벌법은 절차위법에 대한 처리를 규정하였다. 오래전부터 중국에는 실체를 중시하고 절차를 경시하는 전통 특히는 행정절차를 경시하는 전통이 있었다. 근년에 와서 민주법제건설의 발전에 따라 절차도 날로 사람들의 주목을 받게 되었다. 그러나 행정절차상의 위법은 실체처리의 적법 여부와 밀접히 연관되므로 그 처리가 복잡하다. 절차가 위법하였고 실체에도 착오가 있으면 행정은 당연히 취소되어야 한다. 그러나 곤란한 것은 절차상의 위법은 틀림없으나 실체상의 처리는 정확할 경우이다. 이에 관하여 이전의 〈행정심판조례〉와 행정소송

중국 법치 100년의 경로

법은 모두 상응한 규정이 있었다. 즉 〈행정심판조례〉는 '행정에 절차상의 결함이 있을 경우' 행정심판기관은 피신청인이 이를 보정하도록 결정할 수 있다고 규정하였다. 그러나 모든 행정은 거쳐야 할 모든 절차를 거치고 내리게 된 결정이기에 만약 부족한 부분이 있어도 보정할 방법은 없고 다시 그렇게 하지 않는 것으로 끝낼 수밖에 없다. 행정소송법은 법정절차를 위반하였을 경우 취소 또는 부분적 취소의 판결을 하며 또한 피고가 구체행정을 다시 수행하도록 판결할 수 있다고 규정하였다. 1991년 최고인민법원의 사법해석은 더 나아가 법원이 법정절차를 위반하였다는 이유로 피고의 구체행정을 취소하는 판결을 한 경우 행정기관은 다시 구체행정을 수행함에 있어서 행정소송법 제55조[28]에서 규정한 제한을 받지 않는다고 규정하였다.

상술한 바와 같은 행정소송법과 그에 관한 이러한 사법해석은 절차위법에 대한 처리에 있어 〈행정심판조례〉보다 한층 더 발전하였다는 것을 보여준다. 행정기관의 절차위법은 그의 실체적 처리가 어떠한가를 막론하고 반드시 모두 취소하여 행정기관이 위법으로 인한 패소의 책임을 지도록 해야 한다. 그러나 정확한 실체결정이 취소되었을 경우 해당기관은 다시 결정을 할 수 있고 행정처벌법 제55조[29]의 제한도 받

28　〈중화인민공화국행정소송법〉 제55조 [피고의 구체적 행정행위 재수행시의 제한]: 인민법원이 피고의 구체적 행정행위를 다시 수행하도록 판결하였을 경우 피고는 동일한 사실과 이유로 원 구체적 행정행위와 기본상 같은 구체적 행정행위를 수행하지 못한다.

29　〈중화인민공화국행정처벌법〉 제55조 [상급 행정기관의 감독]: 행정기관이 행정처벌을 실시함에 있어서 다음 각 호의 1에 해당하는 상황이 있을 경우에는 상급행정기관 또는 관계부서가 그 시정을 명하고 직접 책임진 주관자와 기타 직접 책임자에 대하여

지 않는 것은 별도의 문제이다. 따라서 공민, 법인 또는 기타 조직의 위법행위는 행정기관의 절차위법에 대한 처리로 인해 같이 무산되지 않을 것이다. 이렇게 됨으로써 절차위법이 처리되고 실체적 위법도 놓치지 않게 되어 양쪽이 모두 다 이상적인 결과를 얻게 되었다. 그러나 여기서 두 가지 문제가 해결되지 않았다. 즉 하나는 상술한 바와 같은 상황에서 공민, 법인 또는 기타 조직에게 소송절차상의 위법은 아무런 의미도 없고 역시 실체적 측면에서 처리되어야 할 것이다. 소송을 제기할 사람이 없으므로 절차위법에 대한 감독도 자연스럽게 동력을 상실할 것이다. 또 다른 하나의 문제는 행정기관은 절차위법으로 인해 패소를 당하게 되었다 하여도 뒤따른 실체적 처리가 또한 가능하므로 아무런 실제적 '손실'이 없어 절차에 대한 경시는 계속된다는 점이다. 절차위법에 대한 행정처벌법의 처리는 더욱 발전하였다. 첫째, 법정절차를 지키지 않은 행정처벌은 무효이다. 둘째, 행정처벌절차를 위반하였을 경우 상급행정기관 또는 관계부서에서 시정을 명해야 하며 직접 책임이 있는 주관자와 기타 책임자에 대해 법에 따라 행정처분을 줄 수 있다. 상술한 바와 같은 규정에 의하면 절차가 위법하면 행정처벌은 무효이고 만약 실체가 정확하면 행정기관은 역시 구체행정을 다시 시행할수 있다. 그러나 주관자와 직접책임자에 대하여 행정처분을 줘야 한다. 절차법의 위반행위를 포함한 모든 위법행위는 반드시 법률책임을 져

법에 의하여 행정처분을 줄 수 있다. (1)법정 행정처벌의거가 없을 경우; (2) 자의로 행정처벌의 종류, 정도를 변경시킨 경우; (3) 법정 행정처벌절차를 위반한 경우; (4) 이 법 제18조의 위탁처벌의 관련 규정을 위반한 경우.

야 한다. 이렇게 되어야만 위법분자를 징계하고 그리고 위법행위도 시정할 수 있을 것이다.

(4) 2004년 행정허가법의 제정과 반포

시장경제의 본질은 자유와 공평이다. 이는 시장경제가 그의 발전을 지속할 수 있는 전제이다. 이익에 대한 욕망의 부추김으로 인해 사람들은 자유롭게 시장에 진입하여 자유롭게 생산, 소비와 교환을 선택하게 되므로 사람과 사람 사이의 관계는 자연경제가 주도적 지위를 점하고 있었던 봉건시대에 비하여 크게 변화했는데 이러한 변화는 '신분사회로부터 계약사회로의 전환'이라 개괄할 수 있다. 신분을 중히 여기는 계급사회에 있어 사람의 신분이 다른 것은 그의 다른 법률지위를 결정한다. 그러나 상품경제, 시장경제에 있어 사람들의 법적 지위는 같으므로 모두 자유롭고 평등하게 경쟁에 참여할 수 있다. 중국의 현재 상황에서 자유롭고 공평한 사회적 환경을 조성하려면 가장 중요한 것은 바로 경제활동에 대한 행정권의 부당개입을 통제하고 국가행정기관의 의법행정을 반드시 강조해야 한다는 점이다.

중국에서 사회주의 시장경제체제를 건립함에 따라 행정허가제도의 적용범위도 날로 늘어나게 되었으며 이와 동시에 허가의 설정과 실시에 있어는 많은 문제도 나타나게 되었다. 이렇게 많이 나타난 문제에서 비교적 뚜렷한 것은 행정기관은 업종 또는 지역의 이익으로부터 출발하여 허가를 이용하여 독점을 하거나 경쟁적으로 허가를 설정하였기 때문에 허가의 범람을 초래하고, 허가는 날로 행정기관의 부패를 일으키는 온상이 된 것이다. 그리고 허가기관의 권한의 불분명과 여러 등급 및 여러 부서의 허가는 새로운 관료주의를 형성하였고 허가기준은 혼란스럽고 불일치했으며 허가절차는 쓸데없이 길고 번잡하였다. 이외에 행정기관은 또 허가를 이용하여 마음대로 비용을 받았으며 허가증에 대한 감독도 부족하였다. 때문에 반드시 행정허가를 관료제도의 틀 속에 두고 이것이 다시는 시장경제를 삼키지 않도록 해야 한다.

① 행정허가와 법치정부의 내재적 관계

1980년대부터 중국은 법치정부 건설작업을 시작하여 행정소송법, 국가배상법, 행정심판법, 행정처벌법 등의 법률을 잇따라 제정·실시하였다. 2003년 전국인대상무위원회는 행정허가법을 제정하여 통과하게 되었다. 이는 중국 법치정부건설이 이미 깊숙이 발전하게 되었다는 것을 의미하고 이는 기필코 중국의 행정허가를 법제화, 규범화의 방향으로 추진하려는 것이어서 중국 행정법치건설의 또 하나 중요한 이정표이다.

첫째, 행정허가법은 정부규제의 범위를 제한하여 '유한정부'건설에 도움을 주었다. 법치정부의 가장 중요한 임무는 바로 인민권리에 대한 보장이다. 따라서 반드시 정부권력과 정부규제의 범위를 제한하여 '유한정부'를 건설해야 한다. 과거 정부는 너무 많은 것을 관할하였다. 모든 사항은 정부의 심사와 허가를 반드시 거쳐야 했는데 이는 시장경제의 발전과 공민개인의 적극성 및 창의력의 발휘를 심각하게 저해하였다. 때문에 사람들의 사회생활과 경제생활에 대한 정부규제범위를 제한하는 것이 행정허가법의 가장 중요한 임무로 되었다. 즉 법률은 국가안전, 공중안전, 인신건강과 생명, 재산안전, 제한된 자연자원의 개발과 이용, 제한된 공중자원의 배치, 공중이익과 직접 연관된 독과점기업의 시장진입 등 사항에 한하여 행정허가의 설정을 허용하며, 설령 상술한 바와 같은 사항이라도 시장조절과 업종조직·중개기구의 자율적 관리 및 행정기구의 사후감독 등 방식으로 규범화할 수 있는 사항에 관하여 행정허가를 설정해서는 아니 된다. 법률은 허가사항범위에 대한 이러한 제한을 통해 한편으로는 대량의 불필요한 규제를 취소하여 시장주체와 공민들에게 자유를 돌려주게 되었고, 또 다른 한편으로는 일부 규제상황을 업종조직과 중개기구에 이전함으로써 진정한 '공공물품'에 속하는 소수사항에 대한 허가만 정부에서 실시하도록 하며 정부의 직능을 전환하여 정부를 '만능정부'로부터 '유한정부'로 변화하게 하였다.

둘째, 행정허가법은 각 부서와 지방의 허가설정권을 제한하여 법제가 통일된 정부건설에 힘을 보탰다. 법치정부는 반드시 법제가 통일되어야 하며 부서분할과 지방할거를 용납되어서는 아니 된다. 그러나 과거 우리의 법률은 부서와 지방의 규제권한을 제한하지 않았기에 일부 중앙부서와 지방정부들은 규장 심지어 규범성을 지닌 일반문건으로 허가를 마구 설정하여 권력을 쟁탈하고 지역이익의 도모에 나섰다. 이러한 부서이기주의와 지역이기주의 폐해를 극복하고 국가법제와 시장의 통일을 보장하기 위해 행정허가법은 중앙부서의 허가설정권을 취소하고 지방정부의 허가설정권도 엄격히 제한하여 성, 자치구, 직할시정부는 행정관리상의 긴박한 수요에 한하여 1년을 초과하지 않는 범위 이내에서 임시 행정허가만 설정할 수 있게 되었다. 행정허가법의 이러한 규정은 법제와 시장의 부서분할과 지방할거를 제거하고 법제가 통일된 정부를 건설하는데 유익한 것은 틀림없었다.

셋째, 행정허가법은 행정허가의 공개원칙을 확립하여 투명하고 청렴한 정부건설에 크게 기여하였다. 법치와 청렴은 밀접히 연관되었다. 법치정부에서 부패와 권력의 남용은 용납될 수 없으므로 이의 제거를 위해 상응한 제도는 반드시 마련되어야 한다. 과거 중국의 행정허가 특히 시장진입에 관한 허가에서 이러한 제도가 결핍되어 많은 부패안건을 초래하였다. 이러한 실정을 감안하여 행정허가법은 허가의 공개원칙과 관련제도를 확립하였다. 즉 법률은 행정허가의 사항, 조건, 절차를 반드시 공개할 것을 요구하고 물밑조작을 해서는 아니 된다고 규정하였다. 행정기관은 허가의 실시에 있어 그의 성질에 따라 어떤 것은 반드시 공개입찰, 경매 등 경쟁절차를 거쳐야 하고 어떤 것은 반드시 통일고시의 통과를 전제로 해야 하며 또 다른 일부는 일정한 기술표준과 규범에 의한 검증, 검사, 검역을 거쳐야 한다. 이러한 법정공개절차를 거치지 않고 실시한 모든 행정허가는 권력기관이 이를 취소 또는 무효로 확인할 수 있다. 행정허가가 신청인 또는 이해관계자의 중대이익과 연관되었을 경우 행정대상자의 신청에 따라 행정기관은 청문회를 소집해야 하며, 행정허가의 결과는 반드시 공개하여 행정대상자와 사회공중의 보편적 감독을 받도록 해야 한다. 분명한 것은 이러한 공개,

투명원칙과 이들의 견제는 행정기관 및 공무원의 부패와 권력남용의 방지 그리고 청렴정부건설에 대하여 아주 중요한 작용을 하게 된다는 것이다.

넷째, 행정허가법은 허가실시의 공정·공평절차를 확립했는데 이는 공정·신뢰정부건설에 많은 기여를 하였다. 보편성과 비차별성, 안정성과 예측의 가능성은 법률의 기본적 특징이다. 그러므로 법치정부는 필연적으로 공정, 공평, 신뢰보호를 요구하게 되었다. 행정허가의 영역에서 공정, 공평, 성실과 신뢰를 보장할 수 있는 가장 효과적인 제도는 바로 절차이다. 과거 많은 행정의 대상자들은 정부의 행정허가에 대해 불만을 품게 되었는데 이중의 주요 원인은 바로 허가절차의 불공평이 초래한 편파성이다. 때문에 행정허가법은 허가절차의 규범화를 입법의 중요 목표로 삼고 공정, 공평, 신뢰를 보장할 수 있는 다음과 같은 일련의 규칙과 제도를 확립하였다. (1) 행정허가법은 공평과 공정을 행정허가의 기본원칙으로 확정하고 행정기관은 반드시 모든 신청자를 평등하게 일시동인(一視同仁)해야 하며 법정조건과 기준에 부합되는 모든 신청자에게 동등한 허가의 기회를 주어야 하고 신청자를 편파적으로 대해서는 아니 된다. (2) 수량적 제한이 있는 행정허가에서 2개 또는 2개 이상의 신청자가 모두 법정조건과 기준에 부합하게 되었을 경우 법률은 행정기관에서 신청을 접수한 시간상의 순서에 따라 허가를 하거나 또는 입찰, 경매, 통일고시 등 공평경쟁의 방식으로 피허가인을 확정할 것을 요구하였다. (3) 행정기관은 행정허가신청에 대한 심사에서 허가사항이 제3자의 중대이익과 직접 연관된 것을 발견하게 되었을 경우 반드시 이를 제3자에게 고지해야 하고 신청인, 이해관계자는 진술과 변명할 권리를 가지며 행정기관은 신청인과 이해관계자의 의견을 청취해야 한다. (4) 행정대상자가 법에 따라 행정허가를 취득하면 행정기관은 이를 마음대로 취소, 변경 또는 말소해서는 아니 되며 행정허가의 발부가 의거한 법률, 법규, 규정이 이미 수정 또는 폐지되거나 행정허가의 발부가 의거한 객관상황에 중대한 변화가 생겼을 경우 행정기관은 공중이익의 수요에 따라 이미 발효한 행정허가를 법에 따라 변경 또는 종지할 수 있다. 그러나 이로 인한 행정대상자의 재산상 손실에 대해 행정기관은 반드시 법에 따라 보상해 주어야 한다.

다섯째, 행정허가법은 간편하고도 재빠르며 신청인에게 많은 편리를 제공하는 허가방식과 제도를 규정하여 편민, 효율정부건설에 기여하였다. 법치정부는 반드시 민중이 편리하고 그리고 효율도 높아야 한다. 그러나 과거 우리의 일부 정부기관들은 이념, 체제 및 제도 등 여러 방면의 원인으로 인해 행정허가의 실시에서 가능한 행정대상자에게 편리하고도 신속한 서비스를 제공하는 것이 아니라 갖가지 번잡한 절차를 설치하여 행정대상자들이 허가의 취득을 위해 굉장한 시간과 정력을 소모하게 하였다. 이러한 상황을 감안하여 행정허가법은 편민(便民)과 효능을 행정허가의 기본원칙으로 규정하고 일련의 관련 규칙과 제도를 확립하였다. (1) 성, 자치구, 직할시인민정부는 국무원의 비준을 거쳐 정간(精簡), 통일, 효능의 원칙에 따라 하나의 행정기관에서 관련 행정기관의 행정허가권을 행사하도록 결정할 수 있다. (2) 행정허가를 행정기관 내에 설치된 여러 기구가 심사해야 할 경우 해당 행정기관은 하나의 기구를 확정하여 통일적으로 행정허가신청을 접수하고 행정허가결정을 송달하도록 해야 한다. 행정허가는 법에 따라 지방인민정부 2개 이상의 부서가 각기 실시해야 할 경우, 해당 인민정부는 이 중한 개 부서를 확정하여 행정허가신청을 접수하고 이를 관계부서에 통보하여 각자가 의견을 제기한 이후 통일적으로 처리할 수 있으며 일부행정허가는 해당 지역의 인민정부에서 관계부서를 조직하여 합동으로 처리하거나 또는 집중적으로 처리할 수도 있다. (3) 신청인이 행정허가 신청을 제출할 때, 신청서류에 즉석에서 수정할 수 있는 문자 또는 계산상의 착오 등 오류가 존재할 경우 행정기관은 신청인의 즉시 수정을 허용해야 하며 서류의 이러한 문제를 이유로 접수를 거절해서는 아니된다. 신청서류가 완벽하지 못하거나 법정형식에 부합되지 않을 경우 행정기관은 반드시 보완해야 할 모든 내용을 일차적으로 신청인에게 고지해야 한다. (4) 신청인이 제출한 신청서류가 완벽하고 법정형식에 부합되면 행정기관이 즉시 결정할 수 있는 것은 반드시 즉시 서면으로 행정허가결정을 해야 하고 만약 즉시 결정할 수 없으면 법정기한(20일) 이내에 결정을 해야 한다. 법정기한 이내에 결정을 내리지 못하면 해당 행정기관책임자의 비준을 거쳐 최장 10일까지 연장할 수 있으며 특정 유형에 속하는 경우에는 15일까지도 연장이 가능하다. 행정허가법의 이러한 규정은 과거 행정기관들이 실무적 차원에서 책임을 회피하거나 시간을 끄는 등의 많은 문제를 해결하고 정부사업의 효율성을 제고하는데 중요한 작용을 하게 될 것이다.

② 행정허가 입법과 집행에서의 문제

행정허가법이 실시된 이래 입법과 집행에서 이미 많은 문제가 드러났다. 지금 행정허가에 대한 중국의 감독에는 다음과 같은 문제들이 존재한다. 첫째, 행정기관 및 사업인원들이 허가를 남발하고 허가에 대한 사후관리에 소홀히 하는 것은 이미 일반적 상황으로 되었다. 둘째, 일부 영역에서 허가증의 소지자들이 이를 불법으로 양도, 전매, 대여하는 현상이 심각하나 행정기관은 허가증에 대한 관리직책을 효과적으로 수행하지 못하고 있는 실정이다. 행정허가 및 허가증소지자 허가활동에 대한 감독을 강화하기 위해 행정허가법은 반드시 행정허가기관이 법에 따라 허가를 실시할 의무를 가진다는 것과 법정허가직책을 이행하지 않았거나 또는 허가권을 남용하였을 경우 져야할 법률책임을 명확히 규정해야 하며 그리고 피허가자에 대한 감독조치, 예를 들면 모든 대여, 양도, 증명서위조의 금지도 반드시 규정해야 한다. 이외에 행정허가법은 허가증의 양식, 제작, 위조의 방지 등에 있어서도 명확히 규정할 수 있으며 행정허가에 대한 관리를 강화해야 한다. 상하이자유무역실험구를 설립하며 특별히 국제관례에 따라 '부정요인목록(負面淸單)'제도를 시험하여 보급하고 있는데 자유와 허가의 관계를 어떻게 처리할 것인가는 국가와 사회, 정부와 시장사이의 깊숙한 문제와 연관되므로 행정허가제도의 향후 개혁과 발전에 주목해야 할 것이다.

(5) 2004년 〈의법행정의 전면추진에 관한 실시요강〉의 의의

법치정부를 향한 발전과정에서 우리는 반드시 2004년 3월 국무원 상무화의에서 통과된 〈의법행정의 전면추진에 관한 실시요강〉(이하 〈요강〉라 약칭한다.)에 주목해야 할 것이다. 이 〈요강〉에서 약 10년간 의법행정의 지속적인 추진으로 법치정부의 목표를 기본적으로 실현해야 한다고 지적한 바 있다. 그러나 이는 행정의 시각으로부터 제출하게 된 의법행정에 관한 지도사상, 기본원칙과 주요한 조치 등이기에 인대의 입법과 법원의 사법은 기본적으로 언급되지 않았다.

① 〈강요〉의 중요내용: 의법행정이념과 의법행정제도의 결합

법치정부 구축에 관한 일반적 법칙에 의하면 의법행정이념을 육성하고 확립하고 이를 의법행정의 제도로 전환시켜 의법행정의 실천에 융합되도록 해야만 진정한 법치행정을 실현할 수 있다. 이와 같이 의법행정에 관한 제도를 완벽히 해야만 의법행정에 관한 이념도 확실히 확립되어 의법행정의 실천에 이념상의 지도와 제도적 보장을 제공하게 될 것이다. 〈요강〉의 모든 내용은 의법행정이념과 의법행정제도의 결합을 구현하였다. 의법행정이념과 의법행정제도가 일치된 이 법치문헌에 현대 행정법치의 보편적 요인이 포함된 것은 물론 중국 국정의 특수성도 반영되었다.

첫째, 〈요강〉은 중국과 외국에서 의법행정의 실천으로부터 의법행정의 기본이념을 추출하였다. 서방국가들이 법치정부로 향한 3, 4백년의 역사를 돌이켜 보았을 때, 의법행정의 실천은 발전하면서 변천하고 변화하면서 발전해 왔으며 수백 년 동안 실천을 축적하여 의법행정에 관한 보편적 이념을 확립하였다. 대륙법계의 국가에서 이러한 의법행정기본이념의 주요한 표현은 법률의 우위, 법률의 유보, 비례원칙, 신뢰보호원칙 등이고 영미법계의 국가에서 이러한 의법행정기본이념의 주요한 표현은 월권무효, 합리성원칙, 절차정당과 진술번복의 금지 등이다. 이러한 기본이념이 행정관리영역에서 확립되었을 경우 의법행정은 하나의 이념적인 추구대상으로부터 구체적인 제도와 실천으로 변화하게 되었으며 그리고 또 의법행정실천의 지속적인 발전으로 인해 한층 더 승화하게 되었다. 같은 논리로 중국의 법치정부건설도 반드시 의법행정이념의 확립이 선행되어야 한다. 개혁개방 이래 특히 1996년 중국공산당이 의법치국이란 기본정책을 확립한 이래 중국의 행정법치건설은 거대한 발전을 이룩하고 많은 경험도 축적하게 되었으므로 이를 기초로 〈요강〉은 적법행정, 합리행정, 절차정당(程序正當), 효율편민(高效便民), 성실신용(誠實守信), 권책통일(權責統一) 이 6개 방면의 구체적 요구를 제출하였다. 이 6개 방면의 요구에 따라 의법행정을 추진해야 하는데 이의 최종 목적은 당연히 하나의 법치정부를 건설하는 것이다.

둘째, 〈요강〉은 의법행정의 이념을 일련의 구체적 제도로 전환하였다. 세계 각국의 정치, 경제, 사회배경이 같지 않음과 법률문화의 상이로 인해 의법행정의 제도설계도 서로 다르게 되었다. 대륙법계 국가들은 '행정권의 운행 및 그에 대한 감독'을 중심으로 하여 의법행정의 제도체계를 구축했는데 이 체계는 행정조직법, 행정작용법, 행정구제법 이 3개 부분으로 구성되었고 이와 선명한 대조를 이루는 것은 영미법계 국가들의 의법행정 제도체계이다. 이는 "권력으로 권리를 견제한다."라는 원칙을 중심으로 전개하게 되었는데 이 체계에는 위임입법, 행정절차법, 사법심사 이 3개 부분이 포함되었다. 중국의 의법행정제도 체계는 역사적인 원인으로 인해 지금까지 오랫동안 주요하게는 이론상의 행정법제도체계로 표현되었다. 이 체계의 형성과정에서 신중국이 성립되기 이전에는 프랑스, 독일 등 대륙법계 국가 의법행정제도체계의 영향을 주로 받았고 신중국이 성립된 이후에는 상당히 긴 기간 주로 소련행정법체계의 영향을 받았으나 1980년대부터는 정도는 다르지만 대륙법계와 영미법계의 교차영향을 받았다. 때문에 중국의 행정법제도체계는 총체적으로 '주현보은(主顯輔隱)'이란 특징을 가지게 되었다. 즉 대륙법계 국가의 의법행정제도체계에 대한 참고를 '주선(主線)' 또는 '명선(明線)'으로 하여 행정법제도체계를 행정조직법, 행정작용법과 행정구제법, 이 3개의 선명한 부분으로 나누고, 이와 동시에 또 영미법계 국가의 의법행정제도체계에 대한 참고를 '보선(輔線)' 또는 '암선(暗線)'으로 하여 입법법을 통한 행정권에 대한 사전통제, 행정절차법을 통한 행정권에 대한 사중(事中)통제, 행정소송법과 행정심판법 및 국가배상법을 통한 행정권에 대한 사후통제를 강조하였다. 이렇게 주선(主線)과 보선(輔線)이 겸비하고 결합된 행정법제도체계는 중국의 행정법제도를 균형이 잡히고 체계가 합리적인 방향으로 발전해 나가게 하였다. 하지만 아직은 혼란스러운 측면도 역시 있으므로 한층 더 깊숙이 연구해 해결하여야 한다. 이미 20여 년이나 된 꾸준한 행정법치건설로 중국은 이미 행정조직법, 행정작용법과 행정구제법을 주축으로 한 행정법제도체계를 이루어냈다. 〈요강〉은 중국의 현행 행정법제도를 의지할 기초로 하고 의법행정이념의 통솔과 현행 법률제도의 틀 이내에서 현행 의법행정 관련 규정의 부족함을 메우고 의법행정에 관한 중점제도를 발전 보완하며 의법행정의 여러 고리를 연결하고 의법행정에 관한 모든 제도와 체계에 시동을 걸어 중국의 행정법제도가 의법행정제도로 뛰어넘고 현행 의법행정제도의 총체적 활력을 최대한으로 발휘하도록 많은 노력을 하였다.

② 〈요강〉의 뚜렷한 공헌

〈요강〉은 중국 법치정부건설의 발전을 강력히 추진하는 동시에, 중국 법치사회형성을 촉진하는 데에도 많은 힘을 기울이었다.

법치정부건설의 웅대한 목표를 확립하였다. 21세기에 진입하면서 법치정부건설은 중국 정부에서 하나의 중요한 분투목표로 설정되었다. 이는 또 〈요강〉이 확정한 우리의 기본적 임무이다.

첫째, 〈요강〉은 법치정부건설에 관한 지도원칙을 확립하였다. 법치정부건설에 관한 지도원칙은 각급 정부 의법행정의 전면추진과 법치정부건설을 지도하게 될 정치원칙과 법률준칙이다. 이는 중국에서 건설하려는 법치정부가 반드시 나아가야 할 정치방향과 구현해야 할 법치정신이며 법치정부의 핵심과 영혼이다. 〈요강〉은 법치정부건설의 지도원칙을 다음과 같은 7개 방면으로 개괄하였다. (1) 떵샤오핑이론과 '3가지 대표'의 중요사상을 지도로 하고 집권당의 영도, 인민의 주인 역할과 의법치국 이 3자의 유기적 통일을 견지하며 헌법과 법률이 부여한 직책을 충실히 이행해야 한다. (2) 인민을 위한 집권을 견지하고 가장 광범위한 인민대중 근본 이익의 수호를 정부사업의 출발점으로 해야 한다. (3) 헌법의 권위를 수호하고 법제의 통일과 막힘없는 정령의 소통을 확보해야 한다. (4) 발전을 행정과 국가부흥에서 가장 중요한 임무로 삼고 사람을 근본으로 하는 이념과 전면적으로 조화를 이루며, 지속가능한 발전이념을 견지하여 경제사회와 사람의 전면적인 발전을 촉진해야 한다. (5) 의법치국과 이덕치국(以德治國)을 결부시키고 사회주의정치문명, 정신문명건설을 크게 촉진해야 한다. (6) 의법행정의 추진과 행정관리체제개혁, 정부직능의 전환을 결부시키고 개척혁신과 점진적 발전의 통일을 견지해야 하며 개혁과 혁신정신의 구현에 주력해야 할 뿐만 아니라 계획적인 개혁과 혁신의 점진적인 추진에도 유의해야 한다. (7) 의법행정의 견지와 행정효율의 제고를 통일시켜 법률에 의한 엄격한 일처리를 확보해야 할 뿐만 아니라 적극적으로 직책을 수행할 수도 있어야 한다.

둘째, 〈요강〉은 법치정부건설의 내재기준을 확정하였다. 법치정부의 내재기준은 법치정부가 반드시 구비되어야 할 구성요건과 반드시 부합되어야 하는 기본표준이다. 〈요강〉은 의법행정의 논리구조와 행정권의 운행순서에 따라 순차적으로 다음과 같은 7개 법치정부의 내재 기준을 규정하였다. (1) 행정관리체제가 건전하고 완비되며 정부의 경제조절, 시장감독, 사회관리와 공중서비스기능이 기본적으로 정착되어야 한다. (2) 제출된 법률의안, 지방성법규의 초안 그리고 제정한 행정법규, 규장과 규범성문건 등은 헌법과 법률에 규정된 권한과 절차에 부합되어야 하며, 객관적인 법칙과 가장 광범위한 인민의 근본이익을 충분히 반영해야 한다. (3) 법제는 통일되고 정령은 원활히 소통되어야 하며 법률, 법규와 규장은 전면적이고도 정확하게 실시되어야 한다. (4) 과학, 민주 및 규범화로 된 행정결정의 메커니즘과 제도가 형성되어 효과적으로 작동되어야 한다. (5) 효율적이고 편리하며 비용이 저렴한 사회모순해결의 메커니즘이 형성되어 각종 사회모순을 효과적으로 예방하고 해결할 수 있어야 한다. (6) 행정권에 대한 감독, 견제와 관련된 제도 및 메커니즘이 기본으로 완비되고 행정감독의 효능도 뚜렷이 향상되어야 한다. (7) 행정기관의 사업인원 특히 각급 행정기관지도자들의 의법행정이념이 크게 향상되고 법률을 존중하고 숭배하며 준수하려는 분위기가 기본적으로 형성되며 의법행정의 능력도 크게 증강된다.

마지막으로 〈요강〉은 법치정부의 외적인 차원(維度)을 명확히 하였다. 법치정부는 내적인 기준에서 계통성과 정체성을 나타냈을 뿐만 아니라 외적인 차원에서 또 그의 입체성과 다원성도 분명히 드러냈으며 그리고 정태(靜態)적인 구성요건으로 표현되었을 뿐만 아니라 동태적인 발전과정으로도 표현되었다. (1) 만능형정부로부터 유한정부로의 전환은 정부와 기업, 정무와 사무의 분리를 실현하고 정부와 사회의 관계를 기본적으로 정리하여 간접관리, 동태관리와 사후감독 등 관리수단의 충분한 활용으로 사회사무를 관리할 것을 요구하였고, (2) 통치형 정부로부터 봉사형 정부로의 전환은 정부의 경제조절과 시장감독을 계속 강화하는 동시에 정부의 사회관리와 공공봉사기능을 보완하고 행정계획, 행정지도, 행정계약 등 방식을 활용하여 통일, 공개, 공평, 공정을 특징으로 하는 현대식 공공봉사체제를 점차 건립할 것을 요구했으며, (3) 폐쇄형 정부로부터 개방형 정부로의 전환은 행정관리에서 국가비밀, 경영비밀, 개인프라이버시와 관련된 것을 제외한 모든 정부정보를 공개하는 동시에 또 반드시 법에 따라 행정대상자와 이해관계인의 알권리, 참여권과 구제권도 보장할 것을 요구하였다. (4) 권력형 정부로부터 책임형 정부로의 전환은 행정권과 책임을 연결하는 동시에 그들의 이익과는 분리되도록 하여 권력과 책임의 통일을 이루어낼 것을 요구했으며, (5) 〈요강〉은 또 청렴정부, 신용정부, 효율정부 건설을 추진하여 법치정부건설의 입체성과 다원적 요구에 적응할 것도 요구하였다.

중국 법치사회의 점진적 형성을 추진하였다. 개혁개방 이래 이미 30여 년이 된 민주법치건설은 중국법률의 사회적 기능에 다음과 같은 중대한 변화가 생기게 하였다. 즉 법률은 나라가 사회를 통치하는 단순한 도구로부터 사회를 보호하는 도구와 사회가 자아를 보호하는 도구로 변화하였고 법률은 국가가 사회를 통제하는 일방적인 통제도구로부터 국가와 사회가 서로 상대방을 통제할 수 있는 이중적인 통제도구로 변화했으며 법률의 최종목표는 법치국가의 점진적 실현으로부터 법치사회의 건설까지 발전하였다. 〈요강〉은 중국의 사회전형이 법치에 대한 긴박한 요구에 순응하고 법치정부건설로 법치국가와 법치사회의 실현을 추동하게 하였다.

첫째, 〈요강〉은 정부와 사회 각자의 범위를 명확히 확정하고 법치사회의 형성에 필요한 자치공간을 비워놓았다. 정부와 사회 각자의 범위를 확정하고 정부와 사회의 이중구조를 형성하여 성숙한 시민사회를 발전시키는 것은 법치사회를 실현하는 기본적인 전제와 기초이다. 중국은 역사적으로 시민사회전통이 결핍되어 국가는 사회를 삼키게되었으므로 사회의 자치공간은 거의 찾아볼 수 없었다. 1978년부터 시장지향적 경제개혁을 실시한 이래 국가와 사회는 점차적으로 분리되기 시작했다. 그러나 총체적으로 역시 대국가 소사회란 구조를 나타냈으므로 사회의 자치공간은 제한되어 정부와 사회의 이중구조는 형성되지 못하고 법치사회의 형성을 제한하였다. 지금의 단계에서 시장과사회에 독립적 공간과 자치를 주어야만 사회의 발육을 효과적으로 추진하여 균형과 조화가 이루어진 정부와 사회의 이원구조를 만들고 법치사회의 최종 실현에 현실적 기반을 마련해 줄 수 있다. 〈요강〉은 자원배분에서 시장의 기초적인 지위와 정부기능의 작용범위를 규정하는방식으로 '선(先)시장, 차(次)사회, 후(後)정부'란 제도설계의 논리를 확립하였다. 즉 공민, 법인과 사회조직이 자주적으로 해결할 수 있거나시장경쟁의 조절기능으로 조절이 가능하며 업종조직과 중개기구가 자율적으로 해결할 수 있는 모든 사항은 법률이 따로 규정한 것을 제외하고 행정기관이 행정관리로 해결해서는 아니 된다. 이렇게 하여 정부직능의 범위는 크게 축소되었고 사회의 자치공간은 크게 확장되었다.

둘째, 〈요강〉은 정부가 공공봉사직능을 적극 수행하여 법치사회의 형성에 튼튼한 기반을 마련할 것을 요구하였다. 중국은 법치전통과 사회자치전통이 매우 결핍된 나라이다. 때문에 법치사회의 형성을 이루어내려면 반드시 사회에 필요한 자치공간을 주어야 할 뿐만 아니라 정부도 이를 적극 추진하고 지도하여 필요한 조건을 마련해 주도록 해야 한다. 그러므로 정부가 공공봉사직능의 수행으로 공민, 시장과 사회가 할 수 없거나 잘할 수 없으며, 하기를 원하지 않으나 반드시 해야 할 사항을 담당하도록 하는 것은 법치사회를 점차 형성하는 기초조건인 것은 틀림없다. 때문에 〈요강〉에서 정부는 부서보호, 지역분할과 업종독점을 타파하고 통일, 개방, 경쟁 및 질서를 이룬 현대식 시장체제를 건립하여 시장주체에게 양호한 발전환경을 마련해 주어야 한다고 규정하였고, 각종 조기경보 및 긴급체계를 구축하여 정부의 돌발사태 대처능력을 제고하고 각종 돌발사건을 적절한 처리하여 정상적인 사회질서를 유지하고 국가, 단체 및 개인이익이 침해를 받지 않도록 보호해야 한다고 규정했으며, 또한 노동, 취직 및 사회보장제도를 보완하고 업종조직과 중개기구에 대한 지도와 규범화를 강화하며 공공봉사직능과 공공서비스의식을 강화하고 공공봉사절차의 간소화, 원가의 저렴화를 추진하여 현대식 공공봉사체제를 점차 건립해야 한다고 규정하였다.

〈요강〉은 중국에서 처음으로 법치정부건설의 청사진을 전면적으로 계획한 강령적인 문건으로 의법행정을 추진하는 역사과정에서 뚜렷한 이정표적 의미를 가진다. 이는 중국의 실정에 입각하여 엄밀한 실사구시의 정신으로 중국에서 의법행정을 추진하면서 취득한 성공적인 경험을 총괄하고, 법치규칙에 따라 과감하면서도 창의력이 넘치는 용기로 미래 중국의 법치정부가 갖춰야 할 총체적 모습을 묘사하였다. 〈요강〉을 관통한 내적인 주된 정신과 규정한 기본내용은 물론이고 그리고 그가 확립한 법치목표, 선택한 법치경로 등은 다른 측면에서 선명하게 〈요강〉이 법치규칙에 대한 탐색과 중국 국정을 창의적으로 결합한 성공적인 교본이란 것을 나타냈다.

(6) 2007년 물권법의 제정과 정부법치화의 추진

2007년 봄 국민의 주목을 크게 받았던 물권법은 중국의 입법역사에서 가장 많은 차례의 심의를 거친 끝에 제10기 전국인대 제5차 회의에서 높은 득표율로 통과되었다. 민법 범주에 속하는 하나의 기본적인 법률로 물권법은 그가 가진 기본사법으로서의 속성 이외에도 적지 않은 공법 요인이 있으며, 이 법률은 중국 시장경제발전에 뚜렷한 의미가 있는 것을 제외하더라도 중국 법치정부 구축에도 아주 중요한 영향을 미치게 되었다.

① 법치화의 추진과 법치정부 구축에 대한 물권법의 의의

첫째, 물권법은 중국의 사회주의 법률체계를 보완하고 재산권보장이란 차원에서 중국에 중요한 법치기반을 제공하였다. 물권이란 일정한 재산관계의 법률적 표현이다. 물권법은 평등주체간의 재산귀속과 이용관계를 조절하는 법률로서 어떠한 법치국가의 법률체계에서든 모두 중요한 지위를 점하고 있으며 재산권의 보장, 안정된 교역질서의 수호, 경제발전의 촉진 등에 대하여 모두 적극적인 작용을 하고 있다. 서방국가에서 물권법은 기본적으로 사유재산보호법이고 그의 핵심과 주요내용은 사유재산에 대한 보호이다. 중국에서 물권법의 대상범위는 특히 넓은데 물권법 제4조는 "국가, 단체, 사인의 물권과 기타 권리인의 물권은 법률의 보호를 받으므로 어떠한 단위와 개인이라도 이를 침해해서는 아니 된다."라고 명확히 규정하였다. 중국의 물권법은 하나의 기초적인 법률로서 국가, 정부 및 공민과 밀접히 관련된 것은 물론이고 나라의 생계와 인민의 삶과도 밀접히 연관되었다. 물권법은 나라의 기본경제제도, 국가소유권, 집단소유권과 관련되고 일반 서민의 관심사항인 가옥[房産] 권리, 토지청부경영권, 재산의 징수 및 수용, 인접관계 등도 포괄한다. 우리가 물권법을 이렇게 중시하게 된 이유는 바로 물권법을 나라 기본경제제도의 수호, 사회주의 시장경제의 수호, 사회주의 법치를 시행하려는 시각으로 보았기 때문이다.

둘째, 물권법은 헌법의 원칙과 정신을 구체화하고 그리고 이를 직접 실시했는데 이는 행정법치를 포함한 중국 법치건설에 대한 발전이다. 물권은 재산권의 중요한 조성부분이고 재산권은 인권의 기본적 내용이며 물권에 대한 효과적인 보호와 물권의 충분한 실현은 인권보장의 정도를 가늠할 수 있는 중요한 척도이다. 물권법은 재산권의 보호 특히 공민의 재산권 보호영역에서 국가 및 정부의 책임을 뚜렷이 강화했는데 이는 물권법과 공민권 보장간의 밀접한 관계를 결정하였다. 물권법은 국가공권력의 행사와 대상자의 권리보장에 구체적인 법률규범을 제공하여 헌법이 확립한 인권보장, 사유재산에 대한 보호, 권리에 대한 권력의 보장원칙과 정신을 구체적으로 구현하였다. 이것의 가장 직접적인 공법상 의미는 행정법치의 내용에 충실하게 된 것인데 이러한 의미에서 보았을 때, 물권법의 공법적인 요인은 아주 강렬하고 또 매우 중요하므로 물권법은 국가권력의 행사와 공민권보장 사이의 연결고리가 되어 국가권력이 공민권을 보호하는, 특히 공민의 재산권을 보호하는 가장 안전하고 효과적인 보호수단이 되었다.

셋째, 물권법은 정부의 '유한(有限)'과 '유위(有爲)'를 균형 있게 하여 그의 독특한 경로로 중국 법치정부건설의 구체적 내용을 풍부히 하였다. 행정법치의 내용은 사회발전에 따라 점차적으로 충실해졌다. 서방국가 행정법치의 발전역사 및 추세를 보았을 때, 20세기 이전의 행정법치는 정부권력에 대한 통제를 중점적으로 강조하고 '유한정부'란 권력의 통제방식을 유지했으며 분권제의 권력견제방식을 핵심으로 하는 국가권력의 설치방식이 아주 넓은 범위에서 인정을 받게 되었으므로 '유한정부'는 하나의 정치신조와 법제모텔로 최고봉에 이르게 되었다. 그러나 정부의 '유위(有爲)'란 역할과 의의는 크게 홀시되어 많은 역효과를 초래하였다. 20세기부터 현실 경제발전경험과 교훈을 총결하는 과정에서 점차 흥기된 복지국가, 봉사행정 등 이념에 대한 제창으로 서방 법치국가들은 과거에 일방적으로 강조하였던 '유한정부'란 소극적인 모델을 포기하고 '유한정부'와 '유위정부'의 적절한 균형을 추구하게 되었으며 인민복지의 촉진 및 사회적 공평과 정의의 실현을 정부사업의 목표로 삼게 되었다. 2004년 국무원에서 제정한 〈요강〉이 제창한 중국 법치정부건설의 구체목표와 의법행정의 기본내용은 이미 이러한 전면적 법치의 선진이념을 집중적으로 반영하였다. '유한정부'와 '유위정부'의 유기적 통일은 반드시 중국 법치정부의 본질이 되어야 하고 "일부는 해야 하고 또 일부를 해서는 아니 된다(有所爲, 有所不爲)."라는 말은 반드시 중국 법치정부직능의 설정기준이 되어야 한다. 물권법은 시대발전의 흐름에 적극 부응하는 우수함을 보여주었다. 이는 물권의 배타적 이념을 확립하여 공권력의 분쟁해결기능에 크게 기여하게된 것 외에 또 공권력은 반드시 법에 따라 자원[物]의 효능을 충분히 발휘하도록 해야 한다는 점을 강조함으로써 사람들의 재부를 창조하려는 열망을 불러일으켜 사회발전이 더욱 빠르고 더욱 좋게 이루어지도록 해야 한다. 때문에 공법학자들은 물권법에 내재된 공법요인의 적극적 의미에 대한 발굴에 나서 물권법의 거대한 작용이 더욱 전면적이고 더욱 충분히 발휘되도록 노력해야 한다.

② 정부행위에 대한 물권법의 심각한 영향

법학자의 시각으로 보았을 때, 공민권의 범위는 바로 공권력의 한계이고 공민의 권리에 대한 보장은 공권력의 의무와 직책을 의미한다. 때문에 물권법이 담은 민사주체의 물권에 대한 보호는 국가의무의 이행을 절대로 떠날 수 없으며 정부보호 이무의 이행도 떠날 수 없을 것이다. 물권법의 실시는 중국 정부행위의 내적인 변화에 아주 심각하고 도 깊숙한 영향을 주게 되었다. 이는 다음과 같은 두 가지 방면에서 표현되었다.

첫째, 물권에 대한 정부 및 공무원의 평등보호이념을 확립하였다. 평등보호는 중국 물권법의 가장 중요한 원칙이자 물권법의 제정을 지도한 중요한 지도사상이다. 물권법의 가장 중요한 공헌은 바로 더욱 명백한 법률용어로 공유경제와 비공유경제의 평등한 법적 지위를 확정하고 공유재산과 사유재산에 대한 평등보호제도를 확립하게 된 것이다. 이 원칙과 지도사상의 확립은 결코 쉽게 이루어낸 것이 아니다. 물권법초안을 토론하는 과정에서 이 문제에 관한 인식상의 분기는 처음부터 마지막까지 지속되었다. 어떤 사람은 국가와 기타 민사주체는 평등한 주체로 볼 수 없으므로 그들의 재산을 평등하게 보호해서는 아니된다 하였고, 또 어떤 사람은 물권법은 하나의 사법이기에 반드시 사인재산을 우선 보호해야 하므로 선사인(先私人), 재집단(再集體), 후국가(后國家)의 순서에 따라 보호해야 한다고 하였다. 물권에 대한 평등보호원칙과 지도사상의 확립은 진리를 인식하고 발견하는 끊임없는 이론탐구의 과정에서 점차 이루어지게 되었다. 다른 이념이 맞붙은 과정에서 사람들은 마침내 이성적인 인식을 얻게 되었다. 지금 민법학자와 공법학자들을 포함한 중국의 모든 법학자들은 이미 물권의 보호에 관해 일치된 인식을 갖게 되었다. 국가, 집단 및 개인재산에 대한 평등보호는 헌법원칙의 구현이고 그리고 물권법의 성질로 인해 결정되었다.

둘째, 정부 및 공무원의 사유재산 보호의식을 제고하였다. 물권법은 역사상의 편향을 시정한 공로가 있었다. 지금의 중국에서 각종 물권에 대한 평등보호원칙을 관철하려면 반드시 사유재산에 대한 보호를 뚜렷이 강조해야 한다. 역사적으로나 현실적으로 그리고 이념적인 측면이나 행위적인 측면으로 보았을 때, 모든 상황에서 공민 개인은 국가를 상대하여 늘 약자의 위치에 놓여 있고 쉽게 공권력의 침해를 받게 된다는 사실을 말해준다. 사유재산에 대한 법적인 보호는 중국에서 아직은 여러 면의 노력이 계속되어야만 실현이 가능한 사회적 목표이다. 정부사업을 말하자면 행정입법의 보완, 행정집행절차의 개선, 사법심사의 자각적인 접수 등을, 그리고 정부사업을 집행하는 사람을 말하자면 특히 머릿속 사유재산에 대한 오만과 편견을 개변해야 한다.

(7) 2011년 행정강제법의 제정과 반포

① 특히 어려웠던 행정강제법의 제정과정

다섯 차례나 되는 심의를 거쳐 제11기 전국인대상무위원회 제21차 회의는 2011년 6월에 정식으로 행정강제법을 통과하였다. 이 법률의 제정과 반포는 중국 법치체계건설의 어려움을 뚜렷이 나타낸 동시에 개혁개방을 동력으로 삼아 인민이익의 보호를 취지로 입법혁신에 나설 필요성도 보여주었다. 행정강제법의 제정과 반포는 사회주의 법률체계건설의 어려움을 반영하고 입법이 반드시 시대와 더불어 추진되어야 한다는 긴박성도 반영하였다.

행정강제집행은 국가가 그의 권력을 이용하여 행정상의무를 이행하지 않은 행정대상자에 대하여 법에 따라 강제조치를 취하여 그가 의무를 이행하도록 하거나 또는 의무를 이행한 것과 같은 상태에 도달하도록 하는 행정상의 강제조치인데 이는 국가행정에서 아주 중요한 위치에 있고 아주 핵심적인 역할을 하므로 행정권의 실현에 중요한 보장을 제공한다. 이론적으로 보았을 때, 행정강제집행의 개념에 관하여 오래전부터 집행주체는 도대체 일원적인가 아니면 다원적인가, 집행의 외연이 광의로 파악해야 할 것인가 아니면 협의로 이해해야 할 것인가 하는 재론이 여태까지 지속되었다. 그러나 행정강제집행의 특징에 관해서는 인식이 기본적으로 일치하였다. 즉 행정성, 강제성, 집행성 등 3가지 특징이 있다는 것이다. 국제적인 시각으로 보았을 때, 행정강제집행권의 귀속에는 선택이 가능한 다음과 같은 3가지 모델이 있다. 즉 행정기관의 자력적인 강제집행, 신청에 의한 사법기관의 강제집행과 이 양자가 절충된 강제집행이다. 비록 중국은 이 양자가 절충된 집행모델을 택하였으나 아직은 일정한 폐단이 있으므로 이를 법으로 행정기관에 귀속되도록 확정할 필요성가 있다고 생각한다.

행정강제법의 제정이 이렇게 어렵게 이루어지게 된 주요한 원인은 그의 입법내용이 반드시 상대적으로 완비되어야 한다는 점이었다. 법률 자체의 완비성은 그가 영구적 생명력을 가질 수 있는 내적인 원인이다. 법률규범이 그가 조절하려는 사회영역의 모든 분야와 고리를 포괄했는지, 법률이 규정한 내용은 자체적 논리에 부합되고 공평 및 정의의 요구에 부합되며 입법이 예정한 목적을 진정으로 달성할 수 있을지 등의 문제는 입법자가 반드시 진지하게 고려해야 할 문제이다. 지금 이미 공포된 법률조문의 구체내용을 보았을 때, 행정강제법은 7장 71조로 국가행정의 운영에서 발생할 수 있는 모든 행정강제현상을 전면적으로 규범화했는데 이는 행정권에 대한 효과적인 통제와 공민권익의 보장에 적극적인 역사적 의미가 있을 것이다.

② 행정강제법의 공헌—행정강제권을 제도에 가두어놓았다

첫째, 행정강제법은 공권력과 사권의 형평을 그의 입법취지로 견지하였다. 일찍이 1980년대 말기에 들어 행정소송법의 기초와 반포에 따라 행정법학계의 일부 학자들은 이미 통일된 행정강제법의 제정을 제의하였고 일부 학자들은 국무원 법제기구에서 최초로 조직한 이 법률의 기초에도 참여하였다. 그러나 이 법률초안은 나오지 못했다. 1999년부터 전국인대상무위원회에서 이 법률을 정식으로 기획하기 시작하여 2011년 이 법률이 최종 통과되기까지 총 12년이란 긴 시간이 걸렸는데 이는 입법과정의 곤란을 생생하게 보여주었다. 이 입법과정의 곤란을 초래한 원인은 여러 면으로 분석할 수 있겠으나 가장 주요한 원인은 바로 입법사상, 입법가치 및 입법목적의 미숙이라 생각한다. 다시 말하면 사람들은 곧 제정하게 될 '행정강제법'의 총체적인 입법가치의 방향성이 유동적인 데 특히 주목하고 있다. 즉 '행정강제법'의 중점을 행정기관의 강제력 행사에 두어야 할 것인지 아니면 공민권이 행정강제의 침해를 받지 않도록 하기 위해 중점을 공민권에 대한 보장에 두어야 할 것인지? 12년이나 되는 입법과정에서 특히 2005년 이후 입법초안에 대한 5차례의 심의에서 논쟁은 아주 치열했는데 그 원인은 공권력과 사적인 권리 사이에서 적절한 균형점을 찾기 어려웠기 때문이다. 하나의 법률로서 당연히 행정강제력의 부족을 방지해야 한다. 그러나 그 중점은 역시 행정강제상의 혼란을 제거하는데 두어야 할 것이다. 자세히 살펴보면 사실 이렇게 난잡한 논쟁의 핵심은 역시 더욱 많이 행정강제권에 대한 보호와 행정강제실효성의 확보에 치중해야 할 것인가 아니면 공민권의 수호와 공민권침해에 대한 효과적인 구제에 더욱 치중해야 할 것인가 하는 것이었다. 이렇게 서로 다른 두 가지 입법주장이 치열히 대립되어 교착상태에 빠지게 되었다. 이 뒤에는 권리와 권력, 이 양자의 힘겨루기가 숨어 있었다. 바로 이렇게 서로 다른 의견이 치열한 단병접전(短兵相接)을 벌이는 과정에서 권력과 권리는 점차적으로 균형을 잡아 각자의 위치를 찾아가게 되었다.

21세기의 초기단계에 들어 행정강제법이 이렇게 곧바로 제정된 것은 이 시기 이 법률에 대한 절박한 현실적 수요가 있었기 때문이다. 이 시기에 들어 철거로 인한 행정소송, 행정심판 심지어 비정상적인 진정(陳情)은 점차 증가하게 되었고 일부 지방정부는 철거하면서 법에 따라 사업을 추진하지 않아 사람들의 마음을 아프게 하는 극단적인 사례들도 빚어냈다. 특히 철거 중의 행정강제 현상을 효과적으로 제어하지 못해 이것이 사회안정을 위협하는 잠재된 불안요인으로 발전하게 되었다. 때문에 법에 따라 강제철거 등 광범위한 인민대중들이 주목하는 행정실천을 규범화하고 제도적인 경로와 법률적인 도경을 통해 사회에 잠재된 분쟁요인들을 효과적으로 해소하여 중국의 사회경제발전에 양호한 발전환경을 마련하는 것은 입법자들이 주목하고 시급히 해결해야 할 과제로 떠오르게 되었다. 특히 2011년 1월 국무원에서 제정한 〈국유토지상의 가옥징수 및 보상조례〉는 행정강제법의 입법을 아주 크게 추진하였다.

둘째, 행정강제법의 규제중점은 행정권에 대한 통제이다. 입법이 어렵지만 집행이 더욱 더 어려운 것은 사실이다. 행정강제법의 직접적 입법목적은 행정강제의 설정과 실시를 규범화하려는 것이다. 그러나 행정강제는 공민의 인신권에 대한 제한과 재산권에 대한 처분이 가장 강력한 전형적 손익형의 행정행위에 속하므로 입법규범은 행정강제를 법제궤도에 도입하는 최초절차에 불과할 뿐이며 이어지는 행정강제법의 실시야말로 진정한 중점이다. 그러나 중국 행정강제실천 중의 '산만(散)', '혼란(亂)', '연약(軟)' 등 현상과 행정강제의 뒤에 숨겨진 이익집단 간의 이익분쟁 그리고 일부 행정기관이 행정강제에 대하여 가지게 된 복잡한 심리와 태도를 마주하여 이 법률의 실시는 결코 순탄치 않고 아주 힘들 것이란 점을 예고하였다. 그러나 법이 있는 것이 없는 것보다는 좋을 것이라 생각하며 이 법률에 대한 홍보를 지속하여 많은 사람들이 이를 알고 쓰게 된다면 이 법률의 생명력은 기필코 구현될 것이다. 이 중 가장 주요한 것은 바로 행정강제법의 법정원칙, 행정강제의 적절성 원칙, 교육과 강제의 결부원칙, 이익도모의 금지원칙, 권리의 구제원칙 등 행정강제법의 원칙을 보급하는 것이다. 만약 정부공무원들이 이러한 원칙을 파악한다면 이들은 행정강제법의 정수를 이해했기에 다시는 행정강제로 정부기관의 이익을 도모하려 하지 않을 것이고 공민의 권익도 침해하려 하지 않을 것이다. 만약 공민들이 이러한 원칙을 파악한다면 이들은 떳떳하게 행정강제에 맞서 자신의 합법적 권익을 수호하고 진술권, 해명권, 행정심판의 신청, 행정소송의 제기 등 권리를 행사할 것이다.

(8) 통일 행정절차법의 제정에 관한 토론과 준비

법치정부로 가는 과정에서 통일된 행정절차법은 제정해야 하는지, 그리고 제정한다면 어떻게 제정해야 하는지는 회피할 수 없는 하나의 중요한 과제이다.

① 행정법치의 전면적인 실시전망

개혁개방 이래 중국 사회에는 이미 천지개벽과 같은 엄청난 변화가 발생하게 되었으므로 행정절차법의 법전화 추진도 흔히 만나기 어려운 역사적 계기를 맞이하게 되었다. 현재 중국의 현실조건을 보았을 때, 행정절차법의 법전화를 추진해 나갈 여건은 이미 기본적으로 성숙되었다고 보아지는데, 이는 이래와 같은 5개의 방면으로 설명할 수 있다.

첫째, 경제발전과 사회의 변화는 양호한 계기를 마련하였다. 외국의 경험이 이미 충분히 증명하다시피 시장경제의 발전은 행정절차법의 탄생을 촉진할 수 있는 원동력이다. 중국 시장경제체제의 건립은 경제발전에 더욱 강력한 원동력을 얻게 하였을 뿐만 아니라 사람들의 이념도 아주 크게 변화시켜 중국 사회 전반의 변화를 이끌어 내었다. 나라의 구조를 전통적인 일원구조로부터 국가와 시민사회로 조성된 이원구조로 변경하였고 사회형태도 신분사회로부터 계약사회로 변화시켰다. 그러나 이러한 변화에서 반드시 해결해야 할 근본적 문제는 바로 정부와 시장, 정부와 사회의 관계를 어떻게 처리해야 하는가 하는 것이다. 즉 만능형정부의 통치모델이 초래한 기구의 팽창과 효율의 저하, 물밑조작과 관료주의 그리고 통치력의 강화와 부서주의 등 폐단은 도대체 어떻게 제거해야 할 것이고 또 어떻게 시장과 사회 자치공간에 대한 정부의 부당개입을 막아내야 할 것인가 하는 것이다. 사실이 증명하다시피 실체법적인 통제, 사법적인 통제, 행정의 내부적 통제 등 전통적 통제방식이 비록 일정한 효과는 있겠으나 그 힘이 미치지 못하는 경우가 많았는가 하면 소극적으로 하든가 또는 효율의 저하로 이어지는 경우도 많았다. 재량권이 점차 현대 행정권의 핵심으로 떠오르게 됨에 따라 통일된 절차규칙의 제정을 통해 재량권의 작동단계와 그의 실시과정을 통제하는 것이 더욱 효과적일 것이란 의견이 제기되었다. 따라서 사회각계는 이미 절차, 특히 정당하면서도 통일적용이 가능한 절차를 통해 정부권력을 통제하는 것에 관하여 인식을 같이 하였다. 이는 중국에 행정절차법의 법전화를 추진해 나갈 수 있는 사회적 기반이 이미 마련되었다는 것을 설명한다.

둘째, 행정개혁에 대한 고위층의 전폭적인 지지이다. 1960년대로부터 70년대까지 미국에서 실시된 행정절차법의 혁신은 행정절차법의 법전화와 행정개혁 간의 밀접한 관계를 낱낱이 보여주었다. 중국은 1980년대부터 행정기구개혁, 조세징수관리체제 개혁, 가격결정시스템 개혁, 정무공개, 행정심사비준제도의 개혁 등을 잇따라 시작하였다. 이러한 개혁은 행정절차법의 법전화에 중요한 계기를 제공하였다. 상술한 바와 같은 개혁의 부분적 성과로 '가격법', '조세징수관리법', '행정허가법' 및 〈정부정보공개조례〉 등 법률이 잇따라 제정되었는데 이들은 모두 각자가 소속된 영역에서 절차화, 법제화 개혁의 중요한 구현이다. 특히 근년에 들어 중국은 정부직능을 전환하고 관리방식을 개선하며 정무처리방식의 정보화를 추진하여 행정효능을 제고하고 행정원가를 줄이는가 하면 또 행위가 규범화되고 운영이 순조로우며 공정하고 투명하여 청렴과 효능이 겸비된 행정체제를 점차 형성해 나가고 있다. 이로 미뤄보았을 때 고위층의 전폭적 지지와 추동이 있기에 중국 미래의 행정개혁은 더욱 넓은 범위에서 전개될 것이고 따라서 중국의 행정절차법제도 더욱 많은 정치적 지지를 얻어 행정절차법 법전화의 정치적 기반도 더욱 견고하게 될 것이다.

셋째, 학계의 반복적인 토론과 법률안의 기초이다. 세계 각국 행정절차법의 법전화과정을 보았을 때 공법학자의 열성적인 참여와 전폭적 추진은 필수였다. 십여 년 중국 행정절차입법의 발전과정을 돌이켜보면 지식계 엘리트들의 계몽은 대서특필해야 할 것이다. 행정절차의 중요한 작용에 대한 적극적인 홍보로부터 외국 행정절차법의 발전에 대한 전면적인 소개까지, 행정절차법에 관한 단순한 이론연구로부터 나라의 행정절차입법에 실질적 영향을 끼칠 행정절차입법의 참여까지 중국의 행정법 학자들은 행정절차법의 이념과 지식 보급에 많은 공헌을 하였다. 만약 최근 법학에 관한 연구에서 절차에 관한 연구가 비교적으로 흥행되고 있다고 표현할 수 있다면, 행정절차 및 행정절차법에 관한 연구는 행정법에 관한 각종 연구에서 최고위급의 인기 화제에 속한다고 할 수 있을 것이다. 연구에 참여한 인원들을 보았을 때, 거의 모든 저명한 학자와 새로 나타난 우수한 인재들은 모두 이 과제에 관한 연구를 진행한 바 있거나 또는 진행하고 있다. 행정법에서 지금까지 이렇게 많은 학자의 이목을 끌었던 과제는 아마 없었을 것이다. 현재 중국의 행정법학계에서 많은 유능한 학자들은 이미 행정절차법전의 제정을 자신의 새로운 중요 목표로 설정하였다. 한편으로 학자들은 행정절차법전의 탄생을 위해 더욱 세밀한 조사연구와 이론상의 논증을 계속하였고, 다른 한편으로 일부 학자들은 이미 관계기관의 위탁을 받거나 또는 자체적인 행정절차법전 전문가 시범초안의 작성에 나섰다. 학자들의 이러한 열성적인 참여와 깊숙한 이론연구가 있었기에 중국 행정절차법 법전화에 관한 이론적 준비와 여론상의 준비는 충분한 보장을 얻게 되었다.

넷째, 단행법 입법의 실천경험을 축적하였다. 법전모델은 행정절차 입법의 공급형식에 불과하고 그리고 이 모델의 최종실현은 상당히 긴 시간이 필요하므로 적절한 시기에 일부 단행 행정절차법을 먼저 제정하고 이러한 법률을 실시하여 많은 관련 경험을 쌓아놓도록 하는 것은 행정절차법의 법전화작업에 건실한 기술적 기반을 제공할 것이다. 중국에서 단행 행정절차입법은 대체로 다음과 같은 3개 단계를 거쳐 왔다. 즉 1979년부터 1988년까지는 자연적인 발전단계이고 1989년부터 1995년까지는 자각적인 점진적 단계이며 1996년 이후에는 자각적이고 계통적인 발전단계이다. 비록 상술한 바와 같은 모든 발전단계에서 제정된 단행 행정절차입법이 다소 유감스러운 점이 있는 것은 사실이지만 이러한 법률 및 법규의 제정과 실시는 향후 행정절차법전의 제정에 얻기 어려운 많은 실천소재와 입법경험을 제공하였다. 예를 들면 1989년에 제정한 행정소송법 제54조가 규정한 "법정절차를 위반하면 취소한다."라는 규정은 행정절차법의 법전화에 커다란 객관적 동력을 제공하였고 1996년에 제정한 행정처벌법 제6, 31, 32, 41조 공민의 진술, 해명권 및 행정기관의 이유설명, 의견청취와 고지권리에 관한 규정은 모두 행정절차법의 독립적 가치를 선시했으며 해당 법 제42, 49, 56조 청문절차 및 공민의 벌금납부 거절권에 관한 규정은 정당행정절차의 이념을 더욱 더 구현하였다. 2003년에 제정한 〈공안기관의 행정안건처리절차에 관한 규정〉 제26조 "불법적 수단으로 취득한 증거는 정안의 근거로 쓸 수 없다."라는 규정은 공안기관의 집법절차에서 처음으로 위법증거의 효력을 배제했는데 이는 근본적으로 고문 등 불법수단으로 증거를 수집하는 현상의 발생을 방지하는 데 유리하였고 인권보호의 요구에도 부합되었으므로 하나의 중요한 제도적인 진보라고 할 수 있었다. 근년에 들어 중국에서 행정강제법, 〈정부정보공개조례〉 등 더욱 많은 행정절차법내용이 포함된 법률, 법규가 잇따라 제정, 실시됨에 따라 행정절차법전을 제정할 수 있는 사회적 기초와 기술적인 여건은 더욱 건실해졌다.

중국 법치 100년의 경로

다섯째, 지방과 부문입법의 선제적 제정과 실시이다. 2008년 4월 9일, 후난성(湖南省)정부 제4차 상무위원회회의는 〈후난성행정절차규정〉(이하 〈규정〉이라 약칭한다)을 심의하여 통과하였고 같은 해 10월 1일부터 이를 정식으로 실시하기 시작하여 지방정부에서 행정절차규장을 제정하는 선례를 남기게 되었다. 최초의 지역적인 행정절차규정으로 〈규정〉은 행정절차의 원칙, 행정주체, 행정결정, 행정집행, 행정계약 등 일련의 행정절차제도를 포괄하여 후난성 책임형, 법치형, 봉사형 정부 건설의 촉진에 아주 중요한 의미를 가지게 되었다. 〈규정〉은 아주 짙은 민주적 색채와 공중참여의 정신을 구현하고 중국 행정법치의 발전을 위해 아주 중요하고 유익한 탐색을 하게 되었으므로 지방 행정절차 입법의 발전에 많은 기여를 하였다. 예를 들면 〈규정〉은 인민대중에 비교적 큰 영향을 주게 될 행정결정을 행정절차규정의 규범화범위에 나열하고 그리고 10가지 유형의 중대한 행정결정사항을 선택하여 이러한 사항들은 반드시 조사연구, 전문가의 논증, 공중참여, 적법성심사와 공동연구 등 절차를 거쳐야 한다고 규정하였다. 이 〈규정〉이 제정된 이후, 산뚱성(山東省) 등 기타 성의 정부들도 사업의 실제수요에 따라 행정절차입법에 대하여 유익한 탐색을 했으며 중앙정부의 일부 부서와 지방정부의 부서들도 각자의 사업수요에 따라 행정절차에 관한 많은 규장들을 지속적으로 제정하였다. 상술한 바와 같은 이러한 입법실험은 '투명정부'건설과 공중참여의 확대 그리고 행정절차의 엄격한 집행 등에 대하여 모두 귀중한 탐색이므로 중요한 의미를 가지게 되었다.

② 목전의 진척과 초보적인 구상

지금의 중국에 있어 행정절차법의 법전화는 지극히 필요한 것은 틀림없다. 그러나 동시에 또 많은 곤란도 직면하게 되었으므로 지금은 다음과 같은 몇 개 방면의 사업에 특별히 주목해야 될 것이다.

첫째, 헌법의 실효적인 실시를 계기로 헌법의 정당절차이념을 확립해야 할 것이다. 헌법은 나라의 근본법이다. 헌법적 차원에서 권력은 반드시 정당한 절차를 따라야 한다는 이념을 확립해야만 절차법의 위신도 보장을 얻게 되는 것이다. 때문에 행정절차법 법전화의 기반을 다지기 위하여 우리는 반드시 헌법의 수정과 그의 실효적인 실시를 계기로 "정당한 법률적 절차를 거치지 않으면 어떠한 사람의 생명, 자유와 재산이라도 박탈되어서는 아니 된다."는 이념을 힘써 널리 홍보하도록 해야 한다. 이렇게 되면 중국 행정절차법의 법전화는 더욱 견고한 헌법적 기반을 얻게 될 것이고 그의 발전진척도 기필코 좀 더 가속화될 것이라 생각한다.

둘째, 기존 행정절차제도를 확실히 실행하고 모든 사회성원의 절차법이념을 크게 양성해야 한다. 행정절차법의 법전화는 하나의 아주 긴 과정이므로 단번에 성공할 수는 없을 것이다. 중국에서 수 개의 단행 행정절차법을 제정한 과정을 돌이켜 보면 이중에 많은 현대의 정당절차이념이 스며들어 있는 것을 쉽게 발견할 수 있다. 예를 들면 처벌청문제도, 가격청문제도, 입법청문제도, 정보공개제도 등이 바로 이러하다. 만약 이러한 규정들을 모두 열심히 제대로 실시한다면 행정대상자의 절차참여권은 충분히 보장될 것이어서 행정기관을 행정절차의 제어를 받도록 압박할 수 있을 것이다. 사실 행정절차가 이미 설치한 이 특정된 '무대'에서 행정기관과 행정대상자 쌍방은 모두 전례가 없는 경험을 체험하게 될 것이다. 즉 행정기관은 새롭고 엄격한 시정(施政)방식을 체험할 것이고 행정대상자는 참여와 표현으로 자체지위의 현저한 변화를 느끼게 될 것이다. 바로 이러한 실천을 거듭하면서 행정기관의 '중실체(重實體), 경절차(輕程序)'란 낡은 이념이 점차 개변되어 최종적으로 근절하게 될 것이고 모든 사회구성원의 공민의식, 참여의식, 표현의식 등도 보편적으로 강화될 수 있을 것이다.

셋째, 현지 조사와 연구를 강화하여 행정절차법이론연구의 현지화를 실현해야 한다. 행정절차법의 법전화이론준비가 더욱 충분하기 위하여 반드시 기존의 연구를 토대로 현지상황에 관한 조사연구를 강화하여 행정절차법법전의 제정에 충분한 일차적 자료들을 제공할 수 있도록 해야 한다. 다시 말하자면 중국의 지식계로서는 행정절차법 구체문제에 관한 연구를 계속하여 세분화해 나아가야 할 뿐만 아니라 더욱 중요한 것은 반드시 중국의 실제를 상대로 하여 효과가 탁월한 현지조사와 실증분석을 전개하여 행정절차법 이론연구의 '현지화'를 실현해야 한다. 사실 행정절차법에 관한 이론연구에서 현지화를 제창한다는 것은 바로 중국현실에 대한 관심을 제창한다는 것이다. 중국의 행정법학계는 입법, 사법 및 행정 등 여러 부서들과 이미 양호한 협력관계를 구축하였다. 때문에 여러 부문이 손을 잡고 조사연구를 진행하여 행정절차법에 관해 이론연구와 실제운영이 양적인 상호작용을 실현하고 행정절차법의 법전화에 건실한 기반을 제공하는 것이 가능하게 되었으므로 중국 통일행정절차법의 제정에 낙관적 기대를 품어야 할 것이다.

(9) 18기 4차 전회 〈결정〉의 새로운 이정표적 의의

2013년에 소집된 중국공산당 제18기 중앙위원회 제3차 회의는 〈중공중앙 개혁의 전면심화에 관한 약간의 중대 문제에 관한 결정〉을 통과하여 중국의 전면개혁을 전면적으로 선언하고 특히 "중국적 특색이 있는 사회주의제도를 보완하고 발전하여 국가통치체계와 통치능력의 현대화를 추진하자."라는 개혁의 총체적 목표를 명확히 제출하였다. 이를 이어 2014년에 소집된 중국공산당 제18기 중앙위원회 제4차 회의는 〈중공중앙 의법치국의 전면추진에 관한 약간의 중대 문제에 관한 결정〉(이하 〈결정〉이라 약칭한다.)을 통과시켜 '중국적 특색이 있는 사회주의 법치체계와 사회주의 법치국가건설'이란 총체적 목표를 명확히 제출하였다. 이 두 개 문건은 모두 법치정부의 건설문제를 언급했는데 이 중의 〈결정〉은 법치정부건설에 대하여 더욱 분명한 청사진을 묘사하고 구체적인 발전루트도 제시하였다.

① 법치정부건설을 중국 사회주의 법치의 실시체계에 편입하였다

어떠한 방식으로 나라를 다스리고 정무를 처리할 것인가? 이는 천백년 이래 인류사회발전이 직면했던 공동의 과제이자 신중국 성립이후 중국공산당이 직면하게 된 중요한 과제이기도 한다. 다년간의 탐색을 거쳐 중국공산당 제18차 전국대표대회에서는 "의법집정, 의법치국, 의법행정을 공동으로 추진하고 법치국가, 법치정부, 법치사회를 일체적으로 추진해야 한다."라는 법치사상을 제출하였다. 그리고 중국공산당 제18기 중앙위원회 제4차 회의에서의 〈결정〉에서는 "의법치국을 전면적으로 추진하는 총체적인 목표는 중국적 특색이 있는 사회주의 법치체계를 건설하고 사회주의 법치국가를 건설하는 것이다."라고 천명하였다. 2011년, 중국은 사회주의 법률체계를 이미 건립했다고 선포하고 중국공산당 제18기 중앙위원회 제4차 회의는 또 사회주의 법치체계를 건설한다고 선포하였다. 법률체계에서 법치체계까지 단 1글자의 차이를 보였으나 이는 중국이 이미 정태적인 제도체계에 대한 보완으로부터 입법(立法), 집법(執法), 사법(司法), 수법(守法), 법률감독(法律監督) 등 모든 고리를 법치궤도에 올려놓으려는 노력을 하고 있다는 점을 표명하고 일종의 균형이 잡힌 완정한 신형의 법치이념을 뚜렷이 했으며, 더욱 강력한 공법으로 나라를 다스리려는 정신을 표현하여 국가, 정부, 정당의 통치행위를 규범화하려는 정신을 더욱 두드러지게 하였다. 〈결정〉의 정신에 의하면 사회주의 법치체계에는 적어도 완비된 법률규범체계, 효율이 높은 법치의 실시체계, 유력한 법치의 보장체계, 엄밀한 법치의 감독체계, 완비된 당내법규체계 등이 포함되었다. 이중 의법행정과 가장 밀접한 관계를 맺고 있는 것은 효율이 높은 법치의 실시체계라 할 수 있을 것인데 이는 정부가 집행주체이고 법치실시체계의 가장 주요한 담지자[載體]이기 때문이다. 법률의 생명은 그의 실시에 있는 것이고 효율이 높은 법치의 실시체계는 법치체계의 생명이다. 천하의 모든 일에서 입법이 어려운 것이 아니라 어려운 것은 법의 집행이다. 이러한 의미에서 법치정부건설은 사회주의 법치체계건설의 관건이다.

② 정부법치화의 구체임무와 조치에 관한 더욱 명확한 천명

중국공산당 제18기 중앙위원회 제4차 회의의 〈결정〉은 중국적 특색이 있는 사회주의 법치체계건설과 사회주의 법치국가건설에 관하여 6개 방면의 임무를 제출하였다. '의법행정을 깊숙이 추진하고 법치정부건설을 가속'하는 것이 이 중 하나의 중요한 임무란 점을 명확히 하고 직권이 과학적이고, 권력과 책임이 법으로 정해졌으며, 법집행은 엄명하고, 정무처리는 공개공정하며, 청렴과 효율은 겸비되고, 법을 지키는 성실한 법치정부건설의 가속을 의법행정실현의 구체목표로 설정하게 되었다. 그의 내용은 극히 풍부한데 이에는 구체적으로 아래와 같은 6개 방면의 임무가 포함되었다.

첫째, 법에 따른 정부직능의 전면적인 수행이다. 〈결정〉은 행정조직과 행정절차법제도를 완비해야 한다는 점을 강조하고 기구, 직능, 권한, 절차, 책임의 법정화를 추진했으며 "법의 수권이 없으면 할 수 없다."라는 권력에 대한 공법적인 통제원칙을 뚜렷이 하였다. 그리고 정부권력의 명세제도를 실시하여 어지러운 행위(亂作爲)와 권력의 남용을 강력히 반대하며 시정하는 동시에 정무수행에서의 부작위(不作爲)도 반대하여 정무시행 중의 게으름과 냉담함을 극복하고 실직(失職)과 독직

(瀆職)도 강건히 징벌하였다. 〈결정〉은 각급 정부권력의 규범화, 법률화를 추진해야 한다고 명확히 제출하고 과거 이 사업에 대하여 비교적 소홀히 하였으므로 지금은 반드시 이를 중시하고 긴박성이 있게 추진해야 한다고 하였다.

둘째, 법에 따른 정책결정시스템의 보완이다. 〈결정〉은 과거 법치정부건설에 관한 문건에 비하여 법에 따른 결정을 특별히 현저한 중점 위치에 놓고 근년 이래의 행정결정법치화에서 취득한 경험을 총결하기로 결정하여 공중참여, 전문가논증, 위험평가, 적법성심사, 단체토론 등을 중대한 행정결정의 법정절차로 결정하여 결정제도의 총체적인 과학, 절차의 정당, 결정과정의 투명, 책임의 분명 등을 확보하였다. 〈결정〉에서 창의력이 돋보이는 점은 대형 정부결정에 있어 책임의 종신추궁제도와 책임의 역추궁제도를 건립하게 된 것이다. 이는 이왕의 경험과 교훈을 총괄하게 된 결과이자 엄중한 결정상 실책의 발생과 결정상 적절한 시기의 상실 그리고 정책결정에서의 부작위로 인한 중대한 손실의 발생을 미리 방지할 수 있는 효과적인 조치이기도 하다.

셋째, 행정집행체제개혁의 심화이다. 이에 관해서는 중점적인 집행 영역에서 종합적인 집행을 추진하고, 시와 현 이 두 개의 급별 정부의 행정집행관리를 보완해야 하며, 행정집행인원의 자격증제도를 엄격히 실시하고, 행정집행과 형사사법의 연결고리가 매듭지어져야 하는 등 중요한 개혁조치들이 포함되었다. 이러한 개혁조치들은 모두 아주 명확한 대상이 있으므로 행정집행과학성의 향상에 아주 중요한 의미를 가지게 되었다.

넷째, 엄격하고 규범적이며 공정하고 문화적인 집행의 견지이다. 〈결정〉은 중대한 집행결정에 대한 법제심사제도, 행정재량권의 기준제도, 행정집행책임제도 등을 건립하여 엄격히 집행할 것을 제출했으며 이로써 집행감독을 강화하고 지역과 부서보호주의를 방지하고 극복하려 하였으며 집행에서의 부패현상을 징벌하려 하였다. 이러한 조치들은 모두 뚜렷한 대상자가 있어 조작이 가능하였다.

다섯째, 행정권에 대한 견제와 감독의 강화이다. 〈결정〉은 국가 법치건설 전반의 차원에서 반드시 엄밀한 법치감독체계를 건립해야 한다고 제출하였다. 이러한 사상의 지도하에서 〈결정〉은 당내감독, 인대감독, 민주감독, 행정감독, 사법감독, 회계감독, 사회감독, 여론감독 등 제도건설을 강화하여 과학적이고 효과적인 권력운영에 대한 견제와 감독체계를 형성하여 감독에서의 협력과 실효성을 증강할 구체적 구상을 제시하고 정부내부권력에 대한 견제는 행정권에 대한 견제의 중점이라고 제출하였다. 그 내용은 극히 다양하므로 탐색이 필요한 문제도 아주 많았다.

여섯째, 정무공개의 전면적 추진이다. 사실 이 사업은 오래전부터 이미 전개되었고 그리고 일정한 경험도 축적하였다. 그러나 각종 저항은 여전하여서 민중의 요구와 투명정부와는 여전히 일정한 거리가 있었다. 〈결정〉은 공개를 원칙으로 하고 비공개를 예외로 하여 결정공개, 집행공개, 관리공개, 봉사공개, 결과공개를 견지해야 한다고 강조하였다. 각급 인민정부 및 그 부서들은 권력명세서에 따라 사회에 정부직능, 법률의거, 실시주체, 직책 권한, 관리절차, 감독방식 등 모든 사항을 공개해야 한다. 정부정보공개를 구체적으로 규정할수록 민주제도의 실현에 유리할 것이다.

반드시 지적해야 할 것은 〈결정〉이 열거한 임무는 명확하고 전면적이며 조준한 대상도 확실하므로 문제의 중점과 난점을 제대로 파악했다는 것이다. 총괄적으로 〈결정〉은 의법치국의 전면추진에 관한 중대 문제에 대한 전문연구로 이는 역사적인 경험에 대한 심각한 총결일 뿐만 아니라 미래를 바라보면서 하게 된 전략적 포치이므로 이는 기필코 중국 법치정부건설의 추진에 많은 성과를 이루게 할 것이다.

2. 법치정부건설에 대한 행정법학계의 이론적 공헌

중국 행정법제도발전의 중요한 특징 중 하나는 바로 학계의 선행이 해당 제도의 탄생과 발전에 핵심적 작용을 하게 되었다는 것이다. 하나의 제도를 구축하려면 반드시 상응한 이론의 지도가 있어야 한다. 때문에 행정법제도의 구축과 완비도 당연히 행정법학이론의 지도와 추동을 벗어날 수 없었다. 최초 중국의 행정법학은 관련학과의 틈새에서 어려운 성장을 시작하였다. 1980년대 초기 반드시 행정법학이 점하고 있어야 할 많은 연구영역은 왕왕 행정학에 의해 점유되었고 1980년대 중반에 와서는 또 전례 없이 홍행하였던 경제법으로 인해 그의 생존공간은 줄어만 가서 사람들은 심지어 행정법을 공무원, 행정조직, 공안행정 등 제한된 문제만 연구하는 것으로 착각하였다. 비록 행정소송법의 반포와 실시는 일정한 정도에서 행정법학의 발전공간을 확장하였으나 행정법학의 전반 이론체계를 보았을 때 여전히 연약하고 혼란스러웠다. 일부 학자들은 당시 행정법학이 처한 이러한 상황을 '저조(低谷)'라고 표현하였다[30]. 그러나 1993년에 시작된 행정법이론의 기초문제에 관한 토론은 이러한 상황을 근본적으로 개변하였다. 이는 마치 뤄호우차이(羅豪才) 교수가 이 문제에 관한 연구가 시작된 원인을 언급하면서 말했듯이 "10여 년 이래 많은 학자들은 서로 다른 시각과 다른 측면으로부터 행정법학의 일부 이론과 실천문제, 예를 들면 행정법의 기본원칙, 행정행위(작용), 행정절차, 구체행정(작용)에 대한 사법심사 등에 관하여 많은 심도 있는 연구를 진행하였다. 이러한 연구들은 중국 행정법학의 보완과 과학적인 행정법이론의 형성에 아주 중요한 역할을 하게 되었다."

(1) 행정입법제도에 대한 행정법학자의 공헌

① 행정법치와 양법지치(良法之治)

법치의 가장 중요한 표현은 바로 우선 먼저는 의거할 양법이 있어야 한다는 점이다. 이 점은 모든 부문의 법률에서 마찬가지다. 그러므로 법치행정을 실현하려면 우선은 행정이 의거할 좋은 행정법이 있어

---

30   張尙⊠ 주필: 〈走出低谷的中國行政法學〉, 中國政法大學出版社, 1991년 판, 제9면.

야 한다. 그러나 입법은 아주 어려운 것인데 어렵다고 하는 가장 중요한 원인은 입법목적의 확립이 어렵기 때문이다. 즉 반드시 인민권리에 대한 보장을 진정으로 입법목적의 우선위치에 놓아야 한다. 30여 년 이래 중국의 입법사업은 입법위민(立法爲民)을 입법의 근본취지로 확고히 수립하고 시종일관 개혁과 개방을 에워싸고 경제건설을 중심으로 하여 인민이 행복을 누릴 수 있도록 하기 위해 모든 사업을 전개해 왔다. 근년에 들어서는 과학적 발전이론을 지도로 사회관리영역에서의 입법도 강화하여 사회공평과 정의의 촉진을 중점으로 하는 새로운 특색을 나타냈다. 중국의 모든 입법성과는 "권력은 인민이 부여했으므로 반드시 인민을 위해 사용되어야 한다."라는 선명한 특색을 구현하여 인민대중의 충분한 지지를 얻게 되었다.

그러나 정확한 입법목표의 확립만으로는 부족하므로 반드시 모든 입법규범의 모든 측면과 제반과정에서 이러한 입법목표가 구현되도록 해야 한다. 다시 말하면 구체입법규범의 질과 양이 어떠한가는 입법목표의 최종 실현을 결정하게 될 것이다. 게다가 법치체계 기반인 법률체계는 단번에 이루어질 수 없는 것이고 아무런 하자도 없을 수 없으며 그리고 또 일로영일(一勞永逸)한 것도 아니다. 이는 개방적인 체계이고 발전해 가고 있는 체계이며 시대와 더불어 나날이 성숙되어 가는 체계이다. 그러므로 향후 법치건설의 임무는 여전히 막중하다. 한편으로 사회주의 법률체계는 지속적 보완이 필요하므로 지금의 전략적 발전기에서 반드시 입법계획을 강화하고, 필수적인 새로운 법률을 제정해야 하며, 법률과 법규를 수정하고 보완하여 입법의 질량을 제고해야 한다.

그리고 법률과 한 벌을 이루는 법규를 제정하고, 입법에 대한 사후평가 제도도 확립하여 실시해야 한다. 다른 한편으로 법률체계가 형성되면 사업의 중점은 반드시 기존 법률의 확실한 실시로 이전해야 한다. 통속적으로 말하면 반드시 유법필의(有法必依), 집법필엄(執法必嚴), 위법필구(違法必究)란 국면을 이루어내야 한다. 즉 이 시기에 와서도 입법기관이 임무이행에 소홀히 해서는 아니 되고 법률실시에 대한 감독을 사업의 중점으로 삼아야 할 것이다. 입법의 효과는 법률의 집행에서 구현되고, 법률의 집행에서 검증된다. 입법은 법률의 집행을 지도하고 규범화하며, 법률의 집행은 입법효과의 관련 정보로 돌아와 다시 입법보완을 추진한다.

② 행정입법제도

중국 입법법의 공포실시와 행정입법의 가속화에 따라 학계의 행정입법에 관한 연구도 많은 성과를 취득하였다. 행정입법제도의 탄생과 발전은 근대 이래로 국가기능의 커다란 변화와 신구이념이 격돌한 산물이다. 자유자본주의의 발전시기에는 의회입법만 있고 행정입법은 없었다. 19세기 말 20세기 초에 이르러 행정입법은 많은 나라에서 잇따라 나타나기 시작해 입법권의 전통적 배치구조를 개변하였다. 행정입법의 존재에 일정한 역사적인 필연성과 합리성이 있는 것은 사실이다. 그러나 행정입법의 대량적 운용은 또 많은 새로운 문제를 일으켜 제도적 보완을 통해 행정입법의 적법과 공정한 운행을 보장하도록 요구하게 되었다. 행정입법에서는 반드시 행정입법에 관한 청문제도를 건립해야 한다. 즉 행정기관은 행정입법활동에서 반드시 공개적으로 이해관계자의 의견을 청취하고 이를 행정입법의 중요한 참고 또는 준거가 되는 절차로 만들어야 한다. 행정입법에 청문절차를 도입하는 것은 행정기관 및 공무원의 이념전환과 밀접히 연관된다. 왜냐하면 청문절차에서 행정대상자는 행정기관과 평등한 위치에서 의견을 제출하고 행정기관도 행정대상자와 똑같은 평등한 위치에서 의견을 청취하고 해명할 것을 요구하기 때문이다. 중국의 행정입법은 반드시 하나의 새로운 입법모델을 도입하여야 한다. 즉 직접적인 입법모델—사회공중 특히 특정한 법률과 밀접한 이해관계가 있는 공민, 법인 또는 기타 경제조직, 정치실체를 법률규범제정의 모든 과정에 개입할 수 있도록 하는 것이다.

(2) 행정집행제도에 대한 행정법학자의 공헌

행정집행이란 주요하게는 법률을 실시하는 행위이다. 법집행의 시각으로 보았을 때, 중국 법률의 80% 이상, 지방법규의 90% 이상, 행정법규와 규장의 100%는 모두 행정기관이 집행한다. 때문에 행정집행제도가 모든 행정법제도에서 점하는 위치는 아주 중요하다. 그러므로 행정집행제도를 어떻게 보완해야 할 것인가는 반드시 해결해야 할 중요한 문제이다.

인간성이 있는 집행은 시대의 요구이다. 이는 법에 따라 집행한다는 전제 하에서 집행의 강제성을 감소하고 유연성을 증강할 것을 요구하여 사람을 근본으로 하는 집행이념을 구현했다. 미국인 학자 에릭슨(Robert. C. Ellickson)는 그의 〈Order Without Law: How Neighbors Settle Disputes〉란 저서에서 다음과 같은 관점을 서술하였다. 즉 나라에서 강제성을 지닌 질서를 확립할 때, 만약 사회의 자발적 질서를 소홀히 한다면 법률은 더욱 많으나 질서는 더욱 적은 세상을 만들게 될 것이다. 왜냐 하면 '실제세계' 중의 법률은 사회생활의 산물이기 때문이다. 사회생활을 존중하고 민중의 염원을 존중하는 질서라야만 생명력이 있는 질서이다. 인간성이 있는 집행방식은 바로 질서가 생명력이 있게끔 보장하는 중요한 내용이다. 현대 사회에 있어 전혀 변화하지 않는 집행방식은 없다. 사회주의 조건하의 집법방식은 반드시 편민(便民), 이민(利民), 위민(爲民)을 원칙으로 견지해야 하며 사람을 근본으로 하는 집행사상을 구현해야 한다. 설령 행정처벌과 같은 강제적인 집행수단이라 하더라도 간이처벌절차 등 제도의 설치로 그의 강제성을 약화시키고 있다. 강제성이 약화되면 유연성은 자연히 강화될 것이다. 이는 현대 법치국가의 의법행정에서 나타난 공통적인 성질이다.

비강제성 행정수단은 행정기관의 또 다른 집행방식이다. 이는 명령으로부터 복종까지 이어지는 전통적인 집행형태와는 다르게 법률과 정책을 위배하지 않는 전제하에서 관리대상자와의 소통, 협상, 합의 등 민주적인 방식을 통해 행정목적을 실현하는 것을 강조하는 방식이다. 사실 세계 각국 행정법의 발전도 행정권의 강제적인 작용은 만능이 아니고 이는 또 상대방의 유형 또는 무형의 저지로 인해 효능이 크게 감소하게 될 것이란 점을 증명하였다. 비강제성 행정수단은 중국에서는 주요하게 행정지도, 행정계약, 행정포상, 행정구조 등 행정수단으로 구현된다. 이러한 비강제성 행정수단은 대륙법계와 영미법계의 많은 나라에서 모두 널리 사용되고 있다. 이들은 현대 의법행정의 민주정신을 구현하고 공민, 법인 기타 조직 이러한 행정대상자에 대한 존중과 애호를 구현했기에 우리는 반드시 주체, 절차, 법률책임과 구제 등 방면에서 입법과 제도상의 보완을 실시하여 그의 더욱 큰 작용을 발휘하도록 해야 한다. 근년에 들어 중국의 행정법학자들은 행정법의 실시에 더욱 많은 관심을 가지게 되었다. 중난(中南)대학 법학원은 〈중국법률 실시상황에 관한 보고〉를 쓰게 되었는데 이 보고는 비교적 전면적으로 중국법률 특히 행정법의 실시상황을 반영하고 관련문제들도 제기했으며 그리고 행정집행과정에서 나타난 문제들에 관해서 또 많은 좋은 의견들도 제기했는데 이들은 주목해야 할 가치가 있었다.

(3) 행정감독제도에 대한 행정법학자의 공헌

법치정부를 건설하여 인민을 위한 집정을 확보하려면 반드시 행정권에 대한 감독을 강화해야 한다. 제도의 설계에 있어 우리는 이미 비교적 완비된 감독제도를 건립해 실시하고 있는데 이에는 인대감독, 정협의 민주감독, 사법감독, 언론감독 및 정부계통의 내부감독 등 감독제도들이 포함되었다. 우리는 반드시 실제효과가 뚜렷한 이 감독제도들을 견지하고 보완하여 행정권의 위법행사를 더욱 효과적으로 방지해야 한다.

① 규범성문건에 대한 감독의 강화

규범성문건이란 이는 행정기관이 불특정 주체를 상대로 하여 제정한 보편적 구속력과 법률효력을 가진 규칙의 통칭이다. 통속적으로 이를 '홍두문건(紅頭文件)'이라 한다. 비록 의법치국전략의 안정된 추진에 따라 법률은 이미 사회관계를 조절하는 가장 중요한 도구로 되었으므로 지금의 시점에서 이러한 문건이 없어서는 아니 될 것이다. 그러나 '홍두문건' 자체가 법률을 위반하게 되었을 경우 경제, 사회발전과 사회안정은 중대한 영향을 받게 되므로 '홍두문건'에 대한 심사와 감독은 의법행정, 법치정부건설의 중요한 내용이다. 지금 '홍두문건'의 제정에서 제정주체, 규정내용 및 제정절차의 혼란은 여전히 심각하나 그에 대한 효과적인 감독은 이루어지지 않고 있으므로 반드시 관련 입법을 보완하여 효과적인 감독을 이루어내야 한다. 첫째, 제정권을 명확히 하고 제도건설을 강화하여 의법행정을 추진해야 한다. 어떠한 '홍두문건'이라 하더라도 현행 법률, 법규와 저촉이 되어서는 아니 되며 지방정책으로 법률과 법규를 대체하려 해서는 더욱 아니 될 것이다. 둘째, 입법을 통해 일부 '홍두문건'을 법원의 사법심사범위로 산입하고 '홍두문건'의 요민(擾民), 침민(侵民), 상민(傷民)의 기세를 원천적으로 억제하여 민중의 합법적 이익을 확실히 보호해야 한다. 셋째, 법률에 대한 믿음을 높이고 현대법치이념으로 전환을 실현해야 한다. 마지막으로 행정법치화의 지속적인 발전에 따라 공무원과 민중들의 법률적 자질도 반드시 크게 향상되도록 해야 한다.

② 제도적 문책의 강화

2003년 하반기부터 행정문책에 관한 제도건설을 점차적으로 강화하게 되었다. 〈중국공산당당내감독조례〉와 〈중국공산당기율처분조례〉의 반포 및 실시를 표지로 문책의 방식은 '권력문책(權力問責)'을 주요 방식으로 하던 데로부터 '제도문책(制度問責)'을 주요 방식으로 하는 방향으로 점차 이전하였고 문책의 대상은 과거의 '과실이 있는 관원'들로부터 직무를 제대로 이행하지 않는 '부작위(無爲)'의 관원까지 확대되었으며 문책사유의 범위는 안전생산경영부문에서부터 권력부문까지 확대되었다. 그리고 문책의 책임방식은 다양화의 방향으로 발전하였고 문책의 시한도 점차 명확해지고 또 늘어나게 되었다. 그러나 지금 각 지역에서 제도문책의 발전은 균형을 이루지 못하고 있으므로 통일, 확실, 강화 및 질서가 요구되는 실정이다. 민주가 날로 흥행하고 있는 오늘에 있어 각종 감독방식도 완비되어 공무원의 행위는 더욱 엄격한 감시를 받게 되었는데 이는 의법행정의 발전에 적극적인 작용을 하게 될 것이다.

3. 법치정부를 향한 과정 중의 문제 및 대책

중국에서 행정법치건설을 시작한 지 얼마 되지 않았음에도 불구하고 이미 많은 유익한 경험을 축적했다. 그러나 앞으로 나아가야 할 길은 여전히 멀고, 민중이 기대하는 법치정부와 아직은 상당한 거리가 있다.

(1) 현재 중국 법치정부건설에 존재하는 문제

① 중국 역사전통으로 인한 무거운 부담

법치란 개념은 법학의 중심명사(中心詞)이다. 그러나 오래전부터 이에 관한 쟁의는 끊이지 않았다. 도대체 어떠한 정부를 '법치정부'라 할 수 있을지? 이는 토론이 더욱 필요한 과제이다. 외국인 법학자들은 이 문제에 관한 우리의 토론에 유익한 계시를 제공하였다. 예를 들면 영국의 앨버트 다이시(A. V.Dicey)는 법치란 반드시 정부의 독재와 특권, 심지어 광범위한 자유재량을 배제할 수 있어야 하며 반드시 정부와 인민이 일체적으로 보통법에 복종하고 보통법원의 관할을 받을 수 있도록 보장해야 한다고 하였다. 그의 이러한 인식은 영국 보통법의 두터운 전통과 법원의 숭고한 지위를 기반으로 하여 얻게 된 것이다. 미국의 프랭크 굿나우(Frank Goodnow)는 행정법은 헌법의 보충과 실시에 불과하며, 법치는 헌법의 관철일 뿐이라고 했는데 이는 미국에 활력이 넘치는 성문헌법과 강력한 사법심사제도가 있었기 때문이다. 그리고 독일의 오토 마이어(Otto Mayer)는 법치를 법률의 구속, 법률의 우위와 법률의 유보로 개괄하였다. 그가 토론한 것은 입법과 행정의 관계이다. 상술한 바와 같은 이러한 논점이 우리에게 많은 깨우침을 준 것은 틀림없다. 그러나 중국의 전통법학에 이러한 법치사상이 결핍되고 부정적 역사부담만 주게 된 것은 외면할 수 없는 역사적 사실이다.

비록 신중국 성립당시 마우쩌뚱 주석은 천안문 성루에서 "중국인민은 이제부터 일어섰다."라고 선포함으로써 그날부터 중국의 정권은 인민의 것이란 점을 상징하였다. 그러나 개혁개방 이전 중국 민주의 깊이와 넓이는 매우 부족하였다. 특히 시장경제기초와 법률제도보장이 결핍된 상황에서 민주제도와 시스템은 너무나도 연약하여 아무런 풍랑의 시련도 견딜 수 없었다. '문화대혁명'의 발발은 바로 하나의 전형적인 사례이다. 즉 그때 당시 성문화된 헌법은 한 장의 휴지에 불과하였고 법정기관은 사람들이 마음대로 짓부술 수 있는 대상이 되었으며 국가주석의 인신자유마저도 박탈되고 말한다. 그리고 행정기관은 법에 따라 운행되는 것이 아니라 '최고지시'에 따라 일할 수밖에 없었다. 중국공산당 제11기 중앙위원회 제3차 회의 이후, 중국공산당은 고도로 된 사회주의민주건설을 분투목표로 내세우고 그리고 나라의 법제건설을 전례가 없었던 중요한 지위에 올려놓았다. 그러나 지금도 중국은 역시 사회주의 초급단계에 처하여 있으므로 중국의 민주는 초보적인 민주일 수밖에 없었고 이와 관련된 정부의 운행방식 등도 모두 초보적인 민주정부라는 점을 드러냈다.

② 현행 체제 중의 많은 엄중한 결실

중국은 과거 30여 년간의 법치건설에서 이미 거대한 발전성과를 이룩하였다. 그러나 법치국가로 가는 길은 여전히 멀기만 한데, 적어도 직권의 법정, 의법입법, 의법행정, 의법재판 등 4개 방면에서 행정법치의 실제상황과 이상 간의 거대한 거리를 검토해 볼 수 있을 것이다.

직권법정에 남은 문제에 관하여

개혁개방 이래 중국은 지금에 이르기까지 정부와 시장, 정부와 사회의 관계를 끊임없이 탐색하였고 사회개혁을 진행하는 과정에서 정부 자체에 대한 개혁도 진행하였다. 그러나 정부직능에 대한 명확하면서도 확고한 법률의 견제는 결핍하였고 당정관계는 제대로 정리되지 않았으며 행정기구개혁도 이랬다저랬다 하면서 반복을 거듭하였고 행정기구설치와 정원에 대한 관리도 혼란스러웠으며 그리고 행정직능의 법정화, 규범화정도가 높지 않은 등의 상황이 심각하게 존재하였다. 직능법정의 시각으로 보았을 때, 과거 30여 년간 정부의 역할에는 이미 커다란 변화가 발생하였다. 시장경제의 발전에 따라 정부와 기업, 국가와 사회는 점차 분리하였고 정부의 직능도 새로운 사회조건하에서 날로 명석해지게 되었다. 비록 우리는 이미 각종 문건과 법률 및 법규를 제정하였으나 지금까지 이러한 규범은 상당한 정도에서 아직은 역시 이념적인 것이었고 정부직능에 대해서는 분명하고도 강한 견제는 여전히 결핍되었다. 행정기구법정이란 시각으로 보았을 때, 완벽치 못한 중국의 행정조직법으로 인해 분명한 행정기구의 설치기획은 아직 없었고 중앙과 지방의 차원에서 행정기구와 사업조직, 사회단체의 관계는 제대로 정리되지 않았으며 행정기관과 사업조직, 사회단체는 서로 뒤엉켜 심지어 진위를 가르기도 힘들게 되었다. 도대체 어떠한 공공직능은 반드시 행정기관에서 행사해야 하고 또 어떠한 공공직능은 사업조직 또는 업종조직에서 행사할 수 있는지, 심지어 어떠한 조직은 행정기관에 속하고 또 어떠한 조직은 사업조직 또는 업종조직에 속하는지도 아직은 상당히 불분명하며, 이 외에 행정기구 공무인원의 정원도 확정되지 않았다. 비록 중국은 이미 기구편성에 관해 행정법규를 제정하여 실시하게 되었고 그리고 또 중앙에서부터 지방까지 모두 전문기구를 설치해 편제에 대한 전문적 관리를 실시하게 되었으나 기관의 실제정원은 증가만 하고 있는 실정이다. 행위방식의 법정화 상황을 보았을 때, 첫째, 적지 않은 종류의 행정행위가 법률의 아무런 통제를 받지 않는 실정이다. 예를 들면 행정허가법이 실시된 이후, 국무원은 통지를 발부하여 총 211개 항에 달하는 '비행정허가 비준항목'을 보류하였다. 이러한 '비준항목' 중의 일부는 행정허가사항이 아니라고 말하기 어려우나 이들을 행정허가법의 적용범위에서 억지도 배제하였다. 둘째, 일부 사회관리영역에 아직은 많은 법률공백이 있으며 많은 경제조절에 관한 법률에 구체규정이 결핍된 상황이다. 예를 들면 근래 부동산시장 조절에서 관련 법률은 너무나도 빠르게 변하고 심지어 이랬다저랬다 하기도 하여 사람들은 짐작조차 하기 어려웠다. 그리고 공민의 정치권과 국가의식형태에 관한 영역에서는 또 더욱 많은 공백을 남겨 놓았다. 헌법에서 공민은 언론, 출판, 집회, 결사, 유행, 시위 등의 자유와 종교적 신앙의 자유를 가진다고 규정하였다. 그러나 집회행진시위법과 국무원에서 제정한 몇 개의 행정법규를 제외하고 지금까지 아무런 최고 입법기관의 상응한 구체입법은 나오지 않았고, 많은 사람이 줄곧 호소해온 언론법(新聞法)은 지금까지도 그 행적을 찾아볼 수 없는 실정이다. 마지막으로 많은 행정재량에 대한 효과적인 법률통제도 이루어지지 않았다. 집법자의 재량은 어떠한 사회라 하더라도 이를 완전히 제거할 수는 없을 것이다. 그리고 재량의 존재도 법치에 대한 필연적 부정으로 이어지는 것은 아니다. 그러나 많은 영역에서 광범위한 재량은 여전히 법치에 대한 위협이다. 예를 들면 〈정부정보공개조례〉 제8조의 규정은 그 내용 자체의 모호함으로 인해 정부정보의 공개에 거대한 장애를 설치하여 조례의 기초자가 당초에 공언하였던 '공개를 원칙으로 하고 비공개를 예외로 한다.'라는 원칙을 사실상 부정하였다.

의법입법 중의 여러 가지 문제에 관하여

입법영역 특히 행정입법영역에 지금은 여전히 많은 문제가 존재한다. 이 중 주요한 문제로는 바로 권리와 의무를 창설하게 될 법률의 형식은 아직도 완전히 확정되지 않았고, 법률문건의 제정과정과 공개방식은 아직도 개진되어야 하며, 법률의 유보와 법률의 우위는 아직도 진정하게 관철되지 않았다는 것 등이다. 지역별 상황이 천차만별인 하나의 큰 대국에서 사회의 급변을 맞이하게 되었으므로 규칙 사이의 조화 및 통일, 그리고 제도의 혁고정신(革故鼎新)은 모두 국가입법에 의지할 수밖에 없게 되었다. 그러나 어떻게 다른 급별, 다른 성질의 입법수준을 보장하고 규범체계의 공개, 확정 및 조화 등 요구를 만족시킬 것인가는 하나의 준엄한 도전이다. 과거 수십 년간 입법법의 제정을 표지로 법률, 법규, 규장 등 정식입법의 과정은 이미 기본적으로 의거할 법이 있게 되었다. 그러나 이렇다 하더라도 규범성문건은 너무나도 많아 이 중 상당 부분의 규범성문건에는 형식, 권한에서 절차까지 여전히 많은 문제들이 존재하게 되었다.

첫째, 법률, 법규와 규장 이외 각급 당 조직, 정부 및 그의 부서들이 제정한 대량의 규범성문건은 국가통치에서 실제 크게 영향을 발휘하고 있다. 그러나 이들에 대한 규범화는 왕왕 이루어지지 않고 있다. 이 중 중요한 문제는 바로 현행제도가 정식입법 이외 기타 규범성문건의 권리와 의무 창설을 금지하지 않는다는 점이다. 때문에 입법형식의 종류가 너무나도 많고 등급도 지나치게 복잡한 문제를 해결하지 못하고 있다. 엄격히 말하자면 정부의 내부문건으로 공민의 권리를 제한해서는 아니 된다. 또한 행정기관의 보편적 구속력을 가진 결정들은 반드시 특정한 형식을 취해야 한다. 그러나 이러한 규범성문건들은 이러한 형식을 취하지 않았다.

둘째, 입법권한에 관한 요구이다. 입법형식이 다원화된 나라에서 국가법제의 통일을 수호하려면 반드시 일정한 규칙(시스템)으로 법률문건을 통합할 수 있어야 한다. 중국처럼 이렇게 입법종류가 다양하고 등급도 복잡한 나라에서 이 규칙은 다른 나라에 비하여 더욱 복잡할 것이다. 그러나 기본적인 문제는 다음과 같은 두 개에 불과하다. 즉 하나는 입법권한의 배분인데 이는 어떠한 사항은 어떠한 등급의 입법이 규정해야 할 것인가 하는 문제이고, 다른 하나는 법률조항 사이의 충돌 해결이다. 즉 다른 형식의 입법이 서로 충돌하게 되면 도대체 어떠한 입법을 기준으로 해야 할 것인가 하는 문제이다. 따라서 한편으로 법률은 반드시 유보되어야 한다. 중국의 언어 환경에서 법률유보는 일부 사항이 반드시 전국인대 및 상무위원회의 법률로만 규정되어야 하고 기타 기관, 기타 형식의 입법문건은 이를 창설할 권한이 없다는 것을 뜻한다. 헌법과 입법법은 여러 차례 '법률규정에 따라(依照法律規定)'란 표현을 사용하였다. 이는 바로 법률유보정신의 구현이다. 이 외에 행정처벌법, 행정허가법, 행정강제법을 대표로 하는 일부 법률도 행정법규, 지방법규, 부서규장과 지방정부규장의 입법권한을 규정하였다. 그러나 지금까지 법률유보는 제한된 범위에서만 적용되고 있을 뿐이다. 공민권 등과 관련된 많은 영역에서 법률유보는 아직 철저히 관철되지 않았다. 법률유보의 원칙은 또 특별수권입법권의 문제와도 관련된다. 일부 수권입법에 대해서는 예정일정도 없다. 이러한 상황의 특별수권은 법률유보정신에 손상을 주고 있다. 다른 한편으로 법률의 우위도 보장되어야 하다. 중국의 언어 환경에서 법률의 우위는 법률의 우선적용원칙이라고도 한다. 이 원칙은 다음을 요구한다. 법률이 어느 한 사항에 관해 이미 규정하였을 경우, 법규와 규장은 이와 저촉되어서는 아니 된다. 동일한 사항에 관해 법률, 법규와 규장이 모두 규정하였을 경우, 반드시 법률규정을 우선 적용하도록 해야 한다. 법규와 규장이 법률에 저촉될 경우, 집행기관은 반드시 법률을 적용해야 하고 법규, 규장을 적용해서는 아니 된다. 이 법률우위원칙을 일반화한다면 다른 등급의 법률규범이 서로 충돌할 경우, 등급이 높은 법률규범을 우선 적용하여야 하고 등급이 낮은 법률규범은 등급이 높은 법률규범에 복종해야 한다. 이는 소위 "하위법은 상위법에 복종해야 한다."는 원칙이다. 입법법 이외에 행정처벌법, 행정허가법, 행정강제법도 법률의 우위를 구체적으로 규정하였다. 법률우위원칙의 확립은 법률규범의 통일을 수호하였다. 지금 법률의 우위 원칙에도 역시 일부 문제가 존재한다. 한편으로 입법등급의 순위는 아직 완전히 확정되지 못했고, 다른 한편으로 지금의 등급순위는 지나치게 입법등급에 치중하다보니 입법의 내용에는 소홀히 하여 판에 박힌 듯이 경직되었다는 점이다. 중앙과 지방 직권(事權)이 명확히 구분되지 않은 상황에서 상위법의 우위만 강조하면 지방입법의 자주성은 질식될 것이다. 사실 이상 두 가지 모순은 모두 하나의 문제로부터 유래되었다. 즉 지금의 입법등급의 순서에 하나의 합리적이고도 실질적인 표준이 빠져 있다는 것이다.

셋째, 입법절차에 관한 요구이다. 중국의 정식입법은 통상적으로 입법안의 확정, 기초, 심사, 결정, 공포 등 많은 절차가 포함되었다. 입법과정 중의 좌담, 전문가의 논증, 공중의 참여 등 제도는 이미 기본적으로 확립되었고 기타 규범성문건의 제정절차도 점차 규범화의 방향으로 발전해 가고 있다. 그러나 졸속입법도 때로는 발생하고 있으므로 입법과정에서 개진되어야 할 부분은 여전히 많다. 입법과정중의 공중과 전문가의 참여에 비하여 입법문건의 공개는 더욱 기본적인 최소한의 요구인 것은 틀림없다. 지금의 상황을 보았을 때, '행정관리 의거'로 쓰이는 규범성문건만 공개할 것을 요구한다. 그러나 많은 영역에서 행정기관의 실질적 관리효력이 발생한 문건은 반드시 전부 공개해야 한다는 요구는 없다. 집권당도 중공중앙문건, 중공중앙판공청문건, 중앙기율검사위원회문건 및 중앙 각 부서의 문건 등을 포함한 많은 '당내법규'를 제정하였다. 이러한 대량의 당내법규들은 국가사무에 관해서도 많은 규정을 하였다. 그러나 이 중 일부만 공개되었다.

의법행정의 일상화, 보편화 및 제도화에 관하여

의법행정을 추진하는 과정에서 중국정부는 의법행정을 강조하였다. 그러나 실무 중의 상황을 보았을 때, 법률의 실시상황이 만족스럽지 못한 것은 모든 사람이 다 아는 사실이다. 이 중 원인을 따져보면 주요하게는 다음과 같은 몇 개 요인이 법률의 엄격한 실시를 방해하였다.

첫째, 법률구속의 이념이 결핍되었다. 의법행정을 실시하려면 반드시 우선 먼저 법률의 구속을 승인하고 또 법률의 구속을 받도록 해야 한다. 그러나 지금까지 역시 많은 형형색색의 이론과 주장이 법치에 대한 이해와 추구를 곤혹케 하고 있으므로 법률에 있어야 할 지고무상(至高無上)의 지위는 확고히 확립되지 않았다. 예를 들면 헌법에 의법치국을 써넣고 치국의 기본방침으로 확립하게 된 이후에도 어떤 사람들은 또 '의덕치국(依德治國)'이란 주장을 제출하였다. '위정이덕(爲政以德)'이란 아무런 문제도 없는 명제이다. 그러나 만약 '덕치(德治)'로 법치를 약화하거나 심지어 부정하려 한다면 법치의 반대방향으로 나가게 될 것이다. 또 예를 들면 '양성위헌(良性違憲)'이란 표현도 역시 큰 영향을 주고 있다. 개혁은 제도를 변경하려는 것이다. 그러나 만약 개혁을 하면서 법률의 구속을 받지 않으려 하고 마음대로 법률을 돌파한다면 역시 법치의 반대방향으로 나가게 될 것이다.

둘째, 법률의 준수습관이 부족하였다. 중국의 행정기관에서 위법의 정도는 다르게 존재한다. 여기서 단 몇 개의 예만 들려 한다. 하나는 많은 규범성문건의 위법이다. 비록 입법법은 아주 복잡한 법률감독체제를 규정하고 법규의 등록심사방식도 명확히 하였다. 그러나 그의 효과는 아주 제한되었다. 실천에서 규범성문건의 위법은 또 행정집행의 대규모적인 장기위법으로 이어지기도 했는데 행정법규의 측면에서도 이러한 상황을 완전히 피하지 못했다. 다른 하나는 일부 행정집행영역에서 존재하는 대규모적인 위법이다. 과거 농업세의 징수, 도시가옥의 철거, 지금까지 지속된 산아제한, 농촌토지의 수용〉그리고 후기에 나타난 도시관리종합집법(城市管理綜合執法) 등 영역에서 법률이 완전히 없는 것은 아니었으나 이들은 제대로 지켜지지 않았다. 또 다른 하나는 '전문정리' 등 경쟁식의 집행이다. 전문정리란 중앙 또는 지방정부에서 모종의 뚜렷한 사회문제를 해결하기 위해 한 개 또는 여러 개의 부서에서 비교적 짧은 기간 이내에 엄하고도 빠르게 검사, 처벌, 제거를 실시하는 행동이다. 전문정리는 행정기관의 대량 행정력을 점하고 정상적인 업무처리를 방해하여 많은 새로운 모순을 축적하고 행정의 이성을 비틀었으며 의법행정을 크게 손상하였다.

셋째, 행정위법에 대한 책임추궁이 결핍되었다. 권력과 책임의 통일을 보정하기 위해 의법행정은 정부 준법이념의 수립을 요구할 뿐만 아니라 정부수법에 대한 감독도 요구한다. 정부에서 실시한 법률에 부합되지 않는 위법행위에 대해서는 이를 시정할 수 있는 효과적인 메커니즘이 있어야 하고, 정부의 위법행위로 인해 피해를 입은 피해자에 대해서는 이들에 대하여 배상하고 구제할 수 있는 메커니즘이 있어야 하며, 그리고 위법행위를 실시한 공무원에 대해서는 또 이들의 책임을 확실히 추궁할 수 있는 징벌제도가 있어야 한다. 중국은 이미 행정소송법, 행정심판법, 각급 인민대표대회상무위원회 감독법, 행정감찰법, 심계법, 국가배상법 등 많은 법률을 제정하고 집권당인 중국공산당도 〈중국공산당 당원영도간부의 청렴종사에 관한 약간의 준칙〉, 〈중국공산당기율처분조례〉 등 당규들도 제정하게 되어 형식적으로 보아서는 있어야 할 것은 거의 모두 갖췄다. 그러나 이러한 감독시스템의 실제운영은 그 효과가 그렇게 좋지 않았다. 대규모적인 위법을 마주하여 감독체계는 체제적인 실효에 빠져버렸다. 위법행정행위에 대하여 비록 이론상 이 많은 감독기구들은 모두 감독을 실시할 수 있었으나 이들은 또 실제로는 누구도 감독하지 않을 수 있어 당사자들은 고소하려고 하여도 고소할 길조차 찾을 수 없었다. 그리고 국가배상도 의거할 법은 있었으나 피해자들의 구상(求償)은 역시 곤란이 막심하여 한 장의 배상결정 또는 판결을 위해 온갖 노고를 다해도 아무런 배상도 받지 못하는 경우가 많았다.

넷째, 법에 의한 재판은 제대로 집행되지 않았다. 행정쟁의가 재판의 기회 즉 권리를 획득하는 것은 보편적 승인을 받지 못한 상황이고, 법원은 관련 법률문제와 사실문제에 대하여 완전한 자주적인 재판을 할 수 없었으며, 사법판결의 권위도 충분한 보장을 받지 못했다. 법치행정은 행정이 법률을 기준으로 할 것을 요구하였다. 실천의 시각으로 보았을 때, 그의 중점은 적법성에 대한 판단이다. 행정이 적법한지 여부에 관하여 발생한 쟁의는 반드시 이를 해결할 수 있는 하나의 시스템

중국 법치 100년의 경로

이 있어야 한다. 이렇지 않으면 집법자에게 제출한 법률규정을 준수하라는 요구는 법률에 대한 상징적 충성을 표시한 것을 제외하고 아무런 실천적 가치도 없다. 비록 행정쟁의의 해결에는 여러 가지 사용이 가능한 방안(이론상에서 다수의 쟁의를 해결할 수 있는 행정심판의 경로를 포함하여)이 있겠으나 반드시 하나의 최종적인 해결기구가 있어야 한다. 법원은 기타의 국가기구에 비하여 상대적으로 초탈한 지위, 비교적 완비된 절차, 사실근거와 법률의거에 대한 관심 그리고 양호한 법률훈련을 받은 전문인원 등 자연스레 더 나은 점이 있다. 총괄하면 하나의 사회적 이상으로서 법치는 이미 중국인들의 마음속에 뿌리를 내리게 되었으나 사회적 현실에서 법치는 여전히 머나먼 지평선에서만 보인다.

(2) 중국 법치정부건설 및 법치행정에 대한 전망

중국공산당 제18차 전국대표대회는 법치중국건설이란 분투목표를 제출하고 법치국가, 법치정부, 법치사회 이 3자가 일체로 된 건설루트도 제시함으로써 법치정부는 법치중국건설의 주체공정으로 부상하게 되었다. 따라서 다음과 같은 몇 개 방면의 노력도 필요하게 되었다.

① 이념의 높은 차원과 행정법치이념의 확립

일반적으로 법치행정은 다음과 같은 4개 요소로 구성되었다고 인식한다. 첫째, 행정기관의 모든 직권 취득은 반드시 법률규정에 의해야 하고 반드시 법률규정에 따라 실시되어야 한다. 상응한 법률규정이 없이 행정권을 행사해서는 아니 된다. 둘째, 모든 행정직권의 위임 및 운영은 반드시 법률적 근거가 있어야 하고 반드시 법률의 요건에 부합되어야 한다. 셋째, 모든 행정활동(작용)은 법률에 저촉이 되어서는 아니 된다. 넷째, 행정기관과 공무인원의 위법은 앞에 있는 3개항의 행정활동을 포함하여 반드시 법적 책임을 져야 한다. 이 책임에 행정기관 구체행정작용의 취소 또는 변경으로 인해 따르게 된 책임 및 행정배상이 포함되는 것은 물론이고 공무원의 위법과 직무태만으로 인해 반드시 받아야 할 행정처분과 사직 등 징계책임도 포함된다. 행정법치에 관한 요구에 의하면 행정기관 및 공무원의 행정권행사는 반드시 법률(행정실체법과 행정절차법을 포함하여)의 규정을 엄격히 준수해야 하고 월권을 해서는 아니 되며 법정절차를 무시하고 직권을 남용해서는 더욱 아니 된다. 그리고 "법률의 명문화 된 규정이 없으면 하여서는 아니 되고 법률이 금지한 사항을 하여서는 더욱 아니 된다."라는 집법원칙도 반드시 지키도록 해야 한다. 이를 위반하면 행정행위는 무효로 될 것이다. 때문에 반드시 효과적인 행정심판, 행정소송, 행정배상 등 행정구제 제도를 건립하여 나타날 가능성이 있는 불량한 행정과 불법행위를 제때에 시정 또는 구제하여 공민의 합법적 권익을 최대한으로 보호하도록 해야 한다.

중국 전통문화의 주요한 특징은 의무에 대한 과도한 강조와 권리에 대한 지나친 홀시이다. 그러므로 법치정부를 건설하고 법치행정을 실행하려면 관리자로서는 반드시 이런 이념개변에 적극 앞장서야 한다. 나라의 행정관리에서 관리자가 만약 피관리자의 가장 중요한 의무는 그들을 상대로 의무를 이행하는 것이라고 생각하면 그들은 인민의 충복으로부터 곧바로 인민의 머리위에 올라앉은 나리로 변신하게 될 것이다. 이는 우리가 건설하려는 법치정부의 기본적 요구에 부합되지 않는다. 이론적으로 보았을 때, 관원과 민중은 사회적 분업이 다를 뿐이고 귀천의 분별은 없다. 그러나 오래전부터 형성된 이념과 관성의 작용으로 인해 일부 정부관원들은 지금까지도 법치행정은 법률에 의하여 백성을 '통치'하는 것이라고 생각하고 모든 백성들이 법률을 준수하여 진정한 '수법자(守法者)'로 될 것만 원하고 자신들이 솔선하여 법을 지켜야겠다는 생각은 종래로 하지 않았다. 이는 관귀민천(權貴民賤)사상에서 나온 폐해의 전형적인 표현으로 극히 착오적인 발상이기에 우리는 반드시 이를 강건히 단절하도록 해야 한다.

행정법치는 국가통치체계의 주요한 조성부분이다. 반드시 인권보장의 사상을 법치정부건설의 모든 과정에 관통되도록 해야 한다. 중국 공산당 제18기 중앙위원회 제3차 회의는 하나의 중요한 명제를 제출하였다. 즉 전면개혁의 중요한 목표에 국가통치체계와 통치능력의 현대화가 포함된다는 것이다. 행정법치는 국가통치체계와 통치능력 현대화의 중요한 조성부분이다. 행정법치가 없으면 국가통치체계와 통치능력의 현대화는 엄두도 내지 못할 것이다. 가장 주목을 받아야 할 것은 인권보장이 응당 국가통치체계와 통치능력의 현대화를 추진하는 모든 과정에 관철되어야 하고 반드시 법치정부를 건설하여 법치행정으로 가는 모든 과정에 관철되어야 한다는 점이다. 인권보장은 국가통치체계와 통치능력현대화의 기초와 동력이며 그리고 국가통체체계와 통치능력현대화의 출발점이자 또 종착점이다. 인권보장이란 이 기초와 동력이 없으면 국가통체체계와 통치능력의 진정한 현대화를 실현할 수 없을 것이며 법치정부건설목표의 실현도 불가능할 것이다. 이와 반대로 만약 인권보장의 실현과 발전을 이루어내지 못하면 국가통치체계와 통치능력의 현대화 그리고 법치행정의 실현도 모든 의미를 상실하게 될 것이다. 국가통치체계와 통치능력 현대화작업의 추진 그리고 법치정부건설작업의 추진은 인권보장을 방해하지 않아야 할 뿐만 아니라 반드시 이를 더욱 힘차게 추진해 나아가야 한다. 국가통치체계와 통치능력의 현대화는 이루어졌는지, 법치정부는 건설되었는지에 대한 최종적인 검증은 결국 인민의 권리와 이익이 보장을 받고 발전은 되었는지를 통해 보아야 할 것이다.

② 정부와 공민관계의 정리 및 행정법의 효과적인 실시

중국의 현실 상황을 감안하여 우리는 반드시 자원배분에서 시장체제의 결정적 작용이 충분히 발휘되고, 반드시 사회적 활력을 최대한으로 살려 사회조화의 요인이 최대한으로 증가되도록 해야 한다. 이렇게 할 수 있는 관건은 바로 정부와 공민의 관계를 정리하고 사회조화와 안정에 영향을 주는 문제의 해결을 돌파구로 하여 사회관리의 과학성을 향상하는 것이다. 지금까지 중국은 아주 중요한 전략적 발전기에 있다. 그러나 각종 사회모순의 빈발도 이 시기 하나의 주요한 특징이므로 사회관리영역에서 많은 문제들이 산적되었다. 이 중 테러사건과 빈번히 발생하고 있는 집단성 사건은 반드시 시급히 해결해야 할 문제이다. 때문에 법치정부를 건설하려면 반드시 의법행정의 전반과 연관된 체제 및 시스템에 대한 혁신을 돌파구로 사회사무관리의 과학적 수준을 전면적으로 향상시켜야 한다. 우리는 반드시 사회사무관리를 강화하고 혁신하며 의법행정을 실시하는 차원에서 중국의 사회조화와 안정을 곤란케 하는 가장 중요한 문제―사회적 안전사건(집단적 사건을 포함하여) 의 발생을 미리 예방하고 적절히 처리해야 한다. 지금 중국이 마주한 집단적 사건은 사회전형과 체제전환의 배경에서 특히 도시건설과 도시, 농촌의 일체화를 추진하는 과정에서 나타난 사건들이다. 이러한 사건의 주요 특징은 일부 군중이 그들의 권익이 침해당했다고 생각하여 의견을 제출하려 했으나 의견을 제기할 수 있는 적절한 경로가 없거나 또는 공정한 처리를 기대하기 어렵다고 생각되어 집회, 청원, 진정, 공중교통노선 또는 공중장소의 점거 등 집단적 행위로 정부 등 국가기관에 강렬한 염원을 전달하고 자신들의 요구를 관철시키려는 모든 행위이다. 이러한 행위의 구체적 규모와 방식은 지방에 따라 서로 다를 수는 있겠으나 모두 현지의 정상적인 사회질서에 부정적 영향을 주게 된 것은 틀림없는 사실이다.

지금의 집단적 사건에 내포된 속뜻에 관한 분석은 단순하고 정지된 전통적 사유 즉 이분화 모순분석의 방식에 따라서는 아니 되며 구체사건을 처리할 때, 그의 성질을 간단하고 성급하게 적법과 위법으로만 구분하여도 아니 될 것이다. 사건에 대한 실무적인 처리에 있어 사건 자체의 발전을 버려두고 방임해서는 아니 되겠지만 그렇다 하여 또 시비곡직도 따지지 않고 다짜고짜 이들을 모두 홍수, 맹수로 몰아세워 진압하려 해서도 아니 된다. 이러한 사건의 처리에서 우리는 반드시 변증법과 변화의 시각으로 사건을 세밀히 관찰하고 분석해야 하며 그리고 동태적인 법치방식으로 예방과 처리를 해야 한다. 특히 사회관리를 혁신하는 공법적인 시각으로 사건의 발생을 적극 예방하고 적절히 처리해야 한다. 사실 집단적 사건의 본질은 민주법치가 완비되지 않은 상황에서 공민이 자신들의 욕구를 정부에 전달하기 위해 선택하게 된 비정상, 비상태적인 정치표현방식이다. 이러한 정치표현방식을 이용하여 일부 군중들은 자신의 울분을 풀고 이익을 주장하여 정부결정의 형성과 행위선택에 영향을 가하려 하였다. 이러한 정치표현방식은 사회하층에 있는 군중들이 관련 정보, 성숙된 사고와 이성적 판단이 모두 결핍된 상황에서 경험과 능력의 부족으로 인해 하게 된 부득이한 선택이다. "불공평이 있으면 떠들기 마련이다." 이익주장과 청원시스템의 결핍, 이익주장과 청원 통로의 불통은 집단적 사건의 발생을 초래하게 된 직접적인 관건요인이다. 때문에 정부는 반드시 착오를 스스로 시정할 수 있는 시스템을 이용하여 즉 행정심판, 행정조정 등 제도와 시스템을 활용하여 민중의 염원이 표출되고 문제가 조기에 해결되도록 해야 한다.

의법행정의 관건은 모든 행정법률, 법규와 규장이 전면적이고도 정확하며 효과적으로 실시되도록 하는 것이다. 그러나 이러려면 집법자들은 반드시 집행사유를 개변하고, 집행방식을 최적화해야 하며, 집행수준을 제고하여 반테러투쟁을 포함한 모든 집법과정에서 법치원칙을 견지해야 한다. 행정법의 실시는 집행의 실제효과에 있어 법률적 효과와 사회적 효과의 유기통일을 실현할 것을 요구하므로 특히 집행에서 집법의 명의로 법치원칙에 위배되는 행위를 실시하는 상황의 발생을 극복해야 한다. 그러므로 반드시 차별적 집행, 선택적 집행, 집행 중의 돈세탁, 운동식의 집행, 연약성 집행, 야만적 집행, 정체성 집행 등 비정상적인 집행방식을 극복하고 그리고 집행의 전반과정에 민주, 자유, 평등, 법치, 인권 등 사회주의의 핵심적 가치를 주입하여 법치사고, 법치방식과 법치목표가 서로 촉진할 수 있도록 해야 한다.

③ 신형 도시화과정중의 의법행정 및 그에 대한 주목

신형 도시화건설은 중국 미래의 지속적인 고속성장을 뒷받침하게 될 기본 동력중의 하나일 뿐만 아니라 사회공평과 정의 그리고 법치정부의 실현과도 밀접히 연관되었다. 중국공산당 제18차 전국대표대회 이후, 신형 도시화건설은 재차 국가전략으로 격상되었다. 서방 선진국의 도시화와 구별되는 것은 중국에서는 정부가 도시화의 전반과정에서 주도자, 인도자 및 추동자의 역할을 한다는 점이다. 신형 도시화의 주도자, 인솔자와 추진자는 정부이다. 새로운 신형 도시화건설의 발전과정에서 정부는 어떻게 전통 도시화모델의 발전경험을 승계한 토대 위에서 엄격히 정부법치화의 규범요구에 따라 법치사고와 법치방식을 도시화발전의 전반과정과 모든 고리에 관통시켜 전통도시화가 겪었던 난제들을 돌파하고 도시화계통의 발전위험들을 규제하여 신형 도시화의 모델을 창출해 낼 수 있을 것인가는 현재 반드시 시급히 해결해야 할 과제로 떠오르게 되었다. 이를 해결하려면 반드시 적어도 다음과 같은 4개 방면의 사업에 주목해야 할 것이다.

첫째, 반드시 법에 따라 토지권익을 규범화해야 한다. 산업화의 추진, 도시규모의 확장은 반드시 이를 위해 필요한 일정한 토지 공간이 제공되어야 한다. 이 과정에서 우리는 반드시 다음과 몇 개 문제에 유의해야 한다. 하나는 반드시 법에 따라 농민의 토지권익 손해를 방지해야 한다. 신형 도시화사업을 추진하면서 반드시 토지수용과 매도를 통해 재정수입을 증가하려는 낙후된 발전이념을 타파하고 과학적인 발전이념을 견지하여 법에 따라 대규모적인 철거와 건설과정에서 나타난 농민의 합법적 토지권익을 침해하는 행위에 대한 감독검사를 실시해야 한다. 집체토지소유권에 관한 확인을 착실히 추진하여 소유권과 용익물권 이 두 개의 측면에서 농민의 물권과 수용권익을 보장해야 한다. 과학적이고 합리적인 토지수용과 철거에 대한 보상기준을 건립하고 '동지동가(同地同價)'란 원칙 하에서 합리적인 보상기준을 확정해야 한다. 토지격차수익(土地級差收益) 반환제도를 연구하고 수립하여 토지수익금 중의 일부를 일정한 비례로 토지를 상실한 농민의 사회보장영역에 반납하도록 해야 한다. 토지가 수용된 농민에게 일차적으로 보상금을 지급하는 동시에 또한 적시에 이들을 도시주민의 사회보장체계에 통일적으로 편입해야 한다. 토지수용과 철거영역의 법률구제제도를 수립하고 공안, 검찰, 법원과 민원기관(信訪機關)이 관련정보를 공유하고 교류할 수 있는 시스템을 건립하여 인민군중이 법률청원을 제출할 수 있는 경로를 넓히고, 사회적 안정의 수호원가를 낮추도록 해야 한다. 다른 하나는 반드시 법에 따라 농지의 비농업화(非農業化) 규모를 통제해야 한다. 농경지관리에서 우리는 반드시 국토관리법의 요구에 따라 농경지의 사용규모와 면적을 엄격히 통제해야 한다. 농업과학기술 지적재산권전략의 실시를 통해 법에 따라 현대 농업생산기술의 특허를 보호하고, '과학기술+법률'의 모델에 의지하여 현재 소유한 논경지 자원의 보호공간을 확장하고 승격하여 신형 도시화건설과 농경지보호 간의 모순을 효과적으로 완화해야 한다. 마지막으로 법에 따른 토지관리체계를 구축해야 한다. 이를 위해 반드시 토지법을 서둘러 수정해야 하는데 우선 먼저는 농촌집체토지수용보상조례의 제정에 관하여 필요한 조사연구를 실시하여 농촌토지개혁입법의 공백을 메우고 신형 도시화건설에 법률적 근거를 제공하도록 해야 한다.

둘째, 호적에 관한 통제를 철저히 깨뜨려야 한다. 1950년대 중국은 〈호적등기조례〉를 반포하여 법률의 형식으로 전국의 호적등기를 규범화하기 시작하였다. 이는 중국에서 도시와 농촌이 통일된 호적제도를 확립하게 되었다는 것을 상징하며 당시의 계획경제와도 어울렸다. 그러나 이가 규정한 공민이 농촌에서 도시로 이주하려면 반드시 도시노동부문의 임용증명, 학교의 입학증명 또는 도시 호구등록기관에서 발급한 이전허가증명이 있어야 하고 그리고 거주지 호구등록기관에 이전신청을 제출해야 한다는 등의 규정은 헌법에 규정된 공민의 거주와 이주의 자유라는 기본권을 사실상 박탈하여 도시와 농촌의 이원구조를 조성하였을 뿐만 아니라 사회의 분화와 도시등급의 형성에도 직접적 영향을 주게 되었다. 개혁개방의 심화는 사회자원의 배분에서 호적을 기본으로 하는 비정상적인 상황을 타파하고 호적의 지리적 표지와 인적정보의 기록기능을 회복할 것을 강력히 요구하였다. 즉 새로운 통일호적법을 제정하여 전국적 범위에서 통일된 거주증 제도를 실시하고 호적제도에 부가된 각종 복지혜택을 점차 제거하는 동시에 서비스형의 정부로서 공중봉사에 대한 투입을 증가하고 공공봉사의 범위를 확대하며 공공봉사의 품질도 지속적으로 향상시켜 사회에 대한 공중산품의 제공의무를 확실히 담당하여 모든 군중이 혜택을 누릴 수 있게 보장하고 이들이 다시는 호적상 신분의 차이로 인해 차별대우를 받지 않도록 하여야 한다. 여기서 주의해야 할 점이라면 의법행정원칙은 모든 행정행위(작용)에 적용되는 것이지만 봉사행정과 규제행정에서 서로 다른 요구가 있다는 점이다. 때문에 통일호적법이 제정되지 않은 지금의 상황에서 각급 정부는 반드시 봉사형 정부에 관한 요구에 따라 행정을 실시해야 하므로 행정기관 직권범위이내의 사항이라면 법률과 법률의 정신, 원칙에 저촉되지 않고 사회에 유리하다면 모두 적극 실행할 수 있다.

셋째, 행정구획에 대한 규범화를 견지해야 한다. 신형 도시화건설을 추진하는 과정에서 촌민은 시민으로 변경되었고 전통촌락은 또 사회구역으로 대체되어 가도판사처(街道辦事處)는 기존 향진(鄕鎭)의 관리역할을 수행하게 되었는데 관리조직의 이러한 변천은 또 새로운 법률주체 및 법률효과의 산출을 초래하였다. 예를 들면 2004년 10월 27일에 수정하여 공포된 〈지방 각급 인민대표대회 및 지방 각급 인민정부 조직법〉과 1954년 12월 31일에 반포된 〈도시가도판사처조직조례〉는 현재 가도판사처에 관한 법률의 연원이다. 상술한 바와 같은 법률규정에 의하면 가도판사처의 관리대상은 도시거주민이고 사업임무의 중점은 도시관리와 사회구역봉사이다. 그러나 행정구획이 변경되고 있는 단계의 행정실무에서 가도판사처는 상술한 바와 같은 법률에 규정된 봉사직능을 수행해야 할 뿐만 아니라 향진정부의 행정직능 특히 경제행정직능도 수행하게 되었다. 'GDP'를 특별히 중히 여기는 정부의 현행 평가체계에서 행정구획의 과도기에 있는 가도판사처는 사업의 중점을 때로는 후자, 즉 향진정부직능의 수행에 두게 된다. 때문에 도시화를 추진하면서 행정구획의 변경은 반드시 지역경제발전의 실제와 결부해 추진되어야 한다. 즉 도시 및 농촌의 발전, 산업의 발전을 총괄할 수 있어야 한다. 그러므로 관련 입법에서 우리는 반드시 기능에 따른 분류를 중요한 원칙으로 견지하여 농경지보호구역, 생태보호구역, 주민생활구역, 산업단지 등으로 나눠 계획하고 도시와 농촌발전이 서로 맞물리고 서로 촉진할 수 있도록 해야 할 것이다.

넷째, 정부융자의 위험을 방지하고 위험요인에 대한 통제를 강화해야 한다. 이에 관해 다음과 같은 3개 방면에 유의해야 한다. 첫째, 주체규제의 차원에서 정부융자의 형식을 한정해야 한다. 즉 반드시 법률적인 차원에서 정부융자의 주체를 규범화하여 정부의 효과적인 통제를 받은 비회사형(非公司制) 융자기구를 성립해야 한다. 둘째, 징벌시스템의 차원에서 정부융자의 책임을 강화해야 한다. 즉 융자에 관한 건전한 행정결정제도를 수립하여 투자융자관리를 정무정보공개범위에 도입하고 정부융자의 투명화, 결정과정의 절차화, 감독관리의 사회화를 실현해야 한다. 셋째, 감독과 검사의 차원에서 정부융자의 위험을 방지하고 위험요인을 통제해야 한다. 즉 채무상환과 진행 중인 건설자금의 후속 융자 등에서 반드시 사안의 경중과 완급, 위험요인의 크기에 따라 처리하도록 해야 한다. 기율검사, 감찰, 재정, 회계감독 등 부서를 연합하여 이미 성립한 정부융자회사들을 정리하고 규범화해야 하며 적절한 시기에 융자플랫폼와 융자회사의 분리를 추진해야 한다. 그리고 규정을 위반하면서 지방정부가 담보를 제공하는 행위를 엄금하고 대출관리와 자금운행의 모든 과정을 엄격히 심사해야 한다.

4. 행정법치의 새로운 과제

중국의 행정법학연구는 근년에 많은 새로운 발전을 이룩하게 되었는데 지금까지의 연구는 주로 아래와 같은 여러 방면에서 전개되었다.

첫째, 중요한 법률의 수정을 에워싸고 전개된 '입법행정법학'에 관한 연구이다. 행정소송법과 행정심판법에 대한 중대한 수정을 겪으며 학계는 즉시적인 행동에 나서, 이상 두 개 행정구제법에 관한 몇 개의 중대한 문제를 에워싸고 깊은 이론연구를 전개하여 상응한 이론대립을 형성했다. 예를 들면 행정법원의 설치여부, 행정심판기관은 전부 행정소송의 피고로 되어야 하는지, 행정소송을 유형화 방향으로 바꿀 필요는 없는지 등에 관하여 모두 치열한 공방이 이루어졌다.

둘째, 최고인민법원이 공포한 전형적인 행정사건사례에 초점을 맞춰 전개된 '사건사례(案例)행정법학'에 관한 연구이다. 최고인민법원이 정기적으로 공포하는 〈최고인민법원공보〉, 〈인민법원사건사례선〉, 〈중국행정재판사건사례〉 및 지도성을 지닌 사건사례들은 모두 광범위한 행정법학자의 이목을 끌었다. 이들은 이러한 중국 본토의 사건사례와 사법경험이 제시한 규칙의 발견·추출과 귀납을 통해 '사례—학설—규칙' 간 행정법의 순환을 실현하려 하였고 이를 통해 중국 본토의 행정법학이론체계를 구축하려 하였다.

셋째, 국가통치 중의 전형적인 제도혁신에 초점을 맞춰 전개하게 된 '실천행정법학'에 관한 연구이다. 사회의 변천이 진행되고 있는 시대적 배경에서 몇 가지 국가통치에 영향을 주는 제도적 혁신이 나타났다. 이는 많은 학자들의 이목을 끌게 되었다. 예를 들면 행정처벌재량기준에 관한 개혁, 행정심사비준제도에 관한 개혁, 행정집행에 대한 사건사례의 지도제도, 사인의 행정임무이행 등은 모두 학술연구의 인기 과제로 되었다. 이렇게 실천에 입각한 학술적 입장들은 학술연구와 행정실무사이의 거리를 가까이 하여 이론과 실천의 상호작용에도 아주 많은 도움을 주었다.

넷째, 미시적 행정관리영역의 제도운영에 초점을 맞춘 '부문행정법(특별행정법)'에 관한 연구이다. 행정법학자들은 구체적인 관리규범(規範), 과정(流程), 곤경(困境), 대책(對策) 등에 대한 깊숙한 탐구로 부문행정법학에 관한 연구를 깊숙이 추진하여 식품안전행정법, 경찰행정법, 교육행정법, 인구 및 계획생육행정법, 약품감독행정법, 환경행정법, 공용

사업행정법 등 영역에서 모두 중요한 성과를 이룩했다. 동시에 몇 개 영역을 포괄하는 '중관부문행정법(中觀部門行政法)'연구도 순조롭게 발전하였다. 예를 들면 규제행정법, 벤처행정법, 협력행정법, 사회행정법, 발전행정법 등이다.

다섯째, 영미법계와 대륙법계라는 양대 법계에서 대표적인 국가의 최신 행정법에 초점을 맞춘 '비교행정법학'에 관한 연구이다. 독일, 일본과 프랑스를 제외하고 지금 학자들은 미국행정법의 최신발전에 주목하고 있다. 이들은 전문 테마의 형식으로 미국의 행정법제도를 소개하고 있다. 예를 들면 미국 행정법 중의 비용수익분석방법의 운용, 행정 법관제도의 역사적인 발전, 행정회의제도의 변천, 사법심사기술의 발전, 행정재량에 대한 규제 등의 연구가 현재 진행되고 있다. 이러한 외부 법률지식의 도입은 비교행정법학의 발전에서 중요한 자료적 기반을 제공하였다.

법치정부건설의 임무를 완성하기 위해 중국 행정법은 반드시 더욱 분발해야 한다. 우선은 행정법학의 기초이론연구에서 반드시 새로운 작품들을 창출해 내놓아야 한다. 즉 반드시 중국의 본토경험에 입각하여 중국 행정법학이론의 원천을 추출해 내고 더욱 짙은 중국적 특성과 지혜가 담긴 법치정부이론을 내놓아야 한다. 다음은 행정법제도의 실시에 관한 연구에서도 새로운 작품을 내놓도록 해야 한다. 법률의 실시는 시대적 과제이다. 때문에 반드시 통계수치, 현지탐방, 지역실험, 전형적 사건사례 등 소재를 에워싸고 법치원칙과 정신을 위배하는 각종 행정위법현상의 생성원인을 찾아내며 효과적인 대책과 방안을 제시하여 이론, 제도, 운행이 맞물릴 수 있도록 해야 한다. 마지막으로 비교행정법연구에서도 반드시 새로운 작품을 내놓아야 한다. 특히 신세대 행정법전문가들은 반드시 외국어 능력을 활용하여 전문테마에 대한 정교하고도 세밀한 연구로 외국 관련제도의 역사적 발전을 탐구하고 비교법기초상의 이론비약을 실현하며 중국적 특색이 있는 법치정부이론의 발전에 더욱 신선하고도 풍부한 자료들을 제공해야 한다.

중국공산당 제18기 중앙위원회 제4차 회의상의 결정 〈중공중앙 의법치국의 전면추진에 관한 약간의 중대한 문제에 관한 결정〉은 이미 중국 법치건설의 새로운 청사진을 묘사하고 그리고 각항 세부적인 조치들도 제시하였다. 이는 이정표적 의미가 있는 하나의 중요한 문건으로 장기적 지도의의를 가지게 된다. 이 결정을 착실히 관철하려면 아주 많은 사업을 진행해야 하는데 학계가 걸머져야 할 임무는 특히 막중하다. 즉 많은 문제에 관한 이론연구는 반드시 더욱 심화, 강화, 보충 그리고 세분화하여 확실히 실시되도록 해야 한다. 이 결정이 언급한 이론연구과제는 아주 많은 편인데 적어도 다음과 같은 과제들은 반드시 시급히 연구해야 할 중요한 과제로 설정해야 할 것이다.

(1) 당의 영도와 의법집권, 의법행정의 관계에 관하여

중국공산당 제18기 중앙위원회 제4차 회의에서 의법치국의 전면추진에 관하여 내리게 된 결정의 핵심과제는 중국인민은 어떻게 중국공산당의 지도하에서 법치국가를 건설할 것인가 하는 문제이다. 이 문제는 사람들이 가장 관심을 가지고 있고, 그리고 해결하기도 또 가장 어려운 도전적인 과제이다. 지금 우리의 지도사상과 정치방향은 이미 확정되었다. 즉 우리는 반드시 중국공산당의 지도하에 중국적 특색이 있는 사회주의제도를 견지해야 하고, 중국적 특색이 있는 법치이론을 관철해야 하며 중국적 특색이 있는 법치의 길로 나아가야 한다는 것이다. 그러나 이렇다 하여 모든 이론적인 문제가 모두 해결된 것은 결코 아니다. 예를 들면 떵샤오핑이 생전에 주목하였던 당과 정부관계문제의 해결, 특히 당과 국가의 영도제도에서 권력이 지나치게 집중된 이 역사적인 과제의 해결은 반드시 더욱 깊숙이 연구하여야 할 것이다. 우리는 반드시 당의 영도를 개진해야 한다. 당의 영도권과 집정권은 반드시 헌법과 법률의 충분한 수권을 받아야 하고 동시에 당과 행정기관을 포함한 국가기관 사이의 관계도 잘 처리해야 한다. 만약 의법행정이 의법치국의 관건이라 한다면 의법집정은 의법치국의 관건이다. 의법집정은 의법행정의 기본적인 기초와 전제이다. 요컨대 당과 정부의 관계문제는 반드시 더욱 깊숙이 연구해야 한다. 이는 헌법학문제이자 또 행정법학의 문제이다.

(2) 당내법규체계와 의법행정의 관계에 관하여

해당 〈결정〉이 지니는 특징의 하나는 완비된 당내법규체계의 형성과 보완을 중국적 특색이 있는 사회주의 법치체계에 집어넣은 것인데 이는 이론과 실천 이 두 개의 측면에서 모두 다 창의적 의미를 가지게 되었다. 중국공산당이 이미 집권당으로 된 이상 이는 틀림없이 막강한 공권력을 장악하게 되었다. 예를 들면 군대, 간부, 인재 그리고 당내사무 등은 모두 중국공산당의 관할 사항으로 되었다. 때문에 당내법규의 성질과 지위에 대한 인식은 반드시 한 차례 비약이 있어야 할 것이다. 당내법규체계는 도대체 국가법에 귀속해야 하는지 아니면 사회법에 귀속해야 하는지 또는 정당법에 귀속해야 하는지, 이를 도대체 '강법(剛法)'으로 보아야 할 것인지 아니면 '연법(軟法)'으로 보아야 할 것인지, 그리고 이와 국가법 사이에는 어떠한 관계가 있으며 이와 행정법을 포함한 완비된 법률규범체계와는 또 어떠한 관계인지 등에 대하여 반드시 적절한 답을 주어야 할 것이다. 총괄적으로 이들로 인해 많은 이론문제도 제기되므로 반드시 이를 열심히 해석하고 연구해야 하며 일반화된 인식에 멈춰서는 아니 될 것이다. 언급이 필요한 또 하나의 문제는 〈결정〉에서 법에 따라 군대를 관리하고 엄격히 다스리며 현대식 군대건설과 작전요구에 상응하는 군사법규제도체계를 건립할 것도 제출하였다는 것이다. 그러므로 이와 연관된 법학이론문제도 연구해야 될 것이다.

(3) 의덕치국과 의법행정의 관계에 관하여

법치와 덕치의 관계에 관한 해당 〈결정〉의 논설을 보았을 때, 그의 구체적인 사고(思路)는 이미 명백히 드러났다. 즉 "한 손으로 법치를 틀어쥐고 다른 한 손으로는 덕치를 틀어쥐어야 한다."는 것이다. 이는 국가통치에 관한 우리의 기본정책이다. 법치와 덕치의 관계에 관한 문제는 아주 긴 역사가 있으면서도 또 많은 시대적 내용이 포함된 새로운 과제이다. 법치의 주요 작용은 규범화이고, 덕치의 주요 작용은 교화이다. 이렇게 좋은 명제에 대한 승인을 전제로 우리는 반드시 고대 중국의 국가통치에서 어떠한 경험들이 흡수할 가치가 있는지, 지금 말하고 있는 법치와 덕치의 결합은 고대 중국의 법치와 덕치의 결합과 어떠한 관련과 구별이 있는지, 정부관원에 대한 관리는 어떻게 법치와 덕치의 결합을 구현해야 할 것인지, 행정대상자의 수법의식은 어떻게 법치와 덕치의 결합을 구현해야 할 것인지 그리고 법치행정과 사회주의의 핵심적 가치이념의 관계는 어떠한지 등을 더욱 깊이 연구할 필요가 있다. 해당 〈결정〉은 중화법률문화의 정수를 흡수하고 외국법치의 유익한 경험을 참고로 삼아야 하겠으나 외국의 통치이념과 모델을 그대로 옮겨서는 아니 된다는 중요의견을 제출하여 향후 행정법학계의 역사연구와 비교연구가 나아가야 할 방향을 명확히 제시하였다. 보충이 필요한 것은 반드시 법학계 및 모든 사회과학분야에서 학술토론과 연구자유를 제창하고 백화제방과 백가쟁명이란 방침을 강건히 관철해야 한다. 해당 〈결정〉의 발부는 행정법학연구의 더욱 광활한 공간을 개척하고 더욱 생기발랄한 공법사상토론과 보급으로 이어질 것이다.

(4) 의법행정과 인권보장의 관계에 관하여

해당 〈결정〉은 법치건설이 반드시 인민을 위하여야 하고 입법은 반드시 사람을 근본으로 해야 하며 그리고 공민권이 침해를 받지 않도록 보장해야 한다는 점 등을 특히 강조하였다. 그러므로 이 문건은 인권보장의 정신을 구현했다고 할 수 있을 것이다. 지금 중국은 이미 많은 국제인권규약을 체결하거나 또는 가입하고 그리고 헌법에 관한 수정에서도 "국가는 인권을 존중하며 보장한다."라고 명확히 규정하였다. 때문에 전면개혁이라 하여도 좋고 의법치국과 의법행정의 전면추진 및 국가통치체계와 통치능력의 현대화라고 하여도 좋은데 이들의 최종목적은 인권에 대한 존중과 보장이고 인민의 복지를 증진하려는 것이다. 인권보장은 의법행정을 추진하고 국가통치현대화를 추진하는 기초와 목적이다. 때문에 인권보장은 반드시 의법행정과 국가통치현대화를 추진하는 모든 과정에 관철되어야 한다. 그러나 어떻게 의법행정의 모든 측면과 고리에서 모두 사람을 근본으로 하고 인권을 보장할 것인가는 반드시 더욱 깊숙이 연구해야 할 과제이다.

(5) 의법치국과 반부패투쟁의 법치화, 일상화에 관하여

중국공산당 제18차 전국대표회이래 반부패투쟁은 전례가 없었던 커다란 승리를 거두었다. 이는 세상이 다 알고 있는 사실이다. 지금 반부패투쟁은 아직도 깊숙이 발전해 가면서 승리를 넓혀가고 있는데 이 모든 것은 인심을 크게 얻고 있다. 반부패투쟁이 장기적인 효과를 이루어내고 국가의 장기적 안정에 유리하게 작용하려면 반드시 제도적인 측면에서 이 사업의 법치화, 일상화를 추진해야 할 것이다. 때문에 반드시 계속하여 부패척결과 예방체계건설을 강화하고 반부패교육과 청렴문화건설을 강화해야 하며 권력운영과정에 대한 견제와 감독체계를 건립하고 반부패국가입법을 강화해야 하며 그리고 반부패에 관한 당내법규제도건설을 강화하고 부패발생률이 높은 영역과 고리에 대한 개혁을 심화시켜 국가기관이 법정권한과 절차에 따라 권력을 행사할 수 있도록 보장해야 한다. 총괄적으로 권력운영과정에 대한 견제와 감독을 강화하여 권력을 제도의 틀에 가둬 넣도록 해야 한다. 반부패는 당기율검사의 요구일 뿐만 아니라 행정기관법치건설의 요구이기도 하므로 반부패투쟁이 장기화, 일상화, 법치화의 요구를 만족시키기 위해 행정법의 차원에서 진행하게 될 이 문제에 관한 탐구는 아주 중요한 의미가 있을 것이다. 이에는 이론탐구의 필요성이 포함된 것은 물론이고 이론으로 실천을 지도하여 행정법제도를 보완할 필요성도 포함되었다.

제5장

중국 민상법치의 구조, 성과, 한계 및 미래의 개혁방향

장핑(江平)·천빈(陳賓)

개혁개방이래 중국의 민상법연구는 이론과 실천 이 두 개 방면에서 모두 아주 빠른 발전을 이루어냈다. 그러나 경제법의 강화부터 민법통칙의 제정, 민법전초안의 기초 그리고 상사통칙의 기획까지 단계마다 많은 간난신고와 우여곡절이 동반되었다. 지금에 이르러 중국의 민상법체계는 이미 기본적으로 형성되어 점차 보완되고 있으며 또 일부 영역에서는 독특한 품격과 모델도 이미 형성되었다. 이와 동시 경제와 사회의 신속한 발전, 환경의 변화와 복잡한 국정 등 여러 방면의 원인으로 인해 민상법영역에는 아직도 많은 문제들이 여전히 남아있다. 21세기 중국 민상법의 발전방향은 중국 법치건설의 미래를 좌우하게 될 뿐만 아니라 중화민족 법치문명의 발전궤적과 정도도 결정하게 될 것이다. 때문에 중국 민상법의 과거를 이해하고 지금의 한계와 미래의 발전방향을 파악하여 지난날의 발전성과를 계승하고 미래를 향해 원대한 계획을 펼치도록 하는 것은 우리의 중요한 책임이다.

과거의 발전을 돌이켜 보면, 중국의 민상법은 많은 힘든 과정을 겪었으나 결국은 아주 뚜렷한 발전성과를 이루어냈다. 개혁개방초기 폐기된 사업들은 부흥을 기다렸다. 이때 경제발전에 대한 국가의 각별한 중시는 경제법의 일지독수(一枝獨秀)와 민법의 참담으로 이어졌다. 그러나 경제법은 결국 민법에 비하여 여전히 빈약하였으므로 많은 현실문제의 해결을 위해 민법의 역할을 기대하게 되었던 것이다. 때문에 민법 역할에 대한 현실의 호소는 민법통칙의 탄생을 재촉하여 오랜 기간 지속되었던 경제법이냐 아니면 민법이냐 하던 논쟁을 종결시켰다. 1998년의 민법전기초 소조는 먼저 단계를 나눠 입법을 추진하고 이 후 다시 이들을 종합하려는 입법방식을 택하기로 결정하였다. 얼마 되지 않아 통일계약법은 곧 바로 나타났다. 그러나 물권법의 운명은 너무나도 기구하여 2기의 인대를 거치고 8년이란 시간이 지나고서야 겨우 완성되었다. 이를 전후로 일부 기타 단행 민사법들도 잇따라 제정되어 중국의 민법체계는 점차적으로 완벽해지게 되었다.

상대적으로 보았을 때 중국 상법의 발전은 그 시작이 비교적 늦었다. 비록 중국은 오래전부터 대륙법계의 전통을 답습하긴 하였으나 상법은 주로 단행법의 형식으로 존재해 왔다. 특히 최근 몇 년간의 노력을 통해 우리는 이미 회사, 어음, 해상, 보험, 증권, 신탁, 파산 등 영역에서 전문 단행법을 제정하고 이들과 관련된 많은 법규와 규장들도 제정하여 상사법체계를 이룩해냈다. 현재 중국에서는 선물(期貨)에 관한 입법도 긴박히 진행되고 있으므로 상법의 기본적 체계와 구조는 완비될 것이다.

총괄적으로 보았을 때, 중국의 민상법체계는 구조상 등급이 분명하고 규모도 초보적으로 갖추게 되었다. 그러나 소홀해서는 아니 될 문제도 있으므로 반드시 이를 직시하고 효과적인 해결책을 찾아내야 할 것인데 이는 중국 민상법치의 미래와 연관되므로 반드시 우리 연구의 중점이 되어야 한다. 민법영역에서 현행 민법통칙은 많은 결점과 부적절한 점들을 드러내 이미 각 민사단행법을 통솔하기 어렵게 되었으며, 미래 민법총칙의 내용에 관한 사고에서 이미 일부 구상들이 나타나게 되었다. 이 중 법인제도, 법률행위, 민사권리와 시효제도 등에 관한 구상과 논쟁은 향후 민법총칙에 관한 설계에서 반드시 신중히 고려되어야 할 것이다. 그리고 민사단행법 영역에서 인격권에 대한 법적인 보호를 강화하기 위해 반드시 인격권입법을 고려해야 한다. 총괄적으로 민법전을 제정할 조건은 이미 성숙되었다. 그러나 현실적인 상황을 감안하여 그 내용과 체계에 대하여 너무 과분한 요구를 해서는 아니 되며 반드시 기존경험에 입각하여 양대 법계에서 우리에게 유익한 내용을 흡수하여 민법전의 제정을 하루 빨리 완성해야 한다.

상법영역에서 현재 중국에는 상법전이 없다. 그렇다고 하여 이미 반포된 상사단행법들을 다시 상법전으로 통일시킬 필요도 없다고 생각한다. 미래의 민법전도 상법총칙에 관한 부분을 포함하지 않을 것이므로 반드시 민법전 이외에 따로 상사통칙을 제정하는 것이 필요할 것이다. 〈선쩐(深圳)경제특구상사조례〉의 제정은 상사통칙의 지방화 선례로 남게 되어 상사통칙의 제정 서막을 열게 되었다. 지금 상사통칙의 일부 설계에 관해 여전히 논쟁이 있으므로 우리는 더욱 깊은 사고와 연구를 해야 할 것이다. 그리고 기타 일부제도 예를 들면 상사기업제도, 상사인격권제도와 상사대리제도 등도 실천에서 모두 일정한 문제가 드러났으므로 이들에 대한 보완은 상법의 미래발전에서 중점이 되어야 할 것이다.

총괄적으로 다년간의 발전을 거치면서 중국의 민상법은 이미 자기만의 일부 특색을 갖추게 되었다. 그러나 역시 시급히 돌파해야 할 일부 한계도 있으므로 미래발전을 마주하여 반드시 중국 현실에 입각하여 더욱 깊이 연구하여야만 더욱 장구한 발전을 이루어낼 것이다.

1. 민법과 경제법의 논쟁

(1) 논쟁의 배경

중국의 개혁개방 초기 국가경제의 발전방향이 아직 명확하지 않은 배경에서 중국 법학계의 내부에서는 민법과 경제법의 경계와 범위 등을 에워싸고 한 차례 기나긴 학술논쟁이 벌어졌다. 이 논쟁은 1979년에 시작되어 1986년 민법통칙이 반포되기까지 역 7년 남짓한 기간이나 지속되었고 그리고 관련된 학과와 참여한 학자들도 아주 많았다. 이는 중국의 입법역사에 아주 다채롭고 기억할 만한 한 페이지를 남겨 놓았다.

지금에 와서 보았을 때, 이 논쟁의 본질은 사실 중국경제의 발전방향에 관한 논쟁이고 중국의 경제개혁에서 계획의 작용과 시장의 작용에 관한 논쟁이었다. 반드시 지적해야 할 것은 민법학계와 경제법학계의 이러한 논쟁은 학술논쟁인 것은 틀림없으나 개혁개방 이후 중국의 현실상황도 반영하였다. 개혁개방 이전 중국에 경제법이란 개념은 없었다. 개혁개방 이후 중국에는 반드시 시급히 해결해야 할 많은 경제문제들이 나타났다. 그러나 이러한 경제문제를 해결하려면 반드시 경제법이 있어야 하므로 경제법은 하나의 아주 중요한 유행어로 발전하게 되었던 것이다.

그 시기 경제법의 막강함은 모두가 알 수 있었다. 사실상 개혁개방 이후 상당히 긴 시기에 경제법의 지위는 민법에 비해 훨씬 높았다. 그 시기 당과 국가의 지도자, 국가의 각 주관부서, 기업인, 심지어 법원 등도 모두 경제법을 알았으나 민법의 존재는 잘 몰랐다.

물론 이에는 많은 원인이 있었다고 생각하는데 이 중 하나의 중요한 원인은 바로 이 시기 중앙지도자들은 경제발전을 가속하려고 서둘다 보니 아내가 예쁘면 처갓집 말뚝에 절을 한다는 말이 있듯이 경제법에 대한 기대와 지지로 이어졌다. 1979년 6월, 당시 전국인대상무위원회 위원장이었던 예지엔잉(葉劍英)은 경제건설의 발전으로 인해 우리는 또 각종 경제법도 필요하게 되었다.[1] 라고 지적하였다. 동시에 펑쩐(彭眞)은 〈7개 법률초안에 관한 설명〉에서 우리는 체계적인 조사연구를 통해 각종 경제법과 기타 법률을 계속 제정하여 사회주의 법제가 점차 완비되도록 해야 한다고[2] 강조하였다. 당시 사람들이 민법에 관하여 아는 것이 얼마 없는 상황에서 중앙 거물급 지도자들의 이러한 태도는 경제법의

---

1   예지엔잉(葉劍應)의 제5기 전국인대 제2차 회의 개막사.

2   〈彭眞文选〉, 人民出版社, 1991年版, 382면 참조.

지위를 전례가 없었던 정도로 크게 향상시켰으며 동시에 이는 또 민법의 고립을 가중하여 상당한 정도에서 일종의 악순환을 형성시켰다.

경제법에 대한 중앙지도자들의 이러한 지지를 제외하고 1981년에 제정된 경제계약법은 민법에 대해 더욱 큰 타격을 안겨줬다. 이미 고인이 된 장페이린(張佩霖)교수는 당시의 이러한 상황을 다음과 같이 평가한 바 있다. "계약법은 민법의 심장이다. 그러나 지금 우리의 심장은 경제법이 가져갔다." 당시의 상황을 보았을 때, 중국에 민법 또는 민사법에 관한 기본규정은 없었기에 계약에 관한 모든 문제는 모두 경제계약법에 규정하게 되었으므로 계약을 논하자면 경제계약법에 의거할 수밖에 없었다. 그러나 경제계약법은 또 경제법의 일부이므로 민법은 아무것도 말할 수 없게 되었다. 채권 중의 계약도 이미 빼갔고 물권이란 용어는 언급조차 못하는 금지어가 되었으며 토지사용권의 매도와 양도도 허락되지 않아 오직 주체, 친권, 혼인, 상속 등 산산이 흩어진 내용만이 남아 민법은 궁지에 빠져들었다.

그 시기 국가경제와 조금이라도 관련이 있으면 모두 다 경제법이라 통칭하였다. 당시 하나의 전국적인 중국경제법학회(국무원 부비서장인 '꾸밍顧明'이 회장을 겸임하였다.)를 제외하고 국무원 산하에는 또 국무원 경제법규연구센터(꾸밍이 센터의 총간사직을 맡았다.)란 조직을 설립했는데 이 센터의 주요임무는 국무원의 각 경제 관련부서들이 제정 또는 수정하게 될 경제법규를 통일적으로 기획, 지도, 조직 및 조율하는 것이었다. 그 시기 경제법은 그야말로 일화독수(一花獨秀)의 황금기에 들어섰다.

중국 법치 100년의 경로

(2) 시장경제에 관한 일원론과 이원론의 논쟁

1985년을 전후로 하여 바로 민법통칙의 기초사업이 가속화되고 있을 때, 경제법 출신인 학자들은 민법통칙의 조정범위를 '평등주체인 법인과 법인 사이, 법인과 공민 사이, 공민 사이의 재산관계와 신분관계'로 확정하려는 것에 대하여 많은 불만을 토로하였다. 이들의 시각으로 보았을 때, 만약 민법통칙의 조정범위를 이렇게 규정하게 되면 경제법의 지위는 기필코 아주 큰 영향을 받게 될 것이라 생각하였던 것이다. 때문에 이들은 여러 경로로 지도자들, 특히 꾸밍에게 자신들의 의견을 반영하였다.

이후 이들은 민법통칙의 조정대상은 이미 변경할 수 없다는 것을 알고 베이징대학의 일부 학자들이 주축을 이루어 연명으로 중앙에 서한을 보내 민법통칙과 동시에 '경제법대강'도 제정할 것을 건의하여 경제영역에서 2개의 기본 법률이 서로 보완하면서 공존하는 상황을 만들어 내려 하였다. 민법통칙처럼 전국인대상무위원회 법제사업위원회에서 주도해 초안을 작성한 것과는 달이 이 '경제법대강'은 민간에서 기초하게 되었다. 당시 광저우(廣州)에서 이에 관한 학술토론도 진행한 바 있다.

사실 이에서 언급된 것은 미래 중국의 경제영역에서 입법은 일원주의로 해야 할 것인가 아니면 이원주의로 해야 할 것인가 하는 문제뿐만이 아니고 베이징 토론에서 형성된 민법통칙과 광저우토론에서 형성된 '경제법대강'이 서로 대립하는 국면을 형성하였다. 이는 이미 단순한 학술논쟁이 아니었다. 이때 펑쩐(彭眞)의 한 차례 강화는 시장경제

법률의 일원화방침을 확립하였다. 그는 '경제법대강'이라는 것이 따로 살림을 꾸리려는 것이라고 비판하고 민법통칙의 지위와 조정범위를 긍정하였다. 즉 민법을 경제생활 중의 평등관계를 조정하는 기본법으로 확정짓고 민사단행법과 여러 '경제법규'는 이에 대해 보좌역할을 해야 한다고 결정하였다. 최종적으로 민법통칙은 순리롭게 통과되고 '경제법대강'은 물러나게 되었으며 민법이냐 아니면 경제법이냐 하는 논쟁도 점차 사라졌다.

지금의 시각으로 보았을 때, 당시 경제법과 민법에 대한 우리의 인식은 모두 편파적이고 천박한 부분이 있었으며 '종횡통일(縱橫統一)'론으로 민법과 경제법의 경계선을 확정하려 한 것도 확실히 적절치 않았다. 오늘에 와서 그 당시에 진행되었던 민법과 경제법에 관한 논쟁을 되새겨 보면, 그것은 개혁개방이 막 시작되고 있던 시대적 배경에서 계획과 시장을 도대체 어떻게 배치하여 그들의 역할을 발휘하도록 할 것인가 하는 경제학 영역의 논쟁이 법학영역에서 표현된 것이므로 그 시대의 축소판이라 할 수 있다.

2. 민사법의 개략적인 상황과 미래의 발전전망

(1) 민법전의 제3차 기초

1979년 중국은 민법전의 제3차(이전 2차례는 1954년과 1962년에 시작된 것이다.) 기초를 시작했다. 이번 민법전초안의 제3차 기초는 타오시진(陶希晉)과 양시우펑(楊秀峰)이 지도하고 동시에 대학교와 연구기관의 많은 선생들도 대거 참여하여 '집단작전'의 방식으로 진행되었다. 이렇게 진행하게 된 것은 다음과 같은 두 가지 원인이 있었기 때문이다. 즉 하나의 원인은 입법기관에 일손이 부족하였다는 점이다. 지금 전국인대상무위원회 법제사업위원회 각 부서에는 이미 많은 전문인재가 넘치게 되었다. 그러나 그때는 이렇지 못하고 특히 전문인원이 부족했다. 때문에 각 대학교와 연구기관으로부터 필요한 인원을 충당할 수밖에 없었다. 다른 하나의 원인은 시간이 부족하였다는 점이다. 당시 상황을 보았을 때, 반드시 2년 이내에 입법초안을 내놓아야 하였다. 이렇게 짧은 시간 이내에 조사연구를 하고 초안도 작성하려면 시간은 현저히 부족하였다. 그때 이 법안의 명칭은 〈중화인민공화국민법〉으로 잠정되었다. 그리하여 이 초안을 몇 개의 부분으로 나눠 각자 각 지역과 각 분야의 전문가들을 조직하여 초안을 작성하기로 결정하였다. 이렇게 조직된 각 부분의 담당자들은 기초, 토론과 수정을 병행하면서 제1차 초고부터 제5차 초고까지 모두 완성하였다.

당시 펑쩐(彭眞) 위원장과 전국인대법률위원회의 지도하에 제1차 모집에서만 이미 36명에 달하는 법학전문가, 학자와 실무부서의 공무인원들을 소집하여 함께 민법초안기초소조를 구성하였다. 그리고 최고인민법원 원장 양시우펑(楊秀峰), 국무원 부비서장 겸 법제국 국장 타오시진(陶希晉), 중국사회과학원법학연구소 소장 쑨야밍(孫亞明), 전국인대상무위원회 부비서장 짜오보핑(趙伯平), 전국인민정치협상회 법제조 조장 린헝위엔(林亨元), 전국인대상무위원회 법제위원회 민법조 조장 스웨(史越) 등으로 구성된 중심소조도 조직되었다. 이 중심소조는 또 두 개의 분과중심소조로 나눠져 이 법률안의 구체적인 기초를 지도하였다.

하지만 이번에 추진된 민법전의 기초도 역시 끝까지 가지 못했다. 1982년 5월 1일, 민법전의 다섯 번째 문건이 완성되자 민법전의 기초는 곧 바로 정지되었다. 당시 펑쩐(彭眞) 위원장은 민법전의 기초에 관해 '도매'로부터 '소매'로 전환해야 한다고 제출하였다. 즉 먼저 단행법을 제정하고 단행법이 완벽해지면 그때 민법전을 다시 제정하자고 하였다.

그럼 당시 왜 민법전을 먼저 제정하지 않기로 했을까? 그 원인은 중국이 경제체제개혁을 진행하면서 농촌개혁의 방향은 이미 토지임대경영제의 실시로 명확히 확정하게 되었으나 도시에서는 도대체 어떻게 해야 할 것인지 특히 국유기업은 어떠한 방향으로 개혁해 나아가야 할 것인지에 관하여 명확한 청사진이 없었기 때문이다. 기왕 중국의 개혁이 돌다리를 두드려보며 건너는 것이라면 단번에 소위 완비된 민법전으로 미리 모든 규칙을 규정할 필요는 없으며 그리고 경제체제개혁이 대략적이라도 일단락되어야 비교적 완비된 민법전을 제정할 수 있기 때문이다.

이는 확실히 아주 중요하면서 또 논리에도 맞는 이유이다. 아무튼 민법전의 제3차 기초는 이전에 있었던 두 차례 기초와는 다르게 아주 순조롭게 진행되던 상황에서 중단되었다. 객관적으로 보면 이번의 기초에서 완성된 제5차 초고는 1949년 중화인민공화국성립 이래 형성된 역대의 민법전 초안에서 가장 완벽한 문건이었다. 이는 총 8편 465개의 조항으로 구성하였다. 이중 일부 규정은 지금까지도 참고할 만한 가치가 있다.

이 민법전초안의 품질이 비교적 높았던 원인 중의 하나는 바로 이번의 민법전초안은 사상해방에 관한 대논쟁이 진행된 이후에 실시하게 된 것이어서 사람들의 사상이 해방되어 서방국가와 소련 심지어 타이완 민법까지도 모두 참고할 수 있게 되었다는 점이다.

기초에 참여한 인원을 보았을 때, '문화대혁명' 이후 법률전공과 학생모집을 회복한 이래, 중국의 거의 모든 훌륭한 민법학자들을 포함하였다. 수차의 토론과 반복적인 퇴고를 거치면서 형성된 체계와 내용은 중국의 실정에 부합되었다. 비록 이후의 민법통칙은 민법 4초고의 일부 내용을 참고하였으나 민법통칙이 너무나 두루뭉술하여 민법 4초고의 일부 좋은 내용은 또 최종적으로 폐기되어 쓰이지 않게 되었다.

(2) 민법통칙의 제정과 그의 공적

① 민법통칙의 기초와 통과

민법전의 기초방향을 단행법의 제정으로 바꾸게 된 이후, 가장 긴박하게 떠오르게 된 하나의 문제는 바로 경제계약법 등 일부 법률을 제정한 이후, 비록 '법인'이란 용어를 일상적으로 사용하게 되었으나 사용상황은 혼잡스럽고 어떠한 법률도 이를 정의하고 명확히 그의 법률적 지위를 설명하지 않았다는 것이다. 때문에 사람들은 모두 민법총칙을 제정하여 총칙 중의 일부 문제를 확실히 설명하고 민법을 통솔하도록 할 필요성이 있다고 여기며 토지임대경영권, 계약채권, 지적재산권, 혼인가정, 상속 등 기타 많은 제도는 이에 규정할 필요가 없다고 여겼던 것이다.

이렇다면 민법총칙의 구조는 도대체 어떻게 확정해야 할 것인가? 만약 인격권과 법률책임, 소송시효 및 섭외민사법관계의 적용(국제사법 부분)까지 규정하면 이는 총칙의 부분을 훨씬 초과하게 되는 것이다. 그러나 인격권에 관한 부분만 써넣고 재산권에 관한 부분을 써넣지 않으면 이는 도리에 맞지 않으므로 민사권리는 규정에 넣기로 결정하였다. 만약 민사권리까지 써넣으면 '배'는 커질 것이고, 만약 민사권리 중의 하나만 확장한다고 하더라도 하나의 작은 민법을 이루게 될 것이다. 이러면 체재는 더욱 불균형하게 될 것이어서 '배'를 최대한으로 줄이기 위해 개괄적인 설명만 하게 되었으며 세부적 문제의 해결은 단행법에 맡기도록 하였다.

민법총칙의 구조를 이렇게 기본적으로 확정하다 보니 '총칙'이란 명칭은 어울리지 않아 보였다. 그리하여 많은 사람들은 이를 적합한 명칭으로 명명하기 위해 안간힘을 다하게 되었다. 어떤 사람들은 소련의 최신 호칭을 따라 '민사기본원칙'으로 하자 하였고 또 어떤 사람들은 '민법요강' 또는 '민법대강'으로 하자 하였다. 마지막에는 그래도 펑쩐 위원장이 명칭을 결정하였다. 그는 여기에 총칙 내용뿐만 아니라 일부 각칙의 내용도 규정하였으므로 총칙이라고 부르는 것이 타당하지 않으므로 총칙과 각칙을 통합할 수 있는 통칙이란 개념으로 명명하는 것이 좋겠다고 하였다. 이는 중국의 입법역사에서 전례를 찾아볼 수 없는 명칭이다. 여기의 '통칙'이란 명칭은 사실 외국인들의 번역에도 많은 어려움을 주게 되었다. 하지만 사실상에서 민법통칙의 표준영문번역은 여전히 '민사기본원칙', 즉 General Principles of Civil Law라고 하였다.

민법통칙은 민사기본법에 속하는 법률이기에 반드시 전국인대의 심의로 통과되어야 하므로 이는 1986년 4월, 제6기 전국인대 제4차 회의의 심의를 거쳐 1987년 1월 1일부터 정식으로 실시하게 되었다.

이렇게 최종 확정된 민법통칙은 총 156개 조항밖에 되지 않았다. 그리고 그의 내용은 비교적 원칙적인 것이어서 규정의 많은 부분은 깊이가 없는 일반적 규정이었다. 법률의 기초에는 예전부터 하나의 역설이 있는데 즉 너무 세밀히 규정하면 전국적 통일적용은 어렵고 너무 원칙적으로 규정하면 또 그의 집행력이 크게 떨어진다는 것이다. 총괄적으로 민법통칙은 큰 장애가 없이 순조롭게 통과되었다. 이는 제6기 전국인민상무위원회 위원장이신 펑쩐(彭眞)의 중요한 역할을 떠날 수 없다고 생각한다.

② 민법통칙의 시대적 공적

지금에 와서 다시 돌이켜 보면, 민법통칙은 확실히 완비되지 않았고 또 성숙하지 못한 부분도 있다고 보인다. 우리의 경제생활에 이미 커다란 변화가 생긴 지금의 이 시점에서 보았을 때, 민법통칙은 시대에 너무 뒤떨어지고 원칙적이며 결함과 누락도 역시 많다. 그러나 그때 당시의 역사적 배경과 사회적 현실을 떠나 그의 가치 또는 공적을 논해서는 아니 될 것이다. 민법통칙의 반포는 중국 민사입법의 하나 중대한 이정표이다. 이는 정치적 수단으로 평등주체 간의 관계를 조정하던 시대의 결말을 상징하였을 뿐만 아니라 중국 민사입법이 올바른 길에 들어서기 시작하였다는 것을 예시하고 이후 잇따라 반포하게 된 단행법률 심지어 훗날의 민법전제정에도 튼튼한 기반을 마련해 줬다. 그러므로 민법통칙의 반포는 중국 민사입법의 발전에 밝은 미래를 펼쳐 놓았다 할 수 있다. 민법통칙의 역사적 공적을 필자는 다음과 같은 5개 방면으로 총괄하려 한다.

첫째, 민법의 조정범위를 확정하였다. 민법통칙 제2조는 "중화인민공화국 민법은 평등한 주체로서의 공민 사이, 법인 사이, 공민과 법인 사이의 재산관계와 인신관계를 조정한다."라고 규정하였다. 이 조항은 처음 입법의 형식으로 중국 민법이 평등주체 간의 재산관계와 인신관계를 조정한다는 점을 명확히 규정하였다. 이 규정은 대륙법계 국가들의 민법에서 조정대상에 관한 규정과 기본적으로 일치한다. 이는 신중국의 민법을 위해 하나의 적절한 지위와 영역을 찾아주어 민사입법과 민법학의 향후 발전에 아주 중요한 기반을 마련해 줬다. 오늘날 우리의 민상법은 바로 이러한 기초위에 그의 자리를 확고히 잡게 되었다. 상법은 평등주체 간의 상사관계를 조정하므로 민법에 대해 하나의 특별법이라 할 수 있으며 이는 민법과 함께 평등주체 간의 재산관계를 조정하는 법률정체(法律整體)를 구성하였다. 현시점에서 보았을 때, 이 점은 아주 쉽게 이해되어 접수할 수 있다. 그러나 당시에는 쉽지 않았을 것이다. 왜냐하면 당시에는 민법의 조정대상, 민법과 경제법의 관계에 관하여 치열한 논쟁이 진행되고 있었기 때문이다. 당시 많은 사람들은 민법이 오직 공민 간의 재산관계와 인신관계만 조정하고 모든 평등주체 간의 재산관계와 인신관계를 조정하는 것은 아니라고 여겼다. 지금의 시각으로 보았을 때, 당시 민법을 모든 평등주체에 자리매김한 것은 예견성이 높은 결정이므로 중국민법의 번영과 발전에 아주 중요한 영향을 주게 되었다.

둘째, 민법의 기본원칙을 확립하였다. 비록 1986년을 전후로 하여 중국의 실물경제에서 상품교환과 시장조절의 부분이 이미 크게 증가하게 되었으나, 전체적으로 보았을 때 중국경제는 여전히 계획체제범주에 속하는 경제였고 경제운행도 주요하게는 상급의 통제와 계획조달에 의지하였다. 이러한 상황에서 민법에 계획원칙, 국가재산의 신성불가침원칙, 노동의 양과 질에 따라 분배하는 원칙, 국가·집단·개인이익을 아울러 돌보는 원칙 등을 확립해야 할 것인가? 이것도 당시 논쟁 중의 하나이고 중요한 이슈였다. 민법통칙은 '평등'이란 민법의 이 근본적인 특징을 장악하고 평등, 자원(自願), 등가유상(等價有償), 공평(公平), 성실신용(誠實信用) 등 원칙을 확립하였다. 민법통칙의 이러한 원칙은 현대 민법의 기본정신을 반영하였으므로 지금 보아도 이들은 여전히 부정할 여지도 없는 기본원칙이다. 이러한 원칙은 현대 시장경제의 기본요구에 완전히 부합되므로 사회주의 시장경제 법률제도의 건립에 아주 중요한 지도적 의미가 있다.

셋째, 권리본위의 원칙을 확립하였다. 당시 민법통칙을 기초할 때, 제5장의 제목에 관해 일정한 논란이 있었다. 즉 민사권리라고 할 것인가 아니면 민사권리와 의무라고 할 것인가 하는 문제였다. 민사권리는 독립적인 민사주체가 향유한 기타 특정 또는 불특정한 주체 간의 관계—권리의무관계를 구별하는 일종의 도구이다. 권리와 의무는 서로 대응되는 것이다. 개별적인 권리(예를 들면 후견권)를 제외하고 대부분 의무의 이행은 권리의 실현을 위한 것이다. 즉 권리를 실현하려면 반드시 의무를 이행해야 하므로 권리에는 필연적으로 의무가 포함된다. 때문에 이 두 가지 서로 다른 개념은 민사관계에 있어 권리와 의무가 도대체 어는 것이 더욱 근본적인가 하는 문제의 반영이다. 토론 끝에 제5장의 제목을 최종적으로 민사권리로 확정하여 민법에서 권리의 핵심적 지위를 뚜렷이 하고 권리본위란 이념을 확립하였다. 권리본위란 이념의 확립은 중국처럼 이렇게 의무만 강조해온(의무본위라 할 수 있다.) 국가에 아주 중요한 영향을 주었다고 할 수 있을 것이다. 따라서 제5장은 물권, 채권, 지적재산권과 인격권을 규정하여 중국민사권리의 틀을 세우게 되었다는 데 그 의의가 크다.

넷째, 의사자치원칙을 확립하였다. 사실 민법통칙은 의사자치원칙을 명확히 규정하지 않았다. 그러나 민사법률행위제도는 과감히 채택하였다. 이 제도의 핵심은 바로 당사자의 의사자치이다. 이 규정을 하게 된 것은 결코 쉽지 않았다. 왜냐하면 당시 일부 사람들은 대륙법계의 법률행위란 개념을 채택하는 것에 반대하였기 때문이다. 그들이 이를 반대하게 된 이유는 법률행위이론이 어려워 이해하기 어렵다는 것이다. 즉 이는 보통법계의 계약이론처럼 명료하지 않을 뿐만 아니라 실행하기도 어려우며 심지어 계약규범이 있으니 법률행위는 규정할 필요조차도 없다고 하였다. 지금 우리는 법률행위이론으로 아주 다채로운 민사행위(계약을 체결하는 것도 포함)를 해석하고 판정하는 것에 독특한 작용이 있다는 것을 인식하였다. 법률행위는 의사행위이다. 법률을 어기지 않은 상황에서 당사자가 일치한 인식을 보게 되었다면 그들 사이에는 곧바로 법률의 보호를 받은 권리의무관계가 설립된 것으로 보아야 한다. 그러므로 당사자의 자기의사는 법률행위의 성립여부와 유효여부를 결정할 수 있는 중요한 근거가 되었다. 이는 오늘날 우리가 의사자치원칙을 발양하고 당사자의 의법자유(依法自由), 자원교역(自願交易)을 고무하며 그리고 사권(私權)에 대한 국가의 과도한 개입을 피하는 데 아주 중요한 의미를 가지게 되었다.

다섯째, 불법행위[侵權行爲]의 귀책원칙을 확립하였다. 이제까지 오랫동안 중국인들은 범죄란 개념만 알고 있었지 불법행위이란 개념은 전혀 몰랐다. 중국인들의 안중에 범법은 바로 범죄이고 그리고 공권에 대한 침해만 알았지 사권에 대한 침해는 전혀 몰랐던 것이다. 그리하여 오랜 기간 형법과 행정적인 수단만으로 그렇게 발달되지 않은 사권을 보호했는데 이로 인해 장기간 중국에는 불법행위에 관한 어떤 법률규정도 없었다. 그러나 민법통칙은 '민사책임'이란 장에서 처음으로 불법행위를 비교적 전면적으로 규정하였다. 특히 이는 과실책임원칙과 엄격책임원칙을 확립하였다. 즉 과실이 있으면 책임은 따를 것이고 과실이 없으면 책임도 없을 것이다. 그러나 특수 정형에서는 당사자의 주관적 과실은 고려하지 않는 엄격책임을 적용한다고 규정하였다. 이 규정은 불법행위에 관한 일반적인 귀책원칙을 구현했을 뿐만 아니라 사회의 발전상황도 고려하여 피해자권익의 보호는 물론이고 사회공평과 안전의 수호에도 더욱 유리하였다. 민법통칙이 확립한 귀책원칙은 세계 각국의 귀책원칙과 기본적으로 일치한다. 이는 다른 나라의 성공적 경험들을 흡수한 것으로 이도 민법통칙의 중요한 공적이다.

총괄적으로 당시의 사회배경에서 민법통칙은 민법의 조정대상을 정확히 확정하고 현대 민법의 4개 핵심원칙—주체지위의 평등, 권리본위(私權神聖), 과실책임과 의사자치(契約自由)원칙을 확립하였다. 이것만으로 민법통칙은 중국의 민법역사에 불멸의 공적을 남겼다 할 수 있다.[3]

(3) 잇따라 제정된 민사단행법

민법통칙의 반포를 전후로 하여, 중국에서는 또 일부 민사단행법들이 잇따라 제정되었다. 주로 아래와 같은 법률들이 제정되었다.

① 경제계약법(經濟合同法)

1981년 12월, 제5기 전국인대 제4차 회의는 경제계약법을 통과시

---

3   江平: "空前启后 功不可没—'民法通則'頒布十周年記", 〈研究生學報〉. 1996년 제2기 참조.

켰다. 이는 경제법의 인기가 한창 치솟고 있던 배경에서 제정하여 공포하게 된 것인데 이 법률의 기초는 주로 경제법학자들이 맡아 진행하였다. 경제계약법은 민사기본법규정이 없는 상황에서 제정하게 된 것인데 이는 민법에 중대한 타격을 주었다. 예를 들면 경제계약법 제2조는 그 조정범위에 관하여 "경제계약은 법인 사이 일정한 경제적인 목적을 실현하기 위해 서로 간의 권리의무관계를 명확히 하는 합의이다."라고 규정하였다. 이는 계약의 법률관계를 분리하였다. 즉 법인 사이의 합의는 경제계약으로 되었고 공민 사이 또는 공민과 법인 사이의 합의는 민사계약으로 되었다. 그때 만약 계약법에 관하여 강의를 하려면 반드시 경제계약법을 기준으로 해야 하였다. 그러나 경제계약법은 또 경제법 범주에 속하는 법률이었다.

1993년 9월, 제8기 전국인대상무위원회 제3차 회의는 경제계약법을 수정하였다. 이번의 수정에서 제2조를 "본 법은 평등한 민사주체인 법인, 기타 경제조직, 개인공상호, 농촌임대경영호가 일정한 경제적인 목적을 실현하기 위해 서로 간의 권리의무관계를 명확히 하려고 맺은 계약에 적용된다."라고 규정하였다. 비록 이에서 주체 간의 평등을 강조하고 계약주체의 범위를 확대하긴 하였으나 여전히 '경제'란 모자(帽子)를 쓰고 있었으므로 순수한 의미에서의 민사계약법은 아니라 할 수 있었다.

부정하지 못할 것은 경제계약법의 제정은 당시 시장수요에 적응하고 사회경제질서를 수호하며 그리고 중국 사회주의경제발전을 촉진하고 경제주체의 이익을 보호하는 등 여러 방면에서 모두 중요한 작용을 하였다.

② 섭외경제계약법(涉外經濟合同法)

1985년 3월, 제6기 전국인대상무위원회 제10차 회의는 섭외경제계약법을 통과시켰다. 이 법률은 총7장 43조로 주요하게 섭외경제계약의 적용범위, 섭외경제계약의 체결, 이행과 계약위반시의 책임, 섭외경제계약의 양도, 변경, 해제와 종지 그리고 분쟁의 해결 등의 내용을 규정하였다. 이는 개혁개방이란 큰 배경에서 경제계약법을 이어 제정된 또하나의 경제계약에 관한 법률이다. 이 법률의 제정은 중국에서 실시되고 있는 대외개방과 대외경제의 발전에 중요한 법률적 근거를 제공하였을 뿐만 아니라 "중국 섭외경제법률체제가 이미 새로운 단계에 들어서게 되었다는 것도 상징하였다."[4] 그 구체적 내용을 보았을 때, 이는 경제계약의 기본원칙을 준수하는 것을 전제로 중국의 실제와 결부한 것은 물론이고 국제적으로 통행되는 일반적인 관례와 규칙도 참고로 삼게 되었다. 그 당시로선 이는 비교적 큰 돌파였다. 이 법률의 제정은 섭외경제계약 당사자의 합법적 권익을 보장하고 중국 대외경제관계의 발전을 촉진하는데 중요한 작용을 하였다.

4　賈鵬: '試論我國涉外經濟合同法違約救濟的不足以及完善之措施', 〈國際商務研究〉, 1991년. 제1기.

③ 기술계약법(技術合同法)

1987년 6월, 제6기 전국인대상무위원회 제21차 회의는 기술계약법을 통과시켰다. 이는 중국 기술계약법체계 중의 기본법이다. 이후인 1988년 2월 27일 국무원에서 실시를 비준한 〈기술계약관리에 관한 임시규정〉, 1989년 2월 15일 국무원에서 실시를 비준한 〈기술계약법실시조례〉 그리고 1991년 6월 25일 국가과학기술위원회에서 발부한 〈기술계약중재기구중재규칙〉 등은 모두 중국 기술계약법의 중요한 조성부분이다.

기술계약법은 총 7장 55개의 조항으로 구성되었다. 이에는 주요하게 기술계약법의 적용범위, 기술계약의 체결원칙, 연구성과의 권한귀속, 기술계약의 체결·이행·변경 및 해제, 기술개발계약, 기술양도계약, 기술자문계약, 기술봉사계약과 기술계약쟁의의 중재와 소송 등의 내용이 포함되었다.

기술계약법의 제정은 계약이란 영역에서 법률규범을 더욱 완벽히 하고 기술계약에 기본적인 준거법률을 제공했으며 기술계약당사자의 합법적 권익 보호에 법률적 보장을 제공하였다. 이 전에 이미 섭외경제계약법을 제정하여 실시했기에 기술계약법은 단지 국내 기술계약에만 적용되고 섭외기술수출입계약에는 적용되지 않는다고 규정하였다.

중국 개혁개방의 지속적인 발전은 경제교역의 신속한 발전으로 이어졌다. 그러나 이 3개 서로 다른 계약법은 각자 다른 유형의 계약을 조정하게 되었으므로 공통성을 띤 계약문제에 관한 통일적인 규정은 결핍되었고 그리고 또 어떤 규정은 일치하지 않았으며 그 조정범위도 실제수요를 만족시키기 어려워 실천에서 나타난 일부 문제는 사람들을 곤혹하게 했는데 이러한 상황은 통일계약법이 공포되고 나서야 근절되었다.

④ 혼인법

1980년 9월, 제5기 전국인대상무위원회 제3차 회의는 새로운 혼인법을 통과하였다. 이는 신중국이 성립된 이후 반포하게 된 두 번째의 혼인법이다(첫 번째 혼인법은 1950년에 반포되었다). 이 법률은 총5장 37개의 조항으로 구성하게 되었다. 이에는 결혼과 이혼이 포함되었을 뿐만 아니라 가정관계도 포함되어 친족법보다는 범위가 좁으나 협의의 혼인법보다는 또 넓으므로 사실상 이 법률을 '혼인가정법'이라고 할 수 있을 것이다.

이 혼인법은 중국 혼인가족제도의 보완에 있어 아주 뚜렷한 진보와 돌파를 이루어내게 되었다. 이는 주로 아래와 같은 면에서 표현되었다. 즉 총칙에는 출산계획과 노년인구의 합법적 권익에 대한 보호를 추가하였고, 결혼조건에 관한 규정에서는 결혼연령을 올리고 3대 이내 방계친족결혼에 대한 금지규정을 추가했으며, 그리고 친족관계의 조정범위를 확대하고, 이혼의 법정이유에 관해서도 실체적인 규정을 하게 되었다.

1980년의 혼인법은 1950년의 혼인법을 기초로 하고, 수십 년간을 지나면서 쌓아놓은 실천경험과 당시의 새로운 상황 및 문제에 의거하여 수정하게 된 것이다. 이 혼인법의 관철과 실시는 '문화대혁명'이란 한 차례 큰 재난을 겪은 중국의 혼인가정법을 다시 정상궤도에 들어서게 했으며 상당한 정도에서 혼인가정관계의 조정수요를 만족하였다.[5] 그러나 동시에 이 혼인법의 수정은 '문화대혁명'이 초래한 혼란을 막 바로잡기 시작하여 사람들의 사상이 개방되지 않은 배경에서 실시되었기에 외국 관련제도에 대한 참고는 부족하였다는 점도 알아두어야 할 것이다.

1980년 혼인법을 실시한지 20년이 되면서 중국의 사회와 실물경제에는 이미 거대한 변화가 일어나게 되어 혼인법의 수정을 놓고 여러 방면의 관점은 치열히 대립하게 되었다. 혼인법 수정을 에워싼 이번의 토론은 도덕과 법률의 조정범위에 대한 사람들의 사고를 반영하였을 뿐만 아니라 혼인·가정이라는 인류생활의 기본단위에 대한 사람들의 다원적 견해와 주장도 반영하였으므로 이는 20세기 말 21세기 초 중국인들의 국가, 법률, 도덕, 혼인가족과 성 이념에 대한 한 차례 큰 조사가 되었다.[6]

2001년 4월 28일, 제9기 전국인대상무위원회 제21차 회의는 수정된 혼인법을 통과시켰다. 이번의 수정은 1980년의 혼인법에 대해 총 33곳에 달하는 수정을 실시하였고 14개에 달하는 조항도 추가하여 수정 후

---

5   楊大文: '2000年婚姻立法和婚姻法學回眸', 〈法學家〉 2001년, 제1기.

6   信春鷹: "'婚姻法'修改: 情感沖突与理性选择", 〈讀書〉 2001년. 제6기.

의 혼인법은 총 51개 조항에 달하게 되었다. 이번의 수정에서 수정 또는 추가된 내용은 아주 많은데 이에는 중혼, 외도, 가정폭력, 이혼 시의 재산권, 면접교섭권(探視權), 노인권익의 보호, 구제조치 등이 포함되어 혼인가족관계에 대한 법률조정을 더욱 완벽히 하였다.

그러나 이는 하나의 단계적 입법에 불과하므로 혼인가족법제도의 전면보완이란 차원에서 보았을 때, 2001년의 수정을 실시하고도 이에는 역시 일부 입법공백이 남아 있었다. 그리하여 현실적 수요에 대응하고 법률상의 부족함을 미봉하기 위해 같은 해 말, 최고인민법원은 혼인법에 관한 해석을 하였고, 2003년과 2011년에는 또 혼인법에 관한 해석 (2)와 (3)을 각기 공포하였다. 이렇게 여러 차례 수정과 해석을 거치면서 중국의 혼인법은 점차 완벽해졌고 그의 적용성도 점차 향상되었다.

⑤ 양자법(收養法)

1991년 12월, 제7기 전국인대상무위원회 제23차 회의는 양자법을 통과시켰다. 이는 신중국 성립 이래의 첫 번째 양자법이다. 이 법률은 단 33개 조항만 있었으나 중국에서는 입양제도를 규정한 주요 법률이 되었다. 이 법 이외 혼인법, 〈중국공민 자녀입양 등록방법〉, 〈외국인이 중화인민공화국에서 자녀 입양 시 등록방법〉, 〈입양등록규범〉, 최고인민법원의 관련 사법해석 및 중국이 체결 또는 참여한 입양에 관한 일련의 국제조약 등 규범성 문건에도 모두 입양과 관련된 내용들이 포함되었다. 이러한 규범의 제정과 실시는 중국의 입양제도를 점차 보완하였고 공민의 입양행위에 대하여도 더욱 명확한 구체요구를 제출하였다.

1998년, 제9기 전국인대상무위원회 제5차 회의는 양자법에 대한 수정을 실시하였다. 수정 후의 내용을 보았을 때, 주요하게는 입양조건을 넓히고, 입양절차를 보완하였으며, 관련된 법률책임을 추가하였다. 그러나 사회발전에 따라 현행 양자법은 피입양자, 입양자에 대한 인간적 배려가 여전히 부족했는데 특히 고아의 입양에 불리하였다.[7] 때문에 양자법제도를 한층 더 보완하는 것은 적법한 입양관계에 대한 보호는 물론이고 입양관계 당사자의 권익 수호에도 아주 중요한 현실적 의미를 가지게 되었다.

⑥ 상속법(繼承法)

1985년 4월, 제6기 전국인대상무위원회 제3차 회의는 상속법을 통과하고 같은 해 9월에 최고인민법원은 64조항에 달하는 상속법에 관한 해석을 공포하였다. 이 상속법은 상속에 관한 중국의 가장 기본적인 법률규범으로서 중국에서 상속문제를 처리하는 기본적인 법률근거이다. 이는 공민사유재산상속권의 보호에 아주 중요한 의미가 있다.

상속법은 지금까지 이미 30여 년을 실시하면서 단 한 차례의 수정도 실시하지 않았다. 그러나 중국 시장경제의 발빠른 발전에 따라 사람들의 삶은 이전에 비하여 큰 폭으로 향상되었고 사유재산의 수량과 종

---

7   馮樂坤: '收養法的不足興完善', 〈西部法學評論〉, 2008년, 제3기 참조.

류도 뚜렷이 늘어났으며 가정의 구조에도 커다란 변화가 생기게 되어 상속법은 더 이상 현실적 수요에 적응하기 어렵게 되었다. 그리하여 상속법의 수정에 관한 제의는 도처에서 나타나기 시작하였다.

2012년, 전국인대상무위원회 법제사업위원회는 이미 상속법수정을 입법계획에 편입하였다. 제출된 상속법초안 건의문은 두 개 판본이 있었는데 하나는 양리신(楊立新), 양전(楊震)이 맡아 작성한 판본이다. 이의 기본구조는 현행 상속법의 장절과 기본적으로 일치한데 총칙, 유언, 법정상속, 유산의 처리, 부칙 등 총 5장 97개 조항으로 구성되었다.[8] 다른 하나는 량후이싱(梁慧星)이 기초한 판본이다. 이도 총칙, 법정상속, 유언처분(遺囑處分), 유증부양협의(遺囑扶養協議), 유산의 처리 등 총 5장 총 90개 조항으로 구성되었다[9]. 지금 상속법초안은 심의절차에 들어가지 않았다.

⑦ 소비자권익보호법

1993년 10월, 제8기 전국인대상무위원회 제4차 회의는 소비자권익보호법을 통과하였다. 이 법률의 제정은 소비자법적권익의 보호에 유력한 법률적 보장을 제공하였고 정상적 사회경제질서의 수호와 사회주의 시장경제발전의 촉진에 아주 중요한 작용을 하게 되었다. 소비자

---

8   楊立新, 楊震: "'中華人民共和國繼承法'修正草案建議稿", 〈河南財經政法大學學報〉, 2012년 제5기, 참조.

9   梁慧星: 〈中國民法典草案建議稿附理由·繼承編〉, 法律出版社, 2013년 판.

권익보호법이 제정되기 전까지 소비자와 경영자 간의 쟁의 및 분쟁의 해결과 소비자권익에 대한 보호는 모두 주요하게 민법통칙에 의하였다. 그러나 소비자권익보호법의 제정은 이것이 민법 중의 중요한 '특별법'의 하나로 이미 전통적인 민법에서 분리해 나오게 되었다는 것을 의미했다. 이에 주요하게는 민법규범이 포함되었다. 그러나 일부 행정규범도 포함되었다.

내용적인 차원에서 보았을 때, 소비자권익보호법은 비교적 체계적으로 소비자의 권리, 경영자의 의무, 소비자권익에 대한 국가의 보호, 소비자조직, 쟁의의 해결 및 법률책임 등을 규범화하였다. 특히 민사책임에 있어 소비자권익보호법의 제정은 민법통칙의 흠결을 보완하여 민사책임에 관한 중국법률의 내용을 더욱 풍부히 했으며 동시에 중국에서 처음 입법의 형식으로 소비자권리를 체계적으로 확인하게 되었다.

"경제사회의 지속적인 발전에 따라 중국의 소비형태, 소비구조와 소비이념은 크게 변화하고 그리고 소비자권익의 보호영역에서 또 많은 새로운 상황과 문제들도 나타나게 되었으므로 제때에 이 법률을 수정하여 소비자권익의 보호와 관련된 법률제도를 보완할 필요가 있게 되었다."[10] 2009년, 국가공상관리총국의 주도로 소비자권익보호법에 대한 수정을 시작하였다. 그러나 2013년 4월에 와서야 소비자권익보호법 수정안은 처음으로 전국인대상무위원회의 심의에 교부되었다. 같은 해

---

10   李適時: "關于 '中華人民共和國消費者權益保護法修正案(草案)'的說明", 〈全國人民代表大會常務委員會公報〉, 2013년 제6기.

10월 25일, 제12기 전국인대상무위원회 제5차 회의는 이를 심의통과하고 다음해 3월 15일부터 시행하기로 결정하였다. 이는 이 법률의 실시가 근 20년이 지나서야 실시하게 된 첫 번째의 큰 수정이다. 이번의 수정에는 인터넷쇼핑의 규범화, 소비자개인정보의 보호, 경영자의무의 강화 및 소비자공익소송제도의 도입 등 내용이 포함되었다. 이번의 수정을 거치고 중국의 소비자권익보호법은 한층 더욱 완벽해지게 되었다. 이는 소비자권익보호법을 새로운 형세하의 소비자권익보호에 적응할 수 있게 하였을 뿐만 아니라 안정적이고 지속적인 중국 사회주의 시장경제의 발전을 더울 효과적으로 추진할 수 있게 되었다.

⑧ 담보법

1995년 6월, 제8기 전국인대상무위원회 제14차 회의는 담보법을 제정하였다. 이 법은 총 7장 96개의 조항으로 구성했는데 보증, 저당, 질권, 유치 및 보증금 등 5가지 구체적인 담보방식을 규정하였다. 2000년, 최고인민법원은 또 담보법에 관한 사법해석을 발부하였다. 이 해석은 총 134개의 조항으로 구성하게 되었고 담보법 중의 총칙, 보증, 저당, 질권, 유치 등 부분에 대하여 비교적 상세한 사법적 해석을 하였다.

담보법의 제정과 담보법에 관한 사법해석의 형성은 자금융통(融通)과 상품유통(流通)을 촉진하고, 채권의 실현을 보장하며, 사회주의 시장경제를 발전하는데 유리하였을 뿐만 아니라 거래안전의 확보, 담보행위와 질서의 규범화 등에 대하여도 기본적인 법률의거를 제공하였다.

담보법은 제정되어 아무런 수정도 하지 않다가 2007년 물권법을 제정한 이후에야 그에 대한 보충과 보완을 하였다. 물권법의 제4편은 담보물권에 관한 규정이다. 이 부분은 제170조로부터 제240조까지 총 71개 조항에 달하는데 이중 제178조는 "담보법이 이 법의 규정과 일치하지 않을 경우, 이 법의 규정을 적용한다."라고 명확히 규정하였다. 물권법이 규정한 내용을 보았을 때, 담보법에 대한 수정은 주로 담보물범위의 확대, 가변저당(浮動抵押) 및 부동산(房産地産)의 통일저당, 저당권의 존속기간, 저당의 최고한도, 유치권의 적용범위, 지분권(股權)의 등록, 미등록저당권의 청산(淸償), 담보물권의 실현순서 등을 에워싸고 진행되었다.[11] 담보물권에 관한 물권법의 이러한 규정은 담보법 중의 내용을 보완하였을 뿐만 아니라 물권법에서 담보물권이 그의 새로운 활력을 펼칠 수 있게 하였다.

이상의 단행법들을 제외하고 상표법(1982년), 특허법(1984년), 저작권법(1990년) 등 기타 민사영역의 법률들도 잇따라 공포되었다. 민법전의 기초에서 민사권리는 반드시 지적재산권을 포괄해야 한다는 원칙을 확립하였다. 그러나 구체적인 민법체계에 지적재산권에 관한 여러 법률을 넣어서는 아니 된다. 여기서 지적재산권에 관한 여러 법률은 설명하지 않기로 한다.

---

11   洪學軍: '物權法對擔保法的補充與修改', 〈人民司法〉, 2007년 제11기.

(4) 민법전제정이 겪은 험난한 역정

① 다시 제기된 민법전의 기초

1998년, 왕한빈(王漢斌)은 쟝핑(江平)과 왕쟈푸(王家福) 등 몇 명의 민법학교수들을 소집하여 한 차례 작은 회의를 열었다. 이 회의에서 왕한빈(王漢斌)은 차기 인대에서 영도직무를 다시 맡지 않을 것이라고 하면서 15여 년 간 몸을 담았던 입법부지도자 자리를 떠나면서 가장 아쉬운 것은 한 가지 일을 끝내지 못한 것이라 했는데 이것이 바로 민법전초안의 작성이었다. 그는 펑쩐(彭眞)이 애초 '도매'를 '소매'로 변경하기로 결정하고 민법전기초의 중단과 함께 민사단행법의 제정을 추진한 것은 완전히 정확하였다고 하면서, 현재 우리의 개혁방향은 이미 명확해졌고 기본적인 제도는 계속 건립되었고 있어야 할 기본적인 단행법들도 이미 제정하였으므로 지금은 반드시 민법전을 착실히 제정해야 할 가장 적절한 시기라고 하였다. 그는 민법전의 제정도 '3결합'(즉 입법부문, 실무부서와 전문가그룹이 공동으로 입법에 참여한다는 것을 뜻함)의 원칙을 관철하고 행정입법의 경험을 참고로 하여 하나의 민사입법조직을 만들어야 한다면서 쟝핑(江平)과 왕쟈푸(王家福)에게 이 조직을 이끌어줄 것을 부탁하였다.

이 조직의 성립에 관해 사람들은 별 다른 의견이 없었다. 하지만 이 조직의 이름을 무엇으로 정하고, 민법전의 제정은 어떻게 시작해야 할지에 관하여 모두 명확치 않았다. 이후 꾸앙란(顧昻然: 제9기 전국인대상무위원회 법률위원회 부주임)이 왕한빈(王漢斌)에게 지시를 요청하여 이 조직의 명칭을 '민사입법사업조'로 결정하였다. 이 조직은 전국인대가 정식으로 임명한 기초영도소조는 아니었다. 왜냐하면 민법전의 기초는 아직 전국인대의 입법계획에 정식으로 편입되지 않았기 때문이다. 그러므로 이 조직도 전문성만 지닌 입법조직일 수밖에 없었다. 이 조직에는 6명의 학자가 포함되었는데 쟝핑(江平)과 왕쟈푸(王家福)를 제외하고 최고법원의 페이중이(費宗祎), 전국인대상무위원회 법제사업위원회의 퇴직 간부 웨이요우룽(魏耀榮), 샤오쉰(肖峋)도 있었다. 이들은 모두 전문가로 이 조직에 참여하였다. 이후 이 조직은 또 일부 사람을 추가하였다. 이로 하여 민사입법사업조는 정식으로 민법전의 기초에 착수하였다.

② 단계별 입법의 첫 걸음: 계약법

민사입법사업조가 성립되자 곧 바로 한 차례의 토론을 진행했는데 토론에 참석한 모든 사람들은 민법전의 기초는 반드시 단계를 나눠 추진해야 하며 먼저 민사단행법을 제정하고 다시 이들을 종합하여 민법전을 만들어야 한다는 데 인식을 같이 하였다. 단계별로 민사단행법을 제정하려고 하니 민법의 핵심인 채권법과 물권법이 가장 먼저 떠오르게 되었다. 채권법이란 주로 계약법을 말하는데 중국에는 이미 3개의 계약법이 있었으므로 이들을 통합하면 되겠으나 물권법은 민법통칙에서 명칭조차 승인하지 않아 제정하려니 훨씬 어려울 것이 명백하였다. 때문에 먼저 상대적으로 쉬운 통일계약법을 제정하기로 결정하였다.

계약법의 제정을 입법의 우선순위에 놓게 된 첫 번째 원인은 현실생활이 이를 가장 절실히 필요로 하였기 때문이다. 즉 우리의 계약법체계가 다시는 분산된 3개의 계약법으로 되어서는 아니 된다는 점, 특히 WTO에 가입하려는 시대배경이 통일계약법의 제정을 가속화할 것을 요구하였다. 이 외에 통일계약법의 제정에 참고로 될 수 있는 자료도 상대적으로 많았다. 즉 국내에는 이미 3개에 달하는 계약법이 그의 기초로 될 수 있었고 그리고 〈국제물품매매에 관한 UN협약〉과 비공식적이기는 하나 중국이 이미 서명한 〈국제상사계약에 관한 일반원칙〉도 참고로 될 수 있어 민법전체계 중의 많은 단행법에서 통일계약법의 제정은 그래도 가장 쉬웠다.

계약법에는 비교적 많은 장절이 포함되었다. 특히 아주 많은 구체계약이 포함되었다. 당시 계약법을 기획하면서 제기된 계약의 종류만 하여도 약 30개에 달했는데 이에는 도급계약, 기업경영권계약이 포함되었을 뿐만 아니라 적지 않은 근로[服務]형의 계약들도 포함되었다. 사람들은 가장 좋은 방법으로 전국 각지에 있는 저명한 법률학부들을 조직하여 공동으로 기초임무를 담당하는 것이 좋겠다고 인식을 같이 하였다. 그리하여 사업조는 14개 대학, 연구기구 및 법원을 소집하여 회의를 열고 계약법의 기초 임무를 배당하였다. 이들은 모두 적극적인 자세로 각자 담당한 기초임무에 임하여 비교적 짧은 시간 내에 각자의 기초임무를 완성하였다.

여러 다른 의견에 대한 확인과 통합을 거쳐 마지막에는 량후이싱(梁慧星)과 왕리밍(王利明), 이 2명의 교수가 공동으로 전문가초안을 작성해 전국인대상무위원회 법제사업위원회에 제출하였다. 법제사업위원회는 이에 대한 각 부서와 지방의 의견을 청취하고 그리고 이들을 다시 종합하여 계약법초안의 최종안을 만들어 내었다. 1999년 3월 15일, 제9기 전국인대상무위원회 제2차 회의는 이 계약법초안을 심의하여 통과시키고 같은 해 10월 1일부터 이를 실행한다고 선포하였다. 이 계약법의 실시와 동시에 기존의 경제계약법, 섭외경제계약법과 기술계약법이 3개 법률은 폐지되었다. 이 통일된 새로운 계약법은 이전의 3개 계약법을 기초로 하고 중국의 현실과 결부했으며 그리고 외국의 입법경험도 충분히 참고하였다. 이 계약법의 제정과 실시는 "과거 우리의 계약법체제에서 3법이 정립하던 상태를 종료시키고 이 3개 법률사이의 충돌을 제거했으며 계약당사자의 합법적 권익 보호와 거래행위의 규범화에 적극적인 작용을 하였다."[12] 실천의 발전에 따라 최고인민법원은 재판실무의 수요를 만족하기 위해 1999년, 2009년과 2012년에 선후로 이 법률의 적용에 관한 약간의 해석을 내놓았다. 이러한 해석들은 계약법 일부 규정의 함의를 더욱 명확히 하였을 뿐만 아니라 계약법에 대한 정확한 이해와 적용에도 아주 큰 도움이 되었다.

계약법은 많은 제도적 혁신이 있었다고 해야 할 것이다. 이는 국제와의 진정한 교류를 구현하였다. 계약법은 〈국제상사계약에 관한 일반원칙〉을 대본으로 청약과 승낙을 체약의 의사표시로 하고 약관계약[格式合同], 계약체결상의 과실책임[締約過失責任], 표현대리, 동시이행의 항

---

12   張廣良: '統一合同法對我國知識産權司法實施的影響', 〈中國法律〉, 2000년 제4기.

변[不安抗辯權], 일방적인 계약해제권, 위약손해배상의 범위 등 많은 면에서 기존 국내계약법의 규칙들을 뛰어 넘어 국제적으로 통행되는 규칙과의 일치를 유지하여 국제적으로 많은 찬사를 받았다.

③ 물권법의 초보적인 기초

계약법의 전문가초안이 완성된 이후, 민사입법사업조는 곧 바로 물권법전문가초안의 기초에 착수하기로 결정하였다. 물권법의 구조와 내용은 계약법처럼 장절이 분산되고 많지 않으며 그리고 그의 내부구조도 긴밀한 것을 고려하여 민사입법사업조는 물권법의 기초임무를 중국사회과학원 법학연구소에 위탁하기로 결정하고 량후이싱(梁慧星)교수가 필요한 역량을 조직하여 물권법의 전문가건의문을 먼저 내놓기로 하였다.

1999년 10월, 량후이싱(梁慧星)교수와 법학연구소는 심혈을 기울인 끝에 특색이 있는 물권법전문가건의문을 내놓았다. 이 건의문에는 아주 좋은 하나의 생각이 담겨있었다. 이는 바로 국가소유권과 집단제소유권을 쓰지 않고 의식형태적인 내용을 서술하지 않았다는 것이다. 량후이싱(梁慧星)교수는 집단제소유권의 주체가 분명치 않으므로 물권법에서 이를 서술해서는 아니 된다고 인식하였다. 따라서 량후이싱(梁慧星) 교수가 기초한 건의문에서 소유권의 주체는 회피되고 소유권을 동산소유권과 부동산소유권 등으로 세분했으며 소유권에 대한 평등보호원칙만 서술하였다.

그러나 중국의 현실에서 '집단제소유권'을 서술하지 않으면 물권법은 통과되지 않을 것이다. 이후의 사실도 이를 증명하였다. 전국인대상무위원회 법제사업위원회는 량후이싱(梁慧星) 교수의 전문가건의문은 이상적인 색채가 너무나 짙어 중국에서 실행될 수 없다고 하였다. 이를 위해 법제사업위원회는 한 차례 전문가검증회의도 소집하였다. 이 회의에서 중국인민대학의 왕리밍(王利明) 교수는 비평의견을 제출하고, 이후 자신이 주도한 물권법전문가건의문을 제출하였다. 량후이싱(梁慧星) 교수의 초안에 비하여 왕리밍(王利明) 교수 건의문의 가장 뚜렷한 특색은 소유권주체에 관한 규정에서 중국의 현실을 존중하여 국가, 집단 및 개인을 소유권의 주체로 인정하고 소유권의 의식과 형태에 관하여 아무런 근본적인 도전도 하지 않았다.

2001년 말, 전국인대상무위원회 법제사업위원회 민법실은 량후이싱(梁慧星)과 왕리밍(王利明) 이 2명의 전문가가 제출한 건의문을 기초로 하여 정식으로 물권법(의견청구문)을 작성하였다. 이 의견청구문의 체재는 량후이싱(梁慧星) 교수의 의견을 기초로 하였다. 그러나 소유권에 관한 제도설계는 왕리밍(王利明) 교수의 주장을 채택하였다.

④ 졸속적으로 제정된 '민법전'

2002년 초, 당시 제9기 전국인대상무위원회 위원장직을 맡고 있던 리펑(李鵬)은 제9기 전국인대의 임기 이내 반드시 민법전을 통과해야 한다고 제출하였다. 리펑(李鵬)의 이러한 생각은 물권법의 기초를 잠시 멈추게 하였다. 사실 민사입법사업조가 물권법전문가초안을 법제사업 위원회에 교부하긴 했으나 이에 관한 아무런 논의도 진행하지 않았다.

민법전의 제정에 관해 리펑(李鵬)이 구체적 시한을 정하여 반드시 이를 제정해야 한다고 제의한 이후, 법제사업위원회는 한 차례 회의에서 기존의 민사입법사업조(民事立法工作組)에 몇 명의 성원을 추가하여 민법전 기초영도소조를 설립하였다. 물론 이도 법제사업위원회의 산하 기구로서 때로는 중대한 과제들을 에워싸고 열띤 토론을 벌이긴 하였으나 모든 입법기구와 학계의 사업중심은 역시 민법전의 기초에 집중되었다.

하지만 단 1년 반 남짓한 시간 이내에 민법전을 제정하여 제출하기란 여간 어려운 것이 아니었다. 이럼에도 불구하고 사회과학원 법학연구소는 전국인대상무위원회 법제사업위원회에서 기초한 물권법(의견청구문)을 기반으로 하여 량후이싱(梁慧星)이 주도한 민법초안을 끝내 완성하였다. 이와 동시에 법제사업위원회는 왕리밍(王利明) 교수에게도 다른 민법전초안을 작성할 것을 위탁하였다. 이 2개 민법전초안을 기반으로 하여 법제사업위원회는 새로운 민법전초안을 작성하였고 그리고 2002년 12월 23일에 이를 제9기 전국인대상무위원회 제31차 회의의 심의에 교부하였다.

이 민법전초안은 총 1200여 개의 조문으로 10만 여 자인데 그 두께만 216면에 달하였다. 이 초안은 총칙, 물권법, 계약법, 인격권법, 혼인법, 양자법, 상속법, 불법행위법[侵權責任法], 섭외민사관계의 법률적용 등 총 9편의 내용을 체재로 하여 구성되었다. 전국인대상무위원회에 교부되어 심의를 거치면서 이 초안은 많은 비평과 지적을 받았다.

　그때 당시 이 민법전초안을 심의에 교부한 것의 좋은 점이라면 단 하나뿐이었을 것이다. 즉 민법전초안은 이미 쏜 화살이 되었다는 것이다. 다시 말하자면 이 민법전초안은 이미 전국인대에 제출되었으니 전국인대는 필연적으로 이를 끊임없이 심의하게 될 것이란 점이다. 민법전의 기초는 이미 전국인대의 의사일정에 편입되었을 뿐만 아니라 심의에도 교부되었으므로 후퇴는 없을 것이다. 하지만 유감스러운 것은 이 초안의 내용은 이미 널리 전파되었는데 국내외의 많은 전문가와 학자들은 이를 접하고 이것이 바로 신중국 성립 50여년이 되어서 내놓은 세계적 수준에 달하려는 민법전인가라는 의혹을 표하게 되었다는 점이다.

⑤ 곡절이 많았던 물권법의 제정

　사실 민법전은 그 내용 자체의 번잡과 방대함으로 인해 단숨에 사회각계의 인가를 받을 수 있는 민법전을 제정하기 어려울 것이다. 그리하여 리펑(李鵬) 및 기타 전국인대상무위원회 위원들의 제의에 따라 중단되었던 물권법의 입법은 2003년에 다시 가동하게 되었다.

　2003년 3월, 제9기 전국인대는 그의 임기를 마치게 되었고 우방궈(吳邦國)는 리펑(李鵬)을 대신해 제10기 전국인대상무위원회의 위원장으로 선출되어 물권법의 제정이란 역사적 중임을 맡게 되었다.

　이 기간 중국인민정치협상회의 위원인 량후이싱(梁慧星) 교수는 전국인대상무위원회 법제사업위원회의 '방연식(邦聯式)' 민법전초안을 폐지할 것을 제의하였다, 그러나 이 제의는 채택되지 않았다. 이에 불만을 느껴 량후이싱(梁慧星)은 민법전과 물권법의 기초실무에서 손을 뗀다고 선포하고 민법전, 물권법과 연관된 학술토론도 참여하지 않기로 하였다.

여기서 지적해야 할 것은 2004년 3월, 제10기 전국인대에서 통과된 헌법수정안은 헌법에 "공민의 합법적인 사유재산은 불가침이다."라고 규정하였다. 이는 물권법의 조속한 통과에 헌법적 기반을 마련하였다. 새로 구성된 전국인대도 물권법을 입법계획에 편입하였다. 당시 일부 사람들은 이 법률이 2005년 3월에 통과될 것이라고 낙관하였다. 그러나 물권법의 제정은 이 후에도 여전히 순탄치 않았고 풍파도 많았다. 기초의 진전도 더디기만 하여 2004년 10월이 되어서야 수정된 물권법초안은 전국인대상무위원회에 교부되어 두 번째 심의를 받을 수 있었다.

이 두 번째 심의를 실시하기 이전인 8월, 전국인대상무위원회는 전문가들을 소집하여 기존의 물권법초안에 대해 개별 조문을 검토하면서 수정했으나 2005년 3월에 소집된 제10기 전국인대 제3차 회의는 국가분열방지법을 심의, 통과해야 하므로 물권법초안의 심의를 지체하였다.

2005년 6월, 전국인대상무위원회는 물권법초안에 대한 제3차 심의를 하였고 그리고 7월 10일에 전국인대상무위원회 판공청은 제3차 심의를 통과한 이 물권법초안을 사회에 공포하여 전민의 의견을 청구하기 시작했다. 이후 3개월도 되지 않아 전국인대상무위원회 판공청은 사회각계로부터 근 만 건에 달하는 입법건의를 받았다. 이중 가장 유명한 것은 8월 12일 북경대학교 법이학교수인 궁시엔티엔(鞏獻田)이 인터넷에 발표한 전국인대에 보낸 공개서한이다. 이 서한의 제목은 〈헌법을 위반하고 사회주의기본원칙을 등진 물권법초안〉이다. 이 6천여 자에 달하는 서한에서 궁시엔티엔(鞏獻田)교수는 물권법초안의 "정신과 기본원칙은 마르크스주의기본입장과 원칙에 대한 위배이고 중국공산당이 제시한 사회주의입법방향과 원칙에 대한 위배이며 후진타오(胡錦濤)를 총서기로 하는 당 중앙의 과학적 발전이념과 사회주의조화사회의 구축에 관한 기본정신과 요구에 위배되는 것이다."라고 하였다[13]

이렇게 물권법초안에 헌법을 위반하고 사회주의를 위반하였다는 두 개의 모자를 씌우는 것은 확실히 사람들을 놀라게 했으나 다시 곰곰이 생각해 보면 짐작 가는 부분이 있는 것도 사실이다. 이전에 모든 사람들은 2005년 말에 이 물권법초안은 한 차례 재심을 거쳐 2006년 3월에 소집하게 될 제10기 전국인대 제4차 회의에서 통과될 것이라 생각하였다. 그러나 이 공개서한의 발표는 물권법통과의 지연으로 이어졌다.

2005년 9월, 우방궈(吳邦國)위원장은 한 차례의 좌담회에서 물권법초안에 대한 수정에서 견지해야 할 다음과 같은 3개 원칙을 제출하였다. 첫째, 정확한 정치방향을 견지해야 한다. 둘째, 중국의 현실에 입각해야 한다. 셋째, 현실생활에서 절실히 규범화해야 할 문제를 중점적으로 해결해야 하며 전면을 강구할 필요는 없다. 그러나 같은 해 12월

---

13 http://article.chinalawinfo.com/Article_Detail.asp?ArticleID=32266, 방문일자: 2014년 2월 20일.

7일, 광저우에서 소집된 '중국물권법의 난문제 토론회'에서 회의참석자들은 입법기관은 불필요한 간섭을 배제하고 물권법의 정상적인 입법진척을 회복해야 한다고 중앙에 상서하였다. 그러나 물권법초안은 2005년 12월에 소집된 전국인대상무위원회 회의에서 4번째 심의를 받지 못하면서 그의 통과는 무기한 지연되었다. 이때 물권법초안은 이미 설익은 밥이 되어 양 방면의 질책을 받게 되었다. 국가통제를 주장하는 사람들은 이 초안은 너무 자유롭다 하였고, 국가통제의 완화를 주장하는 사람들은 이를 또 너무 보수적이라 하였다.

필자의 시각으로 보았을 때, 물권법초안이 헌법을 어겼다고 하는 주장은 일부 사람들이 개혁에 대한 불만을 표출한 것으로 이는 입법차원을 이미 초월했다고 생각한다. 2005년 이때, 비록 개혁에 관한 제3차 논쟁은 식어가고 있었으나 여전히 계속되고 있었다. 바로 이렇게 민감한 시기에 물권법 초안에 '자본주의냐, 아니면 사회주의냐' 하는 꼬리표를 붙여 이를 논쟁의 도가니에 빠져들게 했는데 이는 1986년 이전, 민법통칙을 기초할 때 마주하였던 상황과 아주 비슷하였다. 당시 '물권'이란 개념이 제출되자 보수파들은 하나같이 일어나 반대하였다. 이들은 물권법이란 개념은 소련민법에서는 찾아볼 수 없는 자산계급의 것이라고 하였다.

그리고 물권법의 기초과정을 보았을 때, 비록 개혁개방은 이렇게 다년간 진행하게 되었으나 학술과 사상 등 의식형태영역에는 여전히 낡은 이념이 많이 남아있었고 이들의 영향력도 아주 강력하다는 것을 알 수 있었다. 과거는 물론이고 지금도 역시 마찬가지인데 물권법의 제

중국 법치 100년의 경로

정에서 가장 어려운 점은 바로 소유권에 관한 문제라고 생각한다. 즉 소유권문제는 각 방면의 근본이익과 밀접히 연관되므로 가장 근본적인 해결책은 바로 각 방면의 이익을 고루 돌볼 수 있는 균형점을 찾는 것이다. 이렇게 해야만 최종 통과된 물권법도 사회각계에 의해 접수될 수 있다.

2006년 2월, 〈인민일보〉의 저명한 평론가인 저우루이진(周瑞金)은 '황푸핑(皇甫平)'이란 이름으로 "개혁이 흔들려서는 아니 된다."[14]라는 논설을 발표하였다. 같은 해 3월에 소집된 제9기 전국인대 제4차 회의에서 후진타오(胡錦濤), 원자바오(溫家寶) 등 중앙지도자들도 개혁에 대한 전폭적인 지지를 표하면서 "개혁방향이 흔들려서는 절대로 아니 된다."라고 강조하였다. 이후 물권법초안의 심의는 빠른 속도로 진행되어 8월에 전국인대상무위원회의 5심을 거치고 10월에 6심을 거쳤으며 그리고 초안에 "헌법에 의하여 본 법을 제정한다."라는 내용을 추가하여 소위 '위헌문제'를 해결하였다. 12월, 전국인대상무위원회 제7차 회의는 이를 통과하고 다음 해, 제10기 전국인대 제5차 회의에 제출하여 표결하기로 결정하였다.

이렇게 되면서 물권법은 전국인대상무위원회에서 7차에 달하는 심의를 거치게 되었는데 이는 중국에서 입법기관이 동일한 법률안에 대한 심의회수의 최고기록을 세우게 되었다. 7차에 달하는 심의를 거치면서 물권법초안의 분량은 크게 줄었고 내용도 심의를 거치면서 점

---

14   皇甫平: '改革不可动摇', 〈经济体制改革〉, 2006년 제1기.

차 간략해졌다. 물권법은 하나의 규범세트로서 그 실무상 적용의 편리함을 위해 반드시 명확하면서도 세밀해야 한다. 그러나 그 전반을 보았을 때, 물권법초안 제7차 심사문의 명료성은 뚜렷이 부족하였다. 사실일부 현실에서 보이는 것은 우리가 제도를 구축하면서 반드시 시의적절하게 조정해야 할 것이다.

2007년 3월 16일, 제10기 전국인대 제5차 회의는 2799표의 찬성과 52표의 반대 그리고 37표의 기권이란 표결결과로 물권법을 최종 통과시켜 구사일생인 물권법의 제정과정에 종지부를 찍었다.

⑥ 단속적으로 제정된 불법행위법

단계적인 민법전의 입법방침을 확립한 이후인 2001년, 민법전의 중요한 조성부분인 불법행위법의 입법도 인대입법의 의사일정에 편입되었다. 당시 이와 관련된 일부 문제에 관해 논쟁은 역시 존재하였다. 예를 들면 민법에서 불법행위법의 지위는 어떠한지, 불법행위법과 계약법간의 관계는 어떻게 처리해야 하는지 등이 있었다. 2002—2007년 사이 4부의 불법행위법 학자건의문이 나타났었다. 그러나 이중의 3부는 량후이싱(梁慧星), 왕리밍(王利明), 쉬궈둥(徐國棟)이 기초한 민법전초안건의문 중의 일부이고 다른 하나는 양리신(楊立新)이 책임지고 기초한 것이다.

정부측에서 작성한 불법행위법초안 제1고는 2002년 12월에 졸속적으로 제정된 민법전초안에 포함되었는데 이 중 제8편이 바로 불법행위법이다. 이 불법행위법은 총 68개 조문으로 구성되었는데 대부분은 민법통칙과 기타 법률에서 불법행위 책임과 관련된 조항들을 모아 정리한 것이다. 때문에 이는 아주 성숙되지 않은 하나의 초안이었다. 2008년, 전국인대상무위원회 법제사업위원회는 100여개 조항에 달하는 불법행위법초안을 작성하고 그리고 전문가들을 소집하여 연구와 검토를 실시하였다.

이렇게 형성된 불법행위법초안 제2고는 2008년 12월이 되어서야 입법기관의 시야에 들어가게 되었다. 이후 제11기 전국인대상무위원회 제6차 회의는 이에 대한 심의를 실시하게 되었으며 그리고 이를 이어 또 두 차례의 심의를 연이어 실시하고 기초의 제3단계에 정식으로 들어갔다. 이 단계에서 불법행위법초안에 대해 반복적인 연구를 진행하고 일련의 국제 및 국내 연구토론회도 소집하여 충분한 논증을 진행했으며 그리고 2009년 10월 이에 대한 제3차 심의를 정식으로 실시하였다.

이후 또 여러 차례 회의토론을 거쳐 2009년 12월 26일 제11기 전국인대상무위원회 제12차 회의(4심)에서 많은 주목을 받아왔던 불법행위법은 최종 통과되었다. 투표결과는 찬성 139표, 반대 10표, 기권 15표인데 찬성비율이 84.8%에 달하여 높은 찬성률을 자랑하였다.

물권법과 마찬가지로 이 법률의 핵심은 사권(私權)을 보장하는 것이다. 사회주의 법률체계에서 아주 중요한 버팀목 역할을 하게 될 기본적인 법률로서 불법행위법은 2기 인대를 뛰어넘는 4차의 심의를 거치고서야 제정되었다. 이 법률은 생명권, 건강권, 프라이버시, 특허권, 상속권 등을 포함한 공민의 인격권과 재산권에 대하여 다각적인 보호를 제공하였다. 이 중의 많은 내용은 법률에 처음으로 명확히 규정된 것이다.

이렇게 불법행위법을 최종 통과하게 된 것은 중국의 민사법체계가 이미 상당히 완벽해져서 최종 완정판인 민법전의 방향으로 한 걸음 더욱 가까이 하게 되었다는 것을 상징한다. 이 민사불법행위 전문법의 탄생은 피해자보호와 불법행위의 감소에 적극적인 작용을 하게 할 것이다.

⑦ 섭외민사관계의 법률적용법

2000년 초, 중국국제사법학회 회장직을 맡고 있었던 한더페이(韓德培) 교수는 이미 일찍이 섭외민상사관계법건의문을 제출하였다. 이후 국제민상사관계법률적용법 및 기타 전문가건의문 등도 잇따라 나타났다. 전국인대상무위원회 법제사업위원회는 이들을 기반으로 '민법(室內稿)·섭외민사관계의 법률적용편'을 작성하였고 그리고 연구토론회도 소집하여 관련의견을 청취하였다. 2002년 말 심의에 교부된 민법전초안 중의 제9편은 바로 '섭외민사관계의 법률적용법'이다. 이를 이어 진행된 단계적 입법에서 계약법, 물권법과 불법행위법 등 법률이 차례로 제정되고 그 후에야 섭외민사관계법률적용법의 입법이 시작되었다.

2008년 하반기부터 섭외민사관계법률적용법에 관한 연구토론은 전국 각지에서 속속 전개되기 시작하여 '우한건의문', '항저우건의문', '베이징건의문', '싼야(三亞)건의문'과 중국국제사법학회에서 만들어 전국인대상무위원회 법제사업위원회에 교부된 건의문 등이 선후로 형성

중국 법치 100년의 경로

되었다. 2010년 상반기, 전국인대상무위원회 법제사업위원회는 차례로 제출된 상술한 바와 같은 건의문들을 기초로 섭외민사관계법률적용법(초안)을 작성하고 전문가들을 조직하여 이에 관한 연구토론과 수정을 하여 전국인대법률위원회의 심의에 교부하였다. 이를 이어 또 제11기 전국인대상무위원회 제16차 회의에 교부하여 심의한 이후, 사회에 공개하여 의견을 청구하기로 하였으며 그리고 재차로 된 수정을 거쳐 2010년 10월에 소집된 제11기 전국인대상무위원회 제17차 회의에 교부되어 높은 득표로 통과되었고 2011년 4월 1일부터 시행하게 되었다.

섭외민사관계법률적용법의 반포는 중국의 개혁과 발전 그리고 안정의 수요에 부응하였다. 이는 중국에서 지금까지 효과적으로 시행되었던 규정과 방법을 흡수하였을 뿐만 아니라 국제적으로 통행되는 관례들도 참고로 하여 민법전초안 중의 민사관계법률적용제도에 관한 중요 내용을 보완하였다. 물론 이 법률의 부족한 점도 뚜렷하였다. 즉 이 법률은 "진정한 통일과 계통 그리고 전면과 완벽을 이루어낸 하나의 섭외관계법률적용법은 결코 아니고 해상법, 민용항공법, 어음법 등 3부 상사법률에 포함된 법률적용에 관한 관련규정들을 집어넣지 못하였을 뿐만 아니라 사법해석에 있는 이미 성숙된 규정들도 이에 끌어들이지 못하였다."[15]

---

15   黃進: '中國涉外民事關係法律適用法的制定與完善',〈政法論壇〉, 2011년 제3기.

(5) 중국 민사법의 한계와 미래의 발전 전망

민사법의 보완은 하나의 점진적인 과정이다. 중국의 상황은 비교적으로 복잡하고 법치도 아직은 낮은 단계에 있으므로 지금의 민사입법과 사법실무에 일부 유감스러운 점이 있는 것은 사실이다. 이러한 한계를 어떻게 돌파하고 그리고 문제는 또 어떻게 해결할 것인가는 중국 민법의 미래발전과 추세를 결정하게 될 것이다. 때문에 지금 단계에서 중국민사법의 부족함을 정확히 파악하는 것은 아주 중요하다. 지금 이론연구에서 일부 문제에 대해 논쟁이 벌어지게 된 것은 제외하고 실천에서도 적지 않은 문제들이 제기되었는데 여기서는 주요한 것들만 골라 논의하려 한다.

① 인격권에 관한 사법실천 및 입법방향

민사입법이 반드시 보호해야 한다고 이미 명확히 규정한 개별인격권을 제외하고 사법실무에서 일반적 인격이익범위에 속하는 일부 내용에 대해, 예를 들면 개인의 행동자유 영역에서 개인의 신체자유, 혼인의 자유, 성적 자유 등을 침해한 정형적 행위에 대하여 사법재판은 이러한 인격이익을 모두 직접 또는 간접적으로 허용하여 보호할 수 있다. 개인정보의 획득, 공개 및 왜곡 당하지 않아야 하는 등 영역에서 구현된 인격이익도 사법실천의 확인을 받고 있다, 기타 예를 들면 교육받을 기회, 사망자과 연관된 이익, 개인생활의 안녕, 개인신용 등도 사법판결의 확인과 보호를 받고 있다.

그러나 사법실천이 광범위하게 보호하는 민사법에 명확히 규정하지 않은 이러한 인격이익은 총괄적으로 보았을 때 아직은 개별적인 안건에서 이루어지고 있을 뿐이고 관련 통일규칙이 형성되지 않아 임의성도 뚜렷한 실정이다. 이와 상대로 더 많은 안건에서 인격이익은 법률규정이 없다거나 또는 법정요건에 부합되지 않는다는 등 이유로 사법기관의 보호를 받지 못하고 있다. 이 현실은 지금의 중국에서 인격권에 대한 보호는 여전히 부족하고 통일된 인격권보호체계도 결핍하다는 것을 반영하였다. 때문에 중국 인격권보호제도보완을 고려할 때, 반드시 입법의 시각에서 통일된 보호체계를 구축해야 한다. 여기서 다음과 같은 3가지 문제를 고려해야 할 것이다.

인격권보호에 관한 독립적 규정에 관하여

이에 관하여 지금 학술계에서 많은 논쟁이 진행되고 있다. 필자는 인격권보호에 관한 단독입법은 반드시 이루어져야 한다고 본다. 역사를 돌이켜 보면 고대 로마법 중의 인격권에는 다음과 같은 3가지 내용이 포함되었다. 첫째는 자유권이다. 이는 한 사람이 자유인인가 아니면 노예인가를 결정한다. 이는 인격에서 가장 중요하고 핵심적인 문제이다. 비록 오늘도 우리는 자유권문제를 직면하게 되었으나 이는 당시의 자유에 비하여 차원이 다른 자유이다. 둘째는 사람의 생명권, 건강권 및 성명권(姓名權) 등이다. 이러한 것들은 인격에 필요한 운반체이다. 이러한 운반체가 없으면 인격권은 주체의 자격을 상실하게 될 것이다. 셋째는 존엄이다. 당시 이에는 두 가지 내용이 포함되었다. 즉 하나는 명예권이다. 일단 주체의 명예가 훼손되면 그의 신용도는 낮아지게 되므로 그가 일부 공직을 맡거나 또는 입증을 하는 등 기타 민사능력을 행함에도 기필코 영향을 주게 될 것이다. 이러한 의미에서 이는 이미 일반적인 인격권만은 아니다. 다른 하나는 인격에 대한 모욕이다. 만약 어떠한 사람의 존엄을 침해했다면 심지어 결투도 유발할 수 있으므로 존엄도 주체자격으로서 필요한 운반체만은 아니다.

독일민법전은 기존 다원적이었던 인격권을 일종의 권리능력으로 간략히 하였다. 왜냐하면 사람들은 태어나면서부터 평등하므로 모두 이러한 권리가 있기 때문이다. 권리가 모두 평등하므로 소위 특수한 권리란 아무런 의미도 없게 되었다. 마치 왕저지엔(王澤鑒)교수가 말했듯이 독일에서 특수인격권에 대한 보호는 훗날에는 재판관례를 통해 실현되었다.[16] 역사의 발전에 따라 일반인격권 이외에 또 사람의 존엄과 밀접히 연관된 일부 다른 권리도 나타났다. 이들은 헌법으로 보호해도 되고 민법으로 보호해도 되었다. 그러나 비록 중국헌법은 수정을 거듭하게 되었으나 지금까지 서방국가의 헌법들과 같은 인권에 대한 총체적인 보호는 이루어내지 못했다. 때문에 헌법차원에서만 보호하려는 것은 문제해결의 유일한 방법이 아니다.

총괄적으로 보았을 때, 중국민법은 국제화의 방향으로 나아가야

---

16 王澤鑒이 2006년 9월 15일, 中國人民大學法學院이 주최한 〈人格權的民法保護研討會〉중 '變動中的人格權法—比較法上的觀察及中國民法立法的動向和基本問題'란 제목의 강연을 참조.

할 것이다. 30여 년래 우리는 이미 우리만의 경험을 축적하였다. 적어도 우리는 이미 민법통칙에 일반인격권과 특수인격권에 관한 내용을 규정하였다. 이렇게 오랜 기간의 재판실무도 이러한 방법이(입법에서 비교적 간단한 원칙적인 규정과 재판실무에 관한 구체해석을 포함하여) 인격권의 보호에 크게 유리하다는 것을 증명하였다. 만약 우리가 법률조문에 특수인격권도 구체적으로 규정하게 된다면 이러한 권리의 보장에 현저히 유리하게 작용할 것이다. 왜냐하면 기왕 이러한 권리를 헌법에 명확히 구현할 수 없고 그리고 또 헌법적 권리를 확실히 보호할 수 있는 사법소송제도도 없는 이상 완전하게 민법에서 그의 법적 지위를 높일 필요가 있다.

인격권의 범위에 관하여

지금의 입법규정과 사법실천을 보았을 때, 이들이 보호하고 있는 인격권의 범위는 일치하지 않는다. 이는 입법의 부족인가 아니면 사법실천이 입법을 돌파한 것인가? 인격권의 범위는 도대체 어떻게 확정해야 할 것인가? 이에 관해 왕저지엔(王澤鑒) 교수는 중국정법대학에서 열린 보고회의에서 인격권에 관해서 법정주의를 채택해서는 아니 되고, 법률규정이 있는 권리만 보호해서는 아니 되며 법률이 명시하지 않았다 하더라도 여전히 보호를 할 수 있다고 하였다. 사실 로마법에서부터 프랑스법전 그리고 독일법전까지 모두 이러하다. 법률에 영예권榮譽權을 꼭 써넣어야만 이 권리가 있고 그리고 법률의 보호를 받을 수 있는 것은 아니다. 로마법에 '명예권名譽權'이란 권리는 없다. 그러나 로

마법은 여전히 명예권이 침해를 당하지 않도록 보호한다. 중국의 민법 통칙에도 프라이버시란 권리를 규정하지 않았다. 하지만 프라이버시는 여전히 법률의 보호를 받고 있다. 물론 법률에 명시하면 명시하지 않는 것보다는 좋을 것이다. 그러나 명시하지 않았다 하여 보호하지 않는 것은 아니다. 우리의 사법실천도 이미 이를 인정하였다.

오늘에 이르기까지 사람들은 여전히 인격권의 보호에서 법정주의를 적용해야 할 것인지를 토론하고 있다. 특히 특수인격권에 대하여 법률이 구체적으로 규정하지 않았다 하여 보호하지 않을 것인가? 분명 이래선 아니 될 것이다. 이에는 다음과 같은 3가지 이유가 있다.

첫째, 인격권은 하나의 자연적 권리이다. 그러므로 어떠한 법률이라도 이를 박탈할 수 없다. 이는 재산권과 가장 큰 구별이다. 이 점을 승인하는 것은 지금 우리가 강화 중인 권리보장에 대해 특히 민사권리와 인권보장에 대해 아주 중대한 의미가 있을 것이다. 인격권은 자연이 부여한 것이다. 때문에 꼭 써놓아야만 향유할 수 있는 것은 아니다.

둘째, 인권의 발전에 따라 인격권의 범위도 점차 확대해 가고 있다. 중국은 인권존중을 지금 점차 더해가고 있다. 지금 말하고 있는 인권보장에는 정치권리, 사회권리 및 민사권리가 포함되었고 그리고 이들은 지금도 그의 구체내용을 확대해 가고 있다. 인격권과 인권의 발전은 밀접히 연관되었다. 재산권은 짧은 시간에 변화를 이루어내기 어려울 것이다. 그러나 인격권의 범위는 앞으로도 기필코 확대될 것이다.

셋째, 실천의 발전은 인격권의 법정주의를 허락하지 않을 것이다. 과거에 프라이버시에 관한 아무런 법률상의 규정도 없었다. 그러나 지

중국 법치 100년의 경로

금은 이미 개인의 아주 중요한 권리로 발전하였다. 환경권도 마찬가지로 과거에는 언급하는 사람조차 없었다. 그러나 지금은 이미 중요한 민사권리로 발전하였다. 인격권의 발전에 따라 하나의 민사권리로서 민사주체가 이를 향유하려는 것은 아마 지나친 욕망은 아닐 것이다. 그리고 인격권은 민법에서 활기찬 민사권리중의 중요한 부분이므로 만약 법정주의방법을 택한다면 그의 발전에 불리하게 작용할 것이다.

인격권에 대한 민법의 보호모델

이미 고인이 된 정청쓰(鄭成思) 교수는 생전에 다음과 같이 지적한 적이 있었다. 전통적 대륙법계가 주장해온 손해배상의 4개 요건은(행위의 위법성, 손해사실, 인과관계, 과실책임) 지적재산권에 대한 보호에서 이미 낙후되었다. 지적재산권에 대한 권리침해 영역에서 상술한 바와 같은 4개 요건은 완전히 필요하지 않다. 손해가 발생하지 않아도 권리를 침해했다면 책임은 반드시 져야 한다. 타인의 권리를 침해했다면 그의 적법여부를 막론하고 반드시 모두 책임을 져야 한다. 정청쓰 교수는 지적재산권의 시각으로 이를 민법전에 넣는 것을 찬성하지 않았다. 왜냐하면 만약 이렇게 된다면 민법원칙을 적용해야 하는데 이 4개 요건에 관한 규정은 지적재산권의 보호에 불리하기 때문이다. 인격권의 보호에서도 이러한 문제는 존재하지 않는지, 즉 인격권의 보호에서도 손해배상에 관한 이 4개 전통요건을 기준으로 해야 할 것인지는 깊이 사색해야 할 문제이다.

사실 인격권을 침해했다면 권리에 대한 침해도 이미 발생한 것이다. 인격권에 관한 청구권은 바로 불법행위로 인해 생기게 된 청구권이다. 때문에 인격권이 침해를 당하면 반드시 불법행위에 관한 규정을 적용해야 한다. 이 점을 파악하는 것은 인격권의 보호에 대하여 아주 중요하다. 일부 행위 예를 들면 성추행은 도대체 피해자의 어떠한 권리를 침해했는지 명백히 해석하기 어려울 것이다. 그러나 우리는 적어도 성추행은 반드시 불법행위책임을 져야 한다고 규정할 수 있다. 이는 권리에 대한 선고이자 보장이다. 초기의 민법전들은 프랑스민법전, 독일민법전을 포함하여 단독으로 된 1편이나 또는 어느 한 권리의 이름으로 침해당한 인격권을 명확히 규정하는 것이 아니라 일부 권리침해가 반드시 져야할 민사책임을 규정하는 방식을 통하여 보장하였다. 이는 우리가 참고해야 할 점이다.

정신적 손해배상이라 하게 되면 이전에 우리는 이를 도리에 어긋나는 것이라고 여겼다. 그러나 지금은 이미 예사로운 일이 되었다. 만약 인격권과 연결해 본다면 인격권에 대한 침해는 기필코 피해자의 정신적 고통 또는 정신상의 손실로 이어질 것인지? 꼭 이렇다고 할 수는 없을 것이다. 하지만 인격권을 침해했다면 반드시 정신고통을 조성해야만 배상하는 것은 아니고 일단 인격권을 침해했다면 반드시 민사책임을 져야 한다. 정신고통이 실제로 발생했는지는 별개의 문제이다. 인격권을 침해하여 져야 할 민사책임에는 예의를 갖춘 사과와 원상복구 등 방식이 있으며 그리고 또 반드시 피해자에게 합리적인 보상도 해야 한다. 그러나 이 보상은 무엇으로 해야 할 것인지? 또 어느 정도의 보상을 해야 할 것인지? 이는 중국의 현실상황과 인격권에 대한 기본적인 인식에 의하여 결정하게 될 것이다.

사법실무에서 구체적으로 배상하면서 어떤 것은 그 가치가 높고 또 어떤 것은 그 가치가 낮은 상황도 나타나고 있는데 이는 많은 사람들을 곤혹케 하고 있다. 인격권의 차원에서 말하자면 스타의 인기가 아무리 높다 하더라도 그의 생명도 일반인의 생명과 같다. 비록 상대적으로 보았을 때, 얻을 수 있는 이익의 감소는 다를 수 있다 하더라도 생명의 가치는 같으므로 인격권도 평등해야 한다. 구체적인 개별안건에서 사람들의 직업, 수입 등은 서로 다르므로 구체적인 배상에서도 서로 구별하게 되는데 이는 인격권의 평등과 충돌되지 않는다. 그러나 앞으로도 우리는 여전히 정신적 손해배상이란 개념을 써야 하는지? 인격권을 침해한 안건에서도 반드시 전통적인 4개 요건을 적용해야 하는지 등은 깊이 사고해야 할 문제이다.

② 민법통칙과 민법총칙

왕한빈(王漢斌)은 〈'민법통칙'초안에 관한 설명〉에서 다음과 같이 지적하였다. 민법이 관련된 범위는 너무나도 넓고 또 아주 복잡하며 그리고 경제체제개혁을 시작한 지도 얼마 되지 않아 우리 경험은 여전히 부족하므로 완정한 민법전을 제정할 조건은 성숙되지 않았다. 그러므로 먼저 급히 소요되고 비교적으로 성숙된 부분을 택하여 단행법을 제정할 수밖에 없다. 지금 우리는 이미 민사활동에서 공통성을 띤 일부 문제에 관하여 법률규정을 할 수 있게 되었다. 그러나 일부 문제에 관한 확실한 견해가 서지 않았으므로 민법통칙은 민법전이 아닌 점을 감안하여 초안은 비교적 성숙되거나 또는 파악이 가능한 문제만 규정하고 기타 문제는 잠시 규정하지 않기로 하였다.[17] 이로부터 우리는 민법통칙은 하나의 과도적인 법률이란 점을 알 수 있다. 하나의 과도기적인 법률로서 30여 년이란 실천과정을 거치면서 그의 부족과 한계는 날로 뚜렷해졌는데 이는 주요하게 아래와 같은 두 개 방면으로 표현되었다.

첫째, 민법통칙의 일부 내용은 이미 훗날에 제정된 법률들로 인해 수정되거나 폐지되었다. 예를 들면 민법통칙 제80조는 "토지는 매매, 임대, 저당하거나 또는 기타 형식으로 양도해서는 아니 된다."라고 규정하였다. 그러나 1988년에 통과된 헌법수정안은 이중의 '임대'를 삭제하고 토지사용권은 법에 의하여 양도할 수 있다고 규정하였다. 그리고 담보법 제34조는 저당인이 법에 의해 처분권을 갖고 있는 국유토지의 사용권을 저당할 수 있다고 규정하였다. 이렇게 됨으로써 민법통칙의 이 규정은 이미 현실적 의미가 없게 되었다. 이러한 사례는 하나뿐이 아니다.

둘째, 민법통칙의 많은 내용은 원칙적이고 명확하지 않으며 활용성도 낮았다. 예를 들면 민법통칙 제66조는 무권대리를 규정하였다. 그러나 선의상대방이 존재하는 상황을 소홀히 하였다. 이에 대해 계약법은 선의상대자에게 최고권, 취소권을 부여하는 방식으로 보완하였다.

17 　王利明: 〈中華人民共和國国法通則及立法資料選編〉, 中國法制出版社, 1987년 판, 제5면.

또 다시 예를 들면 민법통칙 제42조는 "기업법인은 등기에서 비준한 경영범위 이내에서 경영에 종사해야 한다."라고 규정하였다. 그러므로 경영범위를 초월한 민사행위는 왕왕 무효로 인정하게 되었다. 이후에 제정된 계약법에 관한 해석에서는 또 이러한 경우 반드시 상황을 구분하여 인정해야 한다고 규정하여 실천 중의 많은 민사활동을 의거할 법마저 없게 하였으므로 분쟁이 생기면 해결하기 어렵게 되었다. 이는 당사자권익의 보호에 불리하였을 뿐만 아니라 민사재판에게도 많은 어려움을 가져다주었다.

전반적으로 보았을 때, 내용상에 존재하는 일부 부족함과 빈틈을 제외하고서도 민법통칙은 하나의 민사기본법으로서 이미 각 민사단행법들을 통솔하기 어렵게 되었다. 왜냐하면 민법통칙이 통솔하고 있는 각 민사단행법들은 여러 차례의 수정을 거치게 되어 이미 상당히 완벽해지고 선진화가 되었는데 민법통칙의 내용은 점차 낙후되었기 때문이다.

아무튼 민법통칙은 탄생순간부터 이미 많은 결점이 존재하였던 것이다. 그러나 당시의 시대적인 배경으로 인해 그것의 완전무결을 강요할 수 없었다. 지금까지 약 30여 년의 사법실천을 거치면서 민법통칙의 역사사명은 이미 완성하였으므로 민법전을 제정할 수 있는 여건도 이미 성숙되었다. 때문에 민법통칙의 보완도 반드시 민법전의 제정이란 배경에서 고려해야 한다. 그러나 민법통칙에 비교적 접근한 것은 바로 민법총칙이다.

지금 학계는 민법총칙의 제정에 관해 이미 비교적 일치한 인식을 갖게 되었다. 그러나 민법총칙의 구체내용에 관해서는 의견이 나뉜다. 이미 형성된 민법전초안에는 주요하게 다음과 같은 판본이 있다.

첫째, 2002년 12월 전국인대상무위원회 법제사업위원회에서 제정한 민법초안이다. 이 초안의 제1편은 '총칙'인데 이에는 다음과 같은 내용들이 포함되었다. 제1장 일반규정, 제2장 자연인, 제3장 법인, 제4장 민사법률행위, 제5장 대리, 제6장 민사권리, 제7장 민사책임, 제8장 시효, 제9장 기간으로 이러한 내용들은 민법통칙의 내용과 비슷하다.

둘째, 량후이싱(梁慧星) 교수가 제출한 중국민법전초안건의문[18]이다. 이 건의문의 '총칙' 부분에는 다음과 같은 내용들이 포함되었다. 제1장 기본원칙, 제2장 자연인, 제3장 법인·비법인단체, 제4장 권리객체, 제5장 법률행위, 제6장 대리, 제7장 시효의 소멸, 제8장 기일·기간이 그것이다.

셋째, 왕리밍(王利明) 교수가 책임지고 완성한 민법전초안(학자건의문)이다.[19] 이 초안의 제1편은 '총칙'이다. 이에는 다음과 같은 내용들이 포함되었다. 제1장 일반규정, 제2장 자연인, 제3장 법인, 제4장 동업(合業). 제5장 민사권리객체, 제6장 법률행위, 제7장 대리, 제8장 소송시효, 제9장 기일과 기간, 제10장 민사권리의 행사와 보호가 그것이다.

넷째, 쉬궈둥(徐國棟) 교수가 주관하여 완성하게 된 녹색민법전초안

---

18 梁慧星: 〈中國民法典草案建議稿〉, 法律出版社, 2003년 판, 제1-43면.

19 王利明 주필: 〈中國民法典草案建議稿及說明〉, 中國法制出版社, 2004년 판, 제3-40면.

이다.[20] 이 초안의 제1부분은 '서편(序編)'이다. 이에는 다음과 같은 내용들이 포함되었다. 제1제 예비규정(조정대상, 기본원칙), 제2제 사람, 제3제 객체(일반규정, 인격권의 객체, 재산권의 객체), 제4제 법률사실과 법률행위, 제5제 대리, 제6제 민사세계 중의 시간(시효, 제척기간, 기간의 계산), 제7제 기본적 술어에 관한 정의이다.

이 외에 일부 대표적 학자들의 관점도 있었다. 예를 들면 〈법학〉 잡지사의 먀오옌뭐(苗延波)는 민법총칙편의 제정에서 민법통칙은 기초와 배태(胚胎)라고 하면서 민법총칙편의 기본구조에는 반드시 일반규정, 민사주체제도, 민사객체제도, 법률행위제도, 소송시효제도와 민사책임제도가 포함되어야 한다고 하였다.[21] 우한대학 법학원의 원스양(溫世揚) 교수는 "중국민법전의 총칙에는 반드시 1 일반규정(입법목적, 조정대상, 기본원칙), 2 권리주체(자연인, 법인, 비법인단체), 3 권리객체(物, 기타 권리객체), 4 법률사실(일반규정, 법률행위와 대리, 소송시효, 기간), 5 권리보호(私力救濟, 公力救濟) 등의 내용이 포함되어야 한다."라고 지적하였다.[22]

전반적으로 보았을 때, 지금까지의 쟁의는 권리객체, 법률사실, 민사권리, 시효제도, 민사책임 등 문제에 집중되었다. 지면상의 제한으로 인해 여기에서는 몇 가지 문제에 관해서만 논의하려 한다.

첫째, 법인제도에 관하여

---

20   徐國棟 주필: 〈綠色民法典草案〉, 社會科學文獻出版社, 2004년 판, 제3-42면.

21   苗延波: '中國民法總則編制定中的基本問題研究', 〈社會科學〉, 2008년, 제3기.

22   溫世揚: '略論民法典總則的內容構造', 〈時代法學〉, 2012년 제1기.

먼저는 법인의 본질에 관한 문제이다. 전통적인 시각으로 보았을 때 법인제도는 대륙법계 민법의 독특한 제도이며 근현대 민법에서 가장 중요한 하나의 법률제도이다. 법인의 본질에 관하여 '법인의제설, 법인부인설과 법인실재설'의 논쟁이 있었는데 이중의 법인실재설은 또 '법인유기체설과 법인조직체설'로 갈라진다. 초기의 민사입법에서 예를 들면 독일, 일본의 민법은 법인의제설을 채택하였다. 이후 중국 타이완지역의 '민법'은 법인조직체설을 채택하였다. 총체적인 발전추세를 보았을 때, 20세기부터 법인조직체설은 법인의제설을 대체하는 것이 이미 통설로 되었다. 그리고 "오늘에 와서 많은 사람들은 또 이러한 논쟁은 아무런 의미도 없다고 보게 되었으므로 상대적으로 중성적인 서술에 더욱 쏠리게 되었다. 즉 법인은 그의 취지를 보았을 때, 운반체에 속하는 것(歸屬載體)이라 해야 할 것이다."[23] 법인에 관한 중국민법통칙 제36조의 규정을 보았을 때, 지금 중국은 이미 법인조직체설을 채택하였다. 아마 이 점은 짧은 시간 이내에 바뀌지 않을 것이라고 생각한다.

다음은 법정대표자에 관한 문제이다. 법정대표자는 법인의 대표기관이며 법인의 주요한 책임자이다. 법정대표자의 대표권은 그의 특수한 지위로 인해 생산되므로 법인 또는 법인 기타 기관의 특별수여를 필요로 하지 않는다. 법인의 구성부분으로 법정대표자가 법에 따라 법인

---

23   [독일] Dieter Medicus: 〈德國民法總論〉, 邵建東 역, 法律出版社 2013년 판, 제823면.

을 대표하여 행위를 실시하게 되었을 경우, 그의 행위는 곧바로 법인의 행위로 보아야 한다. 이로부터 또 하나 문제를 끌어냈는데 이는 바로 법정대표자의 대표권을 제한할 수 있는지, 제한의 효력은 어떠한지의 문제이다. 이에 관해 세계 각국은 서로 다른 법률규정을 하였다. 독일민법은 정관에 의한 이사회대표권에 대한 제한은 제3자에게 대항할 수 있다고 규정하였고 이탈리아민법은 대표권에 대한 제한은 등록하지 않으면 선의의 제3자에게 대항할 수 없다고 규정했으며 일본민법과 중국 타이완의 '민법'도 대표권에 대한 제한은 선의의 제3자에게 대항할 수 없다고 규정하였다.

중국 민법통칙의 관련 규정은 아주 두루뭉술하고 그리고 정확하지도 않다. 민법통칙 제43조는 "기업법인은 그 법정대표자와 기타 담당인원의 경영활동에 대하여 민사상의 책임을 부담한다."라고 규정하였다. 여기서 '경영활동'이라 용어를 사용하고 '권한 이내'와 '권한 이외'의 활동이란 용어를 쓰지 않았는데 이는 정확하지 않은 표현이다. 그리고 '권한 이외'의 활동이라 하더라도 전부 무효인 것은 아니다. 이후 계약법 제50조[24]의 규정에서도 입법사상의 이러한 변화를 뚜렷이 볼 수 있다.

실무적인 차원에서 보았을 때, 법인은 자체 이익에 대한 고려로 그의 법정대표자의 대표권을 완전히 제한할 수 있다. 그러나 이러한 제한은 법인의 내부적 제한이므로 일반적인 제3자는 알 수 없을 것이다. 때문

---

24 계약법 제50조는 "법인 또는 기타 조직의 법정대표자, 책임자가 월권하여 계약을 체결하였을 때 상대방이 월권하였음을 알거나 알았어야 하는 경우를 제외하고는 당해 대표행위는 유효하다."라고 규정하였다.

에 거래의 안전을 보호한다는 차원에서 선의의 제3자에게 대항할 수 있는 효력을 반드시 배제해야 한다. 이는 미래의 입법에서 반드시 명확히 규정해야 한다. 량후이싱(梁慧星)이 주도한 중국민법전초안건의문에 바로 이 내용[25]이 포함되었다. 우리는 반드시 이를 더 깊이 사고해야 한다.

물론 법정대표자제도 자체에도 일부 결함이 존재한다. 실제에서의 표현을 보았을 때, 주요하게 법정대표자제도가 구현한 것은 법률의 의지이기에 이 제도 자체가 이미 인간의 자치원칙을 위반하였다. 때문에 법인은 상황의 변화에 따라 대표권을 조정할 수 없어 민주관리와 과학 결정의 실현이 어렵게 되었다. 법정대표자는 개체상태인 자연인이 담임하기에 복잡하고 다변적인 민사활동에 효과적으로 대처하기 어렵게 되었을 뿐만 아니라 법인소권의 행사에도 불리하게 작용하였다. 법정대표자를 상대로 한 소송에서 특히 이러하였다. 법인이 처할 수 있는 특수상황(예를 들면 법인의 설립, 청산, 정리, 파산 등 단계)을 고려한 법정대표자에 관한 규정 및 법정대표자의 행위가 제3자에게 끼친 손실의 배상책임에 관한 규정 등이 부족하였다. 때문에 이 제도의 보완에서 고려해야 할 문제는 여전히 많다.

영미법국가의 회사법에서 대표자제도의 선택은 회사의 자치범위에 속하는 내용이다. 비록 법률은 개입하지만 그러나 단지 선택할 수

---

25 중국민법전초안건의문 제80조는 "영리법인의 정관 또는 주주총회, 사원대회결의 혹은 비영리법인의 정관, 조직규장 혹은 총회결의가 법정대표자의 대표권 범위에 대한 제한은 선의의 제3자에게 대항할 수 없다."라고 규정하였다. 梁慧星: 〈中國民法典草案建議稿〉(第三版), 法律出版社, 2013년 판, 제18면 참조.

있는 모델만 제공할 뿐이고 회사가 이를 받아들이도록 강제하는 것은 아니다. 회사의 대외행위는 주로 대리인을 통해 실시한다. 이는 우리가 참고해야 할 점이다. 한 사람을 대표로 선택할 것인가 아니면 다인을 대표를 선택할 것인가에 관해서는 반드시 법인의 자치원칙을 존중하여 법인이 자체상황에 따라 자유롭게 선택할 수 있도록 하여야 있다. 그리고 법정대표자의 법정성도 너무나 강하다. 기왕 법인에게 더욱 많은 자주권을 부여하려면 그의 호칭도 완전히 더욱 구체적인 호칭으로 고칠 수 있다. 예를 들면 회사대표자로 칭할 수 있다. 물론 법정대표자의 직권남용 및 기타 행위가 일으키게 될 민사책임을 명확히 하는 동시에 여러 방면의 이익을 고루 돌보기 위해 대표자권리를 구제 또는 보호할 수 있는 제도도 건립해야 한다. 하지만 민법총칙의 지위와 내용으로부터 고려해 보았을 때, 법인제도를 너무 자세히 규정할 수 없으므로 반드시 기타 민사단행법으로 명확히 규정해야 할 것이다.

둘째, 법률행위에 관하여

사법에서 말하는 법률행위는 로마법에서 유래되었다. 이 개념의 흥기와 발전은 독일의 판덱텐법학파(Pandekten)와 밀접히 연관되며 이는 또 독일민법에서 가장 특색이 있는 제도 중의 하나이다. 본질적으로 보았을 때, 법률행위는 사법에서의 설권행위이다. 그러므로 여기서 강조되는 것은 사법주체의 의사자치와 사법적 효과에 대한 추구이다. 사실 이는 사법주체가 사법자치를 실현하는 도구라 할 수 있다.

애초 중국의 민법통칙은 독일민법전의 입법모형을 참고하여 법률행위를 총칙이론의 벼리로 하여 자기만의 특색을 형성하였다. 즉 법률행위란 개념을 도입하면서 이를 민사법률행위로 고쳐 사용하였다. 이러한 처리로 인해 이론과 실무에서 모두 많은 번거로움이 나타났다. 한편으로 이는 사람들을 행정법률행위와 형사법률행위도 있는 것으로 착각하게 하였다. 그러나 이러한 법률행위들은 사실 없는 것이고 그리고 법률행위는 사법상의 개념이므로 그의 일반규칙도 소위 행정법률행위와 형사법률행위에 적용될 수 없었다. 다른 한편으로 민법통칙은 '민사법률행위'를 적법한 법률행위에 한정하였다. 그러나 구체규정에서는 또 무효인 민사행위, 취소할 수 있는 민사행위 등도 있게 되어 논리가 혼란스러웠을 뿐만 아니라 사용에서 '민사법률행위'와 '민사행위'를 헷갈리게 하여 법률행위에 대한 인식을 혼란스럽게 하고 법률행위 기능의 발휘에도 심각하게 영향을 주었다.

민법통칙이 반포실시하게 된 이후로부터 중국은 민사법실무에서 이미 법률행위제도를 광범히 수용하였고 그리고 이 제도도 그의 독특한 가치와 기능을 보여주게 되었다. 때문에 미래의 민법총칙에서 우리는 반드시 민사법률행위란 이 표현을 포기하고 법률행위로써 사법(私法)의 본색을 회복하도록 해야 한다. 량후이싱(梁慧星) 교수의 중국민법전초안건의문은 제116조에서 "법률행위란 의사표시를 요소로 하고 그리고 민사권리의무관계의 설립, 변경, 소멸을 목적으로 하는 행위이다."[26]라고 규정하였다. 이 정의는 법률행위의 핵심요소인 의사표시를 제시하여 사실행위와 구별하게 했으며 그리고 논리상의 혼란도 피하

---

26   梁慧星: 〈中國民法典草案建議稿〉(第3版), 法律出版社, 2013년 판, 제25면.

게 하였다.

셋째, 민사권리에 관하여

민사권리는 민법연구 중의 가장 근본적인 문제이다. 사법주체를 놓고 보았을 때, 특히 그러하다. 민법통칙의 제5장은 4개만의 민사권리만 규정하였다. 즉 재산권(사실은 물권인데 당시 물권을 꺼렸기에 재산권이라 하게 되었다), 채권, 지적재산권과 인격권만을 규정하였다. 사법실무에서 늘 당사자가 자신의 어떠한 권리가 침해당했다고 주장하게 되었으나 구제를 받지 못하는 상황이 나타난다. 설사 일부는 구제를 받았다 하더라도 다른 규정에 의하여 받게 된 것이다. 재판실무에서는 법률이 규정하지 않은 '무명권리(無名權利)'가 침해당하게 되었다는 것을 승인하지 않는다. 이는 중국과 같은 성문법국가에서 너무나 자주 보여 이상하게 생각되지 않는 일이다. 왜냐하면 법관은 법률을 만들어 낼 수 없고 법에 따라 재판할 수밖에 없기 때문이다. 만약 법률에 규정되지 않았으면 이는 법률준거가 없는 것이므로 당사자의 주장도 당연히 지지할 수 없다. 당사자이익을 보호하려는 시각으로 보았을 때, 민사권리체계는 반드시 모든 권리가 나열되도록 해야 한다. 사실상 이는 불가능할 것이다. 때문에 어떻게 민사권리체계를 구축해야 할 것인가는 아주 중요한 문제이다.

셰화이스(謝懷栻) 선생은 "민사권리의 내용(보호받는 이익)을 표준으로 하고 필요할 때는 기타 방면도 참고로 삼아 민사권리체계를 ①인격권, ②친족권, ③재산권, ④지적재산권, ⑤사원권 이 5개의 큰 부분으로 나눠야 한다."[27] 라고 지적하였다. 이 구분은 확실히 일리가 있어 많은 학자들의 인정도 받았다. 주의해야 할 점이라면 지금 우리가 설계하려는 민사권리체계는 민법전의 전반적인 구조에서 고려해야 하고, 그리고 각종 민사단행법에서 규정한 많은 유형의 민사권리를 통솔할 수 있어야 한다. 일부 권리는 헌법에 이미 규정되었다. 그러나 민법은 반드시 그에 대한 구체적인 보호와 구제제도를 조금 더 명확히 규정해야 한다. 이는 헌법과 민법은 권리에 대한 보호에서 큰 차이를 보여주고 있기 때문이다.

지적재산권을 예로 들어 말하자면 하나의 핵심적인 문제는 바로 지적재산권을 하나의 민사권리로 총칙에 집어넣은 후, 구체적인 각 편에도 이를 넣어야 할 것인가 하는 문제다. 민법전을 기초하면서 이 문제에 관한 논쟁은 계속 지속되었다. 최후의 타협의견은 역시 민법통칙처럼 지적재산권의 공통성과 연관되는 문제들은 민법통칙에 규정하고 구체적인 행위규범과 연관되는 문제는 단행법으로 규정하여 이들이 중복되지 않게 하였다. 그러나 다수의 지적재산권법학자들은 민법에서 이미 독립된 지적재산권을 다시 민법에 써넣으려 하는 것은 적절치 않다고 지적하였다.

넷째, 시효제도에 관하여

민법에서 시효제도는 하나의 중요한 제도이다. 이의 기능은 말하지 않아도 모두 알고 있을 것이다. 이론상에서 시효제도는 일반적으로

---

27   謝懷栻: '論民事權利體系', 〈法學研究〉, 1996년, 제2기.

취득시효와 소멸시효로 나눌 수 있는데 이 양자에 관하여 지금은 아래와 같은 두 가지 입법모델이 있다. 즉 하나는 독일민법전을 대표로 하는 분리식 입법모델이다. 이는 민법의 총칙편에 소멸시효를 규정하고 물권편에 취득시효를 규정하는 것이다. 다른 하나는 일본민법전을 대표로 하는 통합식 입법모델이다. 이는 총칙에 모든 시효를 규정하는 것이다. 중국의 민법통칙은 소멸시효제도만 규정하였다. 물권법에도 취득시효에 관한 규정은 없다. 주목해야 할 것은 2002년의 민법(초안)은 그의 총칙편 제8장 제2절에 취득시효를 규정하였다.

입법의 발전추세를 보았을 때, 중국 미래의 민사입법은 반드시 취득시효와 소멸시효를 모두 규정해야 한다. 그러나 제기되는 것은 도대체 어떠한 모델을 택하여 시효제도를 규정할 것인가 하는 문제이다. 다수의 학자들은 분리식의 입법을 주장하였다. 량후이싱(梁慧星)이 주도한 중국민법전초안건의문도 분리방식을 택하였다.[28] 하지만 2002년의 민법(초안)은 통합식의 입법모델을 택하게 되었는데 아마 입법자의 의지가 이러하였을 것이다. 그러나 시효제도의 구체적용을 보았을 때, 취득시효는 주로 물권, 특히 소유권에 적용되나 소송시효는 전통적으로 민법총칙의 내용이다. 때문에 어떠한 입법모델을 택하든지 반드시 모두 이 양자의 적용범위를 구별해 규정해야 한다. 이 문제에 있어 구체적 제도의 내용만 명확히 규정되고 적용이 편리하다면 어떠한 입법모

---

28   소송시효에 관한 규정은 제1편 제7장의 제197조로부터 제227조까지 총 31조였고 취득시효에 관한 규정은 제2편 제10장 소유권부분에 있는데 제283조로부터 제304조까지 총 22조이다.

델을 택하든지 중요하지 않다.

③ 민법전의 제정

민법전의 제정여건에 관하여

민법전을 제정하려면 반드시 다음과 같은 두 가지 여건이 구비되어야 한다. 즉 하나는 학자들이 축적한 민법문화와 이론의 축적이고, 다른 하나는 다년간 재판실천의 축적이다. 비록 중국에서 학자의 문화와 이론축적은 역사상 특정시기의 중단으로 인해 다른 나라와 지역들에 비하여 발달되지 않았다. 그러나 중국민법학이 이미 이루어낸 발전은 부정할 수 없으며 중국의 법원들도 많은 재판경험을 쌓게 되었다. 이들은 중국에서 민법전을 기초하는데 아주 중요한 기반으로 뒷받침을 하게 되었다.

1954년 중국은 이미 일찍이 민법전의 제정을 시작하였다. 그러나 그 당시 많은 사람들은 민법전을 기초할 역사조건이 전혀 구비되지 않아 현실성이 없다고 하였다. 이후 민법전의 제정은 수차례의 실패를 거듭하고 1998년에 다시 시작되었다. 그러나 이때도 일부 사람들은 여전히 조건이 구비되지 않아 현실적이지 않다고 하였다. 사실 신중국이 성립되자 즉각 민법전의 제정에 착수한 것은 필요하였을 뿐만 아니라 가능도 하였다. 민법전은 사회경제와 가정생활을 조정하는 법률규칙이다. 우리가 관련 문제를 법률규칙으로 해결하지 않을 것이라고 선언하지 않은 이상, 민사법규칙의 공백상태를 장기적으로 유지할 수 없었으며 게다가 우리는 여전히 의법치국을 주장하게 되었으므로 민법전의 제정은 필요하였다.

지금 말할 수 있는 것은 1957년 첫 번째 민법전기초의 실패는 당시의 정치운동이 초래한 결과라고 하기보다는 중국인들이 너무 조급히 신민주주의사회로부터 사회주의사회로 약진하려 하였기 때문이다. 훗날 어떤 사람들이 가정했듯이 만약 건국초기에 우리가 상당히 긴 신민주주의사회와 경제발전의 시기가 있어 여러 가지 소유제경제의 평화발전을 포용하고 동시에 완비된 법률제도와 질서로 이에 효과적인 뒷받침을 제공할 수 있었다면, 훗날의 '대약진' 등 '좌'파적 모험이 중국에 가져다준 손실은 피할 수 있었을 것이다. 하지만 역사는 가정할 수 없는 것이다. 그러나 1954년의 설계에 따라 민법전을 제정하는 것은 완전히 가능하였다.

만약 소련의 10월 혁명과 중국혁명을 비교해 본다면, 일부 비슷한 점을 발견할 수 있을 것이다. 소련의 10월 혁명은 1917년에 발생하였다. 그러나 레닌이 친히 제의해 제정한 소련민법전은 1923년에 통과되었다. 이 사이 단 5년이란 간격밖에 없었다. 더욱이나 이 시기 소련은 5년이란 아주 힘들었던 대외전쟁은 물론이고 국내전쟁도 치르고 있었다. 그러나 중국의 경우 한국전쟁을 치르긴 하였으나 국내는 그래도 대체적으로 평화로웠다. 그리고 소련민법전은 신경제정책을 막 실시하게 된 배경에서 이 정책의 실시에 도움을 주기 위해 제정된 세트를 이룬 법률제도이다. 이 법률에 규정되었던 신경제정책 중의 일부 내용은 훗날 이를 수정하면서 취소되었다. 레닌의 신경제정책은 중국의 신민주주의정책과 비슷하였다.

다시 프랑스민법전을 예로 한다면 프랑스민법전은 1789년 프랑스 대혁명부터 15년이 지나서야 나타나게 되었다. 그러나 나폴레옹이 집권하고 나폴레옹왕조를 건립하였을 때로부터 시작한다면 프랑스민법전의 통과는 단 5년이란 짧은 시간밖에 걸리지 않았다.

이상의 예들을 보았을 때, 민법전제정 여건의 성숙 여부는 시간의 길고 짧음과 연관된 것은 아니고 집권자가 어떠한 사회경제정책을 집행하게 되었는가, 심지어 집권자 자신이 법률을 하나의 집권수단으로 인정하는가의 여부에 달려있다. 레닌은 법학 출신인 지도자이기에 몸에는 법률정신이 물들어 있었고, 나폴레옹은 군인이기는 하나 젊은 시절에 이미 볼테르와 루소의 영향을 많이 받아 법률을 중시하게 되었을 뿐만 아니라 민법전의 제정에도 직접 참여해 프랑스 민법전에 민주와 자유의 정신을 불어넣었다. 총괄적으로 신중국이 성립되어 이미 60여년이 지나갔다. 그러나 우리는 지금까지 그럴듯한 민법전을 내놓지 못했는데 이는 아주 유감스러운 일이라 하지 않을 수 없다.

민법전의 내용에 관하여

우리가 제정해야 할 민법전에는 어떠한 내용들이 있어야 하고 또 어떠한 내용들은 배제되어야 할 것인지? 이 문제에 관하여 우리는 민법의 발전이란 시각에서 역사를 돌이켜보고 미래를 전망해 보아야 할 것이다. 사실 이는 모든 인류문명의 역사적인 발전과정에서 민법의 좌표를 어디에 놓아야 할 것인가 하는 문제이다. 왜냐하면 좌표가 변동하면

법칙이기 때문이다.

2002년 민법전을 기초할 때, 어떤 사람들은 상법도 여기에 규정하자고 주장하였다. 그러나 상법에 관한 내용은 많지 않았다. 때문에 한편으로 민법에 상법체계가 포함된다는 점을 승인하고 다른 한편으로 민법은 상법체계를 포괄할 수 없다고 주장하였다. 이렇게 되자 왕바오수(王保樹) 교수는 상법연회에서 상법통칙을 제정하자고 제의하였다. 그는 이를 제의하면서 민법통칙으로 상법을 덮을 수 없으므로 강제적으로 상법을 민법에 끌어들이고 아무런 특별규정도 하지 않는 것은 그 발전을 저해하는 것이라고 지적하였다. 사실 우리 민법은 모든 것을 포괄할 수 없었다.

민법전의 입법모델에 관하여

만약 통일적이고 체계적인 민법전을 제정할 수 있다면 이는 물론 좋을 것이다. 그러나 이렇게 하려니 곤란이 너무 막심하였다. 왜냐하면 물권법을 민법전에 넣으려니 곤란이 특히 컸던 것이다. 다른 것을 제치고 주체만 보더라도 통일은 곤란하였다. 민법의 주체는 주로 자연인, 법인과 기타 조직이다. 그러나 물권법의 주체는 국가, 집단과 개인이다. 만약 물권법을 기어코 민법전에 넣으려면 이는 물권법을 다시 쓰는 것과 마찬가지로 되므로 이는 너무나도 어렵고 그리고 현실성도 떨어졌다.

여기서 대륙법계와 영미법계를 어떻게 계수(繼受)할 것인가? 이에 대하여도 답을 줘야 할 것이다. 왜냐하면 민법전을 제정하는 과정에서 법전식의 사고방식과 영미법 비법전식의 사고방식은 치열한 논쟁을 지속하였기 때문이다. 그러나 지금은 많은 사람들이 이미 영미법계의 작법을 접수하였다. 현실적으로 보았을 때, 만약 미국의 계약법, 재산법, 불법행위법을 계통적인 모델로 하여 하나의 법전을 편성하려면 이는 거의 불가능할 것이다. 그러나 이러한 법전이 만약 연방식을 택하고 이에 몇 개 부분이 포함되게 한다면 즉 몇 개의 단행법으로 민법전의 내용을 구성한다면 이는 가능할 것이다. 사실 일부 학자들은 민법전이 이러한 방식을 택해야 한다고 주장했다. 즉 총칙 이외 기타 모든 것은 단행법이 되어야 한다는 것이다. 이것도 하나의 가능한 방식이므로 어느 것이 절대로 정확하다고 할 수 없다.

과거 우리는 늘 중국법률은 대륙법계전통을 계수했기에 독일, 프랑스 심지어 일본과 중국 타이완 지구 법률의 영향을 많이 받게 되었고 영미법계의 영향은 비교적으로 적었다고 여겼다. 적어도 중국의 사법실무에서 판례법은 별로 큰 시장은 없었다. 하지만 실제상황은 이미 다년간 이어진 법률실천의 검증결과 미국법의 세계적인 영향은 날로 커져서 EU의 법률에 영향을 주게 되었을 뿐만 아니라 일본과 동아시아 일부국가의 법률에도 많은 영향을 주었다. 때문에 민법전의 제정에 참여한 여러 방면은 영미법의 영향과 작용을 좀 더 깊이 연구해야 될 것이다.

중국의 현실을 보았을 때, 그래도 대륙법계를 위주로 해야 한다. 그러나 중국에서 실행이 가능한 영미법계의 일부 효과적인 제도들은 충분히 흡수하도록 해야 할 것이다. 영미법은 비교적 융통성이 있다. 물권 방면이나 또는 기타 방면에서 모두 이러하고 그리고 더욱 실용적이며 특히 상업상의 수요를 중요시 여긴다. 즉 일단 상업적인 수요가 있으면 이들은 바로 제도적 규정을 내놓는다. 이 뿐만 아니라 문제의 해결에서도 영미법은 더욱 효과적이다. 예를 들면 불법행위에 대하여 프랑스민법전은 3개 조항만 규정하였고 독일민법전도 10여 개의 조항만 규정하였다. 그러나 미국의 불법행위법은 근 900여 개 조항을 규정하였다. 이들은 엄격한 체계에 따라 일반불법행위과 특수불법행위로 나뉘진 것은 아니다. 그러나 이들은 모두 생활수요 또는 생활관계에서의 수요에 부합되는 것을 기초로 하여 제정되었으며 이들이 일반불법행위인지 아니면 특수불법행위인지는 고려하지 않았다. 악의소송(惡意訴訟)을 예로 하여 말하자면 대륙법계에서 이를 일반불법행위 또는 특수불법행위라고 말할 수는 없겠으나 미국법률 또는 판례에는 이를 이미 규정하였다.

오늘까지 중국 법제건설의 마지막 중요 과제인 민법전의 제정임무를 우리는 여전히 완성하지 못했다. 때문에 민법전의 제정과정에 참여한 모든 방면의 인사들은 반드시 모두 비교적 현실적인 태도를 취하여 민법전의 조속한 제정을 위해 민법전의 내용과 체계에 대해 지나친 요구를 제출하지 말고 지금까지 축적한 입법경험에 입각하여 하루빨리 민법전의 제정임무를 완성하도록 힘을 모아야 할 것이다.[29]

총괄적으로 민사법의 실천에서 드러난 한계들은 날로 뚜렷해지고

---

29   江平: 〈沈浮與枯榮〉, 法律出版社, 2010년 판, 제303-310면.

있으며 그리고 이러한 문제에 대한 이론상의 쟁의도 기복을 겪고 있는 상황인데 이는 민사법보완의 필요성과 어려움을 여실히 나타내었다. 근래의 민법전기초도 여전히 실질적 진전을 이루어내지 못해 입법진척은 더디기만 한데 이것도 신중함이 있어야 함을 암시하므로 우리는 기다릴 수밖에 없다. 하지만 예견할 수 있는 것은 중국의 미래 민법은 기필코 대륙법과 영미법이 점차 융합하는 산물이 될 것이다. 왜냐하면 다른 나라의 민법전을 그대로 베끼는 것은 모두 바람직하지 않은 것이며 그리고 대륙법계와 양미법계의 점진적인 융합의 추세는 날로 뚜렷해지고 있기 때문이다.

3. 상법의 발전상황과 미래의 발전전망

신중국 상법의 발전은 그 시작이 비교적 늦으며 대륙법계의 전통을 답습하게 되었으나 지금까지도 통일적인 상법전은 여전히 제정해내지 못하고 있는 실정이다. 개혁개방을 시작한 이후, 사회주의 시장경제를 건립하고 발전하는 과정에서 중국의 입법부문은 일부 상사단행법들을 잇따라 반포함으로써 중국의 상사법체계를 점차 보완하였다. 이러한 상사단행법은 상사영역에서 특색이 있는 일부 제도와 규칙을 확립하여 시장경제발전의 촉진과 당사자권익의 수호에서 아주 중요한 작용을 하였다.

(1) 상사입법의 개황

　　전통적인 이념에 의하면 상법에는 회사법, 어음법, 해상법, 보험법 이 4개 부문이 포함되는데 사회경제의 발전과 법률의 진보에 따라 상 사영역에서 또 다른 일부 전문법률도 탄생하였다. 2002년 법률출판사 에서 출판한 〈법률소전서〉에 의하면 상법부분에 전통적인 4개 법률 이 외 증권법, 선물법, 신탁법, 파산법 등을 추가하였다. 당시 일부 사람들 은 상법에 파산법과 신탁법을 넣는 것은 적절치 않다고 지적하였다. 왜 냐하면 파산유형에 개인파산과 정부파산도 있다. 그러나 이들이 상사 법범주에 속하지 않는 것은 명백하다. 그리고 신탁에도 공익신탁과 개 인신탁 등 민사신탁이 있다. 이들을 모두 상법에 넣는 것도 적절하지 않다. 넓은 의미에서 보면 이러한 관점은 아무런 문제도 없다. 그러나 중국에서 말하는 파산법은 기업파산법이고 기업의 파산을 규범화하려 는 것이다. 그리고 신탁법 중의 신탁도 주요하게는 상사신탁이다. 때문 에 〈법률소전서〉의 분류는 중국의 실제에 비교적으로 부합된다고 할 수 있다.

　　아래에서는 이 8개 상사관련법을 간략히 서술하려 한다.

① 해상법(海商法)

　　1951년, 중국은 이미 일찍이 해상법기초소조를 성립하고 1963년까 지 총 9번에 달하는 수정을 하였으나 여러 가지 요인의 영향으로 인해 기초사업은 일시적으로 중단하게 되었으며 1982년에 와서야 다시 기초작업을 정식으로 복구하였다. 이후 초안은 또 10여 년 동안의 논증과 수정을 거치었고 1992년 11월에 소집된 제7기 전국인대상무위원회 제28차 회의에서 심의를 통과하고 1993년 7월 1일부터 정식으로 시행되었다.

중국은 해상법을 제정하면서 외국 해상입법의 선진적인 성과와 최신경험을 대량적으로 참고하여 이식하였다. 예를 들면 '해상화물운수계약'은 〈헤이그규칙(Hague Rules: H.R)〉, 〈헤이그—비스비규칙(Hague—Visby Rules)〉과 〈함부르크 규칙(Hamburg Rules)〉 등 3개 조약을 기반으로 제정한 것이고 '해협배상책임제한'은 1976년의 〈해협배상책임제한조약(Convention on Limitation of Liability for Maritime Claims)〉을 참조로 하여 만든 것이며 '해난구조'는 1989년의 〈해난구조국제조약(International Convention on Salvage)〉을 참조로 하여 만든 것이다. 그리고 '해상보험계약'은 1906년 영국의 〈해상보험법(Marine Insurance Act)〉을 참고로 하여 만들게 된 것이고 '해상여객운수계약'은 1974년 '해상여객과 수화물 운송에 관한 아테네 조약(Athens Convention Relating to the Carriage of Passengers and their Luggage by Sea)'을 참고하여 만들게 되었다.[30]

당시 상황을 보았을 때, 중국의 이 해상법은 입법의 기술적인 측면에서는 물론이고 입법의 구조와 내용을 보아도 모두 비교적 성숙된 법률이라 할 수 있다. 많은 해사관습과 국제입법의 내용을 참고하고 흡수

---

30   朱慧: '百年中國海商法立法之演變', 〈廣州航海高等專科學校學報〉, 2010년, 제4기.

했기에 해상법의 반포와 실시는 해상해사관계를 효과적으로 조정하였을 뿐만 아니라 중국해운경제의 발전수요에도 상응하여 중국 해상경제의 발전에 아주 중요한 작용을 하였다. 하지만 20여 년래 국내외 환경은 이미 크게 변화하였고 실무에서도 많은 복잡하고 다양한 해상해사분쟁들이 나타나게 되었으므로 지금의 해상법은 현실수요에 완전히 적응하기 어렵게 되었다. 때문에 지금의 해상법은 반드시 시급히 수정하여 보완해야 한다.

② **회사법**(公司法)

회사법의 기초는 다음과 같은 3개 단계로 나눠볼 수 있다. 그러나 이 3개 단계의 기초는 각기 서로 다른 기관이 주관했기에 이들 입법목적과 규범내용상의 차이를 초래하였다.

제1단계의 회사법기초는 1983년에 이미 시작되었다. 이 단계의 기초는 국가경제위원회 법규국이 맡아 진행하였다. 국가경제위원회는 국유기업의 주관기관인데 당시 국유기업을 공사(公司)라고 하였다. 개혁개방 이후 이미 흥분된 개혁의 열기로 인해 회사들은 우후죽순처럼 자라나게 되어 국가경제위원회 법규국은 반드시 회사법을 제정하여 회사에 존재한 문제들을 해결해야 되겠다고 인식하였다. 화사법의 입법문제에 관한 토론에서 초점 중의 하나는 바로 어떠한 성격의 회사법을 제정할 것인가 하는 문제였다. 토론결과 2가지 주식제회사(유한회사, 주식회사)를 위주로 하고 동시에 '국유회사'를 회사의 특수형태로 남겨두기로 결정하였다. 당시 국유기업의 개혁은 주식제로 향해 가고는 있었으나 국가의 정식인가는 받지 못했고 그리고 실천에서 이러한 회사가 극히 적었는가 하면 또 참고할 만한 국내경험도 부족했기에 입법은 아주 큰 어려움을 겪게 되었다. 초점 중의 또 하나 문제는 도대체 무한책임회사를 규정할 것인가 하는 문제였다. 당시 이 문제에 관한 연구는 깊지 않았고 참고할 만한 외국자료들도 많지 않았으므로 사람들은 세계적인 대세가 유한책임회사이므로 우리도 무한책임회사를 규정할 필요가 없겠다고 생각하였을 뿐이다.

제2단계의 회사법입법은 국가체제개혁위원회에서 주도하였다. 당시 국가체제개혁위원회는 주로 일부 규범성문건의 제정에 착수하였다. 하나는 주식제개혁의 법률의거와 규범기준으로 2개 '규범의견', 즉 〈유한책임회사에 관한 규범의견〉과 〈주식유한회사에 관한 규범의견〉을 제정하였다. 이는 훗날에 제정한 회사법의 기반이 되었다. 다른 하나는 〈주식기업의 시험방법(股份制企業試点瓣法)〉인데 이는 주식제개혁의 실시절차와 구체방법을 규정하였다.

제3단계는 회사법의 기초이다. 당시 중국공산당 제14기 중앙위원회 제3차 회의는 현대식 기업제도에 관한 일렬의 규정을 통과시키려고 계획하였다. 때문에 정지되었던 회사법의 기초를 회복하고 기한 이내에 완성할 것도 요구하였다. 이후 회사법의 기초는 신속히 전개되었다. 2개 '규범의견'을 기반으로 사회각계의 의견을 수렴하고 종합적인 수정을 실시하게 되는데 이는 1993년 12월 29일에 소집된 제8기 전국인대상무위원회 제5차 회의에서 통과되어 이듬해 7월 1일부터 시행하게 되었다.

비록 이 회사법에 사람들의 마음에 들지 않은 부분이 많은 것은 사실이다. 그러나 어찌 되었든 회사법의 실시가 중국 시장경제법제의 보완에 중요한 공헌을 하게 된 점은 반드시 승인해야 할 것이다. 치요우스(喬石) 위원장도 한 회의에서 회사법은 사회주의 시장경제 법률체계에서 아주 중요한 법률이다. 이 법률의 제정과 실시는 중국 법제건설중의 하나 큰 대사이다. 이는 회사란 시장주체의 법적 지위를 확정하고 회사의 조직과 행위를 규범화하며 현대식 기업제도를 건립하고 사회주의 시장경제의 발전을 촉진하는데 아주 중요한 작용을 하였다고 지적하였다.

회사법은 1999년에 제1차 수정을 거치고 2004년에 제2차 수정을 거쳤으며 2005년에는 또 이에 대한 한 차례의 큰 수정을 실시하였다. 수정 후의 회사법은 총 13장, 219개의 조항이 되는데 기존 법률에서 20여개 조항의 내용만 변경하지 않았고 나머지 조항들은 모두 변경 또는 삭제되었다. 수정을 거친 새로운 회사법의 조항은 조금 감소하였다. 그러나 입법체계와 법률구조는 더욱 합리적이고 더욱 엄밀해졌다. 신회사법의 입법이념은 시장경제수요에 더욱 잘 적응될 수 있었으며 투자고무, 절차의 간소화, 효율의 향상 등의 정신을 구현하였고 국가개입과 연관된 많은 불필요한 조항들을 취소하였으며 주식회사설립에 관한 심사비준제도를 폐지하고 강제성을 지닌 규범이 감소하였으며 당사자의 의사자치를 강화하였다. 그리고 제도구축이란 측면에서 회사정관의 역할을 뚜렷이 하여 회사통치구조의 보완과 주주권익의 보호에 제도적 보장을 제공하였다.

2013년 12월 28일, 제12기 전국인대상무위원회 제6차 회의는 새로 수정된 회사법을 통과시키고 12개 조항을 수정하였다. 이번의 수정은 회사법에 대한 제4차 수정인데 이는 2014년 3월 1일부터 시행되었다. 회사법에 대한 수정이 이렇게 빈번히 이루어지게 된 원인 중의 하나는 현실발전의 수요이다. 이는 중국 사회주의 시장경제의 신속한 발전을 반영하였다. 또 다른 하나의 원인은 이론상의 돌파와 사법실천에 대한 총결산이다. 이는 회사법의 보완에 대한 중국 입법부의 중시를 반영하였다.

③ 어음법(票据法)

1995년 5월, 제8기 전국인대상무위원회 제13차 회의는 어음법을 통과시키고 그리고 1996년 1월 1일부터 시행하였다. 내용적으로 보았을 때, 이 법률은 총 7장 111개 조항인데 어음의 종류에 따라 환어음(汇票), 약속어음(本票), 수표(支票)는 각 1장이고 중복을 피하기 위해 이 3장 중의 공통된 부분은 적용에 관한 규정으로 따로 규정하였다. 그리고 기타 각 장은 총칙, 섭외어음의 법률적용, 법률책임과 부칙 등이다. 어음법의 반포는 어음행위를 효과적으로 규범화하게 되었는데 이는 경제활동에서 어음의 작용이 충분히 발휘되고 어음거래에서 당사자의 합법적 권익을 보장하며 사회경제질서의 수호에 중요한 현실적 의미를 가지게 되었다.

비록 어음법의 공포는 중국의 어음제도를 근거할 법이 있게 하였으나 시장경제발전의 수요와 세계적으로 통행되는 관례에 비교해 평가하자면 중국 어음법의 결함은 아주 끔찍했으며 심지어 하나의 실망스러운 법률이라 할 수 있다.[31] 2004년 8월 28일, 제10기 전국인대상무위원회 제11차 회의는 어음법에 대해 수정을 실시하기로 결정하였다. 이번의 수정은 제75조(내용: 약속어음의 발행인자격은 중국인민은행이 심사하여 결정한다. 구체관리방법은 중국인민은행이 규정한다.)만 삭제하고 조항의 순서를 조정하여 다시 공포하였다. 그러나 중국경제의 발전과 어음의 폭넓은 사용으로 인해 어음행위는 나날이 복잡해지고 새로운 분쟁들도 잇따라 나타나게 되었으므로 어음법의 낙후는 날로 뚜렷해져서 이에 대한 수정은 시급한 과제로 떠오르게 되었다. 근년에 들어 상하이 (上海), 하얼빈(哈尔滨) 등지에서 어음법의 수정에 관해 이미 여러 차례 연구토론회를 진행하였다. 그러나 지금까지 관련 수정안은 심의일정에 상정하지 못하고 있는 실정이므로 어음법의 수정은 아마 시일이 좀 더 걸릴 것이라고 예상된다.

④ 기업파산법

1980년 10월, 국무원은 〈사회주의경쟁의 전개와 보호에 관한 임시규정〉을 반포하여 낙후기업의 '도태'에 관한 토론에 불을 지폈다. 1984

---

31   謝怀栻: '評新公布的我國票据法', 〈法學硏究〉, 1995년 제6기.

년 5월, 제6기 전국인대 제2차 회의에서 일부 대표들은 파산법의 제정에 관한 제안을 제출하였다. 이후 국무원은 여러 차례의 회의를 소집하여 파산법의 제정문제를 토론하였다. 이와 동시 많은 학자들도 논문을 발표하여 하루 빨리 파산법을 제정해야 한다고 촉구하였다. 1984년 10월에 소집된 중국공산당 제12기 중앙위원회 제3차 회의는 〈경제체제개혁에 관한 결정〉을 통과시키고 기업의 소유권과 경영권을 분리하여 이들이 상대적으로 독립된 경제실체가 되어 자주적으로 경영하고 자체로 손익을 부담하는 사회주의생산자와 경영자로 개조되고 발전할 수 있는 능력을 갖추며 일정한 권리와 의무도 가진 법인이 될 것을 제출하여 파산법의 제정에 이론근거를 제공하였다. 같은 해 12월 파산법기초소조는 정식으로 성립되었다.

1985년 9월, 기초소조는 기업파산법의견청구문을 만들어 광범위한 의견수렴을 거쳐 기업파산법초안을 작성하였다. 이 초안은 1986년의 6월과 9월에 두 차례나 전국인대상무위원회의 심의에 제출되었으나 의견이 너무도 엇갈려 통과되지 못했다. 이 법률의 조속한 제정을 위하여 같은 해 7월부터 9월까지 국무원은 또 일련의 한 벌을 이룰 부속법규들도 반포하였다. 같은 해 10월 전국인대는 베이징(北京)에서 근 100명이 참석한 기업파산법좌담회를 열고 이 초안을 다시 수정하였다.

1985년 2월부터 1986년 8월 사이 선양(瀋陽), 우한(武漢), 충칭(重慶)과 타이위안(太原) 등지에서 27개에 달하는 기업이 솔선하여 기업파산을 시행하였다. 1986년 8월 3일, 선양방폭(防爆)기계공장은 〈선양시 도시집체소유제공업기업 파산부도처리 시행규정〉에 따라 파산부도를 선포하였다. 이는 중국에서 개혁개방을 실시한 이래, 기업의 파산부도를 선포한 첫 번째 사례이다. 이는 파산법의 탄생을 크게 추동하였다.[32]

1986년 12월, 제6기 전국인대상무위원회 제18차 회의에서 찬성 101표, 기권 9표, 반대 0표의 표결결과로 〈기업파산법〉(시행)을 통과시키고 그리고 1988년 11월 1일(전민소유제공업기업법의 실시 3개월 후)부터 정식으로 효력을 발생하게 하였다. 〈기업파산법〉(시행)은 총 6장 43개 조항으로 주로 전민소유제기업에 적용되었다.

당시의 상황을 보았을 때, 중국은 경제체제개혁을 시작한 지 얼마 되지 않았고 기업의 파산사례도 비교적으로 적었다. 그러나 중국 시장경제의 발전에 따라 전국 각 지역에서는 점차적으로 기업의 파산을 부실기업이 시장에서 퇴출되는 주요한 경로로 삼게 되었으므로 파산안건은 나날이 많아지고 안건상황도 점차 복잡해졌다. 그리하여 사법실무의 수요에 적응하기 위해 최고인민법원은 1991년에 〈최고인민법원 기업파산법 '시행'의 관철과 집행에 관한 약간의 문제에 대한 의견〉을 반포하였다. 같은 해 중국에서는 새로운 민사소송법을 반포하였다. 이 중 제19장에 규정한 '기업법인의 파산과 부채반환절차'는 비전민소유제 기업법인에 적용되었다.

〈기업파산법〉(시행)과 새로운 민사소송법의 반포 및 시행은 당시 경제상황의 수요에 부응했으며 중국 경제체제개혁의 더 깊은 심화, 기업체경쟁의식의 강화, 기업파산행위의 규범화 및 당사자권익의 수호

---

32   劉軍, 申楠: '解密中國企業破産第一案', 〈政府法制〉, 2009년 제5기.

등 여러 방면에서 적극적인 작용을 하였다.

1994년 3월, 전국인대상무위원회 재정경제위원회는 제8기 전국인대상무위원회의 입법계획의 요구에 따라 새로운 파산법의 기초사업에 착수하였다. 유감스러운 것은 이 법률의 제정 시기에 관해 서로 다른 의견이 나타났고 그리고 사회보장제도가 체계를 갖추지 못한 등의 원인으로 인해 기초된 파산법(초안)은 전국인대상무위원회의 심의에 상정조차 되지 않았다. 때문에 이를 또 제9기 전국인대의 입법계획에 넣어 3차례 심의를 거쳐 2006년 8월에 소집된 제10기 전국인대상무위원회 제23차 회의에서 최종 통과되어 2007년 6월 1일부터 시행하였다. 이후 최고인민법원은 또 사법해석으로 파산법실행 중의 관련 문제를 한층 더 명확히 하였다.

이로써 중국은 비교적 성숙된 파산법제도의 건립을 이루어내었다. 그러나 주의해야 할 것은 지금 중국 파산법의 적용대상은 주로 기업법인이란 점이다. 시장주체의 시각으로 보았을 때, 중국은 지금까지 자연인, 금융기구 등 파산제도는 건립하지 못했다. 그러므로 이러한 것들은 중국 파산법의 미래 보완에서 반드시 고려해야 할 주요 임무이다.

⑤ 보험법

중국공산당 제11기 중앙위원회 제3차 회의 이후, 중국의 보험입법은 일정한 진전을 보게 되었고 선후로 일부 단행 보험법규를 반포하였다. 1991년 9월, 중국인민보험회사 이사장 겸 총지배인 직에서 퇴임한

친따오푸(秦導夫) 전임 이사장은 보험법기초소조의 조장으로 임명되었다. 당시 보험법의 기초가 마주한 가장 큰 곤란은 법률 특히 관련 국제법에 익숙하지 못하였다는 점이다. 때문에 모든 것은 처음부터 시작해야만 했다.[33] 그리고 중국 보험업은 이전부터 낙후하였고 참고할 실무경험도 부족하였다.

1992년 4월, 중국인민은행 판공청은 각 지점(分行)과 보험회사에 〈보험입법에 관한 의견을 청구하는 것에 관한 통지〉를 발부하였다. 이 통지를 받고 각 지점과 보험회사에서 제출한 입법의견은 주로 다음과 같은 3개 방면에 집중되었다. 첫째, 보험법에는 반드시 상응한 벌칙이 있어야 한다. 둘째, 지방정부는 보험회사의 경영활동에 개입해서는 아니 된다. 셋째, 반드시 전문적인 보험업의 감독기구—국가보험관리국을 설립하여 감독과 관리를 실시해야 한다.

1992년 4월, 기초소조는 칭따오(靑島)로 자리를 옮기고 그곳에서 보험법초안의 첫 번째 문건을 완성하였다. 이를 이어 기초소조는 또 청두, 상하이, 광저우 등지를 찾아 해당 지역의 관련 부서들과 좌담회를 열어 의견을 광범히 수렴하였으며 그리고 이러한 의견들을 종합하여 중국인민은행에 서면보고를 제출하였다. 이 보고에서 기초소조는 주요하게 국가보험관리국설립의 필요성을 역설하였다. 그러나 중국인민은행의 서면지시는 받지 못했다. 이외에 기초소조는 또 미국, 독일, 일본과 필리핀 등 국가를 방문하여 이들의 보험입법과 실천을 관찰하였다.

---

33   楊敏: "親歷中國第一部'保險法'制定", 〈中國新聞週刊〉, 2011년, 제30기.

1993년 12월, 보험법초안심사원고는 이미 국무원에 보고되었다. 그러나 1995년이 되어서야 제8기 전국인대상무위원회 제14차 회의에서 심의통과하게 되었고 그해 10월 1일부터 정식으로 시행하게 되었다. 이는 신중국 성립 이래의 첫 번째 보험기본법이다. 이 법률은 지금 일부 나라와 지역에서 널리 사용하고 있는 '보험업법'과 '보험계약'이 일체로 된 입법모델을 채택하였다. 이러한 방식은 보험시장주체와 보험감독기구사이의 감독관계를 조정하였을 뿐만 아니라 보험자와 피보험자간의 보험계약관계도 조정하였다. 이는 비교적 완전하고 체계적인 보험법이다.

　　2002년 10월, 중국은 세계무역기구에 가입하면서 하였던 승낙에 따라 제9기 전국인대상무위원회 제13차 회의에서 보험법중의 '보험업법' 부분을 수정하였다. 이는 보험법에 대한 제1차 수정이다.

　　보험업의 발 빠른 발전에 따라 끊임없이 나타난 새로운 상황들은 보험법의 낙후함을 더욱더 드러냈다. 특히 보험계약분쟁의 지속적인 증가는 이에 대한 보험법규정의 대응을 효과적으로 이루어질 수 없게 하였으므로 2004년 10월, 중국보험감독관리위원회는 관련 부서들과 함께 보험법에 대한 제2차 수정을 준비하기 시작하여 2005년 말에 보험법수정초안건의문을 완성하였다. 이후 국무원법제판공실은 또 여러 방면의 의견을 수렴하여 보험법수정초안을 만들어 2008년 8월에 소집된 국무원상무회회의 심의를 거쳐 전국인대상무위원회의 심의에 상정하였다. 2009년 2월, 제11기 전국인대상무위원회 제7차 회의는 이를 심의하고 통과하기로 결정하였다.

이상 두 차례 수정을 거치면서 보험법은 제도설계의 측면에서 피보험자와 수익자이익에 대한 보호를 특별히 주의하게 되었고 그리고 상환능력에 대한 감독을 보완하고 감독과 관리조치도 강화하여 중국의 보험시장을 더욱 규범화하고 보험당사자의 이익을 더욱 효과적으로 보호할 수 있게 하였을 뿐만 아니라 중국보험업의 법치수준을 향상시켜 보험업규범화의 촉진과 안정적인 발전에 적극적인 작용을 하였다. 이 몇 년간의 발전을 거치면서 중국의 보험법제도는 이미 많이 성숙되었다.

⑥ 증권법

개혁개방 이래 중국의 증권시장은 점차 회복되어 발전을 시작하게 되었다. 그리하여 증권투자자의 합법적 권익을 보호하고 증권시장의 정상적인 운영을 수호하기 위해 중앙과 지방정부는 일부 관련법규와 규장을 잇따라 제정하였다. 1990년대 초, 상하이와 선전 이 두 개 증권거래소가 잇따라 설립되면서 증권법의 제정을 호소하는 목소리도 점차 높아졌다. 1992년 떵샤오핑의 남순강화가 발표되자 당시 전국인대상무위원회 위원장이었던 완리(万里)는 증권법초안의 기초를 건의하게 되는데 같은 해 8월 전국인대상무위원회 재정경제위원회는 증권법기초소조를 설립하고 리이닝(厉以宁) 교수가 조장을 맡게 하였다.

처음에 이 초안의 기초는 비교적 순조로웠다. 기초소조는 관련 조사와 토론을 거치고 그리고 광범위한 의견수렴을 토대로 아주 빠르게 증권법초안의 기초를 완성하였다. 그러나 이후에는 끊임없는 수정과 재수정으로 이어졌다. 이 수많은 수정을 거치면서 제7, 8, 9기 이 3개기 전국인대의 임기를 넘기게 되는데 이 과정에서 전국인대상무위원회의 심의만 5차례나 거쳤다. 1998년 12월 29일, 제9기 전국인대상무위원회 제6차 회의는 증권법초안에 대한 제5차 심의에서 이를 통과시키고 1999년 7월 1일부터 정식으로 시행하게 하였다. 이 법률은 총 12장 214개의 조항으로 구성되었다.

당시 중국의 증권시장은 시작단계에 있었고 그리고 1998년에 폭발하였던 아시아금융위기의 영향으로 인해 중국은 증권법을 제정하면서 위험방지를 가장 중요한 입법기조로 삼게 되었으므로 일부 반드시 있어야 할 기본내용마저도 규정하지 않았다. 때문에 증권법은 제정한지 얼마도 아니 되어 사람들로부터 많은 비판을 받게 되었다. 이렇게 제기된 의견 중의 하나는 위험방지에 치중하다보니 제한적 또는 금지적 조항이 너무나 많았다는 것이고 다른 하나는 투자자권익의 보호를 규정한 조항이 부족하고 민사배상에 관한 규정들이 구체적이지 않았다는 것이다.[34]

증권법이 실시된 지 3년이 되자 이 법의 수정작업은 이미 의사일정에 오르게 되었다. 2003년 7월, 전국인대재정위원회 재정경제위원회는 증권법수정기초소조를 성립하고 같은 해 말에 수정안을 만들어 심의

---

34 http://www.china.com.cn/chinese/LP/1070157.htm, 방문일자: 2014년 3월 12일.

에 교부하기로 계획하였다. 그러나 2005년 4월이 되어서야 증권법수정안은 사실 제1차 심의를 받게 되었고 같은 해 8월에 제2차 심의를 받게 되었으며 그리고 같은 해 10월 27일에 소집된 제10기 전국인대상무위원회 제18차 회의에서 3심으로 최종 통과되었다. 이번 증권법의 대폭 수정은 중국 증권시장의 현실수요에 따라 맞춤형 규범을 제정하게 되었을 뿐만 아니라 중국 증권시장의 더욱 빠른 발전에 유력한 법률보장을 제공하였다.

⑦ 신탁법

1993년, 제8기 전국인대상무위원회 재정경제위원회는 신탁법의 제정을 건의하였다. 당시 중국 각지에서 성립한 신탁투자회사는 대략적으로 추측한다 하더라도 이미 4~5백 개에 달하였다. 이러한 전문적인 신탁투자회사들은 주요하게는 신탁투자와 신탁예금 및 대출 등 금융신탁업무를 하고 있었다. 이 외에 신탁제도는 또 해외기업의 설립과 경영에서도 널리 사용되었다. 당시 중국에서는 국제적으로 아주 유행하였던 집합투자계획—투자기금이 조용히 흥기하고 있었는데 이러한 투자기금의 절대다수는 신탁계약 즉 신탁메커니즘을 통해 관리하고 운영되고 있었다.

그러나 이러한 신탁기구들은 처음부터 독자적인 경영방침과 명확한 업무방향은 없었다. 비록 이들이 모두 '신탁'이란 타이틀을 붙이기는 하였으나 사실 하고 있었던 대부분의 업무는 신탁과 관련이 없는 비신탁업무였으며 진정한 신탁업무는 아주 적었다.

당시 아무런 형식의 신탁법규도 제정되지 않았기에 신탁법의 기초가 시작되자 사람들이 신탁을 이해하고 연구하려는 흥미를 불러일으켰다. 기초하는 과정에서 각지의 신탁투자회사들은 모두 이를 특별히 눈여겨보았다. 특히 이들이 기초중인 신탁법에서 신탁제도와 신탁행위를 규범화하려는 것과 이것이 그들의 생계와 앞날에 영향을 주게 될 것이란 점을 알고 이 법률의 기초에 더욱 많은 관심을 갖게 되었다.

당시 성립하였던 신탁법기초소조는 국내외 신탁시장의 현황, 발전전망과 문제점 등을 조사·연구하고 그리고 기타 일부 나라의 신탁제도 및 관련 자료도 번역하여 정리하였다. 이렇게 만들어진 최초의 초안은 다음과 같은 3개 부분으로 구성되었다. 첫째, 각종 신탁의 공통성 문제에 관한 규정. 예를 들면 신탁의 설립, 변경과 종료 그리고 신탁관계자의 권리, 의무와 책임 등이다. 둘째, 특종신탁에 관한 특별규정. 즉 공익신탁과 증권투자신탁에 관한 규범 등이다. 셋째, 신탁업에 관한 특별규정. 예를 들면 신탁업의 설립조건, 법적인 지위, 업무범위, 신탁자금의 운용, 업무재무감독 등이다. 이것으로 보았을 때, 중국신탁법은 신탁활동과 관련된 모든 규정을 하나의 통일된 신탁법에 넣으려고 하였다는 점을 명확히 알 수 있다.

중국에서 이렇게 모든 것을 포괄할 수 있는 '대일통(大一統)'식 입법모델을 택하게 된 주요원인은 현실적 수요를 고려하였기 때문이라고 생각한다. 그러나 이러한 입법모델은 일부 문제 특히 과학성과 현실성의 충돌을 초래할 수 있다는 점도 의식해야 할 것이다. 게다가 이러한 입법모델은 성문신탁입법란 세계적인 추세에도 부합되지 않는다. 당시 사람들은 중국의 신탁법은 내용설계에 있어 반드시 입법의 과학성을 강조하는 동시에 세계 각국 성문신탁법의 관례를 참고로 하여 신탁에 관한 기본이론과 공통적인 문제를 집중적으로 규정하고 이를 신탁관계 조정의 기본법으로 하며 이 외에 신탁업과 특종신탁의 설립, 운영과 감독에 관해서는 별도의 전문적인 입법으로 규정해야 한다고 여겼다.

만약 확실히 현실적인 장벽을 넘을 수 없어 부득이하게 일정한 정도에서 입법의 과학성을 희생할 수밖에 없게 되었다 하더라도 지금과 같은 현실적인 구도에서 최대한으로 과학적인 입법원칙을 실현해야 한다. 이 중 사용이 가능한 하나의 현실적인 방법은 바로 신탁법에서는 신탁관계에 관한 일반원리만 가능한 상세히 규정하고 더 구체적인 규범은 실시세칙으로 반포하는 방식으로 이를 세분화하여 풍부히 하거나 또는 관할기관이 원칙적인 규정에 따라 이를 보완하도록 위임할 수 있다.

신탁법초안이 완성된 이후, 여러 가지 원인으로 인해 전국인대의 심의에 상정되지 못하고 또 몇 년간 방치되었다. 이 기간에 여러 차례의 토론, 수정과 조사연구를 거쳐 2000년이 되어서야 신탁법초안의 기초는 다시 가동되었다. 전국인대상무위원회 법제사업위원회는 기존의 초안을 수정하였고 전국인대 법률위원회는 또 재정경제위원회, 법제사업위원회를 연합하여 이 새로운 초안을 반복적으로 수정했는데 이는 2001년 4월 28일에 소집된 제9기 전국인대상무위원회 제21차 회의심의를 통과하고 같은 해 10월 1일부터 시행하게 되었다. 이로써 다년간의 노력 끝에 중국에서 신탁관계를 규범화할 첫 번째 기본법은 드디어 탄생하였다.

신탁법의 반포와 시행에 관해 다음과 같은 두 개의 배경요인은 지적해야 할 것이다. 즉 하나는 이때 중국의 민법체계는 구축과 보완의 단계에 있었고 특히 물권법은 한창 제정하고 있었다. 다른 하나는 중국의 사회구조는 심각한 격변기에 있었고 경제발전도 거센 세계화물결에 잠겨 있었다. 중국 신탁제도의 건립과 발전에 있어 신탁법은 하나의 중요한 초석이자 이정표로 신탁의 활용에 유력한 제도적 보장을 제공하였을 뿐만 아니라 신탁의 응용을 크게 추진하여 보통법계의 나라에서 아주 중요한 역할을 하고 있는 이 제도가 중국에서도 중요한 작용을 발휘하게 하였다.[35]

그러나 반드시 알아야 할 것은 신탁제도는 최초로 보통법계에서 유래하게 되었으나 중국은 대륙법계색채가 아주 짙은 나라이고 이 제도를 옮기면서 또 반드시 국내실정도 고려해야 하므로 법률이식과 현지화의 조화는 중국에서 아주 중요한 난제로 되어 우리의 신탁제도설계는 아주 뚜렷한 부족함을 나타내게 되었다. 그리고 당시 이 법률을 제정하면서 '조금은 거칠더라도 세밀하지는 말자(宜粗不宜細)'라는 입법원칙을 따르도록 했기에 신탁법의 일부 규정은 모호하여 신탁법에 의한 일부 분쟁의 해결을 어렵게 했는데 이는 또 일정한 정도에서 신탁법의 효능을 감소하였다.

---

35   江平: 〈沈浮與枯榮〉, 法律出版社, 2010년 판, 제404-417면.

⑧ 선물법(期貨法)

1995년 중국은 이미 일찍이 선물법의 기초를 준비하게 되었고 그리고 이를 전국인대의 입법계획에 편입하였다. 그러나 세월이 흐름과 상황의 변화에 따라 나타나게 된 여러 가지 원인으로 인해 이 법률의 입법은 완성되지 못했다. 2006년, 전국인대 재정경제위원회는 사업소조를 설립하고 선물거래법의 입법절차를 가동하였다. 그러나 이후에는 아무런 소식도 없었다. 제11기, 제12기 전국인대상무위원회도 모두 선물법의 제정을 입법계획에 편입하였다. 그러나 지금까지 역시 완성하지 못하였다.

실천의 시각으로 보았을 때, 1980년대 말기로부터 중국에는 선물시장이 이미 형성하기 시작하였다. 그러나 막 시작되던 단계에서 선물시장에 대한 감독과 관련제도에 의한 규범화의 부족 그리고 업종이익의 유혹으로 인해 선물거래소와 거래상품의 품종은 짧은 시간에 갑자기 증가하여 선물시장의 맹목적인 발전과 엄중한 운영의 비틀어짐으로 이어졌으며 선물시장의 가치와 기능을 구현되기 어렵게 하였다.

1990년대에 진입하면서 국가는 선물시장을 점차 규범화하게 되는데 1994년과 1998년에 선후로 두 차례나 선물시장에 대해 정리@정돈을 실시하고 국무원과 증권감독관리위원회도 잇따라 일련의 법규와 규장을 제정하였다. 이러한 법규와 규장은 선물시장에 법적 준거를 제공하였을 뿐만 아니라 당사자의 합법적 권익도 효과적으로 보호하였다. 비록 이러한 조치들은 일정한 정도에서 선물시장의 관리를 강화하였으나 또 선물거래량의 급격한 하락과 선물시장의 위축도 초래하였다.

2000년 이후, 중국의 선물시장은 안정적인 발전을 시작하였다. 그 원인을 따져보면 다음과 같은 두 가지 요인이 작용했다고 생각한다. 즉 이중 하나는 법규와 제도의 보완이다. 이는 시장환경을 크게 개선하였다. 다른 하나는 선물시장에 대한 정부감독과 관리방식의 전환이다. 이의 주요한 표현은 과거 많은 부서가 감독과 관리에 참여하던 방식을 변경하여 모든 권한을 증권감독위원회에 집중하였고, 예전의 행정지도 및 명령형의 감독관리를 시장의 감독관리와 봉사가 병행되도록 하였다는 것이다.

이렇게 여러 해 이어진 발전으로 인해 중국의 선물시장은 이미 많이 완벽해졌고 선물시장의 작용도 점차 발휘하게 되었다. 그러나 법제를 떠나 시장경제를 말할 수 없으므로 선물시장도 반드시 법으로 규범화되도록 해야 한다. 그리고 선물시장의 대외개방도 비교적 완비된 법률제도가 이에 뒷받침할 것을 절실히 요구하고 있는 실정이다. 지금의 현실을 보았을 때, 선물법의 입법기반은 이미 다져졌고 조건도 기본적으로 성숙되었으므로 입법부문은 시기를 틀어쥐고 선물법의 기초를 다그치고 있다.

각 상사단행법의 잇따른 공포실시는 중국의 상사법체계를 점차 보완하였을 뿐만 아니라 중국 사회주의 시장경제의 지속적인 발전에 대하여도 날로 중요한 작용을 하였다. 수년 이래의 역사적인 경험은 우리에게 법제를 떠나서는 시장경제를 실시할 수 없고 그리고 완비된 법제는 시장경제발전을 틀림없이 촉진하게 될 것이란 점을 명백히 알려주었다.

(2) 민법전에 상법이 포함되는지에 관하여

이 문제의 본질은 민법과 상법의 관계문제이다. 민법과 상법의 관계를 이해하려면 반드시 다음과 같은 두 가지 문제를 주의해야 한다. 하나는 민법과 상법의 융합추세이다. 이는 대륙법과 영미법, 공법과 사법처럼 점차 융합되는 현상을 말한다. 기왕 융합을 말하게 된 이상, 이 양자를 경계선이 분명하였을 때처럼 그렇게 요구해서는 아니 된다. 서방국가들이 몇 세기 동안 겪은 역사를 반복할 필요도 없다. 다른 하나는 민법과 상법을 역시 구분해야 한다는 것이다. 이는 공법과 사법을 구분할 필요가 있는 것과 마찬가지다. 그리고 이는 또 중국에 민법과 상법의 전통이 모두 부족하기 때문이다. 중국은 1982년이 되어야 상법의 존재를 공식화하였다. 이는 신중국 상법연구의 시작이다. 현실적인 상황을 보아도 이 양자의 대체적인 범위는 한정해야 한다. 경계선이 분명하지 않으면 융합은 논의조차 할 수 없기 때문이다. 이상 양자에서 하나만 빠져도 아니 된다. 때문에 민법과 상법의 관계는 도대체 어떠한지에 관해 반드시 이론구상과 입법구조에서부터 확실히 해야 한다.

상법과 민법의 관계에 관하여 중국에서 일부 학자들은 분리를 주장하고 또 다른 일부 학자들은 통합을 주장한다. 분리를 주장하는 학자들은 민법전 이외 상법전도 반드시 제정해야 한다고 보고, 통합을 주장하는 학자들은 상법전을 따로 제정할 필요는 없다고 본다. 이 문제를 분석하려면 반드시 전통 상법전의 두 개 부분 즉 총칙과 각칙으로부터 고려해야 한다. 유럽대륙 상법전의 각칙은 전통적으로 회사, 어음, 해상, 보험 이 4개 부분이 포함되었다. 그의 이론근거는 주로 독일상법 중의 절대상행위이론이다. 상사행위를 한정하기 어려운 주요원인은 그의 주체요인을 한정하기 어렵기 때문이다. 즉 쌍방이 모두 상인인 경우, 이 거래는 당연한 상사거래이다. 그러나 한쪽만 상인이고 다른 한쪽은 상인이 아닌 거래라면 이를 어떻게 보아야 할 것인가? 독일학설 중의 절대상행위이론은 주체가 상인인지를 막론하고 심지어 모두가 상인이 아니더라도 행위가 절대상행위범주에 속한다면 반드시 상법으로 조정해야 한다고 본다. 예를 들면 회사의 모든 주주는 모두가 상인이 아닐 수 있다. 그러나 주주가 회사를 설립하는 행위는 모두 상행위에 속한다. 어음행위, 해상행위, 보험행위도 이와 마찬가지다.

지금 이 관점으로 관찰해 본다면, 우리는 증권과 선물거래행위도 절대상행위범주에 속하므로 이것도 역시 상법영역으로 보아야 한다고 인식할 수 있다. 그러나 수백 년이래 상법의 발전은 이미 해상법을 상법의 영역을 벗어나 독립적인 부문으로 발전하게 하였다. 상법의 범위는 원래도 확정하기 어려웠는데 지금은 더욱 어렵게 되었다. 그러나 형식적으로 이미 반포한 회사법, 어음법, 해상법, 보험법 등을 다시 하나의 상법전에 편입하는 것은 아무런 필요도 없다. 때문에 이러한 법률들을 여전히 상사단행법의 형식으로 존재하도록 하는 것은 당연한 것이라고 생각한다.

남은 것은 상법총칙에 관한 문제이다. 사실 상법총칙의 입법은 다음과 같은 두 가지 모델을 따를 수 있다. 즉 하나는 민법전에 상법총칙을 규정하여 완전한 민상통합을 실행하는 것이다. 이탈리아와 러시아 민법전이 바로 이 모델을 채택하였다. 이들은 상사주체, 상사행위, 상사대리, 상사권리를 민법전의 각 상응한 부분에 편입하였다. 다른 하나는 민법전 이외에 다른 하나의 상사총칙을 제정하는 것이다. 즉 민법통칙을 모델로 하여 상사활동원칙, 상사권리(상업명칭, 상업신용, 상업비밀 등), 상사주체 및 상사기업의 기본형식, 상업장부, 상사행위, 상업대리(내부운영자 대리 및 외부의 각종 판매대리 예를 들면 독점대리 등) 등을 규정하는 것이다. 위의 이러한 내용들은 바로 중국의 상사경영활동에서 시급히 규정해야 할 부분이다. 비교해 보면, 두 번째 모델이 더욱 간단하고 실행이 가능하다. 왜냐하면 만약 이들을 모두 민법전에 넣으면 민법전은 복잡해지고 상법의 특징도 상실하기 때문이다.

(3) 첫 번째의 지역적 '상사통칙'

1997년 8월, 전국인대에서 선쩐(深圳)경제특구에 입법권을 부여하기로 결정한지 5주년을 기념하기 위해 열린 좌담회에서, 선쩐시 인대 상무위원회는 왕바오수(王保樹) 교수가 제출한 〈선쩐경제특구상인조례〉를 제정하는 것에 관한 건의를 접수하였다. 이에는 상인, 상행위 및 관련제도 등이 포함되었다. 얼마 되지 않아 선쩐시 인대상무위원회 법제사업위원회는 중국사회과학원 법학연구소와 공동으로 상인조례의 제정방안을 작성했으며 이를 이어 〈선쩐경제특구상인조례〉(토론문)를 내놓았다. 이 토론문은 총7장 51개 조항인데 구체적으로 총칙, 상인, 상사등기, 상호와 영업, 경리와 기타 상업고용인, 대리상과 상행위 등의 내용이 포함되었다. 이후 이에 대한 수정을 거쳐 1999년 6월 30일에 소집된 선쩐시 인대상무위원회 회의에서 정식으로 통과하였다. 이전의 토론문과 비교해 보면 주요하게는 상업장부를 추가하고 상행위를 삭제하였다. 2004년 4월 16일, 선쩐시 제3기 인대상무위원회 제31차 회의는 이 조례의 제14, 16, 24조에 대해 수정을 실시하였다.

〈선쩐경제특구상인조례〉는 총 8장 65개 조항으로 구성되었다. 비록 이 조례의 조문은 많지 않은 편이나 이의 제정이 중국 상법통칙의 제정에 서막을 열어준 것은 틀림없으므로 기필코 중국 상법통칙의 제정에 일정한 참고를 제공할 것이다. 하지만 이의 부족함도 뚜렷하다. 첫째는 관리성격을 지닌 규범이 많았고 그리고 상인에 대한 통제를 강조하다 보니 상인의 자유를 제한하였다. 둘째는 입법기술이 상대적으로 낮았다. 어떤 조항은 민사규범에서 그대로 옮겨 오다 보니[36] 상사활동의 특수성을 고려하지 못하여 상사주체이익의 보호에 불리하였다. 셋째는 상사활동의 일반규칙에 관한 규정은 상대적으로 적었다.

반드시 지적해야 할 것은 십여 년이란 기간의 실천을 거치면서 〈선쩐경제특구상인조례〉는 이미 그의 적극적인 작용과 왕성한 생명력을 충분히 과시하였다. 그러나 시장경제의 발전과 사회환경의 변화에 따

---

36   張明明: "商法通則的構想—结合'深圳經濟特區商事條例", 〈經營管理者〉, 2011년 제4기, 참조.

라 적시에 보완하는 것은 아주 필요할 것이다.

(4) 중국 상법의 한계와 미래의 발전전망

지금 중국의 상법체계는 이미 기본적으로 형성되어 점차 보완되고 있다. 비록 일부 개혁조치들은 일정한 성과도 이룩했으나 역시 일부 부족함이 있으므로 이들은 상법을 보완하면서 반드시 주목해야 할 중점이다. 상법의 내용은 민법처럼 그렇게 많은 내용이 포함되지 않는다. 그러나 이도 사회경제의 발전에 따라 점차 풍부해질 것이다. 지면상의 한계로 여기서는 이론과 실천에서 뚜렷한 문제만 골라 논의하려고 한다.

① 상사기업제도(商事企業制度)

첫째, 반드시 '상사기업법정주의(商事企業法定主義)'를 입법에 명확히 규정하도록 해야 한다. 현실에서 우리가 실행하는 법정주의는 만약 상사기업의 특정형태에 관해 법률규정이 없으면 공상행정관리부서는 이러한 상사기업의 등록을 허락하지 않는다는 것을 뜻한다. 입법에 '상사기업법정주의'를 규정하지 않음으로써 초래한 하나의 엄중한 문제는 바로 '법정주의' 중의 법을 법률로 보아야 하는지 법규로 보아야 하는지의 문제이다. 물권법 중의 법정주의는 법률이라고 명확히 규정하였다.[37] 중국 기업형태 중의 '주식합작기업'은 입법 당시 이미 부결되었다. 그러나 일부 지방성법규에는 주식합작기업조례가 역시 존재한다. 주식합작기업조례가 없는 지방에서는 어떠한 법률을 적용해야 할지에 관해 논쟁이 존재한다. 그리고 합명기업법(合伙企業法)을 수정하기 전에 일부 입법권이 있는 시(베이징, 선쩐 등)에서 이미 일찍이 유한합명조례를 제정하였다. 법률이 유한합명(有限合伙)을 기업의 형태로 확인하기도 전에 지방에서 유한합명에 관한 조례를 제정했는데 이의 효력이 어떠한지에 관한 논쟁은 지금까지 끊이지 않고 있다.

둘째, 중국의 입법은 물권, 채권, 지적재산권과 주권의 거래시장을 규정하였다. 그러나 상사기업 전부를 대상으로 하는 것은 의거할 법률규정이 결핍된 실정이다. 기업거래의 거래대상은 이미 물권, 채권, 지적재산, 주권 등뿐만 아니고 심지어 기업 자체도 포함하게 되었다. 즉 기업은 거래의 주체이자 또 거래의 객체로도 되었다. 기업교역의 시장을 어떻게 보완할 것인가는 연구가 필요한 문제이다. 각종 재산권이 합리적으로 유통되어 다시 조직되도록 하는 것은 재산권시장의 가치 실현을 위해 필요하다.

셋째, 규범의 차원에서는, 입법에서 각종 재산권에 대한 보호시스템을 보완해야 한다. 이는 권리자이익의 보호와 시장질서의 유지에 아주 중요하다. 구체적으로 말하자면, 파산법에서는 채권자이익에 대한 보호를 강화하여 시장의 신용을 보호해야 한다. 특히 은행 등 금융기구

---

37   물권법 제5조는 '물권의 종류와 내용은 법률이 규정한다.'라고 규정하였다.

파산이 예금자이익에 주게 될 피해를 방지할 수 있는 구체적인 법률을 제정해야 한다. 지적재산권법에서는 혁신주체의 권익에 대한 보호로써 기술혁신을 추진하고 기술혁신에 제도적 보장을 제공해야 하며 회사법에서는 중소주주의 주주권에 대한 보호를 강화하여 기업주권의 다원화를 촉진해야 한다.

사실 상사기업제도의 보완은 법률문제만은 아니고 관리 및 정책과도 연관되는 문제이며 중국 경제체제개혁의 중요한 내용이기도 한다. 때문에 법률제도의 보완은 반드시 관련된 일련의 조치와 결합되어야 더욱 효과적일 것이므로 우리는 반드시 전면적으로 신중히 고려해야 한다.

② 상사인격권(商事人格權)

중국학자들은 근년에 와서야 상사인격권을 연구하기 시작하였다.[38] 이는 인격권의 연장이다. 지금의 상황을 보았을 때, 이 문제는 적지 않다. 중국의 각 상사법에 상사인격권에 관한 명확한 정의는 없으며 상사인격권에 관한 대부분의 내용은 다른 법률과 법규에 분산되었는데 이마저도 구체적이지 않아 상사인격권에 관한 통일된 보호체계를 아직 이루어내지 못하였다. 중국에서 인격권에 대한 보호는 여전히 전

38　청허훙(程合紅)의 박사학위논문 〈商事人格權論〉은 중국에서 비교적 일찍 상사인격권을 체계적으로 연구한 성과물이다.

통 민법 중의 인격권과 같이 보호하고 있으므로 상사인격권의 특수성은 홀시되었다. 입법의 이러한 낙후는 현실에서 상사인격권의 구체적 이용이 제한을 받아 관련 당사자의 권익에 대한 보호를 충분치 않게 했는데 이는 시장경제의 발전수요에 적응하는 것을 어렵게 하였을 뿐만 아니라 중국 법치건설의 발전도 저해하였다. 때문에 상사인격권에 관한 입법을 보완하여 통일된 상사인격권 보호체계를 구축하는 것은 아주 시급한 과제로 떠오르게 되었다.

첫째, 반드시 상사인격권을 어떠한 위치에 놓고 규범화해야 할 것인가를 고려해야 한다. 앞에서 이미 서술했듯이 이 문제는 바로 상사인격권에 관한 규범을 전통적인 민법에 넣을 것인가 아니면 단독적인 입법으로 규정할 것인가 하는 것이다. 물론 이는 또 상사인격권의 확정문제와도 연관될 것이다. 비록 상사인격권과 전통적인 일반인격권은 모두 사권의 범주에 속한다 하더라도 이 양자는 주체, 권리객체, 보호범위, 권리행사 등의 면에서 모두 현저히 구별된다. 때문에 미래의 입법 설계에서 인격권법에 일반인격권과 상사인격권 이외의 기타 특수인격권을 규정하고 상사인격권은 미래의 상사통칙에 규정하는 것을 고려해볼 수 있다. 이렇게 되면 상사인격권의 특수성을 뚜렷이 하게 될 뿐만 아니라 법률체계의 전반에서 단계가 분명한 보호를 형성하여 사법실무에 편리도 제공할 수 있을 것이다.

둘째, 구체적인 내용에서 반드시 상사인격권의 유형, 행사 및 보호 등을 명확히 규정해야 한다. 이 방면의 쟁의도 적지 않다. 총체적으로 보았을 때, 상사주체의 상호권(商號權), 상예권(商譽权), 영예권(榮譽權) 및 상업형상권(商業形象權)은 상사인격권의 고유유형으로 명확히 할 수 있을 것이다. 상사인격권의 행사는 주로 양도, 상속문제와 연관되므로 입법에 특히 양도의 방식과 효력을 명확히 규정하여 당사자의 경제이익을 보호해야 한다. 그리고 상사인격권의 보호는 일반인격권의 보호에도 똑같이 적용하게 되므로 청구권을 따로 부여할 필요는 없다. 하지만 주의해야 할 것이라면 상사인격권의 보호에는 정신적 손해배상이 적용되지 않는다. 왜냐하면 상사인격권이 주요하게 구현한 것은 경제이익형의 인격이익이기 때문이다.

상사인격권제도의 구축은 상사권리체계의 내용을 풍부히 하였을 뿐만 아니라 중국 상사법체계의 보완에도 중요한 제도적 가치를 제공하였다. 상사경제활동의 지속적인 발전을 위해서도 상사인격권의 보완이 필요하다.

③ 상사대리제도

중국법률에 상사대리란 개념은 아직 없다. 그러나 그 독특한 실천적 가치로 인해 이미 존재하며 그리고 민사대리와 현저히 구별된다. 지금 대리에 관한 문제는 거의 모두 민사대리에 관한 민법통칙의 규정을 적용한다. 그러나 민법통칙은 직접대리만 규정하고 계약법도 '위탁계약'에 간접대리를 도입하였을 뿐이다. 이 외에 〈대외무역대리에 관한 임시규정〉에 의하면 대외무역대리에는 직접대리와 간접대리가 모두 포함되었다. 그러나 이러한 법률의 부족함과 상호간 조율의 미흡 그리고 건실하지 못한 대리인이익의 보호제도는 민사대리제도로 상사대리를 가늠하려는 관습을 초래하여 법률의 적용에서 많은 분쟁을 일으켰다. 그리고 상사대리는 이미 민사대리의 범위를 초월하여 민사대리제도로 상사대리를 규범화하려는 것은 현실수요에 적응하기 어렵게 되었다.

상사대리제도의 구축과 그에 대한 보완은 다음과 같은 몇 개의 방면으로부터 고려해야 될 것이다.

첫째, 이 법률의 위치설정에 관하여 상사대리는 민사대리에 비하여 많은 특수성을 지니고 있기에 반드시 민상합일(民商合一)의 체제를 뛰어넘어야 한다. 그러나 지금 상사대리단행법을 제정할 수 있는 조건과 기초는 구비되지 않았고 그리고 현실적인 상황을 보아도 이는 필요하지 않으므로 가장 현실적인 방법은 앞으로 상법통칙에서 이를 규범화하는 것이다.

둘째, 법률의 구체내용에 관해 반드시 민사대리와 구별되는 규정을 해야 한다. 상사대리의 영리성과 영업성은 그의 뚜렷한 특징이다. 때문에 그에 대한 규정은 중국의 실제와 결부해야 할 뿐만 아니라 상사대리에 관한 영미법계와 대륙법계의 선진적 규정들도 참고로 삼아 과학적이고 합리적인 입법체재와 구조를 선택하여 상사대리규칙을 통일하고 이 제도가 상사대리활동에서 보편적인 지도역할을 발휘할 수 있도록 해야 한다.

셋째, 상사대리에 관한 일부 원칙을 명확히 해야 한다. 예를 들면 편리함과 신속, 거래안전의 확보, 국제관례의 준수, 공평경쟁 등은 상사대리입법과 실천에 모두 중요한 지도역할을 하게 될 것이다.

넷째, 상사대리의 국제화를 고려하여 중국은 반드시 하루 빨리 〈국제적 물품매매계약에 관한 유엔조약(Conventionon Agency in the International Sale of Goods)〉에 가입해야 한다. 이 조약은 국제상사대리제도에 관한 실체법규범이자 지금의 국제대리통일법에서 가장 완비된 국제조약이다. 이는 양대 법계의 합리한 내용을 흡수하는 동시에 대리제도에 관하여 유익한 혁신도 하였으므로 그의 포용성과 선진성은 이미 널리 알려졌다. 이 조약에 가입하면 중국의 대외무역대리제도에서 섭외대리의 공백을 메우고 그리고 현실적인 수요도 만족할 수 있을 것이다. 왜냐하면 설사 중국이 이 조약에 가입하지 않는다 하더라도 향후 이 조약이 발효하면 중국 당사자와 조약체약국당사자 간의 대리관계는 역시 이 조약을 적용해야 하기 때문이다.

④ 상법통칙에 관하여

중국은 전통적인 성문법국가이다. 옛날부터 법률에 대한 모든 수정은 성문법의 형식으로 하는 것이 그 특징이다. 이 점은 앞으로의 긴 시기에 있어도 유지되어 변하지 않을 것이다. 때문에 중국의 상법도 필연적으로 체계화의 방향으로 발전할 것이다. 지금 중국의 상사단행법은 이미 기본적으로 완비되었고 앞으로 상법통칙 또는 상사통칙도 제정될 것이다. 형식이성으로 보았을 때, 이는 총괄적인 추세일 것이다.

지금 상사통칙의 제정에 관하여 학계의 다수 의견은 찬성이다. 그리고 〈심쩐경제특구 상사조례〉를 실시하면서 이미 일정한 실천기반도 다져 놓았으므로 지금의 시기는 상사통칙의 내용설계에 집중하게 되었다. 근년 리래 이에 관한 연구도 적지 않는데 일부는 심지어 성급연구항목이다. 연구의 구체성과로 아래의 3개가 대표적이다.

첫째, 허난대학(河南大學) 법학원 판타오(樊濤) 교수가 제출한 상법통칙건의문이다. 그는 이를 '상인권리대헌장'이라고 자칭했는데 이 건의문은 총칙(입법취지, 원칙, 적용), 상인(상인자격 및 상사능력의 취득), 상사등록(등록기관, 절차 및 효력), 상호(상호의 선정, 폐지, 상호권 및 구제), 상사기업(상사기업의 정의, 양도와 임대), 상업장부(상업장부의 종류, 제작 및 배치규칙), 상업고용인(경리, 점원), 대리상(대리상의 권리와 의무, 상사대리계약), 상행위(상행위의 정의, 일반규칙), 상사법정 및 상사소송(상사법정의 설치 및 상사소송에 관한 제도설계), 부칙(적용범위, 발효시간 및 실시기관) 등 총 11장 103개 조항으로 구성되었다.[39] 이의 내용을 보았을 때, 민사관계와 비교되는 상사관계의 특수성을 강조하였다. 때문에 규범화의 방식도 많이 달라 상사권리를 돌출하고 상사자유의 정신을 뚜렷이 구현하였다.

둘째, 〈법학〉 잡지사의 묘엔붜(苗延波) 편집이 제출한 상법통칙건의문이다. 이 건의문은 총칙(상법의 적용범위와 적용규칙), 상주체(상주체의 기본형식과 종류), 상사행위(상사행위와 상사대리의 구성, 일반상사행위와 특수상사행위), 상업등록(상사등록기관, 등록범위 및 절차), 상업장부(상업장부의 종

---

39   樊濤: "商法通則: 中國商事立法的應然選擇(附: '中華人民共和國商法通則' 建議稿", 〈河南大學學報〉(社會科學版), 2008년 제3기.

류, 내용 및 배치), 상사책임(상사책임의 종류 및 부담방식), 부칙(상사부문법의 범위, 제정 및 발효시간) 등 총 7장 146개 조항으로 구성되었다.[40] 이 건의문의 조항수는 민법통칙과 비슷하였다. 그 내용을 보았을 때, '상사행위와 상사책임의 규범설계를 특별히 중시했으며 일부 독창적인 면이 있는가 하면 또 토의해야 할 부분도 있었다.'[41] 총체적으로 보면 이 설계가 그래도 중국의 실제와 비교적 부합되었다.

셋째, 칭화대학 법학원의 왕바오수(王保树) 교수가 제출한 "상사통칙의 구조는 반드시 총칙을 기초로 하고 상인과 상행위 이 두 개념을 핵심으로 상인에 관한 기초제도 및 관련 제도, 상행위에 관한 기초제도 및 관련 제도를 각기 규정하고 그리고 법률책임을 규정해야 한다."[42] 라는 주장이다. 이에는 주로 총칙, 상인, 상행위 이 3개 부분이 포함되었는데 이 중의 상인부분은 상인에 관한 기본제도를 제외하고 상인과 연관된 상사등록, 상호, 영업양도, 상업장부, 경리와 기타 상업고용인, 대리상 등의 제도를 주로 규정했으며 상행위에서는 주로 상행위의 성격과 분류, 상사대리, 상사유치 및 상사보증 등을 규정하였다. 이 설계는 이전에 제출한 〈선쩐경제특구상인조례〉(토론문)의 구성과 비슷하므로 옛날 버전의 업그레이드판이라 할 수 있을 것이다.

---

40 苗延波: "論中國'商法通則'的體系結構─附:中華人民共和國商法通則草案建議稿", 〈當代法學論壇〉, 2008년 제3집.

41 曾大鵬: "从法理到法條的轉換: 評苗延波先生的'商法通則'草案建議稿", 〈河北法學〉, 2010년 제7기.

42 王保树: "商法通則: 超越民商合一民商分立", 〈法學研究〉, 2005년 제1기.

총괄적으로 보았을 때, 대륙법계 국가의 상법전 총칙과 비교하여 위에서 언급한 상법통칙구조체계의 설계는 모두 비슷하다고 할 수 있으므로 중국학자들은 대륙법계의 상법체제를 많이 참고했다는 것을 알 수 있다. 물론 이에 별 다른 시비는 존재하지 않고 좋고 나쁨의 차이도 없으며 오직 중국 실정에 부합되는 것만이 최상의 선택이다. 장기적인 안목으로 보았을 때, 상사통칙은 민법총칙과 마찬가지로 하나의 과도적인 법률이므로 조만간 상법전에 포함될 것인지, 아니면 상법총칙의 성격을 띠게 되어 상법전을 제정할 필요가 없는지에 대해서 학자들은 좀 더 깊은 토론과 연구를 해보아야 할 것이다. 하지만 상법통칙이 제출되어 이미 십여 년이 지났고 그리고 우리도 이미 많은 힘을 쏟아부었는데도 불구하고 상법통칙은 여전히 인대의 입법절차에 편입되지 못한 것은 아쉬울 따름이다.

어찌 되었든 비록 가끔은 항로를 벗어났다 하더라도 총체적으로 우리는 법치란 목표를 향해 가고 있으며 또 이 방향은 변하지 않을 것이므로 우리의 법치는 틀림없이 점차 발전할 것이다. 그리고 언젠가 세계법치문명의 선두에 중국의 한자리도 있게 될 것이다.

제6장

당대 중국형법과 형사정책의 현실과 전망

쓰웨이쨩(斯偉江)·위즈위엔(俞智淵)·쑨이(孫毅)

지금 우리가 생활하고 있는 이 사회가 받고 있는 형법의 규제는 '10월 혁명' 이후 소비에트(Soviet)식 형법의 국가주의입장을 답습하였고, 동시에 사법제도의 정보공개란 측면에서는 또 '위엄은 예측의 불가성으로부터 온다(威不可測).'라는 전통법제의 영향을 많이 받았다. 형법전 수정의 추세와 많은 죄명의 발전추이는 총괄적으로 인권에 대한 보호를 더욱 강화하는 방향으로 발전해 가고 있는 법률 발전추세를 구현하였다. 그러나 미래로 가는 구체적인 경로는 여전히 모호한 실정이다. 이는 형법의 발전에서만 봉착하게 된 문제는 아니고 법률제도 전반에서 모두 우리는 어떠한 개혁을 해야 할 것이며 그리고 이러한 개혁을 또 어떻게 추진해 나가야 할 것인가 하는 난제를 마주하였다. 중국사회의 '변화(轉形)'는 그 과정이 너무나도 길어 법치는 언제쯤 최종 확립하게 될 것인지 알 수는 없겠으나, 개혁의 참여자—일반 공민—가 이전보다 더 진지하게 자신의 권리를 가늠하고 있다는 것은 분명한 사실이다. 본 장에서 우리는 중국형법의 현실적 운영상황과 주요한 문제를 분석하고 그리고 미래의 발전을 전망해 보려 한다.

1. 형사입법의 배경과 현황

1949년부터 지금까지 중국에는 총 두 개의 형법전이 나타나게 되었는데 이들은 선명한 시대적 차이를 드러냈다. 1997년 형법은 1979년 형법에 비하여 중대한 역사적인 진보를 보여줬다. 그러나 이 양자 사이의 계승과 연관관계도 이들의 차이와 마찬가지로 뚜렷하다. 당대 중국 형법제도의 상태를 이해하려면 반드시 과거 30여 년간 형법 발전의 주요 맥락을 파악해야 한다. 이는 본 장의 주제에 관한 토론에서 필요한 배경이다.

(1) 1979년 형법

형법은 중국 고대 율학과 전통법제의 핵심적 내용이며 역사상 거의 모든 정권이 반드시 중시하였던 통치도구이다. 그러나 중화인민공화국이 성립되어 근 30년이 되기까지 단 하나 정식으로 된 형법전도 제정하지 못했다. 이 상황은 1979년 형법의 탄생까지 지속되었다. 이렇게 긴 세월을 지내면서 중국은 내용이 아주 제한적인 단 몇 부의 단행형사조례와 '형사정책'으로 불리는 비공개적인 문건에 의지하여 형사안건을 처리하였다. 공개된 주요한 문건에는 1950년대 중앙인민정부 명의로 반포한 〈반혁명징벌조례(懲治反革命條例)〉, 〈탐오징벌조례(貪汚懲治條例)〉와 〈국가화폐방해치죄임시조례(妨害國家貨幣治罪暫行條例)〉 등이 포함되었다. 이러한 조례들은 정권을 방해하는 반혁명, 횡령(실제로 수뢰도 이에 포함되었다.)과 기타 일부 경제사범을 징계의 중점으로 하였다. 그러나 사회에 존재하는 살인, 절도, 강간 등 일반적인 형사범죄는 비공개적인 형사정책으로 징벌하였다. 이러한 형사정책은 당과 국가에서 특정 시기의 사회정세에 따라 일정한 범위에서 비정기적으로 발부하였다. 예를 들면 마우쩌뚱의 인민 내부모순의 정확한 처리문제에 대해 사법부에 지한 1957년 5월 〈도시에서 당면한 몇 가지 유형 형사사건의 재판과 관련하여 최고인민법원, 사법부에 대한 지시司法部關于城市中當前几類刑事案件審判工作的指示)〉와 1963년 5월 중공중앙이 최고인민법원 당조(黨組)의 〈'5반' 사건의 처리에 관한 보고〉를 이첩하면서 '5반' 운동에서 반드시 파악해야 할 책략과 방침 등에[1] 따라 제출한 각종 유형의 불법범죄행위를 제시하였다. 지금에 와 보았을 때, 비록 이러한 형사조례와 정책은 형식상에서 이미 역사가 되긴 하였으나 이들은 역시 1979년 형법의 배경으로 되어 당대 중국형법제도와 끊을 수 없는 관계를 맺게 되었다.

이와 동시에 국가는 형법전기초의 준비사업을 시작하였다. 처음에 이 사업은 그때 당시의 중앙인민정부 법제위원회에서 주도하였다. 1954년 전후로 〈형법대강초안〉(총 157조)과 〈형법지도원칙초안〉(총 76조)을 제출하였고 그리고 1957년 6월까지 이미 총 22부에 달하는 형법전초안을 작성하였다. '반우(反右)'운동이 시작된 이후 형법의 기초는 완전히 정지되었다. 그리고 이후 4년 남짓 지난 1961년 10월이 돼서야 형

---

1   楊慶文: '當代中國刑法史硏究', 浙江大學 2005년, 박사학위논문, 제48—55면.

법의 기초를 다시 시작하여 1963년 10월에 33번째 초안을 완료하여 중공중앙정치국상무위원회의 심사를 마치게 되었다. 그러나 당시 빈번히 전개하였던 정치운동 특히 법률허무주의가 서서히 고개를 쳐들기 시작하면서 이러한 초안들은 하나도 공포되지 못하고 말았다.[2]

이후 전국인대상무위원회 위원장직을 맡게 되었던 펑쩐(彭眞)은 '문화대혁명'시기 장기간 감옥에 갇혀있었고 오랜 기간 그의 영도로 있었던 류사오치(劉少奇)는 '문화대혁명'시기에 있었던 가혹한 박해로 죽음에 이르게 되었는데 이 모든 것은 아무런 법률적 절차도 거치지 않았고 또 아무런 법률적 근거도 필요하지 않았으므로 '문화대혁명'이 끝난 이후, 새로운 지도자들은 자신들이 겪어온 이러한 참혹한 시련을 되풀이 하지 않으려는 각오로 법률의 제정을 강력히 추진하였다. 떵샤오핑(鄧小平)도 "반드시 민주를 제도화, 법률화해야 하며 이러한 제도와 법률이 지도자의 교체로 인해 변경되어서는 아니 되고 지도자의 견해와 주의력의 변경에 따라 개변이 되어서는 아니 될 것이다."라고 명확히 지적하였다.[3]

1979년 7월 6일에 공포되고 그리고 1980년 원단(元旦)부터 실시된 형법은 각칙부분에 총 8개 유형에 달하는 범죄를 규정하였다. 그러나 이후 전국인대상무위원회는 또 〈군인직책위반죄 징벌조례(懲治軍人違反職責罪暫行條例)〉를 통과시키게 되었으므로 이는 당시 형법의 각칙에 규

---

2   高銘暄, 馬克昌 주필: 〈刑法學〉, 北京大學出版社, 2011년 판, 제9면; 王作福 주필: 〈刑法〉(제5판), 中國人民大學出版社 2011년 판, 제9면 참조.

3   〈鄧小平文選〉(제2卷), 人民出版社, 2002년 판, 제140−153면.

중국 법치 100년의 경로

정된 범죄유형을 총 9개 유형으로 늘어나게 하였다. 이 9개 유형의 범죄에는 구체적으로 반혁명죄, 공공안전침해죄, 사회주의경제질서파괴죄, 공민의 인신권리 및 민주권리 침범죄, 재산침해죄, 사회관리질서방해죄, 혼인 및 가정 방해죄, 독직죄 및 군인직책위반죄 등이 포함되었다. 1979년 형법의 이러한 기본적인 구조는 훗날의 1997년 형법에 의해 승계되었다.

1979년 형법은 법률의 소급효과 신구법률의 적용 등 원칙적인 문제를 고려하여 총칙의 제9조에 "중화인민공화국이 성립한 이후, 본 법이 시행되기 이전의 행위는 만약 당시의 법률, 법령, 정책이 범죄로 인정하지 않을 경우에는 당시 법률, 법령, 정책을 적용해야 한다. 만약 당시 법률, 법령, 정책이 범죄로 인정할 경우에는 본 법 총칙 제4장 제8절의 규정에 따라 반드시 소추해야 할 경우에는 그때 당시의 법률, 법령, 정책에 따라 형사책임을 추궁해야 한다. 그러나 만약 본법이 범죄로 인정하지 않거나 형벌이 비교적 경하다고 여길 경우에는 본 법을 적용한다."라고 규정하였다. 여기서 '정책'을 죄명과 양형을 결정하는 유효한 법률연원으로 명확히 규정했는데 사실상 이는 죄형법정(罪刑法定)의 원칙에 위배되는 것이다. 하지만 이는 당시 어쩔 수 없는 임시적인 조치였을 것이다.

1979년 형법이 반포되고 2달이 지나 중공중앙은 〈중공중앙 형법, 형사소송법의 확실한 실시를 강력히 확보하는 것에 관한 지시(中共中央關于堅決保證刑法, 刑事訴訟法切實實施的指示)〉를 발부하여 집권당 문건의 형식으로 형법과 형사소송법의 실시를 강조하고 독촉하였다. 이 지시의 발부는 한편으로는 중국에서 고위층지도자들이 이미 형법제도를 중히 여기게 되었다는 것을 반영하였다. 그러나 다른 한편으로 이는 또 중국에서 법률의 권위는 역시 집권당의 위력에 의해 보장된다는 현실을 보여주게 되었는데 이 양자의 상하관계는 논리상에서 또 필연적으로 당치(黨治)인가 아니면 법치인가의 문제를 불러일으키게 되었다.

1979년 형법 제4조는 이 법전과 이전의 형사조례와 형사사법정책 간의 내재적인 관련을 집중적으로 구현하였다. 공민이 중화인민공화국 영역 이외에서 다음과 같은 죄행을 범하게 되었을 경우, 본 법을 적용한다고 규정하였다. 이에는 (1) 반혁명죄, (2) 국가화폐위조죄, 유가증권위조죄 (3) 횡령죄, 수뢰죄, 국가기밀누설죄 (4) 국가기관의 공직자를 사칭하여 벌인 사기죄, 공문서·증명서·인장위조죄 등이 포함되었다. 중국형법은 경외에서의 관할범위가 주로 정권과 정권의 경제적 기반을 방해하는 범죄 및 정권내부의 부정부패 등 방면에 집중되었다. 이는 1950년대에 제정한 몇 개 주요한 형사조례가 주목했던 핵심과 별다르지 않았다.

이 외에 이 형법은 또 유추해석도 확인하였다. 즉 법률에 명문화된 규정이 없을 경우, 각칙 중의 가장 유사한 조항을 참조하여 특정행위에 대해 그의 죄명과 구체양형을 결정할 수 있다는[4] 제도를 확인하였다. 이는 전근대성 특징의 또 하나 중요한 표현이다.

---

4   1979년 형법 제79조는 '본법의 각칙에 명문규정이 없는 범죄는 본 법의 각칙과 가장 유사한 조문을 참고하여 죄명과 양형을 확정할 수 있다. 그러나 최고인민법원의 심사와 비준을 거쳐야 한다.'라고 규정하였다.

입법의 기술적 측면에서도 1979년 형법은 역시 비교적 낙후하였다. 법률수정의 기술에서 전국인대상무위원회는 선후로 24개에 달하는 형사 단행법을 통과시키고 그리고 107개에 달하는 경제, 민사, 행정, 군사 등 방면의 법률에 형사조항(부속형법)을 부설하여 형법에 대해 비교적 큰 수정과 보충을 실시하였다. 이는 형법규범의 총체를 혼란스럽게 하고 파악하기 불편하게 하며 체계성도 떨어지게 했다. 또 형사 단행법 사이에 서로 충돌하게 하거나 또는 반포 실시하고 이를 곧바로 수정해야 하는 등의 상황도 야기해 형법이 통일성을 상실하여 그의 집행에 불리하였다.[5]

(2) 1997년 형법

1979년 형법이 실시된 이후, 국가의 경제사회 발전에서 나타난 새로운 상황, 새로운 문제와 실제수요에 적응하기 위해 전국인대상무위원회는 전후로 24개에 달하는 단행형법을 통과시킴으로써 형법에 대한 지속적인 수정과 보충을 실시하였다. 그러나 시대의 발전으로 인해 1979년 형법에 대한 부분적인 수정과 보충만으로 이미 사회의 현실적인 수요를 만족시키기 어렵게 되었으므로 새로운 형법의 제정은 의사 일정에 오르게 되어 1997년 3월에 1997년 형법이라 불리는 형법을 최종 통과시켰다.

---

5   高銘暄, 馬克昌 주필: 〈刑法學〉, 北京大學出版社 2011년 판, 제10면.

새로 반포된 이 형법은 1979년 형법을 전면적으로 수정하였다(이후 2011년까지 또 하나의 단행 '결정'과 8개의 부분적 수정안을 통과하였다). 외형적으로 보았을 때, 이번 수정의 뚜렷한 특징은 1979년 형법이 언어상에서 드러낸 의식형태의 강도(強度)를 대폭적으로 약화시키고 그리고 형법의 기본원칙에 관한 조항들을 증설했는데 이에는 죄형법정주의[6], 법 앞의 평등[7], 죄형비례원칙[8] 등이 포함되었다. 형법의 이러한 변화는 같은 시기 중국이 겪었던 개혁개방이 가져다준 적극적 결과인 것은 분명하다. 때문에 1997년 형법은 '현대식' 형법의 일부 기본특징을 초보적으로 갖추게 되었다.

그러나 객관적인 기준으로 분석해 보면, 더욱 정교한 언어들로 포장되긴 하였으나 1997년 형법은 1979년 형법과 역시 동일한 역사범주에 속하는 것은 분명하였다. 즉 형법의 핵심적인 기질은 국가권력과 공민권의 관계에 있어 역시 실질적 의미를 가진 발걸음을 내딛지 못하였다. 이 중 하나의 전형적인 상징은 바로 논쟁이 많았던 노동교양제도를 이때 폐지하지 못하여 2013년까지 적용하게 되었다는 점이다.

---

6   1997년 형법 제3조는 '법률이 범죄행위라고 명문으로 규정한 것은 법률에 의하여 정죄하고 형벌에 처하며 법률이 범죄행위라고 명문으로 규정하지 않은 것은 정죄처벌하지 못한다.'라고 규정하였다.

7   1997년 형법 제4조는 '어떤 사람이 범죄에 대하여든 법률을 적용함에 있어서는 모두 평등하다. 어떤 사람에 대하여도 법률을 초월하는 특권은 허용하지 않는다.'라고 규정하였다.

8   1997년 형법 제5조는 '형벌의 경중은 범죄자의 범행 및 부담하는 형사책임에 상응해야 한다.'라고 규정하였다.

1997년 형법이 뚜렷이 빛나는 하나의 장점은 바로 각칙 중의 죄명 규정에서 반혁명죄를 국가안전침해죄로 고치게 되었다는 점이다. 이 개혁을 실시하게 된 이유는 이러하다. (1) 반혁명이란 용어는 정치적 색체가 너무 짙어 반드시 법률적 용어로 규범화해야 한다. (2) 반혁명은 그 성격을 명백히 판별하기 어려워 자칫하면 주관귀죄(主觀歸罪) 또는 객관귀죄(客觀歸罪)를 초래할 수 있다. (3) 외국에 도주한 범죄자를 추격하게 되었을 경우, 정치화로 된 죄명은 "정치범은 인도하지 않는다."라는 국제적 관례의 저항을 받게 된다.[9] 뚜렷한 것은 이 죄명의 변경이 주로 외적인 형식상의 수요와 국제사회에 주게 될 영향을 고려하였다는 점이다. 1997년 형법의 제105조는 '국가안전침해'의 '반혁명'적인 본질을 집중적으로 구현하였다. 즉 "국가정권의 전복을 조직, 기획, 실시하고 사회주의제도를 뒤집으려 하는 수모자 또는 범행이 엄중한 자는 무기징역 또는 10년 이상의 유기징역에 처하고 이에 적극 참여한 자는 3년 이상 10년 이하의 유기징역에 처하며 기타 참여자는 3년 이하의 유기징역, 단기징역형[拘役], 보호관찰[管制] 또는 정치권을 박탈하는 형벌에 처한다. 날조, 비방 또는 기타의 방식으로 국가정권을 전복하고 사회주의제도를 뒤집으려 하는 자에 대하여는 5년 이하의 유기징역, 단기징역형, 보호관찰 또는 정치권을 박탈하는 형벌에 처한다. 수괴 또는 죄행이 중대한 자에 대하여는 5년 이상의 유기징역에 처한다."라고 규

9　高銘暄, 趙秉志 편저: 〈新中國刑法學研究60年〉, 中國人民大學出版社, 2009년 판, 제19면.

정하였다. 이 조항은 1979년 형법중의 반혁명죄와 반혁명선동죄의 관련 내용들을 모두 직접 그대로 승계했으며 규정된 형기(刑期)도 완전히 같았다.

1997년 형법은 제3장 사회주의 시장경제질서 파괴죄에서 1979년 형법에 비하여 더욱 많고 더욱 상세한 죄명을 규정하였다. 1979년 형법 제3장 사회주의경제질서 파괴죄에서는 15개의 조항만 규정하였다. 그러나 1997년 형법의 제3장은 8개의 소절로 나눠 92개에 달하는 조항을 규정하였다. 비록 법망(法網)은 이렇게 정밀했으나 제225조에 여전히 1979년 형법 중의 투기매매죄(投机倒把罪)를 보류하였다. 그러나 이번에는 이름을 바꿔 불법경영죄란 명의로 나타났다. 즉 "국가규정을 위반하고 다음 각 호의 1에 해당하는 불법경영행위를 하여 시장질서를 교란하게 되었을 경우, 그 정상이 중한 자는 5년 이하의 유기징역 또는 구역에 처하고 위법소득의 1배 이상 5배 이하의 벌금을 병과 또는 단과하며 그 정상이 특별히 중한 자는 5년 이상의 유기징역에 처하고 위법소득의 1배 이상 5배 이하의 벌금 또는 재산몰수를 병과한다. (1) 허가를 받지 않고 법률, 행정법규가 규정한 전문경영, 전매물품 또는 기타 거래를 제한하는 물품을 경영하는 행위, (2) 수출입허가증, 수출입원산지증명 및 기타 법률과 행정법규가 규정한 경영허가증 또는 비준문건을 거래하는 행위, (3) 국가 관련 주관부서의 비준을 받지 않고 불법으로 증권, 선물, 보험업무를 경영하거나 또는 불법으로 자금지불결산업무에 종사하는 행위, (4) 기타 시장질서를 엄중히 교란하는 불법경영행위." 위의 조문으로부터 1997년 형법에 투기거래죄의 흔적이 뚜렷이 남아 있다는 것을 완전히 알 수 있다.[10] 일부 학자들은 1979년 형법은 개혁개방 초기에 제정되었기에 그의 주요한 존재 의거는 역시 형벌적인 수단으로 계획경제를 보호하려는 것이었다. 그 시기 계획은 바로 법률이므로 계획을 위반한 모든 행위는 법률을 위반한 것으로 간주할 수 있었다. 때문에 1979년 형법은 금융, 대외무역, 금은, 물자, 공상관리 등과 관련되는 모든 계획경제를 위반하는 행위를 투기거래죄로 보았다고 분석하였다. 1997년 형법 제225조가 규정한 불법경영죄는 바로 과거의 투기거래죄에서 분리해 나오게 된 하나의 독립적인 죄명이다. 사실 이는 또 중국의 시장경제에는 아직도 일부 비시장적인 요인들이 포함되었으므로 법률이 금지하지 않는다 하여 모든 것을 경영할 수 있는 것은 아니란 점을 표명하였다.

1997년 형법이 1979년 형법의 정신적 바탕에서 완전히 벗어나지 못했다는 또 하나의 뚜렷한 증거는 1979년 형법이 규정한 부랑죄[流氓罪]는 1997년의 형법에서 집단폭행[聚衆斗毆], 사단도발(事端挑發[尋釁滋事]), 집단음란[聚衆淫亂] 등 몇 가지 죄명으로 나눠지게 되었다는 사실이다. 이중 제293조가 규정한 사단도발의 외연은 점차 모호해지고 있

---

10 1979년 형법 제117—119조는 각기 '금융, 외환, 금은, 공상관리법규를 위반하고 투기매매를 한 자에 대하여 그 정상이 중한 자는 3년 이하의 유기징역 또는 구역에 처하고 벌금 또는 재산몰수를 병과 또는 단과할 수 있다.' '밀수, 투기매매를 업으로 삼은 범죄자, 밀수, 투기매매의 액수가 거대한 범죄자 혹은 밀수, 매매 집단의 주모자는 3년 이상, 10년 이하의 유기징역에 처하며 재산몰수를 병과할 수 있다.' '국가공직자가 직무상의 편리를 이용하여 밀수, 투기매매를 한 범죄자는 엄중히 처벌한다,'라고 규정하였다.

는 추세이다: "고의적으로 시비를 걸어 소동을 일으킨 행위로서 다음 각 호의 1에 해당하고 사회질서를 파괴하였을 경우, 5년 이하의 유기징역, 단기징역형 또는 보호관찰에 처한다. (1) 임의로 타인을 구타하였고 그 정상이 악랄한 경우, (2) 타인을 뒤쫓거나 가로막거나 욕설하였고 그 정상이 악랄한 경우, (3) 공적재물 또는 사적재물을 강제로 가져가거나 임의로 손괴, 점용하였고 그 정상이 중한 경우, (4) 공공장소에서 소란을 피워 공공장소질서의 엄중한 혼란을 초래하였을 경우." 그러나 집행에서 '소란을 피우다'에 대한 정의는 상대적으로 모호하여 공권력의 임의적 해석에 공간을 남겨주었다. 하지만 부랑죄(流氓罪)를 대신하게 된 이러한 죄명들은 이전의 건달죄와 같이 최고형이 사형까지는 가지 않았다. 이는 하나 아주 중요한 변화라 할 수 있다.

(3) 최근 몇 년래의 입법성과

1997년 형법이 실시된 이래 전국인대상무위원회는 사법실천의 수요에 따라 형법을 끊임없이 수정했는데 지금까지 하나의 단행형법과 8개의 수정안 및 약간의 구체적 죄명과 조문에 대한 입법해석 등을 완성하였다.

1998년 12월 29일, 전국인대상무위원회는 〈외환의 사기구매, 도피와 불법거래범죄의 처벌에 관한 결정〉을 통과시키고 외환사기구매죄를 증설했으며 그리고 외환관련범죄를 집중적으로 규정하였다.

1999년 12월 25일, 최초로 수정안의 형식으로 형법을 수정하고 사회주의 시장경제질서의 파괴와 연관되는 8개 조항을 수정하였다.

2001년 8월 31일, 형법수정안 (2)는 경작지불법점용죄를 수정하면서 경작지 이외에 임야에 대한 보호도 이에 추가하였다.

2001년 12월 29일, 형법수정안 (3)은 테러활동과 연관된 내용을 수정하면서 이와 연관된 8개 조항을 수정하였다.

2002년 12월 28일, 형법수정안 (4)는 사회주의 시장경제질서파괴죄와 연관된 일부 조문을 재수정하면서 사회관리질서의 방해와 국가기관공직인원의 독직범죄도 함께 수정하였다.

2005년 2월 28일, 형법수정안 (5)는 신용카드범죄와 무장장비(武裝裝備) 파괴죄에 관한 규정을 일부 조정하였다.

2006년 6월 29일, 형법수정안 (6)은 20개 조문을 수정하였다. 이번 수정이 언급한 죄명은 비교적 광범하였다.

2009년 2월 28일, 형법수정안 (7)은 14개 조문을 재수정하였다. 그러나 역시 많은 죄명을 포괄하였다.

2011년 2월 25일, 형법수정안 (8)은 지금까지 언급된 조문이 가장 많은 수정이다. 총 49개에 달하는 조문을 수정하였다. 이번의 수정은 형법의 총칙에 대하여도 많이 수정하였다.

이러한 수정들은 비교적 적시에 경제와 사회발전의 수요에 부응했으며 그리고 형법의 공백과 부족함도 적절하게 메웠다. 입법의 기술적인 측면에서는 형법수정안을 형법수정의 기본방식으로 확립하였다. 단행형법이 아닌 '수정안'의 방식으로 형법을 수정하고 보충하는 것은 형법의 체계와 조문의 배열을 변경하지 않으며 형법의 안정성과 적응성을 모두 확보할 수 있는가 하면 또 사회수요를 비교적 적시에 반영할 수 있어 형법통일성의 유지에도 유리하였다.[11]

이러한 법률수정의 발전은 단일죄명에 대한 수정에서부터 큰 범위의 많은 죄명에 대한 수정까지, 각칙의 세부에 대한 수정으로부터 총칙규범의 수정까지 미치며, 이들은 형법규범의 기능, 위치설정에 대한 입법자의 인식이 점차 심화되고 입법의 과학성도 향상되었다는 것을 나타냈다.

2. 당대 형법의 한계에 관한 분석

지면상의 제한으로 인해 본 장에서는 현실 중의 형법제도 실시상황 전반을 모두 분석하려는 생각은 없으므로 여기서 우리는 먼저 중국 형법 한계의 주요한 표현인 넝마주머니(口袋)식의 죄명, 형사정책불 투명의 결과, 그리고 지금의 사회에서 비교적 중요한 형법쟁의를 토론하고 이를 이어 이러한 한계의 주요한 근원인 형법 중의 소비에트 흔적, '칼자루(刀把子)'이론, 형사사법의 불투명 등을 분석하려 한다. 이러한 중점 문제들에 대해 서술과 분석은 중국 형법제도의 전모를 이해하는 데 도움이 될 것이다.

---

11   雷建斌: '1997年以來我國刑法的新進展─寫在刑法修正案(六)通過之際', 〈中國人大〉 2006년, 제13기.

(1) 당대 형법의 한계

① '넝마주머니식 죄명(口袋罪)'에 관하여

소위 '넝마주머니식 죄명'이란 실무부문에서 공동의 특징을 가진 한 가지 종류의 특정죄명을 부르는 통속적 명칭이다. 이러한 죄명들은 실무적인 차원에서 죄인지 아닌지의 경계선을 구분하기 어려워 남용될 위험이 있으므로 이로 인해 때로는 사회적인 쟁의도 일으킨다. 이들은 마치 하나하나의 넝마주머니처럼 집법자의 여러 가지 투명치 못한 '잘못된 관점'을 뒤섞어 놓기도 하였다. 1979년 형법이 시행되고 있던 그 시기 아주 상징적인 한마디 문구, 즉 "부랑죄 또는 건달죄[투기매매죄]라는 하나의 주머니에 무엇이든 모두 집어넣을 수 있다."가 널리 유행되었다. 이후 노동교양제도가 끝내 폐지되자 넝마주머니식의 죄명은 날로 집법자의 자의적 집행의 새로운 전진진지로 되었다.

'사단도발(尋釁滋事)죄'는 현행 형법에서 가장 대표적인 '넝마주머니'죄명이다. 앞에서 이미 언급했듯이 이는 1979년 형법 중의 부랑죄에서 떨어져 나온 일부 잔여물이다. '사단도발' 자체는 아주 강렬한 도덕적 색채를 띤 하나의 단어이다. 형법에 진입하기 전에는 보통 무단으로 타인에게 시비를 걸거나 도발하는 무뢰한(無賴漢)을 나타내는 폄하적인 용어로 사용되었다. 객관적으로 말하자면 이 죄명의 구체적 의미에 관하여 법조계마저도 이 죄명의 함의에 대하여 규범화된 해석을 내놓기가 어려웠다. 때문에 법률조문도 그를 열거하는 방식으로 규정할 수밖에 없었다.(전문에서 이미 구체법률조문을 인용하였다.) 법률조문 자체를 보았을 때, 이 죄행의 외연은 마치 명확한 것처럼 보였다. 예를 들면 '임의로 타인을 구타하다', '타인을 뒤쫓거나 가로막거나 욕설하다', '공적재물 또는 사적재물을 강제로 가져가거나 임의로 손괴하다', '공공장소에서 소란을 피우다' 등이 바로 이러하였다. 그러나 구타, 욕설, 손괴등 행위 자체는 이미 있는 다른 죄명으로도 규범화하고 징벌할 수 있으며 그리고 법률조문에 규정된 '정상이 악랄하다', '정상이 엄중하다' 등기준은 또 도덕적 평가와 불확정성 성격을 지니게 되었으므로 그의 죄상을 정확히 기술하기는 어려웠다. 이렇게 다른 법률조문으로 규범화할 수 있는 행위를 규범화하기 어려운 주관적인 기준에 의하여 규범화하려고 하다 보니 사단도발을 도대체 범죄로 보아야 할 것인지 아니면 범죄로 보지 않아야 할 것인지의 기준을 흐리게 하였다. 이렇게 분명치않은 범죄기준으로 인해 공안과 검찰기관의 책임추궁을 받게 되었을 경우, 피의자는 의지할 변호자원마저 거의 없게 되었다.

　　그러나 현실에서 이러한 안건에 대한 사법기관의 판단기준은 늘 사회여론의 영향을 받게 되었다. 즉 사회치안이 악화되거나 또는 '불안정' 요인들이 머리를 들게 되면 사단도발죄의 성립기준은 인위적으로 낮출 수밖에 없게 되었다. 이 외에 중국사회 문제의 증가에 따라 건물의 수용과 철거로 인한 분쟁, 대량민원의 제기, 지역적 뉴스 사건의 인터넷전파 등은 모두 행정기관에게 위기를 초래할 수 있으므로 일부 지역에서 사단도발죄는 특정 사회집단을 탄압하거나 특정사건을 해결하는 수단으로 되었다. 일부 집법기관은 심지어 입법의 명문규정을 벗어나 사이버공간에서마저 사단도발에 관한 조항을 억지로 적용하여 당사자를 처벌하거나 위협하기 시작하였다. 2013년 9월, 최고인민법원, 최고인민검찰원은 〈최고인민법원, 최고인민검찰원 인터넷을 이용한 비방 등 형사안건에서 법률을 적용하는 것에 관한 약간문제의 해석(最高人民法院,最高人民檢察院關于辦理利用信息網絡實施誹謗等刑事案件適用法律若干問題的解釋)〉을 발부하였다. 이중 제5조는 "인터넷을 이용해 타인을 모욕하거나 협박했으며 그 정상이 악랄하여 사회질서를 파괴하게 되었을 경우, 형법 제293조 제1관 제(2)항의 규정에 따라 사단도발로 규정하여 처벌해야 한다. 거짓정보를 조작하거나 또는 조작된 거짓정보인 것을 알면서도 이를 인터넷에 퍼뜨리거나 또는 사람을 조직하고 부추겨 인터넷에 퍼뜨리고 소란을 피워 공공질서의 엄중한 혼란을 초래하였을 경우, 형법 제293조 제1관 제(4)항의 규정에 따라 사단도발(尋釁滋事)죄로 정죄하고 처벌해야 한다."라고 규정하였다. 이 해석은 극단적으로 사이버공간도 형법 제293조 중의 '공공장소'로 해석하여 사단도발죄의 구성요건을 형법이 명문으로 규정한 범위에서부터 사이버공간까지 확대하는 넝마주머니죄(口袋罪)의 적용으로 형식상의 적법성을 한층 더 강화하게 하였다. 때문에 사람들은 심지어 이미 폐지된 노동교양제도도 사단도발죄라는 이름으로 다시 부활하지 않을까 걱정하게 되었다.

'불법경영죄'도 또 하나 뚜렷한 넝마주머니 경향을 가진 죄명이다. 특히 법률조문의 예외조항인 '기타 시장질서를 엄중히 교란하는' 불법경영행위는 집법기관에게 자칫하면 합리적 범위를 초월하게 될 재량권을 사실상 부여하였다. 1949년 이후 중국에서는 장기간 중앙집권식의 계획경제체제를 시행했기에 공민이 자유롭게 상업경영에 종사할 수 있는 가능성은 철저히 소멸되었다. 이후 개혁개방이 시작되어야 사인의 경영행위는 점차 합법적인 공간을 얻게 되었다. 그러나 국가가 경제자원을 독점할 수 있는 권위는 여전히 아무런 도전도 받지 않는다. 앞에서 이미 서술한 바와 같이 불법경영죄는 계획경제시대의 투기거래죄에서 파생하게 되었는데 지금의 시대배경에서 그의 입법목적은 국가에 전속된 독과점업종의 이익을 보호하려는 것이다. 때문에 이 조항의 앞에 있는 3항의 규정에 국가의 독점경영, 행정허가류의 업종과 특정금융성 업무의 범위 등이 포함되었다. 그러나 이러한 국가의 '독점물'을 열거하였음에도 불구하고 형법은 여전히 '기타 시장질서를 엄중히 교란하는 행위'라는 포괄적인 기술을 추가하여 나라의 독과점이익을 침범하려는 모든 행위를 '일망타진(一網打盡)'하려 하였다. 이 조항 및 이 조항의 남용은 최종적으로 각지 민영기업인의 머리를 졸이는 속박수단으로 되어 민영경제의 합법적 권익을 해치는 사건들을 더 발생하거나 또는 새롭게 산출하여 불량한 사회영향을 조성해 객관적으로 민영경제의 발전을 저해하였다. 사실 설사 민상법영역이라도 '경영 범위'란 개념은 많은 학자들이 의문을 품고 있다. 이들은 기업이 하나의 시장주체로서 반드시 법률이 금지한 이외의 모든 경영활동을 할 수 있는 권리가 있어야 한다고 주장하였다. 예견할 수 있는 미래에 경영 범위 자체도 아무런 실질적 법률의미가 없게 될 가능성이 있다.[12] 이러한

---

12   蔣杰: '公司經營範圍登記存廢之辯', 〈中國工商管理研究〉, 2004년, 제7기.

배경에서 불법경영죄의 존재는 점점 더 부적절해 보인다.

위에서 서술한 내용들을 제외하고 현행 형법은 위험수단에 의한 공공안전침해죄[13], 독직죄 등 죄명에 있어서도 어느 정도 범죄기준이 모호하거나 각칙의 구성요건이 분명하지 않는 등의 넝마주머니식 문제가 존재한다. 넝마주머니죄의 본질은 죄형법정주의와 무죄추정원칙에 대한 위반이다. 즉 가능한 한 모호한 법률의 규정으로 가능한 한 폭넓은 형벌범위를 포괄하려는 것이다. 넝마주머니식의 죄명은 형법의 안정성과 예측이 가능한 법률평가에 모두 손해를 줬으며 입법의 기술적 측면에서는 또 투박하고 저열하였다.

② 불투명한 형사정책에 관하여

판례법국가의 형사사법제도들과 다르게 중국에서는 입법상의 결함을 미봉 또는 수정할 수 있는 선례제도와 배심단제도가 없다. 그러므로 이는 형법이 최대한으로 그의 정교함을 추구하는 것을 요구하게 되었다. 그러나 설계가 아무리 양호한 제도라 할지라도 집법자에게 일정한 재량권을 부여해야만 제도의 목표를 순조롭게 실현할 수 있다. 문제는 중국의 형법영역에서 자유재량권은 임의적인 것으로 외부에서 엿볼 수 없을 지경까지 확대하게 되었다는 점이다. 이러한 상황은 주로

---

13 陳興良: ‘口袋罪的法教義學分析: 以危險方法危害公共安全罪爲例’, 〈政治与法律〉 2013년 제3기.

아래와 같은 두 가지 원인에 의해 조성하게 되었다. 즉 하나는 정부와 고위급 사법기관에서 대량으로 모호하고 불투명한 형사정책을 발부한 것이고, 다른 하나는 공권력의 형법적용에서 그들의 임의적 적용이 효과적인 감독을 받지 못하고 있는 것이다. 이는 운동의 방식으로 전개된 특정범죄에 대한 타격에서 흔히 볼 수 있다.

'정책'이란 정부의 관련부서에서 행정권을 행사할 때, 특정사항에 관하여 제정하게 된 상대적으로 고정된 규칙들을 의미하는데 이러한 규칙들은 행정권의 범위에 속한다. 일반적으로 법치사회의 사법(특히는 형사사법)영역에서는 반드시 법률규칙을 준수하고 임의적이거나 비공개적인 '내부규칙'이 모두 금지되도록 해야 한다. 하지만 역사 및 정치상의 원인으로 인해 중국의 형사사법영역에는 많은 '정책'적 규칙들이 존재하게 되었고 그리고 이 중의 많은 내용들은 불투명한 상태에 있음에도 불과하고 사법안건의 현실적 처리에 크게 영향을 주었다. 앞에서 이미 언급했듯이 1979년 형법은 이왕의 형사정책은 유효한 법률연원이라고 명확히 규정했었다. 그러나 이러한 정책의 제정자는 바로 행정기관이다. 형법현대화의 점진적 발전에 따라 정책은 이미 법전에서 퇴출되었다. 그러나 현실에서 각급 정부와 사법기관들은 여전히 각종 임시적이며 다변적인 사법정책을 빈번히 사용하고 있다. 예를 들면 성, 직할시급의 고급인민법원, 인민검찰원, 사법청, 공안청 등 부서들은 늘 일부 형법조항의 이해와 적용에 관하여 공동으로 문건을 발부하여 산하기관의 안건처리를 지도하고 있다. 형법은 많은 곳에서 '정상이 엄중하다', '정상이 악랄하다', '액수가 비교적 많다', '액수가 거대하다', '엄중하다' 등 추상적이며 서술적(敍述的)인 단어를 사용하였다. 이러한 서술성 단어들은 비교적 강력한 주관적 색채를 띠게 되었는데 이는 또 죄의 구성여부 또는 양형범위 등 중요한 문제를 결정하게 되므로 형사정책으로 이렇게 모호한 법률술어를 해석하려 하였다. 그러나 이러한 해석들을 공중에게 공개하는 것이 아니라 사법기관의 업무부서에만 전달하므로 때로는 똑같은 법조계에 몸담은 변호사라도 이러한 정책기준을 정상적 경로로 알 수 없는 실정이다.

비공개성을 제외하고 임시성도 형사정책의 또 하나 특징이다. 즉 현실에서 이러한 정책의 효력은 시간의 흐름과 사회형세의 변화에 따라 변화될 수 있다는 것이다. 예를 들면 형법 제209조 제2관은 불법으로 전표(傳票[發票])를 제작하거나 또는 불법으로 제작된 전표를 판매한 자에 대해서는 "그 정상이 엄중할 경우, 2년 이상 7년 이하의 유기징역에 처하고 5만 원 이상 50만 원 이하의 벌금을 병과한다."라고 규정하였다. 그러나 과거 한때 사회에서 가짜 전표를 제작하고 판매하는 현상이 범람하게 되자 이러한 불법행위를 처벌하고 억제하기 위해 각성, 직할시, 자치구사법기관들은 내부문건을 제정하여 '정상이 엄중하다'라고 하는 기준을 구체적으로 엄격히 규정한 바 있다. 예를 들면 당시 상하이시(上海市)의 내부문건은 500장에 달하는 가짜 전표를 제작하거나 판매하면 정상이 엄중한 것으로 볼 수 있다고 규정하였다. 하지만 이러한 문건을 얼마간 실시하고 나서 사회상황의 변화에 따라 사람들은 가짜 전표의 제작, 판매는 단순한 형법조치에 의할 것이 아니라 반드시 종합적인 수단으로 다스려야 한다고 인식하게 되었다. 이와 동시 지나치게 가혹한 정죄와 양형은 피고에게 공정하지 않고 또 안건수량의 급증을 초래하여 집행비용, 공공자원의 부족 등 많은 문제를 야기하게 되므로 이러한 기준은 검찰, 심판기관에서조차 엄격히 적용되지 않았다. 사법기관들은 관할지역 내 안건의 구체상황에 따라 이러한 내부문건의 참고를 조정하였다. 이러한 형사사법정책들은 법률범주에 속하지 않으나 구속력이 또 전혀 없는 것도 아니며 그 효력기한은 분명치 않았고 폐지도 규정하지 않았다. 이러한 형사정책은 통속적으로 '조건에 따른 안건처리[辦案口徑]'이라 하는데 이는 그 제정과 신축이 엄격한 법률절차를 거치지 않아도 된다는 것을 의미한다.

사실 형사정책의 상황과 그가 조성한 결과는 위에서 이미 기술한 정형보다 더욱 복잡할 수 있을지도 모른다. 절도죄와 같은 발생빈도가 높고 흔히 접할 수 있는 죄명에 관해 최고인민법원, 최고인민검찰원은 사법해석차원의 문건을 발부하여 법률조문에서 명확하지 않은 부분을 구체적으로 규정하고 그리고 각 지방에게 그 지역에서 죄의 구성 또는 가중처벌의 기준을 일정한 범위 이내에서 설정할 수 있도록 권한을 부여하였다. 그러나 다른 많은 죄명에 관해서는 전국적 범위에서 참고할 만한 권위적이면서도 규범화된 문건을 제정하지 않아 각 지역의 이해와 법률적용은 많은 차이를 보이게 됐다. 시간의 흐름에 따라 일부 새로운 정책성문건과 낡은 정책성문건은 같은 죄명에 관해 또 서로 모순되거나 중복된 상황도 보이게 되었는데 이에 대한 통일적 편찬은 부족했고 그리고 적시에 정리도 하지 않았다.

형법영역에서 형사정책과 관련된 또 하나의 폐단은 바로 공권력이 늘 운동의 방식으로 범죄에 대처하게 되었다는 것이다. 1980년대의 '엄단[嚴打]'은 바로 운동식 형사사법의 전형과 고봉이다. 예를 들면 1983년의 '엄단'에서 중공중앙은 〈형사범죄활동을 엄격히 처단하는 것에 관한 결정(關于嚴屬打擊刑事犯罪活動的決定)〉을 발부하고 '건달범죄의 주모자 또는 흉기를 휴대하고 건달범죄를 저지른 자', '고의로 타인의 신체를 상해하여 중상을 입거나 사망에 이르게 한 자', '인신유괴매매집단의 주모자' 등 6가지 유형의 범죄에 대하여는 "형법이 규정한 최고형 이상으로 처형할 수 있으며 사형까지도 선고할 수도 있다."라고 규정하였고 전국인대상무위원회는 〈사회치안을 심각히 손상시킨 범죄자의 신속한 재판에 관한 절차적 결정(關于迅速審判嚴重危害社會治安的犯罪分子的程序的決定)〉을 통과하고 형사소송법이 규정한 기소장 사본과 각종 소환장, 통지서가 피고인에게 전달되어야 할 기한을 줄이고 '범죄자의 상소기한과 인민검찰원의 항소기한'을 3일로 고쳐 형사피고인의 권리를 제한 또는 축소하여 실체 및 절차상에서 피고인의 권리를 침해하게 되었을 뿐만 아니라 법치원칙에 대하여도 비교적 큰 파괴를 주게 되었다. 이러한 통치방식은 절차정의의 희생과 피고에 대한 엄벌을 그 외적인 특징으로 하는데 중국은 이로서 짧은 시간 이내에 사회질서를 정숙케 하려 하였다. 전해진 말에 의하면 '엄단의 제1단계'에서만 24,000명이 사형처벌을 받았다고 한다.[14] 이러한 '엄단'은 법률질서를 파괴하고 많은 억울한 안건도 조성했기에 지금은 전국범위의 대규모적인 '엄단'

---

14   高龍: "严打"双刃劍", 〈南方都市報〉, 2013년 12월 11일.

을 거의 실시하지 않고 있다. 그러나 일부 지역에서 '엄단'은 여전히 다른 형태로 반복되어 종래 중단되지 않았다.

비교적 민감한 특수테러범죄를 제외하고 많은 지방에는 일반적 형사범죄에 대하여 여전히 운동식의 방식으로 단속하는 상황이 존재한다. 예를 들면 정보기술의 발달에 따라 최근 몇 년간 사회에 무선송신설비(위장[僞裝] 기지국)를 이용해 주변 일정지역의 신호접수설비에 광고 등을 발송하여 이익을 챙기는 현상이 나타났다. 위장기지국 관련 범죄가 비교적 많은 일부 지역에서 지방정부와 사법기관은 단독으로 이러한 불법행위에 대한 엄단방침을 수립하고 관련 안건의 피고들을 엄중히 처벌하여 유사죄행에 대한 양형과 처벌이 다른 지역에서 뚜렷한 차이를 나타내게 하였다.[15] 이러한 운동식의 단속은 중국에서 법률적용의 통일성을 약화하였다.

③ 사회적 이슈로 된 형법쟁점

많은 사회적 논란을 일으킨 이슈안건의 배후에는 모두 형법제도의 부족함이 잠복되었다. 한 바탕의 소란이 지나가고 나서 냉정히 문제를 일으킨 원인을 분석해 보는 것은 형법실무 종사자들과 이론연구자들이 회피해서는 아니 되고 반드시 짊어져야 할 사회적 책임이다.

---

15 "打擊'僞基站'專項行動", http://www.srre.org.cn/2014/weijizhan/, 방문일자: 2014년 10월 19일.

'카드노예' 현상과 신용카드사기죄의 범람

지난 몇 년간 신용카드 사기죄에서 도대체 법률을 어떻게 적용할 것인가는 사회의 주목을 끌었던 중요한 화제이다. 신용카드소지자의 과도한 인출[현금서비스]과 이를 적시에 상환하지 못해(이러한 경우 카드소지자를 비유적으로 '카드노예'라고 부른다) 초래한 형사책임을 물어야 할 안건은 흔히 발생하였다. 이중 일부는 비교적 엄중한 결과를 빚어내기도 하였다. 예를 들면 2011년 저쟝(浙江)에서 발생하게 된 한 사건에서 카드빚을 갚지 못해 신용카드사기죄로 구류된 범죄혐의자가 구치소에서 사망하였다.[16] 이는 신용카드사기죄의 입법목적과 실천효과가 어떠한지에 관한 사회공중의 의문을 유발하였다.

형법각칙은 신용카드사기죄의 구성요건에 관하여 4가지 유형을 열거하였다. 즉 신용카드위조 또는 사기수령, 실효한 신용카드의 사용, 타인 신용카드의 도용, 악의적 과다인출 등이다. '카드노예'가 형사책임추궁을 받게 된 주요 원인은 악의적 과다인출이다. 형법 제196조 제2관은 "전관에서 악의적 과다인출이라 함은 신용카드소지자가 불법점유를 목적으로 규정된 한도 또는 소정기한을 초과하여 금액을 과다인출하고 신용카드발행은행의 반환된 독촉을 받았음에도 불구하고 반환하지 않는 행위를 말한다."라고 규정하였다. 최고인민법원과 최고인민검찰원에서 공동으로 발부한 〈최고인민법원, 최고인민검찰원 신용카

---

16 李依琳: "奪命信用卡: 寧波卡奴看守所自殺調查", http://business.sohu.com/20110714/n313343979.shtml, 방문일자: 2014년 6월 10일.

드관리를 방해하는 형사안건의 처리에서 법률의 구체적 적용에 관한 약간의 문제에 관한 해석(最高人民法院, 最高人民檢察院關于辦理妨害信用卡管理刑事案件具體應用法律若干問題的解釋)〉은 악의적 과다인출의 시작액수(起刑數額)와 가산액수(加重數額)를 규정하였다.

여기서 문제가 되는 것은 사법실무에서 신용카드채무를 갚지 못한 당사자가 일정한 금액을 인출할 때, 이를 불법으로 점유하려는 목적이 있었는가 하는 점인데 이에 관한 판단은 비교적 복잡하다. 사법실무에서 안건의 처리기관은 때로 카드를 발급한 은행이 2번 이상 재촉하였는데도 불구하고 여전히 상환하지 않는 것을 불법점유의 구성요건으로 하고, 거꾸로 당사자가 인출할 때 이미 불법점유의 목적이 있었다고 추정하는데 이는 전형적 유죄추정의 사고방식이다.

'카드노예' 현상을 조성하게 된 복잡한 원인을 고려하였을 때, 너무나 지나친 형사적인 수단으로 카드발급은행의 이익을 보호하는 것은 형법 본래의 입법취지에 부합되지 않을지도 모른다. 한편으로 신용카드발행수량의 범람과 카드발급은행 심사 및 반납재촉역량의 부족 등 원인도 신용카드대월(貸越)위험에 중요한 원인을 제공했으며 다른 한편으로 사법기관의 '형사재촉(刑事催收)'은 카드발급은행의 일부 정상적인 상업위험을 사법의 책임으로 전가하여 공공자원의 합리적이고 공정한 배급을 파괴하였다. 비록 형법도 '국유재산의 보호'를 그의 입법목적으로 규정하였으나 (국유)은행에 대한 사법자원의 과도한 투입은 역시 평등과 공정을 위배하였다. 신용카드사기죄에 대한 사회적인 주목에 관하여 형법수단이 타격하려는 목표와 보호하려는 대상은 무엇인지, 형법이 지켜야 할 것은 어떠한 가치취향인지는 사람들이 반드시 고려해야 할 중요한 문제이다.

법률적용에 대한 사회여론의 영향

2013년 한 소녀가 핍박에 의해 매춘하게 된 안건과[17] 이에 따른 후속사건이 조성한 광범위한 사회적 영향은 당대 중국에서 사법과 여론의 복잡한 관계를 뚜렷이 나타내었다. 이 안건에서 피해소녀의 모친은 수차례나 진정에 나서 문제해결을 호소하였으나 오히려 노동교양처분을 받게 되었으며 이후 그는 노동교양결정에 대한 행정심판신청을 제출하였다. 노동교양결정이 취소된 이후 그는 또 국가배상을 신청하였다. 그러나 현지 노동교양위원회는 이를 부결시켰다. 이후 그가 제기한 행정소송의 제2심에서 지지를 받아 피해자 모친은 최종적으로 국가배상을 받게 되었다. 이 사건을 계기로 노동교양제도존폐에 관한 쟁의는 실질적인 토론단계에 들어갔고 그리고 기타 일부 안건과의 공동적인 추진으로 인해 노동교양제도는 최종적으로 폐지하게 되었다.

비록 통계수치가 있어 증명하는 것은 아니겠으나 대체적으로 단정할 수 있는 것은 법조계는 노동교양과 국가배상 등 안건과 연관된 행정심판과 행정소송이 현실에서 얼마나 어려운 지경에 있는지에 관하여 공동된 인식을 가지게 되었을 것이다. 위의 안건에서 당사자의 최종

17　http://baike.baidu.com/view/7935169.htm?from_id+11318211&type= syn&fromtitle=唐慧案&fr=, 방문일자: 2014년 6월 9일.

승소는 사회여론이 발휘한 작용을 부정할 수 없을 것이다. 당대 중국에서 여론이 사법안건의 공정한 처리에서 어떠한 성격의 작용을 했는지는 단정하기 어려울 것이다. 이것이 바로 문제가 복잡한 이유이다. 한편으로 독립적인 재판과 사회여론의 인도, 이 양자는 긴장된 관계를 유지하고 있는 실정이다. 중국의 형사안건에는 영미법계하의 여론과 격리된 배심원이 존재하지 않으므로 안건처리를 맡은 법관과 법원은 매체와 사이버평론의 무형의 압력을 감수해야 한다. 다른 한편으로 위의 안건과 같이 중국의 현실에서 여론은 사법공개와 공정에 대하여 뚜렷한 감독과 추동역할을 하고 있다. 하지만 여론의 이러한 제도의 대체기능은 위험하고 보장도 결핍된 실정이다: 사법에 필요한 냉정함과 전문성은 민의의 침해를 받을 수도 있으나 지금의 언론자유 배경에서 사회여론은 자체적인 정화기능이 여전히 부족하다.

형사처벌에 준한 처벌조치

수용교육제도와 노동교양제도는 모두 행정상의 강제조치이다. 그러나 수용교양제도의 적용범위는 매음매춘인원에 한정되었다. 이의 구체적인 법률근거는 국무원에서 제정한 〈매음매춘인원 수용교육방법(賣淫嫖娼人員收容敎育辦法)〉이다. 2014년, 한 인기탤런트의 매춘사건은 이 제도에 대한 사회주목을 끌게 되었다.[18]

---

18   殷國安: '黃海波收容敎育被指處罰太重引發网友熱議', http://culture.people.com.cn/n/2014/0603/c22219-25096307.html, 방문일자: 2014년 6월 12일.

수용교육은 노동교양과 마찬가지로 사법기관의 재판을 거치지 않을 수 있으며 행정결정만으로 직접 공민의 인신자유를 6개월 이상까지 제한할 수 있다. 비록 성격상에서 이를 행정처벌이라 하긴 했으나 실제로 이의 효과는 형벌과 유사하였다. 그러나 입법법과 행정처벌법의 규정에 의하면 인신자유를 제한하는 강제조치와 처벌조치는 반드시 법률규정으로 설정해야 하므로 행정법규는 이러한 입법권한이 없는 것이다.[19] 만약 이러한 준형사처벌제도의 제정이 그때 당시에 역사적인 배경을 원인으로 하였다면 법치가 이미 여러 해를 발전하게 된 오늘에 와서 이러한 제도들을 여전히 정리, 폐지 또는 수정하지 않는 것은 현시대 법치발전의 흐름에 맞지 않는다 할 수 있다. 이는 마치 2003년 수용송환제도가 쑨즈강(孫志剛)의 안건으로 인해 폐지하게 되었듯이 일부 중대 안건이 발생하여 여론의 질책을 받고 관련 당사자가 무거운 대가를 치르고서야 시대에 뒤떨어지고 불합리하며 법률과 모순되는 이러한 제도들을 다시 조명하기 시작한 것과 같다. 형법과 동떨어졌으며 그리고 뚜렷한 '행정성'을 지닌 이러한 준형사징벌조치들은 절차의 견제를 약화시키고 적용에서 비교적 큰 재량을 나타냈으며 처벌의 해당성에 대한 감독과 심사도 부족하였다. 이들은 형법체계 이외에 또 하나의 '편리'한 조치들을 구성하게 되었는데 이는 죄형법정원칙의 맹점이 되

19　입법법 제8조는 "다음 사항에 한 하여는 법률을 제정해야 한다. …(5) 공민에 대한 정치권의 박탈, 인신자유제한의 강제적 조치와 처벌…"라고 규정하였고 행정처벌법 제9조는 "…인신자유를 제한하는 행정처벌은 법률에 의해서만 정할 수 있다."라고 규정하였다.

었다.

경직된 법조: 미성년자간음죄(嫖宿幼女罪)

현행 형법 제360조 제2관이 규정한 미성년자간음죄[嫖宿幼女罪]는 최근 몇 년래의 뉴스사건에서 온갖 질타를 받고 있다. 이 규정은 "만 14세 미만의 소녀과 간음하였을 경우, 5년 이상의 유기징역에 처하고 벌금을 병과한다."라고 규정하였다. 이를 비평하는 자들은 법률이 미성년자 간음과 강간을 구분할 때, 소녀가 자발적으로 성행위를 하였는지를 기준으로 해야 한다고 하였다. 그러나 소녀는 연령, 사고능력 등 원인으로 인해 성행위에 대한 주관판단에서 자주적 능력이 없다. 외국에서 소녀와 발생한 성행위를 처리할 때, 소녀의 주관의지를 불문하고 모두 강간죄로 처리한다. 그러나 중국에서는 미성년자간음죄를 신설했는데 사실 이는 범죄자에게 강간죄를 면할 수 있는 길을 열어준 셈이다. 미성년자간음행위는 소녀의 심신건강과 정상적인 발육에 막대한 손상을 주게 되므로 이 죄명을 설치한 것은 이러한 행위를 엄벌하기 위한 것이다. 예를 들면 이 죄의 최소형벌은 5년 이상의 유기징역이다. 이는 강간죄보다 더욱 높은 형벌이다. 그러나 사람들은 이와 동시 또 강간죄의 최고형은 사형인데 미성년자간음죄는 이렇지 않다는 점을 주의하였다. 이러한 법률규정은 사회공중에게 아주 부정적인 감정을 조성하였다.

강간죄를 말하자면 최고인민법원은 2003년에 전문회시(批復)를 발표하여 "행위자는 상대방이 14세 미만의 소녀인 것을 확실히 몰랐고 쌍방이 자발적으로 성관계를 맺게 되었으나 엄중한 결과를 조성하지

　　　　　　　중국 법치 100년의 경로

않았고 경위가 현저히 가벼울 경우, 범죄로 인정하지 않는다."[20]라고 규정하였다. 그러나 이 회시는 2013년에 발부한〈최고인민법원 1997년 7월 1일부터 2011년 12월 31일사이 반포한 일부 사법해석과 사법해석성격을 지닌 문건 '제10 회신'을 폐지하는 것에 관한 결정(最高人民法院關于廢止1997年7月1日至2011年12月31日期間發布的部分司法解釋和司法解釋性質文件`第十批'的決定)〉(法釋 [2013] 7호)으로 인해 폐지되었다. 폐지이유는 형법과 충돌된다는 것이다. 그러나 최신 보도에서 미성년자간음죄에 관한 최고인민법원의 입장은[21] "미성년자간음죄에 관한 규정은 간접적으로 소녀도 '매춘'할 수 있으며 성에 관한 자기결정 능력이 있다는 것을 승인한 것인데 이는 소녀심신의 발육상황과 부합되지 않으며 강간죄에 관한 규정과도 모순된다."라는 것을 표현하였다. "우리 연구결과는 미성년자간음죄를 폐지해야만 이 문제를 해결할 수 있다고 본다." 이로 보았을 때 미성년자간음죄와 강간죄 사이에 많은 혼란이 있으므로 반드시 똑똑히 밝혀야 한다.

미성년자간음죄와 강간죄는 '도대체 소녀도 성적인 자기결정 능력이 있는지'에 관한 문제에서 논리상의 모순에 빠졌고 그리고 양자는 또 형벌의 기점과 최고형의 설치에 관해서도 조율이 되지 않고 있는 실정이다. 관련 입법의 의도는 이미 조사하여 증명할 방도가 없게 되었고

---

20 〈最高人民法院關于行爲人不明知是不滿十四周歲的幼女雙方自愿發生性關係是否構成强奸罪問題的批复〉, (法釋 [2003] 4호).

21 張倩,〈最高法贊成廢除嫖宿幼女罪〉, http://news.xinhuanet.com/legal/2013-12/09/c_125827362.htm, 방문일자: 2014년 6월 9일.

입법에 관한 설명도 간단하고 모호하다. 이 조항의 설치와 존폐에 관한 논쟁은 당대 형법의 입법절차와 입법기술의 축소판이다.

민간융자, 공중예금 불법유치죄와 집금사기죄(集金詐欺罪)

중국의 중소기업 특히 동남연해지역의 민영기업들은 이러저러한 이유로 장기적으로 상업은행에서 대부금을 얻기 어려웠다. 그러나 기업경영상의 수요로 인해 또 반드시 필요한 자금을 모아야 하였다. 때문에 이들은 다른 방법에 손을 내밀 수밖에 없었는데 이는 많은 형식의 민간융자를 탄생시켰다.

그러나 형법 제176조는 공중예금불법유치죄를 규정하였고 제192조에서는 '불법점유의 목적에서 사기의 방법으로 자금을 불법조달하여 그 액수가 비교적 많은 경우에는' 집금사기죄라고 규정하여 중소기업의 민간융자행위에 '다모클레스의 칼'을 매달아 놓았다. 2012년 저쟝(浙江)의 여성 갑부 우잉(吳英)의 집금사기안건은 전국의 이목을 끌었다.[22]

사실 공중예금 불법유치죄와 집금사기죄는 입법적 측면에서 이미 많은 질타를 받게 되었다. 이 양자의 구별은 도대체 무엇인지는 많은 경우 아주 모호하여 확정짓기 어렵다. 사실 공중예금 불법유치죄의 입법목적은 집금사기죄와 비슷하였다. 민간집금의 과정에서 일부 시장주

22　관련 보도는 http://news.qq.com/zt2012/wuying/를 참조. 방문일자: 2014년 10월 21일.

체는 법률의 관련규정을 어기면서 마음대로 집금하는가 하면 불공정 경쟁을 진행하여 금융질서를 엄중히 교란시키게 되었으며 일단 경영이 실패하면 거액의 손해가 발생하여 많은 '예금자'들의 재산상 손실로 이어져 막대한 사회위험을 조성하였다. 이로 보았을 때, 해당 죄의 설치는 바로 불법집금을 억제하려는 입법목적의 반영이다. 그의 본질은 불법집금의 형사책임을 추궁하려는 것이다.[23]

공중예금 불법유치죄의 설치는 입법에서 존재한 일부 문제를 뚜렷이 하였다. 우선 이 죄의 성립기준은 너무 낮았다. 여기서 집금대상은 불특정 '사회 공중'이기에 이는 집금행위가 죄를 구성하는지 여부를 판단하는 기준으로 되었다. 그리고 사법실무부문도 늘 예금을 흡수한 대상자의 수가 '사회 공중'인지를 판단하는 기준이 되었으므로 행위가 죄를 구성하는지 판단하는 기준으로 되어 죄의 성립기준은 크게 낮아지게 되었다. 다음으로 자금용도의 차이를 무시하여 직접융자행위와 간접융자행위의 경계선을 헷갈리게 했는데 이것도 본죄의 성립기준을 낮아지게 하였다.[24]

집금사기죄가 실천에서 드러낸 문제는 더욱 뚜렷하였다. 집금사기죄는 주관적 측면에서 행위자가 불법점유하려는 목적이 있어야 성립한다. 그러나 불법점유에 관한 판단은 행위자가 집금한 재산을 소비 또는 탕진했는가를 유일한 근거로 하였다. 우잉(吳英) 사건에서는 또 하나

---

23   馮亞東 劉風科: '非法吸收公衆存款罪的本質及立法失誤', 〈人民檢察〉, 2001년 제7기.

24   劉憲權: '刑法嚴懲非法集資行爲之反思', 〈法商研究〉, 2012년 제4기.

의 문제를 드러냈다. 즉 금융위기의 영향으로 우잉(吳英)이 투자한 산업은 심각한 결손을 보게 되었다. 일부 사람들은 우잉(吳英)이 주관적으로는 집금한 자금을 갚으려 했으나 객관상의 원인으로 인해 반환하지 못했으므로 불법으로 점유하려는 목적은 없었다고 보았다. 그러나 이 안건에서 정부와 공안기관은 법원의 재판에 앞서 우잉(吳英)의 일부 자산을 처분하였다. 이는 불가피하게 많은 질의를 일으켰다. 비록 최고인민법원도 이를 의식하고 2011년에 〈최고인민법원 민간대차분쟁안건을 법에 따라 적절히 처리하여 경제발전을 촉진하고 사회안정을 수호하는 것에 관한 통지(最高人民法院關于依法妥善審理民間借貸糾紛案件促進經濟發展維護社會穩定的通知)〉(法[2011] 336호)를 발부하여 민간대차행위와 공중예금의 불법유치 및 집금사기죄의 경계선을 확실히 구분할 것을 강조하였다. 그러나 이를 근본적으로 해결하지 못했다.

이외에도 집금사기죄에는 또 법정형이 너무나 과중한 문제도 존재한다. 형법 제199조는 "이 절의 제192조가 규정한 죄를 범하고 그 액수가 특별히 막대하며 또한 국가와 인민의 이익에 중대한 손실을 초래한 자는 무기징역 또는 사형에 처하며 재산몰수를 병과한다."라고 규정하였다. 즉 이러한 상황에서 집금사기죄는 사형에 처하게 될 수도 있다. 이는 형법 제3장 '사회주의 시장경제질서파괴죄'에서 얼마 되지 않는 사형에 처할 수 있는 죄의 종류이며 제5절 '금융사기죄'에서 사형까지 갈 수 있는 유일한 최고형이다. 이를 꼭 이렇게 사형까지 두면서 징벌해야 하는지 재검토해야 할 것이다.

이 두 가지 죄의 성격으로 인해 사법실무에서 죄인지 아닌지, 이 죄인지 저 죄인지, 중한 죄인지 경미한 죄인지의 판단은 불가피하게 소위 '사회위해성'을 고려하게 되었다. 특히 약속된 이윤 심지어 원금조차 반납하지 못하게 되었을 경우, 사회안정의 수호를 고려해야 하므로 항상 중벌에 쏠리게 되었는데 이는 피고인에게 아주 불리한 영향을 주게 되었다.

(2) 형법한계의 근원에 관한 분석

① 탈소련화의 진전에 관하여

정치적 원인으로 인해 중국형법(형법 및 기타 법률부문)은 장기간 소련의 영향과 속박을 받게 되었다. 때문에 이념부터 제도까지 모두 소련식 법률체계의 흔적들이 남아 있게 되었는데 지금까지도 이를 완전히 벗어나지 못하고 있다. 형법만 보더라도 범죄구성의 4개 요건이란 범죄이론체계는 바로 이 영향의 두드러진 표현이다. 이 범죄구성이념은 얼마 전까지도 대학 형법학 교육의 주류위치를 점하였고 지금까지도 중국에서 여전히 형사재판의 기본적인 사고방식으로 쓰이고 있다. 그러나 이러한 4개 요건체계는 실무에서 유죄추정에 더욱 부합되는 사고방식이며 현대형법이 있어야 할 합리성이 부족하다는 지적을 받고 있다. 지금 소련법제는 이미 역사가 되었고 그리고 의식형태란 장애도 존재하지 않으므로 학술계와 실무부문은 모두 중국형법에서 탈소련화 진전을 가속할 것을 요구하게 되었다.

예를 들면 얼마 전 한차례 이론과 실무계의 논쟁을 일으켰던 안건은 소련식 범죄구성이론의 유독을 집중적으로 나타내었다. 이 안건에서 피고인은 허위신분으로 운전기사응모에 참여해 채용된 후, 고용인의 차량을 몰래 팔아 이득을 챙겼다. 이 피고인의 행위는 사기죄에 속하는지 아니면 직무침범죄(職務侵犯罪)에 속하는지에 관하여 다른 의견이 대립하였다. 천싱량(陳興良) 교수는 이 안건을 논평하면서 "비록 이상 두 가지 의견의 대립은 사기죄와 직무침범죄에 대한 이해와 관련이 있겠으나 나는 객관이 주관보다 앞서게 되었는지, 아니면 주관이 객관보다 앞서게 되었는지 이러한 사고방식과 더욱 밀접히 연관되었다고 본다. 뚜렷한 것은 사기죄를 주장하는 의견은 주관이 객관보다 앞서게 되었다는 사고방식을 채택하게 되었다는 것이다. 즉 먼저 피고인은 사기를 저지르려는 주관적 고의를 가지고 있었다는 점을 인정하고 그 다음 사기행위가 있었다는 객관적 사실을 인정하였다. 그러나 사실상 피고인은 초빙에 나서게 되었을 때, 이미 재물을 불법점유하려는 목적이 있었다. 사기죄를 주장하는 의견은 바로 피고의 이러한 목적을 사기고의로 오해하고 그 다음 아주 당연하게 객관행위를 사기로 인정하였다. 그러나 사실 사기고의는 객관적으로 실시한 행위가 사기인지에 달렸고 그 반대는 아니다."[25]라고 지적하였다. 여기서 주관이 객관보다 우선이라는 사고방식은 바로 소련의 4개 요건체계가 주장하는 주관과 객관의 통일, 주관적 고의는 범죄의 구성요건이라는 이론을 장기간 견지하게

---

25   陳興良: 〈刑法的知識轉型(方法論)〉, 中國人民大學出版社, 2012년 판, 제483면.

된 이론의 결과이다. 지적할 것은 지금 많은 권위적인 형법교과서들은 이미 전통적 범죄구성요건을 포기하고 현대사회 조류, 무죄추정의 사고논리에 더욱 부합되는 범죄구성, 위법성과 책임성이 3단계로 구성된 범죄이론체계로 대체하기 시작했다.[26]

이외에 소련 전통을 답습했기에 중국형법의 원문과 사법실천은 정죄양형(定罪量刑)에서 늘 사회적 위해, 피해자와 그 가족의 양해를 얻었는지, 죄를 뉘우치는 표현은 어떠한지 등 주관요인을 지나치게 고려하는데, 이는 결과에 따라 죄를 정하는(後果歸罪) 위험한 경향을 초래할 수 있다.

소련식 형사사법제도를 채택한 또 다른 하나의 결과는 바로 법원과 검찰원 관계의 소외이다. 비록 표면상에서 보면 이는 형사소송법 범주에 속하는 것으로 보인다. 그러나 중국에서 동일한 형법문제에 대한 법원과 검찰원 인식의 차이는 소위 '소판불일치(訴判不一致)', 심지어 오판에 대한 추궁까지 이어질 수 있다. 때문에 재판과 검사 간의 관계는 역시 형사실체법 영역까지 현실적 영향을 미치게 된다. 예를 들면 공소기관은 어떠한 행위를 반드시 범죄로 간주하여 책임을 추궁해야 한다고 인정했으나 재판기관은 범죄를 구성하지 않는다고 보거나 또는 범죄의 성격과 양형에 대한 인식이 공소기관과 일치하지 않을 수 있다. 본래 이는 흔히 볼 수 있는 정상적인 현상이므로 법원은 독립적으로 재판권을 행사할 권력이 있으며 법관은 법률에 대한 자신의 이해에 따라

---

26   張明楷: 〈刑法學〉(第4版), 法律出版社, 2012年 版, 제88면 이하.

재판을 해야 한다. 그러나 중국에서 소련식 정권구조를 참고로 오랜 기간을 거치면서 건립한 사법체계는 법원과 검찰원 사이에 뚜렷한 충돌을 용납하지 않는다. 특히 죄를 구성하는지 아닌지에 관한 문제에서 이러한 충돌을 더욱 용납하지 않는다. 때문에 성문화되지 않은 제도 설계는 법원과 검찰원이 형법에 대한 이해와 인식을 최대한으로 같이 할 것을 요구하였다. 그 결과 '죄형법정', '무죄추정' 등 형법의 기본원칙은 손해를 입고 피고인의 법정권익은 사법체계의 내부조율에 의해 희생되었으며 무죄판결의 비율은 극히 낮았다. 이는 동시에 또 중국의 형사안건에서 높은 체포비율을 조성해 또 다른 차원에서 법원의 판결을 유죄판결로 쏠리게 하였다. 또 법관과 검찰관들에게 정상업무 이외에 많은 시간과 정력을 '조율'에 소모하게 하여 게으름과 피곤함의 직업곤경에 빠지게 하였다.

② '칼자루'이론과 '정법위원회'에 관하여

지금의 중국형법제도에 존재하고 있는 많은 문제 및 전현대적인 특징들은 공권력부문의 도구주의 형법이념과 밀접히 연관되었다. 일찍이 1950년대 "형법은 무산계급독재의 도구이다."라는 표현은 이미 정부의지를 대변하는 공개출판물에 등장했다. 이후 이 이념은 시종일관 주류의식형태의 위치를 점하고 있었다. 2014년 1월 〈인민일보〉에 등재된 한편의 평론은 "정법기관은 인민민주독재의 국가정권기관으로서 당과 인민이 장악해야 할 칼자루이므로 반드시 당의 절대지도하에 두어야 한다."[27]라고 지적하였다. 이러한 도구주의형법이념은 실천에서 주로 다음과 같은 두 개 방면에 반영되었다. 하나는 이 '독재도구' 자체이다. 이는 공안, 검찰, 법원 등 '칼자루'로 간주되는 '정법기관'의 구조, 기능 그리고 서로 간의 관계와 영도권 등이 어떻게 하면 '칼자루'란 위력과 징벌작용의 발휘에 유리할 것인가를 에워싸고 전개되었다. 다른하나는 '칼자루'에 대한 통제이다. 이는 집권당의 정법위원회기구가 어떻게 하면 '독재도구'를 활용할 수 있는 기관으로 될 것인가를 에워싸고 전개하였다. 시대와 사회의 발전에 따라 '칼자루'이론과 정법위원회가 사법권을 통제하게 된 문제는 이미 법조계와 권력층 중 일부 사람들의 중요한 토론주제가 되었다.

사실 사법기관('정법기관'이란 더욱 정치화된 표현인데 통상적으로 이에는 공안기관도 포함된다.)을 '칼자루'라고 부르는 것은 과학적이지 않을 뿐만 아니라 적절하지도 않다. 1950년대 신중국 창립 초기에 이러한 용어를 사용하게 된 것은 당시 복잡한 사회정세에 적응하고 적대세력과의 투쟁을 위한 것이기에 합리성과 필요성은 있었을 것이다. 그러나 평화적인 건설을 진행한 지도 이미 수십 년이 지나간 오늘에 와서 사법기관을 여전히 종속적이고 아무런 독립성도 없는 도구로만 보는 것은 사회발전의 현실에 대한 무시일 뿐만 아니라 다년간 중국법치건설이 취득한 성과도 간접적으로 부정하였다고 생각한다. '칼자루' 이론을 배경으로

---

27   인민일보 평론원: 〈毫不動搖堅持黨對政法工作的領導〉, http://cpc.people.com.cn/ pinglun/n/2014/01090c78779-24065682.html, 방문일자: 2014년 6월 9일.

하는 상황에서 사법기관은 권력의 의지를 관철하는 도구로 존재하게 되었고 '독재대상'에 대한 탄압은 그의 주요 직능으로 되었으며 그럼으로써 정법기관들은 또 아주 짙은 정치적 색채를 띠게 되었으므로 그들의 법률적 색채는 옅어질 수밖에 없었다. 형법의 죄형법정주의와 무죄추정원칙은 사법기관에게 오직 법률에만 의하여 독립적으로 판단할 것을 요구하였다. 그러나 '칼자루'란 법원과 검찰원의 이러한 위치설정은 정치목적을 벗어나 법률에만 의하여 판단하는 것을 허락하지 않는다. 이로써 앞에서 이미 서술한 넝마주머니죄, 형사정책 등 요인의 개입으로 죄형법정주의 등 형법원칙이 충분한 보장을 받지 못하게 된 숨겨진 원인이 설명되었다고 생각한다.

현실적인 권력구조에서 정법위원회는 정법사무를 책임지는 집권당의 전문기구이며 사법사업에 대한 당의 영도를 구현하는 구체적 집행자이다. 이론적으로 '영도'사업과 구체적인 업무사업은 반드시 구별되어야 한다. 즉 정법위원회의 영도직능은 반드시 공안국, 검찰원, 법원, 사법국 등 업무기관 사이의 분업과 협력에 대한 조율 그리고 원칙적인 영도에 제한되어야 하며 구체안건의 성격을 확정하고 처리하는데 직접 참여해서는 아니 된다. 하지만 실제상의 많은 경우에 있어 정법위원회의 직능은 직접 칼을 쓰는 자로 그 역할이 변질되어 구체안건의 처리에서 '칼자루'의 움직임에 직접 개입하거나 지시를 하게 되었다. 형사안건에서 죄를 구성하는지 아닌지, 죄가 경미한지 아니면 중한지 등은 당사자의 중대권익과 관련되므로 이에 대한 판단은 아주 전문화된 지식과 경험이 필요하다. 예를 들면 앞에서 언급한 범죄구성요건이론은 정죄양형에 대해 중대한 영향을 미치게 되는데 이러한 전문지식과 경험은 사법 일선에서 일하고 있는 전문직 법관과 검찰관만이 획득할 수 있다. 그러나 구체적인 안건에 대한 정법위원회의 직접적인 개입현상은 형사안건의 전문화된 처리를 보장될 수 없게 하였다. 동시에 정법위원회의 '조율'과 영도직능은 또 위에서 언급한 법원과 검찰원의 소외, 안건처리결과가 엄중히 저촉되는 것을 용납하지 못하는 현상도 해석하였다.

'칼자루'인 사법기관과 정법위원회의 안건개입 이 양자의 결합은 중국형사사법의 지방화경향을 조성하였다. 하나의 행위규범과 평가의 기준으로 법률의 안정성과 적용에서의 통일성은 입법의 기본적인 목표이다. 그러나 이미 지방별로 분화된 사법활동에서 법률적용의 임의성과 독단성은 크게 증가하였다. '칼자루'인 사법기관과 지방당위원회 산하기구인 정법위원회는 법률 이외에 더욱 권위적인 '절대영도'의 지도하에 있으므로 당연히 지방의 정책목표를 사업의 중점으로 삼게 되었다. 때문에 도구주의 '칼자루'이론과 정법위원회의 '조율'이란 이러한 제도설계는 필연적으로 전국적 범위에서 각 지방의 형법적용을 각자가 생각대로 추진하는 궁지에 몰아넣게 되었다.

③ 투명성과 권위성에 관하여

"받게 될 형벌을 알 수 없으면, 그 위엄은 한계가 없을 것이다(刑不可知, 則威不可測)." 이는 중국의 역대 통치자들이 봉행해온 전통적 통치

논리이다. 독재사회에서 법률의 투명성과 권위성을 반비례관계로 이해하였던 것은 사실이다. 당대 중국에서 법치건설이 지금까지 발전해 오면서 법률조문의 투명성문제는 이미 해결되었다. (비공개적 형사정책은 일정한 정도에서 이러한 판단을 약화시켰다.) 그러나 중국의 입법권과 사법권의 운영과정은 사회공중에 대하여 여전히 애매한 형태를 보여주었다.

비록 입법법은 이미 법률의 제정에 관한 절차적인 사항들을 아주 상세히 규정하였다. 그러나 지금까지 극소수 직접 경험한 자들을 제외하고 절대다수의 사회공중은 중국법률의 기초, 수정과 최종문안확정까지의 실제과정과 구체적인 영향요인들을 모르는 것이 사실이다. 우리가 이미 공개된 자료로부터 알 수 있는 것은, 형법 및 그의 수정안 기초는 통상적으로 전국인대 전문위원회에서 주도하였다. 일부 전문가들은 그의 요청에 따라 기초사업에 참여하거나 또는 자문, 고문의 역할을 담당하였다. 그러나 기초 조성원의 구조, 선발기준과 절차(만약 있다고 하면) 등은 투명하지 않았으며 기초과정 중의 의견분립은 또 어떻게 해결하였는지도 분명치 않았다. 초안의 작성은 하나의 '의견청구' 절차를 거쳐야 할 것이다. 이 과정에서 초안의 내용과 관련된 일부 정부기구와 사회단체 또는 개인은 요청에 의해 의견을 발표하게 되며 사회공중도 서면으로 의견청구/수렴기관에 수정의견을 제출할 수 있다. 형법인 경우, 가장 발언권이 있는 기관은 공안, 검찰, 법원 등 실무부서이다. 그러나 입법과정에서 부서의 이익 사이에는 어떠한 논쟁이 있었는지 외부에서는 알 수 없다. 중국의 제도설계에는 서방 정치구조 중의 입법로비와 비슷한 제도는 없다. 그러나 법률초안을 에워싼 논쟁은 객관적으로 존재한다. 예를 들면 2005년 입법계획에 있었던 물권법의 반포는 바로 극적인 우여곡절을 거쳤다. 즉 한명의 학자가 위헌이란 이유로 물권법 초안의 정치입장과 의식형태를 문제로 삼아 공개서한을 발표하였는데[28] 이는 이 법률의 통과를 2년이나 지연시켰다. 2012년, 형사소송법의 수정과정도 부서 간의 이익갈등을 나타냈다. 예를 들면 수사권과 피의자 묵비권의 충돌, 특정 죄명 하의 거주감시조치를 가족에게 알리지 않아도 된다는 조항 등은 모두 비교적 광범위한 사회쟁의를 일으켰다. 어떤 평론문은 수사기관의 수사'편리성'은 강화되었다고 평론하였다. 형사입법에 관한 논쟁에서 공안기관의 강세는 뚜렷하였다. 이는 넝마주머니죄의 존폐에 관한 쟁의를 앞으로 발전하지 못하게 하였다.

입법의 불투명으로 인하여 조성된 결함을 제외하고 사법과정의 불투명도 많은 현실 문제를 초래한 원인중의 하나이다.

한편으로 사법의 불투명은 앞에서 서술한 비공개적인 형사정책과 연관되고, 다른 한편으로는 구체안건에 대한 심사과정에서 법관과 검찰관이 직권을 행사하는 독립성에 대한 보장이 철저하지 않은데, 사법의 독립에 영향을 주는 요인들은 불분명하다. 행정직급 등 여러 가지 원인으로 인해 비록 헌법 제126조는 "인민법원은 행정기관, 사회단체 및 개인의 간섭을 받음이 없이 법률이 정한 데 따라 재판권을 독자적으로 행사한다."라고 규정하였다. 그러나 현실에서 법원의 일부 안건심사

---

28   羽戈, 〈'物權法',巩獻田与違憲之爭〉, http://news.qq.com/zt/2006/gxtwqf/, 방문
일자: 2014년 6월 10일.

는 현지 정법위원회, 행정기관, 검찰기관 등 부서의 간섭을 받고 있다. 이외에 헌법 제126조가 규정한 주어는 '법원'이다. 즉 법률상에서 독립적 지위를 가진 (독립적 지위가 사실 보장되었는지를 불문하고) 법원 전체이고 개체로서의 법관은 결코 아니다. 그러므로 이는 또 법관이 법원 조직 내부에서 독립성이 부족한 문제를 초래하였다. 예를 들면 재판문서에 서명한 법관은 꼭 안건에 관하여 최종판단자가 아닐 수도 있으며 안건은 재판청의 재판장, 법원의 영도, 재판위원회 심지어 상급법원의 지도를 받게 된 결과일 수도 있다. 그러나 이에 관여한 지도자의 명단은 공개되지 않는다. 외부에서 재판위원회의 회의기록도 찾아볼 수 있는 방법이 없으며 이러한 지도자들은 어떠한 경로로 안건을 파악하였고 법정심사에 참여했는지, 법정심사를 방청한 적은 있는지 등 모든 것을 알 수 없다. 따라서 이러한 안건처리에서 법률적용의 통일성과 전문성 보장은 기대하기 어렵게 되었다.

분명한 것은 당대 중국의 법률용어에서 '법률 권위'와 '집법자 권위'를 구분하는 것은 아주 중요하다는 점이다. 입법과 사법의 불투명은 권위적인 법률로 이어질 수 없으며 집법자의 권위도 만약 투명한 권력의 운영을 기반으로 하지 못한다면 기필코 '한계를 알 수 없는 위엄'으로 변질될 것이다.

3. 형사법의 변혁에 관한 전망

당대 중국의 형법을 기점으로 미래 형사법의 변혁을 전망해 보면 사람들에게 남겨진 선택할 수 있는 여지는 많지 않다. 지금 우리는 아래와 같은 상황에 직면해 있다. 즉 초보적인 현대화 특징을 가졌으나 뚜렷한 '독재' 흔적이 여전히 남아있는 형법법전, 여러 개의 부분적 수정안, 덧대어 기운 사법해석, 사법기관과 행정기관이 연합으로 발부한 성격을 확정짓기 어려운 많은 규범성 문건, 편찬을 하지 않아 모순이 자주 발생하며 공개조차 되지 않은 형사정책, 심사시스템과 감독절차가 없는 지방정책 및 독립성이 보장되지 않고 있는 사법체계 등이다. 이러한 복잡한 국면들이 초래한 도전을 극복하려면 미래의 형법은 입법권과 사법권의 구조를 조정해야 할 뿐만 아니라 미시적인 입법기술도 개진되어야 할 것이다.

지금의 중국 사회는 신형범죄 문제가 나날이 뚜렷해지고 사법개혁도 심화해야 하는 새로운 역사단계에 직면해 있다. 이에 관해 우리는 참고로 삼을 충분한 경험과 교훈이 부족하다. 그러나 긍정할 수 있는 것은 형법의 추구대상은 사회보호기능에서 인권보장기능으로 전향되어야 한다는 것이다.[29] 이는 향후의 형법 발전이 반드시 나아가야 할 개혁방향이다.

29　陳興良, '新舊刑法比較硏究', 게재: 許傳璽 主編, 〈中國社會轉型時期的法律發展〉, 法律出版社, 2004년 판, 제439면.

(1) 신형범죄에 대한 대처와 법치원칙의 견지

현행 형법을 제정할 때의 사회상황, 범죄현상은 지금에 와 이미 크게 변화되어 이전에 보기 드물던 범죄행위는 사람들의 주목을 끌게 되었다. 이 중 테러범죄는 사회에 주는 피해가 엄청나고 대처하기도 어려우며 동시에 형사소송 중의 죄형법정주의원칙을 견지하기도 더욱 어려워 형법제도가 직면한 하나의 큰 도전으로 떠오르게 되었다. 이외에 정보네트워크영역에서도 최근 많은 범죄가 발생하는데 이러한 신형범죄가 형법개혁에 가져다준 도전은 어떻게 합리적이고도 정확하게 죄의 경계선을 확정짓고 공민의 언론자유가 공권력의 침해를 받지 않도록 보호할 것인가 하는 문제이다.

① 중국이 직면한 테러위협에 관하여

미국의 '9.11'사건 이래, 중국인들은 주로 뉴스를 통해 외국에서 발생한 테러사건과 관련소식을 접하고 테러리즘을 이해하게 되었으며 중국의 형법에도 테러행위의 구성요건 등에 관한 전문적 규정은 없었다. 이러한 비전통적 위험은 중국과 별 관련이 없어 보였다. 그러나 2013년 이래, 중국 내에서도 심각한 테러사건이 잇따라 발생하였다. 이러한 폭력행위는 사람들이 알고 있던 통상적인 엄중한 폭력사건과 본질적 차이가 있으며 그의 동기와 행위특징은 모두 일반 형사범죄와 뚜렷이 구별되었다. 테러행위의 직접적 피해자는 테러행위자가 조준한 일부 사람인데 이들은 통상적으로 공중장소에 있었던 불특정한 사람이고 이러한 행위가 노린 것은 사회 전반과 국가의 안전이다. 행위의 동기를 보면, 테러행위의 배후에는 모두 일정한 정치적 주장이 숨어 있었다. 현재 중국에서 발생한 테러사건의 배후에는 민족주의나 분리주의와 연관된 세력이 숨어 있다. 이미 발부한 제한된 정보에 의하면 중국 테러행위의 조직화 정도는 여전히 분명치 않다.

2001년, 형법수정안 (3)은 '테러조직의 결성, 지도, 가담죄'와 '테러활동에 대한 자금지원죄'를 증설하였다. 그러나 테러행위를 직접 조준한 죄명은 신설하지 않았다. 현행 형법은 고의살인, 고의상해, 납치, 방화, 폭파, 위험수단에 의한 공공안전의 침해 등의 죄명으로 통상적인 폭력형사범죄를 징벌하고 있다. 테러행위에는 반드시 이 중의 하나 또는 몇 개 행위의 구성요건이 포함되었다. 그러나 테러행위가 해치게 된 것은 피해군중만이 아니며 전체 사회구성원과 국가안전에도 엄중한 위협을 구성하고 사회공중의 공황심리를 조성하여 사회질서를 교란시키게 된다. 따라서 나타난 문제는 바로 테러행위에 관하여 독자적인 죄명과 형벌을 설치해야 하지 않을까 하는 문제이다. 어떤 사람들은 반드시 전문화된 테러행위죄를 설치하여 테러행위와 일반적인 행사범죄를 행위결과와 주관목적 등 방면에서 구분하는 것이 테러행위의 타격에 유리할 것이라고 여겼다. 그러나 우리는 이러한 방법이 과학적이지 않다고 생각한다. 같은 행위를 행위자의 주관목적에 따라 서로 다른 죄명으로 구분하는 것은 전형적인 주관귀책(主觀歸罪)이므로 이는 현대 형법의 발전추세에 부합되지 않는 것이다. 특히 사람의 주관적 동기를 구분한다는 것은 아주 어려우며 이는 오히려 사법기관의 유죄추정경향을 부추기게 될 것이다. 이는 사실 또 어떻게 테러행위를 인정할 것인가 하는 문제를 제출하였다. 근년 이래 토지수용, 철거이주 등 사회모순은 적지 않은 납치, 폭파 등 사건의 발생을 초래하였다. 비록 이러한 행위의 주관적 동기는 테러리즘의 정치주장과 아무런 관련이 없었으나 행위의 객관구성은 비슷하였다. 그러나 형법의 차원에서 도대체 어떠한 동기가 테러리즘인지 확정하려는 것은 사실 법치에 반하는 아주 위험한 경향이다. 우리는 테러범죄현상을 형법에 단독죄명으로 설치하는 것은 적절치 않다고 생각한다.

　'법치주의와 인권보장', '테러리즘에 대한 엄단' 이 양자를 어떻게 잘 조율할 것인가 이는 향후 일정기간 중국형법이 반드시 겪어야 할 중대한 시련이다. 보도에 의하면 2014년 5월, 테러행위가 가장 많이 발생하고 있는 우루무치(烏魯木齊)에서 시검찰원은 〈우루무치시검찰기관 테러활동을 엄격히 타격하는 것에 관한 전문사업방안(烏魯木齊市檢察機關嚴勵打擊暴力恐怖活動專項工作方案)〉을 제정하고 "시검찰원 수사감독부서에서 신속히 핵심업무 담당자로 조직된 전문소조를 구성하여 이들을 전문행동에 투입하여 당일에 발생한 안건은 당일에 접수하고 당일에 심사를 완료해야 하며 최장 48시간을 넘겨서는 아니 된다."라고 요구하였다. 이후 신장위이우얼(新疆維吾爾)자치구 검찰원은 국가반테러사업지도소조에서 발부한 〈신장에서 폭력테러활동을 엄격히 처단할 전문행동을 전개하는 것에 관한 의견(關于在新疆開展嚴勵打擊暴力恐怖活動專項行動的意見)〉의 요구에 따라 신장 검찰기관은 신장 전역에서 1년간의 폭력테러활동을 엄단하는 전문행동을 전개하기로 하고 테러활동의 엄격 타격에 관한 전문행동의 구체적인 실시방안을 제정하여 공포하고 각급 검찰기관에게 사형에 처하여 즉각 집행할 수 있는 테러분자에 대하여는 강건히 사형판결에 처하여 즉각 집행할 것을 양형건의로 제출하도록 요구하였다.[30] 이 2개 문건에서 전자에서 규정한 "최장 48시간을 넘겨서는 아니 된다."라는 규정은 수사에 대한 감독(구속영장의 발부)절차를 형식에 그치게 하였다. 후자의 '확실하게 사형판결에 처하여 즉각 집행할 것을 양형건의로 제출해야 한다."라는 요구는 전국 범위에서 실시되고 있는 '사형은 적게, 사형은 신중히(少殺愼殺).', '사형을 하지 않을 수 있으면 하지 않아야 한다(可殺可不殺的不殺).'라는 형사정책을 위배했으며 더욱 중요한 것은 비록 이러한 문건들은 '의법'이란 말을 언급하긴 했으나 사회에 법률의 적용기준은 항상 일치하지 않을 수 있어 예측이 불가능하다는 부정적 신호를 발송하였다. 테러 등 엄중범행에 대한 징벌과 예방은 반드시 여전히 정상적인 법치궤도에 집어넣고 범죄혐의자와 피고인의 절차 및 실체적 권리를 보장해야 하며 '빠르고 엄중하게 처벌하는' 진압식의 통치사상을 포기하여 형법제도가 역사의 검증을 받도록 해야 한다. 극단적인 테러범죄에 직면했다 하더라도 법률이 여전히 이성을 지키고 평등, 공정하게 테러혐의자와 피고인을 대할 수 있을지는 법치가 중국에서 최종 확립되었는지를 검증할 수 있는 시

---

30   魏紅萍, 〈新疆講檢察機關開展嚴歷打擊暴力恐怖活動專項行動〉, http://news.163. com/14/0526/08/9t5kg3fn00014AEF.html. 방문일자: 2014년 6월 10일 참조.

금석이라 할 수 있을 것이다.

② 사이버범죄의 확산에 관하여

사이버범죄란 원래 인터넷기술을 이용하여 다른 컴퓨터정보계통에 침입하여 기밀정보를 획득하거나 파괴활동을 하는 범죄행위이다. 인터넷기술의 발달과 블로그 등 정보공개시스템의 구축으로 인해 사이버공간은 사회공중이 의견을 발표하고 정보를 교환하는 중요한 장소로 발전되었다. 사이버범죄에 대한 단속도 이 영역을 점차 포괄하였다. 사이버공간은 미래사회의 발전에 아주 중요하므로 사이버영역의 범죄문제는 형법의 미래발전과 변혁에서 반드시 다뤄져야 할 중요한 과제이다.

2000년, 전국인대상무위원회는 이미 일찍이 〈전국인민대표대회 상무위원회 인터넷안전을 수호하는 것에 관한 결정(全國人民代表大會常務委員會關于維護互聯网安全的決定)〉을 통과시켰다. 이 결정은 제2조에 "국가안전과 사회의 안정을 수호하기 위해 다음 행위 중의 하나가 있으며 범죄를 구성한 자에 대하여는 형법의 관련규정에 따라 형사책임을 추궁한다. (1) 인터넷을 이용하여 날조, 비방하거나 또는 기타 유해정보를 유포, 전파하며 국가정권과 사회주의제도의 전복을 선동하거나 또는 국가분열과 국가통일의 파괴를 선동하는 행위" 등이라고 규정하였고, 제4조는 "개인, 법인과 기타 조직의 인신, 재산 등 합법적 권리를 보호하기 위해 다음 행위중의 하나가 있으며 범죄를 구성한 자에 대하여는 형법의 관련규정에 따라 형사책임을 추궁한다. (1) 인터넷을 이용하여 타인을 모욕하거나 사실을 날조하여 타인을 비방하는 행위" 등이라고 규정하였다. 이 결정의 상술한 규정에 따라 사이버공간에서 발표한 언론과 정보는 국가정권 전복선동죄와 국가분열 선동죄 등을 구성할 수 있으며 비방죄도 구성할 수 있다.

2013년, 사이버범죄와 관련된 죄명과 행위구성은 한층 더 확대되었다. 최고인민법원과 최고인민검찰원은 합동으로 〈최고인민법원, 최고인민검찰원의 정보네트워크를 이용한 비방 등 형사안건에서 법률을 적용하는 것에 관한 약간문제의 해석(最高人民法院, 最高人民檢察院關于辦理利用信息網絡實施誹謗等刑事案件適用法律若干問題的解釋)〉을 발부하였다. 이 해석은 위 전국인대상무위원회의 결정에 따라 더 나아가 "다음 유형 중의 하나가 있으면 형법 제246조 제1관이 규정한 '사실을 날조하여 타인을 비방한 행위'에 해당된다고 규정하였다. (1) 사이버공간에서 타인의 명예를 손상하는 사실을 날조하여 유포하거나 또는 사람을 조직, 부추기어 유포하는 행위, …"(제1조) 그리고 이어지는 제2조에서 해당 해석은 비방의 '정형이 엄중'하다고 인정할 수 있는 요건의 구체기준을 규정하였다. "정보네트워크를 이용하여 타인을 비방하였으며 다음 정형중의 하나에 해당되면 반드시 형법 제246조 제1관이 규정한 '정형이 엄중'한 경우에 해당된다. (1) 동일한 비방정보의 클릭열람회수가 5,000번 이상이 되거나 또는 중계전송 회수가 500번 이상이 되었을 경우, …" 뚜렷한 것은 위의 해석은 행위자행위가 객관적으로 타인의 명예에 실질적 피해를 줬는지를 고려하지 않았고 언론정보에 대한 인터넷의 자체정화 능력도 고려하지 않았다. 인터넷의 쾌속, 광범위한 전파 기능으로 인해 소위 비방정보가 클릭되어 5,000번 이상 열람되거나 또는 500번 이상 중계전송 되었다는 등 기준은 대량의 인터넷이용자를 잠재된 범죄혐의자로 볼 수 있어 집법자의 선택적 집행에 많은 공간을 남겨줬는데 이는 거의 사이버범죄를 하나의 신형 넝마주머니죄로 전락시켰다.

이 해석은 이후 몇 개 조항의 규정에서 사이버범죄가 언급 가능한 죄명을 사단도발(尋釁滋事)죄, 공갈사기죄, 불법경영죄, 상업신용 및 상품명예손상죄, 법률실시폭력항거선동죄 등으로 확장하였다. 이러한 사이버범죄의 죄명은 위에서 언급한 전국인대상무위원회의 결정에는 없었던 내용들로 이들은 해당결정의 제5조 "인터넷을 이용하여 본 결정 제1조, 제2조, 제3조, 제4조에 열거된 행위 이외 행위의 실시로 범죄를 구상하여 형법의 관련규정에 따라 형사책임을 추궁해야 한다."라는 규정에서 파생되었다.

사이버범죄의 확대는 향후 일정시기 공중의 표현영역에서 중국형법의 확장태세를 대표하였다. 그러나 언론과 정보교류를 관제대상으로 하는 형법과 형사정책은 현대사회에서 공민의 언론자유를 보호하는 총체적인 흐름에 부합되지 않으므로 미래의 형법은 반드시 공민의 프라이버시, 명예권과 언론자유간의 가치충돌에서 새로운 균형을 찾도록 해야 한다.

(2) 형법의 현대화전형

　　오늘날 중국형법의 기능 내지 목표는 여전히 아주 짙은 국가의지를 시행하려는 '폭력도구'란 색채를 지니게 되었고 죄형법정주의와 법률적용의 통일도 아직은 모두 충분한 보장을 받지 못하고 있는 실정이다. 그러므로 노동교양제도의 폐지 등 지체된 적극적 개혁조치 몇 개를 제외하고 사람들은 최근 몇 년간 형법영역의 개혁에 대하여 아무런 긍정적인 평가도 내릴 수 없게 되었다. 십여 년 전 국내외 학자들이 형법에 대한 비판적인 의견과 개혁에 관한 구체적 건의들은 지금에 와서 보아도 거의 수정할 필요가 없을 정도로 형법의 발전에 현실적인 참고 가치가 있다.

　　권리의식은 젊은이들 속에서 성장하고 법치 관련 사건들에 대한 언론의 전파도 비록 장애가 없는 것은 아니겠으나 이미 중요한 발전을 이룩하였다. 그리고 기술혁신도 봉쇄가 불가능한 정보교류의 기회를 제공하였으므로 사회적인 측면으로 보았을 때, 현대화 전형(轉型; 변화 변혁 이행)은 자체적 논리에 따라 발전하게 되어 법률 자체도 이미 이밖에 방치해 둘 수 없게 되었다.

① 형법과 매체에 관하여

　　언론매체는 사회여론을 이끌어 가는 주도적인 역량으로 법치건설의 중요한 조건이다. 언론매체의 효과적인 감독이 결핍된다면 법치사회의 구축은 상상조차 하기 어려울 것이다. 형법 발전에서 언론매체가 발휘한 작용은 특히 뚜렷하였다. 근년 이래 거의 모든 중대한 형사법의 개혁조치들은 언론매체들의 깊숙한 참여가 있었는데 제도의 변혁을 추동한 거의 모든 중대안건은 언론매체의 보도로 인해 공중의 시야에 들어오고 입법토론까지 이어지게 되었다. 형사안건의 집광(聚光)성 특징으로 인해 언론매체들은 형법의 발전에 일관된 중시를 유지해 왔다. 형법의 미래발전도 다음과 같은 세 개 방면의 진보와 연관될 것이다. 첫째, 텔레비전, 라디오, 신문, 간행물 등 전통매체들은 형사안건과 형법의 수정에 관한 보도에서 더욱 많은 자유를 획득하여 사실과 진상은 더욱 많이 드러나고 토론과 비평도 더욱 많은 이해와 용납되어야 한다. 둘째, 소셜미디어의 지위와 역할은 더욱 긍정적 평가를 받을 수 있어야 하고 그리고 전통매체와의 긍정적 경쟁관계를 이루어내도록 해야 한다. 셋째, 교육영역에서 법언론학의 발전을 이루어내 보도의 법전문성과 정확성이 제고되도록 해야 한다.

② 경형화(輕刑化) 변혁에 관하여

형법제도의 경형화 변혁은 오늘날 국제사회의 공통된 추세이다. 1949년 이후, 중국 형사정책의 총체적인 변화와 1979년과 1997년 형법의 비교는 모두 형법의 이러한 점진적 경형화의 특징을 구현하였다. 지금 중국의 형법에서 그 정치적 색채는 점차 퇴색되고 인권보호이념과 인도주의정신은 더욱 확고해지고 있으므로 미래 형법의 경형화는 법률

발전의 필연적인 결과로 자리를 잡아가게 될 것이라고 예견할 수 있다.

미시적인 측면에서 말하자면, 일부 죄명에 관한 사법해석과 형사정책에서 반드시 범죄의 구성기준 즉 양형기점(예를 들면 범죄소득의 금액)과 가중처벌의 기준을 즉시 수정하여 시대에 뒤떨어진 기준으로 당사자의 형사책임을 가중하는 현상의 발생을 피하도록 해야 한다.

③ 사형정책의 안정에 관하여

형법영역에서 사형의 존폐와 적용은 인기 화제이다. 비록 나아가야 할 길은 멀겠으나 사형폐지는 형법발전이 반드시 명확히 견지해야 할 최종목표라고 생각한다. 그러나 지금과 향후의 일정 단계에서 사형의 적용기준(사형정책)은 반드시 안정시켜야 한다. 2009년, 선양(沈陽)에서 한 영세업자가 도시관리 요원을 사살한 사건이 발생하였다.[31] 사회여론은 피고인에게 많은 동정을 보내면서 그의 행위가 정당방위에 속하는 것은 아닌지에 주목하였다. 2013년, 피고인은 최종 사형판결을 맞았다. 이에 관하여 한편의 논평은 해당 안건에서 최종 사형을 적용하게 된 것은 피해자가 정부사업 요원이란 점과 일정한 관련이 있다고 보았다. 사실 상황이 어떠하였는지를 막론하고 사형적용에서 사법기관은 반드시 통일, 안정과 신중을 정책의 기본적인 기조로 견지해야 하며 안

---

31 劉長: 〈夏俊峰刀刺城管案始末〉, httP://business. sohu. com/20110516/ n307577791. shtml, 방문일자: 2014년 6월 10일 참조.

정적인 사형정책이 비법률적인 요인으로 인해 파괴되는 현상의 발생을 확실히 방지해야 한다.

④ 신시대 형법학의 구축에 관하여

개혁개방이 시작되어 상당한 시간이 지나기까지 각종 형법문제에 대한 형법학계의 모든 연구는 이미 제정된 법률조문에 대한 해석과 법률조문의 합리화에만 제한되었다. 법률문제에 관한 논쟁은 왕왕 법전의 반포로 사라졌다. 때문에 중국의 형법이론은 오랜 기간 일종의 해석형법학으로 인식되었다. 그러나 비평과 비교가 없으면 발전이란 있을 수 없으므로 형법학계는 최근 몇 년간의 노력 끝에 낙후된 소련식의 형법이론을 타파하고 더욱 과학적이고 현대적인 범죄론, 형벌론 체계의 구축에 힘을 쏟아 부어 이미 많은 성과를 취득하였으며 중국의 형법학연구를 새로운 발전단계로 발돋움시켰다. 우리는 향후 중국의 형법 실무계도 신시대 형법이론의 지도하에 형사사법의 수준을 전면적으로 제고할 것을 기대한다.

⑤ 형법의 투명성에 관하여

전문에서 이미 수차례나 언급했듯이, 투명성의 부족은 현행 형법 제도의 중요한 과제 중의 하나이다. 때문에 미래의 법률변혁은 반드시 이 중요한 과제를 에워싸고 연구를 전개해 나가야 한다. 〈시민적 정치적 권리에 관한 국제규약(International Covenant on Civil and Political Rights)〉 제14조 제1항은 형사재판의 공개성에 관하여 다음과 같이 요구하였다. "모든 사람은 법정과 재판소에서 평등하다. 어떠한 사람에게 제출된 어떠한 형사고발을 판정할 때나 또는 그가 하나의 소송안건에서 권리 와 의무를 확정할 때에는 법률에 따라 설립된 권한 있고 독립적이며 어 느 한쪽으로 치우치지 않는 법정에서 공정하고 공개적인 심판을 받을 자격을 가진다. 민주사회의 도덕, 공공질서, 국가안전의 이유로 인해 또는 당사자 사생활이익이 이를 요구하게 되었을 경우, 또는 일부 특수 상황에서 법정은 재판을 공개하는 것이 사법이익에 해를 끼친다고 판 단하여 엄격한 제한을 전제로 기자와 사회공중의 재판출석을 불허할 수 있다. 그러나 미성년자 이익은 별도의 요구가 있거나 또는 아동의 후견문제와 관련된 혼인쟁의를 제외하고 모든 형사안건 또는 법률소 송에 대한 판결은 반드시 공개적으로 선포해야 한다." 2013년, 전국의 주목을 끌었던 버시라이(薄熙来) 안건의 법정공개심사와 블로그생중계 는 사법투명성을 확보하려는 의지를 드러냈다. (어떠한 정보를 공개할 수 있는지 역시 통제를 받고 있다.) 그러나 이러한 의지는 기타 형사안건에서 도 관철될 수 있을지? 지켜보아야 할 것이다. 더욱 중요한 것은 법정심 사 이외에 사법 관점의 형성과정 등에 관해서도 반드시 공중에게 더욱 많은 알 권리를 부여해야 한다는 것이다.

⑥ 사법개혁에 관하여

2014년 6월, 중앙전면심화개혁영도소조(中央全面深化改革領導小組)는 〈사법체제개혁 시점(試占)에 관한 약간의 문제에 대한 총체의견(關于司法體制改革試占若干問題的框架意見)〉과 〈상하이시 사법개혁 시점(試占)에 관한 사업방안(上海市司法改革試占工作方案)〉을 심의하여 통과시켰다. 이번의 사법개혁에는 다음과 같은 4개의 중점내용이 포함되었다.[32] 이는 사법인원 유형별 관리제도의 보완, 사법책임제도의 보완, 사법인원 직업보장제도의 완비, 성(省) 이하 지방법원, 검찰원 인력, 재무 및 물자에 대한 통일적 관리의 추진 등이다. 이 개혁방안은 일정한 현실에 그 초점이 맞춰졌다. 즉 사법실무 중의 제도적 결실에 주목하였다. 그러나 이 개혁은 더욱 핵심적인 문제, 즉 개혁후의 사법체제가 형사영역에서 '칼자루이론'이란 도구주의 사유가 초래한 인치(人治) 폐단을 제거할 수 있을지에 관하여 답을 주지 못했다. 이는 형사사법개혁에 몸담은 어떠한 사람이라도 지속적으로 마주하게 될 도전이다.

⑦ 형사정책의 규범화에 관하여

형사정책은 입법부족에 대한 보충과 수정으로 그 존재에서는 일정

---

32 〈司法體制改革(框架意見)和(上海改革方案)獲中央通過〉, httP://www,shanghai.gov. cn/shanghai/node 2314/node2315/node4411/u21ai888132.html, 방문일자: 2014년 6월 18일 참조.

한 합리성과 필요성이 돋보인다. 어떠한 사회의 법치운행이라도 법률의 적용에서 반드시 그 융통성과 자유재량에 필요한 공간을 남겨둬야 한다. 그러나 형사정책은 순행정적 방식으로 제정하고 집행해서는 아니 된다. 형사정책은 당사자의 중대한 인신권 및 재산권과 연관되므로 반드시 상당한 정도의 공개성과 예견가능성이 보장되어야 한다. 형사정책은 제정절차, 효력범위, 수정과 폐지절차 등 모든 면이 반드시 더욱 규범화된 시대로 진입해야 한다.

⑧ 형법과 헌법에 관하여

평화로운 시기에 있어 형사 실체법과 절차법은 국가권력운영의 최전방이며 인권을 보장하는 가장 중요한 장소이다. 현재 중국 헌정의 발전실태를 감안하면 헌법 제33조에 규정된 인권에 대한 존중과 보장원칙은 주로 형사법에 의하여 시행되어야 할 것이다. 진정한 형법 법치화의 실현에서 형법 인권화의 실현은 그 본질이다. 사실 이는 입법기술과 사법운영 차원의 사무는 아니고 어떻게 인권에 대한 선양으로 국가권력의 과도한 확장을 억제할 것인가 하는 문제이다. 엄격한 죄형법정주의원칙 및 구체규칙의 배경에서 형법은 공민이 공권력의 불법침입을 막아내는 진지가 될 것이다. 이를 보았을 때, 미래시대 형법의 법치화는 형법의 현대화이자 헌법의 구체화이다. 만약 중 국헌법의 사법화를 이루어내지 못하면 중국형법 및 그 해석은 통제를 잃게 되므로 그의 임의성은 수시로 폭발할 것이다.

제7장

중국 형사소송법치의 구조, 성과와 한계, 미래의 개혁방향

천광중(陳光中)·정신화(曾新華)

형사소송이란 국가전문기관이 당사자 및 기타 소송참여자의 참여하에 법률이 규정한 절차에 따라 범죄를 소추하고 피소추인의 형사책임을 묻는 활동이다. 중국의 형사소송은 국가 전문기관이 주관하여 진행하므로 국가의 사법활동에 속한다. 그 중심내용은 범죄혐의자, 피고인의 형사책임문제를 해결하는 것이다. 일반적으로 형사소송을 규범화하는 법률을 형사소송법이라 하는데 이는 절차법 범주에 속한다. 중국의 형사소송법은 기본적인 법률로서 중국의 사회주의 법체계에서 아주 중요한 지위에 있다. 범죄혐의자, 피고인의 형사책임에 대한 국가전문기관의 소추는 반드시 엄격한 법적 절차에 따라 진행되어야 한다.

형사소송절차는 실체적 정의의 실현을 보장하는 가치가 있을 뿐만 아니라 또 그의 독립적 가치도 있다. 절차공정의 독립적인 가치는 절차 자체가 직접 구현하는 민주, 법치, 인권과 문명의 정신이다. 이는 실체적 공정의 실현에 의지해 존재하는 것이 아니고 그 자체가 바로 사회정의의 중요한 내용이다. 전체적으로 보았을 때, 절차공정과 실체공정은 통일된 것이다. 그러나 이들은 또 불가피하게 가끔은 서로 모순되기도 한다. 양자가 모순되었을 경우, 일정한 상황에서는 반드시 절차우선의 원칙을 채택해야 한다. 예를 들면 위법증거배제원칙, 절차의 종결성 등이다. 그러나 일부 상황에서는 또 반드시 실체우선의 원칙을 채택해야 한다. 예를 들면 위법증거의 자유재량원칙이다. 또 예를 들면 사실을 잘못 인정하고 법률을 잘못 적용하여 오판과 오살(錯殺)을 하거나 무고한 사람에게 누명을 씌우는 등 상황을 초래하였을 경우, 일단 이러한 상황을 발견하면 반드시 잘못을 시정하고 바로잡아야 하며 국가배상도 실시해야 하는데 이러한 조치들은 종결성 절차와 소송시한의 제한을 받지 않는다. 총괄적으로 절차의 공정과 실체의 공정은 마치 수레의 양 바퀴와 새의 두 날개처럼 서로 의존하고 연관되므로 경중을 구분할 수 없는 것이다. "법치국가의 형사소송절차에서 사법절차의 적법여부는 유죄피고, 유죄판결 및 법의 평화회복과 똑같이 중요하게 여겨지고 있다."[1] 하지만 중국은 입법에서는 물론이고 사법에서도 장기적으로 범죄에 대한 타격//처벌을 중요시하고 인권보장을 경시했으며, 실체의 가치를 중요시하고 절차의 가치를 경시하는 잘못된 이념과 입법을 지속하였다. 때문에 중국 형사소송법의 법치건설은 반드시 신중국이 성립된 이래의 경험과 교훈에 대한 총괄을 토대로 실체공정의 방향으로 인권보장을 강화하고 절차의 가치를 높이면서 개혁을 추진해 나아가도록 해야 한다.

---

1   [독일] 클라우스 록신(Claus Roxin): 〈형사소송법〉, 吳立琪 역, 法律出版社, 2003년 판, 제5면.

1. 전환과 회복: 1978—1982년

1976년 10월 초, 중공중앙은 린비요(林彪), 쟝칭(江靑) 반혁명집단을 짓부시고 '문화대혁명'을 종식시켜 중국을 새로운 역사적인 발전기에 진입시켰으며 사회주의건설의 제반 사업도 모두 점차적으로 올바른 궤도로 이끌었다. 1978년 12월 18일부터 22일까지 중국공산당은 베이징에서 제11기 중앙위원회 제3차 회의를 소집하였다. 이 회의에서 중국공산당은 사업의 중심을 사회주의 현대화건설로 이전한다는 전략적 결단을 내리게 되었는데 이는 신중국 성립 이래 중국공산당의 역사에서 아주 뜻깊은 의미를 가진 위대한 전환점으로 사회주의 법제건설도 새로운 발전단계로 들어서게 하였다.

(1) 신중국 제1부 형사소송법의 탄생

1979년 2월에 소집된 제5기 전국인대상무위원회 제6차 회의는 전국인대상무위원회 법제위원회를 설치하기로 결정하였다. 이는 전국인대상무위원회에서 입법사무를 전담할 전문기구로서 펑쩐(彭眞)이 주임을 맡기로 하였다. 이 위원회는 1963년 형사소송법초안(초고)을 기반으로 형사소송법 수정1고와 2고를 잇따라 작성하였다. 이후 형사소송법 수정2고는 당중앙과 전국인대상무위원회에 제출되어 심의수정을 거쳤으며 1979년 7월, 제5기 전국인대 제2차 회의는 첫 번째 형사소송법을 통과시키고 1980년 1월 1일부터 시행하기로 하였다. 이 법은 총 4편

164조인데 주요내용은 다음과 같다.

① 기본원칙

이 법률은 주로 아래와 같은 형사소송의 기본원칙을 규정하였다. 수사권, 검찰권, 재판권은 반드시 전문기관이 법률규정에 따라 행사해야 한다. 사실을 근거로 하고 법률을 준칙으로 헤야 한다. 모든 공민은 법률의 적용에서 모두 평등하다. 각자가 책임을 분담하고, 서로 협조해야 하며, 서로 견제해야 한다. 법정정형에 따라 형사책임을 추궁하지 않는다.

② 기본제도

이에는 주로 2심 종결제도, 공개재판제도와 인민배심원의 배심제도 등이 포함되었다.

③ 관할제도

이에는 입건관할과 재판관할이 포함된다. 고소해야만 처리할 수 있는 안건과 기타 수사할 필요가 없는 경미한 형사안건은 법원이 직접 수리하고 그리고 조정을 실시할 수 있다. 횡령죄, 공민민주권리침범죄, 독직죄 및 검찰원이 스스로 직접 수리해야 한다고 인정하는 기타 안건

중국 법치 100년의 경로

은 검찰원이 입건하여 수사하고 공소의 제기여부를 결정한다. 기타 안건의 수사는 모두 공안기관이 진행해야 한다. 중급인민법원은 아래와 같은 제1심 형사안건을 관할한다. (1) 반혁명안건, (2) 무기징역, 사형에 처해야 할 일반적인 형사안건, (3) 외국인범죄 또는 중국공민이 외국인의 합법적 권익을 침범하게 된 형사안건 등이다. 고급인민법원이 관할해야 할 제1심 형사안건은 전 성(직할시, 자치구)에서 중대한 형사안건이다. 최고인민법원이 관할해야 할 제1심 형사안건은 전국적으로 중대한 형사안건이다. 기층인민법원은 기타 제1심 일반적인 형사안건을 관할한다. 형사안건은 범죄지 인민법원이 관할한다. 만약 피고인거주지의 인민법원이 재판하는 것이 더욱 적절할 경우에는 피고인거주지 인민법원이 관할할 수 있다.

④ 변호제도

변호에는 자체변호, 선임변호와 지정변호 이 3가지 방식이 있다. 피고인은 변호사, 인민단체 또는 피고인이 소속된 단위에서 추천하고 법원의 허가를 받은 공민, 피고인의 가까운 친인척, 후견인이 의뢰를 받고 변호를 담당할 수 있다. 피고인이 맹인, 농아인 또는 미성년자여서 변호사를 선임하지 않았을 경우, 법원은 반드시 그에게 변호사를 지정해야 한다. 변호사는 본 안건과 관련된 서류를 열람하고 사건경위를 파악할 수 있으며 구금된 피고인과 접견과 통신도 할 수 있다. 기타 변호인은 법원의 허가를 받고 안건의 경위를 이해하고 피고인과 접견, 통신을 할 수 있다.

⑤ 증거제도

안건의 진실을 증명할 수 있는 모든 사실은 모두 증거이다. 증거에는 다음과 같은 6가지 종류가 포함되었다. (1) 증거물, 증거서류, (2) 증인의 증언, (3) 피해자의 진술, (4) 피고인의 진술과 변명, (5) 감정결론, (6) 검증, 검사에 관한 조서이다. 재판, 검찰 및 수사요원은 반드시 법정 절차에 따라 피고인의 유죄 또는 무죄, 범죄 정상의 경중을 증명할 수 있는 각종 증거를 수집해야 한다. 고문에 의한 자백의 강요와 위협, 유인, 기만 및 기타 불법적인 방법으로 증거를 수집하는 것은 엄격히 금지한다. 안건과 관련이 있거나 사건정상을 아는 모든 공민이 증거를 객관적으로 충분히 제공할 수 있도록 필요한 조건을 마련해 주어야 하며 특수상황을 제외하고 이들을 종합하여 조사에 협조하도록 할 수 있다. 모든 안건에 대한 판결은 반드시 증거와 조사연구에 역점을 두어야 하며 진술을 가볍게 믿어서는 아니 된다. 피고인의 진술만 있고 다른 증거가 없으면 피고인의 유죄와 그에 대한 처벌을 인정할 수 없다. 그러나 피고인의 진술은 없어도 증거가 충분하고 확실하다면 피고인의 유죄와 그에 대한 처벌은 인정할 수 있다.

⑥ 강제조치

강제조치로 구인, 보석, 거주감시, 구류와 체포 등 5가지 방식을 규정하였다. 주요 범죄 사실이 소명되고 유기징역 이상의 형을 선고받을 가능성이 있는 범인에 대하여 보석, 거주감시 등의 조치를 취하는 것이 사회적 위험의 발생을 방지하기 어려워 체포할 필요가 있을 경우, 반드시 법에 따라 지체 없이 체포해야 한다. 범인의 체포는 반드시 검찰원의 비준 또는 법원의 결정이 있어야 하고 공안기관이 이를 집행해야 한다. 공안기관은 사람을 구류할 때, 반드시 구류증명을 제시해야 한다. 구류 이후, 수사에 방해되거나 통지할 수 없는 정형을 제외하고 반드시 24시간 이내에 피구류인의 가족 또는 그의 소속단위에 구류의 원인과 구금된 장소를 통지해야 한다.

⑦ 부대민사소송

피해자가 피고인의 범죄행위로 인해 물질상의 손실을 보았을 경우, 형사소송의 과정에서 부대하여 민사소송을 제기할 권리가 있다.

⑧ 입건절차

범죄 사실이 있어 형사책임을 추궁할 필요가 있다고 인정하게 되었을 경우, 관련기관은 반드시 이를 입건해야 한다.

⑨ 수사절차

피고인은 수사자의 질문에 반드시 사실대로 대답해야 한다. 그러나 당해 안건과 관련이 없는 문제는 대답을 거절할 권리를 가진다. 증인을 신문할 경우, 반드시 그에게 사실대로 증거, 증언을 제공해야 하고, 의도적으로 허위증거를 제공하거나 또는 증거를 은닉하면 법률적 책임을 져야 한다는 점을 고지해야 한다. 범죄와 관련된 장소, 물품, 인신, 시체에 대해 반드시 검증 또는 검사를 진행해야 한다. 필요할 경우, 전문지식이 있는 인원을 파견 또는 초청하여 수사요원의 주도하에서 검증, 검사를 실시하도록 할 수 있다. 안건의 진상을 규명하기 위해 필요할 경우, 공안국장의 비준을 거쳐 수사실험을 실시할 수 있다. 범죄증거를 수집하고 범죄자를 나포하기 위해 수사요원은 피고인 및 죄범 또는 범죄증거를 가능하게 은닉하였을 사람의 신체, 물품, 거처와 기타 관련이 있는 장소를 수색할 수 있다. 검증, 수색과정에서 발견한 범죄피의자의 유죄 또는 무죄를 증명할 수 있는 각종 물품과 서류는 압수해야 한다. 안건 진상을 규명하기 위해 안건 중의 일부 전문적 문제를 해결해야 할 경우, 반드시 전문지식이 있는 인원을 파견 또는 초청하여 감정을 실시해야 한다. 반드시 체포해야 할 범죄피의자가 도주하였을 경우, 공안기관은 수배령을 발부하고 효과적인 조치를 취하여 체포할 수 있다.

⑩ 기소

공소를 제기해야 하거나 또는 불기소처분을 내려야 할 모든 안건은 일괄적으로 검찰원이 심사하여 결정하도록 해야 한다. 검찰원은 안건의 심사에서 반드시 피고인을 심문해야 한다. 피고인의 범죄사실이 이미 규명되고 증거가 확실하고 충분하여 반드시 법에 따라 형사책임을 추궁해야 한다고 인정하게 되면 검찰원은 반드시 기소결정을 내리고 재판관할에 관한 규정에 따라 법원에 공소를 제기해야 한다. 형법규정에 따라 형벌에 처할 필요가 없거나 형벌을 면제해야 할 경우, 검찰원은 불기소 결정을 내릴 수 있다. 만약 피고인에게 (1)정상이 현저히 경미하고 위험성도 크지 않아 범죄로 인정할 수 없는 경우, (2)범죄의 소추시효기한이 지나게 되었을 경우, (3)특별사면(特赦)령에 따라 형벌이 면제되었을 경우, (4)형법규정에 따라 고소가 있어야 처리할 수 있는 범죄에서 고소를 하지 않았거나 또는 고소가 철회되었을 경우, (5)피고인이 사망했거나 또는 (6)기타 법률, 법령의 규정이 형사책임을 면제하기로 하였을 경우, 검찰원은 반드시 불기소결정을 내려야 한다.

⑪ 1심 절차

법원은 공소가 제기된 안건을 심사하고 그 결과에 따라 다음과 같이 처리해야 한다. 범죄를 저지른 사실이 명백하고 증거가 충분한 것은 반드시 개정하여 재판하기로 결정해야 하고, 주요 사실이 분명치 않고 증거가 충분치 못한 안건에 대하여는 검찰원에 환송하여 보충수사를 하도록 해야 하며, 판결할 필요가 없다고 인정되는 안건은 검찰원에 기소의 철회를 요구할 수 있다. 법원은 공소안건의 재판에서 죄행이 비교적 가벼워 법원의 동의를 얻게 된 경우를 제외하고 반드시 검찰원에서 법정에 검찰요원을 출정시켜 공소를 유지하게 해야 한다. 출정한 검찰요원은 재판활동 중의 불법상황을 발견하면 법정에 시정의견을 제출할 권한이 있다. 개정심사절차에는 개정, 법정조사, 법정변론, 피고인의 최후진술, 평의와 판결 등이 포함되었다. 법정조사의 순서에는 공소인의 기소장낭독, 피고인에 대한 재판원의 심문, 피고인에 대한 공소인의 심문, 피고인에 대한 피해자, 부대민사소송원고 및 변호인의 질문, 증인에 대한 재판원과 공소인의 질문, 당사자와 변호인의 신청에 따른 증인과 감정인에 대한 재판장의 질문 또는 재판장의 허가를 받은 직접질문, 피고인에 대한 재판인원의 증거물제시 및 피고인의 변별, 법정에 출석하지 못한 증인의 증언기록, 감정인의 감정결론, 검증기록과 기타 증거로 쓰이게 될 증거문서의 법정낭독, 당사자와 변호인 의견의 청취 등이 포함된다. 법정변론은 공소인의 발언, 피해자의 발언, 피고인의 진술과 변호, 변호인의 변론을 순서로 진행한다.

⑫ 제2심 절차

당사자 또는 그들의 법정대리인은 지방 각급 법원의 제1심 판결이나 재정에 불복할 경우, 서면 또는 구두로 한 급 높은 법원에 상소를 제기할 권리가 있다. 피고인의 변호인과 가까운 친속은 피고인의 동의를 거쳐 상소를 제출할 수 있다. 제2심 법원은 제1심 판결이 인정한 사실과 법률적용을 전면적으로 심사해야 하며 상소 또는 항소 범위의 제한을 받지 않는다. 제2심 법원은 제1심 판결에 불복하여 제기된 상소, 항소안건에 대하여 반드시 아래와 같은 정형//유형에 따라 각기 처리하도록 해야 한다. 원심판결의 사실인정과 법률적용이 정확하고 양형도 적절할 경우에는 반드시 재정하여 상소 또는 항소를 기각하고 원심판결을 유지하도록 해야 한다. 원심판결의 사실인정은 틀림없으나 법률적용에 잘못이 있거나 양형이 부당할 경우에는 반드시 판결에 변경을 가하도록 해야 한다. 원심판결이 인정한 사실이 정확하지 않거나 또는 증거가 부족할 경우에는 사실과 진상을 명확히 조사하고 판결에 변경을 가하거나 또는 재정으로 원심판결을 취소하고 원심법원에 환송하여 다시 재판하게 할 수도 있다. 제2심 법원은 피고인 또는 그의 법정대리인, 변호인, 가까운 친속이 상소한 안건을 재판하게 되었을 때에는 피고인의 형벌을 가중해서는 아니 된다. 그러나 검찰원이 항소를 제기했거나 자소인(自訴人)이 상소를 제기하였을 경우에는 이러한 제한을 받지 않는다.

⑬ 사형심사비준(復核)절차

사형은 최고인민법원이 심사비준(復核)을 한다. 중급인민법원이 내린 집행유예 2년부 사형판결 안건은 고급인민법원이 심사비준(復核)을 한다. 최고인민법원이 사형안건을 심사비준(復核)하고 고급인민법원이 집행유예 부 사형안건을 심사비준(復核)하게 되었을 때에는 반드시 3명의 심판원으로 합의정(合議庭)을 구성하여 진행하도록 해야 한다.

⑭ 재판감독절차

당사자, 피해인 및 그의 가족 또는 기타 공민은 법적 효력이 발생한 판결이나 재정에 대하여 법원 또는 검찰원에 불복신청을 제출할 수 있다. 그러나 판결이나 재정의 집행을 중지시킬 수는 없다. 각급 법원의 법원장은 이미 법적 효력이 발생한 본 법원의 판결이나 재정에 만약 사실인정이나 법률의 적용에 확실히 잘못이 있는 것을 발견하게 되면, 반드시 이를 재판위원회에 회부하여 처리해야 한다. 최고인민법원은 이미 법적 효력이 발생한 각급 법원의 판결과 재정에, 상급 법원은 이미 법적 효력이 발생한 하급 법원의 판결과 재정에 확실히 잘못이 있는 것을 발견하게 되면, 이를 자판하거나 또는 하급법원에 이에 대한 재심을 명할 수 있다. 최고인민검찰원은 이미 법적 효력이 발생한 각급 법원의 판결과 재정에, 상급 인민검찰원은 이미 법적 효력이 발생한 하급 법원의 판결과 재정에 확실히 잘못이 있는 것을 발견하게 되면, 재판감독절차에 따라 항소를 제출할 권한이 있다.

형사소송법의 제정은 형사안건의 처리에서 의거할 법적 절차가 없었던 상황을 종식시켜 형사안건처리의 질적·양적 향상에 대하여 아주 중요한 작용을 하였다. 형사소송법의 제정과 동시에 형법도 같이 제정되었다. 이를 이어 법원조직법과 검찰원조직법도 잇따라 수정하였다.

(2) 중공중앙 1979년 '64호 문건'

형법과 형사소송법의 확실한 실시를 보장하고 나라를 하루빨리 법제궤도에 진입하도록 하기 위해 중공중앙은 1979년 9월 9일에 신중국 사회주의 법치건설에서 아주 뜻깊은 역사적 의미를 가진 〈중공중앙 형법, 형사소송법의 확실한 실시를 확실히 보장하는 것에 관한 지시(中共中央關于堅決保證刑法, 刑事訴訟法切實實施的指示)〉를 반포하였다. 이는 바로 저명한 '64호 문건'이다. 이 문건은 중국공산당이 신중국의 성립 이래 특히 '문화대혁명'의 경험과 교훈을 전면적으로 섭취하고 중국공산당 전체와 전사회가 마음속으로부터 법률을 갈망하고 법치를 고려하게 된 배경에서 제정하게 된 것이고 형법과 형사소송법의 확실한 실시를 보정하고 사회주의 법치를 실행하려는 선언이다. 이 문건에는 주로 아래와 같은 내용들이 포함되었다.

당의 내부문건으로 처음 '사회주의 법치'란 개념을 제출하였다. 이 문건은 첫머리에 "제5기 전국인대 제2차 회의에서 만장일치로 통과된 형법, 형사소송법 등 7개 중요한 법률은 전국 여러 민족 인민의 뜨거운 옹호를 받았다. 이러한 법률을 우리는 도대체 확실히 실시할 수 있을지? 이는 현재 사람들의 최대 관심사항이다. 이 7개 중요한 법률에서 형법과 형사소송법은 전국 인민의 일상과 밀접히 관련되므로 이들은 엄격히 집행할 수 있을지? 이는 중국이 사회주의 법치를 실행하는지의 여부를 가늠하게 될 중요한 지표이다. 때문에 이는 광범위한 군중의 더욱 각별한 주목을 받게 되었다."라고 요지를 밝혔다. 이는 중국공산당 제11기 중앙위원회 제3차 회의 이후, 당의 문건에서 처음으로 제출하게 된 '사회주의 법치'의 실행이다. 이는 이후 당과 국가의 기타 중요문건 및 중앙지도자의 담화, 나아가 중국공산당 제15차 전국대표대회의 보고에서 '법에 의해 나라를 다스리고 사회주의 법치국가를 건설하자'라는 치국방침의 확립에 튼튼한 기반을 마련하였다.

당과 법률·사법의 관계를 정리하고 당위원회의 안건비준제도를 폐지하였다. 1957년의 '정풍반우(整風反右)'부터 '문화대혁명'까지 당과 법률, 사법의 관계는 서로 뒤엉켜 있었다. 때문에 64호 문건은 "우리 당 내에서 건국 이후부터 장기간 사회주의 법제의 건립과 완비를 중시하지 않았고 법률을 부정하고 경시하게 되었으므로, 당으로 정부를 대체하고 말로 법률을 대체하며 법률이 있어도 지키려 하지 않는 것이 이미 많은 동지들의 습관으로 되었다. 법률은 있으나마나 한 존재이고 우리의 손발을 잡게 될 뿐이며, 정책은 곧바로 법률이므로 정책이 있기에 법률은 없어도 된다는 등의 사상은 당원 간부들 사이에서 상당히 성행되었다."라고 솔직히 지적하였다. 당의 위신과 법률, 사법의 권위를 수호하기 위해 문건은 더 나아가 다음과 같이 지적하였다. "사법에 대한 당지도력의 강화에 있어 가장 중요한 것은 바로 법률의 실시를 확실히 보장하고 사법기관의 역할을 충분히 발휘하여 검찰원이 독립적으로 검찰권을 행사하고 법원이 독립적으로 재판권을 행사할 수 있게 보장하며 이들이 기타 행정기관, 단체와 개인의 간섭을 받지 않도록 하는 것이다. 국가의 법률은 당의 지도하에서 제정하게 된 것이고 사법기관도 당의 지도하에서 건립하게 된 것이다. 때문에 법률과 사법기관에 대한 멸시는 바로 당의 영도와 위신을 훼손하는 것이다. 당위원회와 사법기관은 각자의 책임이 있기에 서로 대체할 수 없으며 헷갈려서도 아니된다. 때문에 당중앙은 각급 당위원회의 안건심사비준제도를 최소화하였다. 현(縣)급 이상 간부와 저명인사 등 위법범죄안건에 대하여 특별히 중대하여 반드시 상급에 보고해야 할 극소수를 제외하고 모두 소재지 사법기관에서 법에 따라 독립적으로 처리해야 한다. 사법기관이 법에 따라 내리게 된 판결과 재정에 대하여 관련 단위와 개인은 반드시 집행해야 한다. 만약 불복이 있으면 반드시 사법절차에 따라 상소를 제기해야 하며 관련 사법기관은 이를 책임지고 심사해야 한다. 각급 공안기관은 반드시 당의 영도에 확고히 복종해야 한다. 그러나 법률이 부여한 직책을 수행할 경우에는 또 반드시 법률규정을 엄격히 준수해야 한다. 이 양자는 서로 아무런 모순도 되지 않으므로 당의 영도에 복종하기 위해서는 법률규정도 어길 수 있다는 착오적인 발상은 반드시 확고히 시정되어야 한다. 사법사업에 대한 당의 영도는 주로 방침, 정책상의 영도이다. 각급 당위원회는 반드시 당으로 정부를 대체하고 말로 법을 대체하며 법에 따라 일을 하지 않고 사법행정사무를 독점하려는 습관을 강건히 개변해야 한다." 이로부터 알 수 있는 것은 첫째로 법률은 권력의 우위에 있는 지상의 존재란 법치이념을 확립하고, 둘째로 사법기관의 독립적인 직권행사원칙을 확립했으며, 셋째로 당위원회의 안건심사 비준제도를 폐지하였다는 것이다.

형사소송에서 사법기관이 따라야 할 기본원칙을 재천명하였다. 이 지시는 또 형사소송법이 명확히 규정한 다음과 같은 기본준칙을 재천명하였다. 첫째, 사실을 근거로 하고 법률을 기준으로 해야 한다. 둘째, 법률 앞에서 모든 사람은 평등하다. 피소추인의 사회적 지위, 성분, 정치경력 그리고 피소추인이 저지른 범죄가 적대모순에 속하는지를 불문하고 반드시 모두 법률 앞에서 모두 평등하다는 원칙을 견지해야 한다. 셋째, 사법권은 공안, 검찰, 법원에 전속된 권력이므로 이들 이외의 어떠한 기관과 개인이라도 사람을 체포, 구류하고 법정을 사설(私設)하며 가택을 수색하고 인신자유를 제한하며 공민의 정당한 권익을 침해할 권한이 없다. 넷째, 어떠한 이유로든 공안, 검찰기관에게 형법과 형사소송법이 규정한 사법절차를 어기면서 함부로 사람을 체포해라거나 또는 법원에 법률규정을 어기면서 마음대로 형벌을 판정, 가중 또는 감면하도록 지령해서도 아니 된다. 다섯째, 고문에 의한 자백의 강요 등 불법행위를 엄금한다. 그러므로 공안, 검찰, 법원 등 기관은 인격모욕, 변칙적 체벌, 고문에 의한 자백의 강요 등 불법수단으로 범죄자 또는 구류, 체포, 구금된 인원을 대해서는 아니 된다.

◇iv 사법기구의 완비와 사법조직건설의 강화를 요구하였다. 이 문건은 계획적이고 절차적으로 당정기관, 군부계통과 경제부서로부터 인격이 좋고 기풍이 올바르며 신체가 건강하면서도 또 일정한 정책과

문화적 자질을 갖춘 간부들을 선발하여 일정한 훈련을 거쳐 사법부문에 배치하고, 사법전공자와 사법경력자에 대한 전면적인 조사를 실시하여 사법에 적합한 자들을 사법에 복귀하도록 동원할 것을 요구하였다. 문건은 또 각 성(省), 지(地), 현(縣)의 공안청(국)장, 법원장과 검찰장은 반드시 모두 같은 급 당위원회상무위원의 조건에 부합되는 간부들 중에서 신중히 선임할 것도 요구하였다. 우선은 법원과 검찰원의 기구를 완비하고 새로 성립된 사법부는 사법간부의 양성에 주력할 것을 요구하였다. 폐지된 각 대학의 정법원계(政法院系)와 정법, 공안 대학들을 되도록 빨리 회복하고 여건이 되는 인문계대학들도 법학과(院系)를 설립해야 한다고 요구하였다. 각 성, 시, 자치구는 또 자체조건에 따라 각종 유형의 정법대학과 사법, 공안학교를 점차 건립하고, 지방 각급 당위원회는 공안, 검찰기관과 법원에 간부를 조달할 때, 반드시 상급 공안, 검찰기관과 법원의 동의를 구하도록 하였다.

이 외에 이 문건은 또 광범위하고 깊숙한 형법과 형사소송법의 선전을 전개할 것도 요구하여 1980년 1월 1일부터 이 두 개 법률을 시행하는데 튼튼한 기반을 마련하였다. 당의 각급 조직과 지도간부 및 모든 당원은 반드시 모범적으로 법률을 준수해야 한다. 당중앙위원회부터 당의 기층 조직까지, 당중앙의 주석부터 모든 당원까지 반드시 모두 일체적으로 법률을 준수해야 한다. 법률의 약속을 받지 않는 특수공민이 있어서는 아니 되고, 어떠한 권력이라도 법률을 능가하는 특권을 누려서는 아니 된다.

(3) 잘못 처리된 안건의 재심(復査)과 시정

'문화대혁명' 이후 린비요(林彪), 쟝칭(江青) 반혁명집단이 조성한 많은 잘못 처리된 억울한 안건을 재심하여 다시 바로잡는 것은 전국 각급 사법기관이 직면하게 된 긴박하고도 무거운 임무가 되었다.

중국공산당 제11기 중앙위원회회 제3차 회의 이전인 1978년 하반기부터 전국의 각급 법원들은 이미 점차적으로 잘못 처리된 억울한 안건의 시정을 시작하였다. 1978년 4월에 소집된 제8차 전국사법사업회의는 "모두가 틀렸으면 모두를 바로잡고, 일부가 틀렸으면 일부를 바로잡아야 하며, 틀림이 없으면 바로잡지 않는다."라는 원칙에 따라 '문화대혁명'기간에 발생한 잘못 처리된 억울한 안건에 대한 시정을 실시할 것을 요구하였다. 그러나 당시 법원사업인원들의 사상은 해방되지 않았고 구체적인 조치도 따라가지 못하여 재심의 진척은 더디기만 하였다. 잇달아 1978년 10, 11월 최고인민법원은 상하이에서 제2차 전국형사재판사업회의를 소집하였다. 이 회의 주제는 '문화대혁명'기간에 잘못 처리된 형사안건에 대한 전면적 재심을 연구하고 포치하는 것이었는데 이 회의에서는 또 정식으로 바로잡은 9개의 잘못 처리된 억울한 안건 사례도 발부하였다. 이 회의 폐막식에서 쟝화(江華) 원장은 〈'문화대혁명'기간에 잘못 처리된 억울한 안건을 재심하고 바로잡는 사업을 적극적으로 전개하자〉라는 보고를 하였다. 그는 이 보고에서 "잘못 처리된 억울한 안건을 재심하여 바로잡는 것은 중국의 국가성격, 인민법원의 성격이 결정하게 된 것이다. … 잘못 처리된 억울한 안건을 재심하여 바로잡으려면 반드시 사상을 더욱 해방해야 한다. … 일부 피고인들은 린비요, '4인방(四人幇)'을 반대하는 동시에, 당과 수령의 위상을 훼손하는 올바르지 않은 언행들도 있었는데 이러한 안건들은 하나의 '금지구역'으로 되었다. 많은 동지들은 이를 건드리지 못하고 있다. 린비요와 '4인방'은 수령에 관해 많은 유심론(唯心論)과 형이상학적인 유독을 남기게 되었는데 이들은 아직 숙청되지 못했다. 린비요와 '4인방' 무리는 그들의 반혁명적인 목적으로부터 당의 수령을 '우상화'하고 수령의 어록을 종교교의로 삼았으므로 수령의 형상이 찍힌 하나의 마크나 한 장의 사진이라도 훼손하거나 또는 한마디 불만이라도 토로하게 되면 그의 목적과 동기를 불문하고 모두 '악랄한 공격'을 하는 반혁명분자로 몰아세워 죄를 묻고 처벌하였다. 그 시기 잘못 처리된 억울한 안건에서 '악독한 공격'안건은 가장 많았다. 어떤 사람들은 린비요, '4인방'을 반대하면서 공산당의 내부사정을 모르거나 또는 일시적인 불만으로 인해 일부 정치성을 지닌 말들을 하거나 또는 글을 쓰기도 하였다. 그러나 이들은 공산당의 영도를 뒤엎고 인민민주독재정권과 사회주의제도를 뒤엎으려한 것은 아니고 반혁명적인 목적도 없었는데 왜 이들을 모두 반혁명으로 몰아세워 처벌해야 하는가? 우리는 반드시 모든 안건을 구체적으로 분석해야 한다. 즉 구체안건의 본질은 무엇이고 주류는 무엇인지를 보아야 한다. 안건의 본질이 린비요와 '4인방'을 반대하는 것이라면 반드시 바로잡도록 해야 한다. … 우리는 반드시 실제로부터 출발하여 실사구시하여야 하며 실천은 진리를 검증할 수 있는 유일한 기준이란 원칙을 견지해야 한다."라고 지적하였다.[2] 쟝화(江華)의 이 강화는 사법간부들이 의혹을 버리고 사상을 해방하여 인식의 통일을 이루어내는데 아주 중요한 작용을 하게 되었다. 이 회의 이후, 최고인민법원의 당조(黨組)는 중공중앙에 〈잘못 처리된 억울한 사건의 재심과 시정을 틀어쥐고 당의 정책을 착실히 실시하는 것에 관한 지시청구 보고(關于抓緊復査糾正寃假錯案認眞落實黨的政策的請示報告)〉를 제출하였다. 1978년 12월, 중공중앙은 이 보고를 정식으로 이첩(批轉)하고 법원에서 모두가 틀렸으면 모두를 바로잡고, 일부가 틀렸으면 일부를 바로잡으며 틀림이 없으면 바로잡지 않는다는 원칙에 따라 기강을 엄숙히 하고 잘못 처리된 억울한 안건을 확실히 바로잡을 것을 요구하였다.

중국공산당 제11기 중앙위원회회 제3차 회의는 '문화대혁명' 기간 잘못 처리된 억울한 안건의 재심과 시정에 관하여 다음과 같이 결정하였다. "역사적으로 남겨진 문제의 해결에서 반드시 마우쩌뚱(毛澤東)이 제창한 실사구시, 유착필구(有錯必究)의 원칙을 견지해야 한다. 위조된 안건을 바로잡고, 잘못 처리된 안건을 시정하며, 억울한 안건으로 인한 누명을 벗겨 주어야만 당과 인민의 단결을 견고히 하고 당과 마우쩌뚱의 위상을 수호할 수 있다. '4인방'을 적발하고 비판하는 운동이 끝난 후에도 이 임무는 반드시 강건히 완성해야 한다. 회의는 이러한 절차를 밟는 것이 바로 마우쩌뚱사상의 과학적 체계를 정확히 파악하고 마우쩌뚱의 기치를 높이 추켜드는 표현이라고 인식을 같이 하였다."

---

2   江華: 〈江華司法文集〉, 人民法院出版社, 1989년 판, 제56—58면.

중국공산당 제11기 중앙위원회 제3차 회의 이후 사법간부들의 사상은 점차 해방되어 재심은 보편적으로 전개되었다. 1981년 말까지 전국 각급 법원에서 '문화대혁명'기간에 판결한 120여만 건의 형사안건을 재심하고 중공중앙의 관련 정책에 따라 30.1만여 건에 달하는 오심안건을 바로잡게 되었는데 관련 당사자는 32.6만여 명에 달했다. 그리고 각지 법원에서는 또 주도적으로 1977년과 1978년 이 2년간에 판결한 3.3만여 건의 반혁명안건을 심사하여 2.1만 건의 오심안건을 발견해 바로잡았다. 1983년에 이르러 '문화대혁명' 기간과 1977년, 1978년에 판결한 오심안건을 재심하여 바로잡는 작업은 기본적으로 완성되었다. 재심과정에서 중공중앙은 선후로 3차례나 최고인민법원의 당조에서 재심에 관해 제출한 지시청구 보고를 이첩했는데 이들은 '문화대혁명' 기간에 잘못 처리된 억울한 안건에 대한 재심과 시정에 대하여 아주 중요한 지도와 보장을 제공하였다. 재심의 결과를 보았을 때, 잘못 처리된 안건은 주로 다음과 같은 두 가지로 분류할 수 있었다. 즉 하나는 린비요와 '4인방'을 반대하고 류사오치(劉少奇)와 덩샤오핑(邓小平) 등 당과 국가지도자들이 모함당한 것을 항의하여 반혁명으로 몰리고 형벌을 받게 된 안건이다. 1980년 말에 있었던 불완전한 통계에 의하면 이러한 안건들은 전체 시정된 반혁명안건 중의 약 21.9%를 차지하였다. 다른 하나는 '공안6조'에 따라 판결한 소위 '악랄한 공격'안건이다. 이들은 전체 시정된 반혁명안건 중의 약 50%를 차지하였다.

'문화대혁명'기간에 잘못 처리된 억울한 안건을 재심하고 바로잡는 작업은 주로 법원이 맡아 진행하였다. 동시에 전국의 각급 검찰기관도 비록 회복과 재건의 단계에 있기는 했으나 역시 오류를 바로잡는 작업에 적극 참여해 수많은 인민군중의 청원서한을 접수하여 처리하였다. 불완전한 통계에 의하면 전국의 검찰기관은 1978년에는 70,203건(차), 1979년에는 1,236,134건(차), 1980년에는 1,518,846건(차)에 달하는 서한과 방문을 접수하여 처리하였다. 각급 검찰원의 통계에 의하면 1979년부터 1984년까지 전국적으로 총 402,000건에 달하는 잘못 처리되거나 억울한 안건을 바로잡게 되었는데 이중 절대다수는 검찰기관이 관련 부문들과 협력해 바로잡게 된 것이고 그리고 다른 일부는 검찰기관이 독자적으로 맡아 바로잡게 된 것이다.

전국 각급 사법기관에서 펼쳐진 '문화대혁명'기간 잘못 처리된 억울한 안건을 바로잡고 시정하는 작업으로 인해 린비요, '4인방'의 박해를 받은 수많은 사람은 누명을 벗고 다시 빛을 보게 되었으며 이들의 가족도 적절히 안치(安置)되고 상응한 보상[救恤]도 받게 되었다. 이러한 사업으로 인해 많은 인심을 얻게 되었는데 이는 또 상처의 치유, 정치 국면의 안정, 당 위상의 회복 및 현대건설의 발전에 관건적 작용을 하게 되었다.

2. 곡절과 발전: 1983—1996년

(1) '엄단(嚴打)'기간의 형사사법제도

'문화대혁명' 이후 중국의 사회전반에서 강력범죄와 각종 악성안건들은 빈발하게 되었는데 이는 총체적 사회치안상황의 악화로 이어졌다. 때문에 중공중앙은 1983년 8월 25일에 〈사회치안을 심각히 해치는 범죄자를 엄벌하는 것에 관한 결정(關于嚴懲危害社會治安的犯罪分子的決定)〉을 발표하고 '엄단(嚴打)'을 시작하였다. 이 결정에서 "중앙은 3년을 기한으로 제1차, 2차, 3차 전역을 조직해 형사범죄자들을 중하고 엄하게 다스려 일망에 타진한다는 정신으로 법에 따라 강건히 타격해야 한다."라고 지적하였다.

1983년 9월, 제6기 전국인대상무위원회 제2차 회의는 〈전국인민대표대회상무위원회의 사회치안에 위해를 가하는 범죄분자를 엄중히 징벌하는 것에 관한 결정(全國人民代表大會常務委員會關于嚴懲危害社會治安的犯罪分子的決定)〉과 〈전국인민대표대회상무위원회 사회치안을 심각히 해치는 범죄분자를 신속히 재판하는 것에 관한 절차에 관한 결정(全國人民代表大會常務委員會關于迅速審判嚴重危害社會治安的犯罪分子的程序的決定)〉을 통과시켰다. 후자는 "사회치안을 엄중히 해친 범죄분자를 신속히 엄징하고 국가와 인민의 이익을 보호하기 위해 아래와 같이 결정한다. (1) 살인, 강간, 절도, 폭발과 기타 공공안전을 엄중히 해쳐 반드시 사형에 처해야 할 범죄분자에 대하여 범죄의 주요 사실이 명백하고 증거가 확실하며 민중의 분노가 더없이 클 경우, 반드시 신속히 재판해야 하므로 형사소송법 제110조가 규정한 공소장사본이 피고인에게 전달되어야 할 기한과 소환장, 통지서송달기한의 제한을 받지 않아도 된다. (2) 앞 조항이 열거한 범죄분자의 상소기한과 인민검찰원의 항소기한은 형사소송법 제131조가 규정한 10일에서 3일로 고친다."라고 지적하였다. 이에 의하면 당해 결정의 적용은 반드시 아래와 같은 3개 조건이 동시에 구비되어야 한다. 즉 첫째는 살인, 강간, 절도, 폭발과 기타 공공안전을 엄중히 해치는 안건이어야 하고, 둘째는 반드시 사형판결에 처해야 할 안건이어야 하며, 셋째는 범죄의 주요 사실이 명백하고 증거가 확실하며 민중의 분노가 더없이 커야 한다. 이 3개 조건에서 하나만 빠져도 아니 된다. 공동범죄인 경우라 하더라도 위의 3개 조건은 반드시 동시에 구비되어야 한다. 그렇지 않으면 이 결정을 적용하지 못한다. 그리고 이 결정에서 말한 '기타 엄중히 공공질서를 해친' 범죄분자는 1979년 형법 각칙 제2장 '공공안전침해죄' 중의 제106조, 제110조와 제112조에 사형에 관한 규정이 있고 그리고 반드시 사형에 처해야 할 범죄분자를 의미한다.

반드시 인정해야 할 것은 전국인대상무위원회의 이 결정은 범죄활동이 창궐하고 악성범죄가 빈발하던 '문화대혁명' 후기에 엄중한 형사범죄에 대한 타격, 사회질서의 수호, 공민생명과 재산에 대한 보호 등에서 아주 적극적인 작용을 하게 되었으며 그리고 사회주의 법제건설의 강화, 사회기풍과 당풍의 근본적 호전 등에서도 긍정적 역할을 하였다. 하지만 법으로 나라를 다스리고 사회주의 법치국가를 건설하려는

중국 법치 100년의 경로

시각으로 보았을 때, 이 결정은 또 많은 문제점을 나타냈다. 첫째, 이는 중국공산당이 여태까지 시행한 사형정책을 위반하였다. 즉 이는 관련 기한을 크게 단축하여 피고인의 변호권과 상소권을 엄중히 제한하였다. 이는 사형적용에 관한 당과 국가의 일관된 정책에 부합되지 않았고 사형안건의 질적인 보정에도 불리하였다. 둘째, 그 적용조건이 분명치 않았다. 특히 결정에서 말한 '민중의 분노가 더없이 크다.'라는 표현은 실천에서 확정짓기가 아주 어려운 '기준'이었다. 마지막으로 이는 먼저 사형의 적용여부를 결정하고 그 이후 재판을 하는 상황의 발생을 초래하였다. 즉 법원은 안건내용에 따라 안건을 접수하면서 반드시 미리 사형의 적용여부를 결정해야 하므로 이후의 재판은 절차만 따르는 것으로 되어 결과적으로 절차의 지위와 가치를 무시하는 소송이념을 조장하였다.

(2) 일부 사형안건심사비준권의 하향 이전

신중국 성립 이후 사형안건심사비준권의 귀속은 여러 차례 변경이 있었다. 1979년 형법은 제48조는 "사형은 법에 따라 최고인민법원이 판결한 것을 제외하고 반드시 모두 최고인민법원의 심사비준을 거쳐야 한다. 집행유예부 사형은 고급인민법원이 판결 또는 심사비준을 할 수 있다."라고 규정하였고, 1979년 형사소송법 제144조는 "사형은 최고인민법원이 심사비준을 한다.", 제146조는 "중급인민법원이 사형집행유예2년으로 판결한 안건은 고급인민법원이 심사비준을 한다."라고 규정했으며 1979년 인민법원조직법 제13조는 "사형안건은 최고인민법원이 판결 또는 심사비준을 한다. 사형안건의 재심사절차는 중화인민공화국 형사소송법 제3편 제4장의 규정에 따라 처리해야 한다."라고 규정하였다. 때문에 이 3개 법률의 규정에 따라 최고인민법원은 사형 즉시집행 안건에 대한 심사비준을 맡게 되었고 고급인민법원은 집행유예부 사형안건의 심사비준을 맡게 되었다.

　그러나 이상 이 3개 법률을 반포한지 얼마 안 되어 사회 치안상황의 악화를 마주하게 되었으므로 중앙은 '엄단(嚴打)'을 시작하기로 결정했다. 1981년 6월, 제5기 전국인대상무위원회 제19차 회의는 〈전국인민대표대회상무위원회 사형안건의 심사비준문제에 관한 결정(全國人民代表大會常務委員會關于死刑案件核準問題的決定)〉을 통과시키고 "(1) 1981년부터 1983년까지 저지른 살인, 절도, 강간, 폭발, 방화, 독극물투입, 결수와 교통, 전력 등 시설을 파괴한 죄행에 대하여 성, 자치구, 직할시 고급인민법원이 종심으로 내린 사형판결 또는 중급인민법원이 1심으로 사형판결을 했으나 피고인이 상소하지 않아 고급인민법원이 심사비준한 안건과 고급인민법원이 1심으로 사형판결을 했으나 피고인이 상소를 하지 않은 안건은 모두 최고인민법원에 심사비준을 요청할 필요가 없다. (2) 반혁명범죄자와 횡령범죄자 등에 대하여 내리게 된 사형판결은 여전히 형사소송법 '사형재심절차(死刑復核程序)'에 관한 규정에 따라 최고인민법원이 심사비준을 한다." 이 때문에 반혁명범죄자와 횡령범죄자 등에 대한 사형판결만 최고인민법원이 심사비준을 실시하게 된 것을 제외하고 1981년부터 1983년까지 살인, 절도, 강간, 폭발, 방화, 독극

물투입, 결수와 교통, 전력 등 시설의 파괴죄행으로 받게 된 사형판결에 대한 모든 심사비준은 고급인민법원이 맡아 진행하게 되었다.

이와 동시, 중앙의 '엄단(嚴打)'에 부합하기 위해 1983년 9월 2일 제6기 전국인대상무위원회 제2차 회의는 〈전국인민대표대회상무위원회 '중화인민공화국인민법원조직법'의 수정에 관한 결정(全國人民代表大會常務委員會關于修改'中華人民共和國人民法院組織法'的決定)〉을 통과시키고 이 법의 제13조를 "사형안건은 법에 따라 최고인민법원이 재판해야 할 것을 제외하고 반드시 최고인민법원에 보고하여 심사비준을 맡도록 해야 한다. 살인, 강간, 절도, 폭발 및 기타 공공안전과 사회치안을 엄중히 해쳐 사형에 처한 안건의 심사비준권은 필요할 경우 최고인민법원이 이를 성, 자치구, 직할시 고급인민법원에 권한을 위임해 행사할 수 있다."라고 수정하였다. 이를 근거로 1983년 9월, 최고인민법원은 또 〈고급인민법원에 일부 사형안건의 심사비준권을 부여하는 것에 관한 통지(最高人民法院關于授權高級人民法院核準部分死刑案件的通知)〉를 발부하였다. 이 통지는 "지금 형사범죄를 엄격히 타격하고 있는 이 시점에서 공공안전과 사회치안을 엄중히 해친 죄행이 악랄한 중대 형사범죄자들을 즉시 엄징하기 위해 본 법원에서 내린 사형판결을 제외하고 각 지역에서 반혁명안건과 횡령 등 엄중한 경제범죄안건(수뢰, 밀수, 투기, 마약판매, 귀중한 문화재의 밀수출 등 안건을 포함하여)에 대해 내리게 된 사형판결은 역시 고급인민법원의 재심동의를 거쳐 본 법원의 심사비준을 맡도록 보고해야 한다. 살인, 강간, 강탈, 폭발 및 기타 공공안전과 사회치안을 엄중히 해치어 사형판결을 내리게 된 안건에 대한 심사비준권은 본

법원이 법에 따라 각 성, 자치구, 직할시 고급인민법원과 해방군군사법원에 권한을 수여해 행사하도록 한다."라고 규정하였다.

1991년부터 1997년까지 최고인민법원은 또 '통지'의 형식으로 마약범죄 사형안건의 심사비준권을 윈난(雲南), 광둥(廣東), 광시(廣西), 간쑤(甘肅), 쓰촨(四川)과 구이저우(貴州) 등 6개 성, 자치구 고급인민법원에게 행사하도록 권한을 부여하였다. 1991년 6월, 최고인민법원은 〈최고인민법원 윈난성고급인민법원에 일부 마약범죄사형안건의 심사비준권한을 부여하는 것에 관한 통지(最高人民法院關于授權雲南省高級人民法院核準部分毒品犯罪死刑案件的通知)〉를 발부하였다. 이 통지는 "전국인대 상무위원회 〈마약금지에 관한 결정(關于禁毒的決定)〉을 관철하여 마약밀수, 판매, 운송, 제조 등 범죄활동을 즉시 엄징하고 공민의 심신건강을 보호하며 사회치안질서를 수호하기 위해 〈중화인민공화국법원조직법〉 제13조 공공안전과 사회치안을 엄중히 해쳐 사형에 처한 안건의 심사비준권을 필요할 경우 최고인민법원이 성, 자치구, 직할시 고급인민법원에 부여해 행사할 수 있다는 규정에 따라 본 법원의 심판위원회는 1991년 6월 4일 제500회 회의에서 본 통지를 하달하는 날부터 윈난(雲南)성 마약범죄사형안건의 심사비준권(본 법원에서 판결한 것과 섭외 마약범죄사형안건을 제외하고)을 법에 따라 윈난성 고급인민법원에 부여해 행사하기로 결정한다."라고 지시하였다. 1993년 8월, 최고인민법원은 〈최고인민법원 광둥성고급인민법원에 일부 마약범죄사형안건의 심사비준권한을 부여하는 것에 관한 통지(最高人民法院關于授權廣東省高級人民法院核準部分毒品犯罪死刑案件的通知)〉를 발부하였다. 이 통지는 "마약

중국 법치 100년의 경로

밀수, 판매, 운송, 제조 등 범죄활동을 즉시 엄징하고 공민의 심신건강을 보호하며 사회치안질서를 수호하기 위해 〈중화인민공화국법원조직법〉 제13조 공공안전과 사회치안을 엄중히 해치어 사형에 처한 안건의 심사비준권을 필요할 경우 최고인민법원이 성, 자치구, 직할시 고급인민법원에 부여해 행사할 수 있다는 규정에 따라 본 법원의 심판위원회는 1993년 8월 17일 제589회 회의에서 본 통지를 하달하는 날부터 광둥성 마약범죄사형안건의(광둥성법원이 1심으로 판결한 안건과 섭외마약범죄사형안건은 제외한다.) 심사비준권을 법에 따라 광둥성고급인민법원에 부여해 행사하기로 결정한다."라고 지시하였다. 1996년 3월, 최고인민법원은 〈광시 쫭족(壯族)자치구, 쓰촨(四川)성, 간수(甘肅)성 고급인민법원에 일부 마약범죄 사형안건의 심사비준권한을 부여하는 것에 관한 통지〉를 발부하였다. 이 통지는 "마약밀수, 판매, 운송, 제조 등 범죄활동을 즉시 엄징하고 공민의 심신건강을 보호하며 사회치안질서를 수호하기 위해, 〈중화인민공화국법원조직법〉 제13조 공공안전과 사회치안을 엄중히 해치어 사형에 처한 안건의 심사비준권을 필요할 경우 최고인민법원이 성, 자치구, 직할시 고급인민법원에 부여해 행사할 수 있다는 규정에 따라 본 법원의 심판위원회는 1996년 3월 19일 제803회 회의에서 본 통지를 하달하는 날부터 광시 쫭족 자치구, 쓰촨성, 간수성의 마약범죄사형안건의(본 법원에서 판결한 것과 섭외, 섭홍콩·마카오·대만 마약범죄사형안건은 제외하고) 심사비준권을 법에 따라 각기 광시 쫭족 자치구, 쓰촨성, 간수성 고급인민법원에 부여해 행사하기로 결정한다."라고 지시하였다.

1997년 6월, 최고인민법원은 〈최고인민법원 구이저우성고급인민법원에 일부 마약범죄사형안건의 심사비준권한을 부여하는 것에 관한 통지(最高人民法院關于授權貴州省高級人民法院核準部分毒品犯罪死刑案件的通知)〉를 발부하였다. 이 통지는 "마약밀수, 판매, 운송, 제조 등 범죄활동을 즉시 엄징하고 공민의 심신건강을 보호하며 사회치안질서를 수호하기 위해 〈중화인민공화국법원조직법〉 제13조 공공안전과 사회치안을 엄중히 해치어 사형에 처한 안건의 심사비준권을 필요할 경우 최고인민법원이 성, 자치구, 직할시 고급인민법원에 부여해 행사할 수 있다는 규정에 따라 본 법원의 심판위원회는 1997년 6월 17일 제912차 회의에서 본 통지를 하달하는 날부터 구이저우성 마약범죄사형안건의(본 법원에서 판결한 것과 섭외마약범죄사형안건은 제외) 심사비준권을 법에 따라 구이저우성 고급인민법원에 부여해 행사하기로 결정한다. 그러나 홍콩, 마카오, 대만과 관련된 사형안건은 1심 선고를 하기 이전에는 역시 최고인민법원에 보고하여 내부 심사를 거치도록 해야 한다."라고 지시하였다.

일부 사형안건의 심사비준권을 고급인민법원에 이전하여 행사하기로 하게 된 것은 당시의 특정된 역사시기에 있어 범죄를 타격하고 인민군중의 생명과 재산안전을 보호하며 그리고 개혁개방과 사회주의현대화건설의 순조로운 진행을 보장하는 데 중요한 역사적 공헌을 하게되었다. 그러나 이는 또 동시에 일부 심각한 문제들도 노출하였다. 즉 사형심사비준권을 고급인민법원에 이전한 것은 형법규정과 형사소송법규정의 직접적인 충돌을 초래하였을 뿐만 아니라 또 일부 고급인민법원의 사형 재심절차와 2심 절차를 통합하여 하나로 만들게 되었으므로 사형재심절차를 유명무실하게 만들었다. 이 외에 일부 사형안건의 심사비준권을 고급인민법원에 하향 이전하기로 하게 된 것은 또 일정한 정도에서 억울한 안건의 발생을 조장하였다.

(3) 형사소송법에 대한 제1차 수정(1996년)

1990년대에 진입하여 형사소송제도에서 중대한 발전의 상징적인 성과는 바로 1996년 형사소송법의 수정이다. 1996년 3월, 제8기 전국인대 제4차 회의는 〈전국인민대표대회 '중화인민공화국형사소송법'의 수정에 관한 결정(全國人民代表大會關于修改`中華人民共和國刑事訴訟法'的決定)〉을 통과시켜 1979년에 반포한 형사소송법을 대폭 수정하였다.

1979년 형사소송법을 제정한 이래, 이는 범죄를 징벌하고 공민의 권리를 보장하며 개혁개방과 사회주의 현대화 건설의 순리로운 진행을 보장하는 등 방면에 있어 아주 중요한 작용을 발휘하였다. 그러나 1990년대 중후반에 들어 사회변혁은 나날이 심화되고 경제발전도 가속하게 되었는데 사회의 이러한 심각한 변혁은 또 필연적으로 사회상층 구조인 법제건설의 발전을 요구하게 되어 형사소송법의 수정을 의사일정에 오르게 하였다.

1991년 1월, 전국인대상무위원회 법제사업위원회는 형사소송법의 수정에 관한 좌담회를 소집하여 회의에 참석한 전문가들의 의견과 건의를 청구하고 그들에게 형사소송법수정건의문을 작성하여 입법부에 참고로 제출할 것을 위임하였다. 1995년 6월, 전국인대상무위원회 법제사업위원회는 더 나아가 관련 실무부서들을 소집하여 형사소송법수정중의 중대한 문제에 관하여 충분한 토론을 진행하고 그리고 1995년 10월에 형사소송법수정초안(의견청구문)을 제출하고 이를 전국 및 관계부문에 하달하여 의견을 청구하기로 하였다. 1995년 12월, 전국인대상무위원회 법제사업위원회는 여러 차례 좌담회를 소집하여 사회각계의견을 청취한 기초에서 정식으로 형사소송법수정안 초안을 작성하고 전국인대상무위원회 제17차 회의에 교부하여 초보적 심의를 진행하였고 이후 전국인대상무위원회 법제사업위원회는 또 심의에서 제기된 의견을 의거로 초안에 대한 수정을 실시하였다. 1996년 2월, 제8기 전국인대상무위원회 제18차 회의는 형사소송법수정안초안에 대한 재차심의를 실시하고 이를 제8기 전국인대 제4차 회의의 심의에 교부하기로 결정하였다. 1996년 3월, 제8기 전국인대 제4차 회의는 수정 후의 형사소송법을 심의통과하고 1997년 1월 1일부터 정식으로 시행하기로 결정하였다. 이로써 형사소송법에 대한 제1차 수정은 정식으로 막을 내렸다.

〈전국인민대표대회 '중화인민공화국형사소송법'수정에 관한 결정(全國人民代表大會關于修改'中華人民共和國刑事訴訟法'的決定)〉은 총 110조로 1979년 형사소송법을 전면적으로 수정하게 되었는데 이번 수정의 내용은 다음과 같은 12가지로 개괄할 수 있다. (1) 사법기관은 법에 따라 독립적으로 직권을 행사한다는 규정을 추가하였다. (2) "법에 의한 인민법원의 판결이 없이 어떠한 사람에 대하여도 유죄를 확정할 수 없다."라는 내용을 새로 규정하였다. (3) 검찰원의 법률감독작용을 강화하였다. (4) 수사의 관할과 자소안건의 범위를 조절하여 한편으로는 검찰원이 자체적으로 수사할 수 있는 안건범위를 축소하고, 다른 한편으로는 법원의 자소(自訴) 안건범위를 확대하였다. (5) 범죄피의자, 피고인 권리에 대한 보장을 강화하고 범죄피의자는 수사단계에서부터 변호사를 선임하여 법률구조를 받을 수 있게 하였다. (6) 피해자 권리에 대한 보장을 강화하고 피해자의 지위를 당사자로 확정하였다. (7) 강제조치를 보완하고 인권보장을 강화하였다. 예를 들면 수용(收容)심사를 취소하고 보석과 주거감시의 기한을 규정하는 등의 조치를 취하였다. (8) 1심 방식을 개혁했는데, 개정 이전의 실체적 심사를 절차적 심사로 바꾸고 개정(開庭)심사절차에서 영미법계의 당사자주의를 적절히 흡수하여 합의정은 통상적으로 독립적 재판권이 있다고 규정한 것이 중요내용이다. (9) 증거가 부족하면 무죄로 처리한다는 원칙 즉 무죄추정[疑罪從無] 원칙을 확립하였다. (10) 간이재판절차를 증설하였다. (11) 2심 절차를 보완하여 2심 법원은 원칙적으로 개정하여 심사해야 하고 1심이 절차를 심각히 어겼을 경우, 반드시 원심을 파기하고 환혼하여 재심하도록 해야 한다고 규정하였다. (12) 사형집행방식을 개혁하여 사형은 총살 또는 주사 등 방식으로 집행하기로 하였다.

　　1996년 형사소송법의 수정은 수십 년이 지나면서 형성된 중국 형사소송제도에 대한 중대한 개혁이고 사회주의 법제건설 중의 대사건이며 의법치국과 법치국가건설이 이루어낸 하나의 중요한 성과이다. 형사소송법에 대한 이번 수정은 범죄에 대한 징벌과 사회질서 수호의 메커니즘을 보완하고 당사자 특히는 범죄피의자, 피고인과 피해자의 소송에서 권리에 대한 보장을 강화했으며 공안, 검찰과 법원의 관계를 정리해 이들 간의 권한분할이 더욱 명확하고 협력이 더욱 순조로우며 견제도 더욱 효과적으로 이루어져 공동으로 형사소송법이 부여한 임무를 완성할 수 있게 하여 중국의 형사소송제도를 더욱 민주적이고 과학적인 방향으로 발전하게 하였다. 물론 이번 형사소송법의 수정으로 모든 문제가 해결된 것은 아니다. 특히 범죄피의자, 피고인의 권리보장 및 피해자 이익에 대한 보호 등에 있어 여전히 많은 문제들을 남기게 되었으므로 향후 더욱 강화하고 보완해야 될 것이다.

3. 심화와 진보: 1996—2012년

(1) 변호사법의 수정

21세기에 진입하여 사회주의 법치국가건설의 추진과 "국가는 인권을 존중하고 보장한다."라는 내용을 헌법에 추가함에 따라 1996년에 제정된 제1부 변호사법은 이미 사회주의 법치국가건설에 적응하기 어렵게 되었다. 2004년 6월, 전국인대상무위원회 법제사업위원회의 요구에 따라 사법부는 변호사법에 대한 수정작업을 가동하여 수정안을 작성하였다. 이후 이 수정안은 국무원법제기구의 반복된 수정을 거쳐 2007년 6월 13일 국무원상무위원회의 심의를 원칙적으로 통과하게 되었다. 6월 15일, 국무원 원쟈보(溫家寶) 총리는 정식으로 이에 서명하고 전국인대상무위원회의 심의를 요청하기로 결정하였다. 2007년 6월 24일부터 29일까지 제10기 전국인대상무위원회 제28차 회의는 이 변호사법수정안에 대한 제1차 심의를 실시하였고 8월 24일부터 30일까지 제10기 전국인대 제29차 상무위원회회의는 이 수정안에 대한 재차 심의를 실시하였다. 같은 해 10월 28일, 제10기 전국인대 제30차 상무위원회회의는 수정 후의 변호사법을 최종 통과시켰다. 수정 후의 변호사법은 2008년 6월 1일부터 정식으로 시행되었다.

수정 후의 변호사법은 기존의 53개 조항에서 60개 조항으로 늘어나게 되었는데 수정된 조문만 총 40개에 달했다. 수정 후의 변호사법은 변호사의 권리보장과 변호사에 대한 감독의 강화 등 모든 방면에서 많은 진전을 이루어냈다. 형사변호에서 수정된 변호사법의 주요 성과는 다음과 같다.

① 접견권(會見權)의 진전

형사변호사의 접견권에 관하여 수정 후의 변호사법 제33조는 "범죄피의자가 수사기관에 의해 처음으로 신문당한 날 또는 강제조치를 당한 날로부터 수임변호사는 변호사 개업증서, 변호사 사무소의 증명서와 위임장 또는 법률지원공문을 소지하고 범죄피의자, 피고인을 접견하여 안건 관련 상황을 알아볼 수 있다. 변호사의 범죄피의자, 피고인의 접견은 감청을 받지 않는다."라고 규정하였다. 그러나 개정 전 변호사법은 제30조에 변호사는 "소송활동에서 형사소송법의 규정에 따라 … 인신자유가 제한된 사람과 대면 또는 서신거래를 할 수 있다."라고만 규정하였고 형사소송법 제36조는 "수사기간에 담당변호사는 범죄피의자에게 법률구조를 제공할 수 있다. 상고와 고소를 대리하고 강제조치의 변경을 신청할 수 있다. 수사기관을 찾아 범죄피의자가 연루된 죄명과 안건의 관련 상황을 알아보고 의견도 제출할 수 있다."라고 규정했으며 제37조는 "변호사는 구금된 범죄피의자, 피고인과 접견, 통신할 수 있다. 기타 변호인도 인민법원, 인민검찰원의 허가를 받고 구금된 범죄피의자, 피고인과 접견, 통신할 수 있다. 변호사가 변호사 개업증서, 변호사 사무소증명과 위임장 또는 법률구조공문을 소지하고 구금된 범죄피의자, 피고인과의 접견을 요구할 경우, 구치소는 반드시 제때에 접견을 안배해야 한다. 늦어도 48시간을 초과해서는 아니 된다. 국가안전침해, 테러, 특별히 중대한 뇌물범죄안건의 수사기간에 변호사가 구금된 피의자를 접견하려면 반드시 수사기관의 허가를 받아야 한다. 상술한 안건에서 수사기관은 반드시 사전에 구치소에 통지해야 한다. 변호사는 구금된 범죄피의자, 피고인을 접견하여 안건의 관련 상황을 이해하고 법률자문 등을 제공할 수 있다. 안건이 심사기소에 이송된 날부터 범죄피의자, 피고인에게 관련 증거를 확인할 수 있다. 변호사의 범죄피의자, 피고인 접견은 감청을 받지 않는다. 변호사와 거주감시상태에 있는 범죄피의자, 피고인과의 접견, 통신은 제1관, 제3관, 제4관의 규정을 적용한다."라고 규정하였다.

위의 조문에 비교해 보았을 때, 수정 후의 변호사법은 변호사의 접견권에 관해 다음과 같은 개혁과 보완을 하게 되었다는 것을 알 수 있

중국 법치 100년의 경로

다. (1) '처음 수사기관의 심문을 받게 된 이후' 중의 '이후'를 삭제하였다. (2) '구금된 범죄피의자를 접견할 수 있다.'를 '변호사 개업증서, 변호사 사무소증명과 위임장 또는 법률지원 공문을 소지하고 범죄피의자, 피고인을 접견할 권리가 있다.'라고 수정하였다. 다시 말하면, 먼저는 '가능하다'를 '권리가 있다.'라고 수정하였다. 이는 변호사가 범죄혐의자와 피고인을 접견하는 것은 변호사의 권리이므로 공안기관과 기타 인원은 이를 마음대로 박탈해서는 아니 된다는 점을 표명하였다. 다음으로 어떠한 안건이라도 범죄피의자, 피고인의 변호사접견은 수사기관의 비준을 맡을 필요가 없다. 설사 국가비밀과 관련된 안건이라도 예외는 없다. (3) '변호사의 범죄피의자, 피고인접견은 감청 받지 않는다.'라고 명확히 규정하였다. 이는 수정된 변호사법의 중대한 돌파이다. 이는 변호사와 범죄피의자, 피고인간의 전면적 충분한 소통에 유리하므로 그들에 대한 효과적인 변호에 중요한 기반을 마련하였다.

② 열람권(閲卷權)의 진전

변호사의 열람권에 관하여 수정된 변호사법 제34조는 "수임변호사는 안건심사를 거쳐 기소된 날로부터 안건 관련 소송문서 및 안건서류를 열람, 초록 및 복사할 권리가 있다. 수임변호사는 인민법원이 안건을 수리한 날로부터 안건 관련 모든 서류를 열람, 초록 및 복사할 권리가 있다."라고 규정하였다. 그러나 개정 전 변호사법 제30조는 "변호사는 소송활동에서 소송법의 규정에 따라 본 안건과 관련된 자료들을 수집, 열람할 수 있다.”라고 규정하였고 형사소송법 제38조는 “담당변호사는 인민검찰원이 안건에 대해 심사기소를 하게 된 날로부터 당해 안건의 안건기록을 열람, 발췌, 복사할 수 있다. 기타 변호인도 인민법원, 인민검찰원의 허가를 받고 상기 자료를 열람, 발체, 복사할 수 있다.”라고 규정하였다.

상술 조문규정을 비교해 볼 때, 개정 전 변호사법의 규정에 의하면 심사기소 단계에서 변호사는 단지 안건과 관련된 자료만 수집, 사열할 수 있었다. 그러나 수정된 변호사법의 규정에 의하면 변호사는 ‘소송문서 및 안건자료’를 사열, 발취, 복사할 수 있다고 규정하였다. 여기서 말하는 소송문서 및 안건자료의 범위는 안건과 관련된 자료의 범위보다 훨씬 넓다.

③ 증거취득권(調査取證權)의 진전

변호사의 증거취득에 관하여 수정 후의 변호사법은 제35조에 “수임변호사는 안건의 수요에 따라 인민검찰원, 인민법원에 증거의 조사·수집을 신청하거나 또는 인민법원에 증인에게 통지하여 출두하게 할 것을 신청할 수 있다. 변호사가 자체적으로 증거를 조사·수집하게 되었을 경우, 변호사 개업증서와 변호사 사무소의 증명을 소지하고 관련 단위 또는 개인을 찾아 위탁 받은 법률사무와 관련된 상황을 조사할 수 있다.”라고 규정하였다. 그러나 개정 전 변호사법 제31조는 “변호사는 법률사무를 맡아 처리하게 되었을 경우, 관련 단위 또는 개인의 동의를 거쳐 그들을 상대로 상황조사를 할 수 있다."라고 규정하였고, 형사소송법 제41조는 "담당변호사는 증인 또는 기타 관련 단위와 개인의 동의를 거쳐 그들로부터 당해 안건과 관련되는 자료를 수집할 수 있으며 인민검찰원, 인민법원에 증거의 수집, 취득을 신청하거나 또는 증인이 출정하여 입증하도록 통지할 것을 인민법원에 신청할 수도 있다. 담당변호사는 인민검찰원 또는 인민법원의 허가와 피해자 또는 그의 근친자, 피해자가 제공한 증인의 동의를 거쳐 그들로부터 당해 안건과 관련되는 자료를 수집할 수 있다."라고 규정하였다.

이로 보았을 때, 수정 후의 변호사법은 변호사가 조사하고 증거를 수집하려면 '관련 단위 또는 개인의 동의', '증인 또는 기타 관련 단위와 개인의 동의', '인민검찰원 또는 인민법원의 허가 그리고 피해자 또는 그의 근친자, 피해자가 제공한 증인의 동의'를 거쳐야 한다는 규정을 폐지하였다. 다시 말하자면 이는 변호사가 변호사 개업증서와 변호사 사무소의 증명만 소지하여도 관련 단위 또는 개인을 찾아 위임 받은 법률사무와 관련된 상황을 이해하고 조사할 수 있다는 것을 의미한다.

물론 새로운 변호사법은 변호사의 면제특권, 직업기밀의 보호의무, 변호사직업의 성격, 변호사개업의 특별허가제도, 변호사직업에 대한 감독 등 문제도 새로 규정하였다. 수정 후의 변호사법은 변호사 특히 형사변호사소송권리에 대한 보장에서 비교적 큰 진보를 취득하였다.

(2) 사형심사비준권의 회수

1990년대 중반기 이래, 당중앙에서 의법치국(依法治國), 사회주의 법치국가건설이란 치국방침을 제출하고 헌법에 '인권에 대한 존중과 보장'을 써넣었으며 그리고 사법실무에서 잘못 처리된 억울한 안건들이 끊임없이 나타나게 됨에 따라 중앙에서는 이미 하향 이전한 지도 20여 년이 된 일부 사형안건의 심사비준권한을 회수하기로 결정하였다.

2004년 말, 중공중앙은 〈중앙사법체제개혁영도소조 사법체제와 사업시스템의 개혁에 관한 초보적 의견(中央司法體制改革領導小組關于司法體制和工作機制改革的初步意見)〉을 이첩(轉發)하였다. 이 의견은 고급인민법원에 권한을 부여해 일부 사형안건의 심사비준권을 행사하도록 한 것을 개혁하여 사형안건에 대한 심사비준이 통일적으로 이루어지도록 모든 사형안건의 심사비준권을 최고인민법원에 회수하기로 결정하였다. 중앙의 이 방침을 실시하기 위해 2005년 10월 26일, 최고인민법원은 〈인민법원 2번째 5개년 개혁 강령 '2004-2008'〉을 발부하였다. 이 강령 제2조는 "사형심사비준절차를 개혁하고 보완하여 법률의 관련 규정과 사법체제개혁에 관한 중앙의 건의를 실행하기 위해 최고인민법원에서 사형안건에 대한 심사비준권한을 통일적으로 행사하도록 하고 그리고 사형재심사절차에 관한 사법해석을 제정하기로 한다."라고 규정하였다. 2006년 8월, 중공중앙 판공청(辦公廳)은 전당(全黨)에 통지를 발부하여 최고인민법원이 사형안건심사비준권의 통일적으로 행사하기로 한 목표, 원칙, 요구와 시간제한을 명확히 하고 중앙에서 이 개혁을 실시하게 된 중요 의미를 역설했으며 사형문제에 관한 당과 국가의 일관된 정책을 천명하였다.

적극적이면서도 안정적으로 사형안건의 심사비준권을 회수하기 위해 최고인민법원은 당중앙과 국무원의 지도하에 법률, 조직, 물자 등 여러 면에서 많은 구체적인 준비사업을 진행하였다. 사형안건의 2심 재판의 수준을 보정하기 위해 2006년 9월 25일, 최고인민법원, 최고인민검찰원은 〈사형 제2심 안건 개정심사절차의 약간 문제에 관한 규정 '시행'(關于死刑第二審案件開庭審理程序若干問題的決定 '試行')〉을 발부하였다. 이 결정에서 사형 제2심 안건은 반드시 법정을 열어 심사해야 한다고 요구하였다.[3]

2006년 10월, 제10기 전국인대상무위원회 제24차 회의는 〈전국인민대표대회상무위원회 '중화인민공화국인민법원조직법'의 수정에 관한 결정(全國人民代表大會常務委員會關于修改'中華人民共和國人民法院組織法'的決定)〉을 통과시켰다. 이로써 2007년 1월 1일부터 사형은 법률규정에 따라 최고인민법원이 판결하게 된 것을 제외하고 반드시 모두 최고인민

---

3   〈최고인민법원, 최고인민검찰원 사형 제2심 안건의 개정심사절차에 대한 약간 문제에 관한 규정(시행)〉 제2조는 "제2심 인민법원이 제1심에서 사형 집행유예 2년의 판결을 받은 피고인이 상소한 안건을 심사하게 되었을 경우, 아래와 같은 정형 중의 하나만 있으면 반드시 개정을 하여 심사해야 한다. (1) 피고인 또는 변호인이 정죄양형에 영향을 주게 될 새로운 증거를 제출하여 개정심사가 필요한 경우, (2) 형사소송법 제187조가 규정한 개정심사를 해야 할 정형이 있는 경우. 인민검찰원이 제1심 인민법원에서 사형 집행유예 2년의 판결을 내린 안건에 대해 항소를 제기하였을 경우, 제2심 인민법원은 반드시 개정을 하여 심사해야 한다."라고 규정하였다.

법원에 보고하여 최고인민법원의 심사비준을 받게 되었다.[4]

2006년 12월에 통과된 〈최고인민법원 사형안건심사비준권의 통일 행사에 관한 관련문제의 결정(最高人民法院關于統一行使死刑案件審核權有關 問題的決定)〉은 "(1) 2007년 1월 1일부터 최고인민법원은 전국인민대표 대회상무위원회의 관련 결정과 인민법원조직법 제13조에 따라 발부한 고급인민법원과 해방군군사법원에 일부 사형안건을 심사비준하도록 권한을 부여한 통지를 모두 폐지한다. (2) 2007년 1월 1일부터 사형은 법에 따라 최고인민법원이 판결한 것을 제외하고 각 고급인민법원과 해방군군사법원에서 법에 따라 판결하거나 또는 재정한 것은 반드시 최고인민법원에 보고하여 심사비준을 받아야 한다. (3) 2006년 12월 31일 이전, 각 고급인민법원과 해방군군사법원에서 이미 심사비준을 하게 된 사형 즉시집행의 판결과 재정은 여전히 법에 따라 각 고급인민법원, 해방군군사법원의 법원장이 사형집행명령에 서명하여 발부하기로 한다."라고 지시하였다. 2007년 1월 1일, 최고인민법원은 사형안건의 심사비준권을 통일적으로 정식 행사하였다.

최고인민법원이 사형안건에 대한 심사비준권을 통일적으로 행사하기로 결정한 것은 중앙이 사회주의 조화사회를 구축하고 나라의 장기안정을 도모하려는 전략적 고려로부터 출발하여 내리게 된 중대 결

---

4   〈전국인민대표대회상무위원회 '중화인민공화국인민법원조직법'을 수정하는 것에 관한 결정〉은 제13조 '사형안건은 최고인민법원에서 판결하거나 또는 심사 비준한다. 사형안건의 재심사절차는 중화인민공화국형사소송법 제3편 제4장의 규정에 따라 처리한다.'를 "사형안건은 최고인민법원에서 판결해야 할 것을 제외하고 반드시 최고인민법원에 심사비준을 요청해야 한다."라고 수정했다.

정이고 사법제도적 측면에서 "국가는 인권을 존중하고 보장한다."라는 헌법원칙의 중요한 실행조치이며 국제인권규약을 이행하는 하나의 중요한 내용이다.

(3) 형사증거제도의 발전: 증거에 관한 2개 규정

중국공산당 제17차 전국대표대회의 정신에 따라 중공중앙은 2008년에 사법개혁을 더욱 철저하게 추진할 것을 요구하였다. 이중 하나의 중요한 성과는 바로 2010년 5월 최고인민법원, 최고인민검찰원, 공안부, 국가안전부와 사법부에서 합동으로 제정한 〈최고인민법원, 최고인민검찰원, 공안부, 국가안전부, 사법부 사형안건의 처리에서 증거의 심사판단에 관한 약간 문제의 규정(最高人民法院, 最高人民檢察院, 公安部, 國家安全部, 司法部關于辦理死刑案件審查判斷證據若干問題的規定)〉(이하 〈사형안건처리증거규정〉이라 약칭한다.)과 〈형사안건의 처리에서 위법증거의 배제에 관한 약간 문제의 규정(關于辦理死刑案件排除非法證據若干問題的規定)〉(이하 〈위법증거배제규정〉이라 약칭한다.)이다. 이 2개 증거규정의 제정은 중국이 사법개혁을 철저하게 추진해 나아가는 하나의 중요한 조치이자 형사소송제도건설이 취득한 하나의 중요한 성과이다. 이는 2012년에 실시한 형사소송법증거제도보완의 중요한 준비로 되었다.

〈위법증거배제규정〉은 총 15개 조항인데 이는 고문에 의한 자백의 강요 등 불법적인 수단으로 취득한 진술증거는 확정안의 근거로 쓸 수 없다고 명확히 규정하였을 뿐만 아니라 위법증거의 심사 및 배제절차,

증명책임 및 심문자의 출정 등 문제도 구체적으로 규범화하였다.

① 위법진술증거의 함의, 외연과 법적 효력

〈위법증거배제규정〉은 첫머리에 위법진술증거의 함의와 외연을 고문에 의한 자백의 강요 등 불법수단으로 취득한 범죄혐의자, 피고인의 진술과 폭력, 위협 등 불법수단으로 취득한 증인의 증언, 피해자의 진술은 위법진술증거에 속한다고 규정하였다. 이에 의하면 이 규정이 말한 위법진술증거에는 다음과 같은 두 가지 내용이 포함되었다. 즉 하나는 고문에 의한 자백의 강요 등 불법적인 수단으로 취득한 범죄혐의자, 피고인의 진술이고, 다른 하나는 폭력, 위협 등 불법적인 수단으로 취득한 증인의 증언, 피해자의 진술이다. 상술한 바와 같은 위법진술증거의 법적 효력에 관해 다음과 같이 규정하였다. 즉 법에 의하여 확인된 위법진술증거는 반드시 배제되어야 하므로 이를 확정안의 근거로 써서는 아니 된다.

② 위법증거에 대한 검찰원의 배제

다른 나라의 위법증거배제규칙은 재판단계에서 법원이 적용한다고 규정한 것과는 달리 중국에서는 검찰원도 위법증거배제권이 있다고 명확히 규정하였다. 검찰원은 체포와 심사기소를 심사할 때, 반드시 위법진술증거를 배제해야 하며 이를 체포비준과 공소제기의 근거로 체납해서는 아니 된다고 명확히 규정하였다. 검찰기관도 위법증거를 배제할 수 있다고 명확히 규정한 것은 중국검찰기관의 법률지위와 성격에 따르게 된 것인데 이는 위법증거의 조속한 발견과 배제 그리고 사법공정의 실현에도 유리하였다.

사실 1998년 12월, 최고인민검찰원에서 제정한 〈인민검찰원형사소송규칙〉 제265조 제1관은 이미 위법진술증거배제규칙을 확인하였다.[5] 2001년 1월, 최고인민검찰원은 또 〈고문에 의한 자백의 강요로 취득한 범죄피의자의 진술을 확정안의 근거로 하는 것을 엄금하는 것에 관한 통지(最高人民檢察院關于嚴禁將刑訊逼供获得的犯罪嫌疑人供述作爲定案依據的通知)〉를 발부하여 각급 검찰기관은 불법으로 취득한 범죄혐의자, 피고인의 진술을 증거에서 배제해야 한다고 재차 천명하였다.[6]

③ 법정심사에서 위법진술증거의 배제절차

〈위법증거배제규정〉은 법정심사에서 위법진술증거의 심사절차를

---

5   1998년 최고인민검찰원 〈인민검찰원형사소송규칙〉 제265조 제1관은 "불법적 방법에 의한 증거 수집을 엄금한다. 고문으로 진술을 강요하거나 위협, 유인. 기만 등 불법적인 방법으로 수집한 범죄피의자의 진술, 피해자의 진술, 증인의 증언은 범죄고소의 증거로 될 수 없다."라고 규정하였다.

6   2001년 〈최고인민검찰원 고문에 의한 자백의 강요로 취득한 범죄피의자의 진술을 확정안의 의거로 하는 것을 엄금하는 것에 관한 통지〉는 "각급 인민검찰원은 반드시 교훈을 참답게 받아들여 유력한 조치를 취해 고문에 의한 자백강요현상의 발생을 철저히 단절하고 고문에 의해 취득한 증거를 철저히 배제함으로써 안건처리의 질량을 높이고 당사자의 합법적 권익을 보호하며 사법공정을 수호해야 한다."라고 규정하였다.

자세히 규정하였다. 이에 다음과 같은 내용이 포함되었다.

절차의 작동

피고인 및 그의 변호인은 법정변론이 종결되기 전에 피고인이 재판 이전에 하게 된 진술은 불법에 의하여 취득한 것이며, 그리고 위법 증거의 취득에 연루된 인원, 시간, 장소, 방식, 내용 등 관련 단서 또는 증거를 제출할 권리가 있다. 피고인 및 그의 변호인이 법정심사 이전 또는 법정심사과정에서 재판 이전에 하게 된 피고인의 진술은 불법으로 취득한 것이라고 제출하였을 경우, 법정은 공소인이 기소장을 낭독한 이후, 반드시 이에 관한 조사를 먼저 실시하도록 해야 한다. 법정변론이 종결되기 전에 피고인 및 그의 변호인이 재판 이전에 하게 된 피고인의 진술은 불법으로 취득한 것이라고 주장하였을 경우에도 법정은 반드시 조사를 해야 한다. 피고인 및 그의 변호인이 재판 이전에 하게 된 피고인의 진술은 불법으로 취득한 것이라고 주장하였을 경우, 법정은 반드시 그에게 연루된 혐의자, 불법수집이 이루어진 시간, 장소, 방식, 내용 등 관련 단서 또는 증거를 제공할 것을 요구해야 한다.

법정심사

절차가 작동되면 법정은 반드시 심사를 진행해야 한다. 피고인이 재판 이전에 하게 된 진술취득의 적법성에 대하여 합의정은 의문이 없으면 기소에서 고발한 범행에 대한 조사를 직접 진행할 수 있으며, 진술취득의 적법성에 의문이 있으면 공소인은 증거 취득의 적법성을 증명할 수 있는 증거를 제시해야 한다. 공소인이 증거를 제시하면 공소인과 변호인 쌍방은 재판 이전에 취득한 피고인진술의 적법성에 대하여 대질과 변론을 할 수 있다.

법정처리

피고인이 재판 이전에 하게 된 진술의 적법성문제에 대하여 법정은 재정을 해야 한다. 만약 공소인이 증거취득의 적법성문제에 관한 증명이 확실하고 충분한 정도에 도달하여 피고인이 재판 이전에 하게 된 진술이 불법으로 취득한 것이란 주장을 배제할 수 있으면 법정은 이 진술의 적법성을 확인할 수 있으며 법정에서 이 진술을 낭독하고 대질하는 것을 허락해야 한다. 이렇지 않으면 법정은 반드시 이를 배제해야 하며 확정안의 근거로 써서는 아니 된다. 피고인이 재판 이전에 하게 된 진술의 적법성에 대해 공소인이 증거를 제시해 증명하지 않거나 또는 이미 제시한 증거가 확실하지 않고 충분하지 않으면 이 진술은 확정안의 근거로 쓸 수 없다.

법정심사에서 불법으로 취득한 증인의 증언, 피해자의 진술을 배제하게 되었을 경우, 그 구체적 절차는 반드시 재판 이전에 불법으로 취득한 피고인의 진술을 배제하던 절차를 참조하여 진행해야 한다.

④위법증거물과 증거서류의 배제규칙

증거물, 증거서류의 취득이 법률규정을 뚜렷이 위반하여 공정한 재판에 영향을 주게 되었을 경우, 반드시 이를 보정(補正)하거나 또는 합리적인 해석을 해야 한다. 이렇지 않으면 이들은 확정안의 증거로 될 수 없다. 따라서 위법증거물, 위법증거서류의 배제는 다음과 같은 조건이 구비되어야 한다. 첫째, 증거물, 증거서류의 취득방식이 법률규정을 뚜렷이 위반하여야 한다. 둘째, 공정한 재판에 영향을 미칠 가능성이 있어야 한다. 셋째, 보정할 방법이 없거나 또는 합리적 해석을 할 수 없다. 이 3개 조건에서 하나만 빠져도 아니 되므로 이들은 반드시 동시에 구비되어야 한다.

〈사형안건처리증거규정(辦理死刑案件證據規定)〉은 총 41조 3개 부분으로 나뉘졌는데 주로 아래와 같은 3개 방면의 내용을 규정하였다.

일반규정

첫째, 증거재판의 원칙을 확립하였다. "안건사실의 인정은 반드시 증거를 근거로 해야 한다." 이는 중국에서 처음 명문으로 규정한 증거재판의 원칙이다. 이에는 아래와 같은 3가지 기본적인 요구가 포함되었다. (1) 재판의 형성은 반드시 증거를 의거로 해야 한다. 증거의 뒷받침이 없으면 범죄를 인정할 수 없다. (2) 범죄를 인정하는 기초로 쓰이게 될 증거는 반드시 증거능력이 있어야 한다. 즉 증거는 반드시 법률에 의해 금지되지 않으며 그리고 법정조사절차를 거쳐야 한다. (3) 재판의 근거로 쓰일 증거는 반드시 상응한 기준과 요구에 도달하여야 한다.

둘째, 절차의 법정원칙을 확립하였다. "수사요원, 검찰요원, 재판요원은 반드시 법정절차를 엄격히 준수하여야 하고 전면적이면서도 객관적으로 증거를 수집, 심사, 확인, 인정해야 한다."

셋째, 대질을 거치지 않으면 인정될 수 없다는 원칙을 확립하였다. "법정에서의 제시, 식별, 대질 등 법정조사절차로 사실임이 검증되어야만 증거는 정죄양형의 근거로 쓸 수 있다." '대질'이란 기소와 방어위치에 있는 소송당사자 쌍방이 법정에 제출된 증거를 둘러싸고 펼친 대면질문, 반대신문, 탐구와 질의를 의미한다. 이에는 증거와 사실 간 모순에 대하여 펼친 변론과 해명이 포함된다. 대질에는 증거출처, 형식과 내용에 대한 질의가 포함된다. 그러나 질의가 지향한 주요 대상은 증거의 객관성, 연관성과 적법성이다. 대질은 증거조사의 핵심이고 법정인증의 전제이다.

넷째, 사형안건의 증명기준을 세분하였다. "사형안건의 처리에서 피고인범죄사실의 인증은 반드시 증거가 확실하고 충분해야 한다." 증거가 확실하고 충분하다는 것은 다음과 같은 사실들을 의미한다. (1) 정죄양형의 근거로 쓰일 사실은 모두 증거로 증명되었다. (2) 확정안의 근거로 쓰일 모든 증거는 이미 법정절차에 의해 사실임이 증명되었다. (3) 증거와 증거, 증거와 안건사실 사이에 모순이 존재하지 않거나 또는 모순이 합리적으로 배제되었다. (4) 공동범죄 안건에서 피고인의 지위, 역할은 이미 모두 밝혀졌다. (5) 증거에 의하여 인정된 안건의 사실과정은 논리와 경험규칙에 부합되며 증거로부터 얻게 된 결론은 유일한 결론이다.

다섯째, 사형안건의 증명대상을 명확히 하였다. 사형안건의 처리에서 다음과 같은 사실에 대한 증명은 반드시 증거가 확실하고 충분하여야 한다. (1) 고발된 범죄사실의 발생, (2) 피고인의 범죄행위 실행, 피고인이 범죄행위를 시행한 시간, 지점, 수단, 결과와 기타 상황, (3) 피고인의 정죄에 영향을 미치게 될 신분상황, (4) 피고인의 형사책임능력유무, (5) 피고인의 죄과, (6) 공동범죄의 여부 및 피고인의 공동범죄에서의 지위와 역할, (7) 피고인을 엄벌해야 할 사실.

증거의 분류심사와 인정

이 부분의 내용은 총 26조에 달하는데 주요하게는 증거의 다른 종류에 따라 심사와 인증의 구체내용을 각기 규정하였다.

첫째, 원시증거의 우선규칙을 확립하였다. "원물의 사진, 동영상 또는 복제품은 원물의 외형과 특징을 반영하지 못하므로 확정안의 근거로 쓰일 수 없다." 원시증거의 우선규칙을 규정하게 된 원인은 원물, 원본은 진실할 가능성이 더욱 크기 때문이다. 이 규칙의 규정은 증거수집 주체들이 더욱 진실한 원시증거의 수집에 나서 더욱 정확히 안건을 규명하려고 노력하게 할 것이므로 실체공정의 실현에 유리할 것이다.

둘째, 의견증거규칙을 확립하였다. 증인의 추측, 평론 및 추단성의 증언은 증거로 사용할 수 없다. 그러나 일반적인 생활경험에 의하여 내리게 된 판단은 제외한다.

셋째, 제한적인 직접진술증거의 규칙을 확립하고 증인이 반드시 출정해 입증해야 할 정형을 규정하였다. 아래와 같은 정형이 있는 증인에 대하여 인민법원은 반드시 출정해 입증하도록 통지를 해야 한다. 법에 의한 통지에도 불구하고 출정해 입증하지 않은 증인의 서면증언에

중국 법치 100년의 경로

대해 대질을 했으나 역시 확인할 수 없는 경우, 이를 확정안의 근거로 쓸 수 없다. (1) 인민검찰원, 피고인 및 그의 변호인이 증인의 증언에 대하여 이의가 있으며 당해 증인의 증언은 정죄양형에 중대한 영향을 미치게 될 경우, (2) 기타 인민법원이 반드시 출정해 입증해야 한다고 여기게 된 경우.

증거에 대한 종합적인 심사와 운용

이 부분은 총 10조인데 주로 증거에 대한 종합인증을 규정하였다. 이에는 증거의 증명력은 어떻게 인증해야 할 것인가, 어떻게 간접증거에 의하여 안건을 확정할 것인가, 특수수사조치로 수집한 증거재료의 증명력은 어떻게 확인해야 할 것인가, 사형안건에서 양형사실을 증명할 증거는 어떻게 엄격히 파악해야 할 것인가, 피고인이 만 18세가 되었는지를 어떻게 심사하고 판단해야 할 것인가 하는 등의 내용들이 포함되었다.

첫째, 증거증명력의 인정원칙을 확립하였다. "증거의 증명력에 대하여 반드시 안건의 구체상황을 결부하여 각 증거와 이들이 증명해야 할 사실의 관련정도, 각 증거 사이의 연계 등 방면으로부터 심사판단을 해야 한다. 증거 사이에 내적인 관련이 있고 공동으로 증명되어야 할 동일한 사실을 지향했으며 그리고 모순을 합리적으로 배제할 수 있어야만 확정안의 근거로 쓸 수 있다." 이는 처음 명문으로 법관인증(法官認證) 특히 증거의 증명력을 어떻게 인정할 것인가의 원칙을 규정한 것이다. 소위 인증이란 법관이 재판하는 과정에서 공소인과 변호인 쌍방

이 제공했거나 또는 법관이 스스로 수집한 증거자료에 대한 심사판단을 통해 증거자료의 증거자격과 증명력을 확인하는 활동이다. 때문에 인증의 내용에는 증거자격의 확인과 증명력의 확인 이 두 가지 내용이 포함되었다.

둘째, 간접증거에 의한 안건 확정의 규칙을 명확히 규정하였다. 피고인이 범죄행위를 실시했다는 직접 증거는 없으나 아래와 같은 조건을 동시에 구비했다면 피고인은 유죄라고 인정할 수 있다: (1) 확정안의 증거로 된 간접증거는 이미 사실이라고 입증되었다. (2) 정안의 증거로 된 간접증거는 서로 뒷받침이 되고 배제가 불가능한 모순과 해석이 불가능한 의문도 존재하지 않는다. (3) 확정안의 증거로 된 간접증거는 이미 완정한 증명체계를 형성하였다. (4) 간접증거에 의해 인정된 안건사실은 유일한 결론이고 이로써 모든 합리적 의심을 배제할 수 있게 되었다. (5) 간접증거를 운용하여 진행한 추리는 논리와 경험판단에도 부합된다. 간접증거에 의해 안건을 확정하게 되었을 경우, 사형판결은 반드시 특별히 신중해야 한다.

셋째, 특수수사조치로 수집한 증거자료의 사용규칙을 명확히 규정하였다. 수사기관이 관련 규정에 따라 특수수사조치로 수집한 증거물, 증거서류 및 기타 증거자료는 법정이 사실인 것을 조사하여 증명하게 되면 그를 확정안의 근거로 쓸 수 있다. 법정은 법에 따라 특수수사조치를 실시한 과정과 방법을 공개하지 않는다.

넷째, 사형안건에서 양형사실을 증명하게 될 증거에 대한 엄격한 파악을 강화하였다. 피고인에 대하여 그의 유죄를 인정한 이후, 안건의 발생원인, 피해자의 과실 및 피고인의 평소 표현 등 양형참작사유[酌定量刑情節]도 반드시 중점으로 심사하도록 해야 한다. 피고인을 경감하여 처벌해야 할 양형정형을 배제할 수 없는 상황에서 사형판결을 내리게 되었을 경우, 반드시 특별히 신중해야 한다. 이는 형사사법에서 늘 강조해온 피고에게 유리해야 한다는 원칙에 부합될 뿐만 아니라 "적게 죽이고 죽이는 데 신중을 기울여야 한다(少殺, 愼殺)."라는 '사형통제(控制死刑)'정책의 실현에 대하여도 아주 중대한 의의가 있을 것이다.

다섯째, 피고인이 만 18세가 되었는지 여부를 심사하는 방식을 명확히 하였다. 피고인이 범죄를 실행할 때, 만 18세가 되었는지에 대한 심사는 일반적으로 호적증명을 근거로 해야 한다. 호적증명에 대하여 이의가 있고 그리고 진실임이 증명된 출생증명서류나 이해관계가 없는 자의 증언 등 증거가 피고인이 18세 미만이란 것을 증명할 경우에는 반드시 피고인이 18세 미만이라고 인정해야 한다. 호적증명이나 출생증명서류가 없으면 반드시 인구조사등기서류, 이해관계가 없는 자의 증언 등을 증거로 종합적으로 판단해야 한다. 필요할 경우 골령(骨齡)감정을 할 수 있으며 그리고 그 결과를 피고인의 연령판단에서 참고로 삼아야 한다. 증거 사이 모순이 배제되지 않고 피고인이 고소된 범죄를 저질렀을 때, 만 18세란 충분한 증거가 없으며 증명이 불가능하면 그를 18세라고 인정해서는 아니 된다.

주의해야 할 것은 비록 〈사형안건처리증거규정〉의 조준대상은 사형안건이라 하더라도 사형이 아닌 기타 형사안건에서도 반드시 이를 참조해 적용해야 한다. 최고인민법원, 최고인민검찰원, 공안부, 국가안전부와 사법부는 이 2개 증거규정을 발부하면서 관련 통지에서 '기타 형사안건의 처리는 〈사형안건의 처리에서 증거의 심사판단에 관한 약간 문제의 규정(關于辦理死刑案件審查判斷證據若干問題的規定)〉을 참조해 집행해야 한다.'라고 명확히 지적하였다.

(4) 형사소송법에 대한 제2차 수정(2012년)

1996년에 있었던 형사소송법 제1차 수정으로부터 16년이란 긴 시간이 지난 이후, 국내외 형세는 심각한 변화를 맞이하게 되었는데 이는 형사소송법을 사회발전과 사법실천의 수요에 적응하기 어렵게 하였으므로 형사소송법의 재차수정은 아주 긴박한 과제로 등장하였다.

2003년, 중국공산당 제16차 전국대표대회에서 제출한 '사법체제개혁의 추진'이란 전략적 결단에 따라 형사소송법의 재차수정은 이미 제10기 전국인대상무위원회의 입법계획안에 들어갔다. 2004년 말, 중공중앙은 〈중앙사법체계개혁지도소조 사법체제와 사업시스템개혁에 관한 초보의견(中央司法體制改革領導小組關于司法體制和工作機制改革的初步意見)〉을 이첩(轉發)하면서 소송제도의 개혁과 보완에 관하여 총 10개 방면 35개 항에 달하는 개혁임무를 제출했는데 이 중 다수는 형사소송법의 수정과 관련되었다. 2008년, 중공중앙은 중국공산당 제17차 전국대표대회에서 채택한 '사법체제개혁의 심화'란 중대결정의 요구에 따라 중공중앙은 〈중앙정법위원회 사법체제와 사업시스템개혁의 심화에 관한 약간 문제의 의견(中央政法委員會關于深化司法體制和工作機制改革若干問題

的意見)〉을 이첩하였다. 이 의견은 총 60개 항에 달하는 개혁임무를 제출했는데 이 중 많은 내용은 형사소송법의 수정과 관련되었다. 이후 전국인대상무위원회 법제사업위원회는 형사소송법수정안의 기초를 다그쳐 관련 좌담회를 연이어 소집하고 많은 실무부서와 전문가 및 학자들의 의견을 들었다.

2011년 8월, 형사소송법수정안초안은 정식으로 제11기 전국인대상무위원회 제22차 회의에 상정되어 제1차 심의를 거쳤다. 이 회의에 상정된 수정안(초안)은 총 99개 조항이다. 이는 형사소송법을 기존의 225개 조항에서 285개 조항으로 대폭 확대하게 되었는데 주요하게는 증거제도의 보완, 강제조치, 변호제도, 수사조치, 집행규정, 특별절차 등 7개 방면이 언급되었다. 이중 고문에 의한 진술의 억제, 위법증거의 배제, 증인출정난 문제의 해결, 체포조건의 세분화, 변호사변호권의 보장, 미성년자구제 등의 내용은 사회의 광범위한 주목을 이끌었다. 2011년 12월 26일, 제11기 전국인대 상무위원회 제24차 회의는 형사소송법수정안을 재차심의하고 이를 제11기 전국인대 제5차 회의에 상정하기로 하였다. 상정된 수정안초안은 총 106조로 제1차 심의를 할 때 보다 7개 조항이나 증가되었다.

2012년 3월, 제11기 전국인민대표대회는 제5차 회의를 개막하였다. 형사소송법수정안에 대한 심의는 이번 회의 중요 의제 중의 하나였다. 이번 회의의 제2차 대회에서는 전국인대상무위원회 왕쪼궈(王兆國) 부위원장의 〈'중화인민공화국 형사소송법수정안(초안)'에 관한 설명〉을 청취하고 〈전국인민대표대회 '중화인민공화국형사소송법'의 수정에 관한 결정〉을 통과시켰다. 이로서 중요한 역사적 의미를 가진 형사소송법 제2차 수정작업을 원만히 완성하였다.

형사소송법에 대한 이번의 수정에서 총 149개에 달하는 조항이 증가, 삭제 또는 수정되었다. 이중 증가된 조항은 66개이고 수정된 조항은 82개이며 그리고 1개 조항을 삭제했는데 주요내용은 다음과 같다.

① 인권을 존중하고 보장한다는 규정을 증가하였다

2004년 중국은 헌법에 "국가는 인권을 존중하고 보장한다."라는 내용을 규정함으로써 인권에 대한 존중과 보장을 헌법의 하나 중요한 원칙으로 확립하고 사회주의민주의 본질적 요구를 뚜렷이 구현하였다. 수정 후의 형사소송법은 범죄에 대한 징벌과 인권보장을 모두 중요시한다는 지도상하에서 인권보장에 더욱 치중하였다. 수정된 형사소송법은 제2조 '형사소송법의 임무'에 '인권에 대한 존중과 보장'을 추가했는데 이는 전반 형사소송법의 원칙, 제도와 절차를 지도하였다. 수정 후의 형사소송법은 인권보장이란 이념이 형사소송의 모든 제도설계를 꿰뚫게 했는데 이는 변호제도, 증거제도, 강제조치, 수사절차, 재판절차와 특별절차에서 모두 뚜렷이 구현되었다. 형사소송영역에서 인권보장의 중점은 범죄피의자, 피고인권리를 보장하는 것이다. 특히 이들에 대한 변호권의 보장은 가장 중요한 핵심이다. 때문에 수정 후의 형사소송법은 제14조 제1관에 "인민법원, 인민검찰원과 공안기관은 범죄피의자, 피고인과 기타 소송참여자가 법에 의하여 향유한 변호권과 기타 소송권리를 보장해야 한다."라고 규정하였다.

② 변호제도의 개혁과 보완

형사소송절차에서 변호제도는 범죄피의자, 피고인권리를 보장하는 가장 핵심적인 제도인데 이번의 수정에서 이는 중요한 발전을 이루어냈다.

첫째, 수사단계에서부터 변호사의 '변호인' 지위는 확인받게 되었다. 비록 기존 형사소송법 제96조도 범죄피의자는 수사단계에서부터 변호사를 초빙할 수 있다고 규정하였다. 그러나 그에게 변호인 지위를 부여한 것은 아니었다. 그리하여 수정 후의 형사소송법은 위임받은 변호사가 수사단계에서부터 '변호인'의 신분으로 소송활동에 참여할 수 있다고 명확히 규정하였다.

둘째, 변호인의 책임은 실체변호와 절차변호를 모두 중요시하는 방향으로 변경되었다. 이 변화의 구체적 표현으로 새로운 형사소송법에 변호인은 범죄피의자, 피고인의 '소송권리'를 수호해야 한다는 규정을 추가하였다.

셋째, 변호사의 접견절차를 개선하였다. 변호사의 접견난 문제를 해결하기 위해 수정 후의 형사소송법은 변호사법의 관련 내용을 흡수하여 다음과 같이 실무적으로 규정하였다. 담당변호사가 변호사 개업증서, 변호사 사무소증명과 위임장 또는 법률구조공문서를 소지하고 구금된 범죄피의자, 피고인의 접견을 요구하였을 경우, 구치소는 반드시 제때에 접견을 마련해 줘야 하며 늦어도 48시간을 초과해서는 아니된다. 국가안전침해범죄, 테러범죄, 특히 중대한 뇌물범죄 등 안건의 수사기간에 있어 담당변호사가 구금된 범죄피의자를 접견하려면 반드시 수사기관의 허가를 얻어야 한다.

넷째, 변호인의 열람권을 확대하였다. 수정 후의 형사소송법은 안건이 정식으로 심사기소된 날로부터 변호인이 당해 안건의 사건기록자료를 열람, 초록, 복사할 권리를 가진다고 규정하였다.

다섯째, 변호인에 대한 형사책임의 추궁관할권을 조절하였다. 변호인이 그의 직무수행에서 범죄에 연루되었을 경우, 변호인이 담당한 안건을 수사하는 기관 이외의 기타 수시기관이 맡아 처리해야 한다.

여섯째, 법률구조의 적용단계와 안건의 범위를 확대하였다. 수정후의 형사소송법은 법률구조의 적용단계를 과거의 재판단계에서부터 수사, 심사기소단계까지 확대하고 동시에 기존 형사소송법이 지정변호를 적용해야 한다고 규정한 범위에 두 가지 유형의 안건을 추가하였다. 즉 하나는 범죄피의자, 피고인이 맹인, 농아인 또는 자신의 행위를 분별하거나 억제할 능력을 완전히 상실하지 않은 정신질환자인 안건이고, 다른 하나는 범죄피의자, 피고인이 무기징역, 사형을 받을 가능성이 있는 안건이다.

③ 증거제도의 보완과 위법증거배제규칙의 확립

증거제도는 형사소송제도에서 아주 중요한 위치를 차지하고 있다.

수정 후의 형사소송법은 증거제도를 다음과 같이 개혁하고 보완하였다.

첫째, "어떠한 사람도 본인의 유죄 증명을 강요받아서는 아니 된다."라는 규정을 추가하였다. 이 원칙은 국제형사사법준칙에서 하나의 중요한 내용이다. 이 원칙의 확립은 수사에서 자백에 대한 수사기관의 기대심리를 약화시키고 불법적인 증거의 수집행위를 한층 더 강력히 억제하는데 아주 중요한 원칙적인 지도로 작용하게 되었다.

둘째, 위법증거의 배제규칙을 확립하였다. 수정 후의 형사소송법에 규정된 위법증거배제에는 다음과 같은 2가지 유형이 있다. 하나는 위법진술증거의 배제이다. 즉 고문 등 불법적인 방법으로 수집한 범죄피의자, 피고인의 진술과 폭력, 위협 등 불법적인 방법으로 수집한 증인의 증언, 피해자의 진술은 반드시 배제되어야 한다. 다른 하나는 불법실물증거의 배제이다. 즉 증거물, 증거서류수집이 법정절차에 부합되지 않아 사법공정에 엄중히 영향을 미칠 가능성이 있을 경우, 이를 보정(補正)할 수 없거나 또는 합리적으로 해석하지 못하면 반드시 이를 배제해야 한다. 공안기관은 수사, 심사기소 및 재판에서 반드시 배제해야 할 증거를 발견하면 이를 반드시 법에 따라 배제해야 하며 이를 기소의견, 기소결정과 판결의 의거로 사용해서는 아니 된다. 위법증거의 배제를 보장하기 위해 수정 후의 형사소송법은 법정심사에서 조작이 가능한 배제절차를 설치하였다. 이에는 위법증거배제절차의 발동방식과 조건, 수집한 증거의 적법성에 대한 검찰기관의 증명책임, 수사원의 출정입증제도, 위법증거배제의 증명기준 등이 포함되었다.

셋째, 수정 후의 형사소송법은 증명기준 중의 "증거가 확실하고 충분하다"는 다음과 같은 3가지 조건을 만족해야 한다고 규정하였다. 즉 정죄양형(定罪量刑)에 쓰인 사실은 모두 증거로 증명되어야 한다. 안건의 모든 증거를 종합해 보았을 때, 인정한 사실에 대한 모든 의혹을 배제하였다. 이 중 "합리적 의심을 배제하였다."라는 표현은 국제적으로 통행되는 증명기준에 대한 표현이다. 비록 학계와 실무부문에서 이를 어떻게 이해하고 적용할 것인가에 관하여 논쟁은 있으나 이는 중국입법에서 최초로 사용되는 표현이므로 중국 형사증명기준의 국제화에 도움이 될 것이다.

④ 강제조치제도의 보완과 가족에 불통지경우의 제한

중국의 사법실무에서 구치 비율이 높은 문제를 해결하고 형사소송의 순조로운 진행을 보장하며 범죄에 대한 징벌과 인권보장의 병진을 실현하기 위해 수정 후의 형사소송법은 강제조치제도를 대폭 수정하였다.

첫째, 거주감시의 적용조건을 보완하였다. 거주감시에 관해 보석과 서로 다른 독립적인 적용조건을 규정하였다. 특정안건에 적용될 지정거소·거주 감시를 증가하였다. 체포조건에 부합되는 안건에 대해 다음과 같은 특수정형이 있으면 감시거주를 적용할 수 있다. 엄중한 질병의 질환자, 자활이 불가능한 자, 임신을 했거나 또는 자기 영아를 수유중인 여성, 자활이 불가능한 자의 유일한 부양인 등이다. 지정거소에서의 거주감시는 고정된 거소가 없는 사람에게만 적용되는 것은 아니고 국

을 경우, (3) 공동범죄 안건에서 일부 피고인이 범죄를 승인하지 않거나 또는 간이절차의 적용에 이의가 있을 경우, (4) 간이절차를 적용해 심사하는 것이 적절하지 않을 경우이다.

⑦ 2심 절차의 개진

권리구제와 사회공정의 보장에서 제2심 절차의 기능을 발휘하기 위해 수정 후의 형사소송법은 제2심 절차를 다음과 같이 수정, 보완하였다.

첫째, 법정을 열어 심사해야 할 안건범위를 수정하였다. 기존의 형사소송법에서 제2심 절차는 법정을 열어 심사하는 것을 원칙으로 하고 법정을 열지 않고 심사하는 것을 예외로 한다고 규정하였다. 그러나 실천과정에서 이 원칙은 사실 법정을 열지 않고 심사하는 것을 원칙으로 하게 되었고 법정을 열어 심사하는 것을 예외로 하는 것으로 변화되었다. 사법의 이러한 상황을 개변하기 위해 기존 형사소송법이 규정한 검찰기관이 항소한 안건을 제외하고 수정 후의 형사소송법은 반드시 개정해서 심사해야 할 안건의 범위를 명확히 규정하였다. 즉 하나는 피고인, 자소인 및 그의 법정대리인이 제1심 판결이 인정한 사실과 증거에 대하여 이의를 제기하였고 그리고 이것이 안건의 정죄양형(定罪量刑)에 영향을 미칠 가능성이 있는 상소안건이고, 다른 하나는 피고인에 대한 사형판결이 확정된 상소안건이다. 동시에 수정 후의 형사소송법은 또 법정을 열지 않은 상황에서 안건을 심사하는 절차를 보완하였다. 즉 제

2심 법원이 개정을 하지 않고 안건을 심사하기로 결정하였을 경우, 반드시 피고인을 심문해야 하며 그리고 기타 당사자, 변호인, 소송대리인의 의견도 반드시 청취해야 한다고 규정하였다.

둘째, 제2심 절차에서 파기환송제도와 불이익변경금지[上訴不加刑] 원칙을 보완하였다. 기존 형사소송법은 원심판결이 제시한 사실이 확실치 않거나 또는 증거가 불충분하면 사실을 규명한 이후 판결을 변경하거나 원심판결을 파기하고 이를 원심법원에 환송하여 다시 재판하게 할 수 있다고 규정하였다. 그러나 사법실천에서 이러한 파기환송제도는 남용되어 사법공정의 실현에 영향을 주게 되었다. 때문에 수정 후의 형사소송법은 기존 형사소송법의 토대 위에서 원심판결이 제시한 사실이 분명치 않거나 또는 증거가 불충분하다는 이유로 환송된 안건을 판결한 이후, 피고인이 다시 상소를 하였거나 또는 검찰원이 항소를 제기한 안건에 대해 제2심 법원은 반드시 법에 따라 판결 또는 재정을 해야 하며 이를 다시 원심법원에 환송해서는 아니 된다는 규정을 추가하였다. 이와 동시에 불이익변경금지 원칙의 회피를 방지하기 위해 수정 후의 형사소송법은 제2심 법원이 원심법원에 환송하여 다시 재판하기로 한 안건에서 피고인 일방만이 상소하였을 경우, 새로운 범죄사실이 발견되어 검찰원이 보충기소를 하게 된 것을 제외하고 원심법원은 피고인의 형벌을 가중해서는 아니 된다는 규정도 추가하였다.

⑧ 사형재심비준절차의 개혁

2007년 1월 1일부터 최고인민법원은 사형안건에 대한 재심비준권을 통일적으로 행사하기로 하였다. 사형을 신중히 적용하고 사형재심비준의 질적 수준을 보장하기 위해 사형판결에 대한 재심비준을 기존 행정화로 되었던 내부적 심사비준방식에서 소송화의 방향으로 적절히 전환하였다. 수정 후의 형사소송법은 사형재심비준절차를 개혁하게 되었는데 이 개혁에는 다음과 같은 내용들이 포함되었다. 첫째, 최고인민법원이 사형안건을 재심비준하는 재판방식을 추가로 규정하였다. 즉 최고인민법원은 사형안건을 재심하고 반드시 사형을 비준한다거나 또는 불허한다는 재정을 내려야 한다. 재심결과 사형을 불허하기로 재정하였을 경우, 최고인민법원은 반드시 이를 원심법원에 환송하여 다시 재판을 하도록 하거나 또는 직접 시정판결을 하여 이를 변경해야 한다. 둘째, 최고인민법원이 사형안건을 재심비준하는 절차를 추가하였다. 즉 최고인민법원은 사형안건을 재심비준을 하면서 반드시 피고인을 심문해야 하고 변호인이 요구하였을 경우에는 반드시 변호인의 의견을 청취해야 한다. 사형안건의 재심비준과정에서 최고인민검찰원은 최고인민법원에 의견을 제출할 수 있으며 최고인민법원은 반드시 사형안건에 대한 재심비준결과를 최고인민검찰원에 통보해야 한다.

⑨ 4가지 특별형사소송절차의 증설

첫째, 미성년자 형사안건의 소송절차를 증설하였다. 미성년자 형사안건의 소송절차에 관하여 형사소송법 수정안은 안건의 처리방침과 원칙을 확립하고 법률구조제도, 사회조사제도, 체포조치의 적용제한제도, 미성년자의 법정대리인 또는 기타 인원의 출두제도, 조건부 불기소제도, 범죄기록의 봉인제도 등 미성년자에 대한 보호제도를 규정하였다.

둘째, 당사자가 합의를 이룬 공소안건의 소송절차를 증설하였다. 다음과 같은 두 가지 유형의 공소안건에서 범죄피의자, 피고인이 진심으로 죄를 뉘우치게 되어 피해자의 손실을 배상하고 사과와 사죄를 하는 방식을 통하여 피해자의 양해를 얻어 피해자가 화해를 원하게 되면 쌍방 당사자는 합의할 수 있다. 즉 하나는 민간분쟁으로 인하여 야기된 형법각칙 제4장(공민의 인신권리, 민주권리 침범죄)과 제5장(재산침해죄)에 규정된 범죄에 연루된 범죄안건으로 3년 이하 유기징역의 형벌을 받을 수 있는 안건이고 다른 하나는 7년 이하 유기징역의 형을 받을 수 있는 독직(瀆職)범죄 이외의 과실범죄안건이다. 이러한 안건의 처리에서 공안기관, 검찰원, 법원은 반드시 당사자와 기타 관련자 의견을 청취해야 하고 그리고 그 화해의 진실성과 적법성이 확인되면 이들에 대하여는 관대히 처리할 수 있다.

셋째, 범죄피의자, 피고인이 도망치거나 사망한 안건의 위법소득을 몰수하는 절차를 증설하였다. 효과적으로 부패범죄와 테러범죄를 징벌하고 그리고 중국이 가입한 UN의 〈국제연합 부패방지 협약〉 및 반테러에 관한 결의와의 연결을 맺기 위해 수정 후의 형사소송법은 범죄피의자, 피고인이 도망쳐 행방을 감춘 안건이나 사망한 안건의 위법소득을 몰수하는 절차를 증설하였다. 횡령 및 수뢰범죄, 테러범죄 등 중대한 범죄안건의 범죄피의자, 피고인이 도주하여 지명수배령을 내리게 되었으나 1년이 지나도 출정할 수 없거나 또는 범죄피의자, 피고인이 이미 사망하여 형법규정에 따라 반드시 그의 위법소득과 기타 안건에 연루된 재산을 추정해야 할 경우, 검찰원은 법원에 그의 위법소득을 몰수할 것을 신청할 수 있다.

넷째, 법에 따라 형사책임을 묻지 말아야 할 폭력성을 띤 정신질환자에 대한 강제치료절차를 증설하였다. 공중안전을 보장하고 사회조화와 질서를 수호하기 위해 수정 후의 형사소송법은 법에 따라 형사책임을 묻지 말아야 할 정신질환자에 대한 강제치료절차를 증설하였다. 즉 폭력행위의 실시로 공공안전 또는 공민의 인신안전을 엄중히 해쳤으나 법정절차에 따른 감정에 의하면 형사책임을 묻지 말아야 할 정신질환자에 대하여 사회를 계속 해칠 가능성이 있으면 강제로 치료해야 한다고 규정하였다.

4. 향후 형사소송제도의 개혁전망

중국공산당 제18차 전국대표대회이후, 당중앙은 사법개혁을 더욱 깊숙이 추진해야 한다고 제출하였다. 2013년 11월, 중국공산당 제18기 중앙위원회 제3차 회의(이하 제3차 전회로 약칭한다.)에서 통과된 〈중공중앙 개혁의 전면심화에 관한 약간의 중대한 문제에 관한 결정(中共中央關于全面深化改革若干重大問題的決定)〉은 사법개혁의 전면적 심화에 관하여 총체적인 포치를 하였다. 사회주의 법치국가의 건설을 가속하기 위해 2014년 10월에 소집된 중국공산당 제18기 중앙위원회 제4차 회의(이하 제4차 전회로 약칭한다.)는 의법치국의 전면추진에 관한 약간의 중대한 문제를 연구하고 〈중공중앙 의법치국(依法治國)의 전면추진에 관한 약간의 중대한 문제에 관한 결정(中共中央關于全面推進依法治國若干重大問題的決定)〉을 통과시키게 되었는데 이는 중국의 사법개혁에 대해 명확한 발전 방향을 제시하였다.

중국공산당 제18기 중앙위원회 제3차, 제4차 회의는 사법 공정(公正)을 각별히 중시하였다. 제4차 전회의 결정은 "공정은 법치의 생명이다. 사법공정은 사회공정을 인도함에 중요한 역할을 하게 될 것이며 공정치 못한 사법은 사회공정에 치명적 타격을 주게 될 것이다."라고 지적하였다. 사법공정을 실현하기 위해 제3차, 제4차 전회는 일련의 중요한 조치들을 내놓게 되었다. 이러한 새로운 조치의 다수는 형사소송법의 수정과 연관되었다. 형사소송법 수정의 총체적 방향은 민주, 법치 및 현대화를 실현하는 것이고 중점은 인권에 대한 사법보장과 절차공정의 가치를 향상하는 것이다. 때문에 필자는 형사소송제도의 개혁에 관해 다음과 같이 전망한다.

(1) 재판권과 검사권의 독립성 확보

사법기관은 법에 따라 독립적으로 직권을 행사해야 한다. 이는 현대 법치국가들이 보편적으로 승인하여 확립한 하나의 기본원칙이다. 이 원칙의 핵심정신은 사법기관은 사법재판을 하는 과정에서 법률의 요구와 양심에만 따라 증거와 사실을 객관적으로 판단하고 공정하게 안건을 재결해야 하며 불법적인 개입과 통제를 받아서는 아니 된다는 것이다. 비록 중국의 헌법도 이미 이를 기본원칙으로 확립하였다. 그러나 실제에서의 실행은 여전히 마음에 들지 않고 외부간섭을 받거나 사법의 지역화 현상이 존재하였으므로 중국공산당 제18기 중앙위원회 제3차, 제4차 전회는 일련의 조치를 제출하여 사법기관이 법에 따라 독립적으로 직권을 행사하고 지역주의 영향을 벗어나도록 보장하여 진정한 사법공정을 실현하려 하였다.

첫째, 제3차 전회의 결정은 법에 따라 재판권과 검사권의 독립적인 공정한 행사를 확보하고 성(省)급 이하 지방법원, 검찰원 인력, 재무 및 물자의 통일관리를 추진해야 한다고 명확히 지적하였다. 이는 사법기관이 지역의 견제로부터 벗어날 수 있는 중요한 조치이다. 그러나 이 조치를 실행하려면 반드시 우선은 이에 따르게 될 관련경비의 조성 문제를 해결해야 한다. 비교적 타당한 해결방법은 바로 각 시, 현(縣)의 재정에서 부담하던 사법예산부분을 성급 재정에 교부하여 성급 재정에서 이를 통일적으로 지배하도록 하고 동시에 성급 재정도 투입을 확대하여 일부 낙후지역의 사법경비가 대폭적으로 증가되도록 보정해야 하며 그리고 경제발달지역의 실제수준도 개혁 이전에 비하여 낮아지지 않도록 보장하는 것이다. 이 외에 중앙재정은 최고인민법원, 최고인민검찰원의 사법경비를 부담하는 동시에 이번의 개혁을 계기로 전국 사법기관에 대한 투입을 점차 확대하여 향후 중앙의 통일적 관리에 필요한 조건을 마련해야 할 것이라고 생각한다.

둘째, 반드시 기율검사위원회와 사법기관의 관계를 한층 더 정리해야 한다. 반부패투쟁에서 기율검사위원회가 발휘한 중요한 작용은 그 누구도 부정할 수 없을 것이다. 그리고 중국공산당 제18차 전국대표대회 이후 특히 뚜렷한 성과를 이룩하였다. 그러나 중국의 반부패체제와 사업시스템은 '쌍규(雙規)'[8]를 포함하여 비록 일정한 현실적 합리성은 있겠으나 장기적 발전의 시각으로 보았을 때, 반드시 이에 대해 법치화의 개혁을 실행해야 할 것이다. 이중 가장 시급히 추진해야 할 개혁은 바로 기율검사위원회의 안건처리와 검찰기관의 안건처리 관계를 정리하는 것이라고 생각한다. 실제에서의 일반적인 방법은 검찰기관이 외각에서 증거수집을 돕는다는 명의로 미리 '쌍규'에 개입해 안건을 처리하는데 안건이 입건되기 전에 이렇게 증거수집에 나서는 것은 분명히 적절치 않다. 더욱 심각한 것은 일부 검찰기관은 설사 자체로 포착한 부패안건이라 하더라도 공연히 절차를 뒤바꿔 먼저 입건을 하고 그

---

8   '쌍규(雙規)'란 중국공산당이 규율검사에서 취하고 있는 하나의 특수한 수사방식이다. 이는 안건의 당사자가 당 조직이 규정한 시간과 규정한 지점에서 안건에 관해 설명하여야 한다는 것을 뜻하는데 이는 중국공산당당원이 당해 당사자가 검찰기관의 조사를 받기 전에 실시하게 된 하나의 당내 수사이며 당해 당사자 인신자유에 대한 제한이다.

다음 기율검사위원회에 이송하여 피조사자(사실 이는 이미 범죄피의자이다.)를 심문하기도 한다. 이것은 기율검사위원회의 '쌍규' 수단으로 형사소송법이 명시한 심문은 반드시 모든 과정을 녹음, 녹화해야 한다는 규정을 회피하려는 것인데 이는 명백한 절차위반이다. 때문에 제4차 전회의 결정은 기율감찰과 형사사법의 안건처리기준과 절차의 연결고리를 명확히 하여 법에 따라 직무범죄안건을 엄격히 처리해야 한다고 지적하였다. 이는 안건처리에서 기율검사위원회와 검찰기관의 안건처리순서, 차별과 경계선을 더욱 명확히 하라는 것이다. 기율검사위원회는 기율위반사항에 대한 조사를 먼저 진행해야 하는데 검찰기관은 어떠한 방식으로든 이에 개입해서는 아니 된다. 기율검사위원회는 조사를 끝내고 범죄를 구성한다고 인정하게 되면 이를 검찰기관에 이송해야 하며, 이송되면 검찰기관은 반드시 형사소송법의 규정에 따라 이를 독립적이고 자주적으로 수사하여 기소해야 한다. 기율검사위원회의 조사과정에서 획득한 증거에 대해 사법기관은 소송과정에서 이들의 구체상황에 따라 구별하고 사용해야 한다. 형사소송법 및 기타 관련 법률의 규정에 따라 물증, 증빙서류, 시청자료, 전자데이터 등 실물증거자료는 형사소송에서 증거로 사용할 수 있다. 그러나 피조사인의 자백기록, 서면진술과 증인의 증언기록 등 진술증거자료는 형사소송에 사용될 수 없으므로 이러한 증거들은 반드시 검찰기관의 반부패전담부서에서 다시 법에 따라 수집해야 한다. 재판단계에서 만약 피고인이 자료 또는 단서를 제공해 '쌍규' 기간에 핍박에 의하여 범죄를 자백하게 되었고 그리고 이것이 수사에 있는 범죄진술에 영향을 주게 되었다는 사실을 증명하게 되었을 경우에는 반드시 '중복진술'의 상황으로 고려하여 처리해야 한다. 즉 수사에서 수집한 범죄혐의자의 진술을 배제해야 한다.

셋째, 제4차 전회의 결정은 '지도간부의 사법간섭과 구체안건 처리에 대한 개입기록, 통보와 책임추궁제도'를 건립할 것을 요구하였고 또 어떠한 당정기관이나 영도간부라 하더라도 사법기관에게 법정직책을 어기면서 사법공정을 저해하는 일을 하도록 강요해서는 아니 되며, 어떠한 사법기관이라 하더라도 당정기관과 영도간부들이 불법으로 사법에 개입해달라는 요구를 집행해서는 아니 된다고 제출하였다. 이러한 규정은 사법기관의 독립적인 직권행사에 도움이 되는 것은 틀림없다. 그러나 이 결정은 당조직이 구체안건의 처리를 조율할 수 있는지에 관해서는 분명한 규정을 하지 않았다. 사법법칙에 의하면 사법사업에 대한 당조직(당위원회와 정법위원회)의 영도는 주요하게 방침, 정책 및 조직상의 영도이므로 구체안건의 조율에 나서는 것은 적절치 않다. 설령 개별안건이 당조직의 조율을 필요로 하게 되었다 하더라도 안건의 증거사실을 조율해서는 아니 되고 그리고 안건에 대한 조율행위를 정식으로 기록해야 한다. 당조직의 조율이 억울한 안건의 발생을 초래하였을 경우, 반드시 조율에 참여한 관련자의 책임을 물어야 한다.

넷째, 제4차 전회의 결정은 행정구역을 뛰어 넘는 인민법원과 인민검찰원의 설치방식을 탐색하고 행정구역을 뛰어 넘으면서 안건을 처리할 수 있어야 한다고 지적하였다. 비록 행정구역을 뛰어 넘는 사법기관의 설치는 지역주의 극복에 유리할 것이지만 사법기관의 이러한 설치는 법원 관할권에 관한 현행 규정과 모순되므로 이 개혁을 추진하려면 단순한 법원조직법에 대한 수정과 관련 사법해석의 제정만으로 해결할 수 없을 것이다. 그러므로 형사소송법의 관련 규정도 반드시 수정해야만 법원관할권의 배치를 제3, 4차 전회결정의 요구에 부합되게 할 수 있을 것이다.

다섯째, 법에 따른 사법기관의 독립적인 안건의 공정한 처리는 최종적으로는 법관과 검찰관 특히는 법관의 독립적인 안건처리에 의하게 된다. 지금의 현실적 상황에서 중국의 법관은 상대적으로 독립할 수밖에 없으며 재판위원회도 여전히 보류해 두고 개혁만 해야 할 것이다. 그러나 향후의 발전을 보았을 때, 법관의 독립성은 반드시 점차 강화되어야 하고 재판위원회는 하나의 재판조직으로 구체안건의 처리를 토론하고 결정해서는 아니 된다. 이는 사법의 실천성과 판단성이 결정하게 된 것이다.

(2) 재판을 중심으로 하는 증인, 감정인 출정입증제도의 보완

제4차 전회의 결정은 "재판을 중심으로 소송제도의 개혁을 추진해야 한다."라고 제출하고 그리고 증인, 감정인의 출정입증제도를 보완할 것을 요구하였다. 재판을 중심으로 하려면 가장 관건적인 것은 반드시 법정심사를 중심으로 해야 한다. 즉 입증과 대질은 모두 법정에서 이루어져야 하며 법정은 안건사실에 대한 인정과 법률의 적용에서 반드시 결정적 작용을 해야 한다. 비록 현행 형사소송법은 증인의 출정범위를 명확히 하고 증인의 강제출정제도를 추가했으며 증인출정비용의 부담 방식 및 증인에 대한 보호제도 등도 규정하였으나 문제는 여전이 존재 한다. 형사소송법 제187조는 공소인과 방어위치에 있는 당사자 쌍방이 이의가 있고 그리고 증인의 증언이 정죄양형(定罪量刑)에 중대한 영향을 미치게 될 경우, 증인의 출정여부는 반드시 법원이 결정해야 한다고 규정하였다. 그러나 이는 증인이 반드시 출정해야 할 상황을 없었던 것으로 만들 수 있으므로 증인의 출정비율을 효과적으로 제고할 수 없게 하였다. 그리하여 재판 중심이란 목적의 실현을 위해 형사소송을 다음과 같이 수정할 것을 건의한다. 즉 공소와 방어위치에 있는 당사자 쌍방이 증인의 증언과 감정의견에 대해 이의가 있어 법정대질을 요구하게 되었을 경우, 중요한 안건의 중요증인은 반드시 출정해 입증해야 한다. 이렇게 해야만 법정판결이 인정한 사실이 객관적 진실에 부합되고 사회와 법률의 검증을 이겨 낼 수 있을 것이라고 생각한다.

(3) 인권에 대한 형사사법보장의 강화와 변호사제도의 보완

변호제도의 발달여부는 한 나라의 민주법치와 인권보장의 정도를 가늠할 수 있는 중요한 표지이다. 비록 중국의 변호제도는 지속적인 개혁으로 이미 많은 발전을 이룩하였다. 그러나 아직은 문제도 많은데 실제 변호사의 개입비율은 여전히 낮아 제4차 전회결정이 제출한 '인권에 대한 사법보장'의 강화란 요구에 미치지 못하고 있다. 형사소송에 서 피고는 관련 법률지식의 결핍과 그의 인신자유가 이미 제한 또는 박 탈되어서 변호권의 행사는 변호인에 의지할 수밖에 없으므로 변호인 의 참여가 없으면 그의 변호권은 행사할 수 없을 것이다. 때문에 범죄 피의자, 피고인의 변호권을 효과적으로 보장하기 위해 2012년에 실시 하게 된 형사소송법에 대한 수정은 법률구조의 적용단계를 수사, 심사 기소단계까지 앞당기기로 하였고 그의 적용범위도 확대하게 되었는데 이는 긍정을 받을 만한 조치이다. 그러나 인권에 대한 사법보장의 강화 란 시각으로 보았을 때, 이 제도는 아직도 더 확장되어야 할 것이라 생 각한다. 그러므로 필자는 법률구조의 범위를 형사소송법이 규정한 사 형과 무기징역이 가능한 안건에서 3년 이상 유기징역형이 가능한 안건 까지 확대하고[9] 그리고 사형에 대한 심사비준절차까지도 확장해야 한 다고 생각한다. 이는 사형안건의 질적 수준향상 보장에 유리할 것이다. 이렇게 해야만 제4차 전회의 결정이 제출한 "법률구조제도를 보완하고 법률구조의 범위를 확대해야 한다."라고 하는 요구를 관철하고 실행할 수 있다.

---

9   저쟝(浙江)성 고급인민법원은 서한을 발부하여 3년 이상의 유기징역형에 처할 가능성 이 있는 형사안건 또는 3년 이하의 유기징역형에 처할 가능선이 있으나 피고인이 죄 를 인정하지 않는 안건, 변호인을 위탁하지 않은 안건에 대해서는 반드시 모두 법률 구조를 제공해야 한다고 요구하였다.

(4) 위법증거배제규칙의 보완 및 그의 엄격한 실행

위법증거배제규칙은 절차의 인권보장가치를 구현하였다. 이는 고문에 의한 진술의 강요와 억울한 안건이 발생하는 것을 방지하는 데 아주 중요한 의미가 있다. 제3차 전회의 결정은 "위법증거배제규칙을 엄격히 시행해야 한다."라고 명확히 지적하였고 제4차 전회의 결정도 위법증거배제규칙을 실행할 것을 요구하였다. 그러나 중국의 현행 위법증거배제규칙 및 그의 실시에는 여전히 많은 문제가 존재한다.

첫째, 형사소송법 제54조가 규정한 '고문에 의한 진술의 강요 등 불법적인 방법'이란 용어는 명확성이 결핍되어 적용할 때 정확히 파악하기 어렵다. 반드시 사법해석으로 자주 나타나는 화기나 빛에 쬐이고, 얼리거나 굶기며 그리고 지치도록 심문하는 등의 고문수단은 배제범위에 속한다고 명확히 규정해야 한다. 둘째, 위협도 일반적으로 공포를 일으키고 막대한 심리적 압력과 정신적 고통을 초래하게 되므로 법률은 반드시 위협적인 방식을 통하여 획득한 진술을 배제해야 한다고 규정해야 한다. 셋째, 중복진술에 관하여 불법적인 심문으로 진술을 취득한 이후, 계속된 1차 또는 수차례의 심문에서 취득한 '중복진술'은 배제되어야 할 것인지에 관하여 현행 형사소송법은 명확히 규정하지 않았다. 필자는 '동일주체 배제'설을 채택하는 것이 좋을 것이라 생각한다. 즉 심문주체가 변경된 이후, 변경된 주체가 취득한 진술은 증거효력이 있으며 변경 이전의 주체가 불법으로 취득한 증거의 영향을 받지 않아야 한다. 그러나 전제는 반드시 고지절차를 수립하여 피심문자가 심문주체를 변경한 이후 진술의 법률효력을 알아야 한다.

(5) 인민배심원제도의 개혁

민중의 사법참여와 사법에 대한 민중의 감독은 사법민주의 중요한 표지이다. 민중을 재판활동에 참여하도록 하는 방식을 통해 사법활동을 감독하는 것은 사법공정의 최대한 실현에 유리하고 법관책임위험의 감소에 유리하며 사법공신력의 제고에도 유리하다. 영미법계 나라들의 형사소송에서 민중이 사법에 참여하는 형식표현은 배심제이다. 즉 배심단이 안건사실을 인정하고 법률적용은 법관이 판단하게 되는데 안건이 중대할수록 배심단은 반드시 재판과정에 참여해야 한다. 그러나 영미법계 나라들과는 달리 현행 사법해석에 의하면 중국의 인민배심원들이 참여할 수 있는 안건의 범위는 비교적 좁고 그리고 안건이 중대할수록 참여는 더욱 불가능하다. 동시에 인민배심원은 재판에 참여하여 법관과 동등한 권력을 행사한다. 즉 안건과 관련된 사실인정에 참여할 뿐만 아니라 법률적용에 관한 판단에도 참여한다고 규정하였다. 그러나 필자는 인민배심원이 법률적용에 관한 판단까지 참여하는 것은 적절치 않으며 일반적인 사법법칙에도 부합되지 않는다고 생각한다. 왜냐하면 인민배심원들은 일반 공민이기에 이들에게 전문성이 비교적 강한 법률문제에 관한 판단까지 맡기는 것은 무리이기 때문이다. 그러므로 중국은 반드시 서방국가들의 유익한 경험을 참고로 삼아 인민배심원을 중대안건의 재판과정에 집어넣고 법률적용에 관한 판단에는 참여하지 않도록 해야 하며 사실인정에 관한 심사에만 참여하게 해야 한다. 이는 바로 제4차 전회결정이 요구한 인민배심원제도의 개혁방향이다.

(6) 심급제도의 보완

현재 중국은 소송에서 2심제를 실시하고 있다. 이 중의 2심 절차는 '전면심사'를 원칙으로 하고 재심절차는 '실사구시(實事求是)와 유착필구(有錯必究)'의 정신을 따라야 하며 이미 효력이 발생한 재판에 착오가 확실히 있으면 그의 성격, 정도를 불문하고 반드시 모두 재심절차를 발동하여 시정할 것을 요구하였다. 그러나 심급제도를 이렇게 설치한 결과 소송효율의 저하를 초래하기 쉽게 하였을 뿐만 아니라 재판을 불안정상태에 빠지게 하여 사법의 공신력과 권위에도 많은 손상을 주게 되었다. 때문에 제4차 전회의 결정은 '심급제도'를 보완할 것을 요구하고 1심, 2심 및 재심의 중점을 다음과 같이 명 시하였다. 첫째, 결정은 2심에서 사실법률쟁의(事實法律爭議)를 해결해야 한다는 점을 지적하고 2심의 중점을 상소(항소)가 제기한 쟁의에 초점을 맞춰야 한다고 요구하였다. 둘째, 재심절차에서는 반드시 '법에 따라 착오를 시정하고 재판의 권위를 수호'해야 한다는 점을 명확히 하여 '유착필구'란 현행의 전통적인 사법이념과 이에 연관된 제도를 혁신하였다. 제4차 전회의 결정은 사법법칙을 따르게 되었는데 이는 사법공정의 실현에 유리하였을 뿐만 아니라 사법재판의 안정과 사법권위의 수호에도 유리하였다.

때문에 반드시 2심과 재심에 관한 현행 형사소송법의 규정을 손질하여 결정의 요구에 부합되도록 해야 한다.

　물론 중국공산당 제18기 중앙위원회 제3차, 제4차 전회 결정이 사법영역에서 제시한 약간의 개혁조치는 사법권의 독립적인 행사와 인권에 대한 사법 보장을 보정하고 사법권의 권위를 수립하며 사법공정을 실현하는 등의 방면에서 많은 발전을 이룩하였다. 그러나 사회경제 발전과 인권의식의 지속적인 향상에 따라 중국의 형사소송제도를 깊숙이 개혁하고 보완하여 더욱 과학적이고 민주적인 현대화의 방향으로 매진하도록 해야 한다.

저자 소개

궈다오휘(郭道暉)

1928년에 출생한 궈다오휘 교수는 중국의 저명한 법이학, 헌법학학자로서 지금까지 중국의 법학연구에 많은 중요한 공헌을 해왔다. 현재 그는 중국법이학연구회, 비교법학연구회 고문, 베이징대학 헌법학박사연구생 지도교수, 시난정법대학(西南政法大學) 명예교수, 광저우대학(廣州大學) 인권연구센터 교수, 고문을 맡고 있으며 최고인민검찰원 전문가자문위원회 위원, 동아시아법철학회 이사이기도 하다. 일찍이 그는 전국인민대표대회 상무위원회 법제공작위원회 연구실 부주임, 〈중국법학〉 잡지사 총편(總編), 편심(編審) 그리고 중국 법리학연구회 부회장 등을 역임한 바 있으며 그의 학술적 업적으로는 총 400여 만 자에 달하는 법학저서 10여 권이 있어 중국법학계에서 '법치삼로(法治三老)' 중의 한 명으로 인정받고 있다.

쟝핑(江平)

중국정법대학 종신교수인 쟝핑 교수는 1930년생으로 그는 청년시절인 1951년부터 1956년까지 러시아 모스크바대학 법률학과에서 공부하였고 그 후에는 1982년부터 1990년까지 중국정법대학에서 부총장, 총장 등을 역임하였으며 1988년부터 1993년까지 전국인민대표대회 상무위원회 위원, 전국인민대표대회 상무위원회 법률위원회 부주임으로 많은 역할을 하였다. 그리고 그는 또 이탈리아 제2 로마대학, 벨기에 헨트대학으로부터 명예법학박사학위를 수여받기도 하였다.

천광중(陳光中)

천광중 교수는 1930년생으로 중국정법대학의 종신교수이며 또 박사연구생 지도교수이다. 1952년 그는 베이징대학 법률학부를 졸업한 뒤로부터 지금까지 장기간 법학교학과 법학연구에 종사해왔다. 일찍이 중국정법대학 총장을 역임하였고 중국법학회 부회장을 겸임했으며 소송법학연구회 회장, 국무원 학위위원회 법학평의조 성원으로도 활약해 왔다. 현재 그는 교육부 사회과학위원회 위원 및 법학부 소집인(召集人)을 겸임하고 있는데 그의 학술상의 업적으로는 30여 권의 저서와 200여 편의 논문이 있다.

허친화(何勤華)

허친화 교수는 1955년생으로 현재 화동정법대학(華東政法大學) 교수, 중국외국법제사연구회 회장을 맡고 있으며 화동정법대학 총장도 역임하였다. 일찍이 그는 베이징대학에서 법학박사 학위를 취득하고 일본 도쿄대학에 두 차례 유학을 다녀왔다. 그리고 그는 또 국무원특별수당 수여 대상자로 '중국의 10대 걸출 중청년법학자', '국가급교학명사(國家級敎學名師)' 등 칭호도 수여받았다. 다년간의 학술생애에서 그는 『서양법학사』, 『중국법학사』 등 90여 권의 저서를 지었는가 하면 또 180여 편의 논문도 발표하였다.

양하이쿤(楊海坤)

1944년에 출생한 양하이쿤 교수는 현재 산동대학(山東大學) 법학원 박사연구생지도교수로 중국행정법학연구회 부회장을 겸임하고 있다. 1967년 그는 중국인민대학 철학계를 졸업하고 1980년 상해사회과학원 법학연구소에서 법학연구를 시작했으며 1985년부터는 수저우대학(蘇州大學) 법학원에서 교편을 잡게 되었고 2010년에는 산동대학의 인문계 1급 교수로 초빙되었다. 그는 공헌한 바가 큰 법학전문가로서 현재 국무원의 특별수당을 받고 있다. 그의 주요한 연구영역은 행정법과 헌법인데 여러 간행물에 이미 400여 편의 논문을 발표하였으며 이 중의 70여 편은 중국인민대학 연구자료집에 인용되었다. 그리고 그는 또 국가사회과학기금, 사법부 등 과학연구항목의 연구를 주관했으며 이 중 일부 성과는 교육부, 사법부, 장쑤성(江蘇省)인민정부 등의 표창을 받았다.

장첸판(張千帆)

현재 베이징대학 법학원 교수로 있는 장첸판 교수는 박사연구생 지도교수이며 중국헌법학회 부회장, 베이징대학 헌법 및 행정법연구센터 상무부주임 그리고 법학원 인민대표 및 의회연구센터의 주임을 맡고 있다. 미국 텍사스대학 오스틴 분교 정부학 박사인 그는 일찍이 난징대학(南京大學) 법학원 교수, 박사연구생 지도교수로 있었으며 〈난징대학 법률평론〉의 주필로도 일한 바 있는데 30여 권에 달하는 저서와 교재를 지었는가 하면 또 160여 편의 논문과 350여 편의 평론도 발표하였다.

그의 개인 블로그는 http://const123.fyfz.cn/blog/const123/이다.

역자 소개

김하록(金河祿)

중국 연변대학원학원 김하록(金河祿) 교수는 1960년 출생으로 일찍이 중국에서 기본적인 법학교육을 받았고 2000년부터는 서울대학교법과대학에서 공부를 시작하여 2004년에 박사학위를 취득하였다. 그는 중국에서 오랜 시간의 법학교육과 법학연구를 하면서「민족구역자치제도의 보완과 발전에 관한 연구」등 50여 편의 논문을 발표하였고『경제행정의 구조와 법적통제에 관한 연구-중한양국비교』등 10여 권의 법학저서도 집필하여 출간했으며 연변대학법학원 원장, 연변대학사회과학처 처장, 중국 한국법연구회 회장, 중국 법학교육연구회 이사 등 겸직을 수행하면서 한중양국의 법학교육과 교류에도 많은 기여를 하였다.

전미령(全美玲)

전미령(全美玲) 선생은 중국 연변대학교 중국조선어문자정보화기지(中国朝鲜语言文字信息化基地)에서 조리 연구원으로 일하고 있다. 그는 연변대학에서 한국어공부를 시작하여 비교문화석사학위를 취득하였고 지금은 한국어 관련 연구의 수행과 더불어 연변대학교 조선한국어학원에서 문학박사공부를 하고 있다.

중국 법치 100년의 경로

中國法治百年經緯

초판1쇄 인쇄 2023년 9월 25일
초판1쇄 발행 2023년 10월 16일

지은이   궈다오후이郭道暉 쟝핑江平 천광중陳光中 허친화何勤華
          양하이쿤杨海坤 장첸판張千帆
옮긴이   김하록金河禄 전미령全美玲
펴낸이   이대현
편집   이태곤 권분옥 임애정 강윤경
디자인   안혜진 최선주 이경진
마케팅   박태훈

펴낸곳   도서출판 역락
출판등록 1999년 4월 19일 제303-2002-000014호
주소   서울시 서초구 동광로 46길 6-6 문창빌딩 2층 (우06589)
전화   02-3409-2060
팩스   02-3409-2059
홈페이지 www.youkrackbooks.com
이메일   youkrack@hanmail.net

ISBN 979-11-6742-580-5 93360